Bach-Quellen in Amerika

Bach Sources in America

Canon triplex à 6 Voc.

Gerhard Herz

Bach-Quellen in Amerika

Bach Sources in America

Bärenreiter Kassel Basel London New York · 1984

Lektorat / Editorial Assistance: Dorothee Hanemann

Redaktionsschluß: 1. Oktober 1982
Copy Dead-Line: 1 October 1982

CIP-Kurztitelaufnahme der Deutschen Bibliothek

Herz, Gerhard:
Bach-Quellen in Amerika = Bach sources in America / Gerhard Herz.
Veröff. für ihre Mitglieder von d. Neuen Bachges., Internat. Vereinigung.
– Kassel; Basel; London; New York; Bärenreiter, 1984.
(Mitgliedsgabe / Neue Bachgesellschaft; 1983/84)
ISBN 3-7618-0724-4
NE: Neue Bachgesellschaft: Mitgliedsgabe; HST

Library of Congress Cataloging in Publication Data

Herz, Gerhard, 1911–
Bach-Quellen in Amerika = Bach Sources in America
Includes bibliographic references and indexes.
1. Bach, Johann Sebastian, 1685–1750 – Manuscripts – Catalogs.
2. Music – Manuscripts – United States – Catalogs.
3. Bach, Johann Sebastian, 1685–1750 – Bibliography – Catalogs.
I. Title. II. Title: Bach Sources in America.
ML134.B1H5 1984 780'.92'4 84-16279
ISBN 3-7618-0724-4

Distributed in North America by
UMI Research Press
an Imprint of
University Microfilms International
a Xerox Information Resources Company
Ann Arbor, Michigan 48106
U.S.A.

Gesamtherstellung: Bärenreiter Kassel

Für Amerika
in Dankbarkeit

To America
in gratitude

Inhalt

Contents

Vorwort

Die in diesem Katalog beschriebenen Bach-Quellen sind über den ganzen nordamerikanischen Kontinent verstreut. So liegt z. B. die autographe Baßstimme der Kantate 174 in Kalifornien, etwa 5000 km von ihren in New York aufbewahrten Schwesterstimmen entfernt. Die amerikanischen Bach-Dokumente befinden sich an 30 verschiedenen Plätzen. In den viereinhalb Jahren, die ich dazu brauchte, die Standorte der Bach-Quellen zu finden, die Dokumente einzusehen, zu untersuchen und dann zu beschreiben, wurde mir von der University of Louisville, an der ich über 40 Jahre tätig war, und von dem National Endowment for the Humanities wesentliche Hilfe zuteil. In den Jahren 1977/78 wurde meine Arbeit dankenswerterweise von der School of Music und der Graduate School finanziell unterstützt, während der Distinguished Lecturer-Preis des College of Arts and Sciences für das Jahr 1978 mein Projekt im folgenden Jahr unterstützte. Eine 1979 gewährte Beihilfe des National Endowment for the Humanities ermöglichte es mir, die Bach-Manuskripte und -Dokumente aufzusuchen und zu studieren, welche ich 1977 nicht einsehen konnte, sodann die meisten der Glanzfotos für den vorliegenden Katalog herstellen zu lassen und die maschinenschriftliche Büroarbeit bis Ende Mai 1980 zu subventionieren. Ohne die Hilfe der University of Louisville und des National Endowment for the Humanities hätte das Studium der amerikanischen Bach-Quellen nicht aufgenommen, geschweige denn durchgeführt werden können. Beiden Institutionen möchte ich hiermit meinen herzlichen Dank aussprechen. Infolge der jüngsten, die Universitäten und kulturfördernden Organisationen und Stiftungen am härtesten treffenden Sparmaßnahmen der amerikanischen Regierung stand mir von Juni 1980 bis zum Abschluß der Arbeit im Oktober 1981 keine Hilfe mehr zur Verfügung. Darum mußte ich auch die für den Abschluß meiner Arbeit geplanten Besuche beim Johann-Sebastian-Bach-Institut in Göttingen und beim Bach-Archiv Leipzig aufgeben. Die Bestände und Kartotheken dieser beiden Institute hätten sicherlich noch einzelne Details zur Überlieferungsgeschichte einiger amerikanischer Bach-Manuskripte beigetragen. Aus diesem Grunde bin ich Dr. Alfred Dürr in Göttingen und Dr. Hans-Joachim Schulze in Leipzig für ihr stetes Interesse an meiner Arbeit und ihre nie erlahmende Bereitschaft, meine Fragen zu beantworten, doppelt dankbar. Sie machten mir die Quellen des Göttinger Bach-Instituts und des Bach-Archivs Leipzig soweit zugänglich, wie das durch Korrespondenz möglich war. Meine Bewunderung ihrer Kenntnis ist so groß wie meine Dankbarkeit dafür, daß sie ihr Wissen so uneigennützig mit mir teilten. Dr. Yoshitake Kobayashi bin ich ferner für die Identifizierung von Wasserzeichen, die ich bei der Untersuchung einiger Manuskripte nicht feststellen konnte, dankbar verbunden. Auch möchte ich die Gelegenheit wahrnehmen, Dr. Dürr sowie Prof. Christoph Wolff (Harvard University) und im Falle von Kantate 168 auch Prof. Robert L. Marshall (University of Chicago) für die Übersendung relevanter Seiten aus noch nicht erschienenen Kritischen Berichten zu NBA-Bänden bestens zu danken. Diese Anerkennung schließt auch Prof. Warren Kirkendale (Duke University in Durham, North Carolina) ein. Dieser sandte mir gütigerweise seine reiche, Mozarts Übertragung Bachscher Fugen betreffende Korrespondenz.

Die Sammlung Hinrichsen und die Pierpont Morgan Library in New York sowie die Library of Congress in Washington, D.C., beherbergen die größte Zahl von amerikanischen Bach-Quellen. Niemand hätte mir gegenüber höflicher und freundschaftlicher sein können als Mrs. Walter Hinrichsen. Im Frühjahr 1977, als einige Bach-Manuskripte nicht auffindbar waren, sodann im Herbst 1979, als alle neun wieder beisammen waren, wurde ich wie ein alter Freund empfangen. Ich kann Frau Hinrichsen und ihrer Familie kaum genügend dafür danken, daß sie nicht nur meine zwei Besuche in New York zu einem so genugtuenden Erlebnis gestalteten, sondern auch die fotografische Abteilung der Pierpont Morgan Library veranlaßten, Mikrofilme und Kontaktkopien der neun Bach-Manuskripte für den kürzlich verstorbenen Prof. Arthur Mendel und mich herstellen zu lassen. Auch Herr J. Rigbie Turner, Assistant Curator der Musikmanuskripte der Pierpont Morgan Library, und Herr William C.

Parsons, Reference Librarian der Musikabteilung der Library of Congress, waren bei meinen zwei Besuchen ihrer großen Bibliotheken voller Hilfsbereitschaft und beantworteten auch in dem darauffolgenden Briefwechsel meine Fragen mit größter Sorgfalt.

Den meisten der 26 übrigen Bibliotheken und Privatbesitzern[1] wird im Zusammenhang mit der Beschreibung ihrer Bach-Dokumente für die freundlich erteilte Erlaubnis, repräsentative Seiten abbilden zu dürfen, gedankt werden. Wenn ich in einigen Fällen eine Ausnahme mache und mich schon an dieser Stelle für die Mühe bedanke, welche die Beantwortung meiner Fragen verursacht hat, so bedeutet das lediglich, daß die anderen Bach-Quellen sich als problemloser erwiesen und somit keine längere Korrespondenz erforderten. Mein Dank für die Hilfsbereitschaft derer, die ich in längere Korrespondenz verwickelte, gilt hiermit Miss Peggy Daub, Rare Books Librarian an der Musikbibliothek der Yale University, Mrs. Susan T. Sommer, Head of the Rare Book & Manuscript Collection der Musikabteilung der New York Public Library, Dr. Elinore Barber, Director des Riemenschneider Bach Instituts des Baldwin-Wallace College in Berea, Ohio, Mr. Rodney G. Dennis, Curator of Manuscripts sowie Miss Leigh Clark im Manuscript Department der Houghton Library der Harvard University und Mrs. Ruth M. Bleecker, Curator of Music der Boston Public Library. Mina R. Bryan, die Bibliothekarin der Scheide Library, und Paula Morgan, die Bibliothekarin des Music Department der Princeton University, erleichterten mir meine Arbeit an der Princeton University Library. Ihnen und Herrn William H. Scheide, der sein schönes Bach-Portrait noch einmal für mich ausmaß, möchte ich gleichfalls bestens danken.

Die Tatsache, daß etwa die Hälfte der Bibliotheken und Privatsammlungen nur ein Bach-Manuskript oder -Dokument enthalten, soll meine dankbare Anerkennung für geleistete Dienste keineswegs schmälern. So möchte ich Mrs. Daniel Drachman aus Stevenson, Maryland, die als Besitzerin von Mozarts Übertragung von fünf Bachschen Fugen eine Reihe von Fragen in präziser Weise beantwortete, meinen besonders herzlichen Dank aussprechen. Der Gewissenhaftigkeit, mit der Rechtsanwalt James J. Fuld aus New York auf meine diversen Fragen reagierte, gebührt ebenfalls mein bester Dank. Dasselbe gilt für Mr. W. Larry Bielenberg, Director of Library Services am Concordia Seminary in St. Louis, Missouri, für Hildegard Stein von der Metropolitan Opera Guild in New York, für Barbara T. Simmons von der Manuskript-Abteilung der Historical Society of Pennsylvania in Philadelphia, für Ann Viles, der vormaligen, und Elizabeth Walker, der jetzigen Bibliothekarin am Curtis Institute of Music in Philadelphia, und für Diana Haskill, Curator of Modern Manuscripts der Newberry Library in Chicago. Obgleich meine dankbare Anerkennung den restlichen Besitzern bei der Besprechung ihrer Bach-Dokumente zukommen wird, möchte ich doch die vier Privatbesitzer hier nicht vergessen, deren Wunsch anonym zu bleiben ich berücksichtigen muß.

Schließlich schulde ich meinen besonders innigen Dank denen, die das Manuskript während seines Entstehens so bereitwillig gelesen haben: meinem Kollegen und Freund, Prof. Karl-Werner Guempel, dem das Lesen des größten Teils der deutschen Fassung zufiel, meinem Bruder, Prof. John H. Herz (City University of New York), der die 100 Schlußseiten begutachtete, und meiner Frau, Prof. Mary Jo Fink (University of Louisville), deren Los es war, die ganze englische Fassung lesen zu müssen. Endlich gehört ein Wort der Anerkennung und des Dankes Lisa Lewis, Marlies Heiland und Sharon Mills, die das zweisprachige Manuskript mit seinen nahezu tausend Fußnoten abschrieben und dabei nie ihre gute Laune verloren haben.

Als Verfasser erhebe ich keinen Anspruch darauf, alle Bach-Manuskripte in den Vereinigten Staaten, die zu des Meisters Lebzeiten oder in der Generation nach seinem Tode entstanden sind, erfaßt zu haben. Ich habe beschrieben und veröffentlicht, was ich gefunden habe. Es ist vielmehr meine Hoffnung, daß der Katalog etwaige amerikanische Besitzer

[1] Die fehlende Nr. 30 ist Bachs eigenhändiger Namenszug, dessen glücklicher Besitzer ich bin (vgl. S. 169ff.).

anregen möge, eventuell noch vorhandene authentische Bach-Quellen aus dem oben abgegrenzten Zeitraum mitzuteilen und der Öffentlichkeit bekannt zu machen.

Zum Schluß darf ich meiner Freude darüber Ausdruck geben, daß es möglich war, diesen Katalog als Mitgliedsgabe 1983/84 der NBG und im Verlag der Neuen Bach-Ausgabe zu veröffentlichen.

Louisville, Kentucky, 1. Oktober 1982 Gerhard Herz

Foreword: Acknowledgements

The Bach sources discussed in this book are dispersed over the whole continent of the United States of America. The autograph *Baßo* part of Cantata 174 in California is, for instance, separated by some three thousand miles from its sister parts in New York City. The American Bach documents are housed in thirty different places. In the 4 1/2 years it took me to find, see, investigate and describe them, I was greatly aided by the University of Louisville which I have served for over 40 years, and by the National Endowment for the Humanities. Matching funds from the School of Music and the Graduate School aided me in 1977/78. The Distinguished Lecturer Award of the College of Arts and Sciences for the academic year 1978 took care of my needs in 1978/79. Thereafter, a Chairman's grant from the National Endowment for the Humanities enabled me to examine the Bach sources I was unable to see in 1977, to have most of the photos that illustrate this catalogue made and to take care of the secretarial work through May 1980. Without the help from the University of Louisville and the National Endowment for the Humanities this study could not have been undertaken. To both of them I want to express my heartfelt thanks. Because of the recent stringent cutbacks affecting higher education in America, I had to rely on my own means to finish my task (from June 1980 onwards to its completion in October 1981). I was therefore unable to visit the *Johann-Sebastian-Bach-Institut* in Göttingen and the *Bach-Archiv Leipzig*, from the rich resources of which particularly details in the story of the provenance of some manuscripts would doubtlessly have benefited. For this reason I am all the more grateful to Dr. Alfred Dürr in Göttingen and Dr. Hans-Joachim Schulze in Leipzig for their never-waning interest in my book and their ever-ready willingness to answer the many questions I have felt free to ask them over the years. They made the sources of the *Bach-Institut* in Göttingen and *Bach-Archiv Leipzig* as available to me as can be done by correspondence. My admiration for their knowledge is as great as my gratitude for sharing it with me. To Dr. Yoshitake Kobayashi of the Göttingen *Bach-Institut* I am indebted for clarifying a number of watermarks for me which I was unable to identify. As Dr. Dürr, so did Professor Christoph Wolff of Harvard University and, in the case of Cantata 168, also Professor Robert L. Marshall of the University of Chicago send me relevant pages from the Critical Reports to volumes of the *Neue Bach-Ausgabe* that had not yet been published. To all of them and also to Professor Warren Kirkendale of Duke University, Durham, N. C. who kindly shared with me his vast correspondence regarding Mozart's transcription of Bach fugues, I want to express my gratitude once more.

The greatest number of Bach sources in the United States are to be found in the Hinrichsen Collection and in the Pierpont Morgan Library both in New York City and in the Library of Congress in Washington, D. C. No one could have been more gracious in allowing me to see and examine the Bach manuscripts of her family's collection than Mrs. Walter Hinrichsen. In 1977 when some of them could not be found and in 1979 when all nine of them were again together, I was welcomed like an old friend. For turning my visits into such pleasant experiences and then letting the photographic services of the Pierpont Morgan Library make microfilms and xerox-copies of the Bach holdings of the Hinrichsen Collection for the late Professor Arthur Mendel and for me, I can hardly thank her and her family enough. Also Mr. J. Rigbie Turner, Assistant Curator of Music Manuscripts at the Pierpont Morgan Library and Mr. William C. Parsons, Reference Librarian of the Music Division at the Library of Congress, went far beyond the call of duty in their assistance during my two visits to their great libraries and in the meticulous care with which they answered my questions in the ensuing correspondence.

The 26 remaining Libraries and private owners[1] will be properly thanked within the context of this study for their kind permission to reproduce representative pages of their Bach

[1] The missing No. 30 is my own Bach signature (s. pp. 169ff.).

documents. If I single out a few of them for the diligence and articulateness with which they answered my questions, it only means that the other Bach sources presented no particular problems and thus did not require later correspondence and personal attention. For the abundance of the latter, however, I am greatly indebted to Miss Peggy Daub, Rare Books Librarian at the Music Library of Yale University; to Mrs. Susan T. Sommer, Head of the Rare Book & Manuscript Collection of the Music Division of the New York Public Library; to Dr. Elinore Barber, Director of the Riemenschneider Bach Institute at Baldwin-Wallace College in Berea, Ohio; to Mr. Rodney G. Dennis, Curator of Manuscripts and Miss Leigh Clark in the Manuscript Department of the Houghton Library at Harvard University and to Mrs. Ruth M. Bleecker, Curator of Music at Boston Public Library. I am equally obliged to Mina R. Bryan, Librarian of the Scheide Library, and to Paula Morgan, Librarian of the Music Department, for their kind cooperation during the days I spent at Princeton University Library, and to Mr. William H. Scheide for remeasuring his beautiful Bach portrait for me.

Among those whose libraries or private collections house only one Bach manuscript, I would like to express my special gratitude to Mrs. Daniel Drachman of Stevenson, Maryland whose copy made by Mozart of five fugues by Bach required meticulous answers to many questions. For similarly precise information I am also indebted to Mr. James J. Fuld of New York City; to Mr. W. Larry Bielenberg, Director of Library Services at Concordia Seminary in St. Louis, Missouri; to Hildegard Stein of the Metropolitan Opera Guild in New York; to Barbara T. Simmons in the Manuscript Department at the Historical Society of Pennsylvania in Philadelphia; to Ann Viles, the former, and Elizabeth Walker, the present Librarian of the Curtis Institute of Music in Philadelphia, and to Diana Haskill, Curator of Modern Manuscripts at the Newberry Library in Chicago. While still others will be thanked later during the discussion of their manuscripts, I must not fail to acknowledge my gratitude also to the four private owners whose preference for anonymity I have been asked to honor.

I am profoundly grateful to my colleague and friend, Professor Karl-Werner Guempel who read most of the German version of this book; to my brother, Professor John H. Herz of the City University of New York, who read its last hundred pages, and to my wife, Professor Mary Jo Fink of the University of Louisville who read the whole English version. In a last footnote I want to think of and give thanks to Lisa Lewis, Marlies Heiland, and Sharon Mills who typed the manuscript with its nearly one-thousand footnotes and who did so with unfailing good cheer.

As compiler of this catalogue I do not claim to have included every Bach source in America that was written during the composer's lifetime or in the generation following his death. I have described what I have found. No one will be happier than I if this book encourages other American owners of authentic Bach sources of the period covered by this study – if such owners exist – to step forward and make their possessions known.

Last but not least, I am grateful and honored that this catalogue is published by the publishing house of the *Neue Bach-Ausgabe* as the 1983/84 gift to the membership of the *Neue Bachgesellschaft*.

Louisville, Kentucky, October 1, 1982 Gerhard Herz

Einleitung*

Habent sua fata libelli

Amerika kann einen größeren Besitz an Musik-Autographen Johann Sebastian Bachs und anderen Quellen aus des Meisters Schaffen aufweisen als irgendein anderes Land außerhalb des ehemaligen Deutschland: der heutigen Deutschen Demokratischen Republik (DDR) und der Bundesrepublik Deutschland (BRD). Diese Schätze sind im ganzen Land verteilt; sie befinden sich an 30 verschiedenen Orten, von der Library of Congress im Süden bis zur Harvard University im Norden und bis zur Stanford University im Westen. Die meisten dieser Quellen sind nur einigen wenigen Bach-Forschern bekannt. Sie sind bisher noch nicht katalogisiert und einem größeren Publikum bekannt gemacht worden, obwohl sie einen einzigartigen und unbezahlbaren kulturellen Besitz unseres Landes ausmachen.

Wie aus der systematischen Zusammenstellung der amerikanischen Bach-Quellen (vgl. S. 305 ff.) hervorgeht, befinden sich in den Vereinigten Staaten insgesamt mindestens 19 autographe Handschriften, 55 zu Kantaten gehörende Originalstimmen und andere autographe Schriftstücke wie Briefe, Quittungen, eine Signatur sowie ein nach dem Leben gemaltes Porträt in Öl und Bachs dreibändige Luther-Bibel. Die Zusammenstellung dieser verschiedenen Quellen in einem Band – mit Abbildung der interessantesten Blätter und Mitteilung der oft faszinierenden Provenienz der einzelnen Manuskripte – scheint einer der dringlichsten wissenschaftlichen Beiträge zu sein, den die zehn Jahre alte amerikanische Sektion der vor 80 Jahren gegründeten Neuen Bachgesellschaft erweisen kann.

Die bei weitem eindrucksvollsten der amerikanischen Bach-Quellen sind die autographen Partituren von Kirchenkantaten, die ihren Weg in die USA gefunden haben. Etwas weniger als die Hälfte von Bachs 194 überlieferten Kirchenkantaten sind durch autographe Partitur sowie durch originale Stimmensätze quellenmäßig belegt. Während über fünfzig originale Stimmensätze von Bachschen Kirchenkantaten als verloren gelten müssen, haben sich etwa 140 erhalten, die meisten in der Deutschen Staatsbibliothek in Berlin (DDR), in der Staatsbibliothek Preußischer Kulturbesitz in Berlin/West und im Bach-Archiv Leipzig. Amerika besitzt lediglich vier, und die nicht einmal komplett. Obwohl Bach die Stimmen gewöhnlich selbst revidierte, indem er Fehler verbesserte, Tempoangaben, dynamische und andere Zeichen sowie die Continuo-Bezifferung hinzufügte, sind sie nur ganz selten vollständig in des Meisters Handschrift überliefert. Von den 55 Stimmen in Amerika ist nur eine einzige durchgehend autograph, nämlich die Basso-Stimme von Kantate BWV 174 (s. S. 139 ff.). Allerdings kommt nicht der Aufzeichnung in Stimmen, sondern der Niederschrift der Partitur primäre Bedeutung zu, wenn es darum geht, den Schöpfungsprozeß, der sich in einer Komposition niederschlägt, nachzuvollziehen (die musikalische Aufführungspraxis setzt andere Akzente). Eine erstaunlich große Zahl dieser Partituren ist in Amerika nachzuweisen. Die autographen Partituren von mehr als 60 Kirchenkantaten sind verschollen. Von den etwa 130, die erhalten geblieben sind, befinden sich 14 sowie ein Kantatenfragment in Amerika, davon neun in New York, verteilt auf vier verschiedene Bibliotheken bzw. Privatsammlungen.

Interessanterweise gehörte nicht eine einzige dieser Partituren einst zum Nachlaß Carl Philipp Emanuel Bachs, was durch dessen Nachlaßkatalog eindeutig belegt wird. Die Mehrzahl, vielleicht sogar sämtliche amerikanischen Originalpartituren waren 1750 in den Besitz von Wilhelm Friedemann Bach gekommen, während Anna Magdalena Bach die meisten der originalen Stimmensätze geerbt hatte, die heute den kostbarsten Schatz des Bach-Archivs Leipzig bilden.

* Ein Vorabdruck dieser Einleitung findet sich in: Bachiana et alia musicologica. Festschrift Alfred Dürr zum 65. Geburtstag, hrsg. von Wolfgang Rehm, Kassel etc. 1983, S. 99–107. In erweiterter und z. T. geänderter Form erschien die Einleitung auch auf Englisch als zweiter Teil einer Festschrift für Alfred Mann, in: American Choral Review 25, Nr. 2, S. 3–52.

Wir wissen von Johann Nikolaus Forkel und mehreren anderen Zeugen, daß Wilhelm Friedemann Bach das musikalische Erbe seines Vaters nicht mit derselben Sorgfalt hütete wie sein Bruder Carl Philipp Emanuel. Die nicht immer selbst verschuldeten, oft soziologisch bedingten Umstände, die Wilhelm Friedemanns Leben zu einer „via dolorosa" machten, zwangen den 64jährigen schließlich, die von seinem Vater geerbten Manuskripte versteigern zu lassen. Ein Teil davon wurde 1827 aus zweiter Hand auf einer Auktion in Berlin zum Kauf angeboten. Als Interessent schien Karl Friedrich Zelter besonders daran gelegen gewesen zu sein, diesen Teil für seine Berliner Singakademie zu erwerben. Er wurde aber von dem Geheimen Berliner Postrat Karl Philipp Heinrich Pistor (1778–1847) überboten und konnte diesen auch am nächsten Tag nicht dazu bewegen, ihm die Bach-Handschriften zum selben Kaufpreis zu überlassen. Pistors Tochter Betty sang schon als junges Mädchen zusammen mit den drei Kindern von Abraham und Lea Mendelssohn im Chor der Berliner Singakademie. Felix komponierte sein Streichquartett in Es-dur, op. 12, für sie und bedauerte in einem Brief an Ferdinand David[1] halb ernst und halb scherzhaft, daß Betty sich mit dem jungen Akademiker Adolf Friedrich Rudorff (1803–1873) verlobt habe[2]. Mendelssohn war anscheinend der erste Musiker, der Bettys Eltern besuchte, um deren neuerworbene Bach-Manuskripte zu studieren. Er fertigte eine Übersicht dieser Sammlung an und erhielt als Belohnung für seine Mühe die autographe Partitur der Kantate 133 „Ich freue mich in dir". Später vermachte Pistor die Bach-Handschriften seinem inzwischen zum Professor der Jurisprudenz avancierten Schwiegersohn Adolf Friedrich Rudorff.

Dieser sah wohl kaum voraus, daß sein Sohn Ernst Friedrich Karl (1840–1916) eines Tages selbst den Beruf eines Musikers wählen würde; denn sonst hätte er um 1840 die Stimmensätze von sechs Bachschen Kantaten gewiß nicht seinem Freunde, dem Weber-Biographen und Berliner Musikdirektor Friedrich Wilhelm Jähns (1809–1888) überlassen. Ernst Rudorff aber war hochmusikalisch. Seine Mutter sorgte dafür, daß der Fünfjährige Klavierstunden bei seiner Patin Marie Lichtenstein (1817–1890) bekam. Diese war die Tochter von Webers intimem Freund Heinrich Lichtenstein, dessen Korrespondenz mit Weber sie später Ernst Rudorff hinterließ und der sie im Jahr 1900 veröffentlichte. Zweihundertzwanzig Briefe zeugen von der engen Freundschaft, die sich zwischen Clara Schumann und Ernst Rudorff angebahnt hatte, als dieser, 18jährig, bei ihr Stunden nahm. 1865 übersiedelte er von Leipzig nach Köln, wo er in Ferdinand Hillers Konservatorium als junger Lehrer eintrat und einen höchst erfolgreichen Bach-Verein gründete. Drei Jahre später engagierte Joseph Joachim, der Ernst Rudorff einst von seiner Bestimmung zum Musiker überzeugt hatte, den 28jährigen als Leiter der Klavierabteilung der neu-gegründeten Hochschule für Musik in Berlin (1869). Weihnachten 1888 stellte Ernst Rudorff eine Liste von fünf Bach-Kantaten auf, deren autographe Partituren er oder seine Eltern Freunden der Familie geschenkt hatten. Außer Mendelssohn, dem Pistor die Kantate 133 gegeben hatte, erhielt z. B. Joachim die Kantate 5 und Philipp Spitta, aus Anlaß der Vollendung seiner monumentalen Bach-Biographie, als Weihnachtsgabe im Jahre 1879 die Kantate 10 (s. S. 46ff.).

Nach Spittas frühem Tod im Alter von 52 Jahren (1894) war der Wiener Pianist Paul Wittgenstein eine Zeitlang Besitzer der letztgenannten kostbaren Handschrift. Während die anderen vier Kantaten, die in so großzügiger Weise an Freunde der Familie Rudorff verteilt worden waren, in Europa geblieben sind, gehört Spittas Kantate 10, das deutsche Magnificat „Meine Seel erhebt den Herren", jetzt zu den wertvollsten Schätzen der Library of Congress in Washington, D. C., ein Geschenk der Mäzenin Mrs. Gertrude Clarke Whittall aus dem Jahre 1948.

Die Stimmen von sechs Bachschen Kantaten, die Ernst Rudorffs Vater um 1840 Jähns gegeben hatte und von deren Existenz und Aufbewahrungsort der Sohn versicherte, nichts

[1] 13. April 1830, vgl. Felix Mendelssohn Bartholdy. Briefe aus Leipziger Archiven, hrsg. von Hans-Joachim Rothe und Reinhard Szeskus, Leipzig 1971, S. 129.

[2] Vgl. hierzu und zum folgenden Nancy B. Reich, The Rudorff Collection, in: Notes 31, 1974/75, S. 247ff.

gewußt zu haben, kehrten nach Jähns' Tod im Jahre 1888 auf Grund des Jähnsschen Testaments an Ernst Rudorff zurück. Dies ist insofern bemerkenswert, als die Hälfte dieser Stimmensätze, nämlich die der Kantaten 168, 174 und 176, sich gleichfalls in Amerika befinden. Nach Ernst Rudorffs Tod im Jahre 1916 erwarb die Musikbibliothek Peters in Leipzig Rudorffs musikalischen Nachlaß und wurde damit zu einer der großen Musiksammlungen Europas. Seit dem Ende des Zweiten Weltkriegs befinden sich die meisten dieser Bach-Handschriften in der Sammlung Hinrichsen in New York. Diese Sammlung besteht aus den autographen Partituren der Kantaten 2, 20, 113 und 114, den oben angeführten Stimmensätzen der drei Kantaten, die Jähns an Ernst Rudorff zurückgegeben hatte, und dem Stimmensatz der Kantate 187 – im ganzen 47 Stimmen – sowie der autographen Handschrift des G-dur-Praeludiums und Fuge für Orgel, BWV 541.

Ich hätte mich nicht so ausführlich mit den Bach-Handschriften, die einst Ernst Rudorff gehörten, befaßt, wenn diese nicht gleichzeitig die Frage nach der Provenienz von mindestens 5 der 14 heute in Amerika befindlichen Originalpartituren von Bach-Kantaten beantwortet und darüber hinaus auch die Provenienz der meisten Stimmen erhellt hätten. Es ist, wie später zu zeigen sein wird, u. U. sogar möglich, daß von den acht bisher nicht zurückverfolgten Stimmen vier früher Ernst Rudorff gehört haben.

Worin liegt nun die eigentliche Bedeutung der amerikanischen Bach-Handschriften? Nehmen irgendwelche dieser Kompositionen oder Dokumente einen besonderen Platz im Bachschen Œuvre oder Leben ein? In der Tat erweist sich eine erstaunliche Anzahl von ihnen im wörtlichen Sinne als außergewöhnlich. So ist die autographe Partitur von Bachs erster Kantate, BWV 131, „Aus der Tiefen rufe ich, Herr, zu dir", Privatbesitz einer bekannten Musikerin in New York. Dieses Manuskript stellt die früheste autograph überlieferte Partitur eines größeren Werkes des Meisters dar.

Bachs Weimarer Zeit ist dagegen in Amerika lediglich durch den vierstimmigen Canon perpetuus, BWV 1073, vertreten, den Bach am 2. August 1713 in das Stammbuch (vermutlich) eines Schülers eintrug (s. S. 85ff.). Dieser heute in der Harvard University aufbewahrte Kanon ist die erste überlieferte, wenn auch nur kurze und keineswegs bedeutende Komposition Bachs, die der Meister selbst mit einem genauen Datum versehen hat. Das „Clavier-Büchlein vor Wilhelm Friedemann Bach", das Johann Sebastian am 22. Januar 1720, zwei Monate nach Wilhelm Friedemanns 9. Geburtstag, in Köthen begann – es gehört jetzt zu den kostbarsten Beständen der Bibliothek der Yale University –, ist offensichtlich ein aus dem Besitz von Bachs ältestem Sohn Wilhelm Friedemann stammendes Werk. Das 134 Notenseiten umfassende „Clavier-Büchlein" ist eines der beiden amerikanischen Bach-Manuskripte, die bisher in einer Faksimileausgabe erschienen sind[3]. Das andere ist die „Fantasia per il Cembalo" in c-moll, BWV 906, deren Faksimiledruck Robert L. Marshall 1976 für die Mitglieder der Neuen Bachgesellschaft herausgegeben hat. Die Originalhandschrift befindet sich im Besitz von Amerikas ältestem Bach-Verein, dem 1900 in der kleinen Industriestadt Bethlehem in Pennsylvania gegründeten Bethlehem Bach Choir, der 1972 das Jubiläum seiner hundertsten Aufführung der „h-moll-Messe" feierte.

Da Carl Philipp Emanuel Bach die Partituren und Dubletten der Kantaten geerbt hatte, die von Johann Sebastian Bach in seinem ersten Amtsjahr in Leipzig aufgeführt worden waren (obwohl es sich bei diesen nicht nur um Neuschöpfungen, sondern auch um Wiederaufführungen von Weimarer Kantaten handelte), können wir nach den bisher ausgeführten Fakten keine von diesen in Amerika erwarten und finden dort auch keine. Doch ist von Bachs Kantaten des zweiten Leipziger Jahrgangs, deren Originalpartituren und Dubletten Wilhelm Friedemann Bach geerbt hatte, ein wahrer „embarras de richesses" in diesem Lande zu finden. Für Amerika ist es ein glücklicher Zufall, daß es sich bei diesen Kantaten um den sogenannten Choralkantaten-Jahrgang handelt. Die Choralkantate als solche ist oft und mit Recht als Bachs eigenständigster künstlerischer Beitrag zum Genre der Kantate angesehen

[3] Yale University Press, 1959, hrsg. und mit einem Vorwort versehen von dem namhaften Cembalisten Ralph Kirkpatrick.

worden. Ihre Form ist so vollkommen, daß Spitta in ihr Bachs krönende Leistung in seinem steten Ringen um eine Lösung des Kantatenproblems sah und die Entstehungszeit der Choralkantaten daher an das Ende seiner schöpferischen Laufbahn stellte (1735–1744). Die neue, auf den Entdeckungen und Veröffentlichungen von Alfred Dürr und Georg von Dadelsen beruhende Chronologie hat die Choralkantaten hingegen als Bachs Hauptwerk seines zweiten Leipziger Jahrgangs enthüllt.

Die mächtige, elfsätzige Kantate 20 „O Ewigkeit, du Donnerwort", mit der Bach diesen Choralkantaten-Jahrgang eröffnet, befindet sich heute in der Sammlung Hinrichsen in New York. In derselben Sammlung wird auch die zweite Kantate dieses Jahrgangs, BWV 2, „Ach Gott vom Himmel sieh darein", aufbewahrt. Das Wasserzeichen dieser Kantate wie auch der folgenden zeigt den für den Choralkantaten-Jahrgang charakteristischen großen Halbmond. Zwei Wochen nach BWV 2 wurde Bachs fünfte Choralkantate geschrieben, BWV 10, „Meine Seel erhebt den Herren", deren Originalpartitur (wie schon erwähnt) Ernst Rudorff später Spitta schenkte und die nunmehr in der Library of Congress in Washington, D.C., aufbewahrt wird. Die autographen Partituren der Choralkantaten 113 und 114 jedoch, die Bach für den 11. und 17. Sonntag nach Trinitatis schuf, behielt Ernst Rudorff für sich. Sie gelangten schließlich über die Musikbibliothek Peters nach New York in die Sammlung Hinrichsen. Die zwischen diesen beiden Kompositionen für den 13. Sonntag nach Trinitatis entstandene Kantate 33 liegt heute in der Scheide Library der Bibliothek der Princeton University. Die letzte der 1724 für die Trinitatiszeit geschriebenen Choralkantaten, die sich bis zum 21. Mai 1982 in Amerika befand (s. S. 61), ist Kantate 180 „Schmücke dich, o liebe Seele". Die Originalpartitur gehörte einst Mendelssohn, dann Julius Rietz, dem Herausgeber der „h-moll-Messe" in der alten Bach-Ausgabe, der sie seiner Freundin, der Sängerin Pauline Viardot-Garcia schenkte, und kam schließlich über Mrs. Mary Louise Curtis Bok, der als Sammlerin bekannten Gattin des Geigers Efrem Zimbalist, an das Curtis Institute of Music in Philadelphia. Zusammenfassend können die letzten Ausführungen folgendes erweisen: Von den Choralkantaten, die am Anfang von Bachs zweitem Leipziger Jahrgang stehen (vom 1. bis zum 20. Sonntag nach Trinitatis) und vom 11. Juni bis zum 22. Oktober 1724 reichen, sind dreizehn in autographer Partitur überliefert; und von diesen dreizehn sind über die Hälfte, nämlich die genannten sieben, in den Vereinigten Staaten. (Die jüngst nach Stuttgart zurückgewanderte Kantate 180 ist hier noch miteingerechnet.)

Das weder durch einen Bibliotheksstempel noch durch Besitzvermerk, Verlags- oder Auktionsnummer verunzierte autographe Titelblatt der für den 8. Sonntag nach Trinitatis geschaffenen Choralkantate 178 „Wo Gott der Herr nicht bei uns hält" (ebenfalls aus der Sammlung Ernst Rudorffs) ist eine der drei Bach-Quellen, die ich während meiner vierjährigen Beschäftigung mit dem hier vorgelegten Katalog fand. Ich entdeckte dieses Titelblatt[4] an einem Ort, an dem man nicht ohne weiteres nach Bach-Autographen suchen würde, nämlich im Metropolitan Opera House in New York. Dort hängt es in dem nach einer 1979 verstorbenen Mäzenin benannten Belmont Room der Metropolitan Opera Guild, als Geschenk des aus Louisville, Kentucky, stammenden vormaligen ersten Trompeters des Metropolitan Opera Orchesters, Edwin Franko Goldman, dem späteren Leiter der berühmten Goldman Band, der besonders durch seine populären Konzerte in New Yorks Central Park in Amerika berühmt wurde.

Obwohl dieses Titelblatt der einzige in Amerika befindliche Teil dieser Kantate ist, gehören die Stimmen der Choralkantate BWV 178 zu dem Material jener sechs Kantaten, deren Stimmen Jähns 1888 an Ernst Rudorff zurückschicken ließ. Unter diesen waren auch die von BWV 176, der letzten Kantate aus Bachs zweitem Leipziger Jahrgang, von der sich heute vierzehn Stimmen in der Sammlung Hinrichsen in New York befinden. Von zwei weiteren Kantaten aus dem einstigen Besitz Jähns–Rudorff sind dort weiterhin neun Stimmen der Kantate 168 „Tue Rechnung! Donnerwort" sowie dreizehn der Kantate 174 „Ich liebe den

[4] Hinweis von Professor Otto E. Albrecht, Amerikas unermüdlichem Detektiv musikalischer Handschriften, dem ich hier nochmals herzlich danken möchte.

Höchsten von ganzem Gemüte" vorhanden. Vor kurzem erwarb die Bibliothek der Princeton University noch eine zehnte Stimme der Kantate 168. Zwei weitere Stimmen zu Kantate 174 liegen in der Library of Congress in Washington, D. C., und in der Bibliothek der Stanford University in Kalifornien. Von diesen hat die letztere, die zweiseitige Bassostimme, besonderen Schönheits- und Seltenheitswert, da sie ausnahmslos von der Hand Johann Sebastian Bachs stammt (s. S. 139 f.). Die elf Instrumentalstimmen der Kantate 187 „Es wartet alles auf dich" runden die Bach-Dokumente der Sammlung Hinrichsen ab. Über diese Stimmen bemerkte Ernst Rudorff: „Waren immer im Besitz meiner Eltern (nie bei Jähns)"[5].

Außer zwei Einzelstimmen, der Altstimme der Kantate 130 (s. S. 111 ff.) und der bezifferten Continuostimme der Kantate 7 (s. S. 105 ff.), sind in Amerika nur noch drei weitere Stimmen erhalten. Sie gehören zu Kantate 9, deren autographe Partitur wiederum in der Library of Congress aufbewahrt wird. In dem Schreiben, in dem Ernst Rudorff die Stimmen der sechs Kantaten anführt, die sein Vater Jähns gegeben hatte, wird auch die Kantate 9 „Es ist das Heil uns kommen her" erwähnt. Da die Originalstimmen dieser Kantate, zusammen mit 43 anderen von Anna Magdalena Bach geerbten Stimmen, schon 1750 an die Thomasschule gingen und seitdem in Leipzig geblieben sind, kann es sich bei den von Ernst Rudorff erwähnten Stimmen von Kantate 9 nicht um diese Leipziger Stimmen handeln. Vielmehr kann sich Rudorffs Bemerkung nur auf die Dubletten beziehen. Dieser Zusammenhang konnte Rudorff kaum bekannt gewesen sein, besonders da das Vorwort zu Band 1 der alten Bach-Ausgabe (1851), welcher Kantate 9 enthält, nicht auf Einzelheiten der Stimmenüberlieferung eingeht. Obgleich „Es ist das Heil" eine späte Choralkantate aus der ersten Hälfte der 1730er Jahre ist, gehörte die autographe Partitur doch wiederum zum Erbteil Wilhelm Friedemann Bachs (s. S. 73 ff.). Und wie wir von konkreten Beispielen aus Carl Philipp Emanuels Nachlaßkatalog wissen, erhielt der Erbe der Partituren auch deren Duplikatstimmen. Drei der Dubletten von Kantate 9 können in Auktionskatalogen von 1908 an (bei Stargardt in Berlin) nachgewiesen werden. Der Wiener Musiker Hugo Riesenfeld, der seit 1907 in Amerika lebte, erwarb sie 1926 auf der Auktion des Heyer Museums in Köln. Die „Violino 2" und die unbezifferte „Baßus"-Stimme wurden nach Riesenfelds Tod (1939) von Mrs. Mary Flagler Cary gekauft, deren überwältigend reiche Sammlung musikalischer Handschriften[6] 1968 der Pierpont Morgan Library in New York vermacht wurde[7]. Hugo Riesenfelds dritte Dublette, die Flötenstimme („Travers.", s. S. 152f.), blieb selbst den großen Bach-Forschern unserer Zeit unbekannt. Doch tauchte sie um 1971/72 wieder auf. Sie wurde von einem New Yorker Herrn, dessen Name hier seinem Wunsch gemäß ausgelassen wird, in der Nähe von Greenwich Village in New York auf einem Schutthaufen gefunden. Man hatte dort einige Häuser abgerissen, um Platz für einen Neubau zu schaffen. Im Mai 1977 erfuhr ich in der Pierpont Morgan Library von diesem erstaunlichen Fund und konnte den Besitzer kurze Zeit darauf von der Notwendigkeit überzeugen, die Flötenstimme fotografieren zu lassen, wofür ihm hier nochmals bestens gedankt sei.

Das autographe Titelblatt der Metropolitan Opera Guild und die apographe Flötenstimme der Kantate 9 dürften beweisen, daß „neue" Bach-Quellen auch heute noch hier und da gefunden werden können. Freilich handelt es sich in den meisten Fällen um ein Wiederauftauchen alter, schon bekannter Quellen, die nur eine Zeitlang verschwunden waren.

Die Originalpartitur der Kantate 171 „Gott, wie dein Name, so ist auch dein Ruhm" hat als Leihgabe der Robert Owen Lehman Sammlung ihren jetzigen Standort in der Pierpont Morgan Library in New York. Ernst Rudorff erinnerte sich noch daran, daß seine Eltern diese Partitur einst Jähns überlassen hatten[8]. Sie kehrte nach Jähns' Tod allerdings nicht an

[5] Diese Bemerkung befindet sich am Ende der Inhaltsbeschreibung der Orchester-Stimmen, die Rudorff seinem Stimmensatz dieser Kantate beigefügt hat. Vgl. auch NBA I/18, KB, S. 92.

[6] Was den Bestand an Musikautographen angeht – unter ihnen Haydns 91. Sinfonie, Mozarts „Haffner-Sinfonie" und „Der Schauspieldirektor", Beethovens „Geister-Trio", Schuberts „Winterreise" und „Schwanengesang", Brahms' 1. Sinfonie, R. Strauss' „Don Juan" und „Tod und Verklärung" und Schönbergs „Gurrelieder" –, so steht die Pierpont Morgan Library in Amerika lediglich hinter der Library of Congress zurück.

[7] Von den Treuhändern des Mary Flagler Cary Charitable Trust, ein Jahr nach Mrs. Carys Tod.

[8] Vgl. NBA I/14, KB, S. 84.

Rudorff zurück, sondern befand sich zur Zeit der Herausgabe dieser Kantate in der BG (Band 35, November 1888) in den Händen von Jähns' Sohn, Dr. Max Jähns in Berlin.

Die außergewöhnlich schöne Partitur der Kantate 112 „Der Herr ist mein getreuer Hirt" ist nicht auf dem Weg über die Musikbibliothek Peters nach Amerika gekommen. Als die BG diese Kantate 1876 herausgab, war die Originalhandschrift im Besitz von Ernst Rudorffs erster Klavierlehrerin Marie Hoffmeister, geb. Lichtenstein. Sie hatte die Partitur, die Karl Pistor besaß, entweder von ihm oder von seiner Tochter und seinem Schwiegersohn, Betty und Adolf Rudorff, als Geschenk erhalten. Da Pistor am 1. April 1847 gestorben war und Marie Lichtenstein im Sommer 1847 heiratete, könnte man leicht an ein Hochzeitsgeschenk denken, oder eher noch an ein Abschiedsgeschenk für Marie, die jetzt die Großstadt Berlin mit dem dort geübten Bach-Kult verlassen und in die Kleinstadt Blankenburg im Harz, der Amtsstelle ihres in der Evangelisch-Lutherischen Landeskirche tätigen Gatten, Dr. August Hoffmeister (1815–1895), übersiedeln mußte. Zwischen 1876 und 1886 entschloß sich Marie, deren Ehe kinderlos geblieben war, die Partitur ihrem 23 Jahre jüngeren Freund Ernst und damit der Familie Rudorff zurückzugeben. Die Handschrift erscheint sodann in einer bisher unveröffentlichten Liste, die Rudorff 1886 anfertigte, als er seine Bach-Handschriften zu verkaufen suchte. Nach Maries Tod im Jahr 1890 erbte Rudorff ihren restlichen musikalischen Nachlaß. Kantate 112 muß zwischen 1886 und 1916 verkauft worden sein. Falls sie 1893 zusammen mit Rudorffs Partituren von BWV 115 und 116 bei Stargardt versteigert wurde, käme Dr. Max Abraham (1831–1900), der Gründer der Edition Peters (1867), der 1893, lediglich vier Wochen vor dieser Auktion, die Musikbibliothek Peters feierlich eröffnet hatte, als Käufer von Kantate 112 in Betracht. Von ihm hätte sein Neffe und Nachfolger Henri Hinrichsen die Partitur dann 1900, als er Alleininhaber des Verlags wurde, geerbt. Denkbar ist auch, daß Hinrichsen die Handschrift nach dem Tod seines Onkels von Rudorff oder aus dessen Nachlaß erwarb. Wie dem auch sei, die Partitur war 1916, als Ernst Rudorff starb, nicht, wie manchmal vermutet, unter den von der Musikbibliothek Peters angekauften Bach-Handschriften. Daß der charakteristische ovale Stempel „Musik/Bibliothek/Peters" im Gegensatz zu den Partituren der Kantaten 2, 20, 113 und 114 in Kantate 112 fehlt, spricht gegen den Besitz der Musikbibliothek Peters. Ferner wird die Originalpartitur auch nicht in Peter Krauses „Handschriften der Werke Johann Sebastian Bachs in der Musikbibliothek der Stadt Leipzig"[9] erwähnt. Daß Henri Hinrichsen auch eine Privatsammlung von Musik-Autographen besaß, erfährt man aus Liesbeth Weinholds 1940 verfaßtem Artikel: „Musikerautographen aus fünf Jahrhunderten. Eine bedeutende Erwerbung der Leipziger Stadtbibliothek"[10]. Dieser kurze Beitrag, der Kantate 112 mit einschließt, erwähnt auch einen Brief Leopold Mozarts vom 10. November 1762 als eine Neuerwerbung der Stadtbibliothek. Dieser Brief war bereits 18 Jahre vorher in Faksimile erschienen, und zwar in der Veröffentlichung: „Briefe berühmter Meister der Musik aus meiner Autographensammlung. Den Teilnehmern am Jahresessen des Leipziger Bibliophilenabends gewidmet von Henri Hinrichsen. Im Februar 1922". Henri Hinrichsen, dem es 1926 gelang, die große Instrumentensammlung des Kölner Heyer Museums durch eine Stiftung für das musikwissenschaftliche Institut der Universität Leipzig zu erwerben, und dem diese Universität 1929 die Würde eines Dr. phil. honoris causa verlieh, starb im Alter von 74 Jahren am 30. September 1942 im Konzentrationslager Auschwitz. Nach dem Ende des Zweiten Weltkriegs brachte Henris Sohn Walter die Partitur der Kantate 112 sowie die zwei autographen Quittungen des Nathanischen Legats vom 26. Oktober 1742 und 27. Oktober 1744, die auch zu Henri Hinrichsens Privatsammlung gehörten, nach Amerika. Die beiden Quittungen (s. S. 162f.) kaufte der Rechtsanwalt J. J. Fuld in New York, Mrs. Mary Flagler Cary die Partitur von „Der Herr ist mein getreuer Hirt". Diese Partitur befindet sich nun in der Pierpont Morgan Library. Obgleich diese Choralkantate erst im Jahr 1731 aufgeführt wurde, gehört sie dennoch zu dem von Wilhelm Friedemann Bach geerbten Jahrgang. Der Reinschriftcharakter des ersten

[9] Bibliographische Veröffentlichungen der Musikbibliothek der Stadt Leipzig, 1964.
[10] In: Philobiblon 12, 1940, S. 52–57.

Satzes (s. S. 66ff.) hat die berechtigte Vermutung aufkommen lassen, daß dieser Choralchorsatz früher entstanden sei.

Wie Kantate 9 ist auch Kantate 97 „In allen meinen Taten" (1734) eine von Bachs letzten unparodierten Kirchenkantaten. Spitta behauptet, daß auch die Originalpartitur dieses Werkes, die 1932 der Musikabteilung der Public Library in New York geschenkt wurde, einstmals in Ernst Rudorffs Besitz gewesen sei. Dies beruht allerdings auf einem Irrtum des großen Bach-Forschers[11]. Die 1736 oder 1737 komponierte Erstfassung der Trauermotette „O Jesu Christ, meins Lebens Licht", BWV 118, ist die letzte der in Amerika aufbewahrten Originalpartituren Bachs. Gleichzeitig ist sie das Autograph von Bachs letzter Motette (s. S. 79 ff.). Sie befand sich lange Zeit im Archiv von Breitkopf & Härtel in Leipzig, von wo sie ihren Weg schließlich in die Scheide Library der Princeton University fand.

Von zeitgenössischen Abschriften in Amerika, die zu Bachs Lebzeiten oder kurz danach hergestellt wurden, seien hier nur einige genannt. Das C-dur-„Praeludium pedaliter di Joh. Bach" (sic), BWV 531/1, aus dem Besitz der Library of Congress, wurde von Hans-Joachim Schulze kürzlich als eine Kopie von Carl Gotthelf Gerlach identifiziert[12]. Dieses scheint die älteste vorhandene Abschrift zu sein. Gerlach wurde 1729 auf Bachs Empfehlung Organist an der Neuen Kirche in Leipzig. Das Wasserzeichen („IMK/kleiner Halbmond") sowie die Tatsache, daß Gerlach von 1716–1722 Schüler Johann Kuhnaus an der Thomasschule war, läßt jedoch auf das Jahr 1723 als terminus ante quem für diese Abschrift schließen. Der Wert dieser Kopie ist um so größer, als Bachs Autograph dieses Orgel-Praeludiums nicht erhalten ist. Das Riemenschneider Bach Institute in Berea bei Cleveland, Ohio, ist der glückliche Besitzer der zweitältesten Kopie des ersten Teils des „Wohltemperierten Klaviers", das Bachs 23jähriger Privatschüler Heinrich Nicolaus Gerber[13] am 21. November 1725 (s. S. 199ff.) abzuschreiben begann. Don Franklin datiert die Kopie der heute in der Newberry Library in Chicago aufbewahrten H-dur-Fuge aus dem zweiten Teil des „Wohltemperierten Klaviers" zwischen 1738 und 1741. Es scheint somit die erste und frühstüberlieferte Abschrift dieser Fuge zu sein. Auch das Wasserzeichen des Papiers (der sogenannte „Doppeladler") weist auf diese Zeit hin, die der endgültigen Zusammenstellung des 2. Teiles des „Wohltemperierten Klaviers" vorausgeht. Im Zusammenhang mit den amerikanischen Bach-Quellen ist von besonderem Interesse, daß diese Chicagoer Kopie, wie aus dem Titelblatt hervorgeht, aus dem Besitz von Wilhelm Friedemann Bachs Berliner Lieblingsschülerin, Madame Sarah Levy, geb. Itzig, der Großtante Felix Mendelssohns, stammt (s. S. 215 ff.). Die als Pianistin hochbegabte Sarah Levy besaß auch Johann Christoph Altnickols besonders schöne Kopie der Französischen Suiten, die sich jetzt in der Library of Congress befindet (s. S. 223 ff.). Die Library of Congress besitzt ferner eine Abschrift des fünften Satzes von Bachs Kantate 80 „Ein feste Burg ist unser Gott". Der Schreiber ist kein anderer als Wilhelm Friedemann Bach. Doch ersetzte Wilhelm Friedemann Luthers „Und wenn die Welt voll Teufel wär'" durch den neuen, weniger derben lateinischen Text „Manebit verbum Domini" (s. S. 226 ff.). Das Riemenschneider Bach Institute in Berea besitzt eine Kopie der Fugen des 2. Teils des „Wohltemperierten Klaviers", die für den Baron van Swieten hergestellt worden war und die Mozart 1782 in Wien für seine Übertragungen einiger Fugen für Streichquartett benutzte.

Diese einzigartige autographe Kopie Mozarts von fünf Bachschen Fugen befindet sich ebenfalls (in Privatbesitz) in den Vereinigten Staaten. Außer Wilhelm Friedemanns Abschrift des oben erwähnten Satzes aus „Ein feste Burg ist unser Gott" und einem merkwürdigen Particell einiger Sätze aus seines Vaters Kantate „Es ist das Heil uns kommen her" beschränken sich die amerikanischen Kopien Bachscher Kompositionen auf Orgel- und Klavierwerke. Am zahlreichsten unter ihnen sind Abschriften von Präludien und Fugen für Orgel und Sätze aus den Triosonaten für Orgel sowie Kopien des „Wohltemperierten

[11] Vgl. Spitta E, II, S. 703. Der Irrtum ist in der deutschen Ausgabe (Spitta D, II, S. 805f.) nicht zu finden.

[12] „Das Stück in Goldpapier" – Ermittlungen zu einigen Bach-Abschriften des frühen 18. Jahrhunderts, in: BJ 1978, S. 42.

[13] Er war der Vater des berühmten Musik-Lexikographen.

Klaviers" und der „Goldberg-Variationen". Fast alle wurden von Bach-Schülern oder -Kollegen, unter denen sich Johann Gottfried Walther und Johann Caspar Vogler befinden, und wiederum von deren Schülern angefertigt. Bachs letzter wichtiger Schüler, Johann Christian Kittel, und dessen aktiver Erfurter Schülerkreis, liefern vielleicht den Hauptteil der amerikanischen Bach-Abschriften. Im ganzen gesehen geben die amerikanischen Kopien Bachscher Kompositionen den überzeugenden Beweis, daß Bachs Orgel- und Klaviermusik, im Gegensatz zu seiner Kirchenmusik, besonders in seinem Geburtsland Thüringen vor dem Aussterben bewahrt wurde.

Von den wenigen Bachschen Werken, die zu Lebzeiten des Meisters im Druck erschienen sind, befindet sich ein Fünftel in Amerika: 32 Drucke im ganzen, d. h. ein bis sechs Exemplare von elf verschiedenen Kompositionen. Diese beginnen mit je einem Einzelexemplar der 1., 2. und 5. der Klavier-Partiten, die dem 1. Teil der „Klavierübung"[14] vorausgehen, und enden mit vier Exemplaren der Titelauflage (1752) der „Kunst der Fuge". Zwei von diesen 32 Frühdrucken sind bemerkenswert. So enthält das Exemplar des 1. Teils der „Klavierübung" in der Library of Congress einige autographe Zusätze in roter Tinte (besonders von Tempowechseln im ersten Satz der c-moll-Partita), die beweisen, daß Bach mehr als eine Handkopie besaß. Dies ist nicht verwunderlich, da Wilhelm Friedemann und Carl Philipp Emanuel 1731 noch im Elternhause wohnten. Ferner gelang es William H. Scheide 1975, Bachs Handkopie der „Schübler-Choräle" für seine Scheide Library der Princeton University zu erwerben. Die erstaunliche Detektivgeschichte, welche die Provenienz dieses vom Komponisten reich annotierten Exemplars enthüllt, wurde 1976 von Christoph Wolff veröffentlicht[15].

1968 tauchte, beinahe wie ein Wunder, die Luther-Bibel wieder auf, die als erstes Werk auf der nach Bachs Tode aufgestellten Bücherliste stand. Das Bach gehörende Exemplar der dreibändigen, von dem Theologen Abraham Calov (1612–1686) mit reichen Kommentaren versehenen Bibel, das lange als verloren galt, war in Wirklichkeit schon vor mehr als 130 Jahren nach Amerika (Philadelphia) gelangt. Dies macht die Calov-Bibel zur ältesten Bach-Quelle in den Vereinigten Staaten. Es ist kaum zu glauben, daß Bachs Bibel seit 1938 in der Bibliothek des Concordia Seminars in St. Louis, Missouri, geruht hat, ohne daß ihre Identität, geschweige denn ihre Provenienz über die Lokalpresse hinaus bekannt gemacht wurde. Dem Spürsinn Christoph Trautmanns gelang es, dieses Werk aus seinem Dornröschenschlaf aufzuwecken, und seiner Initiative ist es zu verdanken, daß das Werk während des Heidelberger Bachfestes 1969 ausgestellt werden konnte. Trautmann hat inzwischen über die Geschichte dieses sensationellen Fundes berichtet und die Bedeutung der von Bach gelegentlich hinzugefügten Randbemerkungen herausgestellt[16]. Bach hat seinen Namen sowie die Jahreszahl „1733" auf jedes der drei Titelblätter seiner Bibel eingetragen und damit seinen Besitz des Werkes dokumentiert (s. S. 187 ff.). Diese drei Namenszüge sind in ihren graphologischen Einzelheiten mit einer eigenhändigen Unterschrift, die in meinem Besitz ist, fast identisch (s. S. 169 ff.). Das Wiederauftauchen der Calov-Bibel ermutigte mich, die Detektivgeschichte der Provenienz und den Beweis der Authentizität meiner eigenen Bach-Signatur zu veröffentlichen[17] und zu zeigen, zu welchem Buch aus Bachs Besitz sie einst gehört haben mag.

In der Kategorie der Bach-Dokumente, die sich nicht unmittelbar auf Musik beziehen, müssen zunächst Bachs Briefe erwähnt werden. Im Gegensatz zu Mozart war Bach alles andere als ein leidenschaftlicher Korrespondent. Von Bachs 29 autographen Briefen – seine Zeugnisse für Schüler und Orgelgutachten nicht miteingerechnet – haben nur zwei ihren Weg

[14] Von diesem befinden sich fünf Exemplare in Amerika.

[15] Christoph Wolff, Bach's Handexemplar der Schübler-Choräle, in: BJ 1977, S. 120ff.

[16] Christoph Trautmann, „Calovii Schrifften. 3. Bände" aus Johann Sebastian Bachs Nachlaß und ihre Bedeutung für das Bild des lutherischen Kantors Bach, in: Musik und Kirche 39, 1969, S. 145–160.

[17] Gerhard Herz, J S Bach 1733: A „new" Bach Signature, in: Studies in Renaissance and Baroque Music in Honor of Arthur Mendel, Kassel etc. und Hackensack (N. J.) 1974, S. 254–263.

nach Amerika gefunden. Aber dies sind die beiden letzten erhaltenen Briefe des Meisters, nämlich die bekannten Briefe an seinen Vetter Johann Elias Bach. Der Brief vom 6. Oktober 1748 mit dem Hinweis auf die „Preußische Fuge" befindet sich in der Scheide Library in Princeton, der vom 2. November 1748 über das nicht so recht willkommene Geschenk eines „Fäßlein Mostes" in der Pierpont Morgan Library in New York. Obgleich dieser letzte Brief uns mit seinem prosaischen Inhalt beinahe amüsant anmutet, ist er, wie auch der einen Monat früher geschriebene, ein rührendes Zeugnis der verkrampften, fast unleserlichen Schrift des alternden Meisters (s. S. 154 ff.).

Quittungen über gewisse jährliche Einnahmen gehören nicht unbedingt zu den interessanteren schriftlichen Selbstzeugnissen eines Genies. Aber auch hier sind von den zwölf in Amerika, die alle ihren eigenen graphologischen Wert haben, vier von besonderer Bedeutung: die jährlichen Quittungen des Nathanischen Legats aus den Jahren 1746 bis 1749. Die letzte von Ende Oktober 1749 ist darum beachtenswert, weil sie nicht mehr von Bach selbst, sondern von seinem damals 14jährigen Sohn Johann Christian geschrieben ist. Dies kann wohl kaum anders denn als ein trauriges Zeichen von Johann Sebastians schwindender Sehkraft oder einer anderen schwer behindernden Krankheit gedeutet werden, eventuell auch von beidem[18]. Das kleine, obendrein unvollständige Dokument von der Hand Johann Christians datiert zwischen Gottlieb Harrers allgemein als voreilig und taktlos empfundenem Probespiel[19] für die zukünftige Berufung als Thomaskantor, falls „der Capellmeister und Cantor Herr Sebast: Bach versterben sollte", und den zwei Augenoperationen Bachs[20] mit ihren ernsten und schließlich katastrophalen Folgen. Johann Christians Quittung bezeugt nicht weniger und nicht mehr, als daß sein Vater in den letzten Oktobertagen 1749 nicht mehr selber schreiben konnte oder wollte.

Unser Frontispiz, das besonders gut erhaltene Porträt des Meisters, das im Musikzimmer des Hauses von William H. Scheide in Princeton hängt, soll am Schluß dieser Einleitung behandelt werden. Von Elias Gottlieb Haußmann 1748 gemalt, ist es aller Wahrscheinlichkeit nach das Ölbild, das Carl Philipp Emanuel Bach gehörte, in dessen Nachlaßkatalog es genau beschrieben ist. Außerdem kennen wir die Beschreibung Charles Burneys, der das Bild in Carl Philipp Emanuel Bachs Wohnung in Hamburg gesehen hatte. Es ist demnach eine amerikanische Bach-Quelle, die nicht auf Wilhelm Friedemann, sondern – vielleicht als einzige in den Vereinigten Staaten – auf Carl Philipp Emanuel Bach zurückgeht. Das Bildnis zeigt den Meister, wie er 1748 aussah, ein Jahr bevor seine Gesundheit und Sehkraft zu schwinden begannen, bis ein weiteres Jahr später ein höheres Geschick ihm die Feder aus der Hand nahm; jene Feder, die sowohl Bachs schöpferische als auch alltägliche Gedanken seiner Um- und Nachwelt übermittelte und die wir in den amerikanischen Bach-Quellen durch zweiundvierzig Lebensjahre des Meisters verfolgen können.

[18] Schon drei Wochen früher, am 6. Oktober 1749, konnte Bach bei der Taufe seines Patenkindes Johann Sebastian Altnickol im nahegelegenen Naumburg nicht zugegen sein und mußte von einem anderen Taufzeugen vertreten werden. Vgl. Dok II, Nr. 587, S. 459.

[19] 8. Juni 1749. Vgl. Dok II, Nr. 584, S. 457.

[20] Bach unterzog sich diesen Operationen in den letzten März- und ersten Apriltagen 1750. Vgl. Dok II, Nr. 598 und 599, S. 468f.

Introduction*

Habent sua fata libelli

America owns more autograph manuscripts and other primary Bach sources than any other country outside of Bach's homeland, now East and West Germany. These Bach treasures are dispersed throughout the United States. They can be found in 30 different places, from the Library of Congress in the South to Harvard University in the North and Stanford University in the West. Most of them are known only to a handful of Bach scholars. They have not yet been catalogued and made known to a wider public, although they constitute a unique and priceless humanistic legacy of our country.

The list of American Bach sources (s. pp. 305 ff.) shows that America has become the home of at least nineteen autograph manuscripts, fifty-five original performing parts and other autograph writings, such as letters, receipts, a signature as well as a portrait of the composer painted from life, and Bach's own Bible. The collecting of these American Bach sources into one small volume that is illustrated by reproductions of their most representative pages and includes the often fascinating stories of their provenance might well appear as one of the most urgent indigenous scholarly contributions the ten-year old American Chapter can make to its more than eighty-year old parent organization, the *Neue Bachgesellschaft.*

Most formidable among the American Bach sources are the autograph scores of church cantatas that have found their way to the United States. Slightly less than one-half of Bach's 194 extant authentic church cantatas have come down to us in the ideal form of both autograph score and original performing parts. While some fifty of the original sets of parts of the church cantatas are apparently lost forever, about 140 of them have survived, most of them in the two *Staatsbibliotheken* in East and West Berlin as well as in the *Bach-Archiv Leipzig.* In only four cases have the principal sets of parts found their way to America. Though usually proofread, added to and revised by the composer, the parts are rarely in Bach's own handwriting. Of the fifty-five parts in this country only one is totally autograph: the Basso part of BWV 174 (s. pp. 139 f.). Since the composer's creation is first committed to paper in the form of the handwritten score, it is the autograph score that is usually regarded as the artwork proper, the composition itself. And it is in this all-important category that America houses with justifiable pride a substantial percentage of the surviving total. The autograph scores of some sixty cantatas seem to be irretrievably lost. But of the about 130 that have survived, fourteen plus a cantata fragment are in the United States. Nine of them are in New York City, though in four different locations.

It is noteworthy that not a single one of these autograph scores had been inherited by Carl Philipp Emanuel Bach as is proven by his estate catalogue. The majority, if not all of those now in America, had, in 1750, come into the possession of Wilhelm Friedemann Bach. Most of their performing parts were inherited by Anna Magdalena Bach and are now in the *Bach-Archiv Leipzig.*

From Johann Nikolaus Forkel and several other sources we know that Wilhelm Friedemann did not guard his father's musical legacy with the same zeal as did Carl Philipp Emanuel. The circumstances of Wilhelm Friedemann's wayward life forced him eventually to sell the bulk of the manuscripts from his father's estate. In 1827 a fair number of them re-emerged and were offered for sale at an auction in Berlin. Carl Friedrich Zelter was eager to acquire them for his Berlin *Singakademie* but he was outbid by the Geheime Postrat Karl Philipp Heinrich Pistor (1778–1847). On the next day Zelter tried in vain to persuade Pistor to let him buy them back. Pistor's daughter Betty belonged from her early youth together with the three Mendelssohn

* A preprint of this introduction is to be found in: *Bachiana et alia musicologica. Festschrift Alfred Dürr zum 65. Geburtstag,* ed. by Wolfgang Rehm, Kassel etc. 1983, pp. 99–107. In English, the introduction appeared, enlarged and revised, as a tribute to Alfred Mann. Cf. the April 1983 issue of the *American Choral Review* (vol. 25, No. 2), pp. 3–52.

children to the chorus of the Berlin *Singakademie.* Felix composed his String Quartet in E-flat major, op. 12, for her. In a letter to Ferdinand David[1] he vented his disappointment half-humorously and yet half-seriously that Betty had become engaged to the young jurist Adolf Friedrich Rudorff (1803–1873).[2] Apparently Mendelssohn was the first musician to visit Betty's parents in order to see and study their newly acquired Bach manuscripts. He is supposed to have made a list of them and received as reward for his labors the autograph score of Bach's Cantata 133 "Ich freue mich in dir." Pistor left his Bach treasures to his son-in-law Adolf Friedrich Rudorff who in the meantime had become Professor of Jurisprudence.

Rudorff did not foresee that his son Ernst Friedrich Karl (1840–1916) would someday become a musician himself. Had Rudorff known it, he would hardly have given the parts of six cantatas in about 1840 to his friend, the Weber biographer and Music Director Friedrich Wilhelm Jähns in Berlin (1809–1888). But Ernst Rudorff did become a musician. His mother saw to it that her 5 year-old son began studying piano with his godmother Marie Lichtenstein (1817–1890). She was the daughter of Weber's close friend Heinrich Lichtenstein whose correspondence with Carl Maria von Weber Ernst Rudorff was later to inherit from Marie and publish in 1900. His piano studies at the age of 18 with Clara Schumann resulted in an enduring friendship to which 220 letters bear witness. In 1865 Ernst Rudorff moved from Leipzig to Cologne where he joined Ferdinand Hiller's conservatory of music and founded a remarkably successful Bach-Verein. Three years later Joseph Joachim, who was the one who had convinced young Ernst Rudorff of his musical calling, appointed the 28 year-old musician to head the piano department at the newly founded *Hochschule für Musik* in Berlin (1869). At Christmas time 1888 Ernst Rudorff compiled a list of Bach cantatas, the autograph scores of which had been given over the years to friends of the family. In addition to Cantata 133 that Mendelssohn had received from Pistor, Cantata 5 was given to Joachim and Cantata 10 (s. pp. 46 ff.) to Spitta, who received this precious gift for Christmas 1879 upon completion of his monumental Bach biography.

After Spitta's premature death at the age of 52 in 1894 the manuscript of Cantata 10 was for a time in the possession of the Viennese pianist Paul Wittgenstein. While the other four cantatas, given so generously to friends of the Rudorff family have remained in Europe, Spitta's Cantata 10, Bach's German Magnificat, "Meine Seel erhebt den Herren," is now one of the priceless possessions of the Library of Congress in Washington, D. C. In 1948 it was presented to the Music Division of the Library by one of its great patronesses, Mrs. Gertrude Clarke Whittall.

In 1888 the parts of the six cantatas that Ernst Rudorff's father had given to Jähns and of whose existence and whereabouts Ernst Rudorff professed to know nothing, were returned to him in accordance with Jähns' Last Will and Testament. This is noteworthy because half of them, those of Cantatas 168, 174 and 176 are likewise now in this country. After Ernst Rudorff's death in 1916 the Musikbibliothek Peters in Leipzig acquired his musical estate, thereby making the Leipzig publishing house the repository of one of the great manuscript collections in Europe. Since the end of World War II most of its Bach holdings are now in the Hinrichsen Collection of the heirs of C. F. Peters in New York. They consist of the autograph scores of Cantatas 2, 20, 113, 114 and of the principal sets of parts of the three cantatas just mentioned and of Cantata 187 – 47 parts in all – and finally of the beautiful autograph manuscript of the Praeludium and Fugue in G major for organ, BWV 541.

I would not have dwelt to such an extent on the Bach manuscripts once owned by the Rudorff family, if they did not reveal the provenance of at least five of the fourteen autograph scores as well as of all but eight of the fifty-five parts of Bach cantatas now in this country. In fact, of these eight parts four may also have once belonged to Ernst Rudorff, as will be documented later.

[1] April 13, 1830. Cf. *Felix Mendelssohn Bartholdy. Briefe aus Leipziger Archiven,* ed. by Hans-Joachim Rothe and Reinhard Szeskus, Leipzig 1971, p. 129.
[2] For this and the following, see Nancy B. Reich "The Rudorff Collection," in: *Notes,* 31, 1974/75, pp. 247ff.

Aside from their provenance, what is the actual significance of the American-housed Bach manuscripts? Do any of these compositions hold a special place in Bach's œuvre or life? Indeed, an astonishing number of them are in the literal sense of the word extraordinary. The autograph score of Bach's very first cantata, BWV 131, "Aus der Tiefen rufe ich, Herr, zu dir" is the property of a well-known musician who lives in New York. It is in fact the earliest autograph of a major composition by Bach that has come down to us.

Bach's Weimar period is represented in America, in the Houghton Library of Harvard University, by a canon which the composer entered on August 2, 1713 into an album, probably of a pupil. No matter how small and insignificant a work this four-part *Canon perpetuus*, BWV 1073, may be, it constitutes nevertheless the first composition by Bach that gives the exact date in the composer's own handwriting (s. pp. 85 ff.). The latter is also true of the *"Clavier-Büchlein vor Wilhelm Friedemann Bach,"* that was begun by Johann Sebastian in Cöthen on January 22, 1720, two months after Wilhelm Friedemann's ninth birthday. Again it is a manuscript that like most of those now in America, belonged to Bach's oldest son. With its 134 pages of music the *Clavier-Büchlein* is the most voluminous Bach manuscript in this country. Since 1932 it is the proud possession of the Library of the School of Music at Yale University. It is one of the only two American Bach manuscripts made known in a facsimile edition.[3] The other facsimile of an American Bach manuscript is that of the C minor *"Fantasia per il Cembalo"* which Robert L. Marshall edited in 1976 for the members of the *Neue Bachgesellschaft*. The autograph manuscript is the property of America's oldest Bach-Verein, the Bethlehem Bach Choir which was founded in the small Pennsylvania town of Bethlehem in 1900 and which in 1972 presented its one-hundredth performance of the B minor Mass.

Since it was Carl Philipp Emanuel Bach who inherited the scores of the cantatas Bach performed during his first year in Leipzig – no matter whether they were new creations or re-performances of cantatas composed in Weimar – we should not expect, after what has been pointed out so far, to find any of them in America; and indeed, none of them is in this country. But of Bach's second Leipzig Jahrgang the scores of which Wilhelm Friedemann Bach inherited there is almost an *embarras de richesses*. It is America's good fortune that this is the year of the Chorale Cantatas, Bach's most original artistic creation within his cantata *œuvre*. Their form is so perfect that Spitta saw in them the crowning achievement of Bach's endeavors in the cantata *genre* and placed them at the end of the composer's career (1735–44). However, the new chronology established by Alfred Dürr and Georg von Dadelsen has revealed these cantatas as the work of Bach's second year in Leipzig; composed from the first Sunday after Trinity (June 11, 1724) onward through Annunciation (March 25, 1725).

The very first composition that opens the Chorale Cantata Jahrgang, the imposing eleven-movement Cantata 20 "O Ewigkeit, du Donnerwort" is in the Hinrichsen Collection in New York. So is the second cantata of this Jahrgang, Cantata 2 "Ach Gott, vom Himmel sieh darein." This cantata shares, along with Cantata 10, the large "Halfmoon" watermark that is so typical of the paper Bach used during his second year in Leipzig. The cantata for Visitation "Meine Seel erhebt den Herren" was written two weeks after Cantata 2 and is the fifth of Bach's Chorale Cantatas. This is the cantata the autograph score of which Ernst Rudorff had given to Spitta as a Christmas present and which is now in the Library of Congress. The autograph scores of the Chorale Cantatas 113 and 114 (for the 11th and 17th Sundays after Trinity) were, on the other hand, kept by Rudorff, then acquired by the Musikbibliothek Peters and are now in the Hinrichsen Collection in New York. Cantata 33 "Allein zu dir, Herr Jesu Christ" for the 13th Sunday after Trinity has its chronological place between these two cantatas. Its autograph score is in the Scheide Library at Princeton University. The last of the Trinity season cantatas of 1724 which until May 21, 1982 had been in America (s. pp. 60 f.), is Cantata 180 "Schmücke dich, o liebe Seele". It once belonged to Mendelssohn, then to Julius

[3] Published by Yale University Press, 1959, ed. and with a foreword by the renowned harpsichordist Ralph Kirkpatrick.

Rietz, the editor of the B minor Mass in the old Bach Gesellschaft edition, and to the famous singer Pauline Viardot-Garcia. Through the generosity of a later owner, the avid collector of music manuscripts, Mary Louise Curtis Bok (Mrs. Efrem Zimbalist) it found a new home in the Curtis Institute of Music in Philadelphia. To summarize: of the opening Chorale Cantatas of Bach's second Leipzig Jahrgang, that is, from the first through the twentieth Sunday after Trinity (i. e. from 11 June 1724 through 22 October 1724) thirteen cantatas have survived by their autograph scores; and of these thirteen the above-listed seven are in America. (Cantata 180 which was recently acquired by the Stuttgart Bachakademie is here still counted among the American-housed Bach cantatas.)

The autograph title page of Cantata 178 "Wo Gott der Herr nicht bei uns hält," written for the 8th Sunday after Trinity, is particularly beautiful because it is unmarred by any library stamp, owner's name or other inscription. It is one of the three Bach items discovered during my four-year pursuit of original Bach sources in America.[4] I found this page at a place one would not likely be inclined to look for a Bach manuscript: at the Metropolitan Opera House in New York. There, in the Belmont Room of the Metropolitan Opera Guild, it hangs, a gift of Louisville-born Edwin Franko Goldman, the founder and director of the famous Goldman Band.

Although this title page is the only survivor in America of this cantata, BWV 178 is again one of those six cantatas, the parts of which Jähns returned to Ernst Rudorff in 1888. Among these parts were also those of Cantata 176 which is Bach's last cantata of his second Leipzig Jahrgang. The principal set of parts – 14 in all – are in the Hinrichsen Collection. Of two further cantatas, once owned by Jähns and Rudorff, the Hinrichsen Collection harbors an impressive number of parts: nine of Cantata 168 "Tue Rechnung! Donnerwort" and thirteen of Cantata 174 "Ich liebe den Höchsten von ganzem Gemüte." A tenth part of Cantata 168 was recently presented to Princeton University. A 14th and 15th part of Cantata 174 are, one at the Library of Congress, the other, the beautiful 2-page autograph Basso part, at Stanford University in California (s. pp. 139 f.). The 11 instrumental parts of Cantata 187 "Es wartet alles auf dich" complete the Bach holdings of the Hinrichsen Collection. Ernst Rudorff wrote of these parts[5]: they "were always in the possession of my parents (never in that of Jähns)".

Except for two stray single parts, the Alto part of Cantata 130 (s. pp. 111 ff.), the other the figured Continuo part of Cantata 7 (s. pp. 105 ff.), there remain only three more parts in America. They belong to Cantata 9 "Es ist das Heil uns kommen her," the autograph score of which reposes at the Library of Congress. When Ernst Rudorff named the parts of the six cantatas his father had given to Jähns "Es ist das Heil uns kommen her" was among them. But since the parts of this cantata were turned over by Anna Magdalena Bach in 1750 along with those of 43 other Bach cantatas to the Thomas School and never left Leipzig, Ernst Rudorff's inclusion of them cannot refer to the Leipzig parts. It can only refer to the duplicate parts of the cantata, a fact of which Rudorff was apparently unaware. The foreword to volume 1 of the Bach Gesellschaft edition (of 1851), which contains Cantata 9, makes no mention of any duplicate parts. Although "Es ist das Heil" is a late Chorale Cantata of the early 1730s, the autograph score was part of Wilhelm Friedemann's inheritance (s. pp. 73 ff.). And as we know from numerous concrete examples in Carl Philipp Emanuel's estate catalogue, the heir of the autograph scores inherited also their duplicate parts. The three duplicate parts of "Es ist das Heil" appeared in auction catalogues (Stargardt, Berlin) as early as 1908. Hugo Riesenfeld, a Viennese musician who had lived since 1907 in America, bought them at the auction of the Heyer Museum in Cologne in 1926. The 2nd Violin and Bassus parts were after Riesenfeld's death in 1939 purchased by Mrs. Mary Flagler Cary,

[4] I would like to express my thanks to Professor Otto E. Albrecht, America's indefatigable detective of music manuscripts, who made me aware of the existence of this title page.

[5] On a handwritten sheet attached to the original parts in the Hinrichsen Collection in New York. Cf. NBA, I/18, KB, p. 92.

whose overwhelmingly rich collection of musical manuscripts[6] was given in 1968 to the Pierpont Morgan Library in New York.[7] Hugo Riesenfeld's 3rd part, the flute part, disappeared from view and remained unknown even to the world's greatest Bach scholars and manuscript hunters. It was however recently (in about 1971/72) found on a pile of rubble near Greenwich Village in New York where some houses had been torn down to make way for new construction. I sought out the proud finder and keeper of this page in May 1977 and persuaded him to allow the Pierpont Morgan Library to photograph his manuscript (s. pp. 151 f.), a fact for which I would like to express my gratitude again.

The autograph title page in the possession of the Metropolitan Opera Guild and this duplicate flute part show that 'new' Bach sources can still be found in our day. However, they have a way of turning out to be re-emerging old acquaintances that had at some time disappeared from view.

The autograph score of Cantata 171 "Gott wie dein Name, so ist auch dein Ruhm" is housed in the Pierpont Morgan Library, deposited there on loan by the Robert Owen Lehman Collection. Ernst Rudorff remembered[8] that his parents had given it to Jähns. But instead of being returned to Rudorff after Jähns' death it was at the time when the cantata was published by the BG (in vol. 35, November 1888) in the hands of Dr. Max Jähns in Berlin, the son of Friedrich Wilhelm Jähns, who had died on August 8 of that year.

The particularly beautiful autograph score of Cantata 112 "Der Herr ist mein getreuer Hirt" did not find its way to America via the *Musikbibliothek Peters*. When the BG published this cantata in 1876, Bach's manuscript of it was in the possession of Ernst Rudorff's godmother and first piano teacher, Marie Hoffmeister, née Lichtenstein. The score had been in the possession of Karl Pistor and was given to Marie either by him or by his daughter and son-in-law, Betty and Adolf Rudorff. Since Pistor died on April 1, 1847 and Marie married in the summer of that year the thought arises that the manuscript was perhaps a wedding present. It seems even more believable that it was a farewell present for Marie who had to leave the lively culture of the city of Berlin with its budding love for the music of Bach. She had to exchange the big city in which she had grown up for the small town of Blankenburg (Harz) where her husband, Dr. August Hoffmeister (1815–1895) held a position in the Lutheran church. Because her marriage remained childless Marie decided in her later years (between 1876 and 1886) to present Bach's score to her friend Ernst who was her junior by 23 years and thereby return the gift she had received a generation earlier to the Rudorff family. BWV 112 is included on a so-far-unpublished list that Ernst Rudorff had compiled in 1886 when he first tried to sell his Bach manuscripts. After Marie's death in 1890 Rudorff inherited the rest of her musical estate. Cantata 112 must have been sold between 1886 and 1916. If it was offered for sale at the Stargardt auction in 1893 when Rudorff's scores of Bach's Cantatas 115 and 116 were sold, it may have been acquired by Dr. Max Abraham (1831–1900), the founder of the *Edition Peters* (1867) who in 1893 – just 4 weeks before this auction – had solemnly opened the *Musikbibliothek Peters*. Abraham's nephew and successor Henri Hinrichsen might have inherited the score in 1900 when he became the sole owner of his family's publishing house. It is of course also possible that Hinrichsen purchased the score after his uncle's death from Rudorff or acquired it from Rudorff's estate for his private collection. Be this as it may, when Ernst Rudorff died in 1916 the score of this cantata was not among the Bach treasures purchased by the *Musikbibliothek Peters* as has sometimes been assumed. The lack of the characteristic oval stamp: "Musik/Bibliothek/Peters" anywhere in

[6] Among American libraries the Pierpont Morgan Library is second only to the Library of Congress in the realm of autograph music manuscripts. In addition to the six Bach items this catalogue describes, the Pierpont Morgan Library is the home of Haydn's Symphony No. 91, Mozart's "Haffner" Symphony and his "Schauspieldirektor," Beethoven's "Geister" Trio, Schubert's "Winterreise" and "Schwanengesang," Brahms' First Symphony, R. Strauss' "Don Juan" and "Tod and Verklärung" and Schoenberg's "Gurrelieder."

[7] By the Trustees of the Mary Flagler Cary Charitable Trust, one year after Mrs. Cary's death.

[8] Cf. NBA, I/14, KB, p. 84.

the autograph score of Cantata 112 confirms the fact that – unlike Cantatas 2, 20, 113 and 114 – it never belonged to the *Musikbibliothek Peters.* This is corroborated by the fact that Peter Krause did not include this manuscript in his comprehensive catalogue of *"Die Handschriften der Werke Johann Sebastian Bachs in der Musikbibliothek der Stadt Leipzig."*[9] That Henri Hinrichsen maintained a private collection of autographs can indirectly be deduced from a short article written by Liesbeth Weinhold in 1940. This article is entitled: *"Musikerautographen aus fünf Jahrhunderten. Eine bedeutende Erwerbung der Leipziger Stadtbibliothek."*[10] This report which includes Cantata 112 among the "new acquisitions" of the Stadtbibliothek mentions among these also a letter by Leopold Mozart of November 10, 1762. Now it so happens that this same letter had appeared already eighteen years earlier as facsimile in the following publication: *"Briefe berühmter Meister der Musik aus meiner Autographensammlung. Den Teilnehmern am Jahresessen des Leipziger Bibliophilenabends gewidmet von Henri Hinrichsen. Im Februar 1922."* This proves that Henri Hinrichsen was the owner of a private collection of autographs. Henri Hinrichsen who in 1926 succeeded in acquiring the large instrument collection of the Heyer Museum in Cologne for the musicological Institute at the University of Leipzig and on whom this university bestowed in 1929 the degree of *Dr. phil. honoris causa,* died at the age of 74 on September 30, 1942 in Auschwitz, a victim of the holocaust. After World War II the autograph score of Cantata 112 and the two autograph receipts of the *Nathanische Legat* of October 26, 1742 and of October 27, 1744 that likewise belonged to Henri Hinrichsen's private collection of autographs were brought to America by his son Walter. The two receipts (s. pp. 162 f.) were purchased by Mr. James J. Fuld of New York City while the autograph score of "Der Herr ist mein getreuer Hirt" was acquired by Mrs. Cary and is now in the Pierpont Morgan Library. Though written in 1731 this chorale cantata belonged nevertheless to the Jahrgang inherited by Wilhelm Friedemann Bach. The *Reinschrift* character of its first movement (s. pp. 66 ff.) has led to the doubtlessly correct assumption of an earlier time of origin of this chorale-fantasy movement.

Like Cantata No. 9, Cantata No. 97 "In allen meinen Taten" of 1734 is one of Bach's last unparodied church cantatas. Spitta tells us[11] that the autograph score of this cantata, which in 1932 was presented to the Music Division of the New York Public Library, was in the possession of Ernst Rudorff. This is, however, demonstrably a case of mistaken identity and thus constitutes one of the rare errors made by the great Bach biographer. That the first version of Cantata 118, the funeral motet "O Jesu Christ, meins Lebens Licht" of 1736 or 1737, is the last autograph score by Bach to be found in America is perhaps less significant than the fact that it is the autograph score of Bach's very last motet (s. pp. 79 ff.). It was for a long time in the *Breitkopf & Härtel Archiv* in Leipzig from where it found its way eventually into the Scheide Library at Princeton University.

Of contemporary copies made by others of Bach-compositions during the composer's lifetime or shortly thereafter, only a few of those now in America ought to be mentioned here. Among them the "Praeludium pedaliter di Joh. Bach" (sic), BWV 531/1, that belongs to the Library of Congress, seems to be the oldest. It was recently identified by Hans-Joachim Schulze[12] as a copy by Carl Gotthelf Gerlach who upon Bach's recommendation in 1729 became organist at the *Neue Kirche* in Leipzig. The "IMK/(small) Halfmoon" watermark of the paper that Bach used in his first year in Leipzig and the fact that Gerlach was from 1716–1722 a pupil of Johann Kuhnau at the Thomas School, points to 1723 as the *terminus ante quem* for this copy. Its value is enhanced by the fact that Bach's autograph of this Organ Prelude is lost. The Riemenschneider Bach Institute in Berea, Ohio is the proud owner of the

[9] *Bibliographische Veröffentlichungen der Musikbibliothek der Stadt Leipzig,* 1964.

[10] in: *Philobiblon,* 12, 1940, pp. 52–57.

[11] Cf. Spitta E, II, p. 703. Spitta's error is not to be found in the German edition (Spitta D, II, pp. 805f.).

[12] "'Das Stück in Goldpapier' – Ermittlungen zu einigen Bach-Abschriften des frühen 18. Jahrhunderts," in: BJ 1978, p. 42.

second oldest copy of Book I of the Well-Tempered Clavier. It was made by Bach's newest, then 23 year-old private pupil, Heinrich Nicolaus Gerber,[13] who began copying it in Leipzig on November 21, 1725 (s. pp. 199ff.). Don Franklin dates the copy of the B major fugue from Book II of the Well-Tempered Clavier which reposes at the Newberry Library in Chicago, between 1738 and 1741. It seems to be the earliest and first extant copy made of this fugue. Also the watermark of the paper, that of the so-called "Double Eagle," points to this time which antedates Bach's final compilation of the preludes and fugues for Book II of the Well-Tempered Clavier. Of special interest to us is the no longer astonishing fact – as stated on its front page (s. pp. 215 ff.) – that this Chicago copy belonged to Wilhelm Friedemann Bach who gave it to his favorite pupil in Berlin, Mme Sarah Levy, the great-aunt of Mendelssohn. Sarah Levy, known as a splendid pianist, was also the owner of Johann Christoph Altnickol's beautiful copy of the French Suites, now in the Library of Congress (s. pp. 223 ff.). The Library of Congress owns further a copy of the fifth movement of Bach's Cantata "Ein feste Burg ist unser Gott." The copyist is no other than Wilhelm Friedemann Bach. But Wilhelm Friedemann replaced Luther's coarsely picturesque "Und wenn die Welt voll Teufel wär" by a new, less offensive Latin text: "Manebit verbum Domini" (s. pp. 226 ff.). The Riemenschneider Bach Institute finally owns a copy of the Fugues from Well-Tempered Clavier, Book II. This is the copy that was made for Baron van Swieten, which Mozart used in 1782 for transcriptions of his own. Mozart's own copy of five of its fugues is also in America (in private possession). Except for Wilhelm Friedemann Bach's copy of the above-cited movement from "Ein feste Burg ist unser Gott" and a curious short-score he made of his father's cantata "Es ist das Heil uns kommen her," the American copies of compositions by Bach are limited to organ and clavier music.

Most frequent among them are copies of organ preludes and fugues and movements from the trio sonatas for organ, of the Well-Tempered Clavier and the Goldberg Variations. Practically all of them were made by pupils or colleagues of Bach, among them Johann Gottfried Walther and Johann Caspar Vogler, and by their pupils in turn. However, the largest contribution comes from Bach's last important disciple, Johann Christian Kittel, and his vast Erfurt circle of pupils. Seen as a whole these copies prove overwhelmingly that Bach's organ and clavier music, unlike his church music, was not allowed to die out in his native Thuringia.

Of the few compositions that were printed during Bach's lifetime one fifth have found their way to the United States: thirty-two copies in all, i. e., from as few as one to as many as six copies of eleven different compositions. They begin with single copies of the 1st, 2nd and 5th Clavier Partitas which precede Clavierübung I (of 1731).[14] The American-housed Bach prints end with four copies of the *Art of the Fugue* (the 1752 edition). Two of these 32 early printed copies in America deserve special mention. The copy of Clavierübung I in the Library of Congress contains a number of handwritten additions, particularly of tempo changes in the opening movement of the C minor Partita, all of which Bach himself entered with red ink. These autograph annotations prove that Bach had retained more than one copy for himself which, in view of the fact that both Wilhelm Friedemann and Carl Philipp Emanuel were in 1731 still living in their father's house, should not be surprising. The other unique Bach print in America is Bach's personal copy of the *Schübler Chorales* that William H. Scheide succeeded in acquiring for his Princeton University Scheide Library in 1975. The amazing story of its provenance and a full analysis of the illuminating revisions and annotations in the composer's own hand has been published by Christoph Wolff in 1976.[15]

In 1968 reappeared almost miraculously the Luther-Bible that headed the list of books left by Bach at his death. This copy of the 3-volume work, edited and annotated by the orthodox

[13] He was the father of the famous lexicographer.

[14] 5 copies of the latter are in America.

[15] Christoph Wolff, "Bach's Handexemplar der Schübler-Choräle," in: BJ 1977, pp. 120ff.

Lutheran theologian Abraham Calov (1612–1686), had long been believed lost. It had, however, come to Philadelphia some 130 years ago which makes it the oldest Bach source in the United States. It seems almost incredible that Bach's Bible should have reposed in the Library of Concordia Seminary in St. Louis, Missouri since 1938 without its identity and provenance having been made known beyond the local level. It is due to the persistent detective work of Christoph Trautmann that not only its hiding place was finally officially disclosed, but also that permission was granted to exhibit Bach's Bible during the Heidelberg *Bachfest* in 1969. Trautmann has since told the story of this spectacular find[16] and shown the significance of the revealing annotations Bach had penned into the margins of his Bible. Identical signatures at the bottom right of each title page of the 3-volume work attest to Bach's ownership (s. pp. 187 ff.). These are almost identical with a signature I happen to own (s. pp. 169 ff.). The re-appearance of Bach's Bible encouraged me to publish the detective story of provenance and authenticity of my signature and to show to what book in Bach's possession it may once have belonged.[17]

In the one small remaining category, that of autograph Bach documents other than music, the letters of the composer deserve to be mentioned first. Unlike Mozart, Bach was no letter writer. Of Bach's twenty-nine extant handwritten letters – not counting testimonials for students or reports on new organs – only two are in America. But these are the last letters of the composer that have survived: those famous ones addressed to his cousin Johann Elias Bach. The one of October 6, 1748 about the "Prussian Fugue" is in the Scheide Library at Princeton University (s. pp. 154 ff.). The other one of November 2, 1748 about the unwelcome gift of a cask of wine is in the Pierpont Morgan Library in New York. This last extant letter, although in its content almost amusingly prosaic, serves at the same time as a poignant reminder of the aging Master's cramped and deteriorating penmanship.

Receipts for certain annual payments are certainly not among the most interesting documents of a genius. But here again, out of ten receipts and two fragments in America, all of which have their own specific graphological significance, four are of particular interest. Not only do they belong to Bach's last ones but the very last, though incomplete receipt from the end of October 1749, is no longer written by Bach himself but by his 14 year-old son Johann Christian Bach. This moving indication of either failing eyesight or failing general health, or possibly of both,[18] appears nine months before the composer's death. It marks the midway point between Gottlob Harrer's untimely-seeming "trial performance for the future appointment"[19] as St. Thomas Cantor "in case the Capellmeister and Cantor Sebastian Bach should die" and the two cataract operations[20] performed on Bach's eyes with their ensuing disastrous and eventually fatal result. The fact that Johann Christian Bach wrote this last receipt implies no more nor less than that in the last days of October 1749 his father was no longer able or willing to write.

Our frontispiece, the superbly preserved oil portrait of Bach that hangs in the music room at the home of William H. Scheide in Princeton, will conclude this introduction. Painted from life by Elias Gottlieb Haußmann in 1748, it is in all probability the portrait that Carl Philipp Emanuel Bach owned and in whose house in Hamburg Charles Burney saw and later described it and which was also carefully noted in Carl Philipp Emanuel Bach's estate

[16] Christoph Trautmann, "'Calovii Schrifften. 3. Bände' aus Johann Sebastian Bachs Nachlaß und ihre Bedeutung für das Bild des lutherischen Kantors Bach," in: *Musik und Kirche*, 39, 1969, pp. 145–160.

[17] Gerhard Herz, "J S Bach 1733: A 'new' Bach Signature," in: *Studies in Renaissance and Baroque Music in Honor of Arthur Mendel*, Kassel etc. and Hackensack, N. J. 1974, pp. 254–263.

[18] Already three weeks earlier, on October 6, 1749 Bach was notably absent from the christening of his godchild Johann Sebastian Altnickol in nearby Naumburg so that the grandfather's place had to be taken by another sponsor. Cf. Dok II, No. 587, p. 459.

[19] The *Probespiel* took place on June 8, 1749. Cf. Dok II, No. 584, p. 457.

[20] Bach underwent these operations in the last days of March and the first days of April, 1750. Cf. Dok II, Nos. 598 and 599, pp. 468 f.

catalogue. It is the one Bach source in America that does not go back to Wilhelm Friedemann, but to Carl Philipp Emanuel Bach. This painting shows the Master as he looked in 1748, one year before his health and eyesight began to deteriorate until a year later a higher fate stayed his hand, and with it his pen, through which his creative and daily thoughts had flowed and which we can follow in American Bach sources through forty-two years of the composer's life.

Der Sonderfall BWV 541

BWV 541 Praeludium und Fuge in G-dur für Orgel

Die Entstehungsgeschichte des Praeludiums und Fuge für Orgel, BWV 541, ist derart symptomatisch für die heute in Amerika befindlichen Bach-Quellen, daß dieses Werk verdient, den übrigen Werkbeschreibungen vorangestellt zu werden. Sie wird vor allem einen Beitrag zu dem Problem Vater und Sohn, d. h. dem Verhältnis Johann Sebastians zu Wilhelm Friedemann liefern. Wilhelm Friedemann soll als ältester (geboren am 22. November 1710) Bachs Lieblingssohn gewesen sein[1]. Schon zwei Monate nach Wilhelm Friedemanns neuntem Geburtstag, am 22. Januar 1720, begann Johann Sebastian Bach in Köthen das erste seiner drei Notenbüchlein, das „Clavier-Büchlein vor Wilhelm Friedemann Bach", das heute zum Bestand der Bibliothek der Yale University gehört. Sechs Jahre später fing Bach an, einige seiner Kirchenkantaten mit virtuosen Orgelsätzen zu versehen, deren Entstehung in die Zeit vom 8. September 1726 bis zum 27. August 1731 fällt (BWV 35, 169, 49, 146, 188, 120a und 29). Das plötzliche Auftreten dieser Orgelkonzertsätze läßt darauf schließen, daß sie im Hinblick auf Wilhelm Friedemanns früh herangereifte technische Beherrschung der Orgel entstanden sind. Dies scheint auch Johann Sebastian Bachs Zusammenstellung der sechs Triosonaten für Orgel (BWV 525–530) um 1730 veranlaßt zu haben. Für das warme väterliche Interesse an Wilhelm Friedemanns zu dieser Zeit sich entfaltender Schöpfungskraft haben wir einen konkreten Beweis in Johann Sebastian Bachs eigenhändiger Kopie des F-dur-Concertos „a duoi Cembali Concertati di W. F. Bach". Da Bach das Manuskript seines Sohnes in Stimmen abschrieb, kann angenommen werden, daß

[1] Vgl. Martin Falck, Wilhelm Friedemann Bach, Leipzig 1913; Neudruck Lindau/Bodensee 1956. S. auch Karl Geiringer, The Bach Family. Seven Generations of Creative Genius, London 1954, deutsche erweiterte Fassung als: Die Musikerfamilie Bach. Leben und Wirken in drei Jahrhunderten, München 1958.

The Special Case of BWV 541

BWV 541 Prelude and Fugue in G major for organ

The story of the autograph manuscript of this Prelude and Fugue for organ is so symptomatic of the Bach sources housed in America that it deserves a special place of honor opening the descriptive portion of this catalogue. It will, above all, add a new chapter to the father-son relationship of Johann Sebastian and Wilhelm Friedemann Bach. It has often been noted that Wilhelm Friedemann, as Bach's oldest son, born November 22, 1710, was his favorite.[1] Two months after Wilhelm Friedemann's ninth birthday Johann Sebastian began on January 22, 1720 to compile in Cöthen the first of his three Notebooks, the "Clavier-Büchlein vor Wilhelm Friedemann Bach." Six years later Johann Sebastian introduced virtuoso obbligato organ parts as the most impressive feature into some of his church cantatas, composed between September 8, 1726 and August 27, 1731 (BWV 35, 169, 49, 146, 188, 120a and 29). The sudden appearance of these organ concerto movements suggests that they were created with Wilhelm Friedemann's increasingly prodigious technical mastery of the organ in mind. The same has often been said to be true of the six organ trio sonatas (BWV 525–530) which Bach compiled in about 1730. Bach's keen interest in his oldest son's early creative efforts is documented by Johann Sebastian's copy of the F major "Concerto a duoi Cembali Concertati di W. F. Bach." Why should Bach have copied Wilhelm Friedemann's score in parts, if not for the simple pleasure of playing this work[2] with his son.

When Bach wanted to meet George Frederic Handel in 1729 but was prevented by

[1] Cf. Martin Falck, *Wilhelm Friedemann Bach*, Leipzig 1913, reprinted Lindau/Bodensee 1956, and Karl Geiringer, *The Bach Family. Seven Generations of Creative Genius*, London 1954.

[2] Although Brahms edited this composition correctly as a work by Wilhelm Friedemann Bach (for Rieter-Biedermann in 1864), it appeared thirty years later as a work by Johann Sebastian Bach in BG, vol. 43 (1894), pp. 47ff.

Vater und Sohn dieses Werk[2] auch zusammen gespielt haben.

Als Bach 1729 den Versuch machte, Georg Friedrich Händel zu treffen, krankheitshalber aber nicht selbst nach Halle fahren konnte, sandte er Wilhelm Friedemann als Fürsprecher nach Halle. Auf seinen verschiedenen Reisen nach Dresden nahm er seinen ältesten Sohn gewöhnlich mit, der ihn auch 1747 auf seiner letzten größeren Reise an den Hof Friedrichs des Großen nach Potsdam begleitete.

Die autographe Handschrift von BWV 541 kann nun zu dem Thema der Bevorzugung Friedemanns einen weiteren Beweis abgeben. Das Manuskript des G-dur-Praeludiums und der Fuge für Orgel (s. S. 102ff.) ist eine Reinschrift, die auf zwei früher entstandene Handschriften Bachs zurückgeht[3]. Das Wasserzeichen des benutzten Papiers, die Hollandia-Figur mit der Gegenmarke „PvL", kommt in keinem anderen Musikautograph Bachs vor. Es kommt jedoch in zwei Briefen vor, die Wilhelm Friedemann am 7. Juni 1733 an den Rat der Stadt Dresden und an den Ratssyndikus Dr. Paul Christian Schröter[4] sandte, um sich für den damals freigewordenen Organistenposten an der Sophienkirche in Dresden zu bewerben. Diese Briefe waren allerdings nicht von Wilhelm Friedemann geschrieben, sondern, wie Hans-Joachim Schulze 1963 nachgewiesen hat[5], von seinem Vater. Wilhelm Friedemann war damals 22 1/2 Jahre alt und sicherlich durchaus fähig, selbst seine Bewerbungsbriefe aufzusetzen und zu schreiben. Dennoch tat es sein Vater für ihn. Er war anscheinend so darauf bedacht, die Dresdner Stellung für seinen Sohn zu sichern, daß er die beiden Briefe für ihn verfaßte und sie bedenkenlos mit „Wilhelm Friedemann" unterschrieb. Freilich konnte er nicht ahnen,

[2] Obgleich Brahms es bereits 1864 als eine Komposition Wilhelm Friedemann Bachs im Verlag Rieter-Biedermann herausgegeben hatte, erschien es 1894 als eine Komposition Johann Sebastian Bachs in BG, Bd. 43, S. 47ff.

[3] Diese sind heute allerdings verschollen. Dietrich Kilians KB zu NBA IV/5 und 6 gibt eine vollständige Übersicht über die Quellenlage dieser Komposition.

[4] Vgl. Dok I, Nr. 25 und 26, S. 71ff.

[5] Vgl. Dok I, Nr. 25 und 26, S. 71ff. Die Beschreibung der beiden Briefe und die Identifizierung der Handschrift als diejenige Johann Sebastian Bachs stammen, wie mir Dr. Schulze versicherte, von ihm.

illness from going to Halle himself, he sent Wilhelm Friedemann as his emissary. Again and again it was Wilhelm Friedemann whom Bach took along on his various journeys to Dresden, and in 1747 it was once more Wilhelm Friedemann who accompanied his father on his last major trip to Frederick the Great in Potsdam.

The autograph manuscript of BWV 541 will add yet another bit of evidence of Bach's preferential treatment of his first-born son. This holograph of the G major Prelude and Fugue for organ (s. pp. 102ff.) is a fair copy made from one of the two earlier autograph manuscripts which are no longer extant.[3] The watermark of the paper, the "Hollandia figure" with its countermark "PvL," occurs in no other composition by Bach. But it appears in the two letters that Wilhelm Friedemann wrote on June 7, 1733, to the Town Council at Dresden and to the Council-Syndicus, Dr. Paul Christian Schröter.[4] In both letters Wilhelm Friedemann applied for the vacant position of organist at St. Sophie's Church in Dresden. However, these letters were not written by Wilhelm Friedemann, but, as Hans-Joachim Schulze has shown,[5] by his father. Wilhelm Friedemann was then 22 1/2 years old, and, we may assume, perfectly capable of writing his own letters of application. Yet his father was apparently so anxious for his favorite son to obtain the Dresden position that he wrote these letters for him, signing them without any apparent qualms, "Wilhelm Friedemann Bach." Bach had certainly not the faintest notion that some day the truth of this matter would be revealed. The paper he used for his copy of BWV 541 is further identical in size[6] with that of the letters of

[3] For complete information on this subject, see Dietrich Kilian's KB to NBA IV/5 and 6.

[4] S. Dok I, nos. 25 and 26, pp. 71ff.

[5] S. Dok I, nos. 25 and 26, pp. 71ff. Dr. Schulze told me that the description of both letters as well as the identification of the handwriting as that of Johann Sebastian Bach were contributed by him.

[6] The slight discrepancy (32.9 x 20.5 and 20.8 cm for the two letters and 32.5 x 20.3 cm for BWV 541) is no doubt due to the fact that the letters, once received, were hardly touched by anyone while the manuscript of the music was used and passed through many hands in the intervening years (s. the story of its provenance on pp. 103f.).

daß der wahre Sachverhalt dieser Angelegenheit eines Tages enthüllt würde. Da das Papier, das Bach für seine Kopie von BWV 541 benutzte, mit dem der zwei von ihm verfaßten Bewerbungsschreiben übereinstimmt (nicht nur im Wasserzeichen, sondern auch im Format)[6], muß angenommen werden, daß diese dritte und endgültige Fassung des Werks gleichzeitig mit den zwei Briefen entstand und somit auch für Wilhelm Friedemanns Reise nach Dresden bestimmt war[7]. Bachs Wahl gerade dieser Komposition, die zu den freudigsten und unmittelbar wirkungsvollsten seiner Schöpfungen für Orgel gehört, läßt kaum einen anderen Schluß zu: er stellte die Kopie her, damit Wilhelm Friedemann die Komposition als Probestück in Dresden spielen konnte. Es bleibt allerdings offen, ob Wilhelm Friedemann das G-dur-Praeludium und Fuge seinen Prüfern als eine Komposition seines Vaters oder als seine eigene vorführte. Obgleich sich sieben Bewerber für die Dresdner Organistenstellung gemeldet hatten, von denen drei zum Probespiel am 22. Juni 1733 zugelassen wurden, wurde Wilhelm Friedemann bereits am nächsten Tage einstimmig gewählt. Bachs Fürsorge und Hilfe waren also nicht vergeblich gewesen. Ist es erlaubt, sein persönliches Eingreifen in dieser Angelegenheit als typischen Fall väterlicher Bevorzugung anzusprechen? Zu dieser Ansicht kann noch das Folgende beitragen: Als knapp zweieinhalb Monate später der 19jährige Carl Philipp Emanuel Bach sich um die vakante Organistenstelle an der Wenzelskirche in Naumburg bemühte, ließ der Vater den jüngeren Sohn seinen Antrag selbst schreiben (für den dieser das gleiche Papier benutzte). Im Gegensatz zu Wilhelm Friedemann erhielt Carl Philipp Emanuel den ersehnten Posten nicht. Anscheinend ließ der Vater, der allerdings das Bewerbungsschrei-

[6] Die kleine Diskrepanz von 3 mm: 32,9 x 20,5 und 20,8 cm für die beiden Briefe und 32,5 x 20,3 cm für BWV 541 ist wohl darauf zurückzuführen, daß die zwei Briefe nach Empfang kaum noch berührt worden sind, während das Manuskript von BWV 541 durch viele Hände gegangen ist. S. auch die Geschichte seiner Provenienz (S. 103f.).

[7] Diese Vermutung ist zum ersten Mal von Hans-Joachim Schulze im ersten Kapitel seiner Dissertation ausgesprochen worden (Hans-Joachim Schulze, Studien zur Bach-Überlieferung im 18. Jahrhundert, Phil. Diss. Rostock 1978, masch.).

application. We must surmise that he copied this perhaps brightest and most immediately appealing of his organ works for Wilhelm Friedemann to use as his test piece in Dresden.[7] The question, however, remains whether Wilhelm Friedemann identified this Prelude and Fugue as a composition by his father, when he played it in Dresden, or let his jurors think it was his own. Although there were seven applicants of whom three were admitted to the audition on June 22, Wilhelm Friedemann was unanimously elected on the day thereafter. Bach's solicitude and active help had thus not been in vain. Can we call his part in this matter a case of paternal overprotection? At least this much can be said: when, less than 2 1/2 months later, the 19-year-old Carl Philipp Emanuel Bach applied for the position of organist of St. Wenceslas' Church in Naumburg, his father let his younger son write his own letter of application to the Naumburg Town Council (for which he used the same kind of paper). Unlike Wilhelm Friedemann, Carl Philipp Emanuel Bach did not succeed in obtaining the desired position. Apparently he was left to fend for himself, and as his later positions at the court in Potsdam and in Hamburg showed, he learned to stand on his own feet.

Wilhelm Friedemann, who had received more of Bach's love and guidance, apparently became so dependent that life began to play havoc with him once his father had died. It was he who immediately hurried to Leipzig at the news of Bach's death. He returned to his post as organist at the Liebfrauenkirche in Halle only after he had taken care of the affairs of his father's estate. He saw to the distribution of the manuscripts, then delivered to his brother Carl Philipp Emanuel in Potsdam his portion of the inheritance and brought also the fifteen year-old Johann Christian to him for his care and education. In Halle Wilhelm Friedemann was severely rebuked for overstaying the time of his leave. From hereon disagreements and squabbles with his employers increased, revealing character traits astonishingly simi-

[7] This assumption was first voiced by Hans-Joachim Schulze in the first chapter of his dissertation (Hans-Joachim Schulze, *Studien zur Bach-Überlieferung im 18. Jahrhundert*, Ph. D. Diss. Rostock 1978, typescript).

ben korrigierte, Carl Philipp Emanuel mehr oder weniger selbst gewähren; wie seine späteren Anstellungen am preußischen Hof und in Hamburg beweisen, lernte er es gut, auf eigenen Füßen zu stehen.

Hingegen wurde Wilhelm Friedemann, der mehr Liebe und Unterweisung von Bach empfing, von seinem Vater anscheinend so abhängig, daß er nach des Vaters Tod sein Leben nicht mehr zu meistern verstand. Wilhelm Friedemann war es auch, der nach Erhalt der Todesnachricht sofort nach Leipzig eilte. Erst nachdem er als Erbschaftsbevollmächtigter die testamentarischen Angelegenheiten geregelt, die Manuskripte seines Vaters verteilt, die Carl Philipp Emanuel zugesprochenen dem Bruder in Potsdam überbracht und ihm den 15jährigen Bruder Johann Christian zur weiteren Erziehung übergeben hatte, kehrte er zu seinem Organistenamt nach Halle zurück. Dort wurde Wilhelm Friedemann dann auch öffentlich wegen Urlaubsüberschreitung gerügt. Von hier an häufen sich seine Meinungsverschiedenheiten und Streitigkeiten mit der Behörde; diese lassen Charakterzüge erkennen, welche denen seines Vaters erstaunlich ähneln, nur daß Friedemann es nicht wie sein Vater verstand, seine Kämpfe starrköpfig und zielbewußt auszutragen. Wir können sogar so weit gehen und unterstellen, daß, wenn Bach 1762 noch am Leben gewesen wäre, um Wilhelm Friedemann zu beraten, dieser als Christoph Graupners Nachfolger Kapellmeister am Hofe zu Darmstadt geworden wäre. Aber ohne seinen Vater zögerte Wilhelm Friedemann die Annahme der ihm angebotenen Stellung immer wieder hinaus und bestand auf unverständlichen und fragwürdigen Garantien, so daß ihm der Posten schließlich entging[8]. Die Stellung hätte ihm nicht nur eine stattliche Gehaltserhöhung gesichert, sondern auch einen in den Augen gerade dieser Zeit beneidenswerten gesellschaftlichen Aufstieg. Man möchte bei Wilhelm Friedemann auf eine momentane Depression schließen oder zumindest auf eine merkwürdige Selbstherabsetzung, vielleicht verursacht durch einen Anflug von Pflicht-

[8] Nach seines Vaters Tod blieben alle Versuche Wilhelm Friedemanns, neue Anstellungen zu finden, vergebens.

lar to those of his father. But Wilhelm Friedemann did not pursue and resolve these matters with his father's stubborn yet logical singlemindedness of purpose.

We might go so far as to suggest that if Johann Sebastian Bach had still been alive in 1762 to advise his son, Wilhelm Friedemann would have become Christoph Graupner's successor as Chapelmaster at the court in Darmstadt. Without his father's guidance Wilhelm Friedemann vacillated and insisted on curiously inappropriate guarantees that ultimately cost him the coveted position.[8] This position would not only have meant a substantial financial improvement over his Halle post as organist, but would also have represented a marked social advancement in his time. Was Wilhelm Friedemann's curious self-defeatist attitude perhaps caused by a sense of obligation to remain, as the oldest member of the Bach family, loyal to the organ? If so, then he had to pay dearly for his loyalty, because it was in his lifetime that the Age of Enlightenment was diminishing and undermining the formerly secure social position and artistic prestige of the organist. Wilhelm Friedemann's instability and the frequent disappointments, which he usually brought upon himself, led eventually to embitterment and resignation. His father's overprotection, which Geiringer called a "fatal gift,"[9] seems to have left its scars.

In 1739, at the age of fifty-four, Johann Sebastian Bach began to turn inward. That year he published the severe third part of his Clavierübung, the so-called Organ Mass, and absorbed himself increasingly in the study of the *stile antico*. Although he resumed for a short time the leadership of his Collegium Musicum (late in 1739), he had given up directing it already in the summer of 1737,[10] thereby severing for all practical purposes his contact with the Leipzig bourgeosie. But in the eleven years that remained of his life, he retained his Leipzig cantorship while giving to the world, resigned as he was, the last masterworks of his earthly existence. At the same age of fifty-four, in

[8] After his father's death every one of Wilhelm Friedemann's attempts to obtain a position remained fruitless.
[9] Geiringer, *op, cit.*, p. 316.
[10] Cf. Dok II, no. 455, pp. 369f.

gefühl, als Ältester der Bach-Familie der Orgel treu zu bleiben. Diese Treue zur Orgel – falls es sich wirklich darum gehandelt haben sollte – kam Wilhelm Friedemann teuer zu stehen. War es doch die Tendenz des Aufklärungszeitalters, die gesellschaftliche Stellung und das künstlerische Ansehen des Organistenstandes mehr und mehr zu schmälern. Wilhelm Friedemanns anscheinend mangelnder Ehrgeiz und oft selbstverschuldete Enttäuschungen führten schließlich zu Verbitterung, Sorge und Resignation. Die starke Protektion seines Vaters, die Geiringer ein „fatal gift" nannte, scheint ihre Spuren hinterlassen zu haben[9].

Johann Sebastian Bach war 54 Jahre alt, als er, gleichfalls enttäuscht und resigniert, 1739 den kompositorisch strengen dritten Teil der „Clavierübung", die sogenannte „Orgelmesse", herausgab und sich in das Studium des stile antico vergrub. Schon im Sommer 1737 hatte Bach die Direktion seines Collegium Musicum für mehr als zwei Jahre unterbrochen und scheint sie im späten September 1739 nur für kurze Zeit wieder aufgenommen zu haben. Auf diese Weise gab er seinen Kontakt mit dem Leipziger Bürgertum fast völlig auf[10]. Er kam jedoch in den elf Jahren, die ihm noch beschieden waren, nicht auf den Gedanken, sein Thomaskantorat aufzugeben. Es ging ihm darum, der Welt, von der er sich zurückgezogen hatte, die letzten Meisterwerke seines schöpferischen Lebens zu hinterlassen. Wilhelm Friedemann aber reichte 1764 im gleichen Alter von 54 Jahren in Halle sein Abschiedsgesuch ein. Und zwar zog er sich so überraschend von seiner Organistentätigkeit zurück, daß der Rat der Stadt nicht gewillt war, ihm das erbetene Gehalt bis Trinitatis auszuzahlen. Von diesem Zeitpunkt an bekleidete Wilhelm Friedemann kein Amt mehr und blieb in den letzten zwanzig Jahren seines Lebens arbeitslos. Er schlug sich als Privatlehrer von begabten Schülern durch und gab gelegentlich Orgelkonzerte, zunächst in Halle (1764–1770), dann in Braunschweig (1771–1774) und schließlich in Berlin (1774–1784).

[9] Vgl. Geiringer (1954), a. a. O., S. 316.
[10] Vgl. Dok II, Nr. 455, S. 369f.

1764, Wilhelm Friedemann, in contrast to his father, terminated his position as organist in Halle. He discontinued his duties so abruptly that the Town Council was not even willing to grant him the requested payment for the rest of the quarter. Thereafter Wilhelm Friedemann was unemployed for the remaining twenty years of his life, eking out a meager existence as teacher of gifted students and by highly acclaimed organ recitals, first in Halle (1764–1770) then in Braunschweig (1771–1774), and finally in Berlin (1774–1784).

Wilhelm Friedemann's unstable social condition was not conducive to the careful preservation of the precious legacy of his father's manuscripts. Furthermore, he seems to have been generous by nature. Already in Halle he had made presents of some of these manuscripts to his best pupils. The "Clavier-Büchlein vor Wilhelm Friedemann Bach" he gave to his relative, Johann Christian (1743–1814) – the Halle "Klavier-Bach." The French Suites he presented to Friedrich Wilhelm Rust (1739–1796), the grandfather of the editor of the BG. The organist Müller, in whose house Wilhelm Friedemann lived during his Braunschweig stay, received Book I of the Well-Tempered Clavier as well as the 15 Inventions and Sinfonias,[11] while Johann Nikolaus Forkel bought, among others, the Chromatic Fantasy. Only with Wilhelm Friedemann's abrupt departure from Braunschweig in 1774, did apparent need[12] force Bach's oldest son to leave the vast amount of his father's manuscripts behind asking his friend Professor J. J. Eschenburg, the well-known Shakespeare translator, to auction them off in his behalf. On August 26 of the same year, Carl Philipp Emanuel Bach complains in a letter to Forkel, "It is annoying that the manuscripts of our late father are becoming so dispersed. I am too old and too busy to gather them together.[13] Only

[11] Most of them were, however, not autograph manuscripts by his father. (Cf. the forewords to the relevant volumes of the BG and the Critical Reports to the NBA volumes as far as they have appeared.)
[12] The Halle real estate of his wife, who came from a well-to-do family, was already offered for sale at an auction in 1770, six years after the onset of her husband's unemployment.
[13] Cf. Dok III, no. 793 p. 278.

Seine prekäre finanzielle Lage stand einer gewissenhaften Aufbewahrung der geerbten kostbaren Manuskripte seines Vaters im Wege. Auch scheint Wilhelm Friedemann großzügig gewesen zu sein. Schon in Halle hatte er einige Handschriften verschenkt. So gab er das „Clavier-Büchlein vor Wilhelm Friedemann Bach" seinem talentierten Verwandten, dem sogenannten Hallensischen „Klavier-Bach", Johann Christian (1743–1814). Die Französischen Suiten erhielt Friedrich Wilhelm Rust (1739–1796), der Großvater des Herausgebers der BG. Dem Organisten Müller, in dessen Haus in Braunschweig Wilhelm Friedemann lebte, fühlte er sich verpflichtet und überließ ihm das „Wohltemperierte Klavier" (1. Teil) sowie die „15 Inventionen und Sinfonien"[11], während Johann Nikolaus Forkel u. a. die „Chromatische Fantasie" erwarb. Erst bei Wilhelm Friedemanns plötzlicher Abreise aus Braunschweig im Jahre 1774 scheint bittere Not ihn gezwungen zu haben[12], die ihm noch gebliebenen reichen Schätze des väterlichen Erbes zurückzulassen. Er beauftragte seinen Freund, Professor J. J. Eschenburg, Deutschlands ersten Shakespeare-Übersetzer, die Manuskripte in seinem Namen mit professioneller Hilfe zu versteigern. Am 26. August 1774 klagt Carl Philipp Emanuel Bach in einem Brief an Forkel: „Es ist ärgerlich, daß die Sachen vom seeligen Vater so herumflattern, ich bin zu alt, u. zu sehr beschäftigt um sie zusammen zu treiben."[13] Erst vier Jahre später, als Wilhelm Friedemann nicht nur die Freundschaft Johann Philipp Kirnbergers, sondern auch die Gunst seiner verehrten Berliner Gönnerin, der Prinzessin Amalie von Preußen, verloren hatte, erkundigte er sich bei Eschenburg nach dem Resultat der Auktion.

Schon einige Jahre vorher hatte Wilhelm Friedemann Forkel den ganzen Jahrgang der

[11] Freilich handelte es sich bei diesen Manuskripten gewöhnlich nicht um die autographen Handschriften seines Vaters (vgl. die einschlägigen Vorworte zu den entsprechenden Bänden der BG und, soweit sie bisher erschienen sind, die Kritischen Berichte der NBA).

[12] Schon nach sechs Jahren ohne festes Amt wurde das Hallensische Grundstück seiner aus begüterter Familie stammenden Frau vor dem Umzug nach Braunschweig zur Versteigerung angeboten.

[13] Vgl. Dok III, Nr. 793, S. 278.

four years later, after Wilhelm Friedemann lost the friendship of Johann Philipp Kirnberger, through a grave mistake of his own, and subsequently the favor of his foremost Berlin patron, Princess Amalia of Prussia, did he inquire from Eschenburg what had become of the auction of his father's manuscripts he had left behind.

A number of years earlier Wilhelm Friedemann had already offered the whole Jahrgang of his father's chorale cantatas to Forkel for 20 Louis d'or. But Forkel could not afford the purchase price at the time and reported in a letter[14] that the whole Jahrgang was later sold out of necessity for 12 Thaler. Forkel's letter closes with the shocking words: "I do not know where it went." We know that at least nine of these chorale cantatas eventually found their way to America.[15]

[14] Of April 4, 1803 to Hoffmeister & Kühnel in Leipzig. Cf. BG 35, p. XXIX.

[15] Nine of the 14 presently in the U. S., namely BWV 2, 9, 10, 20, 33, 112, 113, 114 and 180.

Choralkantaten seines Vaters für 20 Louis d'or angeboten. Damals konnte Forkel die Summe jedoch nicht aufbringen. Wie er selbst berichtet[14], wurde der ganze Jahrgang später „aus Not" für 12 Thaler veräußert. Forkels Brief schließt mit den erschütternden Worten: „Ich weiß aber jetzt nicht, wohin er gekommen ist."

Heute wissen wir, daß mindestens neun[15] dieser Choralkantaten Johann Sebastian Bachs schließlich ihren Weg nach Amerika fanden.

[14] Brief vom 4. April 1803 an Hoffmeister & Kühnel in Leipzig. Vgl. BG 35, S. XXIX.

[15] 9 von insgesamt 14, die sich heute in Amerika befinden: BWV 2, 9, 10, 20, 33, 112, 113, 114 und 180.

Originalpartituren Bachscher Kantaten

BWV 131 „Aus der Tiefen rufe ich, Herr, zu dir"

Da die eigenhändige Partitur von BWV 131 das älteste überlieferte Manuskript eines größeren Werkes des Meisters darstellt, sei es erlaubt, von der knappen Form der Darstellung abzuweichen, die bei der Beschreibung der meisten amerikanischen Bach-Quellen angewandt werden soll. Die 32,4 x 20,3 cm große Handschrift ist wie öfters bei Bach-Manuskripten auffallend hoch im Vergleich zu ihrer Breite. Die ohne Titelblatt überlieferte Partitur besteht aus vier Bogen in Hochformat, die paarweise je zwei und zwei ineinandergelegt sind[1]:

Die vier gefalteten Bogen bestehen also aus 8 Blättern oder 16 Seiten, von denen 15 beschrieben sind. Die leere 16. Seite ist auf ein dickeres braunes Papier aufgeklebt. Die ungeraden Seiten der Partitur sind von späterer Hand rechts oben numeriert worden. Der gegenwärtige Zustand des Manuskriptes kann als gut bezeichnet werden. Die Farbe des Papiers ist hellbraun. Die dunkelbraune, beinahe schwarze Tinte ist nirgendwo auf die Rückseite durchgeschlagen; sie hat auch keine Löcher im Papier hinterlassen.

1840 war die Handschrift im Besitz des bekannten Wiener Autographensammlers Aloys Fuchs (1799–1853), der ihr ein mit Liebe angefertigtes, reich verziertes neues Titelblatt hinzufügte (s. Abb. 2). Die nicht in Schönschrift erscheinenden Zusätze sowie die welligen Unterstreichungen sind vielleicht von Fuchs mit roter Tinte in das Titelblatt eingetragen worden, die Worte „(130. Psalm)" dagegen mit schwarzer Tinte. Das Datum „1707" wird durch Bachs erstaunliches Postscriptum bestätigt: „Auff begehren Tit: Herrn D: Georg: Christ:

[1] Diese Kenntnis beruht auf Rusts Vorwort zu BG 28 (1881), S. XXII. Da die 4 Bogen heute einen festen Einband haben, kann Rusts Beschreibung der Bogenlage nicht mehr nachgeprüft werden.

Autograph Scores of Bach Cantatas

BWV 131 "Aus der Tiefen rufe ich, Herr, zu dir"

BWV 131 is not only Bach's very first cantata, but also the oldest manuscript of a major work of the Master that has come down to us. Therefore its autograph score will be described here in essay style, in contrast to most of the other Bach sources. Its measurements are 32.4 x 20.3 cm, which is unusually narrow in relation to its height. The manuscript consists of 4 lengthwise folded folios of which two each are placed one into the other:[1]

These 4 folios equal 8 leaves or 16 pages. Of these, the 16th page is blank and glued onto a heavier brown paper. The odd pages of the score are paginated at the right top by a later hand. The manuscript is in fair condition, the paper light brown. The dark brown, almost black ink has neither bled through onto the reverse side nor eaten holes through the paper.

In 1840 the score was in the possession of the Viennese collector Aloys Fuchs (1799 to 1853) who added, in the absence of an original title page, a lovingly adorned new one (s. ill. 2). Its non-calligraphic writings and the two underlinings were added with red ink – perhaps by Fuchs – and: "(130. Psalm)" with black ink. The date "1707" is corroborated by Bach's unique postscript (s. ill. 4): "Auff begehren Tit: Herrn D: Georg: Christ: Eilmars in die / Music gebracht von / Joh: Seb: Bach / Org: Molhusin(?)." It appears that Eilmar, who was not the minister of Bach's church but of St. Mary's church in Mühlhausen, was the instigator of Bach's first church cantata. Since Frohne, the minister of Bach's church, was an ardent Pietist, the newly appointed organist Bach was not

[1] This information goes back to Rust (BG 28 [1881], p. XXII). Since the 4 folios are now bound into a hard-cover binding it is no longer possible to verify Rust's description of the manuscript's gathering.

Eilmars in die / Music gebracht von / Joh: Seb: Bach / Org: Molhusin(?)" (s. Abb. 4).

Hieraus ergibt sich, daß Eilmar, der nicht der Pastor von Bachs Kirche, sondern von der Marienkirche in Mühlhausen war, die Anregung zu Bachs erster Kantate gegeben hatte. Da Frohne, der an Bachs Blasiuskirche wirkende Superintendent, ein eifriger Verfechter des musikfeindlichen Pietismus war, sollte der soeben angestellte 22jährige Organist Bach keine Kantaten komponieren, von deren Aufführungen ganz zu schweigen. Bach versuchte also, mit seinem einzigartigen Nachwort die Verantwortung für die Komposition und Aufführung der Kantate auf Eilmar, den orthodoxen Lutheraner der Marienkirche, abzuwälzen.

Eine Generation nach Fuchs befand sich das Manuskript von BWV 131 in den Händen von Wilhelm Rust (1822–1892), dem langjährigen, unermüdlichen Herausgeber der BG. Überwältigt von, aber wohl auch eifersüchtig auf Spittas Bach-Biographie, die dieser als 38jähriger 1879 vollendete, legte Rust im Jahre 1881 nach Veröffentlichung des 28. Bandes der BG-Ausgabe, der diese Kantate enthält, sein Amt als Herausgeber nieder. Seine Abneigung gegen Spitta kommt im Vorwort klar zum Ausdruck[2]. Gleichzeitig können wir diesem entnehmen, daß Spitta, als er „Aus der Tiefen rufe ich, Herr, zu dir" im ersten Band seiner Bach-Biographie, d. h. vor 1873, beschrieb, keinen Zugang zu der Originalhandschrift der Kantate hatte, da diese sich im Besitz von Rust befand. Hätte Spitta die Möglichkeit gehabt, Bachs Postscriptum zu sehen, so wäre ihm der an sich kleine Irrtum, die Kantate sei kurz vor 1712 entstanden, wohl nicht unterlaufen[3].

Das Wasserzeichen des Papiers zeigt den gekrönten Doppeladler der freien Reichsstadt Mühlhausen. Da es in der Bogenmitte erscheint und die gefalteten Bogen eingebunden sind, kann man es jeweils nur zur Hälfte sehen. Auf der linken Seite des Papiers ist die Gegenmarke, der Buchstabe „C" sichtbar, der mit dem rechts unter ihm liegenden großen „B" ein Monogramm bildet. Mit

[2] BG 28, S. XVf. und XXf.

[3] Spitta D, I, S. 438.

supposed to compose, much less to perform, cantatas. The intention of Bach's postscript thus seems to have been to shift the responsibility for having composed and performed a cantata to Eilmar, the orthodox Lutheran minister of St. Mary's church.

A generation after Fuchs, the manuscript came into the possession of the long-time editor of the BG, Wilhelm Rust (1822–1892). Overwhelmed by, but also jealous of Spitta's Bach biography completed in 1879 when Spitta was only 38 years old, Rust resigned his editorship in 1881 after the publication of vol. 28 of the BG edition containing this cantata. The hard feelings he harbored against Spitta surfaced in the foreword to this volume.[2] They also imply that Spitta, when he described Cantata 131 in vol. I of his Bach biography – that is, before 1873 – had no access to the autograph score, which was still in Rust's hands. Had Spitta known the postscript in which Bach signs himself as "Mühlhausen organist", he would hardly have misdated this cantata as about 1711.[3]

The watermark of the paper shows the crowned double eagle of the Free and Imperial city of Mühlhausen. Since the watermark appears in the center of each folio and these are bound into the cover, one can see only half of it at a time. At the left of the paper a "C", connecting with a capital "B" below and slightly to the right of it, forms a monogram. This "C_B" stands for Christoph Becker, a Mühlhausen paper-maker from about 1672 to 1707, whose widow continued her husband's trade until 1714. This watermark is identical with Bach's other dated Mühlhausen documents, including the *Ratswahl* Cantata BWV 71, "Gott ist mein König", of February 4, 1708.

Also Bach's small and delicate handwriting shows these cantatas to be neighbors. Though apparently written at great speed, the fact that the whole score of BWV 131 shows only two corrections indicates that it is a fair copy, rather than the composing score. Barlines are drawn throughout with a ruler. The number of staves varies according

[2] Cf. BG 28, pp. XVf. and XXf.

[3] Spitta E, I, p. 442.

diesem „$^{C}{}_{B}$" stellt sich Christoph Becker vor, der von etwa 1672–1707 Papiermacher in Mühlhausen war und dessen Witwe den Betrieb bis 1714 weiterleitete. Dieses Wasserzeichen ist identisch mit dem der datierten Ratswahlkantate „Gott ist mein König" (BWV 71, vom 4. Februar 1708) und anderen Bach-Dokumenten aus Bachs Mühlhausener Zeit.

Auch Bachs kleine und zierliche Handschrift läßt diese zwei Kantaten als zeitliche Nachbarn erkennen. Obgleich das Manuskript von Kantate 131 mit einer gewissen Eile geschrieben zu sein scheint, spricht die Tatsache, daß Bach in der ganzen Partitur nur zwei Korrekturen anbringt, dafür, daß wir hier eine Reinschrift vor uns haben. Die Taktstriche sind durchgehend mit Lineal gezogen. Die Zahl der Notensysteme ist verschieden, sie paßt sich dem jeweiligen Bedarf der Partitur an. Sie wechselt von 19 (S. 11) bis 26 (S. 3), wobei 20 die Norm bildet, d. h. zwei Akkoladen von je 10 Notensystemen, die Bach für Sätze mit vollem Instrumentarium und allen Stimmen benötigt. Die auf allen fünfzehn Seiten sozusagen „nach Maß" gezogenen Notensysteme zeigen ferner, daß Bach die Handschrift nach einer Konzeptpartitur oder Skizze anfertigte. Die Bezifferung des Continuos sowie Tempoanweisungen und dynamische Bezeichnungen sind mit außergewöhnlicher Sorgfalt ausgeschrieben. Die Angaben „adagio" (links oben auf S. 1, s. Abb. 3) und „Lente" (nach dem Wort „Sinfonia" und über der Continuostimme) bezeugen, daß Bach keinen Unterschied zwischen diesen zwei Tempobezeichnungen macht. Die Fagottstimme ist nicht auf dem System über dem Continuo geschrieben, sondern auf dem über der Sopranstimme (s. Abb. 4, letzte Seite der Partitur). Die Stimmen für Oboe und Fagott sind im Kammerton (a-moll) notiert, d. h. einen Ganzton höher als die anderen Instrumente und Singstimmen. Wäre BWV 131 eine Weimarer Kantate, wie Spitta annahm, so hätte Bach sie eine kleine Terz höher geschrieben.

Bachs erheiternd fehlerhaftes Italienisch, das der Niederschrift des Werkes vorausgeht (s. Abb. 3), ist ein weiteres Zeichen für die frühe Entstehungszeit der Kantate: Aus der Tieffen ruffe ich Herr zu dir. [in deutscher

to the score's requirements from 19 (on p. 11) to 26 (on p. 3), employing 20 or two 10-stave systems, whenever Bach uses the full complement of instruments and voices. This careful "custom-lining" of each one of the fifteen pages is a further indication that Bach worked here, if not from a composing score then at least from a sketch of the music. The figuring of the Continuo is written out with rare completeness. The same can be said of the many tempo indications and dynamic markings. The "adagio" at the left top of p. 1 (s. ill. 3) and "Lente," after the word "Sinfonia" above the Continuo part, seem also to indicate that Bach regarded these two tempi as identical. The bassoon part is written on the staff above the soprano, rather than above the Continuo (s. ill. 4, last page of the manuscript). Both oboe and bassoon are notated in true pitch (in A minor, *Kammerton*; that is, a whole tone higher than the other instruments and voices). If Cantata 131 were a Weimar cantata, as Spitta assumed, oboe and bassoon would have been notated by Bach a minor third higher.

The amusingly faulty Italian, heading the score (s. reproduction of p. 1, ill. 3) is a further indication of the very early origin of this cantata: Aus der Tieffen ruffe ich Herr zu dir. [German script] a una Obboe. una Violino. / doi Violae. Fagotto. C. A. T: B. è Fond. / da Gio: Bast: Bach [Latin script]

A generation after Rust's death the manuscript was acquired in Vienna by Rudolf F. Kallir who later emigrated to America. It is now in private possession in New York City.

Schrift] a una Obboe. una Violino. / doi Violae. Fagotto. C. A. T: B. è Fond. / da Gio: Bast: Bach [in lateinischer Schrift]

Eine Generation nach Rusts Tod wurde das kostbare Manuskript von Rudolf F. Kallir in Wien angekauft. Kallir wanderte später nach Amerika aus. Die Handschrift befindet sich jetzt in Privatbesitz in New York.

BWV 20 „O Ewigkeit, du Donnerwort"

Autographe Handschrift. Das Titelblatt ist von Johann Andreas Kuhnau, dem Hauptkopisten während Bachs ersten $2^1/_2$ Jahren in Leipzig, geschrieben. Es ist weitaus brauner als die anderen Blätter der Handschrift. Auch ist es sehr fleckig und hat links unten einen großen Klecks erhalten. Der Bogen mit dem Titelblatt dient als Umschlag für die sechs nebeneinanderliegenden Bogen der Partitur:

Die in der Mitte gefalteten Bogen bestehen somit aus 12 Blättern, von denen 10 auf beiden Seiten beschrieben sind und das 11. nur auf der Vorderseite. Die letzten drei Seiten (11^v, 12^r und 12^v) sind bis auf die Rastrierung leer. Der gegenwärtige Zustand der Handschrift kann als ziemlich gut bezeichnet werden. Das Papier ist stark gebräunt, die Farbe der Tinte beinahe schwarz. Das Wasserzeichen „IMK" mit der Gegenmarke eines kleinen Halbmonds ist für die meisten Manuskripte aus Bachs erstem Leipziger Jahr charakteristisch. Die Größe der Blätter der Handschrift ist 35,5 x 21,6 cm.

Die Partitur ist allem Anschein nach in größter Eile geschrieben worden. Doch ist sie, mit Ausnahme des 9. und 10. Satzes, von umfangreicheren Korrekturen frei. Das von Kuhnau geschriebene Titelblatt lautet:

BWV 20 "O Ewigkeit, du Donnerwort"

The autograph score measuring 35.5 x 21.6 cm consists of 12 leaves or 6 lengthwise folded folios that follow one another. The music of the cantata is written on 21 of the 24 pages of the manuscript. This means that 3 pages of folio 6 (11^v, 12^r and 12^v) contain no music although they are fully lined. The general condition of the manuscript is fair; the paper quite brown and the color of the ink almost black. Another folio that carries on its front page the title serves as wrapper of the manuscript:

The title page is written by Johann Andreas Kuhnau, who was Bach's first principal copyist in Leipzig (from 1723 to the end of 1725). This page is a good deal browner than the rest of the paper, and is marred by one large stain and several smaller spots. It reads:

Domin: 1 post Trinit:
O Ewigkeit du Doñer Wort [German script]
â
4 Voc:
Tromba
3 Hautbois
2 Violini
Viola
è
Continuo
di Sign:
J S Bach. [Latin script]

Domin: 1 post Trinit:
O Ewigkeit du Doñer Wort [in deutscher Schrift]
â
4 Voc:
Tromba
3 Hautbois
2 Violini
Viola
è
Continuo
di Sign:
J S Bach. [in lateinischer Schrift]

Auf der Rückseite des Titelblatts, das den Stempel der „Musik/Bibliothek/Peters" trägt, steht rechts unten die Aufschrift „ist völlig durchsehen". Diese Bemerkung scheint sich auf die Erbteilung der Bachschen Musikalien zu beziehen.

Ehe Bach mit der Niederschrift der Musik beginnt, schreibt er die Buchstaben „INDNJC" (In Nomine Domini Nostri Jesu Christi) an den Anfang des ersten Blattes (s. Abb. 5) und fährt fort mit: „Concerto Doïca 1 post Trinitat.", welcher Sonntag 1724 am 11. Juni begangen wurde. Die einzige Besetzungsangabe für den ersten Satz ist die über dem obersten Notensystem geschriebene Anweisung „Hautb." (vielleicht „3 Hautb."). Auf Bl. 2ᵛ, wo die Französische Ouvertüre des ersten Satzes in einen Abschnitt im Dreivierteltakt einmündet, befindet sich eine kurze Skizze, die Bach aber sogleich verwirft, um auf Bl. 3ʳ von neuem anzufangen. Die letzten Takte (81–84) vor dem da capo der Tenor-Arie (Satz 3) verteilt Bach auf die unteren Systeme von zwei Seiten, und zwar „Violin 2" und „Viola" (so bezeichnet) auf die zwei unteren Systeme von Bl. 5ᵛ und die komplizierteren Schlußtakte der Violino I, Tenor- und Continuostimmen (ohne sie als solche zu bezeichnen) auf die drei unteren Systeme von Bl. 6ʳ. Um den Kopisten auf die notwendige Synchronisation der zwei separat notierten Stellen aufmerksam zu machen, bringt Bach anstelle des üblichen *NB* zwei primitive dreifingrige Hände an. Die linke Hand zeigt, was zu transferieren ist, die rechte weist darauf hin, wo diese zwei Zeilen einzufügen sind (s. Abb. 6 und 7). Obgleich die zwei Akkoladen von je 11 Notensystemen, die

The watermark "IMK" with the countermark of a "Small Halfmoon" is still the one that characterizes the paper of most compositions of Bach's first year in Leipzig.

The manuscript is a typical composing score that seems to have been written at breakneck speed. Yet it is, with the exception of the 9th and 10th movements, relatively free of corrections.

The title page which bears the stamp of the "Musik/Bibliothek/Peters," shows on its reverse side (at bottom right) "ist völlig durchsehen" (has been completely examined). This remark seems to refer to the distribution of Bach's musical legacy in 1750.

The autograph caption (on 1ʳ, s. ill. 5) reads: "INDNJC" (*In Nomine Domini Nostri Jesu Christi*) and continues "Concerto Doïca 1 post Trinitat." This Sunday was celebrated on June 11, 1724. The "Hautb." – perhaps "3 Hautb." – above the top staff is the only specification of instrumentation in the opening movement. The ³/₄-time portion of this French Overture movement begins (on 2ᵛ) with a 3-measure sketch which Bach discards immediately, starting anew on 3ʳ. Bach appends the final 1st Violin, Tenor and Continuo measures (81–84), before the da capo of the Tenor aria (mvt. 3), on the three lowest staves of the page (6ʳ). Lacking additional space he notates the final measures for "Violin 2" and "Viola" on the two lowest staves of the preceding opposite page (5ᵛ), calling attention to their misplaced position, not by an insert symbol or *NB*, but by two upwards-pointing three-fingered hands, the first of which clarifies what is to be transferred, the second, where it is to be inserted (s. ills. 6 and 7). Although the two eleven-stave systems which Bach needed for the opening chorale-fantasy set the pattern of 22 staves per page, he uses also 23 staves (8 times) and 21 (on the last page). At the beginning of the 5th movement Bach writes "3 Hautb." (6ᵛ) and for the next movement (on 8ʳ) "Violin:". Yet he fails to name the imposing instrumentation of Tromba, 3 Oboes and Strings for the 8th movement while entering "Parte Secondo" to mark the second half of the cantata. After the final chorale for which – in contrast to the chorale (mvt. 7) that closes part I – he supplies no text, Bach adds "Fine SDG".

Bach für Satz 1, seine gewaltige erste Choral-Fantasie, benötigte, die Anzahl von Systemen pro Seite vorgaben, schreibt Bach auch (mehrfach) 23 Systeme und auf der letzten Notenseite 21. Zu Beginn des 5. und des 6. Satzes vermerkt Bach die Besetzung „3 Hautb." (auf Bl. 6^v) und „Violin:" (auf Bl. 8^r). Dagegen verschweigt er die farbige Instrumentation des 8. Satzes (Tromba, 3 Oboen und Streicher), fügt jedoch „Parte Secondo" hinzu und gibt damit den Anfang des zweiten Teiles der Kantate an. Nach getaner Arbeit am Ende des Schlußchorals, der im Gegensatz zu dem Choral (Satz 7), der den ersten Teil abschließt, keine Textunterlegung zeigt, findet sich die Danksagung „Fine SDG".

Provenienz (s. Einleitung, S. 15f.)

Vorbesitzer: Wilhelm Friedemann Bach – Karl Pistor – Adolf Rudorff – Ernst Rudorff – Musikbibliothek Peters.

Heutiger Besitzer: Sammlung Hinrichsen, New York.

Provenance (s. Introduction, pp. 23f.)

Previous Owners: Wilhelm Friedemann Bach – Karl Pistor – Adolf Rudorff – Ernst Rudorff – Musikbibliothek Peters.

Present Owner: Hinrichsen Collection, New York.

BWV 2 „Ach Gott, vom Himmel sieh darein"

Autographe Handschrift der für den zweiten Sonntag nach Trinitatis (18. Juni 1724) geschriebenen Kantate. Die Partitur mißt 35 bis 35,5 x 21 cm. Der Bogen, der auf seiner Vorderseite das von Johann Andreas Kuhnau geschriebene Titelblatt enthält, dient gleichzeitig als Umschlag für die drei ineinanderliegenden Bogen der Handschrift. Drei in der Mitte gefaltete Bogen ergeben 6 Blätter oder 12 Seiten, die sämtlich beschrieben sind:

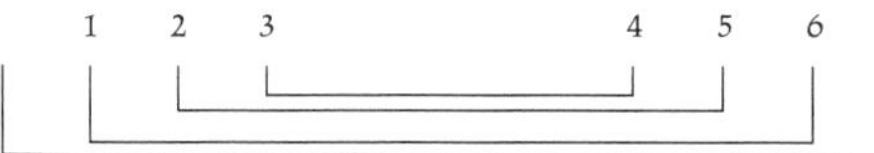

Der Zustand der Handschrift ist relativ gut, ihr Papier stark gebräunt, die Farbe der Tinte beinahe schwarz, jedoch kaum auf die Rückseiten durchgeschlagen. Das deutlich erkennbare Wasserzeichen ist das des großen Halbmonds. Es erscheint hier zum er-

BWV 2 "Ach Gott, vom Himmel sieh darein"

Cantata for the 2nd Sunday after Trinity, June 18, 1724. The autograph score measures 35 (to 35.5) x 21 cm. The title page, written by Johann Andreas Kuhnau, serves as wrapper of the manuscript. The latter consists of 3 folios, which are placed one into another:

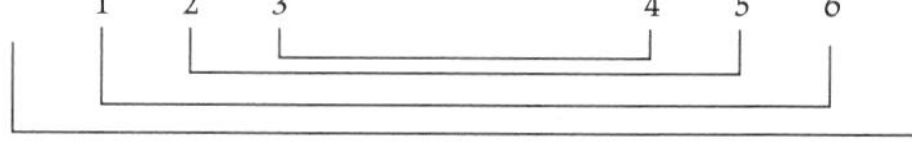

The music covers all 12 pages of the 6 leaves or 3 folded folios. The condition of the manuscript is rather good, the paper quite brown. The ink, which is almost black, has hardly bled through onto the reverse side. The clearly visible watermark is that of the large Halfmoon. It appears in this score for the first time not only in each of the folios but also, with one exception, in the Leipzig parts. Cantata No. 2 thus introduces the Halfmoon

stenmal nicht nur durchgehend in einer Partitur, sondern (mit einer Ausnahme) auch in den Leipziger Originalstimmen dieser Kantate. Kantate 2 führt damit den Halbmond als Hauptwasserzeichen von Bachs zweitem Leipziger Jahr ein.

Obwohl die Partitur erstaunlich frei von Korrekturen ist, stellt sie eine typische erste Partiturniederschrift dar. Der Wortlaut von Kuhnaus Titelblatt ist folgender:

Domin: 2 post Trin:
Ach Gott vom Him̃el sieh darein
[in deutscher Schrift]
â
4 Voc:
4 tromb:
2 Hautb:
2 Violini
Viola
e
Continuo
di
Sign. J S. Bach.

Außer dem Stempel der „Musik/Bibliothek/Peters" zeigt das Titelblatt keine späteren Zusätze.

Die autographe Überschrift der Partitur (Bl. 1r, s. Abb. 8) lautet: „J. J. Doĩca 2. post Trinitatis. Ach Gott vom Himmel sieh darein."[1] Da die Instrumente im ersten Satz colla parte geführt werden, kann sich Bach hier die Besetzungsangabe sparen. Das Titelblatt zählt die Instrumente auf; außerdem sind die Stimmen überliefert. Die Rastrierung schwankt zwischen 20 und 21 Notensystemen. Nach dem zweiten Satz, dem Tenor-Rezitativ, findet sich auf den drei unteren Systemen von Bl. 3r eine Skizze, welche die Melodie des Ritornells der folgenden Arie und die „Devise" der Altstimme wiedergibt. Auf der nächsten Seite gibt er „Violino solo" als obligates Instrument für die vorhergehende Skizze an. Zwei Seiten später (unten auf Bl 4r) nimmt Bach die vier dem da capo dieser Arie vorausgehenden Schlußtakte in Tabulaturschrift vorweg, um sie dann auf der nächsten Seite (4v) auszuschreiben. Eine ähnliche Skizze – 2 Takte in Tabulatur mit

[1] Auf Bachs Gewohnheit, deutsche Titel in seinen Kantaten in deutscher Schrift wiederzugeben, wird von nun an nicht mehr hingewiesen werden.

as the principal watermark of the paper used by Bach in his second year in Leipzig.

Although the manuscript is quite free of corrections, it is again (as was BWV 20 of the previous Sunday) a typical composing score. Kuhnaus's title page reads:

Domin: 2 post Trin:
Ach Gott vom Him̃el sieh darein [German script]
â
4 Voc:
4 tromb:
2 Hautb:
2 Violini
Viola
e
Continuo
di
Sign. J S. Bach.

Except for the stamp of the "Musik/Bibliothek/Peters," nothing else has been added to the title page.

Bach's caption (on 1r, s. ill. 8) reads "J. J. Doĩca 2. post Trinitatis. Ach Gott vom Himmel sieh darein."[1] Since the instruments in the first movement go *colla parte* with the voices, Bach does not indicate them again at the beginning of the score. They are listed on the title page. Furthermore, their parts have survived. The number of staves varies from 20 to 21. After the tenor recitative (mvt. 2) Bach jots down on the bottom staves of 3r, a sketch of the ritornel of the following aria as well as the "Motto" of the alto voice. On the next page, he names the "Violino solo" as the obbligato instrument of the preceding sketch. At the bottom of 4r Bach anticipates the four measures preceding the da capo of this aria by notating them in tablature before writing them out on top of 4v. Another brief sketch – 2 measures in tablature with the text belonging to them – appears beneath the lowest staff of 6r. The fact that Bach tends to scribble such sketches at the bottom of *recto* leaves, at the point where the page has to be turned, allows the conclusion that Bach wrote them down while he was waiting for the ink to dry. Although an empty staff is

[1] From hereon Bach's custom of writing the German title of his cantatas in German script will no longer be pointed out.

unterlegtem Text – findet sich unten auf Bl. 6[r]. Die Tatsache, daß Bach solche Skizzen unten auf recto-Blättern anzubringen pflegte, d. h. vor dem Umblättern der Seite, läßt darauf schließen, daß er die Zeit, während der er auf das Trocknen der Tinte wartete, zum Skizzieren benutzte. Obgleich nach Niederschrift des Schlußchorals ein leeres Notensystem übrigbleibt, fehlt hier das übliche „Fine" und „SDG" (s. Abb. 9). Der in keiner sichtbaren Eile geschriebene Choral zeigt keine Textunterlegung oder Besetzungsangabe für Instrumente, die colla parte geführt werden.

Provenienz (s. Einleitung, S. 15 f.)

Vorbesitzer: Wilhelm Friedemann Bach – Karl Pistor – Adolf Rudorff – Ernst Rudorff – Musikbibliothek Peters

Heutiger Besitzer: Sammlung Hinrichsen, New York.

left after the final chorale which Bach writes out in no apparent hurry, yet without adding any text or indicating the *colla parte* instruments, the customary "Fine SDG" is missing (s. ill. 9).

Provenance (s. Introduction, pp. 23 f.)

Previous Owners: Wilhelm Friedemann Bach – Karl Pistor – Adolf Rudorff – Ernst Rudorff – Musikbibliothek Peters.

Present Owner: Hinrichsen Collection, New York.

BWV 10 „Meine Seel erhebt den Herren"

Die autographe Partitur umfaßt 17 Seiten, von denen 16 auf vier ehemals nebeneinanderliegenden Bogen beschrieben sind. Die zwei ersten Bogen sind inzwischen in 4 Einzelblätter auseinandergefallen, während die folgenden zwei Bogen noch im ursprünglichen Zustand erhalten sind. Bach schrieb den Schlußchoral auf die erste Seite eines 5. Bogens, der heute gleichfalls aus zwei Einzelblättern besteht. Dasselbe trifft auf den Umschlag zu, dessen Titelblatt Johann Andreas Kuhnaus unverkennbare Schriftzüge aufweist. In jüngster Zeit hat man den 2. Umschlag weit späteren Datums, auf dem Spittas Besitzvermerk (s. Abb. 11 und Einleitung, S. 15) aufgeklebt war, entfernt.

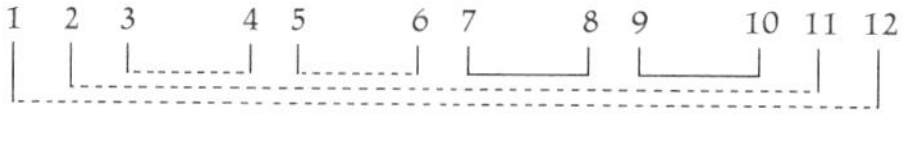

1 2 3 4 5 6 7 8 9 10 11 12

BWV 10 "Meine Seel erhebt den Herren"

Bach's autograph score consists of 17 pages of music. Pages 1 to 16 were written on 4 folios that followed one another. However, the first 2 folios have fallen apart into 4 separate leaves, whereas the 4 leaves of folios 3 and 4 are still attached. The final chorale was notated on a fifth folio, now likewise consisting of 2 single leaves. A wrapper, its two leaves now detached, contains the title page in Johann Andreas Kuhnau's typical handwriting. A second, much later wrapper on which Spitta's note of ownership (s. ill. 11 and Introduction, p. 24) was pasted, has now been removed.

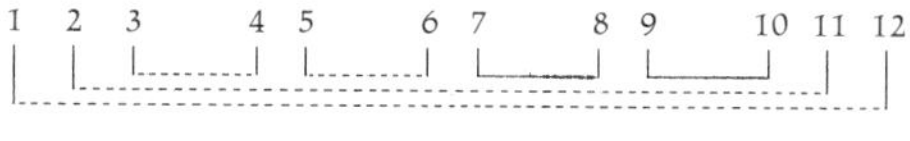

1 2 3 4 5 6 7 8 9 10 11 12

Der Wortlaut des Titelblatts ist:

Festo Visitationis
Mariae
Meine Seel erhebt den Herren
â
4 Voc:
Tromba
2 Hautbois
2 Violini
Viola
e
Continuo.
di Sign:
J S Bach.

Die recto-Blätter sind rechts oben von späterer Hand numeriert worden, und zwar so, daß das Titelblatt und die zwei unbeschriebenen Einzelblätter die Zahlen 1, 2 und 12 tragen. Bachs Partiturniederschrift fängt also mit S. 3 an und endet auf S. 11.

Trotz einer 1979 vorgenommenen erfolgreichen Reinigung und Ausbesserung ist der Erhaltungszustand der Handschrift weiterhin als schlecht zu bezeichnen. Die Farbe des Papiers ist hellbraun, die der Tinte schwarz. Die Partitur ist mit ihren 36 cm ein wenig höher als gewöhnlich, während ihre Breite von 21,5 cm nicht über das Durchschnittsmaß hinausgeht. Hier und dort, besonders bei abgerundeten Ecken und eingerissenen Rändern, hat die Handschrift etwas an Größe eingebüßt. Das Wasserzeichen ist der große Halbmond des Choralkantaten-Jahrgangs. Da die Kantate für Mariä Heimsuchung geschrieben wurde und dieser Feiertag 1724 mit dem 4. Sonntag nach Trinitatis zusammenfiel, steht das Datum ihrer Erstaufführung, der 2. Juli 1724, fest. BWV 10 ist nicht Bachs vierte, sondern seine fünfte Choralkantate. Denn acht Tage vorher mußte Bach für Johannistag eine zusätzliche Kantate (BWV 7) schreiben, die außerhalb des wöchentlichen Rahmens der Sonntagskantaten fällt. Die enorme Anspannung des Komponierens, Schreibens und Überprüfens der Stimmenschriften, der darauf folgenden Proben und Aufführungen von fünf Kantaten in weniger als vier Wochen schlägt sich im Schriftbild der Partitur nieder. BWV 10 stellt eine typische erste Partiturniederschrift dar, die in größter Eile geschrieben worden zu sein scheint, was sich aus der großen Zahl

The title reads:

Festo Visitationis
Mariae
Meine Seel erhebt den Herren
â
4 Voc:
Tromba
2 Hautbois
2 Violini
Viola
e
Continuo.
di Sign:
J S Bach.

A later hand has numbered the *recto* leaves in their top right corners. Starting with the title page and including the two detached blank leaves, the rather faint numbers 1 to 12 can be detected, the number 3 on the first page and 11 on the last page of Bach's music.

In spite of the superb result of the recent cleaning and patching process the general condition of the manuscript is still very fragile. The color of the paper is light brown, that of the ink black. The score is slightly taller than usual. It measures 36 x 21.5 cm, though ragged edges have reduced the size here and there, particularly at some corners and the title page. The watermark is the large Halfmoon of the chorale cantata Jahrgang. Since the cantata was written for Visitation, which in 1724 coincided with the 4th Sunday after Trinity, the date of its first performance was July 2, 1724. It was, however, not Bach's fourth but his fifth chorale cantata because eight days earlier he had to supply an additional cantata (BWV 7) for St. John's Day. The tremendous strain of composing, supervising and participating in the copying of the parts, of rehearsing and performing of five cantatas in less than four weeks shows in Bach's handwriting. BWV 10 represents a typical composing score, written apparently at breakneck speed and disclosing an unusual amount of corrections (especially in mvts. 1, 3 and 4).

The autograph caption (on 1^r of the manuscript proper) reads: "J. J. Festo Visitationis Mariae. Meine Seele erhebt den Herrn" (s. ill. 10). Bach does not name the instruments at the beginning of the first movement, a chorale fantasy on the *Tonus*

von Korrekturen (besonders im 1., 3. und 4. Satz) ablesen läßt.

Der Kopftitel auf der 1. Seite der Bachschen Handschrift lautet: „J. J. Festo Visitationis Mariae. Meine Seele erhebt den Herrn" (s. Abb. 10). Bach gibt im 1. Satz, einer Choralfantasie über den Tonus peregrinus, keine Besetzung an. Die Notenschlüssel und die auf dem Titelblatt angeführten Instrumente lassen jedoch einen eindeutigen Schluß auf die Besetzung zu. Für die Trompete allerdings ist kein eigenes System vorgesehen. Glücklicherweise sind die Originalstimmen noch vorhanden[1]. Der dramatische Eingangssatz, der in zwei Akkoladen zu je 10 Systemen notiert ist, nimmt die ersten 8 Seiten der Partitur ein. Von den 2 oder 3 verbleibenden Notensystemen macht Bach diesmal keinen Gebrauch. Doch benutzt er die Zeit, während der die Tinte trocknet, um auf den untersten 2 Systemen der ersten Seite den Baß und den Diskant der folgenden drei Schlußtakte des Ritornells aufzuzeichnen (s. Abb. 10). Interessant ist, die kleinen Änderungen dieser Skizze auf der nächsten Seite zu beobachten[2]. Den 2. Satz notiert Bach auf den folgenden 4 $^{1}/_{2}$ Seiten (5^r bis 7^r) in vier Akkoladen zu je 5 Systemen. Außer „Aria" schreibt er nichts vor. Während der Sopranschlüssel die Singstimme identifiziert, lassen die drei übrigen Schlüssel auf die üblichen Streicher schließen. In der Partitur ist kein Hinweis darauf zu finden, daß die zwei Oboen (unisono) zuweilen die 1. Geige, zuweilen die 2. Geige verstärken. Wiederum sagen hier die Stimmen mehr über die Ausführung aus als die Partitur. Die Angaben in der Partitur zur Ausführung der nächsten zwei Sätze, einem Tenorrezitativ mit virtuosem melismatischen Ausklang und einer Arie für Baß und B. c., sind ausreichend. Allerdings stellt die Entzifferung der Arie an einigen Stellen eine kaum lösbare Aufgabe dar. Bei der sauberen Schrift des 5. Satzes (auf fünf Akkoladen zu 4 Systemen) genügen die Schlüssel, ein Duett für Alt, Tenor und B. c. zu erkennen. Aber welches Instrument oder welche Instrumente hatte

[1] Sie befinden sich im Bach-Archiv Leipzig.

[2] Vgl. Robert L. Marshall, The Compositional Process of J. S. Bach, Ph. D. Diss. Princeton 1972, 2 Bde., Bd. II, Skizze Nr. 8.

peregrinus. Except for the trumpet the instruments can be deduced from the clefs and from their enumeration on the title page. There is however no staff reserved for the trumpet. Fortunately the parts have survived.[1] Bach notates the vigorous opening movement on the first 8 pages in two 10-stave systems, consistently leaving 2 or 3 staves empty at the bottom of each page. Utilizing the time while the ink on page 1 was drying, Bach sketched treble and bass of the next 3 measures which complete the orchestral ritornel, on the two lowest staves (s. ill. 10). Subtle changes in the sketched 3 measures can be detected as they reappear in context on the next page.[2] Bach notates the following aria in four 5-stave systems per page (on 5^r to 6^v, plus two systems on 7^r). "Aria" is all Bach says. While the soprano clef identifies the voice, the remaining clefs seem to indicate the usual strings. Nowhere does Bach's score disclose the participation of the 2 oboes which go along in unison, now with the first violin, at other times with the second violin. Again the surviving parts tell us more about the proper execution of the music than the score. However the next two movements, a tenor recitative with a virtuoso melismatic close and an aria for bass voice and continuo, leave no questions regarding their performance, though deciphering the latter presents some problems. The more cleanly written fifth movement comprises five 4-stave systems (on 8^r). Again the reader must rely on the clefs to identify this short piece as a duet for alto, tenor and continuo. But what instrument or instruments are to play the unadorned *Tonus peregrinus* that appears on the top staff with the treble clef? The extant parts give again the answer: Bach meant the chant to be played by the trumpet and the 2 oboes.[3] The tenor "Recit" (on 8^v) moves from *secco* to *accompagnato* and from 2-stave to 5-stave systems. The slurs in the 3 top staves of the *accompagnato* imply the scoring for two violins and viola. On the last 4-stave system

[1] They are in the *Bach-Archiv Leipzig*.

[2] Cf. Robert L. Marshall, *The Compositional Process of J. S. Bach*, Ph. D. Diss. Princeton 1972, 2 vols., vol. II, Sketch No. 8.

[3] Late in life Bach was to use this movement again as the fourth of the Schübler Chorales for Organ (BWV 648).

Bach für den unverziert vorgetragenen und im Violinschlüssel auf dem oberen System notierten Tonus peregrinus vorgesehen? Antwort geben wiederum die Stimmen, die besagen, daß der cantus firmus von der Trompete und den beiden Oboen zu spielen ist[3]. Das Tenor-Rezitativ auf 8^v bewegt sich vom secco zum accompagnato, von Notation auf 2 Systemen zu solcher auf 5. Die Zweierbindungen in den drei oberen Systemen im Accompagnato-Teil des folgenden Tenorrezitativs scheinen sich auf die zwei Geigen und die Viola zu beziehen, ohne daß diese genannt sind. Auf der letzten Akkolade mit 4 Systemen notiert Bach 2. Violine und Viola auf einem System. Die Teilnahme aller Instrumente ist bei dem in einer Akkolade mit 5 Systemen geschriebenen Schlußchoral eine Selbstverständlichkeit, die keiner eigenen Anweisung bedarf. Jedoch ist das Fehlen von Bachs üblichem Signum „Fine. SDG" befremdend angesichts der Tatsache, daß das untere Drittel der Seite leer ist. Zeitmangel war es wohl auch nicht. Denn Bach fand hier ausnahmsweise die Zeit, den ganzen Text[4] in die Sopranstimme und den letzten Vers in die anderen drei Stimmen einzutragen. Bach mag gespürt haben, daß mit der Niederschrift der Lobpreisung der Dreieinigkeit und mit dem viermal geschriebenen „Wie es war im Anfang, jetzt und immerdar / Und von Ewigkeit zu Ewigkeit. Amen" sein eigenes „Fine. SDG" vorweggenommen war.

Provenienz (s. Einleitung, S. 15 f.)

Vorbesitzer: Wilhelm Friedemann Bach – Karl Pistor – Adolf und Betty Rudorff – Ernst Rudorff – Philipp Spitta (1841–1894), der die Partitur 1879 als Weihnachtsgeschenk von Ernst Rudorff erhielt – Paul Wittgenstein (1887–1961), der Wiener Pianist, für den Maurice Ravel sein Klavierkonzert für die linke Hand schrieb; offiziell: die Sammlung Wittgenstein, Wien.

Heutiger Besitzer: Die Whittall Foundation Collection in der Music Division der Library of Congress, Washington, D.C.

[3] Gegen Ende seines Lebens übertrug Bach diesen Satz für Orgel als vierten seiner „Schübler-Choräle" (BWV 648).

[4] Die kleine Doxologie, den 10. und 11. Vers des deutschen Magnificats.

Bach notates the second violin and viola on one staff. The final chorale, notated on 5-stave systems takes the proper participation of the instruments for granted without naming them. It was certainly not lack of space nor probably lack of time that prevented Bach from adding to the completed composition his usual "Fine. SDG." Bach took the time, though this is quite exceptional for him, to write the complete text[4] into the soprano part of the final chorale and the last verse into each one of the other three voice parts. Having thus written out the German equivalent of the praise to the Trinity and of "world without end" – the latter even 4 times – Bach may well have felt it redundant to add his own "Fine. SDG."

Provenance (s. Introduction, pp. 23 f.)

Previous Owners: Wilhelm Friedemann Bach – Karl Pistor – Adolf and Betty Rudorff – Ernst Rudorff – Philipp Spitta (1841–1894) who got the manuscript in 1879 as a Christmas present from Ernst Rudorff – Paul Wittgenstein (1887–1961), the Viennese pianist for whom Maurice Ravel wrote his Piano Concerto for the Left Hand (the official owner was the Wittgenstein Collection in Vienna).

Present Owner: The Whittall Foundation Collection in the Music Division of the Library of Congress, Washington, D.C. (Catalogue number: ML 30.8b B2M4). The manuscript was purchased in 1948 from funds made available by Mrs. Gertrude Clarke Whittall.

[4] = the 10th and 11th verses of the German Magnificat, that is, the Lesser Doxology.

(Signatur: ML 30.8b B2M4). Der Ankauf des Manuskripts wurde 1948 durch eine großzügige Spende von Frau Gertrude Clarke Whittall ermöglicht.

BWV 113 „Herr Jesu Christ, du höchstes Gut"

Die autographe Partitur ist in leidlich gutem Zustand, die Farbe des Papiers ziemlich braun, die der Tinte dunkelbraun. Die Handschrift besteht aus sechs beschriebenen Blättern, einem halbbeschriebenen und einem leeren Blatt, insgesamt fünf Bogen. Die drei Bogen, welche die Musik der Sätze 1 bis 7 enthalten, liegen nebeneinander, während der fast gänzlich unbeschriebene Bogen mit dem Schlußchoral auf dem inneren recto-Blatt (7^r) als Umschlag dient. Diese vier Bogen befinden sich in einem zweiten Umschlag desselben Papiers, dessen Vorderseite das Titelblatt trägt:

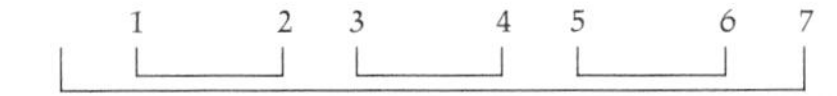

Die Bogen 2, 3 und 4 weisen auf ihren recto-Blättern von späterer Hand die Blattzählung „(2" bis „(4" auf. Die Handschrift (in Hochformat) ist 35,5 (bis 35,7) x 22 cm groß. Der Wortlaut des wiederum von der Hand Johann Andreas Kuhnaus stammenden Titelblatts ist:

Domin: 11 post Trinit:
Herr Jesu Christ du höchstes Guth
â
4 Vocibus
Flaut: Travers.
2 Hautbois
2 Violini
Viola
e
Continuo
di Sign:
J. S. Bach.

Auf der leeren Rückseite des Titelblatts befindet sich der ovale Stempel der Musikbibliothek Peters, der auch auf den äußeren recto-Blättern der folgenden Bogen zu sehen ist. Kaum sichtbar ist noch eine zweite Numerierung, die mit Bleistift auf die unge-

BWV 113 "Herr Jesu Christ, du höchstes Gut"

The holograph score in ink of dark-brown color is in fair condition – the color of the paper rather brown. The size of the manuscript is 35.5 (to 35.7) x 22 cm. It consists of six leaves or 12 pages covered by music, an additional leaf with music on one side only and one empty leaf. These eight leaves amount to four folios, of which the three with the music of movements 1–7 lie next to each other. The one that, with the exception of the final chorale (on 7^r) is empty, serves as wrapper. The title page is written by Johann Andreas Kuhnau on the outer *recto* of an otherwise blank fifth folio that functions as the true wrapper of the manuscript:

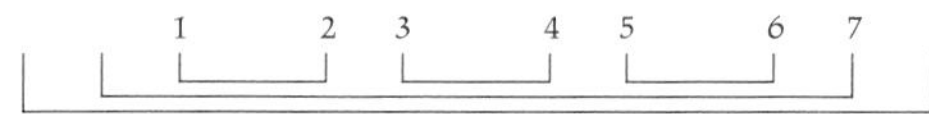

It reads:

Domin: 11 post Trinit:
Herr Jesu Christ du höchstes Guth
â
4 Vocibus
Flaut: Travers.
2 Hautbois
2 Violini
Viola
e
Continuo
di Sign:
J. S. Bach.

The *verso* of the title page is blank except for the oval stamp of the "Musik/Bibliothek/Peters" which also appears on the outer recto leaf of every folio. The folios containing the music are on 3^r, 5^r and 7^r counted by a later hand "(2" through "(4." Barely visible is yet another pagination pencilled onto the odd pages from 1 to 13.

The watermark of an "Eagle" with an "H" on its breast can be seen clearly on the quasi-blank pages at beginning and end of

raden Seiten (von 1 bis 13) eingetragen worden ist.

Auf dem Umschlagbogen mit dem Titelblatt und dem zweiten, fast unbeschriebenen Bogen mit dem Choral ist das Wasserzeichen besonders klar zu erkennen: ein „Adler", dessen Brust den Buchstaben „H" trägt. Dieses Wasserzeichen kann in Bach-Manuskripten vom 6. August bis 17. September 1724 nachgewiesen werden. Da Bach die Choralkantate für den 11. Sonntag nach Trinitatis schuf, steht als Datum ihrer Erstaufführung der 20. August 1724 fest.

Die autographe Überschrift (auf Bl. 1^r^, s. Abb. 12), die der Partitur vorausgeht, lautet: „J. J. Concerto Doĩca 11 post Trinit. Herr Jesu Christ du höchstes Gut." Die Handschrift dieser besonders schönen Partitur zeigt abermals typische Merkmale einer ersten Partiturniederschrift. Bachs Schreibweise wird besonders im Laufe des vorletzten Satzes eiliger und flüchtiger. Korrekturen und Tintenkleckse häufen sich und sind oft auf die Rückseite durchgeschlagen. Bach hat die Partitur räumlich bis zum letzten ausgenutzt. Der 2. Satz und der Anfang der folgenden Baß-Arie sind jeweils auf den unteren Notensystemen der ersten fünf Seiten niedergeschrieben, so daß sie mit der eröffnenden Choral-Fantasie, die in 2 Akkoladen von je 10 Systemen notiert ist, parallel laufen. Mit Ausnahme des 3. und des 5. Satzes, bei denen die Hinweise „2 Hautb." bzw. „col la Traversiere" von Bach hinzugefügt sind, fehlen in der Partitur jegliche Besetzungsangaben. Während die Stimmen durch die Schlüsselung hinreichend definiert sind, trifft dieses für die Instrumente nicht immer zu. Der Text für den Schlußchoral ist so kurz wie möglich angedeutet, nämlich mit den zwei Anfangswörtern der 8. Strophe von Bartholomäus Ringwaldts Lied, welches dieser Kantate ihren Namen gegeben hat. Obgleich die letzte Seite der Handschrift (7^r^) nur zur Hälfte beschrieben ist, fehlt am Ende der übliche Zusatz „Fine" und „SDG".

Provenienz (s. Einleitung, S. 15 f.)

Vorbesitzer: Wilhelm Friedemann Bach – Karl Pistor – Adolf Rudorff – Ernst Rudorff – Musikbibliothek Peters.

Heutiger Besitzer: Sammlung Hinrichsen, New York.

the manuscript. It appears on Bach manuscripts from August 6 to September 17, 1724. Since this chorale cantata was composed for the 11th Sunday after Trinity, the date of its first performance was August 20 of that year.

The autograph caption that heads the score (on 1^r^, s. ill. 12) reads: "J. J. Concerto Doĩca 11 post Trinit. Herr Jesu Christ du höchstes Gut." The penmanship of this beautiful manuscript reveals a typical composing score the writing of which in the penultimate movement becomes ever faster and considerably less tidy. As corrections and inkblots increase, so does the bleeding-through onto the other side of the paper. Bach uses the space of the score with utmost economy. The second movement and the beginning of the following Bass aria run on the lowest staves of the first five pages parallel with the opening chorale fantasy which takes its course page by page on two 10-stave systems. With the exception of the 3rd and 5th movements, for the proper execution of which Bach prescribes "2 Hautb." and "col la Traversiere", the composer does not specify in his score what instruments are to be used. While the voices are identified by their clefs, this is not always the case for the instruments. Bach indicates the text of the concluding chorale by jotting down the two opening words of the 8th stanza of Bartholomäus Ringwaldt's hymn which gives its name to this cantata. Although the last page with the final chorale is half empty, one will look in vain for Bach's customary "Fine" and "SDG."

Provenance (s. Introduction, pp. 23 f.)

Previous Owners: Wilhelm Friedemann Bach – Karl Pistor – Adolf Rudorff – Ernst Rudorff – Musikbibliothek Peters.

Present Owner: Hinrichsen Collection, New York.

BWV 33 „Allein zu dir, Herr Jesu Christ"

Die im ganzen recht gut erhaltene autographe Partitur im Hochformat mißt 35,5 (bis 36) x 21,2 (bis 22) cm. Ihr leicht gebräuntes Papier befindet sich in besserem Zustand als der Umschlag, der an den Rändern etwas eingerissen ist. Das Titelblatt auf der Vorderseite des Umschlags ist autograph. Es ist hier abgebildet (Abb. 13), um den Schwung von Bachs kalligrapher Schrift, seine künstlerische Raumaufteilung und das wohltuende Fehlen späterer Zusätze zu veranschaulichen. Schon allein die großen Buchstaben (D, A, C, J, S und B) bereiten dem dafür Empfänglichen ein ästhetisches Vergnügen.

Die Handschrift besteht aus 19 beschriebenen Seiten, d. h. aus 10 Blättern bzw. 5 in der Mitte gefaltenen Bogen:

Die Choralkantate wurde für den 3. September 1724 komponiert (13. Sonntag nach Trinitatis). Dieses Datum wird auch durch das Wasserzeichen bestätigt, welches wie in der zwei Wochen zuvor entstandenen Kantate 113 den Adler darstellt, dessen Brust ein „H" trägt. Das Wasserzeichen ist auf dem hinteren Blatt des Umschlagbogens besonders deutlich zu erkennen.

Die autographe Überschrift (auf Bl. 1^r, s. Abb. 14) lautet: „J. J. Dominica 13 post Trinit: Concerto. Allein zu dir H. Jesu Xst." Das außergewöhnlich saubere Manuskript ist keine Reinschrift, sondern eine erste Partiturniederschrift. Außer im vorletzten Satz, der den Vermerk „2 Hautb." enthält, sind keine Besetzungsangaben in der Partitur zu finden. Die Besetzung hat Bach auf dem Titelblatt angegeben. Die große Anzahl freigelassener Notensysteme (3 bis 5) unten auf zahlreichen Seiten zeugt von einer für Bach ungewöhnlichen Großzügigkeit bei der Niederschrift der Partitur. In dem Duett für Tenor und Baß läßt Bach die Continuostimme in einer der Akkoladen (auf Bl. 9^r) aus, ein Flüchtigkeitsfehler, den er jedoch auf dem untersten System der Seite korrigiert. Im Schlußchoral gibt Bach den Text nur dort an, wo die Melismen eine genauere Textunterlegung erfordern. Diese Textmarken be-

BWV 33 "Allein zu dir, Herr Jesu Christ"

The size of this well-preserved holograph in ink varies slightly from 35.5 to 36 x 21.2 to 22 cm. The moderately brown paper of the manuscript is in better condition than the wrapper of which some edges have crumbled away. The title page on the front of the wrapper is in Bach's own handwriting. It is reproduced here (s. ill. 13) to show Bach's calligraphic penmanship, his artistic distribution of space and the absence of any later additions. The capital letters alone – see D, A, C, J, S and B – evoke a warm aesthetic response.

Five folios that follow one another accommodate the 19 pages of the manuscript:

The date of the 13th Sunday after Trinity for which this cantata was written is September 3, 1724. This date is corroborated by the watermark which is identical with that of Cantata 113, composed two weeks earlier: an Eagle with the letter "H" on its breast. It is especially clearly visible on the blank back-leaf of the wrapper.

The autograph caption on 1^r (s. ill. 14) reads: "J. J. Dominica 13 post Trinit: Concerto. Allein zu dir H. Jesu Xst." The unusually clean manuscript is not a fair copy, but one of Bach's characteristic composing scores. Except for the penultimate movement, an "aria" (duet) with "2 Hautb.," Bach abstains from prescribing individual instruments in his score. He had already named them on his title page. The great number of empty staves (from 3–5) at the bottom of numerous pages attests to a rather unusual disregard for a more economical use of space in this score. In the Tenor/Bass duet Bach forgets the Continuo in one of the braces, a slip in concentration which he corrects at the bottom of the same page (9^r). In the final chorale Bach adds only as much text (of the last stanza of Konrad Hubert's hymn "Allein zu dir, Herr Jesu Christ") as is necessary to assure the correct singing of the words in these slightly melismatic passages. Karl Friedrich Zelter completed in the early 19th century Bach's sketchy text-underlay in red ink, however not without making some

stätigen Bachs Wahl der letzten Strophe von Konrad Huberts Lied „Allein zu dir, Herr Jesu Christ". Zu Anfang des 19. Jahrhunderts erweiterte Karl Friedrich Zelter Bachs Textmarken mit roter Tinte zu einer fortlaufenden Textierung, allerdings nicht ohne einige im ganzen unwesentliche Änderungen dabei vorzunehmen. Obgleich nach dem Schlußchoral neun leere Notensysteme übrigbleiben, wird man vergebens nach Bachs „Fine" und „SDG" suchen.

Provenienz

Da BWV 33 die typische Form einer Choralkantate aufweist, gehört sie zu dem Jahrgang, den Wilhelm Friedemann Bach 1750 geerbt hatte. Der nächste oder übernächste Besitzer des Manuskripts mag Karl Friedrich Zelter oder vielleicht ein Freund Zelters gewesen sein. Darauf war die Handschrift aller Wahrscheinlichkeit nach im Besitz Felix Mendelssohns, der sie seinem Freund, dem Pfarrer und späteren Dessauer Oberkonsistorialrat Julius Schubring, schenkte[1]. Dieser stellte die Partitur 1857 leihweise Wilhelm Rust für die Herausgabe der Kantate im 7. Band der BG zur Verfügung. Nach Schubrings Tod (1889) erbte sie dessen Enkel, Professor Walther Schubring aus Hamburg-Othmarschen. Als Werner Neumann die Kantate 1958/59 für die NBA (I/21) herausgab, war das Manuskript noch in Schubrings Besitz. Im Frühjahr 1965 wurde es jedoch von J. A. Stargardt in Marburg (Auktionskatalog 572, Nr. 452) zum Verkauf angeboten und auf der Auktion vom 14. Mai desselben Jahres von Albi Rosenthal, dem Besitzer des Antiquariats Otto Haas in London (früher Leo Liepmannssohn, Berlin), für William H. Scheide und die neue Scheide Library der Princeton University erworben.

[1] Nach Dok III, Nr. 831, S. 327, soll die Partitur allerdings in Pistors Besitz gewesen und von diesem Julius Schubring geschenkt worden sein.

changes in Bach's phrasing. Although 9 staves are left blank below the final chorale, Bach fails to enter "Fine. SDG."

Provenance

Since BWV 33 is a typical chorale cantata it belongs to the Jahrgang that Wilhelm Friedemann Bach inherited in 1750. The next or next-but-one owner may have been Karl Friedrich Zelter or, though less likely, a member of Zelter's Berlin circle. Thereafter the manuscript seems to have been in the possession of Felix Mendelssohn who presented it to his friend, the Dessau minister and later *Oberkonsistorialrat,* Julius Schubring.[1] In 1857 he in turn lent it to Wilhelm Rust for his edition of the cantata in BG 7. After Schubring's death in 1889 his grandson, Professor Walther Schubring of Hamburg-Othmarschen, inherited the manuscript. When Werner Neumann edited the cantata for the NBA (I/21) in 1958/59, the score was still in W. Schubring's possession. Early in 1965 its availability was announced by J. A. Stargardt in Marburg (auction catalogue 572 No. 452). At the auction on May 14 of that year, the manuscript was bought by Albi Rosenthal, the owner of Otto Haas' manuscript shop in London (formerly Leo Liepmannssohn of Berlin), on behalf of William H. Scheide for his Scheide Library at Princeton University.

[1] According to Dok III, no. 831, p. 327, the score was acquired by Pistor and presented by him to Julius Schubring.

BWV 114 „Ach, lieben Christen, seid getrost"

Der gegenwärtige Zustand dieser autographen Partitur kann als leidlich gut bezeichnet werden. Das Papier ist nur leicht gebräunt, und die Tinte hat kaum etwas von ihrer schwarzen Farbe eingebüßt. Die Handschrift ist 35,5 (bis 35,7) cm hoch und 21,5 cm breit (Hochformat). Sie besteht aus 16 beschriebenen Seiten, d. h. 8 Blättern, von denen je zwei einen Bogen ausmachen. Die vier nebeneinander liegenden Bogen sind von einem fünften Bogen aus gleichem Papier umgeben, der als Umschlag des Manuskripts dient:

1 2 3 4 5 6 7 8

Auf der Vorderseite des Umschlags hat Johann Andreas Kuhnau das Titelblatt angebracht (s. Abb. 15). Es lautet:

Dom: 17 post Trin:
Ach lieben Xsten seyd
getrost
a
4 Voc:
Corno
2 Hautbois
2 Violini
Viola
con
Continuo
di
Sign: J S: Bach

Auffallend ist, daß Kuhnau den lediglich den cantus firmus verstärkenden „Corno" nachträglich zwischen „4 Voc:" und „2 Hautbois" in sein Titelblatt hineinzwängt, während er die Flöte, das obligate Instrument des 2. Satzes, ausläßt. Wie in anderen C. F. Peters-Handschriften ist der Stempel der Musikbibliothek Peters auf dem Titelblatt und jeweils auf der Vorderseite der vier Bogen angebracht. Die Bogen 2, 3 und 4 zeigen rechts oben die Numerierung „(2", „(3" und „(4". Später hat jemand auf den ungeraden Seiten noch die Seitenzahlen von 3 bis 15 schwach mit Bleistift eingetragen. Auf der sonst unbeschriebenen Rückseite des Titelblatts kann man mit einiger Mühe den Vermerk „NB Der Choral bleibt weg" entziffern. Das schöne Manuskript enthält

BWV 114 "Ach, lieben Christen, seid getrost"

The autograph score in ink (of almost black color) is in fair condition. Its paper is light brown, the size of the manuscript 35.5 (to 35.7) x 21.5 cm. Collation: 16 pages of music on 8 leaves or 4 lengthwise folded folios. The 4 folios follow one another and lie in another folio that serves as wrapper:

On the front page of the wrapper, which has the same paper as the manuscript, Johann Andreas Kuhnau entered the title (s. ill. 15):

Dom: 17 post Trin:
Ach lieben Xsten seyd
getrost
a
4 Voc:
Corno
2 Hautbois
2 Violini
Viola
con
Contino
di
Sign: J S: Bach

Kuhnau squeezed the "Corno" as an afterthought into the space between "4 Voc:" and "2 Hautbois". But he omitted, strangely enough, the flute, the obbligato instrument of the tenor aria. As in other manuscripts of C. F. Peters the stamp of the "Musik/Bibliothek/Peters" is affixed to the title page and to the front leaf of each folio. The second, third and fourth folios show at top right the pagination "(2", "(3" and "(4". The odd pages from "3" to "15" are furthermore discreetly, that is, lightly enumerated in pencil. On the *verso* of the title page, a barely visible remark in pencil "NB Der Choral bleibt weg" can be detected. The manuscript is otherwise not marred by later additions. The watermark, though only faintly visible, is that of the large Halfmoon.[1]

The 17th Sunday after Trinity for which

[1] I was unable to verify this. But Dr. Kobayashi, who investigated the manuscript two months after I had seen it, assured me that it is indeed that of the Halfmoon. I would like to thank him again for this information.

keine weiteren Zusätze von späterer Hand. Das Wasserzeichen des großen Halbmonds tritt nirgends deutlich hervor[1].

Der 17. Sonntag nach Trinitatis, für den Bach diese Choralkantate komponierte, fiel 1724 auf den 1. Oktober. Die autographe Überschrift, mit der Bach seine Niederschrift auf Bl. 1r beginnt (s. Abb. 16), lautet: „J. J. Doïca 17 post Trinitat. Ach lieben Xsten seyd getrost." Das Manuskript, das wiederum offenbar in großer Eile angefertigt wurde, stellt eine typische erste Partiturniederschrift dar, obwohl es erstaunlich wenig Korrekturen aufweist. Im Gegensatz zu Kantate 113 folgen die einzelnen Sätze aufeinander. Die mit 23 und 24 Notensystemen rastrierte Partitur läßt, auch wieder im Gegensatz zu BWV 113, die drei oder vier untersten Systeme auf beinahe der Hälfte aller Seiten leer. Nach Beendigung des Eingangssatzes (Bl. 4v) ist Bach offensichtlich das Baßthema des 4. Satzes – einer Choralbearbeitung – eingefallen. Jedenfalls skizziert er hier – als wolle er sich die Idee nicht entgehen lassen – das 8-taktige Ritornell, das er dann später (auf Bl. 6r) rhythmisch verfeinert für den Continuo des 4. Satzes verwendet.

Am Anfang des 2. Satzes (5r) schreibt Bach „Travers." vor und bezeichnet damit das Obligatinstrument des Satzes, das Kuhnau auf seinem Titelblatt vergessen hatte. In der Partitur enthält die Flöte noch nicht die ausgeschriebene Notierung des lombardischen Rhythmus, der in der (heute im Bach-Archiv Leipzig befindlichen) Flötenstimme mit größter Sorgfalt eingetragen ist. Der Vermerk „Travers." hier und „Hautb./Violini" zu Beginn des 5. Satzes (6v) bietet die einzige Besetzungsangabe der Partitur. Der Text für den Schlußchoral ist mit Zeile 1, „Den Hiṁel u. auch die Erden", der letzten Strophe von Justus Jonas' Lied „Wo Gott der Herr nicht bei uns hält" unter der Sopranstimme angedeutet. Dieser stimmt aber nicht mit dem Text des Leipziger Stimmensatzes überein, in dem „Wir wachen oder schlafen ein", die letzte Strophe von Johannes Gigas'

[1] Ich konnte dieses Zeichen nicht eindeutig nachweisen. Dr. Kobayashi, der das Manuskript zwei Monate nach mir untersuchte, versicherte mir aber, daß es sich tatsächlich um das Halbmond-Zeichen handelt. Ihm möchte ich für seine Auskunft nochmals bestens danken.

this chorale cantata was written fell in 1724 on October 1. The autograph caption on 1r reads (s. ill. 16): "J. J. Doïca 17 post Trinitat. Ach lieben Xsten seyd getrost." The manuscript was obviously written at great speed and represents a typical composing score, though it is relatively free of corrections. In contrast to Cantata 113, the movements follow one another in their proper order. The space of the score which is lined with either 23 or 24 staves is not used as economically as in BWV 113. On almost half of the pages the 3 or 4 lowest staves are left blank. On 4v, at the end of the opening chorale fantasy, the idea for the bass theme of the 4th movement – a chorale aria – occurred to Bach. At least he jots down at this point – in order not to forget it? – the 8-measure ritornel that he uses later (on 6r), though metrically changed, for the continuo part of the 4th movement.

At the begining of the 2nd movement (on 5r) Bach names as obbligato instrument the "Travers." that Kuhnau had forgotten to include on his title page. The Lombard rhythm which is penned meticulously into the original flute part (preserved in the *Bach-Archiv Leipzig*) is not written out as such in the score, though it is implied by its slurred pairs of descending 16th notes. The "Travers." of the 2nd movement and the "Hautb./Violini" of the 5th movement are the only instruments prescribed by Bach in the score. As text for the final chorale, Bach indicates the last stanza of Justus Jonas' hymn "Wo Gott der Herr nicht bei uns hält" by writing (below the soprano part) its first line "Den Hiṁel u. auch die Erden." This text conflicts, however, with the one given in the Leipzig parts: "Wir wachen oder schlafen ein," the last stanza of Johannes Gigas' Lied "Ach, lieben Christen, seid getrost." Alfred Dörffel chose the latter for vol. 24 of the BG edition of 1876. On 8v, where only the 4 last measures of the final chorale appear, Bach signs his composition "Fine / SDG."

Provenance (s. Introduction, pp. 23 f.)

Previous Owners: Wilhelm Friedemann Bach – Karl Pistor – Adolf Rudorff – Ernst Rudorff – Musikbibliothek Peters.

Present Owner: Hinrichsen Collection, New York.

Lied „Ach, lieben Christen, seid getrost", angegeben ist. Alfred Dörffel wählte diesen Text für seine BG-Ausgabe (in Bd. 24, 1876). Auf der letzten Seite der Handschrift (8ᵛ), auf der einzig die vier Schlußtakte des Chorals notiert sind, unterzeichnet Bach seine Komposition mit „Fine/SDG".

Provenienz (s. Einleitung, S. 15 f.)

Vorbesitzer: Wilhelm Friedemann Bach – Karl Pistor – Adolf Rudorff – Ernst Rudorff – Musikbibliothek Peters.

Heutiger Besitzer: Sammlung Hinrichsen, New York.

BWV 180 „Schmücke dich, o liebe Seele"

Ursprünglich bestand die Originalpartitur aus 5 aufeinanderfolgenden Bogen, die inzwischen auseinandergefallen oder voneinander getrennt sind[1]. Ein 6. Bogen der gleichen Papiersorte diente als Umschlag, bevor auch er in 2 Blätter geteilt wurde:

Das Titelblatt auf dem Umschlag ist von Christian Gottlob Meißner[2] geschrieben, dessen Schrift der von Bach beinahe zum Verwechseln ähnlich ist. Es lautet:

Concerto.
Dominica 20 post Trinit:
Schmücke dich o liebe Seele p
a 4 Voci
Traversiere
2 Flauti,
2 Hautbois
2 Violini
Viola,
e
Continuo
di
Sign: Joh: Seb: Bach

BWV 180 "Schmücke dich, o liebe Seele"

The holograph of this cantata comprises 20 pages of music on 10 leaves or 5 folios which originally followed one another.[1] A sixth folio of the same paper formerly served as wrapper:

The title page on the wrapper was written by Christian Gottlob Meißner[2] whose handwriting resembles that of Bach to an astonishing degree. It reads:

Concerto.
Dominica 20 post Trinit:
Schmücke dich o liebe Seele p
a 4 Voci
Traversiere
2 Flauti,
2 Hautbois
2 Violini
Viola,
e
Continuo
di
Sign: Joh: Seb: Bach

[1] Die Bogen 2 bis 4 lassen rechts oben die Numerierung „(2", „(3" und „(4" erkennen. Ferner weisen alle Seiten einschließlich des Titelblatts (recto und verso) die Zahlen 1 bis 22 auf, welche jeweils auf dem unteren Teil mit Bleistift eingetragen sind.

[2] Hans-Joachim Schulze gelang es, Dürrs „Hauptkopist B" als Christian Gottlob Meißner zu identifizieren; s. BJ 1968, S. 80–88.

[1] At the right top of folios 2–4 the numbers "(2", "(3" and "(4" can be seen, while at the bottom of each page, including the title page and its *verso*, the numbers 1 to 22 were pencilled in by a later hand.

[2] Dürr's "principal copyist B" whom Hans-Joachim Schulze identified as Christian Gottlob Meißner. Cf. *BJ* 1968, pp. 80–88.

Der Titel verschweigt nicht nur, daß die 2. Oboe in Wirklichkeit eine Oboe da caccia ist, sondern unterläßt es auch, das Violoncello piccolo (das Soloinstrument des 3. Satzes) zu nennen. Da Bach die Kantate für den 20. Sonntag nach Trinitatis schrieb und das Papier das bekannte Wasserzeichen des Halbmonds erkennen läßt, steht als Datum der Erstaufführung der 22. Oktober 1724 fest. Die Handschrift in Hochformat mißt 35,6 x 21,3 cm; das Titelblatt ist etwas kleiner, nämlich 35,2 x 21 cm. Da das Manuskript durch viele Hände gegangen ist, mag der bei häufigem Gebrauch abgenutzte Umschlag mit der Zeit 3 oder 4 mm an Größe eingebüßt haben. Der Gesamtzustand der Handschrift kann als recht gut bezeichnet werden, obgleich die meisten Ecken durch Gebrauch (Umblättern) abgerundet und einige kleine Stellen an den Außenrändern abgebröckelt sind. Dadurch sind aber nur wenige Noten verloren gegangen (s. Reproduktion der S. 1, Abb. 17). Als ich die Partitur 1979 sah, waren die 10 einzelnen Blätter in Plastikhüllen eingelegt in der zweifelhaften Hoffnung, sie dadurch vor weiterem Schaden zu bewahren[3]. Das Titelblatt und die erste Seite zeigen eine stärkere Braunfärbung als die folgenden 19 Seiten. Die Farbe der Tinte ist schwarz-braun. Bachs Handschrift in dieser typischen Konzeptpartitur ist etwas flüchtig, jedoch klar. Wenn Korrekturen die Lesbarkeit beeinträchtigen, was häufiger vorkommt, klärt Bach das Problem durch dazugesetzte Buchstaben.

Der autographe Kopftitel (auf Bl. 1^r) lautet: „J J. Doica 20 post Trinit. Schmücke dich o liebe Seele. p"[4]. Durch Weglassen der Systeme für die Singstimmen gelingt es Bach, das Ritornell des Eingangssatzes (mit Ausnahme der Kadenz) auf der ersten Seite unterzubringen, und zwar auf zwei Akkoladen mit 8 Systemen und einer mit 7 Systemen. In Ermangelung von Besetzungsangaben müssen die einzelnen Instrumente mit Hilfe der Schlüssel identifiziert werden. So deuten die beiden französischen Violin-

[3] Es war vorgesehen, die einzelnen Blätter in Mylar-Folie einzulegen und neu binden zu lassen.

[4] Was wie ein *p* aussieht, ist in Wirklichkeit eine Abkürzung für *etc.*

The title fails to specify the 2nd Oboe as Oboe da caccia and to include the Violoncello piccolo, the obbligato instrument of the 3rd movement. The "Halfmoon" watermark of the paper and Bach's designation of the composition for the 20th Sunday after Trinity establish October 22, 1724 as the date of its first performance. The size of the title page is 35.2 x 21 cm, that of the other pages slightly larger: 35.6 x 21.3 cm. Since the wrapper is the most exposed part of the manuscript, it may have suffered more from handling than the other pages and thus lost 3 to 4 mm in size. The general condition of the manuscript can be called quite good, in spite of the fact that the corners are worn to a rounded shape from use (page-turning) and tiny bits of the formerly straight outer edges have crumbled away. As a whole, very few notes have been lost as a result of this decaying process (s. reproduction of p. 1, ill. 17). The formerly folded folios have either fallen apart or been separated into ten single leaves (or twelve since the wrapper with its title page has also been divided). When I saw the manuscript in 1979, it was kept leaf by leaf between clear plastic sheets in the dubious belief that this would protect the leaves from future damage.[3] The title page and the first page of the music are browner in color than the remainder of the manuscript. The handwriting in this typical composing score, though hasty, is clear and firm; the color of the ink black-brown. Whenever corrections obscure legibility, Bach added clarifying letters.

The autograph heading at the top of page 1 reads: "J J. Doica 20 post Trinit. Schmücke dich o liebe Seele p."[4] The omission of staves for the voices enables Bach to write all but the cadencing measure of the ritornel of the opening movement on the first page. (He does so on two 8-stave brackets and one of 7 staves.) Naming no instruments, Bach trusts that the clefs will identify them; 2 French violin clefs: 2 Flauti (recorders); 1 violin clef: Oboe 1; Alto clef: Oboe da caccia; and, below them, the expected four clefs for the violins, viola and continuo. When on leaf 1^v

[3] The score was supposed to be rebound between sheets of mylar.

[4] What looks like a *p*, is an abbreviation of *etc.*

schlüssel auf 2 Flauti (Blockflöten), der Violinschlüssel auf die 1. Oboe, der Altschlüssel auf die Oboe da caccia und die beiden Violin-, ein Alt- und ein Baßschlüssel auf die Streichinstrumente und den B. c. Auf Bl. 1ᵛ setzen die Singstimmen ein. Bach rastriert diese und die folgenden 9 1/2 Seiten, die er für den einleitenden Choralchorsatz benötigt, mit je zwei Akkoladen zu 12 Systemen[5]. Die ganze Partitur ist mit größter Sorgfalt hinsichtlich der Ausnutzung des Notenpapiers angelegt; man könnte sagen, daß Bach sie „nach Maß" rastriert hat. Im Gegensatz zum Eingangssatz gibt er die Instrumente für den 2., 4. und 5. Satz an („Travers", „Flauti" in französischem Violinschlüssel und „tutti li stromenti"). Vergebens sucht man allerdings zu Beginn des 3. Satzes nach dem Violoncello piccolo (oder der Viola pomposa). Wollte Bach das Instrument vielleicht selbst spielen? Der 5. Satz, eine Sopran-Arie mit Begleitung des vollen Orchesters, füllt mit seinen zwei Akkoladen zu je 9 Systemen den oberen Teil der letzten vier Seiten. Auf dem unteren Teil dieser Seiten notiert Bach parallel zur Sopran-Arie das letzte Rezitativ (auf Bl. 9ʳ und 9ᵛ) und den Schlußchoral (in 5 Systemen auf Bl. 10ʳ und 10ᵛ; s. Abb. 18 = Bl. 10ᵛ). Wie üblich gibt Bach die Instrumente, die die Singstimmen im Choral verstärken, nicht an. Selbst die Überschrift „Choral" fehlt hier. Jedoch fügt er die 1. Zeile der 9. Strophe von Johann Francks Lied „Schmücke dich, o liebe Seele" dem Choral bei (auf dem hier nicht abgebildeten Bl. 10ʳ). Die Handschrift endet mit Bachs Signum „SDG/Fine".

Provenienz

Da BWV 180 eine der Choralkantaten ist, die Bach während seines zweiten Jahres in Leipzig schuf, erhielt Wilhelm Friedemann Bach die Originalpartitur bei der Erbteilung. Wie die Partitur später in den Besitz des unermüdlichen Sammlers Bachscher Manuskripte, Franz Hauser (1794–1870), des berühmten Sängers und Direktors des Münchner Konservatoriums, kam, ist nicht bekannt. Hauser scheint das Manuskript

[5] Selbst wenn die Singstimmen (auf Bl. 2ᵛ) pausieren, behält Bach die Rastrierung bei (allerdings überspringt er einmal ein System).

the voices enter, Bach rules this page and the following 9 1/2 pages he needed for his vast opening chorale fantasy with two 12-stave brackets.[5] Bach custom-lines the whole score with utmost thoughtfulness and economy. While he names the instruments "Travers," "Flauti" (in French violin clef) and "tutti li stromenti" for movements 2, 4 and 5, he does not identify the violoncello piccolo or viola pomposa used in the 3rd movement. Did he perhaps play this part himself? The fully scored soprano aria (mvt. 5) fills with its two 9-stave braces the major upper portion of the last four pages. Below them Bach appends the final recitative (on 9ʳ and 9ᵛ) and the concluding chorale (5 staves each on 10ʳ and 10ᵛ – s. ill. 18 of 10ᵛ). As usual, Bach does not indicate the *colla parte* instruments of the chorale. Here he even omits the heading "Choral," but identifies its text by writing out the first line of the 9th stanza of Johann Franck's hymn "Schmücke dich, o liebe Seele" (on 10ʳ which is not reproduced here). The manuscript ends with Bach's "SDG/ Fine."

Provenance

Since BWV 180 is one of the chorale cantatas which Bach composed during his second year in Leipzig, it is again a score that was inherited by Wilhelm Friedemann Bach. How it came into the possession of the indefatigable collector of Bach manuscripts, the singer and director of the Munich conservatory, Franz Hauser (1794–1870), is not known. Hauser presented it to his good friend Felix Mendelssohn[6] who, in turn, appears to have given or left it to his friend Julius Rietz (1812–1877), his successor as conductor in Düsseldorf, who later became conductor of the Gewandhaus Orchestra in Leipzig.[7]

Two years after Rietz had edited Bach's B minor Mass for the BG (in 1856) the celebrated French opera singer Pauline Viar-

[5] Bach now supplied staves for the voices even when these are silent, (on 2ᵛ); once, however, skipping a staff.

[6] See Yoshitake Kobayashi, *Franz Hauser und seine Bach-Handschriftensammlung,* Ph. D. Diss. Göttingen 1973, pp. 72, 310 and 369.

[7] Rietz was also the editor of the collected works of Mendelssohn, Breitkopf and Härtel, 1874–77.

seinem guten Freund Felix Mendelssohn geschenkt zu haben[6], während Mendelssohn es seinem Freund und Nachfolger als Dirigent in Düsseldorf, Julius Rietz[7] (1812–1877), der später Leiter der Gewandhauskonzerte in Leipzig wurde, geschenkt oder vermacht hat.

Zwei Jahre, nachdem Rietz die h-moll-Messe (1856) für die BG herausgegeben hatte, erscheint plötzlich die berühmte französische Opernsängerin Pauline Viardot-Garcia (1821–1910) unter den Subskribenten der BG-Ausgabe (von Bd. 8 an). 1858 hatte sie fünfmal in Leipzig (zweimal unter Rietz' Leitung) gastiert. Die darauf folgende Flut von Pauline Viardots Briefen an Rietz[8] läßt keinen Zweifel aufkommen, daß ihre Liebe für den Direktor der Gewandhauskonzerte von diesem erwidert wurde. Anscheinend überwältigt von Paulines Liebesbriefen, denen sie öfters Autographe aus ihrer reichen Sammlung[9] beifügte, revanchierte sich Rietz – wohl zu Weihnachten 1858 – mit dem Geschenk seiner Originalpartitur von Bachs „Schmücke dich, o liebe Seele"[10]. Natürlich mußte diese Liebesgabe ein Geheimnis bleiben, weshalb Mme Viardots Besitz der Bachschen Partitur dann auch zwanzig Jahre lang der Welt verborgen blieb. Erst ein Jahr nach Rietz' Tod kam das Manuskript wieder zum Vorschein. Es wurde 1878 auf der Pariser Weltausstellung anscheinend zu jedermanns Erstaunen[11] als ein Stück aus Mme Viardots Besitz ausgestellt. Die Tatsache, daß Pauline Viardot die wegen des Verlusts der Originalstimmen besonders wertvolle Handschrift sofort nach der Ausstellung der BG leihweise zur Verfügung stellte, wurde von allen Bach-Kennern, vor allem von dem Herausgeber

dot-Garcia (1821–1910) suddenly appears among the subscribers to the BG edition (from vol. 8 on). In that year (1858) she had sung five times in Leipzig, twice with Rietz as conductor. The ensuing flood of letters addressed to Rietz[8] leaves no room for doubt that the conductor of the Gewandhaus concerts eventually succumbed to Pauline Viardot's entreaties. Apparently overwhelmed by her ardent letters in which she frequently included autographs from her rich collection,[9] Rietz reciprocated by giving her – probably for Christmas 1858 – the autograph score of Bach's "Schmücke dich, o liebe Seele."[10] Naturally, this had to be kept secret. Indeed, Mme Viardot's ownership of Bach's score remained unknown for the next twenty years. Just one year after Rietz's death in 1877 the manuscript resurfaced. It was displayed at the Paris World Exhibition in 1878, apparently to everyone's surprise.[11] Mme Viardot's score is particularly valuable because the original parts of BWV 180 have not survived. Her willingness to send Bach's autograph score immediately after the Paris Exhibition to the BG was considered by Alfred Dörffel, its editor, as especially gracious.[12] Mme Viardot died in 1910 in Paris at the high age of 89. The manuscript was inherited by her last daughter, Marianne,[13] who had married the pianist and composer Victor Alphonse Duvernoy. Their daughter, S. Beaulieu Duvernoy (1882–?) who, like her mother and grandmother, also became a singer, is mentioned in 1926 as the owner of Bach's score.[14] Four years later the manuscript is listed by the Berlin autograph dealer Paul Gottschalk in his Catalogue X of 1930.

[6] Vgl. Yoshitake Kobayashi, Franz Hauser und seine Bach-Handschriftensammlung, Phil. Diss. Göttingen 1973, S. 72, 310 und 369.

[7] Rietz war auch der Herausgeber von Mendelssohns Werken, Leipzig, Breitkopf & Härtel, 1874–1877.

[8] Die Briefe reichen von April 1858 bis Juni 1861.

[9] Das Juwel ihrer Sammlung war die Originalpartitur von Mozarts „Don Giovanni".

[10] Vgl. Mme Viardots Briefe vom 27. Dezember 1858 und vom 24. Januar 1859 in: The Musical Quarterly I, 1915, S. 364f. und 532.

[11] Vgl. Alfred Dörffel in BG 35 (1888), S. XXXIV: „Thatsache ist, daß es eine Zeit lang für die Nachforschenden verschollen blieb" und erst 1878 nach der Ausstellung in Paris „als die Partitur der obigen Kantate wiedererkannt wurde."

[8] They cover the time from April 1858 to June 1861.

[9] The most precious jewel in her collection was the autograph score of Mozart's "Don Giovanni."

[10] Cf. Mme Viardot's letters of December 27, 1858 and January 24, 1859 in: *The Musical Quarterly* I, 1915, pp. 364f. and 532.

[11] Cf. Alfred Dörffel in BG 35 (1888), p. XXXIV: "It is a fact that the manuscript could for some time not be found even by those who inquired about it." Only at the Paris Exposition in 1878 "was the score of this cantata recognized as the original score."

[12] *Ibid.*

[13] Her two sisters, Louise and Claudie, had died in 1918 and 1914 respectively.

[14] Cf. Charles Sanford Terry, *Joh. Seb. Bach Cantata Texts, Sacred and Secular*, London 1926, p. 473.

Alfred Dörffel, mit Dank anerkannt[12]. Madame Viardot starb 1910 im hohen Alter von 89 Jahren. Ihre jüngste Tochter Marianne, die mit dem Pianisten und Komponisten Victor Alphonse Duvernoy verheiratet war, erbte die Bachsche Partitur[13]. 1926 wurde deren Tochter, S. Beaulieu Duvernoy (1882– ?), die wie ihre Mutter und Großmutter Sängerin war, als Besitzerin der Partitur genannt[14]. Vier Jahre später wurde das kostbare Manuskript von dem Berliner Antiquar Paul Gottschalk (in seinem Katalog X) angezeigt. Es wurde kurz darauf von dem bekannten Berliner Arzt Dr. Hermann Vollmer im Namen seiner Gattin, der Bildhauerin Ruth Vollmer, erworben[15]. Mitte der 1930er Jahre wanderte das Ehepaar Vollmer, von einer Bürgschaft Thomas Manns unterstützt, nach Amerika aus, wo Dr. Vollmer die meisten der mitgebrachten Manuskripte an Mrs. Mary Louise Curtis Bok Zimbalist, die Gattin des Geigers Efrem Zimbalist, verkaufte. Der Verkauf war mit der Übereinkunft verbunden, daß Dr. Vollmer die Manuskripte zum Verkaufspreis zurückerwerben könne, wozu es allerdings nicht kam, da Dr. Vollmer sich einige Jahre später das Leben nahm.

Meine Anfragen bei Ann Viles und Elizabeth Walker, den Bibliothekarinnen des Curtis Institute of Music, bei Rudolf Serkin, Efrem Zimbalist und Mieczyslaw Horszowski, die alle liebenswürdigerweise antworteten, brachten leider keine Klarheit. Es scheint somit nicht mehr möglich zu sein, das Jahr zu bestimmen, in welchem Mrs. Curtis Bok Zimbalist (1876–1970) das Manuskript erwarb oder wann sie es dem Curtis Institute of Music in Philadelphia schenkte[16], d. h. dem Institut, welches sie 1924 mit einer großmütigen Stiftung von 12 1/2 Millio-

[12] Ebda.

[13] Ihre zwei Schwestern Louise und Claudie waren 1918 und 1914 gestorben.

[14] Siehe Charles Sanford Terry, Joh. Seb. Bach Cantata Texts, Sacred and Secular, London 1926, S. 473.

[15] Schmieder gibt noch im Jahre 1950 Paul Gottschalk als Besitzer an.

[16] In Otto E. Albrechts bekanntem „A Census of Autograph Music Manuscripts of European Composers in American Libraries", der 1953 in Philadelphia erschien, wird Mrs. Mary Louise Zimbalist, jedoch noch nicht das Curtis Institute of Music als Besitzer angeführt.

Shortly thereafter it was acquired by the well-known Berlin physician Dr. Hermann Vollmer in the name of his wife, the sculptress Ruth Vollmer.[15] Co-sponsored by Thomas Mann, the Vollmers emigrated in the mid-1930s to America where Dr. Vollmer sold most of the manuscripts the couple had brought with them. The buyer was Mrs. Mary Louise Curtis Bok Zimbalist, the wife of the violinist Efrem Zimbalist. Dr. Vollmer retained the privilege of repurchasing these manuscripts some day at their sale price. This was, however, not to be since Dr. Vollmer later committed suicide.

My inquiries from Ann Viles and Elizabeth Walker, the librarians of the Curtis Institute of Music, from Rudolf Serkin, Efrem Zimbalist and Mieczyslaw Horszowski – all of which were graciously answered – shed no new light on the situation. Therefore I could neither ascertain the precise year in which Mrs. Curtis Bok Zimbalist (1876–1970) acquired Bach's score nor when she presented it to the Curtis Institute of Music in Philadelphia[16] which she had founded and richly endowed in 1924 and of which she was the first president.

Shortly before copy-deadline of this catalogue, the Curtis Institute of Music whose principal mission lies in the training without charge of gifted young musicians, found it necessary to offer its precious collection of music manuscripts for sale. At the auction held on May 21, 1982 by *Christie, Manson & Woods International* in New York City, the score of "Schmücke dich, o liebe Seele" was acquired for the sum of $ 180.000.– by Hans Schneider of Tutzing on behalf of the *Internationale Bachakademie* in Stuttgart. This sale constitutes the first return of a major Bach manuscript from the USA to Germany. However, because Bach's score has been in America for nearly fifty years and has become well known to and much admired by the musicians and music

[15] Schmieder still lists Paul Gottschalk as owner of the manuscript in 1950.

[16] Otto E. Albrecht's *A Census of Autograph Music Manuscripts of European Composers in American Libraries* which was published in Philadelphia in 1953, still lists Mrs. Mary Louise Zimbalist, but not yet the Curtis Institute of Music, as the owner of the manuscript.

nen Dollar ins Leben gerufen hatte und dessen erste Präsidentin sie war.

Kurz vor Redaktionsschluß des hier vorgelegten Katalogs sah sich das Curtis Institute of Music, dessen Hauptaufgabe in der kostenlosen Ausbildung begabter junger Musiker besteht, genötigt, seine Manuskriptsammlung zum Verkauf anzubieten. Die Versteigerung fand am 21. Mai 1982 bei Christie, Manson & Woods International in New York City statt. Die Originalpartitur von „Schmücke dich, o liebe Seele" wurde für $ 180 000,– von Hans Schneider, Tutzing, für die Internationale Bachakademie in Stuttgart erworben. Dieser Besitzwechsel stellt einen bisher einzigartigen Fall einer Rückwanderung eines größeren Bach-Manuskripts aus Amerika nach Deutschland dar. Da Bachs Partitur von Kantate 180 nahezu fünfzig Jahre in den Vereinigten Staaten beheimatet war und Musikern und Musikfreunden, die in Philadelphia wohnen oder diese musikliebende Stadt besuchten, vertraut und ans Herz gewachsen war, habe ich mich nicht dazu entschließen können, die Beschreibung des Manuskripts und die bewegte Geschichte seiner Provenienz nachträglich aus meinem Katalog auszuschalten.

lovers of Philadelphia and those who have visited this musical city, I could not find it in my heart to delete suddenly the description of the manuscript and the colorful history of its provenance from these pages.

BWV 197a „Ehre sei Gott in der Höhe"

Der 4-seitige Bogen stellt das einzige erhaltene Fragment der Originalpartitur einer für den 1. Weihnachtstag um 1728 geschriebenen Kantate dar. Die Handschrift befindet sich in beklagenswertem Zustand. Das dünne und morsche Papier ist nicht nur an den Rändern (besonders des ersten Blattes) stark abgebröckelt, sondern auch sonst stark von Löchern durchsetzt (s. Abb. 19a und b). Bachs Handschrift ist fein und klar und erstaunlich frei von Korrekturen, obgleich es sich um eine eilige erste Partiturniederschrift handelt. Die Tatsache, daß der Bogen rechts oben die Nummer 7 trägt, läßt darauf schließen, daß ursprünglich sechs Bogen vorausgingen, die heute als verloren gelten müssen. Picanders Text von 1728 läßt ersehen, daß die sechs verschollenen Bogen einen Chor, eine Arie, ein Rezitativ und den

BWV 197a "Ehre sei Gott in der Höhe"

This autograph score is the only surviving fragment of a cantata written in all probability for Christmas Day 1728. The manuscript is in deplorable condition. The paper is full of holes – several of them quite large – and is so brittle that some of the corners and edges have crumbled away (s. ills. 19a and b). Bach's writing is, however, clear, fine and relatively free of corrections. The extant fragment constitutes the last folio of a hurriedly written composing score. The number 7 at top right indicates that 6 folios preceded the extant folio. This is proven by the survival of Picander's text of 1728 which shows that a choral movement, an aria, a recitative and the major portion of a second aria of Bach's original composition are lost. The surviving folio begins with the closing portion of the second aria. In view of the

größten Teil einer zweiten Arie enthielten, mit deren Schlußteil der erhaltene siebte Bogen beginnt. Spitta weist im Hinblick auf die sechs verlorenen Bogen wohl mit Recht darauf hin, daß die Originalpartitur außer den drei textlich überlieferten Sätzen vermutlich noch eine einleitende Sinfonia enthalten habe. Der vorliegende Bogen in Hochfolioformat mißt 32,5 x 20 cm. Da das „Posthorn"-Wasserzeichen mit seiner Gegenmarke „GAW" in Bachschen Handschriften vor und nach der Drucklegung von Picanders Text nachweisbar ist, wirkt das vermutliche Datum der Aufführung, der „1. Weihnachtstag um 1728", recht überzeugend.

Das Manuskript beginnt mit den 19 Schlußtakten des 4. Satzes, einer Arie für Alt, 2 Querflöten, Vc. (oder Fagott) und B. c. Die 2. Seite (s. Abb. 19a) zeigt die 2 Schlußtakte der Alt-Arie, danach „Recit", Bachs Überschrift des 5. Satzes (eines Secco-Rezitativs für Baß und B. c.), unten links ferner den Anfang der Baß-Arie mit der „Hautb Solo d'Amour" als Obligatinstrument (= 6. Satz).

Die die unteren fünf Systeme umfassende Klammer, die nicht ausgestrichen ist, könnte darauf hinweisen, daß Bach zunächst an einen 5stimmigen Satz dachte, ehe er sich zu einem 3stimmigen entschloß[1]. Die Baß-Arie füllt die zweite hier abgebildete Seite mit sieben Akkoladen zu je 3 Systemen (s. Abb. 19b) und endet unten auf der letzten Seite des Bogens nach 5 1/2 Systemen, so daß kaum genug Raum für den textlos notierten Schlußchoral übrigbleibt[2]. In die 1 1/2 Akkoladen von je zwei Systemen schrieb Bach den 4stimmigen Choral auf die Melodie „O Gott, du frommer Gott" hinein; und zwar trug er je zwei Stimmen in das obere (mit Sopranschlüssel) und untere (mit Baßschlüssel versehene) Notensystem ein. Die 1 1/2 letzten Takte brachte er schließlich ganz unten auf zwei eigens gezogenen Hilfssystemen unter. Rechts daneben beschließt Bachs „Fine SDG" (mit Endschleife) die Komposition.

[1] Vgl. NBA I/2, KB (Alfred Dürr), S. 40.

[2] Da Picanders Textdruck den Choral, die 4. Strophe von Kaspar Zieglers Choral „Ich freue mich in dir", aufführt, ist das Problem, welcher Text zu der Choralmelodie „O Gott, du frommer Gott" gesungen werden soll, gelöst. Allerdings ohne daß ein Hinweis darauf bei Bach zu finden gewesen wäre.

large number of lost folios, Spitta surmises that the original composition also contained, in addition to the numbers of Picander's extant text, an introductory orchestral sinfonia. The size of the surviving manuscript is 32.5 (high) x 20 cm (wide). Since the "Posthorn" watermark with the letters "GAW" as countermark occurs in Bach manuscripts in the years before and after the printing of Picander's text, the dating of the composition for "Christmas Day, ca. 1728" seems convincing.

The extant folio begins with the last 19 measures of movement 4, an Alto aria with 2 flutes and cello (or bassoon) and B. c. The second page accommodates the last two measures of the aria which is followed by Bach's heading "Recit," a secco recitative for bass and basso continuo and movement 6, a Bass aria for which Bach specifies as solo instrument the "Hautb Solo d'Amour" (s. ill. 19a).

The unerased brace encompassing 5 staves (at bottom left) seems to indicate that Bach had at first a 5-part movement in mind before deciding on the present aria in 3-part texture.[1] This Bass aria fills the second of the two pages reproduced here (ill. 19b) with seven 3-stave brackets and ends after 5 1/2 brackets at the bottom of the last page of the folio so that barely enough room is left for the final textless chorale.[2] Bach squeezed it into 1 1/2 braces of 2 staves (with soprano and bass clefs) by notating two voices on each staff and adding the 1 1/2 last measures of the chorale at the very bottom of the page on two short hand-drawn staves. Next to them he signs his score "Fine SDG" (the "G" with its closing loop).

Bach parodied the two arias of this cantata fragment for BWV 197 "Gott ist unsre Zuversicht," a wedding cantata of about 1742. In the autograph score of the latter, these two movements stand out from the rest by their *Reinschrift* character, which is typical of parodied movements, though the two in BWV 197 are substantially revised.

[1] Cf. NBA I/2, KB by Alfred Dürr, p. 40.

[2] Since Picander's published text includes the chorale, the 4th stanza of Kaspar Ziegler's hymn "Ich freue mich in dir," the problem of what words are to be sung to the hymn tune "O Gott, du frommer Gott" is solved. But Bach did not help in solving it.

Um 1742 griff Bach auf die zwei Arien dieses Kantaten-Fragments zurück, indem er sie für die Trauungskantate „Gott ist unsre Zuversicht" (BWV 197) parodierte. In der Originalpartitur der späteren Kantate zeichnen sich die zwei kopierten Sätze deutlich durch ihren Reinschrift-Charakter aus.

Provenienz

Vorbesitzer: Aller Wahrscheinlichkeit nach Wilhelm Friedemann Bach. Erst 80 Jahre nach Wilhelm Friedemanns Tod ist von dem Partiturfragment wieder die Rede, und zwar erfuhr Wilhelm Rust 1864 von Gustav Nottebohm[3], daß das „autographe Bruchstück" dieser Kantate sich in Wien in Privatbesitz befände. Der Pianist Julius Epstein (1832–1926), Professor am Wiener Konservatorium und einer der Mitarbeiter der Alten Schubert-Gesamtausgabe, scheint der Besitzer gewesen zu sein. Jedenfalls stellte er 1894 sein Kantaten-Fragment Alfred Dörffel für die Ausgabe im 41. Band der BG zur Verfügung. In Epsteins Todesjahr ging das Manuskript in den Besitz von Frau Conrat Horn in Wien über, die es im nächsten Jahr (1927) durch K. E. Henrici in Berlin (Auktionskatalog CXX) zur Versteigerung anbieten ließ. Von diesem erwarb es Mr. Dannie N. Heineman[4], ein bekannter amerikanischer Industrieller, der in Brüssel lebte, 1940 aber vor den Nazis fliehen mußte und nach Amerika zurückkehrte. Heineman überließ seine Mu-

[3] Vgl. BG 13, S. XXI.

[4] Dannie N. Heineman war ein von höchsten Idealen beseelter amerikanischer Ingenieur, der als erfolgreicher Industrieller in Brüssel lebte. Der Humanist Heineman war in politischen Kreisen so zuhause, daß es seinen persönlichen Kontakten mit zu verdanken ist, daß Deutschland 1926 dem Völkerbund beitrat. Seine alle künstlerischen Gebiete umfassende Sammlung, die er nach seiner Rückkehr nach Amerika allen Interessenten zugänglich machte, ist besonders reich an Goethe-Manuskripten; auch Schiller und Heine sind reichlich vertreten. Unter den Musikautographen, die von Bach über Mozart bis zu Brahms und Mahler reichen, befindet sich z. B. Chopins berühmte As-dur-Polonaise op. 53 sowie ein aus London geschriebener Brief von Haydn an seine Geliebte, Aloise Polzelli, in dem er seine Frau „quella Bestia infernale" nennt. Heinemans Gattin Hettie war allen humanitären und künstlerischen Idealen ihres Mannes gegenüber aufgeschlossen und machte nach 1940 die Heineman-Wohnung in New York City zu einem Anziehungspunkt für Künstler, unter denen sich besonders die großen Musiker der Nachkriegszeit befanden.

Provenance

Previous Owners: The manuscript probably belonged to Wilhelm Friedemann Bach's legacy. After his death in 1784, it disappeared from view. In 1864 Gustav Nottebohm informed Wilhelm Rust[3] of the existence of this cantata fragment in Vienna. Its private owner was the pianist Julius Epstein (1832–1926), Professor at the Vienna Conservatory and one of the collaborators of the *Alte Schubert Gesamtausgabe.* Epstein lent the autograph score in 1894 to Alfred Dörffel who edited this cantata fragment in Vol. 41 of the BG. In the year of Epstein's death the manuscript passed into the hands of Mrs. Conrat Horn in Vienna who seems to have turned it over without delay to K. E. Henrici in Berlin, in whose auction catalogue CXX it appeared in 1927. At that time or shortly thereafter the score fragment was acquired by Dannie N. Heineman,[4] who, although he was an American citizen, had to flee from Nazi-occupied Brussels in 1940 and return to the United States. The manuscript was in 1962 placed on deposit at the Pierpont Morgan Library and given to the Library in 1977.

Present Owner: The *Dannie and Hettie Heineman Collection* in the Pierpont Morgan Library, New York.

[3] Cf. BG 13, p. XXI.

[4] Dannie N. Heineman was an American engineer of superb integrity, a highly successful industrialist who lived in Brussels, a humanist and friend of political leaders who was most helpful in bringing Germany in 1926 into the League of Nations. His vast collection which he made available to anyone after his return to America, is particularly rich in Goethe, Schiller and Heine manuscripts. Its music holdings encompass autograph manuscripts from Bach to Mozart, Brahms and Mahler (including, for instance, Chopin's famous Polonaise in A-flat major, opus 53 and a letter written by Haydn from London to his mistress Aloise Polzelli in which he refers to his wife as "quella Bestia infernale"). Mrs. Heineman shared her husband's humanitarian and artistic ideals, making their home in New York City after 1940 a place in which artists, especially the great musicians of the day, were always welcome.

sikautographen-Sammlung 1962 zunächst als Leihgabe und 1977 als Geschenk der Pierpont Morgan Library.

Heutiger Besitzer: The Dannie and Hettie Heineman Collection der Pierpont Morgan Library in New York.

BWV 171 „Gott, wie dein Name, so ist auch dein Ruhm"

Die aus vier nebeneinandergelegten Bogen bestehende autographe Partitur ist ohne Umschlag und Titelblatt überliefert[1]. Da das Papier der Handschrift recht dünn und stellenweise von Tintenfraß angegriffen ist, wurden die einzelnen Bogen später jeweils zwischen zwei Glasscheiben gerahmt. Diese sind 35 x 43 cm groß und zeigen je zwei Seiten eines auseinandergefalteten Bogens (z. B. Bl. 1^r und 2^v auf der Vorderseite und Bl. 1^v und 2^r auf der Rückseite). Das Papier ist mäßig gebräunt, die Farbe der Tinte schwarz. Bach benutzte für diese Kantate zwei verschiedene Papiersorten. Die beiden ersten Bogen zeigen das „Posthorn"-Wasserzeichen, das die Anfangsbuchstaben des Papiermachers *G*eorg *A*dam *W*alther „GAW" als Gegenmarke aufweist. Diese zwei Bogen sind 33–33,3 cm hoch und 19,8–20 cm breit. Die zwei folgenden Bogen lassen das Wasserzeichen von zwei gekreuzten Schwertern, flankiert von „GM", den Initialen des Papiermachers *G*eorg *M*eyer, erkennen. Sie schwanken in ihrer Höhe zwischen 32 und 32,6 cm und in ihrer Breite zwischen 20,3 und 20,6 cm.

Bachs Überschrift (auf Bl. 1^r, s. Abb. 20) lautet: „J. J Festo Circumcisionis Xsti. Concerto. à 4 Voci. 3 Trombe, Tamburi, 2 Hautb/ 2 Violini, Viola e Contin: di Bach." Wir haben es also mit einer Neujahrs-Kantate zu tun, die vermutlich 1729 zum erstenmal erklungen ist. Picanders Text (1728) und das Posthorn-Wasserzeichen lassen u. a. auf dieses Datum schließen. Von den 16 Seiten der Partitur sind 14 beschrieben. Der erste Satz mit einer Akkolade zu je 14 Systemen füllt

[1] Die Bogen 2, 3 und 4 sind oben rechts numeriert.

BWV 171 "Gott, wie dein Name, so ist auch dein Ruhm"

The autograph score which consists of 4 folios[1] that follow one another, has come down to us without wrapper and title page. Because of the precarious condition of the extremely thin paper, each one of the folios has been placed between two plexiglass plates. Since the glass plates are twice as large (35 x 43 cm) as the manuscript, they display on each side two pages of an unfolded folio (such as $1^r + 2^v$ on one side, and $1^v + 2^r$ on the reverse side). The color of the paper is moderately brown; that of the ink, black. Bach used two different kinds of paper. The first two folios show the "Posthorn" watermark with the initial letters of the paper-maker *G*eorg *A*dam *W*alther "GAW" as countermark. The size of those folios varies on account of their ragged edges from 33.3 to 33.0 x 19.8 to 20.0 cm. The watermark of folios 3 and 4 is that of two "Crossed Swords" above the letters "GM" (representing the paper-maker *G*eorg *M*eyer). These folios measure from 32.6 to 32.0 x 20.6 to 20.3 cm.

The autograph caption on page 1 (s. ill. 20) reads "J. J Festo Circumcisionis Xsti. Concerto. à 4 Voci. 3 Trombe, Tamburi, 2 Hautb / 2 Violini, Viola e Contin: di Bach." The cantata was written for the New Year. Picander's text (1728/29), the "Posthorn" watermark and other reasons speak for New Year 1729 as the date of its first performance. 14 of the 16 pages of the manuscript are covered with music. The opening chorus fills the upper portion of the first 7 pages with its 14-stave bracket. This vast movement was to serve Bach again for the *Patrem omnipoten-*

[1] Folios 2, 3 and 4 were numbered by Bach in the right top corner.

den oberen Teil der ersten 7 Seiten. Am Ende seiner schöpferischen Laufbahn griff Bach auf diesen Eingangssatz zurück und benutzte ihn (bis auf die ersten 6 Takte) für den „Patrem omnipotentem"-Chor der h-moll-Messe. Bach schrieb die Instrumente des ersten Satzes der Kantate in jener Reihenfolge in die Partitur, in welcher er sie in der Überschrift aufgezählt hatte. Somit bestand für ihn kein Grund, sie am Anfang der Partitur nochmals anzuführen. Auf den unteren Systemen der ersten 7 Seiten, d. h. parallel zum Eingangschor, notierte Bach den zweiten Satz der Kantate, die Tenor-Arie „Herr, so weit die Wolken gehen".

Von dem Augenblick an, in dem Bach zu der zweiten Papiersorte griff, finden sich die Besetzungsangaben zu den drei letzten Sätzen: „Violino Solo" (für den 4. Satz), „Hautb" (für den 5.) und „Trombe/è/Tamburi" (für die Zeilenzwischenspiele des Schlußchorals, dessen B. c. ausnahmsweise völlig beziffert ist, s. Abb. 21). Am Schluß der Handschrift steht Bachs Signum „Fine SDG" (das „G" mit Schlußschleife, einem „l" ähnelnd).

Warum mag Bach wohl für die auf 3 1/2 Bogen geschriebene Komposition zwei verschiedene Papiersorten benutzt haben? Hierzu kann folgendes bemerkt werden: Die zweite Papiersorte fängt auf Bl. 5^r nicht mit neukomponierter Musik an, sondern mit einer Parodie der Sopran-Arie „Angenehmer Zephyrus" aus der weltlichen Kantate „Der zufriedengestellte Aeolus", und sie schließt mit einer Parodie des Schlußchorals der Kantate 41 „Jesu nun sei gepreiset", die wie BWV 171 eine Neujahrs-Kantate ist. Während neugeschaffene Musik die 8 Seiten der beiden ersten Bogen füllt, gehen 5 der 6 Seiten, die auf dem neuen Papier geschrieben sind, auf Musik aus dem Jahre 1725 zurück. (Die eine Seite ohne Parodie enthält ein ausinstrumentiertes Rezitativ.) Eines steht fest: Bach muß vom Schreibtisch aufgestanden sein, um unter seinen früheren Kompositionen die zum Kopieren ausgewählten Stücke herauszusuchen, wodurch offenbar eine Pause im Schaffensprozeß entstand. Eine längere Pause ist angesichts der Tatsache, daß Bach in seiner Handschrift durchgehend dieselbe spitze Feder benutzt zu haben scheint, unwahrscheinlich. Eher scheint es, daß er beim

tem of the B minor Mass. Since Bach notates the instruments of the first movement of the cantata in the order in which he listed them in the caption, there was no need for him to name them again at the beginning of the score. On the unused lower staves of the first 7 pages, that is, below the opening chorus and running parallel with it, Bach entered the second movement, the Tenor aria "Herr, so weit die Wolken gehen."

Turning to the new paper, Bach names the obbligato instruments for the three last movements: "Violino Solo" (for mvt. 4). "Hautb" (for mvt. 5) and "Trombe / è / Tamburi" (for the instrumental interludes of mvt. 6, the final chorale). The Continuo part of the chorale is figured, a rare occurrence in an autograph score by Bach (s. ill. 21). He signs his completed composition "Fine SDG1" (or "G" with a closing loop, resembling an "1").

Was there a reason for Bach's use of two different kinds of paper for the writing of a composition that needed only 3 1/2 folios or 14 pages? At least this much can be said: the second kind of paper begins (on 5^r), not with new music, but with a parody of the soprano aria "Angenehmer Zephyrus" from the secular cantata "Der zufriedengestellte Aeolus" of 1725. It ends with a parody of the final chorale from BWV 41 "Jesu nun sei gepreiset," also of 1725 and, like BWV 171, a New Year cantata. While the 8 pages of the first two folios were used only for newly composed music, 5 of the 6 pages written on the other paper contain copies (in slightly altered form) of older music. Even if Bach had to do nothing but to get up, look for and choose from the stacks of music written three to four years earlier the music he now wished to use again, some interruption must have occurred halfway through the composing process. A longer interruption seems improbable in view of the fact that Bach used the same particularly fine pen throughout the score. It seems more likely that Bach, while browsing through the stacks of older music in search of the compositions that contained the movements he intended to copy, came across a few folios of unused paper[2] which he took back to his writing

[2] The paper with the "GM" watermark, found in Bach manuscripts of 1726, suggests such an assumption.

Heraussuchen der früheren Kompositionen einige Bogen älteren Papiers[2] fand und diese anschließend benutzte. Die bei jener Gelegenheit mit nur wenigen Änderungen kopierten Sätze (4 und 6) zeichnen sich im übrigen durch ihre kalligraphische Schönheit aus. Im Schlußchoral wirkt das Manuskript wie eine Reinschrift (s. Abb. 21).

Provenienz

Vorbesitzer: Wilhelm Friedemann Bach – Karl Pistor – Adolf Rudorff – Wilhelm Friedrich Jähns – dessen Sohn, Dr. Max Jähns (1837–1900). Spitta[3] erwähnt 1879 Max Jähns als Besitzer der Handschrift, die dieser neun Jahre später Alfred Dörffel für die Herausgabe der Kantate in BG 35 (1888) zur Verfügung stellte. Weitere Vorbesitzer: Siegfried Ochs (1858–1929), der Leiter des Philharmonischen Chors in Berlin und ehemaliger Klavierschüler Ernst Rudorffs – Musikautographensammlung Louis Koch (1862–1930) Frankfurt a. M. – Sammlung Floersheim/Koch, Basel.

Heutiger Besitzer: Robert Owen Lehman Collection. Diese Sammlung befindet sich seit 1972 als Leihgabe in der Pierpont Morgan Library in New York.

table. The copied and only slightly revised movements 4 and 6 present us characteristically with a picture of supreme penmanship that in the concluding chorale takes on the character of a true fair copy (s. ill. 21).

Provenance

Previous Owners: In all probability: Wilhelm Friedemann Bach – Karl Pistor – Adolf Rudorff – Friedrich Wilhelm Jähns – his son, Dr. Max Jähns (1837–1900). Max Jähns is listed by Spitta[3] in 1879 as owner of the manuscript which nine years later was put at the disposal of Alfred Dörffel, the editor of BG 36 containing this cantata. – Siegfried Ochs (1858–1929), the renowned director of the Berlin Philharmonic Chorus and erstwhile piano student of Ernst Rudorff – Autograph collection of Louis Koch (1862–1930) Frankfurt a. M. – Floersheim/ Koch Collection, Basel.

Present Owner: *Robert Owen Lehman Collection;* since 1972 on deposit in The Pierpont Morgan Library, New York.

BWV 112 „Der Herr ist mein getreuer Hirt"

Ein Blick auf die Abbildung der ersten Seite zeigt (s. Abb. 22), daß es sich bei dieser Partitur um eine besonders schöne Originalhandschrift handelt. Sie besteht aus 6 beiderseitig beschriebenen Blättern in 3 nebeneinanderliegenden Bogen und ist ohne Umschlag und Titelblatt überliefert:

1 2 3 4 5 6

Das stark gebräunte Papier ist dünn, ziemlich brüchig und daher an den Rändern und Ecken leicht abgebröckelt. Obgleich die Handschrift zur Zeit noch gut erhalten ist,

BWV 112 "Der Herr ist mein getreuer Hirt"

One look at the reproduction of the first page (s. ill. 22) reveals the extraordinary beauty of the autograph score. Having come down to us without title page and wrapper, the manuscript consists of 12 pages of music, written on 6 leaves or 3 folios that follow one another:

The rather brown paper of the score is thin and brittle so that tiny particles of its borders and corners have crumbled away. The general condition of the manuscript is fragile although it is at the present time still well-

[2] Für eine solche Annahme spricht das für 1726 belegte Papier mit dem „GM"-Wasserzeichen.

[3] Spitta D, II, S. 272.

[3] Vol. II, p. 272, of the German edition. (Not in the English ed., cf. its vol. II, p. 441.)

muß ihr Zustand auf längere Sicht als gefährdet bezeichnet werden. Bachs Schrift zeichnet sich besonders im 1. Satz, der auf über 5 Seiten ausgedehnt ist, durch eleganten Schwung und äußerste Klarheit aus[1]. Die Tinte hat in 250 Jahren nichts von ihrer schwarzen Farbe eingebüßt. Die in gewöhnlichem Hochformat geschriebene Partitur mißt 33,5 (bis 34) x 21 cm. Das dünne Papier läßt das Wasserzeichen des kleinen Posthorns (an Band und auf Steg, 3 x 3 cm) mit der Gegenmarke „GV" besonders auf dem 5. Blatt der Handschrift deutlich erkennen. Die laut Umschlag der Leipziger Originalstimmen für den Sonntag Misericordias Domini, d. h. für den 2. Sonntag nach Ostern, geschriebene Kantate ist am 8. April 1731 zum erstenmal erklungen (der erste Satz, wie in Fußnote 1 angedeutet, wohl schon eher). Bach benutzt in allen fünf Sätzen Wolfgang Meuslins 1531 erschienene Nachdichtung des 23. Psalms. Wie „Wachet auf, ruft uns die Stimme" (BWV 140, ebenfalls von 1731) ist „Der Herr ist mein getreuer Hirt" eine nachträglich zum Choralkantaten-Jahrgang (1724/25) hinzukomponierte Kantate[2].

Bachs Überschrift, die links oben (auf Bl. 1ʳ) das erste „J" von J(esu) J(uva) eingebüßt hat, lautet: „J. Der Herr ist mein getreüer Hirt p. à 4 Voci. 2 Corni: 2 Hautb: d'Amour 2 Violini/Viola e Cont. di J S Bach". (Das Wort „d'Amour" wurde von Bach über „2 Hautb:" und „2 Violini" nachgetragen und durch eine Schleife mit „2 Hautb:" verbunden). Da der Meister die Instrumente in jener Reihenfolge notiert, in der er sie in seiner Überschrift aufgezählt hat, führt er sie am Anfang des ersten Satzes nicht noch einmal an. Den Eingangssatz, eine seiner schönsten Choral-Fantasien, schreibt er auf den fünf ersten Seiten der Partitur auf je zwei Akkoladen mit je 12 Systemen nieder. Die Continuostimme ist nur im einleitenden Ritornell beziffert. Der 1. Satz endet mit seinen zwei Schlußtakten auf Seite 6. Die nachfolgenden Sätze sind von Bach als „Versus 2, 3,

[1] Der Reinschrift-Charakter des 1. Satzes hat zu der berechtigten Annahme geführt, daß hier eine ältere Komposition vorliegt. Allerdings sind sich Robert L. Marshall und Alfred Dürr nicht über deren Datierung einig.

[2] Die für Misericordias Domini 1725 geschriebene Kantate BWV 85 „Ich bin ein guter Hirt" ist keine Choralkantate.

preserved. Bach's penmanship on the 5 pages of the 1st movement is of superb elegance and clarity.[1] In 250 years, the ink has lost none of its original black color. The size of the manuscript is 33.5 to 34 cm high and 21 cm wide. Due to the thin paper the watermark of the small (3 x 3 cm) Posthorn with "GV" as its countermark is clearly visible, especially on the fifth sheet of the manuscript. This watermark plus the fact that the title page of the extant parts (in Leipzig) relates that the cantata was composed for *Misericordias Domini*, i. e. for the 2nd Sunday after Easter, establish April 8, 1731 as the date of its first performance (with the already-stated possible exception of its opening movement). Bach uses Wolfgang Meuslin's hymn of 1531, a poetic recasting of the 23rd Psalm, as text for the whole cantata. Like "Wachet auf, ruft uns die Stimme" (BWV 140) of 1731, "Der Herr ist mein getreuer Hirt" is a chorale cantata which Bach added years later to his basic stock of chorale cantatas of 1724–25.[2]

At top left of page 1, Bach's caption has lost the first "J" of J(esu) J(uva). It now reads: "J. Der Herr ist mein getreüer Hirt p. à 4 Voci. 2 Corni: 2 Hautb: d'Amour 2 Violini/Viola e Cont. di J S Bach" (At first Bach omitted the word "d'Amour" but added it subsequently above the "2 Hautb:" and the "2 Violini", connecting it by a curved downward line with "2 Hautb:"). Since Bach notated the instruments in the order in which he had enumerated them in the caption, he saw no need for naming them again at the beginning of the score. The first movement, one of Bach's most serene chorale fantasies, fills the first 5 pages of the score with its two 12-stave brackets. The continuo is in the opening ritornel fully figured. The final two measures of the 1st movement run over onto page 6. The next 3 movements follow, each with its appropriate number of staves.[3] While Bach names the following

[1] The *Reinschrift*-character of the first movement has led to the logical assumption that what we face here is a copy of an earlier version of this chorale fantasy, about the original date of which Robert L. Marshall and Alfred Dürr have not yet come to an agreement.

[2] BWV 85 "Ich bin ein guter Hirt" which Bach composed for *Misericordias Domini* 1725 is not a chorale cantata.

[3] There is one exception in Versus 4 (on 5ʳ).

4" und „ultimus" bezeichnet und nur beim 2. Satz und beim Schlußchoral mit den Besetzungsangaben „Hautb d'Am. Solo" bzw. „2 Corni" versehen. Bis auf den Schlußchoral weisen die Sätze die für die jeweiligen Stimmen benötigten Notensysteme auf[3]. Von Versus 2 an wird die Handschrift schneller und flüchtiger, so daß sich im 3. und 4. Satz die Korrekturen häufen. Der 4. Satz, ein Duett für Sopran, Tenor und Streicher, das vier Akkoladen von je 6 Notensystemen pro Seite in Anspruch nimmt, endet auf dem 18. System der letzten Seite, weshalb für den Schlußchoral nur 6 Notensysteme übrigbleiben. Bach notiert diesen auf zweimal drei Systemen. Da die zwei Hörner jeweils das obere System einnehmen, bleibt Bach nichts anderes übrig, als die Singstimmen auf die beiden mit Sopran- und Baßschlüssel versehenen Systeme zu verteilen, wobei er den Tenor häufig mit dem Sopran und Alt im überfüllten Sopransystem mitführt (s. Abb. 23). Für den Text (die letzte Strophe von Meuslins Lied) war kein Platz mehr vorhanden. Die Melodie ist die schon im ersten Chor als cantus firmus benutzte Choralmelodie „Allein Gott in der Höh' sei Ehr'" von Nicolaus Decius (um 1540). Bachs „Fine" und das darunter in einem Zuge zusammengezogene „DSG" (das „G" mit Schlußschleife) zeigen, in welcher Hast die Partitur beendet wurde.

Provenienz (s. Einleitung, S. 15 f.)

Vorbesitzer: Wilhelm Friedemann Bach – Karl Pistor – Marie Hoffmeister, geb. Lichtenstein (1817–1890) – Ernst Rudorff (1840–1916), der die Partitur zwischen 1876 und 1886 von Marie Hoffmeister erhielt und sie 1886 zum Verkauf anbot – vielleicht Max Abraham (1831–1900) – Henri Hinrichsen (1868–1942) – dessen Sohn Walter Hinrichsen (1907–1969), der das Manuskript im März 1950 durch den New Yorker Musikautographenhändler Walter Schatzki an Mary Flagler Cary (1901–1967) verkaufte.

Heutiger Besitzer: Seit 1968 The Mary Flagler Cary Music Collection in der Pierpont Morgan Library, New York.

movements one by one, from "Versus 2" to "Versus ultimus," he specifies instruments only for the 2nd movement ("Hautb d'Am. Solo") and the final chorale ("2 Corni"). From Versus 2 onward, Bach's handwriting becomes considerably more hurried and less tidy resulting in an increasing number of corrections. The duet for soprano, tenor and strings (mvt. 4) is notated in four 6-stave braces per page. It ends on the 18th staff of the last page, thus leaving only six staves for the final chorale, which Bach compresses into two 3-stave brackets. On the upper staff he writes the 2 horn parts so that the two remaining staves in treble and bass clefs have to accommodate the 4 vocal parts, the tenor frequently joining the soprano and alto on the crowded middle staff (s. ill. 23). Obviously, no space remained for the text, the last stanza of Meuslin's hymn. The chorale melody is Nicolaus Decius' "Allein Gott in der Höh' sei Ehr" (ca. 1540) which had already served as cantus firmus in the opening movement. Bach's "Fine" and beneath it – drawn together with one penstroke – the "DSG" (the "G" with a final loop) bear witness to the speed with which Bach terminated the writing of his score.

Provenance (s. Introduction, pp. 23 f.)

Previous Owners: Wilhelm Friedemann Bach – Karl Pistor – Marie Hoffmeister, née Lichtenstein (1817–1890) – Ernst Rudorff (1840–1916) who received the score from Marie Hoffmeister between 1876 and 1886 in which latter year he offered the manuscript for sale – perhaps Max Abraham (1831–1900) – Henri Hinrichsen (1868–1942) – his son Walter Hinrichsen (1907–1969) – the latter sold the manuscript in March 1950 through the music-autograph dealer Walter Schatzki of New York to Mrs. Mary Flagler Cary (1901–1967).

Present Owner: Since 1968 the *Mary Flagler Cary Music Collection* in the Pierpont Morgan Library, New York.

[3] In Versus 4 kommt (auf Bl. 5[r]) eine Ausnahme vor.

BWV 97 „In allen meinen Taten"

Die außergewöhnlich gut erhaltene Originalpartitur besteht aus 5 Bogen bzw. 10 beiderseitig beschriebenen Blättern. Sie befindet sich seit geraumer Zeit in einem von F. Bedford (in London?) hergestellten Einband aus feinem Saffianleder mit fleurs-de-lis und goldgeprägtem Titel. Dieser lautet: „JOHN SEBASTIAN BACH / WEDDING SERVICE / AUTOGRAPH MS. / 1734". Der dunkelbraun-rote Einband ist so fest, daß die originale Bogenlage nicht mehr zu erkennen ist. Auch läßt sich nicht mehr ermitteln, ob die Bogen immer noch zusammenhängen oder beim Einbinden in 10 Blätter zerlegt worden sind. Das große „MA"-Wasserzeichen (ohne Gegenmarke) ist auf den recto-Blättern der 5 Bogen sichtbar (bei dem 5. Bogen allerdings auf dem Kopf stehend). Das autographe Datum „1734" am Ende der Partitur bestätigt den Befund des Wasserzeichens, das in der Zeit vom 6. Juli 1732 bis zum 2. Februar 1735 in Bachschen Manuskripten vorkommt. Die Partitur ist in Hochformat geschrieben und mißt heute 34,2 x 22 cm, scheint aber, ehe sie eingebunden wurde, ein wenig größer gewesen zu sein. Das Papier ist leicht gebräunt, die Tintenfarbe schwarz-braun.

Der Umschlag mit dem Titelblatt ist verschollen, war aber 1875, als Wilhelm Rust die Kantate im 22. Band der BG herausgab, noch vorhanden. Nach Rusts Meinung war das Titelblatt „von Bach's Hand" geschrieben[1] und stimmte wörtlich[2] mit Bachs Überschrift (auf Bl. 1^r, s. Abb. 24) überein. Letztere lautet: „JJ."[3] N. 71 (nicht autograph) „In allen meinen Thaten" 6/20 (nicht autograph, in roter Tinte) „a 4 Voci. 2 Hautb. 2 Violini, Viola e Continuo." Gleich den Zahlen 70, 4 und 5 in der Originalhandschrift von BWV 118^I (s. S. 80) besagen die Zahlen 71 und 6/20 hier, daß die Partitur sich einst im Besitz des Verlagshauses Breitkopf & Härtel befand[4]. Von anscheinend sehr früher Hand stammt der unter Bachs Überschrift befindliche Ver-

[1] BG 22, S. XXXII.

[2] Ebda.

[3] Ein Teil des ersten „J" ist abgebröckelt. Die oben zitierte Überschrift kann selbst in der Originalpartitur nur noch mit Mühe entziffert werden.

[4] Vgl. Dürr 1976, S. 167f.

BWV 97 "In allen meinen Taten"

The splendidly preserved autograph score consists of 20 pages of music on 10 leaves or 5 folios. The manuscript has been bound by F. Bedford (in London?) in crushed levant morocco with fleurs-de-lis and the title stamped in gold. The cover title reads: "JOHN SEBASTIAN BACH / WEDDING SERVICE / AUTOGRAPH MS. / 1734." The deep red-brown binding is too tight to determine whether the 5 folios originally followed one another and whether they are still folded or have been separated into 10 leaves. The large "MA" watermark is visible on the *recto* leaves of each one of the 5 folios (though inverted on the last one). There is no countermark. Bach's autograph date "1734" at the end of the manuscript falls into the period from July 6, 1732 to February 2, 1735 during which time this watermark can be observed in Bach manuscripts. The score is 34.2 cm high and 22 cm wide but was no doubt slightly larger before it was cut, tipped and bound. The color of the paper is light brown, the ink black-brown.

The wrapper with the title page is now missing. When Wilhelm Rust edited this cantata in Vol. 22 of the BG in 1875 the title page was still extant. Rust considered it written "by Bach's hand".[1] The wording of the lost title page[2] is identical with Bach's caption title (on 1^r, s. ill. 24) which reads: "JJ."[3] N. 71 (not autograph) "In allen meinen Thaten" 6/20 (in red ink, not autograph) "a 4 Voci. 2 Hautb. 2 Violini, Viola e Continuo." As the numbers 70, 4 and 5 on the autograph score of BWV 118^I (s. pp. 79 f.), so does the number 71 and the red 6/20 here refer to Breitkopf & Härtel, the owners of the manuscript until 1820. In fact the 6/20 is the signature of Breitkopf & Härtel.[4] Below Bach's caption title an early owner (?) has added "di J. S. Bach." At bottom right of page 1 is written: "Seb.: Bach's own hand/writing – the property of/J. A. Stumpffs, since October 1820,/brought from Leipzig."

The opening movement is a chorale fan-

[1] BG 22, p. XXXII.

[2] *Ibid.*

[3] A portion of the first "J" is worn or cut off. The caption as quoted here is still legible on the original score.

[4] Cf. Dürr 1976, pp. 167f.

merk „di J. S. Bach", während rechts unten folgender Bericht über den Erwerb des Manuskripts zu lesen ist: „Seb: Bach's own hand / writing – the property of / J. A. Stumpffs, since October 1820, / brought from Leipzig".

Der Eingangssatz ist eine Choral-Fantasie im Stil einer französischen Ouvertüre, in deren Vivace-Teil Bach den Choralchorsatz über das Lied „O Welt, ich muß dich lassen" einbaut. Er schreibt diesen Satz, der sich auf über 7 Seiten der Partitur erstreckt, in zwei Akkoladen mit je 10 Systemen nieder. Daß er die leeren Notensysteme der Singstimmen mitführt, wenn diese pausieren, zeugt von einer für den Meister nicht allzu häufigen Großzügigkeit der Raumausnutzung. Dagegen erspart er sich die Besetzungsangabe am Anfang der Partitur, indem er die Instrumente des ersten Satzes in jener Reihenfolge notiert, in welcher er sie in der Überschrift aufgezählt hatte. Der B.c. ist unbeziffert. Zweimal gegen Ende des Satzes teilt Bach den B.c., indem er zwei Stimmen – die lebhaftere für die Orgel, die ruhigere für Violoncello/Violone – in das unterste System einträgt. Blatt 5^r (s. Abb. 25) ist hier als eine Seite abgebildet, die mehr als nur Bachs sorgfältig berechnete Rastrierung von 19 Systemen zeigen will. Die Handschrift des Komponisten wirkt wie ein Spiegel, in dem die Affekte der während des Schaffensprozesses niedergeschriebenen Musik reflektiert werden. In den oberen drei 2-systemigen Akkoladen erkennt man das Ende von Versus 2, einer Baß-Arie mit abschließendem Ritornell. Auf den folgenden zwei 2-systemigen Akkoladen hat Versus 3, ein Seccorezitativ für Tenor, seinen Platz. Bach benutzt in dieser Kantate die 9 Strophen von Paul Flemings Lied „In allen meinen Taten" aus dem Jahr 1642. Auf der unteren Hälfte der Seite befinden sich auf drei 3-systemigen Akkoladen die ersten 9 „Largo"-Takte des Anfangsritornells von „$\frac{\text{Versus}}{4}$", einer Arie für Tenor, „Violino Solo" und B.c. Das Bild dieser drei Akkoladen scheint den Klang eines langsamen Satzes aus einer Violinsonate heraufzubeschwören. Man beobachte etwa die Konturen der teils unregelmäßig synkopierten, teils ebenmäßig fließenden Violinstimme oder die ausdrucksvollen Doppelgriffe in Takt 3 und 5, die wechselnden dynamischen Bezeichnungen und die wogen-

tasy that introduces the vocal portion (with the hymn tune of "O Welt, ich muß dich lassen" as cantus firmus in the soprano) only in the vivace section of this movement in French Overture style. Bach notated the movement uniformly on the first $7^1/_2$ pages of the manuscript on two 10-stave brackets. He thus did not try to save space during the passages in which the voices are silent. Since the score follows the caption with regard to the order of the instruments, Bach does not name them again at the beginning of the movement. The continuo part is not figured. In two passages towards the end, Bach divides the organ and violoncello/violone by notating two parts on the lowest staff, one lively, the other stately. The second page reproduced here (5^r, s. ill. 25) shows with its 19 staves more than Bach's careful customlining. It mirrors above all the motion and emotion of the music he was setting down on paper. The end of Versus 2, a bass aria with its final ritornel, occupies the top three 2-stave brackets. On the next two 2-stave braces Versus 3 of this cantata, which is throughout its nine movements based on Paul Fleming's hymn of 1642, unfolds. It is a brief tenor recitative. Nine measures of the 12-measure ritornel of „$\frac{\text{Versus}}{4}$", an aria for tenor, "Violino Solo" and continuo (marked "Largo"), fill the bottom of the page with three 3-stave braces. They evoke in the composer's handwriting sound and sight of a slow movement of a violin sonata. Observe the outlines of the solo instrument's now irregularly-syncopated, now evenly-flowing passages, the eloquent 2-part writing (in measures 3 and 5), Bach's careful dynamic markings and the curving bass-line that stalks quietly in mighty steps of even eighth notes. What one likes to call "Baroque" is mirrored here in the to and fro movement and joyous contours of the violin part. Bach's faultless writing makes one wonder whether this movement and perhaps also other movements of this cantata might not be parodies of lost originals.

The crossed-out note "Nach der Trauung" (after the wedding ceremony) below "Volti Seqt Versus 7" (on 8^r) is a later addition and certainly not in Bach's handwriting. It thus does not tell us anything about the occasion for which Bach composed this cantata. That

de Linie des B. c., der in ruhigen Achtelnoten eine Folge weiter Intervalle durchschreitet! Mit den wellenförmigen, freudig anmutenden Bewegungen der Solo-Violine hat Bach das Wesen dessen, was wir „Barock" zu nennen pflegen, graphisch nachgezeichnet. Die fehlerfreie Niederschrift dieses – und nicht nur dieses – Satzes läßt die Frage aufkommen, ob hier wirklich die Handschrift einer Neuschöpfung vorliegt.

Auf Blatt 8ʳ befindet sich unter „Volti seqt Versus 7" der durchgestrichene Vermerk „Nach der Trauung". Da dieser Zusatz keineswegs autograph ist, bleibt der Anlaß, für den die Kantate geschrieben wurde, weiterhin im Dunkeln. Daß Bach „2 Hautb è Soprano" für Versus 8 erwähnt, ist nicht verwunderlich; auffällig dagegen, daß er die Instrumente des Schlußchorals (den er „Versus ultimus" nennt, s. Abb. 26) einzeln aufzählt, nämlich: „H / H / V / Viol. / Viola /
1 2 1 2
Sopr / Alt / Ten. / Baß / Cont." Diese Besetzungsangabe erscheint unumgänglich, da der Meister den 4stimmigen Choral durch drei obligate Violin- und Violastimmen zum 7stimmigen Satz erweiterte. Die beiden Oboen (H 1 und H 2) verstärken den Sopran, der B. c. die Baßstimme. Die lebhaften, hellklingenden obligaten Streicher verleihen dem alten Lied Heinrich Isaacs, das Bach bis dahin schon häufig in Chorälen benutzt hatte, neuen Reiz. Bach unterzeichnet seine Komposition (rechts neben der letzten Akkolade „Fine. SDG./ 1734." (das G mit Schlußschleife). Links unten erscheint in winziger Schrift der Besitzvermerk: „Frederick Locker / 1872", während rechts unten eine andere Hand Jahr und Ort von Bachs Geburt und Tod sowie das Datum der Komposition eingetragen hat.

Provenienz

Vorbesitzer: Die frühe Überlieferungsgeschichte der vorliegenden Partitur ist nicht leicht zu klären. Für Wilhelm Friedemann Bachs Besitz spricht, daß BWV 97 eine Choralkantate ist, die Bach allerdings erst 1734 „nachkomponiert" hat, etwa zu der Zeit, in welcher „Es ist das Heil uns kommen her" (BWV 9) entstand, deren Originalpartitur nachweislich zu Wilhelm Friedemanns Erbteil gehörte (s. S. 77). Gegen Wilhelm

Bach specifies "2 Hautb è Soprano" for "Versus 8" is not surprising, but that he indicates the instruments for the final chorale (headed "Versus ultimus") is quite unusual (s. ill. 26). But it is made necessary by the fact that Bach enlarged the customary 4-part harmony of the chorale to a 7-part texture by the addition of lively obbligato parts for the two violins and the viola: "H / H / V / Viol. / Viola / Sopr / Alt / Ten. / Baß /
1 2 1 2
Cont." Of these, the two oboes (H 1 and H 2) go *colla parte* with the soprano, the continuo with the vocal bass. By adding, however, independent string parts, Bach added fresh interest to Isaac's old melody that he himself had already used as hymn tune numerous times. To the right of the last (second) 10-stave bracket Bach signs his composition "Fine. SDG./1734." The tiny note at bottom left "Frederick Locker/1872" refers to the owner. At bottom right someone listed the dates and places of Bach's birth and death and the year of the composition of this cantata.

Provenance

Previous Owners: The early phases of the whereabouts of this manuscript are somewhat nebulous. The fact that BWV 97 is a chorale cantata seems to indicate that the score belonged to Wilhelm Friedemann Bach's heritage, though it is, like Cantata No. 9 (s. pp. 76 f.) which belonged to Wilhelm Friedemann, a chorale cantata composed in 1734. However, the parts did not come via Anna Magdalena Bach into the possession of the Thomas School, as most of the parts of the chorale cantata Jahrgang of 1724/25 did, but came into the hands of Carl Philipp Emanuel Bach. This fact seems to speak against Wilhelm Friedemann's ownership. That Christian Friedrich Penzel copied Cantata 97 from Bach's autograph score in 1767 in Merseburg,[5] i.e. close to Halle, where Wilhelm Friedemann was living, could be construed to speak in favor of Wilhelm Friedemann's ownership. However, this late cantata may just as well have been one of the few remnants of Bach's estate that

[5] Cf. Kobayashi, *op. cit.*, pp. 135 f.

Friedemanns Besitz der Partitur von BWV 97 spricht, daß deren Stimmen nicht, wie die meisten Stimmen des Choralkantaten-Jahrgangs von 1724/25, über Anna Magadalena Bach an die Thomasschule gelangten, sondern in Carl Philipp Emanuel Bachs Besitz kamen. Daß Christian Friedrich Penzel 1767 eine Kopie von der Originalpartitur anfertigte[5], und zwar in Merseburg, in der Nähe von Halle, wo Wilhelm Friedemann damals lebte, könnte wiederum als ein Anzeichen von Wilhelm Friedemanns Besitz der Partitur ausgelegt werden. Weitere Beweisgründe fehlen jedoch. Es kann sich bei der Partitur von BWV 97 auch um einen der restlichen Nachlaßteile handeln, die im Besitz der Witwe bzw. der Töchter Bachs in Leipzig und Altnickols in Naumburg (die 1809 bzw. 1818 ausstarben) geblieben waren und die später von Breitkopf & Härtel aufgekauft wurden. Jedenfalls war die Partitur vor 1820 im Besitz von Breitkopf & Härtel. In diesem Jahr erwarb Johann Andreas Stumpff (1769–1846) die Handschrift von der Leipziger Firma. Der aus Thüringen stammende Stumpff wanderte schon früh nach London aus, wo er sich als Harfenbauer einen gewissen Namen machte. 1824 besuchte er Beethoven und machte im Dezember 1826 dem schon totkranken Komponisten mit der Übersendung der 40bändigen Ausgabe von Händels Werken eine letzte große Freude. Der nächste erwiesene Besitzer der Bachschen Handschrift war Frederick Locker-Lampson (1821–1895), ein in England bekannter Dichter und Sammler, der 1885 nach elfjähriger Ehe mit seiner zweiten Frau deren Mädchennamen Lampson seinem Namen anhängte. 1872 (s. oben), wenn nicht früher, erwarb er Bachs Partitur. Diese ging dann zusammen mit Manuskripten von Händel, Haydn, Mozart und Beethoven durch Erbschaft oder Ankauf in den Besitz von Christian Archibald Herter (1865–1910) und Lillie Bliss (1865–1931) über.

Heutiger Besitzer: Seit 1932 The Herter Collection der Musikabteilung der New York Public Library, Astor, Lenox, and Tilden Foundations. Der Bachschen Originalpartitur gehen eine Anzahl marmorierter Vorsatzblätter voraus, die Exlibris-Schild-

had remained in the possession of Bach's widow and the daughters in Leipzig (who died out in 1809) or Naumburg (where Altnickols still lived until 1818). It is well-known that Breitkopf & Härtel eagerly bought these last survivors from Bach's estate. In any event the ownership of BWV 97 by Breitkopf & Härtel is documented. In 1820 Johann Andreas Stumpff (1769–1846) bought the manuscript from Breitkopf & Härtel in Leipzig. Stumpff, a native of Thuringia who made his home in London as harp manufacturer, befriended Beethoven in 1824 and sent the composer in 1826 the 40-volume edition of Handel's works. Frederick Locker-Lampson (1821–1895), famous as collector of music manuscripts, had by 1872, if not earlier, become the owner of this manuscript. He was a well-known English man of letters and *raconteur* who assumed his second wife's maiden name of Lampson in 1885, eleven years after his marriage to her. This score as well as manuscripts by Handel, Haydn, Mozart and Beethoven came from Locker-Lampson's estate into the possession of Christian Archibald Herter (1865–1910) and Lillie Bliss (1865–1931).

Present Owner: Since 1932 the *Herter Collection* of the Music Division of the New York Public Library, *Astor, Lenox* and *Tilden Foundations.* A number of marbled endpapers preceding the manuscript proper, have bookplates of Frederick Locker and Christian Archibald Herter. The bookplate of the New York Public Library carries the following inscription: "Presented by / the families of / Miss Lillie Bliss / and / Dr. Christian A. Herter / in their memory / through / Mrs. M. D. Herter Norton / July 13, 1932." Christian A. Herter's daughter, Mary Daws Herter (born in 1892) was married to the renowned publisher W. W. Norton and is now Mrs. Daniel Crena de Jongh.

[5] Vgl. Kobayashi, a.a.O., S. 135f.

chen von Frederick Locker und Christian Archibald Herter aufweisen. Das Exlibris-Etikett der New York Public Library enthält folgende Aufschrift: „Presented by / the families of / Miss Lillie Bliss /and / Dr. Christian A. Herter / in their memory / through / Mrs. M. D. Herter Norton / July 13, 1932" (überreicht zum Andenken an und im Namen der Familien von Miss Lillie Bliss und Dr. Christian A. Herter von Mrs. M. D. Herter Norton, den 13. Juli, 1932). Mary Daws Herter (geb. 1892) war die Tochter Christian A. Herters, Gattin des namhaften New Yorker Verlegers W. W. Norton und ist jetzt Mrs. Daniel Crena de Jongh.

BWV 9 „Es ist das Heil uns kommen her"

Die recht gut erhaltene Originalpartitur besteht aus 4 aufeinanderfolgenden Bogen, deren 16 Seiten alle sieben Sätze der Kantate enthalten. Jedoch hat Bach den vorletzten Satz, ein Baßrezitativ, ausgestrichen und auf einem 5. Bogen, von dem heute nur ein Blatt übriggeblieben ist, von neuem ausgeschrieben.

1 2 3 4 5 6 7 8 9

Ein Umschlag mit Titelblatt ist nicht mehr vorhanden. Das Manuskript ist 35,5 cm hoch und 22,3 cm breit. Eine 1979 in der Library of Congress vorgenommene Reinigung ist der Lesbarkeit der Handschrift in erstaunlichem Maße zugutegekommen (s. Abb. 27–29). Die Farbe des Papiers ist hellbraun, die der Tinte schwarz. Die große Form des „MA"-Wasserzeichens läßt auf eine Entstehungszeit zwischen dem 6. Juli 1732 und dem 2. Februar 1735 schließen. Da Bach die Kantate für den 6. Sonntag nach Trinitatis komponierte, kommen für ihre Erstaufführung nur der Juli oder die ersten Augusttage der Jahre 1732, 1733 oder 1734 in Frage. Der 12. Juli 1733 kann wohl ausgeklammert werden; denn zu dieser Zeit war Bach sehr wahrscheinlich noch mit der Vollendung der *Missa*, der späteren „h-moll-Messe", beschäftigt, deren Stimmen er bekanntlich zum großen Teil selbst ausschrieb.

BWV 9 "Es ist das Heil uns kommen her"

The autograph score consists of 4 folios that follow one another and accomodate on their 16 pages the seven movements of the cantata. However Bach crossed out the last bass recitative (mvt. 6) and rewrote it on what was originally no doubt a fifth folio of which only this single leaf has survived.

1 2 3 4 5 6 7 8 9

A wrapper with title page has not come down to us. The size of the manuscript which is in a relatively good state of preservation is 35.5 x 22.3 cm. The legibility of Bach's handwriting has benefited to a remarkable extent (s. ills. 27–29) from a cleaning process that was undertaken at the Library of Congress in 1979. The color of the paper is light brown, that of the ink black. The large-size "MA" watermark places the writing of this score into the time between July 6, 1732 and February 2, 1735. Since the cantata was composed for the 6th Sunday after Trinity, its first performance can only have taken place in July or on one of the first days of August in 1732, 1733 or 1734. July 12, 1733 is very unlikely because Bach was in all probability still busy with the completion of the *Missa*, of the later B minor Mass, many of the parts of which he wrote out himself, delivering them to the new Elector in Dresden on July 27 of that year. The absence of

Am 27. Juli dieses Jahres war er bereits in Dresden, um die Stimmen am Hof des neuen sächsischen Kurfürsten abzuliefern. Daß weder Wilhelm Friedemann noch Carl Philipp Emanuel Bach als Kopisten in den Stimmen von BWV 9 auftreten, die Stimmen dagegen die Schriftzüge der Kopisten Ve, Vk und Vl erkennen lassen, deutet auf den 1. August 1734 als wahrscheinliches Datum der Erstaufführung. Ein Vergleich mit Bachs Handschrift in der Partitur der 1734 datierten Kantate 97 (s. Abb. 24–26) spricht jedenfalls nicht gegen dieses Datum.

Bachs Kopftitel am Anfang der Partitur (s. Abb. 27) lautet: „J. J. Doĩca 6. post Trinitatis. Es ist d[as] Heÿl uns komẽn her. a 4 Voci. 1 Trav. 1 Hautb. / 2 Violini. Viola e Cont." Darunter schreibt er das 23-taktige Ritornell auf drei 6-systemigen und einer 5-systemigen Akkolade nieder (wobei er die zwei Violinen auf einem System notiert). Die Tatsache, daß Bach „Travers." / „Hautb d'Amour" / „Violino 1" / „Violino 2" am Anfang der Partitur vorschreibt – Viola und B. c. allerdings nicht – zeigt, daß der Komponist sich hier ein wenig mehr Zeit als üblich nahm. Im 24. Takt setzt der Sopran mit dem cantus firmus-Wort „Es" ein, das Bach unter dem B. c. einträgt (Takt 3 des 23. Systems). Rechts neben der 5-systemigen Akkolade hat Wilhelm Friedemann Bach später die Angabe „di J. S. Bach / propria manu script." hinzugefügt und damit nicht nur den Komponisten benannt, sondern sich selbst zugleich als den Besitzer der Partitur ausgewiesen. Sobald auf der nächsten Seite (1^v) die Stimmen des eigentlichen Choralchorsatzes beginnen, wird aus der Akkolade mit 6 Notensystemen des Orchester-Ritornells eine zu 10 Systemen; je zwei dieser Akkoladen füllen die nächsten 7 Seiten (1^v–4^v) mit Ausnahme der 2 oder 3 unteren leeren Systeme. Der Satz endet auf Blatt 5^r mit einer 10-systemigen Akkolade (s. Abb. 28). Abgesehen von dem Ritornell auf der 1. Seite, das am Ende des Satzes zu wiederholen ist, behält Bach die 10 Notensysteme pro Akkolade bei, selbst wenn die Singstimmen pausieren. Die Bogen 2–4 sind auf den Vorderblättern rechts oben numeriert, vielleicht von Bach selbst.

Das hier abgebildete recto-Blatt ist aus verschiedenen Gründen von Interesse. Am

Wilhelm Friedemann and Carl Philipp Emanuel Bach as copyists of some of the parts of BWV 9 and the presence of copyists Ve, Vk and Vl may speak slightly in favor of August 1, 1734. Comparing Bach's handwriting of Cantata 97 which is dated 1734 (s. ills. 24 – 26) with that of BWV 9, speaks at least not against this assumed date.

Bach's caption above the beginning of the score (s. ill. 27) reads: "J. J. Doĩca 6. post Trinitatis. Es ist d[as] Heÿl uns komẽn her. a 4 Voci. 1 Trav. 1 Hautb. / 2 Violini. Viola e Cont." Bach wrote the 23 measure-long orchestral ritornel on the first page on three 6-stave brackets and one of 5 staves (condensing the two violins on one staff). Apparently not pressed for time, Bach notated at the beginning of the score the following instruments: "Travers." / "Hautb d'Amour" / "Violino 1" / "Violino 2" leaving only viola and continuo unnamed. On the 24th measure of this page the soprano enters with the first cantus firmus word "Es" which Bach appended below measure 3 of the 23rd staff. At the right of the 5-stave bracket Wilhelm Friedemann has added "di J. S. Bach/propria manu script." thereby identifying the composer of the cantata as well as himself as the owner of the manuscript. When the voices enter (on 1^v) the 6 staves Bach used for the ritornel become 10-stave braces, two of which appear on each one of the next 7 pages (1^v to 4^v) leaving the lowest 2 or 3 staves consistently empty. The movement ends with one 10-stave bracket on 5^r (s. ill. 28). Except for the opening ritornel on page 1 which is to be repeated at the end of the movement, Bach does no longer reduce the number of staves when the voices are pausing. The *recto* pages of folios 2, 3 and 4 are numbered, perhaps by Bach himself, in their top right corners.

The 5th *recto* leaf reproduced here is interesting for a number of reasons. At the end of the opening movement it shows Bach's typical da capo sign "DC" and in the voice parts the way composers of Bach's time abbreviated extensive rests by vertical strokes of varying lengths. Here the 24 or 23-measure rests designate the repeat of the ritornel. Above the written-out "Da Capo" on the top staff – a rarity in Bach scores – the number "46" appears which might original-

Schluß des Eingangssatzes ist Bachs charakteristisches da-capo-Zeichen „DC" mehrfach zu sehen. Die Singstimmen zeigen am Ende des Satzes die unterschiedlich langen senkrechten Striche, die als Abkürzungen für längere Pausen dienen. Die 24 bzw. 23 Takte währenden Pausen bezeichnen hier die Wiederholung des chorlosen Ritornells. Über dem auf dem obersten System ausgeschriebenen „Da Capo", einer Seltenheit bei Bach, läßt sich die Zahl „46" erkennen, die ursprünglich wohl „146" gewesen ist und die Anzahl der Takte des 1. Satzes bezeichnete. Daß zu einer späteren Zeit jemand Takte gezählt hat, beweist der 5. Satz, der auf drei von vier Seiten die richtigen Taktzahlen angibt (18, 52, 100 – sogar zweimal – und 130), und zwar in derselben Hand, in welcher auch die „46" geschrieben ist. Verschiedenartige Spartierungszeichen (auf Bll. 4^v, 7^r und 8^r) bezeugen, daß die Originalpartitur als Vorlage von Kopien gedient hat. Die sehr alte, vielleicht sogar originale „3" in der oberen rechten Ecke zeigt die Anfangsseite des 3. Bogens an. Die untere Hälfte der Seite wird von dem auf sechs Akkoladen zu je 2 Systemen geschriebenen 2. Satz, einem Altrezitativ, eingenommen. Oben auf der Seite hatte Bach nach dem Ende des 1. Satzes in großer Schrift den nächsten Satz mit „Recit/ Seqt" angekündigt. Später jedoch[1] fügte er darunter die Bemerkung „und/muß in die Baß/Stim̄e transpo/niret werden." hinzu. Warum hat Bach wohl seinen Originalplan verworfen? Die Wahl der Stimmen folgte einem logischen Ordnungsprinzip: Sopran (c. f., 1. Satz) – Alt (Rezitativ, 2. Satz) – Tenor (Arie, 3. Satz) – Baß (Rezitativ, 4. Satz) etc. Indem er das zunächst für Alt geschriebene Rezitativ der Baßstimme übertrug, machte Bach alle drei Rezitative der Kantate zu Baßrezitativen. Das wäre leicht erklärlich, wenn in diesen Rezitativen Gott selber spräche. Die Tatsache, daß jedes Rezitativ von Gottes Gesetz[2] redet, war für Bach anscheinend ausreichender Anlaß, die Rezitative zu vereinheitlichen, indem er sie für

ly have been "146," the number of measures of the first movement. That somebody at a later time counted measures is proven by the fifth movement which shows on three of its four pages (6^v, 7^r and 8^r) the correct number of measures (18, 52, 100 – two times – and 130) in the same handwriting as the above "46." A number of varying *Spartierungszeichen* (on 4^v, 7^r and 8^r) indicate that the score has been used for copying purposes. The "3" in the top right corner marks this page as the beginning of the third folio. The recitative that follows on the six 2-stave braces below the opening movement is an alto recitative. But below the large "Recit/ Seqt," written by Bach after the end of the first movement, he added later[1] "und/muß in die Baß/Stim̄e transpo/niret werden." ("and must be transposed into the bass voice"). What second thought may have caused Bach to reject the original order of voices? The choice of the voices followed a logically conceived principle: soprano (c. f., mvt. 1), alto (recitative, mvt. 2), tenor (aria, mvt. 3), bass (recitative, mvt. 4). By replacing the alto with a bass recitative Bach made all three recitatives of this cantata into bass recitatives. This would be easy to understand if in these recitatives the voice of God were speaking. The fact that each recitative concerns itself with God's law[2] probably caused Bach to unify the recitatives by assigning them to the voice that is traditionally associated with God, here symbolizing the divine law. At the bottom of the page – again a *recto* page at the end of which Bach had to wait for the ink to dry – he scribbles the four opening measures of the "Violino Solo" of the following tenor aria. On the next page (5^v) he takes these measures over almost unchanged. This aria reveals with its many corrections and smudges the true nature of a composing score.

Bach calls the fifth movement – a duet for soprano and alto with flute, oboe d'amore and continuo – as is customary for him, an "Aria." The soprano, alto, and bass clefs,

[1] Die blassere Tinte deutet auf einen Zeitunterschied.

[2] Das Wort „Gesetz" steht zu Beginn jedes Rezitativs: 1. „Gott gab uns ein Gesetz" – 2. „Doch mußte das Gesetz erfüllet werden" – 3. „Wenn wir die Sünd' aus dem Gesetz erkennen".

[1] This is indicated by the paler color of ink.

[2] The Word "Gesetz" highlights the beginning of each recitative: (1) "God gave us a law," (2) "Yet the law must be fulfilled," (3) "When we recognize the sin through the law."

eine Baßstimme setzte, die traditionell die Stimme Gottes ist und die hier wohl das göttliche Gesetz symbolisiert. Ganz unten auf der Seite (5^r), d. h. wiederum an der Stelle, an der der Komponist vor dem Umblättern auf das Trocknen der Tinte warten mußte, benutzte Bach die Zeit, die vier Anfangstakte der „Violino Solo" der folgenden Tenor-Arie zu skizzieren, die er dann auf der nächsten Seite beinahe wörtlich übernahm. Diese Arie zeigt mit ihren vielen Verbesserungen, unleserlichen Stellen und Klecksen, daß die Partitur eine typische erste Niederschrift ist.

Seiner Gewohnheit gemäß nennt Bach den 5. Satz „Aria", obwohl es sich um ein Duett für Sopran und Alt mit Begleitung von Querflöte, Oboe d'amore und B. c. handelt. Sopran-, Alt- und Baßschlüssel lassen die zwei Singstimmen und den B. c. ohne weiteres erkennen. Daß die beiden im Violinschlüssel notierten Stimmen von den zwei Holzblasinstrumenten der Kantate auszuführen sind, läßt sich aus dem Umfang der auf diesen Notensystemen eingetragenen Stimmen als wahrscheinlich ableiten. Da die Geige das Soloinstrument der Arie im 3. Satz dieser Kantate war, wird die Vermutung beinahe zur Gewißheit. Den Beweis selbst liefern allerdings nur die Leipziger Originalstimmen. Faszinierend ist, die kanonische Stimmführung der Instrumente wie auch der Singstimmen in der flüssigen Handschrift des Komponisten zu verfolgen. Das folgende Baßrezitativ (s. Abb. 29) ist durch Korrekturen, die anscheinend mit klecksender Feder vorgenommen wurden, derart verschmiert und stellenweise unleserlich gemacht, daß Bach sich genötigt sah, es auszustreichen. Seiner Überschrift „Recit. Baß" fügte er nach Beendigung der Kantate die Bemerkung „Sub Signo NB" bei und nahm ein neues Blatt (9^r), auf dem er das Rezitativ (mit Ausnahme eines Textwortes) fehlerlos neu eintrug. Die Überschrift dieser zweiten Fassung „Recit: NB" und der Zusatz am Ende „Segue Choral"[3] erklären, an welcher Stelle der Kantate das Rezitativ einzufügen ist. Der Schlußchoral steht unter dem durchgestrichenen Rezitativ und ist in der üblichen

[3] Dieser Vermerk wurde von Wilhelm Friedemann Bach hinzugefügt. Das „l" in „Choral" ist kaum noch sichtbar.

the compass of the parts written on their staves, and the fact that the only other aria of the cantata (mvt. 3) used the solo violin as obbligato instrument, make the employment of the cantata's two wind instruments almost a foregone conclusion, a conclusion that is confirmed by the surviving Leipzig parts. Bach's inspired handwriting makes the observation of the canonic nature of this movement particularly fascinating. The following bass recitative (s. ill. 29) is so full of corrections, entered apparently with a smudgy pen, which produced illegible spots, that Bach crossed it out. To its original heading "Recit. Baß" he added after the completion of the cantata the words "Sub Signo NB." He then took a new sheet (9^r) on which he rewrote the recitative faultlessly (with the exception of one word in the text). The caption of this second version "Recit: NB." and the remark at the end "Segue Choral"[3] leave no doubt as to the place of this recitative in the cantata. The final chorale appears below the crossed-out bass recitative and is written on the usual 5-stave brackets. The text, the 12th stanza of Paul Speratus' hymn of 1523 "Es ist das Heil uns kommen her" is indicated below the soprano part by its first three words: "Ob sich's anließ." The composition ends with Bach's "Fine DSG" (the "G" with closing loop).

Provenance

Previous Owners: The lack of a cantata for the 6th Sunday after Trinity in 1724 is explained by a visit which Bach and his wife paid to Cöthen at that time. The first cantata written for this Sunday (BWV 170, "Vergnügte Ruh, beliebte Seelenlust" of 1726) is a solo cantata. "Es ist das Heil uns kommen her" is thus Bach's only chorale cantata for the 6th Sunday after Trinity. Though composed perhaps as many as ten years after the chorale cantata Jahrgang, it fills belatedly a gap in the Jahrgang the scores of which Wilhelm Friedemann Bach inherited. Three additional facts speak for Wilhelm Friedemann's ownership. (1) When Wilhelm Friedemann offered the scores of his father's chorale cantata Jahrgang to Forkel for 20

[3] These two words were added by Wilhelm Friedemann Bach. The "l" of "Choral" is almost invisible.

Akkolade mit 5 Systemen geschrieben. Sein Text ist unter der Sopranstimme so kurz wie möglich mit den drei Anfangsworten „Ob sich's anließ", der 12. Strophe von Paul Speratus' Lied „Es ist das Heil uns kommen her" (1523) angedeutet. Bachs Signum „Fine DSG" („G" mit Endschleife) beschließt die Komposition.

Provenienz

Vorbesitzer: Da Bach 1724 am 6. Sonntag nach Trinitatis zu Besuch in Köthen weilte, entstand eine Lücke in seinem Choralkantaten-Jahrgang. Die 1726 für diesen Sonntag geschriebene Kantate (BWV 170 „Vergnügte Ruh, beliebte Seelenlust") ist eine Solokantate. „Es ist das Heil uns kommen her" stellt somit Bachs einzige Choralkantate für den 6. Sonntag nach Trinitatis dar. Obgleich es sich bei BWV 9 um eine etwa zehn Jahre später nachkomponierte Choralkantate handelt, füllt sie eine Lücke in dem von Wilhelm Friedemann Bach geerbten Jahrgang. Wilhelm Friedemanns Besitz dieser Kantate geht aus folgenden Beobachtungen hervor. 1. Als Wilhelm Friedemann die Partituren des Choralkantaten-Jahrgangs seines Vaters dem Musikgelehrten Forkel für 20 Louis d'or anbot, konnte dieser die Summe nicht aufbringen[4]. Jedoch zahlte er Wilhelm Friedemann 2 Louis d'or, um die Partituren eine Zeitlang zu studieren und sich „einige der allervorzüglichsten Stücke" abzuschreiben. Unter ihnen befand sich „Es ist das Heil uns kommen her"[5]. 2. Wie im Fall der anderen Choralkantaten, deren Partituren Wilhelm Friedemann zufielen, erbte Anna Magdalena Bach die Originalstimmen von BWV 9, welche dann auf dem Weg über die Thomasschule in das Bach-Archiv Leipzig gelangten. 3. Fernerhin erhielt der Sohn, der die jeweiligen Partituren erbte, gewöhnlich auch deren Dubletten. Von Ernst Rudorff hörten wir, daß die Dubletten von „Es ist das Heil uns kommen her" im Besitz der Familie Rudorff waren[6] und somit einst Wilhelm Friedemann Bach gehört haben[7]. Doch läßt sich nicht

[4] Vgl. S. 37 f.

[5] Vgl. Forkels Brief vom 4. April 1803 an Hoffmeister & Kühnel in Leipzig; s. BG 35, S. XXIX.

[6] S. S. 150 f.

[7] Wie oben schon erwähnt, stammen die zwei Zusätze von Wilhelm Friedemanns Hand. Da Johann Sebastian Bach die Kantate um 1734 schrieb, d. h. nachdem Wil-

Louis d'or, the latter was unable to raise the requested amount.[4] But he paid Wilhelm Friedemann 2 Louis d'or for the privilege of examining these manuscripts. Among the few cantatas Forkel copied was "Es ist das Heil uns kommen her."[5] (2) As in the case of the other chorale cantatas the scores of which belonged to Wilhelm Friedemann's legacy, the parts of BWV 9 were inherited by Anna Magdalena, turned over by her to the Thomas School and are now in the *Bach-Archiv Leipzig.* (3) The son who inherited the score usually claimed and received also their duplicate parts. In this instance we know that the duplicate parts had been in the possession of the Rudorff family[6] and thus had once belonged to Wilhelm Friedemann Bach.[7] Whether the score of BWV 9 was in 1827 acquired together with the duplicate parts by Karl Pistor and passed on to his son-in-law Adolf Rudorff can no longer be ascertained.

The Report of the Librarian of Congress for the fiscal year ending June 30, 1931 notes[8] that "to judge by the character of the binding and a French imprint on the shelf-back of it, the manuscript must have been in French hands about the middle of the last century; the front cover has stamped on it an English title." The Berlin music antiquarian Leo Liepmannssohn suggested that the English owner of the manuscript may have been A. George Kurtz of Liverpool, whose valuable collection was offered for sale in 1895. Liepmannssohn purchased the manuscript in 1921 and shortly thereafter sold it to Berlin's most discriminating private collector of mu-

[4] S. p. 37.

[5] Cf. Forkel's letter of April 4, 1803 to Hoffmeister and Kühnel in Leipzig. Cf. BG 35, p. XXIX.

[6] S. p. 150 f.

[7] As noted above, the score shows two additions in Wilhelm Friedemann's handwriting. Since Johann Sebastian Bach wrote the cantata in about 1734, that is, after Wilhelm Friedemann had left his father's home, he must have added these inscriptions at a later time. The *nota bene* "Segue Choral" might point to a performance in Halle. Wilhelm Friedemann's authentication on p. 1 (s. ill. 27) "di J. S. Bach/propria manu script." makes only sense if it is seen in connection with Wilhelm Friedemann's desire to sell the manuscript. Wilhelm Friedemann probably added it between 1771 and 1774 when he offered his father's manuscripts, first to Forkel, then to the general public for sale.

[8] P. 206.

mehr nachweisen, ob Karl Pistor 1827 die Partitur zusammen mit den Dubletten erwarb und beide seinem Schwiegersohn Adolf Rudorff vermachte.

Im Report of the Librarian of Congress für das Geschäftsjahr 1930/31 heißt es[8]: „Ein französischer Druckvermerk auf dem Rükken des Einbands und die Eigenart des Einbands lassen darauf schließen, daß sich das Manuskript um die Mitte des vorigen Jahrhunderts in französischen Händen befand. Auf dem Deckel ist ein englischer Titel mit einem Stempel aufgedruckt." Nach Ansicht des Berliner Antiquariats von Leo Liepmannssohn könnte es sich bei dem englischen Besitzer der Partitur um A. George Kurtz aus Liverpool gehandelt haben, dessen wertvolle Sammlung 1895 zum Verkauf angeboten wurde. Liepmannssohn erwarb das Manuskript 1921 und verkaufte es kurz darauf an den bedeutenden Berliner Sammler autographer Musikhandschriften, Dr. Werner Wolffheim (1877–1930). Nach dessen Tode stellte Professor Johannes Wolf, der Leiter der Musikabteilung der Preußischen Staatsbibliothek Berlin, am 10. März 1931 ein Gutachten aus, in dem er Frau Wolffheim bestätigte, daß es sich bei der Partitur zweifellos um die autographe Handschrift J. S. Bachs handle. Am 2. Juni 1931 bot sodann der berühmte Pianist Ossip Gabrilowitsch das Manuskript in Frau Wolffheims Namen der Library of Congress an. Der damalige Leiter der Musikabteilung der Library of Congress, Carl Engel, setzte sich für den Erwerb der Handschrift ein, die dann auch am 11. Juni 1931 mit Hilfe der Friends of Music in the Library of Congress, der Beethoven Association New York und Mitteln der Library of Congress selbst in deren Besitz überging.

sical manuscripts, Dr. Werner Wolffheim (1877–1930). After Wolffheim's death Professor Johannes Wolf, the director of the Music Division of the Preußische Staatsbibliothek in Berlin, authenticated the manuscript on March 10, 1931 at the request of Frau Wolffheim. On June 2, 1931 the great pianist Ossip Gabrilowitsch on behalf of Frau Wolffheim offered the manuscript to the Library of Congress. Carl Engel, then chief of the Music Division of the Library of Congress, recommended its purchase to the Librarian of Congress, and on June 11, 1931 the manuscript was acquired with funds from the *Friends of Music in the Library of Congress*, the *Beethoven Association* of New York and resources of the Library itself.

Present Owner: The Library of Congress, Washington, D.C., call number: ML 96/. B186/case. Among the music autographs of the Library of Congress this score represented at that time the first major work by Bach purchased by the Library.

helm Friedemann das Elternhaus verlassen hatte, muß Wilhelm Friedemann die Aufschriften zu einer späteren Zeit eingetragen haben. Sein Notabene „Segue Choral" könnte auf eine Aufführung in Halle schließen lassen. Wilhelm Friedemanns Echtheitsbestätigung auf der 1. Seite „di J. S. Bach/propria manu script." (s. Abb. 27) muß ihren Grund gehabt haben. Er dürfte sie zu der Zeit der Handschrift hinzugefügt haben, als er zwischen 1771 und 1774 die Manuskripte seines Vaters zu verkaufen suchte.

[8] S. 206.

Heutiger Besitzer: Library of Congress, Washington, D. C., Signatur: ML 96/.B186/ case. Unter den Musikautographen dieser Bibliothek stellt die Originalhandschrift der Kantate „Es ist der Heil uns kommen her" die Ersterwerbung eines größeren Werkes von J. S. Bach dar.

BWV 118[I] „O Jesu Christ, meins Lebens Licht"

Autographe Handschrift. Kein Titelblatt. Der gegenwärtige Zustand der mit schwarzbrauner Tinte geschriebenen Handschrift kann leider nicht als gut bezeichnet werden. Das Papier ist stark gebräunt und brüchig, so daß es an einigen Stellen abgebröckelt und eingerissen ist. Auch ist die Tinte hier und dort durchgeschlagen und hat einige Löcher hinterlassen. Die Handschrift umfaßt einen Bogen in Hochformat (35 x 21 cm) sowie ein Beiblatt in Querformat (26 x 20,5 cm). Alle vier Seiten des Bogens sind mit zwei Akkoladen von je zehn Notensystemen rastriert, das Beiblatt, selbst seine unbeschriebene Rückseite, mit zehn Systemen. Wenn man den Bogen umkehrt, ist das Wasserzeichen des Wappens von Zedwitz und seine Gegenmarke, die eng beieinanderliegenden Buchstaben „NM", klar zu sehen. Das Beiblatt hat ein anderes, schwerer erkennbares Wasserzeichen, nämlich das des „Blasenden Postreiters". Briefe, die Bach 1736 auf dem Papier des Beiblattes geschrieben hat, und einige Kompositionen, die das Wasserzeichen des Bogens tragen, legen als Entstehungszeit der ersten Fassung von BWV 118 die Jahre 1736/37 nahe.

Die Handschrift befindet sich heute in einem mit Laschen versehenen Karton, der seinerseits in einem grünen Leinen-Schuber ruht. Das Manuskript liegt in einem später hinzugefügten Umschlag, auf dem der Titel („O Jesu Christ, etc.") und andere Notizen („Chor doppelt autogr. / Bach / Bachs Werke XXIV, Cantate 118") mit Bleistift vermerkt sind. Der Verweis auf BG XXIV bezeugt, daß diese Eintragungen und somit wohl auch der Umschlag selbst nach 1876 beigefügt wurden.

BWV 118[I] "O Jesu Christ, meins Lebens Licht"

The autograph score in ink of dark-brown color is in rather poor condition. The paper has turned quite brown and become so brittle that it has crumbled away in some spots, while the black-brown ink has in a few cases eaten through the paper and left holes. The manuscript consists of one folio in high format that measures 35 x 21 cm and of a half-sheet in oblong format that measures 26 x 20.5 cm. Each one of the four pages of the folio is composed of 2 braces of 10 staves each, the half-sheet of one 10-stave bracket. Though its *verso* side is blank, it is fully lined. When the folio is turned upside down, the watermark, the heraldic weapon of Zedwitz and its countermark "NM" are clearly visible. The half-sheet has a different watermark, that of a hornblowing postrider. Letters written by Bach in 1736 on the paper of the half-sheet and compositions that share the watermark of the folio are helpful in placing the composition of BWV 118 into the years 1736–37.

Today the manuscript finds itself in a lovely green slipcase and a carton with straps. The three sheets of the manuscript are enveloped by a later wrapper on which the title ("O Jesu Christ, etc.") and other remarks ("Chor doppelt autogr./Bach/Bachs Werke XXIV, Cantate 118") are entered with pencil. The reference to BG XXIV proves that these pencil notes, and probably the wrapper too, were added to the manuscript after 1876.

The autograph caption at the top of the first page reads (s. ill. 30): "J. J Motetto a 4 Voci. due Litui. 1 Cornet. 3 Trombone." The non-autograph "No. 70" after "Motetto" refers, along with other numbers (4 and 5) on another wrapper, to the *Breitkopf &*

Der autographe Kopftitel auf der ersten Seite (s. Abb. 30) lautet: „J. J Motetto a 4 Voci. due Litui. 1 Cornet. 3 Trombone". Die nicht-autographe „No. 70" (nach dem Wort „Motetto") weist wie auch andere auf der Hülle eingetragene Zahlen (4 und 5) auf den Katalog des Archivs von Breitkopf & Härtel hin, in dem die Handschrift bis 1945 aufbewahrt wurde. Am 20. November 1953 wurde sie von William H. Scheide aufgekauft und befindet sich heute in der Scheide Library der Princeton University. Die mannigfachen Korrekturen mit ihren häufigen Tintenklecksen lassen darauf schließen, daß die Partitur flüchtig und in großer Eile hergestellt wurde[1]. Weiterhin bezeugen sie, daß es sich hier um die erste Niederschrift der ersten Fassung von Bachs Motette handelt. Obwohl Bach die vier Notensysteme des Chores mitführt, wenn dieser nicht zu singen hat, ist die Partitur sonst mit größter Sparsamkeit in bezug auf die Ausnutzung des Papiers angelegt, besonders was ihre streng begrenzte horizontale Ausdehnung betrifft (s. die Reproduktion der 1. Seite, Abb. 30). Bach zählt die Instrumente im Kopftitel in jener Reihenfolge auf, in welcher sie in der Partitur erscheinen, ohne daß sie dort nochmals mit Namen aufgeführt sind. Die 2 Litui[2] notiert er als transponierende Instrumente ohne Vorzeichen im Violinschlüssel, den Cornetto im Violin- und die 3 Posaunen im Alt-, Tenor- und Baßschlüssel. Das Rätsel der unter dem 20. Notensystem quer eingetragenen Nummern wurde von Christoph Wolff gelöst. Er erkannte in diesen Nummern „eine einfache zahlenmäßige Berechnung in Groschen und Pfennige (12 Pfennige = 1 Groschen) . . . Die Summe der drei Zeilen ist 5 Gr 3 Pf, aber darüber hinaus stellt Zeile 2 die Hälfte der 1. Zeile und Zeile 3 die Hälfte der 2. Zeile dar"[3].

Härtel Archiv which seems to have housed this manuscript until 1945. On November 20, 1953 it was bought by William H. Scheide. The score is now in the Scheide Library at Princeton University. The many corrections that resulted in blots and blotches indicate that Bach wrote this score with utmost speed.[1] They prove further that the manuscript was the composing score of Bach's first version of BWV 118. Though the score includes four blank staves for the chorus when the latter is not singing, it is, except for this, written in a tightly compressed manner (s. ill. 30). Bach listed the instruments in his caption in the order in which he notated them in the score without naming them there again. The "2 Litui" (2 horns in high B-flat)[2] are as transposing instruments notated in treble clef without accidentals, the cornetto in treble and the three trombones in alto, tenor, and bass clefs. The mystery of the numbers written crosswise below the 20th staff has been solved by Christoph Wolff who recognized in them "a simple financial calculation in Groschen and Pfennige (12 Pfennige = 1 Groschen) . . . The three items add up to 5 Gr 3 Pf, but furthermore – item 2 represents one half of item 1 and item 3 one half of item 2."[3]

Gr	Pf
"3.	
1.	6.
	9.
5.	3."

Hans-Joachim Schulze then identified the handwriting as that of Breitkopf who appears to have owned the manuscript much earlier (already in the 1760s or 1770s) than had been assumed heretofore. Schulze sees in these numbers a typical calculation by Breitkopf trying to establish the selling price of copies to be made of this manuscript.[3]

[1] Siehe z. B. T. 11–17 der 2. Posaunen- und T. 12–16 der 3. Posaunenstimme (auf dem 15. und 16. System).

[2] Laut Curt Sachs (Reallexikon der Musikinstrumente, Nachdruck Hildesheim 1964, S. 243f.): tiefe Tenor-Trompeten in B; laut Charles Sanford Terry (Bach's Orchestra, London 1932, S. 47): Hörner in hohem B.

[3] Ich möchte die Gelegenheit wahrnehmen, Professor Wolff und Dr. Schulze bestens dafür zu danken, daß sie ihre Erkenntnisse so selbstlos mit mir teilten.

[1] S. for instance mm. 11–17 of the 2nd trombone and mm. 12–16 of the 3rd trombone parts (on staves 15 and 16).

[2] According to Charles Sanford Terry (*Bach's Orchestra*, London 1932, p. 47,). Curt Sachs (*Reallexikon der Musikinstrumente*, reprint Hildesheim 1964, pp. 243f.) defined them as low (tenor) trumpets in B-flat.

[3] I would like to take this occasion to thank both Professor Wolff and Dr. Schulze for sharing their insights so generously with me.

Gr	Pf
„3.	
1.	6.
	9.
5.	3."

Hans-Joachim Schulze erkannte in diesen Nummern sodann die Handschrift von Breitkopf, der das Manuskript schon viel früher (d. h. in den 1760er oder 1770er Jahren) als vormals angenommen, besessen zu haben scheint. Schulze sieht in diesen Zahlen „eine der üblichen Breitkopf-Hochrechnungen im Blick auf den Preis anzufertigender Verkaufskopien von den ‚Stammhandschriften' des Verlags."[3]

BWV 188 „Ich habe meine Zuversicht"

Ein zweiseitiges Fragment der nur in zerstückelter Form überlieferten Originalpartitur dieser Kantate hat seine Heimat in der Library of Congress in Washington, D. C., gefunden. Schon in der ersten Hälfte des 19. Jahrhunderts scheinen die einzelnen Seiten aus der Partitur herausgerissen und zum Teil noch in kleinere Streifen zerschnitten worden zu sein. Die erhaltenen Bruchstücke lassen sich nicht mehr so zusammensetzen, daß eine vollständige Partitur dabei herauskäme. Die Fragmente sind über die ganze Welt verstreut und befinden sich heute in Bibliotheken und Museen in Eisenach, Berlin (Ost), Wien, Paris und Amerika sowie in Privatbesitz. Das Fragment in Washington fängt mit dem 68. Takt des 2. Satzes an. Der 1. Satz ist, selbst wenn das auch nur durch einige Bruchstücke zu belegen ist, eine Sinfonia, ein Orchestersatz mit Orgel. Spittas Argumentation, daß es sich hier um alle drei Sätze des nach c-moll transponierten und zum Orgelkonzert uminstrumentierten Klavierkonzerts in d-moll (BWV 1052) handele[1], muß heute wohl zugunsten einer Zuweisung zum 3. Satz dieses Konzerts (mit hinzugefügten Oboen und Taille) revidiert werden[2].

[1] Spitta D, II, S. 802.
[2] Dürr 1971, II, S. 500.

BWV 188 "Ich habe meine Zuversicht"

The Library of Congress owns a full-page fragment of Bach's autograph score which has come down to us in shamefully dismembered form. It appears to have been taken apart page by page as early as the first half of the 19th century, and some of the pages were even cut in half. The sum of these fragments does, however, no longer add up to a complete score. The surviving pages and half-pages are furthermore dispersed throughout the world, from libraries and museums in Eisenach, Berlin (East), Vienna and Paris to America, and some are in private hands. The Washington fragment begins with m. 68 of the cantata's 2nd movement. There is sufficient proof that the opening movement was an instrumental Sinfonia, though hardly, as Spitta deduced,[1] the whole D minor clavier concerto (BWV 1052) but rather only its last movement[2] in the form of an organ concerto in C minor with 2 oboes, taille and strings.

The *recto* page of the Library of Congress fragment begins with the ritornel as it recurs at the end of the A section of "Ich habe meine Zuversicht," a da capo aria for tenor, oboe and strings. The fermatas at the conclu-

[1] Spitta D, II, p. 802.
[2] Cf Dürr 1971, II, p. 500.

Die recto-Seite des Fragments der Library of Congress fängt nach einem Übergangstakt mit dem Schlußritornell aus dem ersten Teil (A) der da-capo-Arie an. Die Fermaten am Ende des Ritornells (T. 15 des Fragments, T. 82 des Satzes) besagen, daß der gesamte erste Teil dieser Arie für Tenor, Oboe und Streicher zu wiederholen ist. Bach schreibt den 6stimmigen Satz auf 5-systemigen Akkoladen nieder, indem er die beiden Violinstimmen gemeinsam auf dem 2. System notiert. Da Bach die beiden Geigen im zweiten Teil der Arie meist unisono führt, kann man die Doppelnotierung auf der abgebildeten verso-Seite (s. Abb. 31) nur in den Schlußtakten des zweiten Systems (vor dem „DC") beobachten. Auf der recto-Seite ist die Doppelnotierung dagegen in 16 von 22 Takten sichtbar. Hätte Bach die 1. Violine zusammen mit der Oboe auf dem obersten System untergebracht, so hätte er im ersten Teil der Arie 16 Unisono-Takte gegen 6 doppelt zu notierende Takte eingetauscht. Warum hat er es wohl nicht getan? Dachte er vielleicht schon an den Text des zweiten Teils der Arie mit dem Wortlaut „Wenn alles bricht und alles fällt, wenn niemand Treu' und Glauben hält"? Dort geht die tänzerisch beschwingte Stimmung von „Ich habe meine Zuversicht" (A) in erregte Unisono-Ketten der Streicher über, so daß Bachs Wahl der Doppelnotierung der zwei Geigen hier wenigstens eine praktische Lösung darstellt. Die recto-Seite zeigt ferner, daß Bach seine Taktstriche zog, ehe er die Musik vollends eingetragen hatte. Auf den fünf 2-systemigen Akkoladen unterhalb der Arie bringt Bach die Takte 1 bis 12 (3. Viertel) des folgenden Baßrezitativs an, welches auf der folgenden Seite nach 6 Takten in ein Arioso einmündet.

Friedrich Wilhelm Jähns' Postskriptum auf dieser Seite bezeugt, daß die Partitur bereits 1851 in einzelne Teile zerlegt war: „Obige Noten= und Wortschrift ist authentisch von der Hand des großen Joh: Seb: / Bach was ich meinem Wissen und der Wahrheit gemäß hiemit bescheinige. / Dresden. 1. Aug. 51. F. W. Jähns. Königl. Preuß: Musik Director." Ob Jähns die Partitur bereits in zerlegter Form erworben oder – was, nach dem, was man über ihn weiß, schwer zu glauben wäre – die Zerstückelung selbst

sion of the ritornel (m. 15 of this page, m. 82 of the movement) indicate that the whole A section is to be repeated. Bach compresses the 6-part texture of this aria onto 5-stave brackets by notating the two violin parts on one staff. Since Bach leads the two violins in the aria's B section mostly in unison, the double notation can be seen on the *verso* page, reproduced here (s. ill. 31), only in the final measures on the second staff of the second brace, before the "DC" sign. On the *recto* page the double notation shows in 16 out of 22 measures. Had Bach notated the 1st violin together with the oboe on the first staff, he would have reversed this order and made it easier for himself by writing 16 unison and only 6 divergent measures. Was his mind perhaps already on the text of the B section "Wenn alles bricht und alles fällt, wenn niemand Treu' und Glauben hält" ("When all breaks down and falls apart, when no one keeps belief and faith")? There the felicitous dance-like lilt of the A section gives way to agitated unison passages of the strings. The *recto* page reveals further that the barlines were drawn before the music was completely filled in. The five 2-stave brackets below the aria accommodate mm. 1–12¾ of the following bass recitative which, six measures after the end of the Washington leaf, turns into an arioso.

The editor of NBA I/25 will have much to correct in Alfred Dörffel's edition of 1891 (in BG 37) inasmuch as Dörffel had no access to this fragment of Bach's autograph score. That the score was already fragmented by 1851 is documented by Friedrich Wilhelm Jähns' postscript at the bottom of this page. It reads, translated: "The notes and words of the manuscript above are authentic by the hand of the great Joh: Seb: / Bach which I herewith verify according to my judgment and the truth [of the matter]./ Dresden, Aug. 1. 51. F. W. Jähns. Royal Prussian Music Director." While it seems doubtful that Jähns was the one who dismembered the manuscript, his postscript authenticating this page suggests that he intended to sell it.

The size of the Library of Congress fragment (that bears at bottom left of the *recto* page the call number "ML 96/.B186/case" and at the top of the *verso* page the accession number "525184") is 32.2 cm high and 19.7

vorgenommen hat, läßt sich heute nicht mehr feststellen. Sein Postskriptum scheint jedoch zu besagen, daß er vorhatte, diese Einzelseite zu verkaufen und aus diesem Grunde ihre Echtheit schriftlich beglaubigte. Der Herausgeber von NBA I/25 wird Diverses in Alfred Dörffels Ausgabe (BG 37, 1891) berichtigen können, da er im Gegensatz zu Dörffel Zugang zu diesem Fragment der Bachschen Originalpartitur hat.

Das Partiturfragment in Washington ist 32,2 cm hoch und 19,7 cm breit. Rechts unten auf der recto-Seite ist die Bibliotheksnummer „ML 96/.B186/case" und oben auf der verso-Seite die Akzessions-Nr. „525184" angegeben. Das Wasserzeichen „Posthorn in Zierschild" ist zwar auch in Einzelblättern dieser zerstückelten Partitur zu finden, aber nicht in anderen Bach-Handschriften. Es sagt somit nichts über die Entstehungszeit dieser Kantate aus. Dafür gibt Picanders 1728 veröffentlichter Text[3] für den 21. Sonntag nach Trinitatis einen eindeutigen Hinweis auf das Datum der Bachschen Komposition. Das amerikanische Fragment stellt ein Bruchstück einer typischen ersten Partiturniederschrift dar, die jedoch nur wenige Korrekturen aufweist und nicht in allzu großer Eile geschrieben worden zu sein scheint. Das recht stark gebräunte Papier und der beklagenswerte Zustand des Manuskripts stehen dem ästhetischen Genuß von Bachs schöner und schwungvoller Schrift entgegen. Die Tatsache, daß das einzige andere amerikanische Partiturfragment eines Bachschen Werkes, BWV 197a, in ebenso schlechtem Zustand überliefert ist, wirkt wie eine Warnung. Zeigt sich hier doch, daß eine Zerstückelung von Manuskripten nicht nur Zerstreuung in alle Welt und damit die Gefahr des Verlusts von Teilen mit sich bringt, sondern auch den Verfall der einzelnen Seiten beschleunigt.

Provenienz

Vorbesitzer: Bei den in der Sammlung Hinrichsen in New York aufbewahrten Originalstimmen von Kantate 174 befindet sich ein Zettel, auf dem Ernst Rudorff u. a.

[3] Neumann T gibt auf S. 343 den Text in Faksimile wieder.

cm wide. The watermark, a Posthorn in a peculiarly-shaped coat-of-arms, appears in some of the other leaves of this dismembered score but nowhere else in Bach manuscripts. Therefore it is not the watermark but Picander's text written for the 21st Sunday after Trinity[3] and published in 1728 that establishes the approximate date of Bach's composition of this cantata. The fragment is a typical composing score but one showing few corrections and written apparently in no undue haste. It is difficult to appreciate the beauty of Bach's handwriting, not so much because of the faded brown color of the paper but because of the lamentable general condition of the leaf. Among American Bach manuscripts only the one-page score fragment, BWV 197a, is in similarly damaged condition. Both seem to serve as poignant reminders that dismemberment of a manuscript causes not only dispersal and consequently loss of pages but also accelerates deterioration.

Provenance

Previous Owners: In a note attached to the original parts of Cantata 174 that are now in the Hinrichsen Collection in New York, Ernst Rudorff says: "I do not remember ever having heard that my parents gave him [F. W. Jähns] the autograph fragment of the score of the cantata 'Ich habe meine Zuversicht.'" Jähns' postscript on the *verso* of the Library of Congress fragment proves that he was the owner of it in 1851, probably years earlier.[4] When Dörffel edited the cantata for the BG in 1891, he was unaware of the existence of this fragment.[5] Another thirty years later, Leo Liepmannssohn offered the leaf (as stemming from the Haehnel Collection) at its 46th auction to be held in Berlin on May 30 and 31, 1921.

Present Owner: The Library of Congress, Washington, D. C., which ordered the manuscript by cable and letter on May 3, 1921.

[3] See facsimile in Neumann T, p. 343.

[4] He appears to have owned five other fragments of this score as well (mostly half-pages). Cf. BG 37 (1891), pp. XXXVII ff.

[5] *Ibid.*

folgendes bemerkt: „Ich erinnere mich nie gehört zu haben, daß meine Eltern ihm [F. W. Jähns] das Partiturfragment der Cantate ‚Ich habe meine Zuversicht' im Autograph schenkten." Jähns' Postskriptum unter dem Fragment der Library of Congress bestätigt, daß er selbst spätestens 1851 der Besitzer dieses Blattes war[4]. Dörffel wußte 1891 nichts mehr von der Existenz des Fragments[5]. Weitere dreißig Jahre später offerierte das Berliner Antiquariat Leo Liepmannssohn das aus der Sammlung Haehnel stammende Blatt auf seiner 46. Auktion am 30. und 31. Mai 1921.

Heutiger Besitzer: Library of Congress, Washington, D. C., die das Manuskript bereits am 3. Mai 1921 telegraphisch und brieflich bestellte.

[4] Er besaß anscheinend noch fünf weitere Teilblätter der Kantate. Vgl. BG 37 (1891), S. XXXVII ff.

[5] Ebda.

Sonstige eigenhändige Bach-Manuskripte

BWV 1073 „Canon â 4. Voc: perpetuus"

Das ungewöhnlich gut erhaltene Manuskript dieses 4stimmigen Zirkelkanons (s. Abb. 32) ist 14,2 cm breit und 8,4 cm hoch. Das in Querformat geschriebene Stammbuchblatt weist kein Wasserzeichen auf, was zu beklagen wäre, wenn dadurch die Datierung des Kanons unmöglich gemacht würde. Doch hat Bach hier zum erstenmal in einer seiner Kompositionen das Datum selbst eingetragen: „Weimar. d. 2. Aug. 1713". Rechts daneben steht folgende Widmung:

Dieses wenige wolte dem Herrn
Besitzer zu geneigtem An-
gedencken hier einzeichnen
Joh: Sebast. Bach.
Fürstl. Sächs. HoffOrg. v.
Cam̄er Musicus.

Das recht dicke Papier ist nur leicht gebräunt. Die Noten sind mit schwarzer Tinte geschrieben und heben sich durch ihre besondere Klarheit von der hellbraunen Farbe der Überschrift, des Datums und der Widmung sowie des Baßschlüssels, der zwei C-Schlüssel und des Violinschlüssels ab. Die Handschrift enthält nicht nur die Schlüssel der vier Stimmen, sondern auch die Zeichen (signa congruentiae) für die Einsätze der Stimmen.

Spittas Meinung[1], Bach habe diesen Kanon seinem Weimarer Verwandten und Kollegen Johann Gottfried Walther (1684–1748) zugedacht, wurde durch Smends Beobachtung[2] bestärkt, daß die 82 Noten dieser Handschrift nach dem Zahlenalphabet der Bachzeit den Namen WALTHER ergeben. Diese noch im "Bach Reader"[3] vertretene Ansicht ist jedoch von Hans-Joachim Schulze in Frage gestellt worden[4]. Schon die Höflichkeit und der gewähl-

[1] Spitta D, I, S. 386.
[2] Joh. Seb. Bach. Kirchenkantaten vom 8. Sonntag nach Trinitatis bis zum Michaelis-Fest. Erläutert von Friedrich Smend, Berlin 1947, S. 9f.
[3] Revised edition, New York 1966, S. 64f.
[4] Johann Sebastian Bachs Kanonwidmungen, in: BJ 1967, S. 83–85.

Other Autograph Bach Manuscripts

BWV 1073 "Canon â 4. Voc: perpetuus"

The unusually well preserved manuscript of this infinite canon in 4 parts (s. ill. 32) is 14.2 cm wide and 8.4 cm high. That this single album leaf in oblong format shows no watermark would be deplorable if this precluded the proper dating of the manuscript. However, in this case Bach added for the first time the exact date himself: "Weimar, d. 2. Aug. 1713." To the right of this date Bach entered the following dedication: "To inscribe this little [item] here for the Honored Owner [of this album] as a friendly remembrance is the wish of Joh: Sebast. Bach, Court Organist and Chamber Musician to His Saxon Highness."

The rather thick paper of the leaf has turned only slightly brown. The notes, written with black ink, contrast sharply with the light brown color of the title, the date and dedication, as well as with the bass-clef, the two C-clefs and the treble-clef. Bach did not only write down the different clefs for the 4 parts but also the signs (*signa congruentiae*) marking their entries.

Spitta's opinion[1] that this canon was intended for Bach's Weimar relative and colleague Johann Gottfried Walther (1684 to 1748) was reinforced by Smend's observation that the 82 notes of the canon amounted to the name WALTHER according to the number alphabet of Bach's time.[2] This attribution which is still maintained in *The Bach Reader*[3] has, however, been questioned by Hans-Joachim Schulze.[4] Not only does the wording of the dedication seem too formal and polite if Bach had intended the canon for his cousin and friend Walther, but the written-in solution of the canon would seem almost an insult to the capabilities of

[1] Spitta D, I, p. 386.
[2] *Joh. Seb. Bach. Kirchenkantaten vom 8. Sonntag nach Trinitatis bis zum Michaelis-Fest.* Erläutert von Friedrich Smend, Berlin 1947, pp. 9f.
[3] Revised edition, New York 1966, pp. 64f.
[4] "Johann Sebastian Bachs Kanonwidmungen," in: *BJ 1967*, pp. 83–85.

te Ton der Widmungsworte spricht gegen Bachs gleichaltrigen Großvetter als den Empfänger. Zudem wäre die von Bach hier eingetragene Entschlüsselung des Kanons gewiß eine Beleidigung für den begabten Musiker Walther gewesen. Für ihn hätte Bach vermutlich einen Rätselkanon komponiert. Der Empfänger unseres Kanons ist nach Schulzes Ansicht eher in Bachs Weimarer Schülerkreis zu suchen. „Sollte das erbetene ‚geneigte Angedencken' mit dem bevorstehenden Abschied des ‚Herrn Besitzer' zusammenhängen, dann wäre etwa an Bachs Schüler Philipp David Kräuter zu denken, der Anfang September 1713 die Heimreise nach Augsburg anzutreten beabsichtigte[5]." Der Kanon zeichnet sich ferner durch die ungewöhnliche und kunstvolle Eigenart aus, die einzelnen Stimmen im Quintabstand eintreten zu lassen. Könnten diese Einsätze auf C, G, D und A (mit ihrer merkwürdigen Mischung von Dur und Moll) auf die Stimmung des Violoncellos oder der Bratsche hinweisen und somit eine subtile Anspielung auf einen Cellisten oder Bratschisten unter Bachs Weimarer Schülern oder Freunden sein?

Auf der Rückseite des zweiseitigen Stammbuchblatts befindet sich eine aus Cicero entlehnte lateinische Widmung von „Georgius Christianus Titius". Sie besagt, daß der Kanzler der Universität Jena[6] dem unbekannten Empfänger freundlich gewogen war und ihm am „5 Jun:/A. 1714" eine Widmung in sein Stammbuch eintrug, als dieser – vielleicht als Student – in Jena weilte. Während einer gleichfalls auf der verso-Seite befindlichen Bleistiftnummer „841" keine Bedeutung zuzukommen scheint, bezieht sich der links unten angebrachte Name „F. Locker" auf einen späteren Besitzer des Stammbuchblatts.

Provenienz

Vorbesitzer: Die Provenienz des Manuskripts ist von Christoph Wolff[7] folgendermaßen zusammengefaßt worden: Sie „läßt sich zurückverfolgen bis zu dem ‚Verzeichnis

[5] Ebda., S. 84.

[6] Die Identifizierung verdanke ich einer freundlichen Mitteilung von Hans-Joachim Schulze.

[7] NBA VIII/1, KB (1976), S. 16.

Walther the musician. For him Bach would have composed a puzzle canon. According to Schulze's convincing arguments one ought to look for the recipient of this canon among Bach's Weimar disciples. "If the requested 'friendly remembrance' is seen in connection with the imminent departure of the 'Honored Owner,' one might be inclined to think of Bach's pupil Philipp David Kräuter who planned to return to his home in Augsburg early in September 1713."[5] This canon shows further the artful device of letting each part enter a fifth above the preceding part. Could these entries on C, G, D and A (with their curious mixture of major and minor) perhaps refer to the tuning of the cello or viola and thus to a cellist or violist among Bach's Weimar friends or pupils?

The *verso* of this album page contains a Ciceronian Latin dedication by "Georgius Christianus Titius." This inscription means no more nor less than that the Chancellor of the University at Jena[6] also was friendly with the unknown recipient of Bach's canon, since he entered a dedication in his album on "5 Jun:/A. 1714," when the recipient must have been in Jena (perhaps as a student). While the penciled number "841" on this back page seems to yield no hidden meaning, the name "F. Locker" at bottom left of this page identifies one of the later owners of the album leaf.

Provenance

Previous Owners: The provenance of the manuscript has been summarized by Christoph Wolff[7] as follows: It "can be traced to the 'Catalogue of an outstanding and rich collection of autograph manuscripts which will be sold at auction beginning on February 25, 1863 by Hugo Hartmann, Leipzig.' (p. 42, No. 1070; Aloys Fuchs[8] and Ferdinand Simon Gassner[9] are named as previous owners of some of the manuscripts

[5] *Ibid.*, p. 84.

[6] I owe this identification to a friendly communication from Dr. Schulze.

[7] In NBA VIII/1, KB (1976), p. 16.

[8] The well-known Viennese collector of music manuscripts (1799–1853).

[9] Born in Vienna, Gassner (1798–1851) made a name for himself as violinist, composer and writer in Karlsruhe.

einer ausgezeichneten und reichhaltigen Sammlung von Autographen, welche vom 25. Februar 1863 an durch Hugo Hartung, Leipzig, versteigert wird' (S. 42, Nr. 1070; als Vorbesitzer einiger Handschriften des Angebotes werden Aloys Fuchs[8] und Ferdinand Simon Gassner[9] genannt). Über den Leipziger Generalkonsul Gustav Moritz Clauß (1796–1871) kam die Handschrift am 23. Januar 1872 (Versteigerung bei List & Francke, Leipzig) über Hermann Schulz[10] (vgl. BG 45/1, S. XLII) an Frederick Locker-Lampson[11] (1821–1895), dann über Paul M. Warburg und seine Tochter Bettina (Mrs. S. B. Grimson, New York) schließlich 1953 in die Houghton Library (endgültige Schenkung: 12. Januar 1960). Das Einzelblatt wurde von Locker [. . .] in sein Stammbuch eingefügt, das heute als Locker-Lampson-Warburg-Grimson-Album bezeichnet wird".

Heutiger Besitzer: Locker-Lampson Collection in der Houghton Library der Harvard University, Cambridge, Massachusetts (Signatur: f MS Eng 870).

[8] Der namhafte Wiener Sammler von Musikautographen (1799–1853).

[9] Der aus Wien stammende Karlruher Geiger, Komponist und Schriftsteller (1798–1851).

[10] Dieser war ein bekannter Leipziger Buchhändler.

[11] Wie auf S. 72 der vorliegenden Studie gezeigt wurde, hatte Locker auch die autographe Partitur von Bachs Kantate 97 erworben.

of this auction). The [Bach] manuscript came by way of the Leipzig consul-general Gustav Moritz Clauß (1796–1871) on January 23, 1872 (auction by List & Francke, Leipzig) via Hermann Schulz[10] (cf. BG 45/1, p. XLII) into the possession of Frederick Locker-Lampson[11] (1821–1895); then in 1953 by way of Paul M. Warburg and his daughter Bettina (Mrs. S. B. Grimson, New York) finally into the Houghton Library (ultimate donation: January 12, 1960). The single leaf was inserted by Locker [. . .] into his album which is known today as the Locker-Lampson-Warburg-Grimson Album."

Present Owner: The *Locker-Lampson Collection* in the Houghton Library of Harvard University, Cambridge, Massachusetts (Catalogue number: f MS Eng 870).

[10] He was a noted Leipzig book dealer.

[11] He also acquired the autograph score of Bach's Cantata 97 (s. p. 72 of the present study).

Klavierbüchlein für Wilhelm Friedemann Bach

Bachs Klavierbüchlein für seinen ältesten Sohn ist mit seinen zwei Tabellen und 62 Kompositionen, die auf 138 Seiten geschrieben sind (von denen allerdings 4 unbeschrieben blieben), bei weitem das längste Bach-Manuskript in den Vereinigten Staaten. Es ist ferner eines der zwei amerikanischen Bach-Manuskripte, das bisher in einer Faksimile-Ausgabe erschienen ist[1], welche die exakte Größe des Bachschen Originals aufweist und eine instruktive Einleitung von Ralph Kirkpatrick enthält[2]. Nicht lange

[1] Das andere ist die Faksimile-Ausgabe der zweiseitigen „Fantasia per il Cembalo", BWV 906 (s. S. 100).

[2] Johann Sebastian Bach – Clavier-Büchlein vor Wilhelm Friedemann Bach, edited in facsimile with a preface by Ralph Kirkpatrick, New Haven, Yale University Press 1959.

Clavier-Büchlein for Wilhelm Friedemann Bach

With its two tables of clefs and ornaments and 62 pieces of music written on 138 pages (of which four were left blank), the *Clavier-Büchlein* is by far the longest Bach manuscript in the USA. It is also one of the only two American Bach manuscripts that has appeared in facsimile,[1] published in the exact size of the original and prefaced by an instructive introduction by Ralph Kirkpatrick.[2] Wolfgang Plath's Kritischer Bericht to the NBA edition appeared soon after Kirkpatrick's edition.[3] With these two publications most of the questions regarding Bach's *Clavier-Büchlein* received their definitive answers.

[1] The other is the edition of the 2-page *Fantasia per il Cembalo*, BWV 906 (s. p. 100).

[2] *Johann Sebastian Bach – Clavier-Büchlein vor Wilhelm Friedemann Bach* ed. in facsimile with a preface by Ralph Kirkpatrick, New Haven, Yale University Press 1959.

[3] NBA V/5, KB (1963).

nach dieser Veröffentlichung erschien Wolfgang Plaths Kritischer Bericht zur Edition im Rahmen der NBA[3]. Mit diesen beiden Publikationen wurden fast alle bis dahin bestehenden Fragen bezüglich des Klavierbüchleins beantwortet.

Nach eigener Prüfung des Manuskripts kann ich folgendes bestätigen. Die Seiten des Klavierbüchleins weisen eine durchschnittliche Größe von 16,5 x 18,5 (bis 19) cm auf; der beige-braune Einband mißt 17 x 19,5 cm. Der feste und dicke Vorderdeckel ist durch Abnutzung recht mitgenommen und schmutzig geworden. Die Ecken sind abgerundet, der Rücken hält das Buch kaum noch zusammen und hat sich besonders unten vom Deckel abgelöst. Das ungewöhnlich starke und dicke Papier der Seiten hat eine unterschiedlich braune Farbe angenommen. Obgleich offensichtlich abgenutzt und durch vieles Umblättern verschmutzt, sind die unteren Ecken nur wenig abgerundet. Der Erhaltungszustand der Seiten ist im Gegensatz zum Einband erstaunlich gut. Allerdings haben sich einige Blätter vom Buchrücken losgelöst. Während Plath die ursprüngliche Lagenordnung von 9 Quaternios (je 4 ineinander liegende Bogen) und einem Binio (2 ineinander liegende Bogen) rekonstruiert[4], wird in der Faksimile-Ausgabe die heutige Bogenlage beschrieben[5]. Wie ich mich im Mai 1977 überzeugen konnte, fehlen dem ersten Quaternio sowie dem letzten Binio je zwei Blätter. Auch sind mindestens fünf Blätter aus einigen der inneren Quaternios herausgerissen oder herausgeschnitten worden. Ihr ehemaliges Vorhandensein ergibt sich durch die zum Teil noch sichtbaren Reste. Das von Bach benutzte Klein-Querformat ist mittels Durchschneiden des Papiers entstanden. Damit wurde auch das Wasserzeichen durchgeschnitten, von dem nur Teile am oberen Rand einiger Blätter zu sehen sind, die das bekannte Köthener Wasserzeichen des „Wilden Mannes" ergeben. Die Seiten sind mit 6 Systemen rastriert, die jeweils in 3 Akkoladen von 2 Klaviersystemen aufgeteilt sind und zu denen sich des öfteren mit der Hand gezogene Hilfssysteme

[3] NBA V/5, KB (1963).
[4] Für alle weiteren Details s. den KB, S. 8f.
[5] Vgl. Kirkpatrick, S. 149.

Having examined the manuscript in May 1977, I can verify the following: The average size of the pages of the manuscript is 16.5 x 18.5 (up to a maximum of 19) cm. The beige-brown binding measures 17 x 19.5 cm. The sturdy and thick front cover is quite smudged and badly worn, its corners are rounded and head and tail of its spine are weak and frayed at the bottom. The unusually thick and heavy paper of the pages has turned fairly brown. Its lower corners are worn and dirty through much thumbing but only slightly rounded. In contrast to the binding the condition of the single pages is still astonishingly good though a few of them are detached from the spine. Plath reconstructed the original gathering of 9 *quaternios* (each of which consists of 4 folios placed one into another) and one *binio* (2 folios, one placed into the other)[4] while the facsimile edition describes the gathering as it is discernible at present.[5] My own investigation confirmed that the first *quaternio* and the last *binio* each lack two leaves and that several more leaves had also been torn or cut out of some of the inner *quaternios*. The remaining stubs attest to their former existence. The original paper was cut crosswise in half to obtain the small oblong format used by Bach. This also caused the watermark to be cut in half. The few times it is visible it reveals portions of the well-known Coethen watermark of the "Wild Man." The pages are lined with 6 staves, i. e. with 3 braces of 2 keyboard staves to which not infrequently a 4th handdrawn staff is added. Only the Telemann Suite (No. 47 on pp. 104–109) is lined with 4 braces à 2 throughout.

The largest part of the *Clavier-Büchlein* comprises 7 of the *Twelve Little Preludes*, another 11 Preludes that Bach was soon to include in his *Well-Tempered Clavier* (Book I), the 15 2-part Inventions (here called *Praeambula*) and 13½ of the 15 3-part Sinfonias (here called *Fantasias*). Bach wrote these 46½ pieces between 1720 and early 1723 as *Gebrauchsmusik* for his gifted firstborn son before he compiled them systematically and in a new order of keys. To quote Kirkpatrick: "Like the later

[4] For the details of the collation s. KB, pp. 8f.
[5] Cf. Kirkpatrick, p. 149.

gesellen. Eine Ausnahme bildet lediglich die Telemann-Suite (Nr. 47, S. 104–109), deren Seiten mit 4 Doppelsystemen rastriert sind.

Der Hauptteil des Manuskripts besteht aus 7 der „Zwölf kleinen Präludien", 11 weiteren Präludien, die Bach kurz darauf in den 1. Teil des „Wohltemperierten Klaviers" aufnahm, den 15 zweistimmigen Inventionen (die hier „Praeambula" genannt sind) und 13 1/2 der 15 dreistimmigen Sinfonien (hier „Fantasias" genannt). Bach schrieb diese 46 1/2 Stücke zwischen 1720 und Frühjahr 1723 als Gebrauchsmusik für seinen begabten ältesten Sohn, ehe er sie in systematischer Weise und neuer Tonartenfolge zusammenfaßte. Kirkpatrick findet hier die folgenden schönen Worte: „Wie die späteren Notenbücher für Anna Magdalena Bach hat dieses kleine Buch eine Ungezwungenheit und Wärme, die uns Bach in gewissem Maße näher bringt als die abgewägte Monumentalität seiner autographen Widmungs-Partituren . . ."[6]. Die weiter unten folgende Tabelle (s. S. 91 ff.), die Kirkpatricks Inhaltsverzeichnis um drei Spalten erweitert, möchte den Weg ebnen zu den 148 Abbildungen der Faksimile-Ausgabe und zu dem reichen Tatsachenmaterial und den scharfsinnigen Beobachtungen in Plaths Kritischem Bericht.

Bachs Titelblatt „Clavier-Büchlein./vor/ Wilhelm Friedemann Bach./ angefangen in/ Cöthen den/ 22. Januarii/ Aō. 1720." ist auf die Innenseite des Vorderdeckels aufgeleimt (s. Abb. 33). Die Aufschrift zeigt nicht nur J. S. Bachs intuitiven Sinn für ästhetische Raumaufteilung, sondern auch eine von liebender Sorgfalt zeugende, leicht verzierte Schrift: siehe die großen Buchstaben B, W, F, B und C sowie (viermal) das g-förmige h, das für Titel und Widmungen des Meisters typisch ist (s. S. 170).

Dem Titelblatt folgen zwei Vorsatzblätter (in der Faksimile-Ausgabe S. 3–6), die wie das Schutzblatt am Ende des Büchleins (S. 145 f.) ein Hallensisches Wasserzeichen aus den 1750er Jahren aufweisen. Dies bedeutet, daß Wilhelm Friedemann das Klavierbüchlein um diese Zeit während seines Aufenthalts in Halle neu einbinden ließ. So erklärt sich dann auch, warum Johann Sebastian Bachs Titelblatt heute auf der Innenseite des

[6] Kirkpatrick, S. XVIII.

notebooks for Anna Magdalena Bach, this little book has an informality and warmth that brings us in some ways closer to Bach than the balanced monumentality of presentation autographs . . ."[6] The following chart (s. pp. 91 ff.) which enlarges Kirkpatrick's table of contents by three columns is intended as a guide to the 148 reproductions in the facsimile edition as well as to the massive information and keen observations of Plath's critical report.

Bach's title page "Clavier-Büchlein./vor/ Wilhelm Friedemann Bach./ angefangen in/ Cöthen den/ 22. Januarii/ Aō. 1720." is glued onto the inside of the front cover (s. ill. 33). It shows not only J. S. Bach's inborn sense for an aesthetic use of the available space but also a loving father's careful and slightly embellished lettering – see the capital letters B, W, F, B, and C as well as the g-like h (4 times) that is quite characteristic of title and dedicatory pages of the master (s. p. 170).

This title page is followed in the autograph by two flyleaves (pp. 3–6 in the facsimile edition). These flyleaves and the last leaf (pp. 145/6) bear a Halle watermark of the 1750s, indicating that Wilhelm Friedemann Bach had his *Clavier-Büchlein* rebound at about this time during his stay in Halle. This also explains why his father's title page now appears fastened to the inside of the front cover. While pages 4–6 are blank, page 3 bears the following inscription: "This book is a rarity because it is written by the great S. Bach. It stems from the estate of the so-called Clavier-Bach of the Pädag. in Halle and was purchased by me in the year 1814 along with many Bach and other manuscripts and pictures from the Bach family./ J. Koetschau."[7] On the recto of what was probably the second leaf of the original gathering of 1720 (facsimile edition, p. 7) Bach explains to his 9 year-old son the "Claves signatae," i. e. the treble-clef, the four C-clefs (soprano, mezzo soprano, alto and tenor) and 3 F-clefs (high bass, the ordinary bass and low bass) of which he writes out, however, only the notes and nomenclature of the regular bass as he had

[6] Kirkpatrick, p. XVIII.

[7] As to the identity of Koetschau and the "Clavier-Bach" s. p. 99.

Vorderdeckels zu finden ist. S. 3 trägt im Gegensatz zu den leeren Seiten 4–6 folgende Aufschrift: „Dieses Buch ist eine Seltenheit, deñ es ist von dem gr[oßen] S. Bach geschrieben, u aus dem Nachlaße des verstorbenen sogenañten Clavier-Bachs auf dem Pädag. zu Halle, nebst vielen Bachschen u anderen Musikalien u Bildern aus der B.[ach] familie von mir im Jahre 1814 gekauft worden./ J Koetschau"[7]. Auf der recto-Seite, wohl des 2. Blattes der alten Bogenlage von 1720, erklärt Bach seinem 9jährigen Sohn die „Claves signatae", d. h. den Violinschlüssel, die 4 C-Schlüssel (Sopran, Mezzosopran, Alt und Tenor) und gleich 3 F-Schlüssel („Hoch Baß, ordin., Tief Baß"). Von den letzteren schreibt er allerdings nur die Noten und Nomenklatur des gewöhnlichen Baßschlüssels aus, so wie er es für den Violin- und die C-Schlüssel getan hatte (s. Faksimile-Ausgabe, S. 7). Auf der verso-Seite (Faksimile-Ausgabe, S. 8) steht Bachs berühmte und häufig abgebildete „*Explication* unterschiedlicher Zeichen, so gewiße *manieren* / artig zu spielen, andeüten", mit welcher Bach seinem Sohn und damit zugleich Generationen von nachfolgenden Klavierschülern und Spielern zeigt, wie die 13 Ornamente dieser Tabelle richtig auszuführen seien. Daß Bach diese Anweisung am Anfang des Klavierbüchleins anbringt, wirft ein vielsagendes Licht auf die Rolle, welche die Verzierungskunst in der Musik des Spätbarock im allgemeinen und in Bachs Klaviermusik im besondern spielt. Der Versuch des 9jährigen Wilhelm Friedemann, das Geheimnis des 14. Ornaments selbst zu lösen, erhielt den nicht ganz unverdienten Lohn, wieder ausgewischt zu werden (links unten). Den Anfang der Kompositionen, die diesen zwei Tabellen folgen, leitet Bach mit seiner frommen Widmung „I. N. I." (*In Nomine Jesu*) ein.

done for the treble- and C-clefs. The verso side of this first page of music (facsimile edition, p. 8) contains the famous and frequently reproduced "*Explication* unterschiedlicher Zeichen, so gewiße *manieren*/ artig zu spielen, andeüten," by which Bach shows his son and thereby generations of keyboard students and players to follow, how the 13 ornaments contained in this table are to be played "agreeably." The fact that these instructions appear at the beginning of the *Clavier-Büchlein* indicates how essential the function of ornamentation was in late-Baroque music in general and Bach's keyboard music in particular. The 9 year-old Wilhelm Friedemann's attempt to solve the mystery of the 14th ornament by himself suffered, however, the not undeserved fate of being wiped out (at bottom left). J. S. Bach then heads the beginning of the compositions that follow with the devout dedication "I. N. I." (*In Nomine Jesu*).

[7] Hinsichtlich Koetschaus und des „Klavier-Bachs" Identifizierung, s. S. 99.

Nr./No.[a]	S./P.[b]	Titel/Title	Komponist/Composer	Schreiber/Writer	Datum/Date[c]	BWV	Bemerkungen/Remarks
1	9	Applicatio	JSB	JSB	kurz nach dem 22. Jan. 1720/ shortly after Jan. 22, 1720	994	In diesem kleinen zweiteiligen C-dur-Stück lehrt Bach noch den alten Fingersatz[d]. / In this little binary C major piece, Bach still applies the old style of fingering.[d]
2	10	Praeambulum. 1	JSB	JSB	wie oben / as above	924	1. der Zwölf kleinen Präludien / The first of the *Twelve Little Preludes*
3	12	Wer nur den Lieben Gott Läst Walten	JSB	JSB	wie oben / as above	691	Reiche Anwendung von Ornamenten / Rich application of ornaments
4	13	Praeludium. 2	JSB	JSB	1720/21	926	5. der Zwölf kleinen Präludien / No. 5 of the *Twelve Little Preludes*
5	15	Jesu meine Freude	JSB	JSB	1720/21	753*	
6	16	Allemande[e]	WF(?) unter Mithilfe von JSB / aided by JSB	WF (+ JSB)	1720/21	836	Nur Anfang und letzter Takt von JSB geschrieben, das übrige von WF. / Only beginning and last measure written by JSB, the rest by WF.
7	18	Allemande[e]	wie oben / as above	JSB, WF + ?	1720/21	837*	Schreiber des Anfangs: JSB, dann WF und noch ein 3. Kopist. / Beginning written by JSB, the rest by WF and an unknown third writer.
8	19	Praeambulum	JSB	WF	1722/23. Schluß des Stückes / end of piece: 1725/26	927	8. der Zwölf kleinen Präludien / No. 8 of the *Twelve Little Preludes*

[a] Gibt die Nummer der Kompositionen im Klavierbüchlein an. / Refers to the numbers of the compositions as they follow one another in the *Clavier-Büchlein.*

[b] Bezieht sich auf die Seitenzahl (= Zahl der Abbildung) in Kirkpatricks Faksimile-Ausgabe. / Designates the page number (= number of the illustration) in Kirkpatrick's facsimile edition.

[c] Unter Datum ist die annähernde Entstehungszeit der Niederschrift zu verstehen. / Refers to the approximate date of the writing or copying of the piece.

[d] Vgl. Kirkpatrick, S. XIV. / Cf. Kirkpatrick, p. XIV.

[e] Nur in diesen beiden ersten von Wilhelm Friedemann geschriebenen Stücken (Nr. 6 und 7) schreibt ihm der Vater ausnahmsweise den Violinschlüssel für die rechte Hand vor. / Only in these first two pieces written by Wilhelm Friedemann (Nos. 6 and 7) does his father prescribe the treble clef for the right hand.

* Unvollständig, das Stück bricht mit dem Ende der Seite ab. / Incomplete, the piece breaks off at the end of the page.

Nr./No.[a]	S./P.[b]	Titel/Title	Komponist/Composer	Schreiber/Writer	Datum/Date[c]	BWV	Bemerkungen/Remarks
9	20	Praeambulum	JSB	JSB	1720/21	930	11. der Zwölf kleinen Präludien / No. 11 of the *Twelve Little Preludes*
10	22	Praeludium	JSB	JSB	1720/21	928	9. der Zwölf kleinen Präludien / No. 9 of the *Twelve Little Preludes*
11	25	Menuet 1	?	WF	1720/21	841	
12	26	Menuet 2	JSB	WF + JSB**	1720/21	842	
13	27	Menuet 3	JSB	JSB	1720/21	843	

Es folgen die ersten überlieferten Fassungen folgender Präludien aus dem 1. Teil des Wohltemperierten Klaviers / First extant versions of the following Preludes of the *Well-Tempered Clavier*, Book I:

Nr./No.[a]	S./P.[b]	Titel/Title	Komponist/Composer	Schreiber/Writer	Datum/Date[c]	BWV	Bemerkungen/Remarks
14	29	Praeludium. 1. (s. Abb./ill. 34)	JSB	WF + JSB**	zwischen 1721(?) und Frühjahr 1722(?) / between 1721(?) and early 1722(?)	846a	No. 1 in C-dur / C major
15	30	Praeludium 2.	JSB	WF + JSB**	wie oben / as above	847	No. 2 in c-moll / C minor
16	34	Praeludium 3.	JSB	WF + JSB**	wie oben /as above	851	No. 6 in d-moll / D minor
17	36	Praeludium 4.	JSB	WF + JSB**	wie oben / as above	850*	No. 5 in D-dur / D major*
18	38	Praeludium. 5.	JSB	WF	wie oben / as above	855a	No. 10 in e-moll / E minor
19	40	Praeludium. 6.	JSB	WF + JSB**	wie oben / as above	854	No. 9 in E-dur / E major
20	42	Praeludium. 7	JSB	WF	wie oben / as above	856*	No. 11 in F-dur / F major*
21	44	Praeludium.	JSB	WF + JSB**	Herbst 1722–Frühjahr 1723 / fall 1722–early 1723	848	No. 3 in Cis-dur / C-sharp major
22	48	Praeludium.	JSB	WF + JSB**	wie oben / as above	849	No. 4 in cis-moll / C-sharp minor
23	51	Praeludium	JSB	WF + JSB**	wie oben / as above	853*	No. 8 in es-moll / E-flat minor
24	54	Praeludium	JSB	WF + JSB**	wie oben /as above	857*	No. 12 in f-moll / F minor*

25	56 58	Piece pour le Clavecin, composée par Allemande.* Courante.*	J. C. Richter	WF	1724–Frühjahr 1725 / 1724–early 1725		Entweder Joh. Christian Richter (1689–1744), Oboist der Dresdner Hofkapelle oder (wahrscheinlicher) Joh. Christoph Richter (1700–1785), Hoforganist in Dresden. / The composer is either the above listed oboist of the Dresden Court Chapel or (more likely) the above noted Court organist at Dresden.
26	61	Praeludium. ex c±	WF, nach / after JSB	WF	Dezember 1725–1726 oder noch später / December 1725–1726 or even later	924a	Eine Variante Wilhelm Friedemanns der Nr. 2, d. h. des 1. der Zwölf kleinen Präludien seines Vaters. / A variation by Wilhelm Friedemann of No. 2, the 1st of his father's *Twelve Little Preludes.*
27	62	Praeludium. ex d±	WF, after JSB	WF	wie oben / as above	925	4. der Zwölf kleinen Präludien / No. 4 of the *Twelve Little Preludes*
28	64	Praeludium, ex e±*	WF, after JSB	WF	wie oben / as above	932*	
29	66	Praeludium.	Französischer Komponist / French composer	WF	wie oben / as above	931	Laut Kirkpatrick vielleicht Gaspard Le Roux (c. 1660–c. 1705). Vgl. KB, S. 66. / According to Kirkpatrick perhaps Gaspard Le Roux (c. 1660–c. 1705). Cf. KB, p. 66.
30	68	–	nicht von / not by JSB	CPE Bach(?)	kaum vor / hardly before 1725		
31	70	Fuga à 3.	JSB	JSB	nach/after 1723	953	
			Es folgen die Erstfassungen der Inventionen / First versions of the Inventions:				
32	74	Praeambulum 1. â 2.	JSB	JSB	Herbst 1722– Frühjahr 1723 / fall 1722–early 1723	772	No. 1 in C-dur / C major

** Für J. S. Bachs Beteiligung, die manchmal nur aus dem Schreiben der Überschrift besteht, siehe die „Speziellen Anmerkungen" im KB. / For details about J. S. Bach's participation which at times consists only of the writing of the heading, see the *Spezielle Anmerkungen* in the KB.

Nr./No.[a]	S./P.[b]	Titel/Title	Komponist/Composer	Schreiber/Writer	Datum/Date[c]	BWV	Bemerkungen/Remarks
33	76	Praeambulum 2.	JSB	JSB	wie oben / as above	775	No. 4 in d-moll / D minor
34	78	Praeambulum 3.	JSB	WF	wie oben / as above	778	No. 7 in e-moll / E minor
35	80	Praeambulum. 4.	JSB	WF	wie oben / as above	779	No. 8 in F-dur / F major
36	82	Praeambulum 5.	JSB	WF + JSB**	wie oben / as above	781	No. 10 in G-dur / G major
37	84	Praeambulum 6.	JSB	WF	wie oben / as above	784	No. 13 in a-moll / A minor
38	86	Praeambulum 7.	JSB	WF	wie oben / as above	786	No. 15 in h-moll / B minor
39	88	Praeambulum 8	JSB	JSB	wie oben / as above	785	No. 14 in B-dur / B-flat major
40	90	Praeambulum 9	JSB	JSB	wie oben / as above	783	No. 12 in A-dur / A major
41	92	Praeambulum 10	JSB	JSB	wie oben / as above	782	No. 11 in g-moll / G minor
42	94	Praeambulum 11	JSB	JSB	wie oben / as above	780	No. 9 in f-moll / F minor
43	96	Praeambulum 12.	JSB	JSB	wie oben / as above	777	No. 6 in E-dur / E major
44	98	Praeambulum 13.	JSB	JSB	wie oben / as above	776	No. 5 in Es-dur / E-flat major
45	100	Praeambulum 14	JSB	JSB	wie oben / as above	774	No. 3 in D-dur / D major
46	102	Praeambulum 15.	JSB	JSB	wie oben / as above	773	No. 2 in c-moll / C minor
47	104	Allemande.	G. Ph.	WF			
	106	Courante.	Telemann				
	107	Giqve. (sic)					
48		Partia (sic) di Signore Steltzeln.	G. H. Stölzel	WF			Gottfried Heinrich Stölzel (1690–1749), Hofkapellmeister in Gotha / court chapel master in Gotha
	110	Ouverteur. (sic)					
	114	Air Italien.		WF			
	115	Bourėė. (sic)		WF			
	116	Menuet.		WF			

	117	Menuet *Trio* di J S Bach.		JSB	Herbst 1722–Frühjahr 1723 / fall 1722–spring 1723	929	„di J S Bach“ von WF hinzugefügt. / "di J S Bach" appears to have been added by WF.
		Es folgen die Urfassungen der Sinfonien in dieser Reihenfolge. / First versions of the Sinfonias in this order:					
49	118	Fantasia 1 à 3.	JSB	JSB	wie oben / as above	787	No. 1 in C-dur / C major
50	120	Fantasia 2	JSB	JSB	wie oben /as above	790	No. 4 in d-moll / D minor
51	122	Fantasia 3.	JSB	JSB	wie oben / as above	793	No. 7 in e-moll / E minor
52	124	Fantasia 4.	JSB	JSB	wie oben / as above	794	No. 8 in F-dur / F major
53	126	Fantasia 5	JSB	JSB	wie oben / as above	796	No. 10 in G-dur / G major
54	128	Fantasia 6	JSB	JSB	wie oben / as above	799	No. 13 in a-moll / A minor
55	130	Fantasia 7.	JSB	JSB	wie oben / as above	801	No. 15 in h-moll / B minor
56	132	Fantasia 8	JSB	JSB	wie oben / as above	800	No. 14 in B-dur / B-flat major
57	134	Fantasia 9.	JSB	JSB	wie oben / as above	798	No. 12 in A-dur / A major
58	136	Fantasia 10.	JSB	JSB	wie oben / as above	797	No. 11 in g-moll / G minor
59	138	Fantasia. 11.	JSB	JSB	wie oben / as above	795	No. 9 in f-moll / F minor
60	140	Fantasia 12	JSB	JSB	wie oben / as above	792	No. 6 in E-dur / E major
61	142	Fantasia 13. (s. Abb./ill. 35)	JSB	JSB	wie oben / as above	791	No. 5 in Es-dur / E-flat major
62	144	Fantasia 14.*	JSB	JSB	wie oben / as above	789*	No. 3 in D-dur / D major*

Die 14. Fantasia bricht nach 12 Takten ab. Ihre zweite Hälfte und die hier fehlende c-moll-Fantasia (Sinfonia, BWV 788) haben zweifellos auf zwei weiteren, heute nicht mehr vorhandenen Blättern gestanden. Die Seiten 145/146 sind leer. S. 147, d. h. das auf die Innenseite des Rückendeckels aufgeleimte letzte leere Blatt trägt den Besitzvermerk „Wilhelm Friedeman" (sic) in kindlicher Handschrift und darunter in merkwürdig verkritzelter Form, vielleicht später hinzugefügt: „Bach". Als ich Ende Mai 1977 das Klavierbüchlein sah, enthielt diese letzte Seite unter Wilhelm Friedemanns Besitzvermerk folgendes Schildchen: „The/Library/of the/School/of/Music/Yale University".

Das obige Inhaltsverzeichnis sollte möglichst viele von Kirkpatricks und Plaths Beobachtungen und Feststellungen einbeziehen und gleichzeitig als Wegweiser zu ihren Veröffentlichungen dienen. Dem aufmerksamen Leser wird die Tabelle die wichtigsten Entdeckungen Plaths erschließen.

Außer den nur in fragmentarischem Zustand überlieferten Kompositionen 7 und 62, deren Schlüsse zweifellos auf den ihnen folgenden herausgerissenen Blättern gestanden haben, sind 8 weitere Stücke unvollständig geblieben (Nr. 5, 17, 20, 23, 24, 25/1 und 2 und 28). Doch hat Johann Sebastian Bach, mit einer Ausnahme (Nr. 8), 21, also etwa ein Drittel der 62 Kompositionen des Klavierbüchleins, auf zwei engeren, mit der Hand gezogenen Hilfssystemen selbst beendet. Warum sind 8 wohl unvollständig geblieben? Ohne einen konkreten Beweis erbringen zu können, kommt Plath zu dem recht überzeugenden Schluß[8], daß Bach seinem Sohn schon in frühester Jugend eine der Grundregeln des Kopierens beibringen wollte, nämlich den verfügbaren Raum nicht zu überschreiten, was anscheinend mit dem Verbot verbunden war, etwaige Schlußtakte auf einer neuen Seite unterzubringen. Von den 11 Präludien des späteren Wohltemperierten Klaviers hatte Wilhelm Friedemann 6 nicht beendet. Doch hat sein Vater durch Eintragung der Schlußtakte zwei von ihnen vervollständigt. Bach scheint dann mit den zwei ersten Praeambula (Inventionen) seinem Sohn streng nachzuahmende Beispiele

[8] S. KB, S. 67f.

The 14th Fantasia ends with m. 12. There is little doubt that its second half and the C minor Fantasia (Sinfonia, BWV 788) which is missing here, were written on two further leaves that were at one time removed from the manuscript. Pages 145/146 are blank. Page 147, that is, the last leaf which is blank and glued onto the inside of the back cover, shows the signature of the owner "Wilhelm Friedeman" (sic) in a youthful handwriting and below it, scrawled, and perhaps added later: "Bach." When I saw the *Clavier-Büchlein* towards the end of May 1977, this last page showed below Wilhelm Friedemann's signature the following label: "The/Library/of the/School/of/Music/Yale University."

The above chart in intended to include as many of the observations and findings of Kirkpatrick and Plath as possible and to serve at the same time as a guide to their publications. To the discerning reader the chart will reveal some of the most important of Plath's discoveries.

In addition to the fragmentary state of Nos. 7 and 62 the completion of which was doubtlessly written on the torn-out leaves that followed them, another eight pieces were apparently left incomplete (Nos. 5, 17, 20, 23, 24, 25/1 and 2 and 28). Almost one third of the 62 compositions of the *Clavier-Büchlein* (21, to be exact) were completed, with one exception (No. 8), by J. S. Bach on two additional, usually narrower handdrawn staves. Why then would eight pieces have been left unfinished? Without being able to prove his point, Plath comes to the sensible conclusion[8] that Bach simply wanted to teach his son at an early age, as an important lesson of copying, to be always mindful of the available space and not to exceed it by writing a few final bars on a new page. Of the 11 preludes that found their ultimate place in the *Well-Tempered Clavier*, Wilhelm Friedemann had left 6 unfinished two of which, however, his father completed by adding their final measure(s). Bach then seems to have given his son with the first two Praeambula (Inventions) a strict model to follow. At least Wilhelm Friedemann wrote each of the next 5 Praeambula now in a more

[8] S. KB, pp. 67f.

gegeben zu haben. Wilhelm Friedemann schreibt jedenfalls die 5 nächsten Praeambula in etwas gedrängterer Schrift nicht nur in die je 2 vorgeschriebenen Seiten ein, sondern beschließt auch die getane Arbeit jeweils mit dem Wort „Fine", als wolle er dem Vater mit dem berechtigten Stolz eines Zwölfjährigen kundtun, daß er sich seines Vertrauens würdig gezeigt habe. Doch nimmt ihm der Vater die Feder wieder aus der Hand, vielleicht weil er voraussah, daß 5 der restlichen 8 Praeambula nur mit längeren Hilfssystemen auf zwei Seiten untergebracht werden konnten. Dasselbe traf auch auf die 13 Fantasien des Klavierbüchleins zu, von denen 9 Hilfssysteme benötigten. Bach sorgte ferner dafür, daß diese 28 (13 + 15) Kompositionen auf der verso-Seite eines Blattes und der recto-Seite des nächsten geschrieben wurden, so daß sie ohne Umblättern aus dem aufgeschlagenen Klavierbüchlein gespielt werden konnten.

Kirkpatricks Faksimile-Ausgabe macht jede Seite des Klavierbüchleins – selbst die leer gelassenen – allgemein zugänglich, während Plaths Kritischer Bericht unsere bisherige Kenntnis des Inhalts um zwei bedeutsame Einsichten erweitert. 1. Nach gewissenhaftem Studium der von Bach geschriebenen Kompositionen, welches die damals noch ganz neuen bahnbrechenden Entdeckungen Alfred Dürrs und Georg von Dadelsens auf das Klavierbüchlein ausdehnte, unternahm Plath als erster eine peinlich genaue Untersuchung der Handschriften der übrigen Kompositionen. Das Resultat war nicht völlig unerwartet: mit Ausnahme eines Stückes (Nr. 30) und eines kleinen Teils eines anderen (Nr. 7) stellten sich alle übrigen Stücke als von Wilhelm Friedemanns Hand geschrieben heraus. Diese Erkenntnis, obgleich schon vor Plath vermutet, wurde dadurch erschwert, daß Wilhelm Friedemanns Handschrift zwischen dem Alter von 9 bis 12, in einigen Fällen gar bis 15 Jahren, eine Reihe von für einen jungen Menschen typischen Änderungen durchmachte, die bis zu Plaths Kritischem Bericht nicht als solche erkannt wurden. 2. erklärte Plath in recht überzeugender Weise, daß die 30 Seiten, die auf die Eintragung der 7 numerierten Praeludia folgen und die Bach später in den 1. Teil des Wohltemperierten Klaviers aufnahm, zu-

compact manner within the prescribed space of 2 pages. He also indicated, apparently with the justifiable pride of a 12 year-old boy, that he had shown himself worthy of his father's trust by adding the word "Fine" in big letters at the end of each one of the 5 compositions. Bach then wrote the remaining 8 Praeambula himself, perhaps because he foresaw that 5 of them could be accomodated on 2 pages only with the help of an added 4th brace. The same was true of the 13 Fantasias in the *Clavier-Büchlein,* 9 of which also needed an extra bracket. Bach further saw to it that these 28 (13 + 15) pieces were written on the verso of one leaf and the recto of the next so that each one of them could be played from the opened *Clavier-Büchlein* without turning pages.

While Kirkpatrick's edition made every page of the *Clavier-Büchlein* – even the blank ones – available to the public, Plath's critical report added two significant insights to our previous knowledge of its content. (1) His conscientious study of J. S. Bach's handwriting, following Alfred Dürr's and Georg von Dadelsen's pathbreaking findings by only a few years, led him to the first truly meticulous investigation of the handwritings of the remaining pieces in the *Clavier-Büchlein.* The result was not unexpected: all but one (No. 30) and a small portion of another (No. 7) were written by Wilhelm Friedemann whose handwriting between the ages of 9 and 12 (in a few cases even up to 15) underwent a number of erratic changes typical of the development of a youngster, which up to Plath's inquiry had not been recognized as such. (2) He further established that the 30 pages that follow the entry of the 7 numbered *Praeludia* of the later *Well-Tempered Clavier* were left blank so that they might ultimately accomodate as many as 12 additional preludes. One question remains, however, unanswered. Why was Wilhelm Friedemann allowed or requested to add only four more of them on 12 of these 30 pages? Entered considerably later than the other seven, they are the unnumbered preludes in C-sharp major, C-sharp minor, E-flat minor and F minor which impose the *Well-Tempered Clavier's* chromatic element upon the previous pattern of seven diatonically ascending preludes. But why was the E-flat

nächst leer blieben, um noch etwa 12 weitere dieser Präludien aufzunehmen. Aus irgendeinem Grund kam es aber nicht dazu. Wilhelm Friedemann durfte nur 4 weitere Präludien auf 12 dieser 30 Seiten eintragen. Nicht numeriert und beträchtlich später als die anderen 7 geschrieben, sind es die Präludien in Cis-dur, cis-moll, es-moll und f-moll. Sie legen dem ursprünglich projektierten Prinzip der 7 diatonisch aufsteigenden Präludien die neue chromatische Struktur des Wohltemperierten Klaviers auf. Unerklärlich bleibt, warum das Es-dur-Präludium ausgelassen wurde, obgleich immer noch 18 leere Seiten zur Verfügung standen. Die Kompositionen (Nr. 25–31), die schließlich auf 14 Seiten eingetragen wurden – 4 blieben unbeschrieben – haben nichts mit dem Charakter des Wohltemperierten Klaviers gemeinsam. Sie wurden tatsächlich nach der Niederschrift der Fantasien, d. h. nach 1723 eingetragen. Drum darf das Klavierbüchlein auch nicht mehr als chronologisch von Seite zu Seite geplantes Unterrichtsbuch angesehen werden, für welches es Hermann Keller[9] und andere gehalten haben. Lediglich der erste Teil (Nr. 1–20) ist nicht nur eine chronologische Einheit, sondern scheint auch von klaren pädagogischen Prinzipien inspiriert gewesen zu sein. Plaths Zusammenfassung, „das langsame Wachsen des Klavierbüchleins" sei „von Planung und Zufall wechselnd bestimmt"[10], könnte folgendermaßen ergänzt werden. Mit der späteren Eintragung der zwei- und dreistimmigen Inventionen fügte Bach dem pädagogischen Zweck „mit 2 Stimmen reine spielen zu lernen" und auch „mit dreyen . . . richtig und wohl zu verfahren" und vor allem „eine *cantable* Art im Spielen zu erlangen" ein schöpferisches Element hinzu, nämlich „gute *inventiones* [Einfälle] . . . zu bekommen" und „selbige wohl durchzuführen . . . u. darneben einen starcken Vorschmack von der *Composition* zu überkommen"[11].

[9] Vgl. die Bärenreiter-Ausgabe, Kassel 1927.

[10] KB, S. 63.

[11] Wie Bach es auf dem Titelblatt der 1723 in ihren endgültigen Fassungen geschriebenen Inventionen formuliert: s. Dok I, S. 220 f.

major prelude omitted when there were still 18 blank pages left? The pieces that were ultimately written on 14 of them – 4 were left permanently blank – are totally unrelated to the *Well-Tempered Clavier* (Nos. 25–31) and were entered after the completion of the Fantasias, i. e. after 1723.

The *Clavier-Büchlein* thus can no longer be regarded as a chronologically grown teaching manual as Hermann Keller[9] and others have interpreted it. Only the first part (Nos. 1–20) – beyond being a chronological entity – seems to have been inspired by clear pedagogical principles. Plath's summary that "the slow growth of the Clavier Büchlein was molded by planning and incident alike"[10] might be implemented in the following manner. With the later entry of the 2-part and 3-part Inventions Bach added to the pedagogical purpose of teaching how "to play clearly in two . . . and three obbligato voices . . . and in a singing style" something new, namely the creative element, how "to have good *inventiones*" [ideas], and "develop the same well" and thus "acquire a strong foretaste of composition."[11]

Provenance

Wilhelm Friedemann's *Clavier-Büchlein* is one of the few Bach manuscripts the history of which is known without a break from the day Bach began writing it to its present home in the USA. Though official documentation is lacking, none is needed to prove that Wilhelm Friedemann took his *Clavier-Büchlein* with him when he left his father's home in 1733 to assume the position of organist at the Sophienkirche in Dresden (1733–46). It was during his long stay in Halle (1746–70) that the manuscript changed hands, probably after Wilhelm Friedemann had resigned his post as organist and become during his last six years in Halle solely dependent on private teaching, while at the same time beginning to feel the first consequences of unemployment. The manuscript came into the possession of Johann Christian Bach

[9] Cf. the Bärenreiter edition, Kassel 1927.

[10] KB, p. 63.

[11] As Bach formulated it in 1723 on the title page of his final copy of the Inventions. Cf. *The Bach Reader*, p. 86.

Provenienz

Wilhelm Friedemanns Klavierbüchlein gehört zu den wenigen Bach-Manuskripten, deren Überlieferungsgeschichte vom Tage, an dem Bach zu schreiben begann, bis zum heutigen Tag lückenlos bekannt ist. Obgleich keine Dokumente vorhanden sind, die Wilhelm Friedemanns langjährigen Besitz erwähnen, so besteht doch kein Zweifel, daß dieser sein Klavierbüchlein mitnahm, als er 1733 das Elternhaus verließ und seine erste Stellung als Organist an der Sophienkirche in Dresden antrat (1733–1746). Während seines langen Aufenthalts in Halle (1746 bis 1770) kam das Manuskript in andere Hände, wohl nachdem Wilhelm Friedemann sein Organistenamt aufgegeben hatte und sich in den letzten sechs Jahren in Halle mit Privatstunden durchschlug und dabei die ersten Folgen der Stellungslosigkeit zu spüren begann. Ein entfernter Verwandter, Johann Christian Bach (1743–1814), der aller Wahrscheinlichkeit nach ein Schüler Wilhelm Friedemanns war, wurde der nächste Besitzer des kostbaren Manuskripts. Johann Christian lehrte später am Pädagogium in Halle und war anscheinend ein ausgezeichneter Musiker. Es ist nicht bekannt, ob Wilhelm Friedemann das Klavierbüchlein dem begabten jungen Musiker, der später der Hallensische Klavier-Bach genannt wurde (s. o.), zum Geschenk machte oder ob Wilhelm Friedemann ihm oder seiner Familie[12] finanziell oder anderweitig verpflichtet war. In diesem für den älteren Wilhelm Friedemann nur allzu typischen Fall wäre Grund vorhanden gewesen, sich mit der Weitergabe des Klavierbüchleins erkenntlich zu zeigen. Denn so leicht wird sich Wilhelm Friedemann wohl kaum von dem für ihn verfaßten Manuskript seines über alles geliebten Vaters getrennt haben.

Aus Johann Christian Bachs Nachlaß ging das Manuskript 1814 in den Besitz des Musikdirektors in Schulpforta, Johann Nicolaus Julius Koetschau (1788–1845), über (s. o., S. 90). Bei der öffentlichen Versteigerung von Koetschaus Nachlaß (am 12. August 1845) wurde das Klavierbüchlein von dem Naumburger Richter und Komponisten

[12] Johann Christians Vater war Kantor an St. Ulrich in Halle.

(1743–1814), a distant relative who was in all probability one of Wilhelm Friedemann's Halle pupils. Johann Christian taught later at the Halle highschool and was apparently an excellent musician. We do not know whether Wilhelm Friedemann made an outright present of the *Clavier-Büchlein* to the gifted youngster who became known as the "Halle Clavier-Bach" (s. a.) or whether Wilhelm Friedemann had become financially indebted or otherwise obligated to him or his family.[12] In the latter case which was soon to become so embarrassingly typical of Wilhelm Friedemann, there would have been reason to part with the manuscript of his beloved father that had been the faithful companion of Wilhelm Friedemann's youth.

The next owner is Johann Nicolaus Julius Koetschau (1788–1845), music director in Schulpforta, who acquired the manuscript in 1814 from Johann Christian Bach's estate (s. a., p. 89). At the public auction of Koetschau's estate (on August 12, 1845), the *Clavier-Büchlein* was purchased by the Naumburg judge and composer Gustav Krug (1803–1873) in whose family the manuscript remained for three generations. At the time of the belated and incomplete BG edition (vol 45/1, 1897) the manuscript was lent to its editor Alfred Dörffel by one of Krug's sons who was Oberregierungsrat (government councillor) in Freiburg/Breisgau. The latter's son Siegfried (born in 1875) of Diessen at the Ammersee (in South Bavaria) sold the manuscript early in 1932 via the Munich music dealer Finkenstaedt to its present owner, the Library of the School of Music at Yale University in New Haven, Connecticut.

[12] Johann Christian's father was cantor at St. Ulrich in Halle.

Gustav Krug (1803–1873) gekauft, in dessen Familie es drei Generationen blieb. Um der verspäteten und unvollständigen BG-Ausgabe zu dienen, sandte Krugs Sohn, der Oberregierungsrat in Freiburg/Breisgau war, das Manuskript leihweise an Alfred Dörffel, den Herausgeber des BG-Bandes (45/1, 1897). Krugs Sohn, Siegfried (geb. 1875), der in Diessen am Ammersee wohnte, verkaufte schließlich das Manuskript im Frühjahr 1932 mit Hilfe des Münchner Antiquariats Finkenstaedt an seinen heutigen Besitzer, die Library der School of Music der Yale University in New Haven, Connecticut.

BWV 906
„Fantasia per il Cembalo di G. S. Bach"

Die schöne Faksimile-Ausgabe der Fantasia in c-moll mit Geleitwort von Robert L. Marshall, die 1976 für die Mitglieder der Neuen Bachgesellschaft veröffentlicht wurde, macht eine ausführliche Werkbeschreibung an dieser Stelle überflüssig. Wir beschränken uns hier vielmehr darauf, den Leser durch die Abbildung von zwei Seiten (s. Abb. 36 und 37) an das in Originalgröße und Farbdruck reproduzierte Faksimile der Marshall-Ausgabe zu erinnern und die wichtigsten Daten und Sachangaben zu resümieren.

Das Manuskript, das aus einem beiderseitig beschriebenen Einzelblatt besteht, mißt 34,8 x 20,8 cm. Die einzige Zutat von fremder Hand ist das in der oberen linken Ecke mit roter Tinte angebrachte Wort „autograph". Der Erhaltungszustand des Manuskripts ist gut, das Papier nur mäßig gebräunt, die Tintenfarbe der Noten schwarzbraun, die der Überschrift ein helleres braun. Letzteres könnte bedeuten, daß Bach die Überschrift zu einer anderen Zeit eingetragen hat. Das Wasserzeichen stellt das sogenannte „Heraldische Wappen von Zedwitz" dar, von dem mehrere Formen überliefert sind. Obgleich dem Einzelblatt des Manuskripts die Gegenmarke des Wasserzeichens fehlt, kommt Marshall zu dem Schluß, daß es sich hier um die frühere Form des genannten Wasserzeichens handelt. Allerdings steht die von Marshall angegebene Zeit (1726–1731) nach

BWV 906
"Fantasia per il Cembalo di G. S. Bach"

The beautiful facsimile edition of the Fantasia in C minor with a comprehensive introduction by Robert L. Marshall, published in 1976 for the members of the *Neue Bachgesellschaft*, renders a new full-length discussion of the work superfluous. At the same time the manuscript cannot be omitted in a catalogue of the primary Bach sources in America. It might therefore be reasonable to remind the reader of the facsimile of the manuscript, reproduced in the Marshall edition in its original size and approximately true color by two illustrations (36 and 37), and to summarize the dates and facts presented by Marshall.

The size of the manuscript, which consists of two pages of music written on a single leaf in high folio format, is 34.8 x 20.8 cm. Except for the word "autograph" in the upper left-hand corner, added later in red ink, the holograph remains untouched by any other hand but Bach's. The general condition of the manuscript is good, the paper has turned only moderately brown, the notes glow in a deep black-brown color while the caption, written with ink of a browner color, may have been entered at a different time. The watermark of the paper is the so-called "Heraldic Coat of Arms of Zedwitz" several different forms of which exist. Since the clarifying countermark of the watermark is missing in this single-leaf manuscript, Marshall followed a number of other leads and

den neuesten Forschungen nicht mehr fest[1].

Das in Violin- und Baßschlüssel notierte Manuskript ist eine besonders klare und schöne Reinschrift. Bach mag die Fantasia ursprünglich als Eingangssatz der 2. Clavier-Partita in c-moll (BWV 826) vorgesehen haben, die 1727, d. h. vier Jahre vor ihrer Einreihung in Klavierübung I, veröffentlicht wurde. Da aber die fünf Tanzsätze der Partita zweiteilige Form aufweisen, mag die gleichfalls zweiteilige Sonatenform der Fantasia einer solchen Einfügung im Wege gestanden haben.

Gegen Ende der 1730er Jahre fertigte Bach eine neue Reinschrift der Fantasia an – ein wahrer Ausnahmefall unter seinen Autographen. In dieser späteren Abschrift ist die rechte Hand im Sopranschlüssel geschrieben, was für Bachs Notationsweise während jener Zeit, in der er den 2. Teil des Wohltemperierten Klaviers zusammenzustellen begann, ebenso charakteristisch erscheint wie der Violinschlüssel für die Notierung der rechten Hand während der Entstehungszeit von Klavierübung I. Aus nicht ganz klaren Gründen wurde die Fantasia, der in diesem Autograph 48 Takte einer unvollendeten Fuge folgen, auch nicht in das Wohltemperierte Klavier II aufgenommen. Bemerkenswert ist, daß das Einzelwerk in unserem Jahrhundert zu einem Lieblingsstück von Cembalisten und Pianisten vom Range einer Wanda Landowska oder eines Edwin Fischer wurde.

Provenienz

Im Gegensatz zu dem späteren Autograph[2] blieb das vorliegende Manuskript bis ins 20. Jahrhundert unbekannt. Wir wissen

[1] Vgl. Dürr 1976, S. 143.

[2] Dieses ist im Besitz der Sächsischen Landesbibliothek, Dresden (Signatur: Mus. 2405-T-52). Es tauchte 1876 auf und wurde 1890 in BG 36 veröffentlicht. Da die meisten der auf S. LXVf. dieser Ausgabe aufgeführten Abschriften die rechte Hand im Violinschlüssel notieren, kann angenommen werden, daß das ältere und jetzt in Amerika befindliche Autograph im ausgehenden 18. und frühen 19. Jahrhundert noch als Vorlage zur Verfügung stand. Vier der Abschriften zeigen in Übereinstimmung mit dem Manuskript in Bethlehem einen ersten und zweiten Schluß für den ersten Teil der Fantasia (s. Abb. 36), während im Dresdner Manuskript das prima volta fehlt. Da die Baßstimme der zweiten Hälfte des letzten Taktes von Teil 1, die Bach im Bethlehemer Manuskript auf zwei handgezogenen Systemen ergänzt hatte, durch

came to the conclusion that this watermark must be the earlier one, though the time 1726–1731 cannot be verified.[1]

The manuscript is notated in treble and bass clef and presents us with a picture of a superbly beautiful fair copy. Marshall comes to the conclusion that Bach may have originally intended to use this Fantasia as opening movement of the Harpsichord Partita No. 2 in C minor (BWV 826) which was published in 1727, 4 years prior to its inclusion in *Clavierübung* I. Since the Sinfonia is written in binary sonata form and the five dance movements of the Partita show also bipartite form, Bach may have developed doubts as to the Fantasia's suitability within the framework of the Partita, causing him to replace it by the Sinfonia that now opens the work.

It is as astonishing as it is rare that Bach made a second fair copy of the Fantasia in the late 1730s. In this copy, however, he notated the right-hand part in soprano clef which was characteristic of him at the time he began compiling the second part of the Well-Tempered Clavier. Notating the right-hand part in treble clef was, on the other hand, typical of him at the time of *Clavierübung* I. But again, and apparently for different reasons, Bach decided against using the Fantasia, which in this later copy is followed by 48 measures of an unfinished fugue, as the C minor work in Book II of the Well-Tempered Clavier. Rejected again, the Fantasia remained a single composition. Perhaps because of this isolation it became a favorite piece among harpsichordists and pianists such as Wanda Landowska and Edwin Fischer.

Provenance

Unlike the later autograph,[2] our manuscript remained unknown until well into the 20th century. We do not even know when

[1] Cf. Dürr 1976, p. 143.

[2] Now in the Sächsische Landesbibliothek in Dresden (call number: Mus. 2405-T-52), this manuscript too re-emerged only a little over a hundred years ago, in 1876. In 1890 it was published in BG 36. The fact that the majority of the copies listed there on pp. LXVf. show the right-hand part notated in treble clef, suggests that the Bethlehem autograph of the Fantasia may still have been

nicht einmal, wann und wie es in den Besitz des Berliner Schubert-Forschers und Spitta-Schülers Max Friedlaender (1852–1934) gelangt ist. Ende der 1930er Jahre brachten Friedlaenders Witwe und Sohn die Handschrift nach Amerika, wo sie 1945 von Otto E. Albrecht bekannt gemacht wurde, der auch die 1. Seite in seinem Artikel „Adventures and Discoveries of a Manuscript Hunter"[3] abbildete. Das Manuskript befand sich einige Zeit in den Händen von Robert Weir, Franz Roehn und verschiedenen Autographenhändlern, bis es im April 1958 von Amerikas ältestem, 1900 gegründeten Bach-Verein, dem Bach Choir of Bethlehem, Pennsylvania, gekauft wurde. Als Besitz dieses Chors wird die würdig gerahmte Handschrift zur Zeit in der Bibliothek der Lehigh University in Bethlehem, Pennsylvania, aufbewahrt.

and how it came into the possession of the renowned Schubert scholar and Spitta disciple Max Friedlaender of Berlin (1852–1934). In the late 1930s his widow and son brought it to America. In 1945 Otto E. Albrecht made the manuscript known and reproduced its first page in his article "Adventures and Discoveries of a Manuscript Hunter."[3] The autograph was for a time in the hands of Robert Weir, Franz Roehn and of autograph dealers until it was bought in April 1958 by the Bach Choir of Bethlehem, Pennsylvania. As a treasured possession of this choir, the oldest Bach Society of America (founded in 1900), it is now housed in the library of Lehigh University in Bethlehem, Pennsylvania.

BWV 541
Präludium und Fuge in G-dur für Orgel

Die autographe Handschrift ist ohne Titelblatt und Umschlag überliefert und weist moderne Blattzählung rechts unten auf Bll. 2 bis 4 auf. Das auf allen acht Seiten beschriebene Manuskript besteht aus zwei Bogen, die schon vor geraumer Zeit in vier Blätter auseinandergefallen sind. Trotzdem läßt sich die originale Bogenlage als früher aus zwei nebeneinanderliegenden Bogen bestehend rekonstruieren[1].

Der gegenwärtige Zustand der Handschrift ist ausgezeichnet. Das Papier ist nur leicht gebräunt, die Farbe der Tinte beinahe schwarz und an zahlreichen Stellen auf die

BWV 541
Prelude and Fugue in G major for Organ

The autograph manuscript is transmitted without title page or wrapper. The manuscript consists of 2 folios or 4 leaves, the 8 pages of which are covered with the writing of the music. The two formerly folded folios have fallen apart some time ago so that the extraordinarily well-preserved manuscript now consists of 4 separate leaves. At a later time the numbers 2, 3 and 4 were added at bottom right of leaves 2–4. There is evidence that the original gathering was that of two folios placed side by side.[1]

Beschneidung verloren gegangen ist, kann nicht mehr bewiesen, nur angenommen werden, daß sie mit der Baßstimme im ersten Teil dieser vier Abschriften identisch war. Diese Anmerkung drückt meine, nicht Professor Marshalls Ansicht aus.

[3] In: The Musical Quarterly 31, 1945, S. 492–503.

[1] Die originale Bogenlage läßt sich dadurch rekonstruieren, daß sich an den Blättern 1 und 4 je 1,5 cm lange und 2 mm breite rechteckige Stellen befinden, welche sich aus Bll. 2 und 3 herausgelöst haben. Heute noch ist erkennbar, daß die Anfänge von vier Notenlinien, die auf dem winzigen hervorstehenden Rechteck des Bl. 4^{v} zu sehen sind, ursprünglich zu Bl. 3^{r} gehörten.

available for copying purposes in the late 18th and early 19th century. Furthermore, four of these copies show in accordance with the Bethlehem manuscript 1st and 2nd endings for the first part of the Fantasia (s. ill. 36), while the Dresden autograph lacks the *prima volta*. As the bass of the 2nd half of the final measure of part I, which Bach had notated in the Bethlehem manuscript on two hand-drawn systems, has been cut off by trimming, it can no longer be proven but only surmised that it was identical with the bass of the first ending of these four copies. It is only fair to state that this footnote expresses my thoughts on the matter not those of Professor Marshall.

[3] In: *The Musical Quarterly*, 31, 1945, pp. 492–503.

[1] The original gathering can be reconstructed because leaves 1 and 4 have on their outer edges tiny (1.5 cm long

Rückseite durchgeschlagen, ohne daß dies das Lesen der Handschrift beeinträchtigt. Das Wasserzeichen, die sogenannte „Hollandia-Figur" (auf den Bll. 1 und 3) mit Gegenmarke (Monogramm „PvL" auf den Bll. 2 und 4) ist nicht leicht zu erkennen, jedoch identifizierbar. Die Größe der vier Blätter, die an den Kanten beschnitten zu sein scheinen, ist nicht völlig einheitlich. Sie variiert von 32 bis 32,5 cm (Höhe) und von 20,1 bis 20,3 cm (Breite). Die einzelnen Seiten sind gleichförmig mit 12 Systemen rastriert, die Bach auf jeder Seite durch Akkoladenklammern zu 6 Doppelsystemen zusammenfaßt. In fast allen Systemen bringt Bach das Vorzeichen für G-dur (fis) doppelt an.

Die autographe Überschrift auf Bl. 1ʳ (s. Abb. 38) ist in lateinischer Schrift geschrieben und lautet: „Praeludium pro Organo con Pedal: obligat: di J. S. Bach." Rechts unterhalb der Überschrift hat Wilhelm Friedemann Bach hinzugefügt: „per manum Autoris". Links oben neben dem autographen Wort „Praeludium" findet sich der spätere Zusatz: „Neu." und links unten unter dem zwölften System: „eigene Handschrift des berühmten Sebastian Bach". Beide Zusätze sind in deutscher Schrift und stammen von der Hand Johann Nikolaus Forkels. Die autographe Tempobezeichnung „Vivace" (am Anfang des Präludiums zwischen den ersten zwei Notensystemen) ist bei einer Bachschen Komposition, die in schnellem Tempo beginnt, eine Seltenheit. Auf Bl. 2ᵛ steht vor der Akkolade, in der die Fuge beginnt, das Wort „Fuga" und am Ende des Werkes auf Bl. 4ᵛ „Fine". An einigen Stellen fügte Bach die Anweisung „Ped." hinzu, die das erstemal (in Takt 12) als „Pedal." ausgeschrieben ist.

Provenienz

Vorbesitzer: Wilhelm Friedemann Bach – Johann Nikolaus Forkel (1749–1818), in dessen Nachlaßkatalog (1819) das Werk angeführt ist – Johann Friedrich Naue (1787–1858), Musikdirektor an der Universität Halle – Dr. Max Abraham (1831–1900), Besitzer von C. F. Peters in Leipzig und Gründer der Musikbibliothek Peters, der das Manuskript an die Musikbibliothek Peters, Leipzig, weitergab.

The paper is light brown. The almost black ink has often bled through onto the reverse side though rarely to a disconcerting extent. The watermark, the so-called "Hollandia-figure" (on leaves 1 and 3) and its countermark (the monogram "PvL" on leaves 2 and 4), though not clearly visible, is nevertheless identifiable. The size of the 4 leaves of the manuscript, the outer edges of which appear to have been trimmed, varies slightly from 32 to 32.5 cm (high) x 20.1 to 20.3 cm (wide). Each one of the 8 pages is lined with 12 staves which Bach groups into 6 2-stave brackets. The treble is written in treble-clef, the bass in bass-clef. At the beginning of most staves Bach's habit of notating the accidental twice (here the F-sharp of G major) can be observed.

The autograph title (at the top of leaf 1ʳ, s. ill. 38) reads "Praeludium pro Organo con Pedal: obligat: di J. S. Bach." At the right side, below the title, Wilhelm Friedemann inserted the added words "per manum Autoris." To the left and slightly above the word "Praeludium" appears a later addition "Neu." and at bottom left of the page "eigene Handschrift des berühmten Sebastian Bach". Both were written by Johann Nikolaus Forkel and, in contrast to the Latin script used by Johann Sebastian and Wilhelm Friedemann Bach, are in German script. The autograph tempo indication "Vivace" (at the opening of the Praeludium, between the first two staves) is exceptional in a Bach composition that begins in a brisk tempo. To the left of the brace in which the fugue begins (on 2ᵛ) Bach writes "Fuga," at the end (on leaf 4ᵛ) "Fine." In several places Bach added the directive "Ped." which he writes out as "Pedal." in measure 12.

Provenance

Previous Owners: Wilhelm Friedemann Bach – Johann Nikolaus Forkel (1749–1818) in whose estate catalogue of 1819 it is listed – Johann Friedrich Naue (1787–1858), Director of Music at the University of Halle – Dr.

and 2 mm wide) protruding rectangles which were torn out of leaves 2 and 3. One can, for instance, still see that the very beginning of four staff lines of the tiny rectangle jutting out from leaf 4ᵛ belonged originally to the corresponding spot of leaf 3ʳ.

Heutiger Besitzer: Sammlung Hinrichsen, New York (die Erben von Max Abraham und Henri Hinrichsen).

Max Abraham (1831–1900), the owner of C. F. Peters in Leipzig and founder of the Musikbibliothek Peters who presented the manuscript to the Musikbibliothek Peters, Leipzig.

Present Owner: Hinrichsen Collection, New York (the heirs of Max Abraham and Henri Hinrichsen).

Originalstimmen zu Bach-Kantaten

BWV 7 „Christ unser Herr zum Jordan kam", Continuostimme

Die Originalpartitur dieser Kantate ist verschollen. Während alle anderen Stimmen heute im Bach-Archiv Leipzig liegen, hat eine Stimme schon in der zweiten Hälfte des 18. Jahrhunderts einen eigenen Weg genommen. Es handelt sich um die bezifferte und transponierte Continuostimme, welche sich heute in Privatbesitz in den USA befindet. Die von e-moll nach d-moll transponierte Stimme ist in ihrer Ganzton-Verschiebung charakteristisch für Bachs Leipziger Orgelstimmen. Ursprünglich bestand die Stimme aus acht beschriebenen Seiten, die sich auf vier Blätter von zwei Bogen verteilten. Das zweite Blatt mit den Seiten 3 und 4 fehlt dem heutigen Manuskript. Es muß den Schluß des Eingangssatzes sowie den zweiten Satz, die Baß-Arie in G-dur in der Transposition nach F-dur, enthalten haben. Das überlieferte 6seitige Manuskript ist zusammen mit einer Anzahl leerer Schutzblätter in einen alten Einband aus dunkelrotem Saffianleder eingebunden. Die Größe des Manuskripts ist 35,5 x 21 cm. Das Papier ist mäßig gebräunt, die Farbe der Tinte schwarzbraun. Obgleich etwa ein Dutzend Notenköpfe ein Opfer von Papierfraß geworden und die unteren Ecken einiger Seiten (besonders der ersten) abgerundet und verschmutzt sind, ist der allgemeine Zustand der Handschrift doch noch als recht gut zu bezeichnen. Das nur auf dem dritten Blatt sichtbare Wasserzeichen[1] des großen Halbmonds bestätigt die Zugehörigkeit dieser Handschrift zu Bachs Choralkantaten-Jahrgang. Da die Kantate für das Fest Johannes des Täufers komponiert war, steht als Tag ihrer Erstaufführung der 24. Juni 1724 fest. Bach war sich durchaus bewußt, mit seinen Choralkantaten einen neuen Jahrgang begonnen zu haben. Indiz hierfür ist die Tatsache, daß er die Choralmelodie in

[1] Das Wasserzeichen war wahrscheinlich auch auf dem verschollenen zweiten Blatt zu sehen. Hieraus könnte man den Schluß ziehen, daß die Handschrift früher aus 2 ineinanderliegenden Bogen bestand.

Original Performing Parts of Bach Cantatas

BWV 7 "Christ unser Herr zum Jordan kam", Continuo Part

The autograph score of this cantata has not survived. While the parts have been preserved and are now in the *Bach-Archiv Leipzig*, one of them, the figured and transposed continuo part has found its way to America. The transposition of the continuo part one whole tone down (from E to D minor) is characteristic of Bach's organ parts written in Leipzig.The continuo manuscript consisted originally of eight pages of music written on four leaves of two folios. The leaf with the original pages 3 and 4 is missing. It must have contained the end of the opening movement and the second movement, a Bass aria in G major, notated of course in the key of F major. The six extant pages of this manuscript along with a number of blank protective pages have been bound in old dark-red morocco. The size of the manuscript is 35.5 x 21 cm. The color of the paper is moderately brown, that of the ink black-brown. Although the ink has eaten its way through about a dozen noteheads and the lower corners of the pages are worn and soiled (especially page 1), the general condition of the manuscript is still quite good. The watermark of the large Halfmoon which shows only on the third leaf[1] assigns this cantata to Bach's chorale cantata Jahrgang. Since the work was composed for the Feast of John the Baptist, the date of its first performance was June 24, 1724. Bach was perfectly conscious that he started a new yearly cycle of cantatas with his chorale cantatas; for he placed the chorale melody in the opening movements of the cantata (BWV 20) into the soprano, in the second cantata (BWV 2) into the alto, in the third cantata (our BWV 7) into the tenor and in the fourth cantata (BWV 135) into the bass.

The first page of the continuo part (s. ill.

[1] The watermark probably showed also on the lost second leaf.From this one might draw the conclusion that the manuscript consisted originally of 2 folios that were placed one into the other.

dem Eingangssatz der ersten Kantate (BWV 20) in die Sopranstimme, in dem der zweiten (BWV 2) in den Alt, in dem der hier behandelten dritten Kantate (BWV 7) in den Tenor und in dem der vierten (BWV 135) in den Baß legte.

Ganz oben auf der 1. Seite der Continuostimme (s. Abb. 39) hat der bekannte Haydn-Schüler Sigismund Neukomm folgende Notiz eingetragen: „Dies ist die Handschrift des großen Joh. Sebast. Bach. Sein Nach/folger H: [= Herr] A. E. Müller gab sie mir auf meiner Durchreise durch Leipzig zum/Andenken"[2]. Unter diesem heute kaum noch lesbaren Vermerk, der Neukomm als einen frühen Besitzer des Manuskripts ausweist, steht die eigentliche Überschrift: „Christ unser H [= Herr] zum Jordan kam Continuo". Der Schreiber dieses Titels wie auch der Continuostimme ist Christian Gottlob Meißner[3]. Die Schriftzüge dieses auch als „Schreiber des Continuo" bezeichneten Kopisten ähneln denen J. S. Bachs in auffallender Weise. Das „pia(n)" auf Seite 2 wie auch das „piano" auf Seite 3 zeigen zweifellos die Schriftzüge Bachs, was beweist, daß der Komponist die Kopie seines Schülers durchgesehen, d. h. korrigiert hat. Somit besteht Berechtigung zu der Annahme, daß Bach, wie in den meisten seiner Continuostimmen, auch in dieser Stimme die Bezifferung selbst vorgenommen hat (s. Abb. 39, auf der auch die ständig durchlaufende wellenförmige Figur, mit der Bach die Wogen des Flusses Jordan nachzeichnet, zu sehen ist). Im fünften und sechsten Satz (auf Seite 5 der Handschrift) fehlt die Bezifferung. Es scheint glaubhaft, daß Bach bei der Durchsicht der Continuostimme aus Zeitmangel nicht mehr zur Bezifferung dieser zwei Sätze gekommen ist. Wäre Meißner derjenige gewesen, der die Bezifferung bis zu diesem Punkt getreulich eingetragen hätte, so wäre es schwer zu verstehen, warum er diese auf einmal unterbrochen habe sollte. So scheint Bach, nicht Meißner, die Bezifferung von Anfang an geschrieben zu haben. Ferner mögen die Überschrift „Recit" oben auf

[2] Leider fehlt das Datum bei diesem Besitzvermerk.
[3] Dürrs „Hauptkopist B", bis er von Hans-Joachim Schulze identifiziert wurde (in: BJ 1968, S. 80–88).

39) is prefaced at the very top by an early owner of the manuscript, the well-known Haydn disciple and composer of over a thousand works, Sigismund Neukomm, who writes: "This is the handwriting of the great Joh. Sebast. Bach. His successor Herr A. E. Müller gave it to me as a souvenir when I passed through Leipzig."[2] Below this barely legible inscription appears the heading "Christ unser H [= Herr] zum Jordan kam Continuo." The handwriting of this caption as well as of the whole manuscript is that of Christian Gottlob Meißner.[3] His handwriting resembles that of Bach to an extraordinary degree. The "pia(n)" on page 2 as well as the "piano" on page 3 are unquestionably in Bach's handwriting. As this proves that the composer checked, that is, proofread, his pupil's copy, we have every right to assume that Bach, as was his habit, added also the figuring of this continuo part (s. ill. 39 which further shows the persistent undulating figure by which Bach painted the waves of the river Jordan). In the fourth and fifth movements (= page 5) the figuring of the bass is missing. It seems convincing that Bach, in proofreading the continuo part, ran out of time thus having to omit the figuring. If Meißner had been the one who had entered the figuring conscientiously up to this point, it would be hard to understand why he should have interrupted his task so suddenly. It thus appears that Bach, not Meißner, added the figuring from beginning on. Furthermore, the heading "Recit" at the top of page 3 and the "Recit" at the top of page 5 and two staves below it the word "Aria" might also be autograph additions by Bach. At the very bottom of the first page (below the 12th staff) Sigismund Neukomm has affixed his stamp "SN".

Provenance

Previous Owners: Although Wilhelm Friedemann Bach was the owner of the autograph score of this chorale cantata which, like so many he had inherited from his father, is now lost, he may also have

[2] Neukomm unfortunately added no date.
[3] Meißner was known as Dürr's "principal copyist B" and as "writer of the continuo" before he was identified by Hans-Joachim Schulze (*BJ* 1968, pp. 80–88).

Seite 3 wie auch „Recit" oben auf Seite 5 und zwei Notensysteme darunter das Wort „Aria" von Bach hinzugefügt worden sein. Unter dem 12. System der ersten Seite hat Sigismund Neukomm seinen Stempel „SN" angebracht.

Provenienz

Vorbesitzer: Wilhelm Friedemann Bach war der erste Besitzer der Originalpartitur dieser Choralkantate, die wie so manche aus seinem väterlichen Erbe verschollen ist. Daß ihm auch die vorliegende Orgelstimme gehört haben mag, ist nur eine Vermutung. Während seines Aufenthalts in Braunschweig (1771–1774) wohnte Wilhelm Friedemann im Hause des späteren Domorganisten Müller[4], der von ihm dessen Manuskripte der Inventionen und Sinfonien[5] und des 1. Teil des Wohltemperierten Klaviers[6] erwarb. Nun nennt Neukomm auf der 1. Seite der Continuostimme Bachs „Nachfolger A. E. Müller" als den Leipziger Gönner, der ihm die Handschrift geschenkt habe (das E kann auch als C gelesen werden). Mit Nachfolger kann nur ein Thomaskantor gemeint sein, und unter diesen gab es nur einen mit dem Namen Müller, nämlich August Eberhard (A. E. nicht A. C.) Müller. 1767 in Northeim geboren, lebte er eine Zeitlang bei seinem Onkel in Braunschweig. Da dieser im Besitz der oben aufgezählten Bach-Manuskripte war, ist wohl nicht ganz von der Hand zu weisen, daß er seinem jungen, begabten Neffen die Orgelstimme von BWV 7 geschenkt haben mag. Doch ist es auch möglich, daß August Eberhard Müller die Handschrift von Johann Christoph Friedrich Bach erhielt, bei dem er in Bückeburg studierte. Jedenfalls gehört A. E. Müller, der 1794 Organist an der Nikolaikirche in Leipzig und 1804 Thomaskantor wurde, zu den ehemaligen Besitzern der Handschrift[7]. Zwi-

[4] Falck nennt ihn auf S. 45 „Müller aus Northeim".
[5] BG 3, Nachtrag, S. I.
[6] BG 14, S. XV: Wilhelm Friedemann Bach „war oft in Geldverlegenheit, so daß man leicht alles von ihm für Geld erhalten konnte".
[7] Daß sich Müller, dem als Thomaskantor in der Schulbibliothek die Stimmen der 44 Bachschen Choralkantaten zur Verfügung standen, an einer dieser Stimmen durch Diebstahl vergriffen haben sollte, um Neukomm damit ein Geschenk zu machen, ist zu absurd, um glaubhaft zu sein.

owned this continuo part. This is, however, conjecture. During his stay in Braunschweig (1771–74) Friedemann lived in the house of Herr Müller,[4] later the organist at the Braunschweig Cathedral, to whom Wilhelm Friedemann gave, among other manuscripts, his father's Inventions and Sinfonias[5] and Book I of the *Well-Tempered Clavier.*[6] On the first page of the continuo part Neukomm relates that he received it from J. S. Bach's "successor A. E. Müller." (The E could also be read as C). Successor can only mean Thomas cantor; and there is only one Thomas cantor by the name of Müller, namely August Eberhard (A. E. not A. C.) Müller, born in 1767 in Northeim. He lived for a time with his uncle in Braunschweig. As the latter was, as mentioned above, in possession of quite a number of Bach manuscripts, it seems at least not implausible that he may have given the continuo part to his gifted young nephew. Since A. E. Müller also studied with Johann Christoph Friedrich Bach in Bückeburg it is likewise conceivable that he received the continuo part from him. Be this as it may, A. E. Müller, organist at the Nikolai-Kirche in Leipzig in 1794 and Thomas cantor in 1804,[7] became somehow the owner of the manuscript. Between 1804 and 1809 when he resigned his cantorship – the first Thomas cantor in history to do so[8] – he presented the manuscript to Sigismund Neukomm (b. 1778, Salzburg – d. 1858, Paris). After Neukomm's death the manuscript disappeared from view. It resurfaced in New York where it was authenticated on April 6, 1934 – though understandably incorrectly as being in Bach's own handwriting – by the autograph specialist and manuscript dealer, Thomas F. Madigan.

Present Owner: The present owner is a

[4] "Müller aus Northeim" according to Falck, p. 45.
[5] BG 3, *Nachtrag,* p. I after the *Vorwort.*
[6] BG 14, p. XV: " . . . as he (Wilhelm Friedemann Bach) was frequently in financial trouble, one could get anything from him for money."
[7] That Müller, who as Thomas cantor had access to the parts of the 44 Bach cantatas that were in the School's library, should have singled out this continuo part, that is, stolen it to give it to Neukomm as a present, seems too preposterous an idea to be taken seriously.
[8] He exchanged the Leipzig cantorate for the more lucrative position of Court Chapelmaster at Weimar.

schen 1804 und 1809, in welchem Jahr er als erster Thomaskantor in der Geschichte das Kantorat aufgab[8], schenkte er das Manuskript Sigismund Neukomm (* 1778 in Salzburg, † 1858 in Paris). Nach Neukomms Tod verschwand die Handschrift, bis sie in New York wiederauftauchte. Dort stellte der Autographenkenner und -händler Thomas F. Madigan am 6. April 1934 ein Gutachten aus, in dem er die Authentizität von J. S. Bachs Handschrift bescheinigte, was, wie wir heute wissen, auf einem verständlichen Irrtum beruhte.

Heutiger Besitzer: Der in North Bennington, Vermont, wohnende Privatbesitzer, hat gebeten, anonym zu bleiben. Er erhielt das Manuskript 1933 zu seinem 21. Geburtstag.

private citizen living in North Bennington, Vermont, who prefers to remain anonymous. He received the manuscript, which is still in his possession, on his 21st birthday in 1933.

BWV 178 „Wo Gott der Herr nicht bei uns hält", autographes Titelblatt

Die Originalpartitur, die zum Erbe Wilhelm Friedemann Bachs gehörte und von Johann Nikolaus Forkel in den 1770er Jahren zu eigenen Zwecken abgeschrieben wurde, ist nicht mehr erhalten. Dagegen sind die gleichfalls von Wilhelm Friedemann geerbten Dubletten der Stimmen über Karl Pistor, Adolf Rudorff, Friedrich Wilhelm Jähns, Ernst Rudorff[1] und die Musikbibliothek Peters ins Bach-Archiv Leipzig gelangt. Die 12 Originalstimmen befanden sich unter den 44 Stimmensätzen, die Anna Magdalena Bach im Zusammenhang mit der Gewährung eines Gnadenhalbjahres 1750 der Thomasschule übergab. Sie sind heute gleichfalls im Bach-Archiv Leipzig. Von einem eigenhändigen Titelblatt ist weder in Alfred Dörffels Vorwort zum 35. Band der BG, der Kantate 178 enthält[2], noch im Ergänzungsband BG 41[3] die Rede. Und noch 1967 berichtete Alfred Dürr[4]: „Ein originaler Umschlag ist

[8] Er nahm die finanziell vorteilhaftere Stellung des Hofkapellmeisters in Weimar an.

[1] S. S. 125.

[2] S. XXIXf. (1888).

[3] S. XLIII (1894).

[4] NBA I/18, KB, S. 152. Dem KB sind Einzelheiten über Partitur und Stimmen dankbar entnommen.

BWV 178 "Wo Gott der Herr nicht bei uns hält", Autograph Title Page

The original score of Cantata 178 which Wilhelm Friedemann Bach had inherited and of which Johann Nikolaus Forkel made a copy in the 1770s, is lost. Four duplicate parts that also belonged to Wilhelm Friedemann's legacy have come into the possession of the *Bach-Archiv Leipzig* via Karl Pistor, Adolf Rudorff, Friedrich Wilhelm Jähns, Ernst Rudorff[1] and the Musikbibliothek Peters. The principal set of 12 parts was inherited by Anna Magdalena Bach but turned over by her in 1750 to the Thomas School along with the parts of 43 other chorale cantatas when she petitioned for a half-year widow's pension. These parts too are now in the *Bach-Archiv Leipzig*. An autograph title page is mentioned neither in Alfred Dörffel's foreword to vol. 35 of the BG edition[2] in which this cantata was first published, nor in the supplementary volume BG 41.[3] Even as late as 1967 Alfred Dürr could only write:

"An original wrapper is not extant. Charles Sanford Terry (*Joh. Seb. Bach. Cantata Texts*, London 1926, pp. 376–378) names

[1] S. pp. 124 f.

[2] P. XXIXf. (1888).

[3] P. XLIII (1894).

nicht vorhanden. Als Besitzer eines Titelblatts nennt Charles Sanford Terry (*Joh. Seb. Bach. Cantata Texts*, London 1926, S. 376–378) Herrn Edward Speyer, Ridgehurst, Shenley, Herts. (1839–1934). Die Sammlung wurde jedoch nach Speyers Tode verstreut; das Titelblatt ist z. Z. nicht nachweisbar."

Wie in der Einleitung bereits erwähnt wurde (s. S. 17), befindet sich das Titelblatt (s. Abb. 40) heute in den USA. Es gehörte dem mit 20 Jahren nach England ausgewanderten Kunstmäzen und Sammler von musikalischen Autographen und Bildern Edward Speyer, dem Sohn des Frankfurter Geigers und Liederkomponisten Wilhelm Speyer (1790–1878). Dieser war nicht nur ein enger Freund von Louis Spohr und Felix Mendelssohn Bartholdy, sondern auch ein leidenschaftlicher Sammler, besonders von Mozart-Autographen. Edward Speyer hatte die Sammlerfreude und Musikalität seines Vaters geerbt. Er war mit der Sängerin Antonia Kufferath, einer Schülerin von Julius Stockhausen und Pauline Viardot-Garcia, verheiratet und war mit Clara Schumann, Johannes Brahms, Edward Elgar und Sir George Grove eng befreundet. Im Musiksaal seines gastlichen Hauses auf Ridgehurst pflegten die großen Musiker und Kammermusikgruppen seiner Zeit zu spielen, wie etwa das Joachim- oder Busch-Quartett und Pablo Casals. Seine Sammlung von Musikerbriefen und Autographen reichte von Monteverdi bis zu Brahms. In einem unveröffentlichten Brief, den sein Freund Sir Donald Tovey am 31. Juli 1901 an ihn schrieb, heißt es: „Sie scheinen ein sehr erfolgreicher Bach-Sammler zu sein! Diese drei Dinge[5] sind der Bach-Gesellschaft alle unbekannt, d. h. als Quellen, nicht als Musik. Sollte Ihr autographer Umschlag ein Datum besitzen, so würden die B. G. und viele andere dankbar sein. Denn das Datum der Kantate ist sonst nicht bekannt . . ."

Ein Jahr nach Speyers Tod im hohen Alter von 95 Jahren begann seine Sammlung auf-

[5] D. h. die autographe Baßstimme der Kantate 174 (s. S. 139 f.), die für autograph gehaltene Continuostimme der Kantate 176 (s. S. 117 f.) und das hier behandelte autographe Titelblatt der Kantate 178, von der Speyer auch die von Wilhelm Friedemann Bach geschriebene Sopranstimme besaß.

Herr Edward Speyer, Ridgehurst, Shenley, Herts. (1839–1934) as owner of a title page. After Speyer's death the collection was, however, dispersed; the title page is at present not traceable."[4]

As pointed out in the Introduction (s. p. 26), the title page (s. ill. 40) is in the USA. It had indeed belonged to Edward Speyer, the son of the Frankfurt violinist and Lieder composer Wilhelm Speyer (1790–1878) who was an intimate friend of Louis Spohr and Felix Mendelssohn Bartholdy as well as a passionate collector of music manuscripts, especially those of Mozart. His son, who at the age of 20 emigrated to England and who had inherited his father's love of music and of collecting autograph manuscripts and paintings, became one of England's renowned art patrons. He was married to the singer Antonia Kufferath, a pupil of Julius Stockhausen and Pauline Viardot-Garcia, and was a close friend of Clara Schumann, Johannes Brahms, Edward Elgar and Sir George Grove. The great performers of his time from the Joachim Quartet to Pablo Casals and the Busch Quartet would not visit England without playing in the music room of Speyer's hospitable mansion at Ridgehurst. Speyer's collection of letters and manuscripts of musicians reached from Monteverdi to Brahms. On July 31, 1901 his friend Sir Donald Tovey wrote to him in an unpublished letter: "You seem to be very successful as a Bach collector! All these three things[5] are unknown to the B. G. as Quellen though not as music. If your autograph Umschlag is dated the B. G. and others will be grateful. The date is otherwise unknown . . ."

One year after Speyer's death at the high age of 95 began the gradual breaking up of his collection. Although the exact date is not known, Bach's title page was acquired between 1935 and 1944 by Edwin Franko Goldman (b. 1878, Louisville, Ky. – d. 1956, New York). He studied composition with

[4] Translated from KB to NBA I/18, p. 152.

[5] I. e. the autograph Baßo part of Cantata 174 (s. pp. 139 f.), the Continuo part of Cantata 176 that he considered autograph (s. pp. 116 f.) and the autograph title page of Cantata 178 under discussion, as well as its soprano part in the handwriting of Wilhelm Friedemann Bach.

gelöst zu werden. Das Titelblatt der Bachschen Kantate wurde zwischen 1935 und 1944 von Edwin Franko Goldman (* 1878 in Louisville, Kentucky, † 1956 in New York) gekauft. Ein Kompositionsschüler Antonín Dvořáks, war er bereits mit 17 Jahren Solo-Cornetist (sic) im Orchester der Metropolitan Opera. Als Dirigent wurde er von 1918 an besonders durch seine Freilichtkonzerte weit über die Grenzen von New York hinaus berühmt. Viele Komponisten – unter ihnen Arnold Schönberg – schrieben auf seinen Auftrag hin neue Werke für die Goldman Band. Weniger bekannt ist, daß Goldman Musiker-Autographe und -Briefe sammelte, die er 1945 seinem ersten Arbeitgeber, dem Metropolitan Opera House, schenkte. Unter ihnen befand sich auch das Titelblatt von Bachs Kantate 178, das hier zum ersten Mal abgebildet ist. Es wurde zusammen mit acht Manuskripten gerahmt und hängt seit 1975 im Eleanor Belmont Room der Metropolitan Opera Guild, einem für Mitglieder reservierten Privatsaal im Metropolitan Opera House in New York.

Die Art der Rahmung erlaubt leider nicht, das Titelblatt auszumessen und auf ein Wasserzeichen hin zu untersuchen. Doch da an seiner Echtheit kein Zweifel besteht, ist dies nicht allzu bedauerlich. Der Zustand des Manuskripts ist ausgezeichnet, die Farbe der Tinte dunkelbraun. Bachs Schrift und die künstlerische Raumaufteilung der Seite sind besonders ausdrucksvoll. Nicht oft kann man den Gegensatz von Bachs lateinischer Schrift und dem in deutscher Schrift geschriebenen Titel „Wo Gott der Herr[6] nicht bey uns hält" in solcher Klarheit beobachten. Das kleine, s-förmige Zeichen rechts unterhalb des Wortes „hält" ist eine Abkürzung für „etc.". Die kapriziösen großen Anfangsbuchstaben der Worte „Wo" und „Gott" scheinen beinahe launig den harmonisch in sich geschlossenen Worten „Herr" und „bey" gegenübergestellt zu sein. Der Schwung der großen Buchstaben D und des einem Violinschlüssel gleichenden T in der oberen Zeile oder die Zahl 4, die verschiedenen V und das J in „Joh. Sebast: Bach"

[6] Man beobachte die für Bach typische Abkürzung des Wortes „Herr".

Antonín Dvořák in New York and became at the age of 17 solo cornetist (sic) of the Metropolitan Opera Orchestra in which position he remained for 10 years. In 1918 he inaugurated the outdoor concerts that made the Goldman Band famous throughout America and caused many composers, among them Arnold Schoenberg, to write works especially for his band. Less known is that Goldman collected manuscripts and letters of musicians which he donated in 1945 to his first employer, the Metropolitan Opera House. Among them was the title page of Bach's Cantata 178 which is here reproduced for the first time. It is framed under glass together with 8 other manuscripts. Since 1975 Bach's title page hangs in the *Eleanor Belmont Room* of the *Metropolitan Opera Guild*, a large private room in the Metropolitan Opera House, reserved for members of the Guild.

Because of the nature of the large collective frame and the fact that the title page is matted, it was not possible to measure the leaf or look for a watermark. This would be deplorable if there were any doubt regarding its authenticity. But no such doubt exists. The manuscript is in excellent condition, the color of the ink is dark brown. The beauty of the handwriting and the artistic use Bach made of the available space speak for themselves. Only rarely can one see such a clear contrast as here between Bach's Latin script and the German script of the title "Wo Gott der Herr[6] nicht bey uns hält." The tiny slanting scribble to the right and beneath the word "hält" is an abbreviation of *etc.* The capriciousness of the capital letters (in "Wo" and "Gott") makes them appear deliberately pitted against the graphic harmony of single words such as "Herr" and "bey." The elan of the capital letters in the top line, that of the "*D*" and of the "*T*" which resembles a violin clef, or the shape of the number "*4*," the different "*V*" or the initial *J* in "Joh. Sebast: Bach" arrest attention as does the swing of the small *e* below "Viola" and of the *o* that lies embraced within the protective arms of the *C* of the word "Continuo." That this sample of Bach's penmanship of the late July

[6] The abbreviation of the word "Herr" is typical of Bach.

fordern ebenso zu besonderer Aufmerksamkeit auf wie das e unter „Viola" und das o, das vom C des Wortes „Continuo" umschlossen wird. Hier sind nur Freude und Dank angebracht, daß dieses so lange für verloren gehaltene Zeugnis von Ende Juli 1724 uns erhalten geblieben ist.

days of 1724, so long believed lost, has survived, is cause for rejoicing and gratitude.

BWV 130 „Herr Gott, dich loben alle wir", Altstimme

Schon 1906 schrieb Bernhard Friedrich Richter[1]: „Die Originalstimmen, aus Nägelis Nachlaß stammend, sind in der Welt verstreut." Von den 17 Stimmen müssen heute 6 als verschollen gelten. Die übrigen 11 sind in 11 verschiedene Hände gelangt. Sie befinden sich in Edinburgh, Cambridge (Mass., USA), Berlin (DDR), Paris, Brüssel, London (an 2 verschiedenen Orten), Coburg, Eisenach, Österreich und Frankfurt/M. Die Tatsache, daß diese Stimmen sämtlich von der Hand Christian Gottlob Meißners stammen und daher bis um die Zeit des Zweiten Weltkriegs für autograph gehalten wurden, dürfte zu deren günstigem Einzelverkauf beigetragen haben.

Die Altstimme in der Houghton Library der Harvard University besteht aus einem beiderseitig beschriebenen Blatt in Hochfolioformat, das eine Größe von 35,2 x 21,1 cm aufweist. Das Papier ist recht braun, die Farbe der Noten schwarz und die der restlichen Zusätze eher dunkelbraun. Das für Bachs zweiten Leipziger Jahrgang charakteristische Wasserzeichen des Halbmonds ist auf den Notensystemen 7 und 8 äußerst klar zu sehen. Während dünnes Papier wie das hier benutzte das Wasserzeichen meist deutlicher erkennen läßt, verfällt es gewöhnlich auch schneller. Da das Halbmond-Wasserzeichen in Bach-Manuskripten regelmäßig vom 11. Juni 1724 bis 6. Mai 1725 auftritt[2], bestätigt auch die Altstimme das Datum der zum Michaelistag geschriebenen und am 29.

[1] Über die Schicksale der der Thomasschule zu Leipzig angehörenden Kantaten Joh. Seb. Bachs, in: BJ 1906, S. 61.

[2] Vgl. Dürr 1976, S. 126ff.

BWV 130 "Herr Gott, dich loben alle wir", Alto Part

Already as early as 1906 Bernhard Friedrich Richter noted that "the original parts, dating back to Nägeli's estate [1773–1836] were dispersed throughout the world."[1] Of the 17 original parts 6 appear to be lost. The 11 that have come down to us are in the possession of 11 different owners in Edinburgh, Cambridge (Mass., USA), Berlin (GDR), Paris, Brussels, London (2), Coburg, Eisenach, Austria and Frankfurt/M. The fact that the complete set of parts was written by Christian Gottlob Meißner and was until recently considered autograph, may well have contributed to the profitable sale of the single parts.

The alto part in the Houghton Library at Harvard University consists of 2 pages of one leaf, the usual high folio format of which measures 35.2 x 21.1 cm. The paper has turned quite brown; the color of the notes is black, that of the remainder of the writing rather dark brown. Both pages are lined with 13 staves. The "Halfmoon" watermark, so characteristic of the paper Bach used in his second year in Leipzig, shows with unusual clarity on staves 7 and 8. While thin paper such as used here tends to facilitate the recognition of the watermark, unfortunately it also contributes to its faster deterioration. As this watermark is found in Bach manuscripts from June 11, 1724 through May 6, 1725,[2] the alto part adds its bit of evidence to the established date of the cantata's first performance on September 29, 1724. Both

[1] "Über die Schicksale der der Thomasschule zu Leipzig angehörenden Kantaten Joh. Seb. Bachs," in: *BJ* 1906, p. 61.

[2] Cf. Dürr 1976, pp. 126ff.

September 1724 erstaufgeführten Kantate. Da Meißner der Schreiber der Stimme ist, besteht kein Zweifel, daß es sich hier um die Originalstimme handelt.

Die Stimme ist beidseitig mit 13 Notensystemen rastriert und trägt die Bezeichnung „Alto." Links oben hat der spätere englische Besitzer Frederick Locker seinen Namen und die Jahreszahl 1872 angebracht. Daneben steht die Nummer „22", die Zahl der Pausentakte, bis die Altstimme im 23. Takt einsetzt (s. Abb. 41). Nach dem Altschlüssel und Allabreve-Zeichen[3] ist die erste Notenzeile durch ein größeres Loch beschädigt, welches die 5 senkrechten Striche, die fünfmal 4-Pausen-Takte repräsentieren, beinahe völlig unlesbar gemacht hat. Dagegen ist der kurze Strich, der die letzten 2-Pausen-Takte angibt, wieder sichtbar. Die langen Bindebögen über den Ketten von 16tel-Noten (in System 1, 3 und 4) stammen wahrscheinlich von Bachs Hand[4]. Auch einige wohl später in den Notentext hineingezwängte Vorzeichen sowie das Trillerzeichen (im 10. System) scheinen autograph zu sein. Ein weiterer kleiner Riß und ein winziges Loch, das den 5. Notenkopf in Takt 24 (d. h. im 2. Takt der Altstimme) durchbohrt, zeugen vom schlechten Erhaltungszustand des Manuskripts. Nur die oberen 5 Notensysteme haben durch Papierschaden – 7 leere Notenköpfe und 8 meist kleinere Löcher – ernstlich gelitten. Die Schlußzeile des 1. Satzes und die folgenden 7 Systeme, auf denen das Altrezitativ (Satz 2), die Tacet-Vermerke für die nächsten 3 Sätze und rechts unten „Choral/seq[ui]t[ur]:" sowie „Volti" Platz gefunden haben, sind frei von den oben beobachteten Schäden. Die vielen schwarzen 16tel-Noten im Eingangssatz und die Tatsache, daß auf der entsprechenden Stelle der Rückseite, d. h. auf den oberen 3 Notensystemen der Choral notiert ist, dürften den Verfall des oberen Drittels des Blattes beschleunigt haben. Das Loch zu Beginn des 1. Satzes hat auf der Rückseite gegen Ende des ersten Systems des Chorals dessen 16. bis 18. Note

the paper and Meißner's handwriting document the part as the original alto part.

Beyond the heading "Alto." the front page shows at top left the name of its later English owner "Frederick Locker" and the probable date of its acquisition "1872." The number "22" next to it indicates the measures of rest preceding the entrance of the alto voice (s. ill. 41). After the alto clef and alla breve sign[3] on the top staff, the paper is marred by a rather large hole that practically obliterates the 5 vertical strokes, symbols of 5 x 4 measures of rest. The final short 2-measure stroke, however, is still visible. The long slurs spanning the chains of 16th notes on staves 1, 3, and 4 were probably added by Bach[4] as were the few accidentals that appear to have been squeezed in at a later time and the trill sign (on staff 10). Another small tear and a tiny hole where the ink has eaten through the head of the 5th note of m. 24 (the 2nd m. of the alto voice) indicate the poor condition of the manuscript. (The 1st movement shows 7 hollowed-out note heads and 8 tears.) But only the top 5 staves show serious impairment. The final staff of the opening movement and the remaining 7 staves that accomodate the alto recitative (mvt. 2), the 3 tacet indications for movements 3–5 and at bottom right: "Choral/seq[ui]t[ur]:" and "Volti," are free of the above-noted damage. The great amount of black 16th notes in the opening movement and the fact that opposite them the chorale is written on the 3 top staves of the back page, contributed, no doubt, to the deterioration of the top portion of the leaf. Towards the end of the first staff of the chorale the hole, seen at the beginning of the opening movement on the recto leaf, destroyed notes 16–18 of the chorale. The 10 staves below the chorale show no writing except for 3 additional superfluous alto clefs. But they are not entirely blank. The notes, particularly those of the conclusion of the first movement, have bled through from the recto side so that one can almost read the mirror image of that movement.

[3] Dieses ist keineswegs in allen Stimmen zu finden; 5 Stimmen weisen dagegen die Tempoangabe „vivace" auf.

[4] Vgl. Marianne Helms' KB zu NBA I/30 (1974), S. 29, dem ich meine Angaben zu den anderen Stimmen dieser Kantate verdanke.

[3] This appears only in some parts while 5 parts show the tempo indication "vivace."

[4] Cf. Marianne Helms, KB to NBA I/30 (1974), p. 29, from which the information on the other parts of the cantata is taken.

zerstört. Die 10 Notensysteme unter dem Choral sind bis auf 3 weitere überflüssige Altschlüssel unbeschrieben. Doch kann man durch das starke Durchschlagen der Noten von der Vorderseite das Ende des Eingangssatzes beinahe noch einmal spiegelverkehrt lesen.

Der 1. Satz benutzt den Text der Anfangsstrophe von Paul Ebers um 1561 entstandenem Lied, das dieser Choralkantate ihren Namen gegeben hat (s. Abb. 41). Eber hat in seinem Lied Melanchthons „Hymnus de sanctis angelis" in deutscher Sprache frei umgedichtet. Der Text des folgenden Altrezitativs übernimmt zwei Zeilen aus Ebers 2. und 3. Strophe, während dem Choral nicht nur hier, sondern auch in den anderen überlieferten Singstimmen der Text der vorletzten (11.) Strophe unterlegt ist. Jedoch verlangt Bachs Anweisung: „Choral 2 Vers" (sic) in der Originalpartitur, daß der Choral mit Ebers Schlußstrophe zu wiederholen ist.

Provenienz

BWV 130 ist eine recht kurze Choralkantate, deren Originalpartitur zum Erbteil Wilhelm Friedemann Bachs gehörte. Sie ist weiterhin eine der 5 Kantaten aus dem Besitz der Rudorff-Familie, die vor 1888 an Freunde verschenkt wurden. Ernst Rudorff schenkte diese Partitur Woldemar Bargiel (1828 bis 1897), dem 9 Jahre jüngeren Stiefbruder Clara Schumanns, bei dem der 13jährige Rudorff Klavierstunden genommen hatte, ehe er als 18jähriger unter Clara Schumanns Anleitung weiterstudierte. 1875 wurde Bargiel Rudorffs Kollege an der Hochschule für Musik in Berlin und dürfte das Geschenk der Bachschen Partitur in der Zeit zwischen 1875 und 1888 erhalten haben. Die Partitur gehört noch heute den Erben Bargiels, der „Erbengemeinschaft Schmiedel"[5].

Die Stimmen der Kantate 130 sind nicht unter den 44 Stimmensätzen der Choralkantaten zu finden, die Anna Magdalena Bach 1750 an die Thomasschule abgegeben hatte. Als erster Besitzer ist Hans Georg Nägeli (1773–1836) nachweisbar, der u. a. die Originalpartitur der h-moll-Messe aus Carl Philipp Emanuel Bachs Nachlaß erworben

[5] S. NBA I/30, KB, S. 11.

The text of the opening movement uses the first stanza of Paul Eber's hymn of about 1561 which has given this chorale cantata its name. Eber's Lied is a poetic version of Melanchthon's *Hymnus de sanctis angelis.* The text of the following alto recitative absorbs two lines from the 2nd and 3rd stanzas of Eber's hymn (s. ill. 41) while the text underlay of the chorale shows not only here but also in the other extant voice parts its penultimate (11th) stanza. However, in accordance with Bach's instruction "Choral 2 Vers" [sic] that the composer had written into his score, the chorale is to be sung twice, the second time to the text of Eber's last stanza.

Provenance

BWV 130 is a chorale cantata the autograph score of which Wilhelm Friedemann Bach had inherited. It is one of the five Bach scores the Rudorff family had presented to some friends before 1888. This one was given by Ernst Rudorff to Woldemar Bargiel (1828–1897), Clara Schumann's nine-year younger step-brother from whom Ernst Rudorff had taken piano lessons from his 13th to his 18th year before studying with Clara Schumann during the following year. Bargiel probably received this present after he became Rudorff's colleague at the Berlin *Hochschule für Musik* in 1875. The score has remained in the possession of Bargiel's heirs.[5]

The parts of BWV 130 are not among those of the 44 chorale cantatas which Anna Magdalena Bach turned over to the Thomas School in 1750 in exchange for a half-year widow's pension. The first identifiable owner of 9 of them was Hans Georg Nägeli (1773–1836) who among other manuscripts had acquired the autograph score of Bach's B minor Mass from Carl Philipp Emanuel Bach's estate. The inscription which even on the original manuscript – at the bottom of the front page of the alto part – is barely decipherable, reads: "That this leaf is in the handwriting of Joh. Seb. Bach and was owned by the composer and art-expert: Dr. Hans Georg Naegeli of Zurich is attested by

[5] The Schmiedel family. Cf. KB to NBA I/30, p. 11.

hatte. Der selbst im Original kaum noch lesbare Zusatz unten auf dem recto-Blatt der Altstimme lautet: „Dass dieses Blatt ein Autograph Joh. Seb. Bach's / sey, das der züricherische Tonsetzer und Kunstgelehrte: / Dr. Hans Georg Naegeli beseßen, wird bezeugt von / des letzteren Sohne: Hermann Naegeli." Aus Nägelis Nachlaß gingen die 9 Stimmen „in den Besitz des Herrn Buchhändler Hermann Schulz (Firma Otto Aug. Schulz) in Leipzig" über[6]. Die Altstimme gehörte zu den 9 Originalstimmen, die Alfred Dörffel, dem späteren Herausgeber der Kantate[7], bereits 1865 und 1867 „aus dem Nachlasse des Hans Georg Nägeli stammend . . . zu Gesicht gekommen" waren.

1872 (s. Abb. links oben) erwarb der Londoner Sammler Frederick Locker (1821 bis 1895; s. S. 72) die Altstimme (sowie die heute in Edinburgher Privatbesitz befindliche Sopranstimme).

Über Paul M. Warburg und seine Tochter Bettina (Mrs. S. B. Grimson, New York) gelangte die Altstimme schließlich 1953 in die Houghton Library der Harvard University, Cambridge, Massachusetts, wo sie jetzt im „Great Album" von Frederick Locker aufbewahrt wird[8].

the son of the latter: Hermann Naegeli." From Nägeli's estate the parts came into the possession of the book and manuscript dealer Hermann Schulz of the Leipzig firm of Otto August Schulz.[6] Alfred Dörffel, who in 1878 was to edit this cantata saw and examined Schulz's 9 parts, the alto part included, as early as 1865 and 1867.[7] In 1872 (s. ill., top left) the alto (as well as the soprano part which is now in private possession in Edinburgh) were acquired by the manuscript collector Frederick Locker (1821–1895, s. p. 72).

The alto part came via Paul M. Warburg and his daugher Bettina (Mrs. S. B. Grimson, New York) eventually in 1953 into the Houghton Library[8] of Harvard University, Cambridge, Massachusetts where it now reposes in the "Great Album" of Frederick Locker.

BWV 176 „Es ist ein trotzig und verzagt Ding", Originalstimmen

Die 14 Originalstimmen dieser Kantate befinden sich in der Sammlung Hinrichsen in New York. Sie bestehen aus den 4 Singstimmen, Oboe I, II und Taille, den Streichinstrumenten (einschließlich einer Dublette der 1. Violine) und 3 Continuostimmen, von denen keine transponiert ist. Der vollständige Stimmensatz besteht aus einem Konvolut von nur 21 Blättern mit 37 beschriebenen Seiten. Von diesen nehmen Soprano, Tenore, Hautbois I, II, Taille, Violino 2do und Viola je 2 Seiten (1 Blatt) ein; Alto, Baßo, beide Violino 1mo-Stimmen und die originale unbe-

BWV 176 "Es ist ein trotzig und verzagt Ding", Original Parts

The 14 extant original parts of this cantata are in the *Hinrichsen Collection* in New York. They consist of the 4 voice parts, oboe I, II and taille, the usual strings, including a duplicate 1st violin part, and 3 continuo parts, none of them transposed. This complete set of 14 parts consists of a bundle of only 21 leaves or 37 pages of music. Soprano, Tenore, Hautbois I, II, Taille, Violino 2do and Viola are written each on 2 pages (or 1 leaf); Alto, Baßo, Violino 1mo (twice) and the original non-figured Continuo each on 3 pages (or 1 folio of which the 4th page is

[6] S. BG 26 (1878), S. XLII.
[7] Ebda.
[8] S. Christoph Wolffs KB zu NBA VIII/1 (1976), S. 16.

[6] Cf. BG 26 (1878), p. XLII.
[7] *Ibid.*
[8] S. Christoph Wolff's KB to NBA VIII/1 (1976), p. 16.

zifferte Continuostimme je 3 Seiten (1 Bogen, dessen 4. leere Seite mit der durchschnittlichen Anzahl von 13 bis 14 Notensystemen rastriert ist) und die bezifferte Continuostimme sowie eine Continuo-Dublette 4 Seiten (1 Bogen). Der Zustand der Stimmen kann nur als mittelmäßig bezeichnet werden. Das Papier ist stark gebräunt, die Farbe der Tinte jedoch nahezu schwarz geblieben. Die im üblichen Foliohochformat geschriebenen Stimmen messen 34 x 21,2 cm[1]. Das Wasserzeichen (ohne Gegenmarke) weist die Buchstaben „R und S in Schrifttafel, dazwischen einen kleeblattartigen Dreipaß" auf[2]. Dieses Wasserzeichen ist in Bach-Handschriften vom 22. April 1725 bis zum 31. Oktober 1725 nachweisbar. Die Stimmen sind mit ihrem originalen Umschlagbogen überliefert, auf dessen Vorderseite Johann Andreas Kuhnau den Titel in seiner unverkennbaren Handschrift angebracht hat. Er lautet:

Festo S. S: Trinitat:
Es ist ein trotzig und verzagt Ding[3]
â
4 Vocibus
2 Hautbois
Taille
2 Violini
Viola
e
Continuo
di Sign:
J S. Bach.

Die Bestimmung der Kantate für das Trinitatisfest, sodann das Wasserzeichen und die Beteiligung von Kuhnau, Meißner, Anonymus IIf und IIg am Ausschreiben der Stimmen weisen eindeutig auf den 27. Mai (Trinitatis) 1725 als den Tag der ersten Aufführung hin. Dieses Datum beschließt den 2. Leipziger Jahrgang, in dem Bach mit seinen Choralkantaten den Höhepunkt seines Kantatenschaffens erreicht hatte. BWV 176 ist aber keine Choralkantate mehr; seine

[1] Die in NBA I/15 (1968), KB, S. 41, angegebene Größe von 34,5 x 21,5 cm ist nach meiner am 2. November 1979 vorgenommenen Messung nicht mehr ganz präzise.
[2] Vgl. Dürr 1976, S. 130.
[3] Das kleine hingekritzelte Zeichen rechts unter dem Wort „Ding" dürfte eine Abkürzung für „etc." sein. Drei Zeilen darunter hatte Kuhnau zunächst „3 Hautbois" geschrieben, aber dann die „3" in eine „2" umgewandelt.

empty except for being lined with the cantata's average number of 13 or 14 staves); and the figured Continuo and a duplicate Continuo part each on 4 pages (or 1 folio). The condition of the parts is no better than fair. The paper has turned a rather dark brown, the color of the ink is almost black. The manuscript, written in the customary high folio format, measures 34 x 21.2 cm.[1] The watermark shows the letter R and S "in Schrifttafel," framing a cloverleaf-like "Dreipaß." This watermark which lacks a countermark, can be observed in Bach manuscripts from April 22, 1725 to October 31, 1725.[2] The parts have come down to us with their original wrapper intact. The front page bears the title in Johann Andreas Kuhnau's unmistakable handwriting and reads:

Festo S. S: Trinitat:
Es ist ein trotzig und verzagt Ding[3]
â
4 Vocibus
2 Hautbois
Taille
2 Violini
Viola
e
Continuo
di Sign:
J S. Bach.

The watermark, the designation of the cantata for Trinity and the collaboration in the writing of the parts by Kuhnau, Meißner and the copyists Anonymous IIf and IIg leave no doubt that the composition was written for Trinity Sunday, May 27, 1725. It is thus the last cantata of the 2nd Leipzig Jahrgang, the one in which Bach reached with his chorale cantatas the artistic goal of his strivings for a perfect cantata form. But BWV 176 is no longer a chorale cantata. It follows BWV 1, Bach's last chorale cantata, by nine weeks. This makes "Es ist ein trotzig und verzagt Ding" also the last of the nine

[1] The size of 34.5 x 21.5 cm, listed in NBA I/15 (1968), KB, p. 41, is according to my measurements of November 2, 1979, no longer quite exact.
[2] Cf. Dürr 1976, p. 130.
[3] A little scribble below and to the right of the word "Ding" seems to be an abbreviation for "etc." Three lines below it Kuhnau had written "3 Hautbois," before changing the "3" to a "2."

letzte Choralkantate hatte Bach bereits 9 Wochen vorher mit BWV 1 geschrieben. Dagegen ist BWV 176 die letzte der 9 Kantaten, für die er einen Text der Leipziger Dichterin Mariane von Ziegler[4] verwandte, deren Texte Bach zur Zeit einer seelischen und schöpferischen Krise anscheinend geeignet schienen. Dennoch nahm er an ihnen recht häufig Änderungen vor und fügte bei Kantate 176 den Text des Arioso im 4. Satz selbst hinzu[5]. BWV 176 ist Bachs kürzeste Kantate des 2. Jahrgangs hauptsächlich deshalb, weil sie den Choralchorsatz des Choralkantaten-Typus durch eine kompakte Chorfuge als Eingangssatz ersetzt. Die gesamte Kantate ist mit ihren 6 Sätzen nicht länger als der 1. Satz von Kantate 1 (der Choralchorsatz „Wie schön leuchtet der Morgenstern"). Verglichen mit Kantate 20[6], der ersten Kantate dieses Jahrgangs, ist die hier diskutierte letzte Kantate weit weniger als halb so lang. Nach Kantate 176 folgt dann das so überraschende wie erschütternde Nachlassen von Bachs Schaffensfreude, jenes seltsame Erlahmen des täglichen oder wöchentlichen schöpferischen Impulses, das sich bis Weihnachten 1725 erstreckte. In diesem Zusammenhang ist zu erwähnen, daß die Stimmen der ersten der vier nachweisbaren Kirchenkantaten, die Bach in dieser Zeit reduzierter Produktivität schuf, nämlich zehn Stimmen der Kantate 168, heute gleichfalls in den USA sind (s. S. 121 ff.).

Wie bei Kantate 168 ist Ernst Rudorff auch bei Kantate 176 der Ansicht, daß die „Singstimmen wahrscheinlich ebenso wie die Originaltitel der Cantaten von Bach's Frau geschrieben"[7] worden seien. Aber auch hier ist der Hauptkopist Johann Andreas Kuhnau, der den einfachen Stimmensatz von 11 Stimmen vollständig aus Bachs Originalpartitur abschrieb[8]. Die auf 27 Seiten geschriebenen Stimmen weisen einige Schriftzüge auf, die für Kuhnau während

[4] Das Haus der bekannten Leipziger Dichterin (1695–1760) war in der Mitte der 1720er Jahre zu einem literarischen Zentrum geworden.

[5] Der ergänzte Text beruht auf Johannes 3:15/16.

[6] Die Originalpartitur befindet sich gleichfalls in der Sammlung Hinrichsen, New York.

[7] Diesen Satz hat Rudorff unten auf der recto-Seite der Sopranstimme angebracht.

[8] Diese befindet sich in der DtStB.

cantatas based on a text by Mariane von Ziegler[4] whose cantata poetry seems to have served Bach adequately in a time of crisis. Yet Bach altered her texts rather consistently and in BWV 176 also added the text of the *arioso* to the recitative (mvt. 4).[5] Without an elaborate chorale fantasy as opening movement, but in its place a compact choral fugue, BWV 176 is Bach's shortest cantata of this Jahrgang. In fact, the whole cantata with its six movements is no longer than the opening movement of BWV 1, the chorale fantasy "Wie schön leuchtet der Morgenstern" and considerably less than half as long as the first cantata of this Jahrgang, BWV 20.[6] What follows in the wake of this brief Trinity cantata is that baffling slackening of Bach's creative energy, that awesome stretch of semi-silence which was to last until Christmas 1725. Strange that ten parts of the first of the four extant church cantatas, composed by Bach during this period of reduced productivity, those of BWV 168, are also in the United States (s. pp. 121 ff.).

As in the case of Cantata 168, Ernst Rudorff said of the parts of Cantata 176 that "the vocal parts as well as the original titles of the cantatas [were] probably written by Bach's wife."[7] Their writer is, however, again Johann Andreas Kuhnau who copied the complete set of the 11 single parts from Bach's autograph score.[8] In his 27 pages Kuhnau's handwriting shows certain idiosyncrasies that are characteristic of his last months as Bach's principal copyist.[9] After listing the title and the 14 parts on the wrapper which he added to the parts, Ernst Rudorff observes that the "Continuo in B-flat" is missing, i. e., the transposed and figured organ part. This part was probably copied by Christian Gottlob Meißner, the so-called "writer of the continuo." A number of reasons speak for this assumption. Meißner

[4] The well known Leipzig poetess (1695–1760) whose home became in the mid-1720s a literary center.

[5] The added text is a paraphrase of John 3:15/16.

[6] Its autograph score is also in the Hinrichsen Collection, New York.

[7] Inscription at the bottom of the 1st page of the Soprano part.

[8] Which is in the DtStB.

[9] S. for instance the shape of the C clef in the viola part, reproduced here (ill. 42).

seiner letzten Monate als Bachs Hauptkopist typisch sind[9].

Das ganze Stimmenmaterial befindet sich in einem später hinzugefügten Umschlag, auf dem Ernst Rudorff nach Aufzählung der vorhandenen Stimmen und des Titelblatts das Fehlen des „Continuo in B", d. h. der transponierten bezifferten Orgelstimme vermerkt. Der Schreiber dieser Stimme war aller Wahrscheinlichkeit nach Christian Gottlob Meißner, der sogenannte „Schreiber des Continuo". Eine solche Annahme kann folgendermaßen begründet werden. Meißner war am Ausschreiben der untransponierten unbezifferten Continuostimme beteiligt, die allerdings hauptsächlich von Dürrs Kopist Anonymus IIg hergestellt wurde. Daß Meißners Beitrag nur aus 5 Notenzeilen[10] einer insgesamt 42 Notenzeilen oder 3 vollbeschriebenen Seiten umfassenden Stimme bestanden haben soll, scheint nicht glaubhaft. Vielmehr fiel ihm wahrscheinlich die Aufgabe zu, die transponierte Continuostimme auszuschreiben. Obgleich diese Stimme, der besagte „Continuo in B", als verschollen gilt, dürfte sie meines Erachtens in Wirklichkeit noch irgendwo vorhanden sein. Meine Vermutung stützt sich auf einen bisher unveröffentlichten Brief[11], den Donald Francis Tovey am 31. Juli 1901 von Englefield, Surrey, an Edward Speyer in Ridgehurst, Shenley, Herts. (England) sandte. Im ersten Teil dieses langen Briefes befaßt sich Tovey nach Durchsicht der einschlägigen Vorworte zur BG mit Speyers Bach-Manuskripten. Hinsichtlich der Continuostimme von Kantate 176 schreibt er: „Ihre autographe Continuostimme ist unabhängig von jedem bekannten Stimmensatz . . . [von hier an unterstrichen]. Ich vermute, daß Ihr Continuo die allererste Stimme ist, die für Bachs eigenen unmittelbaren Gebrauch geschrieben worden ist." Demnach hatten Tovey und der ebenso scharfsinnige und urteilsfähige Auto-

[9] S. z. B. die Form des C-Schlüssels in der Violastimme (s. Abb. 42).

[10] Sie reichen von der 2. Note des 39. Takts des 1. Satzes bis zum 9. Takt des 3. Satzes, d. h. bis zum Ende der 1. Seite der Stimme.

[11] Ich möchte der Memorial Library of Music, Department of Special Collections, Stanford University Libraries, Stanford, Kalifornien, hiermit bestens für die Anfertigung einer Kontaktkopie danken.

participated in the writing of the untransposed, non-figured continuo part[10] most of which was, however, written by Dürr's copyist "Anonymous IIg." It seems inconceivable that Meißner's services should have been enlisted for nothing but five staves of music in a part that covers 42 staves on 3 fully written pages. The task that was most likely assigned to him was the writing out of the transposed continuo part. Unfortunately this part is lost; or is it? An unpublished letter written on July 31, 1901 by Donald Francis Tovey from Englefield, Surrey, to Edward Speyer of Ridgehurst, Shenley, Herts. (England)[11] deals with a number of autograph Bach manuscripts, Speyer had acquired. After scrutinizing the forewords of the relevant volumes of the BG, Tovey writes regarding the continuo part of "Es ist ein trotzig und verzagt Ding": your "autograph continuo is quite independent of any known set . . . [and underlining the following], I suspect your continuo is the earliest and was written directly after the score for Bach's own immediate use." Obviously Speyer, a discriminating collector of authentic Bach manuscripts, thought – and Tovey concurred – that the continuo part was autograph. If it was, as I assume, written by Meißner, it would have been only natural for Speyer and Tovey to regard it autograph; for Meißner's handwriting was even by the editors of the BG and other Bach connoisseurs such as Ernst Rudorff consistently identified as that of J. S. Bach.[12] It is therefore only reasonable to assume that the "autograph continuo" of Speyer was in reality written by Meißner. Speyer died in 1934 and some of his manuscripts were sold

[10] He began with the 2nd note of m. 39 of mvt. 1 and continued up to m. 9 of mvt. 3, that is, to the end of page 1 of this part.

[11] I would like to thank the Memorial Library of Music, Department of Special Collections, Stanford University Libraries, Stanford, California, for its courtesy in providing me with a Xerox copy of this letter.

[12] Not until the late 1930s were the two handwritings finally separated. During his investigation of the writers of the Bach manuscripts in the Staatsbibliothek in Berlin, Peter Wackernagel succeeded in recognizing the handwriting of the one whom Dürr in 1957 was to call "principal copyist B" and whom Schulze identified in 1968 as Christian Gottlob Meißner, as that of a different writer.

graphensammler Speyer keinerlei Zweifel an der Echtheit der Continuostimme. Wenn die Stimme jedoch, wie ich annehme, von Meißner geschrieben worden ist, war es ganz natürlich, daß Speyer und Tovey sie für autograph hielten. Wurde Meißners Handschrift doch selbst von den Herausgebern der BG und von sachkundigen Bach-Kennern wie Ernst Rudorff durchweg für Bachs Handschrift gehalten[12]! Es kann aber mit gutem Grund angenommen werden, daß Speyers „autograph continuo" auch von Meißners Hand stammt. Speyer starb 1934 im Alter von 95 Jahren und einige seiner Manuskripte wurden von Otto Haas in London versteigert. Zwei von Speyers Bach-Manuskripten gelangten in die USA, nämlich das Titelblatt der Kantate 178[13] und die „Baßo"-Singstimme der Kantate 174 (s. S. 108 ff. und 139 f.). Beide sind ohne jeden Zweifel autograph. Dies sollte zu der Hoffnung berechtigen, daß auch die 3- bis 4-seitige transponierte Continuostimme von „Es ist ein trotzig und verzagt Ding" noch existiert und daß der heutige Besitzer diese Zeilen zu Gesicht bekommt und seinen kostbaren Besitz bekannt macht. Wenn Speyers „autograph continuo" wirklich die verschollene transponierte Orgelstimme ist, würde ihre Bezifferung aller Wahrscheinlichkeit nach von Bachs Hand stammen. Diese Tatsache dürfte zusätzlich zu Speyers und Toveys Ansicht beigetragen haben, daß das Manuskript autograph sei.

Rudorffs dritte (nicht-transponierte und unbezifferte) Continuostimme ist aus folgenden Gründen dem originalen Stimmensatz erst später hinzugefügt worden. Sie unterscheidet sich in Größe (34 x 20 cm) wie im Wasserzeichen von den übrigen Stimmen und ist außerdem keineswegs fehlerfrei[14].

[12] Peter Wackernagel war Ende der 1930er Jahre bei seinen Schreiberuntersuchungen der Bach-Handschriften der Staatsbibliothek in Berlin der erste, der Unterschiede zwischen den zwei Handschriften sah und den neuen Schreiber als solchen herausstellte. Dürr nannte ihn 1957 „Hauptkopist B", und Schulze identifizierte ihn 1968 als Christian Gottlob Meißner.

[13] Der heutige Aufbewahrungsort dieses Titelblatts war selbst Alfred Dürr in NBA I/18 (1966), KB, S. 152, noch unbekannt.

[14] Im 4. Satz sind einige Takte in falscher Reihenfolge notiert und 3 Takte völlig ausgelassen.

at auction by Otto Haas in London. Since the unquestionably autograph title page of Cantata 178[13] and the autograph vocal Baßo part of Cantata 174 have found their way from Speyer's collection to America (s. pp. 108 ff. and 139 f.), there is every reason to hope that the 3- or 4-page continuo part of BWV 176 has also survived and that its owner might read these lines and make his treasured manuscript known again. If Speyer's former part is indeed the lost transposed continuo part, its figuring was almost certainly added by Bach, a predictable fact which, no doubt, contributed further to Speyer's and Tovey's attribution of the part to the composer.

Rudorff's 3rd continuo part which is neither transposed nor figured, probably was added later to the original set of parts. It is slightly different in size (34 x 20 cm), has a different watermark and is not free of errors.[14] This part was copied from the continuo part of Anonymous II g and Meißner by a scribe who is otherwise unknown. On the other hand, the duplicate 1st violin part does belong to the original set. It was copied from Kuhnau's Violino 1 mo part by the writer Anonymous II f and was proofread by Bach as the added autograph piano and forte marks in its 1st movement verify.

On the front page of his wrapper Ernst Rudorff observed that this set of parts contained "autograph dynamic marks" and "fragmentary passages of music." By the latter he meant the above-mentioned 5 staves, that, as we know today, were written by Meißner. Rudorff was otherwise, however, quite adept at recognizing Bach's handwriting. For instance, he crossed out "Bezifferung im Continuo" that he had originally entered on the wrapper among the autograph additions. The figuring in Kuhnau's copied continuo part is indeed not in Bach's handwriting. Rudorff is further correct in attributing the dynamic marks, that Bach added in three movements, to the composer. They are found only in the instrumental parts. With the exception of the untransposed, non-figured continuo part and the 3rd

[13] Its whereabouts were even unknown to Dürr. S. NBA I/18 (1966), KB, p. 152.

[14] It scrambles the order of some measures of the 4th movement and omits 3 measures altogether.

Die Stimme wurde von einem bisher nicht erfaßten Schreiber nach der von Anonymus IIg und Meißner geschriebenen Continuostimme hergestellt. Im Gegensatz zu dieser 3. Continuostimme gehört die Violino 1mo-Dublette zweifellos zum originalen Stimmensatz. Sie wurde vom Kopisten Anonymus IIf aus Kuhnaus Violino 1mo-Stimme abgeschrieben und dann von Bach selbst durchgesehen, wie die von ihm im 1. Satz eingetragenen piano- und forte-Zeichen ersehen lassen.

Ernst Rudorff hatte schon auf der Titelseite seines Umschlags bemerkt, daß der Stimmensatz „eigenhändige Vortragszeichen" und „Notenbruchstücke" enthielt. Die „Notenbruchstücke" sind die oben erwähnten 5 Notenzeilen, die, wie wir heute wissen, von Meißners Hand stammen. Im ganzen gesehen hatte Rudorff mit seiner Identifizierung von Bachs Handschrift allerdings meistens recht. Dafür spricht z. B. die Tatsache, daß er die Worte „Bezifferung im Continuo", die er auf seinem Umschlag eingetragen hatte, wieder ausstrich. Die diesbezügliche Bezifferung (in Kuhnaus Continuostimme) stammt tatsächlich nicht von Bach. Auch ist Rudorff in seinen Zuweisungen der autographen dynamischen Zeichen korrekt. Diese sind nur in den Instrumentalstimmen zu finden und mit Ausnahme der nicht transponierten, unbezifferten Continuostimme und des 3. Satzes der Violino 1mo-Dublette autograph[15]. Von besonderem Interesse sind die dynamischen Zeichen, die Bach in den Eingangssatz eintrug. Da die 3 Oboen und der Continuo von Anfang an mit den Singstimmen colla parte gehen, kann von einer Anwendung des Solo-Tutti-Prinzips bei dieser 4stimmigen Chorfuge nicht die Rede sein. In Ermangelung dieser und anderer Kontrastmöglichkeiten schreibt Bach piano- und forte-Zeichen in die 3 Stimmen, die unabhängig vom thematischen Material der Fuge geführt sind: die 2 Violinen (einschließlich der Dublette) und die Viola (s. Abb. 42). Daß die forte-Zeichen dem Wort „trotzig" besondere Kraft verleihen, während die piano-Zeichen bei dem Wort „verzagt" die Lautstärke vermindern, verstößt gegen das barocke Prinzip

[15] Zu Einzelheiten s. NBA I/15 (1968), KB, S. 39–41.

movement of the duplicate 1st violin part, all of them seem autograph[15] and were properly recognized as such by Rudorff. The dynamic marks Bach entered into the opening movement are of singular interest. Since the 3 oboes and the continuo go from the outset on *colla parte* with the voices, the solo-tutti principle cannot be applied to this 4-part fugue. In its stead Bach supplies contrast by writing "piano" and "forte" marks into the three parts that are independent of the fugal texture: the two violins (including the duplicate part) and the viola (s. ill. 42). That the forte marks add extra strength to the word "trotzig" (defiant) and the piano marks subdue the volume at the word "verzagt" (disheartened), defies the baroque principle of terraced dynamics and shows Bach, "le musicien-poète,"[16] a generation ahead of his time. That Bach's piano and forte marks in the 3rd movement were apparently written in a hastier and more abbreviated manner than in the opening movement, indicates that they were entered at a different time. Finally, the word "andante" (in mvt. 4) and the title "Choral" (of mvt. 6), both in Kuhnau's continuo part, seem also to be autograph additions. Only the two 1st violin parts bear (at top left) the title of the cantata. Someone has furthermore counted measures, as indicated by the added numbers *44* and *71* at the end of the 1st and 3rd movements of Kuhnau's 1st violin part and by the *106* at the end of the 5th movement.

Provenance (s. Introduction, pp. 23 f., further the provenance story of the parts of Cantata 168 "Tue Rechnung! Donnerwort," pp. 124 ff., and the illustration of Ernst Rudorff's "Bemerkung" accompanying those parts)

Since the autograph score and some (duplicate?) parts of the cantata appear in Carl Philipp Emanuel Bach's estate catalogue of 1790, it can safely be assumed that the original performing parts discussed here had been inherited by Wilhelm Friedemann Bach. Besides, Rudorff's four sets of parts (those of BWV 168, 174, 176 and 187) belonged to the

[15] For details s. NBA I/15 (1968), KB, pp. 39–41.

[16] This is the subtitle of the original French edition of Albert Schweitzer's Bach biography, Paris 1905.

der Terassendynamik und läßt Bach, den „musicien-poète"[16], hier ausnahmsweise als seiner Zeit um eine Generation voraus erscheinen. Verglichen mit den dynamischen Zeichen des 1. Satzes zeigen Bachs piano- und forte-Zeichen im 3. Satz einen hastigeren, mehr abgekürzten Duktus seiner Schrift, woraus geschlossen werden kann, daß diese Zeichen zu jeweils verschiedenen Zeiten eingetragen wurden. Schließlich scheinen in Kuhnaus Continuostimme im 4. Satz das Wort „andante" und im Schlußsatz die Überschrift „Choral" autographe Zusätze zu sein. Die einzigen Stimmen, die (links oben) den Titel der Kantate tragen, sind die beiden Violino 1mo-Stimmen. Auch hat jemand die Takte einiger Sätze gezählt, wie die Zahlen 44 und 71 am Ende des 1. und 3. Satzes in Kuhnaus 1. Violinstimme und die 106 am Schluß des 5. Satzes der 1. Oboenstimme bezeugen.

Provenienz (s. Einleitung, S. 15 f., ferner die Überlieferungsgeschichte der Stimmen von BWV 168 „Tue Rechnung! Donnerwort", S. 125 ff. sowie die dazu gehörende Abbildung der Rudorffschen „Bemerkung")

Da die Partitur und einige Stimmen (Dubletten?) der Kantate sich 1790 in Carl Philipp Emanuel Bachs Nachlaß befanden, darf angenommen werden, daß der hier besprochene Stimmensatz bei der Erbteilung Wilhelm Friedemann Bach zufiel. Zudem gehören die vier Rudorffschen Stimmensätze (von BWV 168, 174, 176 und 187) zu der oft zitierten „in zweiter Hand aus dem Nachlaß Friedemann Bachs stammenden Sammlung musikalischer Handschriften", die Karl Pistor „im Anfang" des 19. Jahrhunderts erworben hatte. Darum sei hier nur Ernst Rudorffs Bemerkung auf dem Umschlag von Kantate 176 wiedergegeben, in welcher er die Provenienz des Stimmensatzes resümiert: „Ursprünglich im Besitz meiner/Eltern, dann bei Jähns, von ihm/1888 durch testamentarische Verfügung/zurückerhalten."

Vorbesitzer: Wilhelm Friedemann Bach – Karl Pistor – Adolf Rudorff – Friedrich

often cited "Collection of music manuscripts that had come through a second party from Friedemann Bach's estate" and that "at the beginning" of the 19th century were acquired by Karl Pistor. It will therefore suffice to quote the remark by which Ernst Rudorff re-iterated the provenance of the parts on his wrapper of Cantata 176: "Originally in the possession of my parents, then with Jähns, by him in 1888 through testamentary provision returned to me."

Previous Owners: Wilhelm Friedemann Bach – Karl Pistor – Adolf Rudorff – Friedrich Wilhelm Jähns – since 1888 Ernst Rudorff – since 1917 Musikbibliothek Peters, Leipzig (file number: Ms. R. 2).

Present Owner: Since 1945 Hinrichsen Collection, New York.

[16] Diese Bezeichnung ist der Untertitel von Albert Schweitzers Erstaufgabe seiner Bach-Biographie, Paris 1905.

Wilhelm Jähns – seit 1888 Ernst Rudorff – seit 1917 Musikbibliothek Peters, Leipzig (Signatur: Ms. R. 2).

Heutiger Besitzer: Seit 1945 Sammlung Hinrichsen, New York.

BWV 168 „Tue Rechnung! Donnerwort", Die Instrumentalstimmen

Von den 13 überlieferten Originalstimmen dieser Kantate befinden sich die 10 Instrumentalstimmen in den Vereinigten Staaten. Die Singstimmen sind in alle Welt zerstreut: die Sopranstimme ist in französischem Privatbesitz, die Altstimme im Fitzwilliam Museum in Cambridge, England, und die Tenorstimme in der Staatsbibliothek Preußischer Kulturbesitz in Berlin (West)[1]. Die Baßstimme ist verschollen. Insgesamt 9 Instrumentalstimmen sind in der Sammlung Hinrichsen in New York. Sie sind im ganzen in annehmbar gutem Zustand. Das Papier ist ziemlich braun und zum Teil fleckig. Die Tintenfarbe ist schwarz. Die Stimmen sind in Hochformat geschrieben und messen 33–33,5 x 20 cm. Die unbezifferte Continuo-Dublette ist etwas größer (34 x 21,5 cm) und hat ein anderes Wasserzeichen als die übrigen 8 Stimmen. Das Wasserzeichen des Hauptstimmensatzes – ein Kelch, darunter GAW in Schrifttafel[2] – ist wegen der Dicke des Papiers nur schwer erkennbar. Dieses Wasserzeichen, das in Bachschen Handschriften auch in Kantate 164 vorkommt, ist für die Datierung der vorliegenden Kantate nicht ausschlaggebend. Aufschlußreicher ist vielmehr, daß Johann Andreas Kuhnau, Christian Gottlob Meißner, Johann Heinrich Bach und die Kopisten Anonymus IId und IIf am Ausschreiben des Stimmenmaterials beteiligt waren und daß der Kantatentext sowie die autographe Überschrift auf Seite 1 der Originalpartitur[3] die Kantate für den 9.

[1] Die Angaben über die Stimmen, die sich nicht in Amerika befinden, habe ich Robert L. Marshalls KB zu BWV 168 in NBA I/19 entnommen. Für die Kontaktkopie, die mir Dr. Marshall freundlicherweise vor Erscheinen des Bandes in der NBA schickte, möchte ich ihm an dieser Stelle herzlich danken.

[2] Vgl. Dürr 1976, S. 131.

[3] Sie ist in der DtStB und weist das Wasserzeichen des Schönburger Wappens auf, das vom 18. Juni 1724 bis über den 9. Februar 1727 hinaus nachweisbar ist.

BWV 168 "Tue Rechnung! Donnerwort", The Instrumental Parts

The 10 extant instrumental parts of this cantata are in the United States. The vocal parts, of which that of the *Basso* is lost, are widely dispersed. The *Soprano* is in private possession in France, the *Alto* in the Fitzwilliam Museum in Cambridge, England and the *Tenore* in the Staatsbibliothek Preußischer Kulturbesitz Berlin (West).[1] The 9 parts in the Hinrichsen Collection in New York lack the original wrapper with its title page. They are as a whole in tolerably good condition. The paper is rather brown and partially spotted. The color of the ink is black. The parts are written in high folio format and measure, with the exception of one continuo part, 33–33.5 x 20 cm. The copy of the non-figured and transposed continuo part measures 34 x 21.5 cm and shows a watermark different from that of the other 8 parts. Because of the thickness of the paper the watermark is difficult to make out. It is, however, that of a Goblet with the letters GAW beneath it.[2] This rare watermark that is also discernible in Cantata 164, is of little help in establishing the date of Cantata 168. The determining factors are rather that Johann Andreas Kuhnau, Christian Gottlob Meißner, Johann Heinrich Bach and the anonymous copyists IId and IIf all collaborated in the writing of the parts and that the cantata text as well as Bach's caption on the first page of the autograph score[3] reveal that the work was written for the 9th Sunday after Trinity. The date of its first perform-

[1] The information on the parts that are not in America is based on Robert L. Marshall's KB to Cantata 168 (NBA I/19). I wish to thank him for his kindness in letting me see the KB before publication.

[2] Cf. Dürr 1976, p. 131.

[3] It is in the DtStB and shows the watermark of the Schönburg Coat of Arms that has been detected in Bach manuscripts from June 18, 1724 to February 9, 1727 and beyond.

Sonntag nach Trinitatis bestimmen. Ihre erste Aufführung fand demnach am 29. Juli 1725 statt. Daß der Text dieser wie auch der vier Wochen später aufgeführten Kantate 164 Salomon Francks Jahrgang „Evangelisches Andachts-Opffer" von 1715 entnommen ist, stimmt etwas bedenklich. Die Frage drängt sich auf, ob Bach nicht schon in Weimar an die Komposition dieser Kantaten gedacht hat und sich den Text zur Komposition vorgemerkt hatte. Mit der gut belegten ersten Aufführung am 29. Juli 1725 nimmt Kantate 168 jedenfalls eine besondere Stelle im Kantatenschaffen Bachs ein. Sie ist die erste von nur vier nachweisbaren Kirchenkantaten, die Bach während jener Zeit des Nachlassens seiner schöpferischen Energie schuf[4], die der Komposition seines 2. Leipziger Jahrgangs folgte.

Die folgenden Stimmen sind heute in der Sammlung Hinrichsen: Hautbois d'Amour I und II, Violino I und II, Viola (je 1 Bl.) und 4 Continuostimmen, von denen 2 in h-moll und 2 (transponierte) in a-moll stehen (je 2 Bll.). In die Überschrift der „Hautb: 1 d'Amour"-Stimme ist die „1" nachträglich hineingezwängt worden. Darunter steht die später hinzugefügte Schreiberzuweisung „Bachs Frau". Tatsächlich ist Johann Andreas Kuhnau (Dürrs Hauptkopist A) der Schreiber des aus der Originalpartitur kopierten einfachen Stimmensatzes: der 2 Oboen, der 2 Violinen, der Viola und der bezifferten Continuostimme. Wie die Stimmen der „Hautb: d'Amour 2.", „Violino 1mo" und „Violino 2do." besteht die der Hautbois d'Amour 1 aus zwei beschriebenen Seiten. Das Blatt der Violastimme ist nur auf einer Seite beschrieben. Die verso-Seite ist bis auf die Rastrierung von 14 Systemen – der Normalzahl dieses Stimmensatzes – leer. Der Schreiber des Schlußchorals in diesen 5 Stimmen ist, wie oft in Bachs Kantaten der frühen Leipziger Zeit, Christian Gottlob

[4] Sollten die anfangs der 1970er Jahre in Leningrad aufgefundenen Kantatentexte sich eines Tages wirklich als Bachsche Kompositionen erweisen, so würden sich den vier überlieferten neukomponierten Kirchenkantaten noch fünf weitere hinzugesellen. Doch selbst dann bliebe Bachs Kompositionstätigkeit zwischen dem 27. Mai und Weihnachten 1725 immer noch erstaunlich lückenhaft. S. Dürr 1976, S. 164 (N8) und 165 (N13).

ance thus was July 29, 1725. That the text of this cantata as well as that of Cantata 164, performed 4 weeks later, was taken from Salomon Franck's *"Evangelisches Andachts-Opffer"* of 1715, gives pause for reflection. Had Bach perhaps planned to compose these two cantatas in Weimar or had he earmarked these texts by the Weimar court poet for later use? The sufficiently well established date of its first performance reserves for Cantata 168 at any rate a curious and special place in the composer's cantata œuvre. It makes it the first of only four identifiable church cantatas Bach wrote during the seven months of sagging creative activity that followed in the wake of his chorale cantata Jahrgang.[4]

The following parts are now in the Hinrichsen Collection in New York: Hautbois d'Amour I and II, Violino I and II, Viola (each 1 leaf) and 4 Continuo parts, 2 in B minor and 2 transposed into A minor (each 2 leaves). The "1" in the title of the "Hautb: 1 d'Amour" part had apparently been omitted and was subsequently squeezed in. Below this title a later addition: "Bachs Frau" can be detected. Anna Magdalena Bach was indeed for quite some time considered the principal copyist of these parts. This role belongs, however, to Johann Andreas Kuhnau (Dürr's principal copyist A) who copied from Bach's score the single parts of Oboe I, II, Violino I, II, Viola and Continuo. The two oboe and both violin parts were written on 2 pages while the viola part occupies only 1 page, leaving the back page of the leaf blank, except for 14 staves, the average number of staves for the parts of BWV 168. Christian Gottlob Meißner (Dürr's principal copyist B) is the writer of the concluding chorale in these 5 parts. After Kuhnau completed his writing assignment and before Meißner began his, Bach inserted the necessary *tacet* indications (in the oboe parts: for mvts. 4–5, in the 3 strings parts: for mvts. 2–5). In the first part, that of Oboe

[4] If the texts for some Leipzig cantatas that were found in the early 1970s in Leningrad could be proven to have been composed by Bach, the slackening of Bach's creative energy between May 27 and Christmas 1725 would become less awesome but would still remain astounding. Cf. Dürr 1976, pp. 164 (N8) and 165 (N13).

Meißner (Dürrs Hauptkopist B). Nach getaner Arbeit Kuhnaus und vor der Verpflichtung Meißners hat Bach die Tacet-Vermerke selbst eingetragen (in den Oboenstimmen für die Sätze 4–5, in den 3 Streicherstimmen für die Sätze 2–5). In der ersten, der Oboe-I-Stimme hat Bach auch die Überschrift „Choral" geschrieben, als wollte er Meißner damit sagen, daß dies von hier ab seine Aufgabe sei. Auch die bei Durchsicht der Stimmen eingetragenen (zumeist dynamischen) Vortragszeichen stammen bis auf wenige Ausnahmen von Bachs Hand.

Auf der verso-Seite der 2. Oboe d'amore-Stimme hat Bach (im 3. Takt des 7. Systems) Kuhnau die Feder aus der Hand genommen und das Da Capo des Ritornells dieser Tenor-Arie selbst geschrieben (s. auf der Abb. 43 z. B. die 7 typischen Violinschlüssel Kuhnaus, sodann die schwungvollen, einer „8" gleichenden Schlüssel Bachs, denen 2 autographe Tacet-Vermerke folgen, und schließlich Meißners 3 Violinschlüssel und das Wort „Chorale", das er mit „e" am Ende zu schreiben pflegt). Die Noten des von Meißner geschriebenen Chorals sind Bachs Handschrift so ähnlich, daß sie, wie die darunter angebrachten Zusätze Ernst Rudorffs und eines anderen Schreibers bezeugen, einst für autograph gehalten wurden.

Die Bezifferung der von Kuhnau geschriebenen nicht transponierten Continuostimme stammt von Bach. Diese und die 3 anderen Continuostimmen bestehen aus 4 beschriebenen Seiten (1 Bogen). Die zweite, nach a-moll transponierte Continuostimme weist nur in den 2 Rezitativsätzen Bezifferung auf, obgleich sie offenbar für die einen Ganzton höher stehenden Leipziger Orgeln bestimmt war. Der Schreiber dieser Stimme samt Bezifferung ist Dürrs Hauptkopist C, der neuerdings von Hans-Joachim Schulze[5] als Bachs Neffe Johann Heinrich Bach[6] identifiziert worden ist. Die unbezifferte Dublette von Kuhnaus Continuostimme wurde von Dürrs Schreiber Anonymus II d kopiert. Der

I, Bach added also the title of the next movement "Choral," indicating thereby that from hereon this would be Meißner's task. When he proofread these parts, Bach also added (with few exceptions) the dynamic marks.

On the back page of the 2nd oboe part Bach took the pen from Kuhnau's hand (in the 3rd bar of the 7th staff) and wrote the da capo of the ritornel of this tenor aria himself. (Observe in ill. 43, for instance, the 7 typical violin clefs of Kuhnau, then Bach's more evenly rounded shapes that resemble the figure "8" which are followed by the two autograph *tacet* indications, and finally Meißner's 3 clefs and the word "Chorale" that he habitually writes with an "e" at the end.) The notes of the chorale proper resemble Bach's handwriting to such an extent that for a long time they were regarded as autograph (s. Ernst Rudorff's and another writer's remarks at the bottom of the page).

Bach added the figuring to the untransposed continuo part that was entirely written by Kuhnau. This and the other 3 continuo parts consist each of 1 folio or 4 pages of music. The 2nd continuo part is transposed to A minor but is figured only in the two recitative movements although it was no doubt intended for the Leipzig church organs that were tuned a whole tone higher. The writer of this part, including the figuring, is Dürr's principal copyist C who has just been identified by Hans-Joachim Schulze[5] as Bach's nephew Johann Heinrich Bach.[6] The non-figured copy of Kuhnau's continuo part was written by Dürr's copyist Anonymous II d. The 4th, a non-figured continuo part copied from Johann Heinrich Bach's transposed part, seems superfluous. It was written by a scribe who is otherwise unknown. Since this part differs also in size and in its unique watermark (a large Coat of Arms with Laurels) from the other parts, it was probably added later to the original set of parts. The two non-transposed continuo

[5] S. BJ 1979, S. 59ff.

[6] Er war der 4. Sohn von Bachs ältestem Bruder Johann Christoph. 1707 in Ohrdruf geboren, war er vom 9. September 1724 an Thomasschüler in Leipzig, stand seit 1735 in Diensten beim Grafen zu Hohenlohe und war Kantor in Öhringen, wo er 1783 starb.

[5] Cf. *BJ* 1979, pp. 59ff.

[6] He was the 4th son of Bach's oldest brother Johann Christoph. Born in 1707 in Ohrdruf, he became on September 9, 1724 a pupil at the Thomas School. After 1735, he served the Count zu Hohenlohe and became cantor in Öhringen where he died in 1783.

Schreiber der 4., an sich überzähligen unbezifferten Abschrift der transponierten Continuostimme ist unbekannt. Die Tatsache, daß diese Stimme sich auch in Größe und Wasserzeichen (Großes Wappen mit Lorbeeren) von den anderen Stimmen unterscheidet, läßt auf eine spätere Hinzufügung zu den Orginalstimmen schließen. Die 2 nichttransponierten Continuostimmen tragen links oben den Werktitel „Thue Rechnung", der allerdings auch bei den übrigen Stimmen als späterer Zusatz schwach erkennbar ist.

Außer den 9 Stimmen der Sammlung Hinrichsen ist noch ein Fragment der Dublette der 2. Violinstimme in den Vereinigten Staaten, und zwar in der Bibliothek der Princeton University. Das halbe Blatt ist in Querformat geschrieben und mißt 20 x 13,5 cm. Es enthält auf seinen 5 Notenzeilen die von Dürrs Anonymus II f äußerst klar geschriebenen 16 Anfangstakte des Eingangssatzes, der Baß-Arie „Tue Rechnung! Donnerwort". Die offensichtlich abgeschnittene untere Hälfte des Blattes hatte wahrscheinlich eine Größe von 20 x 19,5–20 cm[7]. Sie muß auf ihren 8 bis 9 Notensystemen den nur wenig längeren Rest der Arie sowie die möglicherweise autographen Tacet-Vermerke für die Sätze 2–5 enthalten haben. Ob sich das mit

beginnende, titellose und auf der Rückseite nur mit Rastrierung versehene Fragment vielleicht noch irgendwo in Privatbesitz befindet? Die verso-Seite des erhaltenen Bruchstücks (s. Abb. 44) zeigt auf den oberen 2 Notenzeilen den von Meißner geschriebenen Choral. Darunter „attestirt" Julius Rietz, daß dies „Joh. Seb. Bach's Handschrift" sei. Daß es nicht Bachs, sondern Meißners Handschrift ist, spricht deutlich für die Zugehörigkeit der Dublette zum originalen Stimmensatz. Der gegenwärtige Erhaltungszustand des Fragments ist ausgezeichnet, die Farbe des Papiers nur leicht

[7] D. h. zusammen mit dem vorliegenden Bruchstück würde die obige Schätzung demnach die den anderen Stimmen gemeinsame Größe von 33–33,5 x 20 cm ergeben.

parts bear (at top left) the title "Thue Rechnung," which is also faintly visible on the other parts. There this inscription appears, however, as a later addition.

Beyond the parts in the Hinrichsen Collection, a fragment of the duplicate 2nd violin part has also found its way to America (to Princeton University Library). It is a half sheet in oblong format that is 13.5 cm high and 20 cm wide. On its 5 staves Dürr's copyist Anonymous II f has written with utmost clarity the first 16 measures of the opening movement, the bass aria "Tue Rechnung! Donnerwort." The lower part of this leaf has obviously been cut off. It probably measured 19.5–20 x 20 cm[7] and contained on its 8 to 9 staves the slightly longer remainder of the aria and the possibly autograph *tacet* indications for movements 2–5. One wonders whether this fragment without title that begins with:

and should show on its reverse side only empty staves, is not somewhere in private possession. The verso of the Princeton fragment (s. ill. 44) shows on its two top staves the concluding chorale in Meißner's typical handwriting. Below it Julius Rietz "attestirt" that it is "Joh. Seb. Bach's Handschrift." That it is, however, not Bach's but Meißner's handwriting, adds significantly to the likelihood that this duplicate part belonged to the original set of parts. The fragment is in excellent condition. The paper has turned only slightly brown, the color of the ink is black. A watermark is not visible.

Provenance

When Cantata 168 was published in 1887 in BG 33, the 9 parts under discussion were not yet known to its editor. Ernst Rudorff had not the slightest idea that in the following year he would suddenly become their owner. Shortly after the death of Friedrich Wilhelm Jähns (on August 8, 1888) Rudorff

[7] If this estimated size is added to that of the extant fragment, the whole leaf would measure the same as the other original parts: 33–33.5 x 20 cm.

gebräunt, die der Tinte schwarz. Ein Wasserzeichen ist nicht erkennbar.

Provenienz

Als Kantate 168 im Jahre 1887 in Bd. 33 der BG herausgegeben wurde, war der hier diskutierte Stimmensatz noch unbekannt. Ernst Rudorff ahnte nicht, daß er im folgenden Jahr plötzlich der Besitzer der Originalstimmen sein würde. Kurz nach dem Tod von Friedrich Wilhelm Jähns (8. August 1888) erhielt Rudorff ein Paket, das die Originalstimmen von 6 Bachschen Kirchenkantaten enthielt. Dabei wußte Rudorff nichts von ihrer Existenz, wie er in einer langen „Bemerkung" auf dem Umschlag der Stimmen zu Kantate 168[8] berichtet. Bei den 6 Stimmensätzen handelte es sich neben den Instrumentalstimmen von Kantate 168 um die Originalstimmen von Kantate 172, 174, 176, 178 und um einige Stimmen-Dubletten von Kantate 9. Rudorffs Bemerkung ist bereits in Arthur Mendels Kritischem Bericht zu Kantate 174[9] veröffentlicht worden. Diese „Bemerkung" befindet sich unten sowie links quergeschrieben auf der Vorderseite des besagten Umschlags. Sie wird im vorliegenden Katalog zum ersten Mal abgebildet (s. Abb. 45). Oben auf der Seite gibt Rudorff den Titel von BWV 168 an, erwähnt Bachs Anteil an der Ausschreibung der Stimmen und zählt diese einzeln auf. Auch bemerkt er das Fehlen des Titels und der Singstimmen. Er verweist ferner auf das Vorwort in BG 41, in dem seine Orchesterstimmen zum ersten Mal kurz beschrieben wurden und auf die Veröffentlichung der Kantate in BG 33. Dem folgt die für die Bach-Quellen in Amerika besonders wichtige „Bemerkung". Denn nicht nur die Instrumentalstimmen von BWV 168, sondern auch die Originalstimmen von BWV 174 und 176 sind über Ernst Rudorff und die Musikbibliothek Peters in die Sammlung Hinrichsen nach New York gelangt. Auf völlig anderem Wege fanden auch 3 der Dubletten von BWV 9 ihre Heimat in New York. Bei der Diskussion der obigen Kantatenstimmen wird auf Rudorffs

[8] In Ermangelung eines originalen Umschlags fügte Rudorff dem Stimmensatz von Kantate 168 einen neuen Umschlag bei.

[9] Vgl. NBA I/14 (1962/63), KB, S. 83f.

received a package containing the original parts of 6 cantatas. They had belonged to Ernst Rudorff's father Adolf who had either given or lent them to Jähns in the 1840s. Ernst Rudorff was, however, totally unaware of their existence. In a lengthy remark on the cover of the parts of Cantata 168[8] he tells of the unexpected arrival of these treasures. In addition to the instrumental parts of Cantata 168, he had also received the original parts of Cantatas 172, 174, 176, 178, and a few parts of Cantata 9. Rudorff was unaware that the latter were duplicate parts. The wording of Rudorff's explanatory remark has already been published in Arthur Mendel's critical report to Cantata 174.[9] The remark ("Bemerkung") is found at the bottom and written crosswise on Rudorff's cover which is reproduced here for the first time (s. ill. 45). At the top Rudorff gives the title of Cantata 168, then outlines Bach's participation in the writing of the parts which he enumerates one by one. He also notes that the title and the vocal parts are missing. He further refers to BG 33 in which Cantata 168 was first published and to BG 41 in which his orchestral parts were first mentioned and briefly described. After this follows his "Bemerkung" which is for the Bach sources in America of prime importance. Not only the instrumental parts of BWV 168 but also the original parts of BWV 174 and 176 have come via Ernst Rudorff and the Musikbibliothek Peters into the Hinrichsen Collection in New York. Three of the duplicate parts of Cantata 9 have gone quite different ways, yet found their home also in New York. In our discussion of the provenance of these parts this illustration will have to be referred to time and again.

With regard to the parts of Cantata 168 it is worth noting that Jähns did not return all the parts of Adolf Rudorff to his son Ernst. He had either sold the vocal parts or given them away. It is further possible that he also disposed of the two duplicate violin parts, that of the 2nd violin perhaps already in its present cut-off form. This fragment has a way of surfacing and submerging sporadi-

[8] Since these parts did not have an original wrapper, Rudorff furnished a new one.

[9] Cf. NBA I/14 (1962–63), KB, pp. 83f.

„Bemerkung" noch mehrfach zurückzukommen sein.

Lehrreich für die Überlieferung des Stimmenmaterials von Kantate 168 ist, daß Jähns nicht alle Stimmen aus dem Besitz Adolf Rudorffs dessen Sohn Ernst testamentarisch vermachte. Die Singstimmen hatte Jähns entweder verkauft oder verschenkt. Auch ist nicht ausgeschlossen, daß er die Dubletten der beiden Violinstimmen veräußerte, die 2. Violinstimme vielleicht schon in ihrer fragmentarischen Form. Das Fragment der Violino-II-Dublette taucht in der Literatur immer wieder sporadisch auf. Julius Rietz bestätigt seine „Echtheit" vor 1877, seinem Todesjahr. Möglicherweise ist es in den „18 ½ pag." der BWV 168-Stimmen enthalten, die in den Versteigerungskatalogen des Antiquariats Stargardt aus den Jahren 1893 und 1895[10] angezeigt wurden. Die verschiedenen Nummern links oben auf Ernst Rudorffs Umschlag (s. Abb. 45) beziehen sich auf diese Auktionen. Das Fragment kam 1930 wieder zum Vorschein, und zwar in den Versteigerungskatalogen 59 und 60 von Leo Liepmannssohn in Berlin. Dann verschwindet es wieder. 1965 versuchte H. Fred Baerwald, ein New Yorker Privatsammler, das Manuskript durch die Autographenhandlung Charles Hamilton in New York zu verkaufen. Da dies anscheinend nicht in wünschenswerter Weise gelang, schenkte Baerwald das Manuskript am 10. Februar 1966 der Bibliothek der Princeton University in Princeton, New Jersey (Signatur: AM 18807).

Die Provenienz der 9 New Yorker Stimmen läßt sich folgenderweise resümieren: Wilhelm Friedemann Bach – Karl Pistor – Adolf Rudorff – Friedrich Wilhelm Jähns – seit 1888 Ernst Rudorff – seit 1917 Musik-

cally. Julius Rietz attested to its "authenticity" before 1877, the year of his death. It may have been among the mysterious number of "18 ½ pag." of BWV 168 parts that were offered for sale in Stargardt's auction catalogues of 1893 and 1895.[10] The figures in the left top corner on Rudorff's cover of his BWV 168 parts (s. ill. 45) seem to refer to these auctions. In 1930 the fragment of the duplicate 2nd violin part resurfaced in auction catalogues 59 and 60 of Leo Liepmannssohn in Berlin. Then it vanished again until in 1965 H. Fred Baerwald, a private collector in New York, tried to sell it through the New York manuscript dealer Charles Hamilton. When this apparently did not bring the desired result, Baerwald presented the manuscript on February 10, 1966 to Princeton University Library, Princeton, New Jersey, where its file number is AM 18807.

The provenance of the 9 New York parts can be summarized as follows: Wilhelm Friedemann Bach – Karl Pistor – Adolf Rudorff – Friedrich Wilhelm Jähns – since 1888 Ernst Rudorff – since 1917 Musikbibliothek Peters, Leipzig (file number: Ms. R. Nr. 5) – since 1945 Hinrichsen Collection, New York.

[10] Marshall erwähnt in seinem KB zu Kantate 168, daß die heute verschollene Dublette der 1. Violinstimme eine Echtheitsbestätigung von Jähns enthält. Auch gibt er Gründe für seine Ansicht an, daß Jähns die zwei Violin-Dubletten Ernst Rudorff vermacht habe. Demgegenüber ist zu bemerken, daß Rudorffs Inhaltsangabe der Stimmen zu BWV 168 die Violin-Dubletten nicht anführt (s. Abb. 45) und daß diese auch nicht im Vorwort zu BG 41, S. XLIII, erwähnt werden. Vgl. auch die merkwürdige Rolle, die Jähns in dem stückweisen Verkauf der Originalpartitur von Kantate 188 gespielt hat (s. S. 82f. und BG 37, S. XXXVIIff.).

[10] In his KB to Cantata 168 Marshall reports that the duplicate 1st violin part which has disappeared, bore originally an "authentication" by Jähns. Marshall gives reasons for his opinion that the two duplicate violin parts were returned by Jähns to Ernst Rudorff (see the above "18 ½ pag."). But Rudorff omits these parts in his enumeration of the parts on the cover of his BWV 168 parts (s. ill. 45). They are also not mentioned in BG 41, p. XLIII. See further the strange role Jähns seems to have played in the sale and possibly even in the dissecting of the autograph score of BWV 188 (s. p. 82 and BG 37, pp. XXXVIIff.).

bibliothek Peters, Leipzig (Signatur: Ms. R. Nr. 5) – seit 1945 Sammlung Hinrichsen, New York.

BWV 187 „Es wartet alles auf dich", Die Instrumentalstimmen

In der Beschreibung von Kantate 176 wurde auf das plötzliche Nachlassen von Bachs schöpferischer Energie hingewiesen (s. S. 116), das auf diese zum Trinitatisfest 1725 geschriebene Kantate folgte. Ob aus eigener Initiative oder von enttäuschten Kollegen oder dem Rat der Stadt angespornt, nahm Bach zur Weihnachtszeit 1725 sein Kantatenschaffen wieder auf. Vom 1. Weihnachtstag bis zum 3. Sonntag nach Epiphanias (27. Januar 1726) komponierte er acht neue Kantaten. In der letzten Woche erhielt Bach die am 21. Januar 1726 abgefaßte Entscheidung des Dresdner Hofes, die seinen Antrag auf Schlichtung seines ersten größeren Streitfalls in Leipzig[1] in seinen Hauptpunkten ablehnte. Wie reagierte Bach auf diese bittere Enttäuschung? An den nächsten sechs Sonn- und Feiertagen bekam seine nichts ahnende Leipziger Gemeinde 6 Kantaten von Bachs Vetter, dem Meininger Kapellmeister Johann Ludwig Bach (1677–1731), zu hören und am Karfreitag Reinhard Keisers Markus-Passion, die Bach schon 1714 in Weimar kopiert und aufgeführt hatte. Von Ostern bis zum Sonntag *Cantate* (am 19. Mai 1726) wurden 7 weitere Kantaten Johann Ludwig Bachs einschließlich der Osterkantate BWV 15[2] an Stelle von Werken Bachs im Leipziger Gottesdienst gegeben. Am 23. Juni ersetzte Bach mit seiner zum Trinitatisfest neukomponierten Kantate 39 „Brich dem Hungrigen dein Brot" die halb so lange Trinitatis-Kantate 176 des vorigen Jahres (s. S. 114 ff.) In den

[1] Dieser betraf Bachs Gehaltsforderung an die Universität Leipzig bezüglich des alten sowie neuen Gottesdienstes in der Pauliner Kirche. Siehe Bachs Eingaben vom 14. September, 3. November und 31. Dezember 1725 an Kurfürst Friedrich August I. von Sachsen in: Dok I, S. 30–45, und Dok II, S. 155.

[2] Diese wurde von William H. Scheide im BJ 1959, S. 52–94, als eine Komposition Johann Ludwig Bachs identifiziert.

BWV 187 "Es wartet alles auf dich", The Instrumental Parts

During the description of Cantata 176 reference was made to the long stretch of reduced productivity that followed in the wake of that Trinity cantata of 1725 (s. p. 116). Not until the Christmas season of 1725 did Bach, perhaps prodded by his superiors, resume regular composition of cantatas. From Christmas Day 1725 through the 3rd Sunday after Epiphany (January 27, 1726) he composed eight new cantatas. While Bach was composing the last of them for performance on January 27, 1726, his sovereign's decree of January 21, 1726 must have arrived. Acting on Bach's first major complaint in Leipzig,[1] it rejected the basic request of the cantor. How did Bach react to this slight? During the next 6 Sundays he imposed upon his unsuspecting Leipzig congregation cantatas by his Meiningen cousin Johann Ludwig Bach (1677–1731); and on Good Friday he performed not a Passion music of his own but Reinhard Keiser's St. Mark Passion that he had copied already in 1714 for a performance at Weimar. Thereafter, from Easter to *Cantate* Sunday (May 19, 1726), his Leipzigers were made to hear yet another 7 cantatas by Johann Ludwig Bach, including BWV 15.[2] On June 23, Bach replaced Cantata 176, the short cantata he had composed for Trinity the year before (s. pp. 114 ff.) by a new cantata twice its length, BWV 39 "Brich dem Hungrigen dein Brot." But for the next four weeks in which 4 Sundays and 2 feast days required performances of church cantatas, nothing else can be documented but another two cantatas by Johann Ludwig Bach. Perhaps Bach needed this long creative

[1] The one about the salary and the directorship of both the Old and New Divine Service at the University Church. See Bach's complaints of September 14, November 3, and December 31, 1725 to his Elector and King in: *The Bach Reader*, pp. 98–105.

[2] William H. Scheide identified this cantata as a composition by Johann Ludwig Bach. S. *BJ* 1959, pp. 52–94.

nächsten vier Wochen, in denen der Kantor für die Kirchenmusik an 4 Sonn- und 2 Feiertagen verantwortlich war, können nur zwei Aufführungen von Kantaten Johann Ludwig Bachs nachgewiesen werden. Es hat den Anschein, daß Bach diese lange schöpferische Pause benötigte, um seine Leipziger Stellung in ihrem wahren Licht zu sehen: nämlich die Unfähigkeit seiner Gemeinde wie der Obrigkeit, die Großtat seines Choralkantaten-Jahrgangs auch nur im geringsten zu würdigen, und die Abweisung, die er seitens seines Kurfürsten und Königs erlitten hatte. Doch schließlich, am 5. Sonntag nach Trinitatis, begann der Meister wieder mit einer neuen Serie von insgesamt 16 Kantaten, die sich vom 21. Juli bis zum letzten Sonntag nach Trinitatis am 24. November 1726 erstreckten. Hätte Bach noch eine Kantate zum 1. Adventsonntag hinzukomponiert, so wäre dadurch eine nahtlose Verflechtung mit den 8 Kantaten der vorjährigen Weihnachtszeit entstanden. Aber auch ohne diese fehlende Kantate kann Bachs Absicht, einen neuen Kantaten-Jahrgang in Angriff zu nehmen, nicht bezweifelt werden.

Unter den 16 Kantaten von Sommer und Herbst 1726 steht Kantate 187 „Es wartet alles auf dich" an dritter Stelle. In ihrer Benutzung von Psalmtext (Ps. 104:27–28) und Bibelwort (Matthäus 6:31–32) gehört sie zu einer Gruppe von Kantaten dieser Zeit, die mit dem Kantatentyp Johann Ludwig Bachs verwandt ist. Obgleich Kantate 187 keine Choralkantate ist, ist sie eine Komposition von großem Format und entsprechender Länge (etwa 24 Minuten). Von den 7 Sätzen sind 3 vor und 4 nach der Predigt zu singen. Wie bei Kantate 168 (s. S. 127) befinden sich die originalen Instrumentalstimmen der Kantate 187 heute in der Sammlung Hinrichsen in New York. Sie bestehen, wie Ernst Rudorff auf der Vorderseite des aus späterer Zeit stammenden Umschlags vermerkt, aus „Hautbois I . . . und II, Violino I (2 Mal) Violino II (2 Mal) . . ., Viola, Continuo in g moll (2 Mal), in f moll (2 Mal)". Als fehlend sind „die Singstimmen und der Titel" angegeben. Die im gewöhnlichen Folioformat geschriebenen Stimmen messen 34,7 x 21 cm. Sie sind gut erhalten; das Papier ist nur leicht gebräunt, die Tintenfarbe ist schwarz. Wegen der Dik-

pause to come to terms with the true nature of his Leipzig position: his congregation's and his employers' inability to comprehend the wonders he had wrought with his chorale cantatas the year before, and the rebuke he had suffered from his Elector and King. Only with the 5th Sunday after Trinity did new cantatas begin to flow again from Bach's pen, sixteen in all, from July 21 to the last Sunday after Trinity on November 24, 1726. This new surge of creative energy dovetails with the Christmas season cantatas of the preceding year and thus suggests that Bach had finally decided upon the creation of a third cantata Jahrgang.

Among the sixteen cantatas of the summer and fall of 1726, BWV 187 is the third. In its dependence on Psalm text (Ps. 104, verses 27–28) and Scriptures (Matthew 6:31–32) it is, together with a number of other cantatas of this time, related to the cantata concept of Johann Ludwig Bach. Although not a new chorale cantata, it is a work of profound substance and commensurate length (about 24 minutes long). Its 7 movements are divided into 3 preceding and 4 following the sermon. As in the case of Cantata 168 (s. p. 126) the original instrumental parts of Cantata 187 are in the Hinrichsen Collection in New York. They consist, as Ernst Rudorff writes on the front page of the wrapper that was added in the 19th century to the parts, of: "Hautbois I . . . and II, Violino I (twice), Violino II (twice) . . ., Viola, Continuo in G minor (twice), in F minor (twice)." Then Rudorff notes as missing: "the vocal parts and the title." The parts are written in the customary folio format and measure 34.7 x 21 cm. They are still in good condition. The paper has turned only slightly brown. The color of the ink is black. Because of the thickness of the paper which has no doubt benefited the preservation of the parts, the watermark is clearly visible only on a few leaves, namely on those which, like viola and oboe II, are not fully covered with music on both sides. On these, the watermark "ICF" above a "Crowned Figure between Branches" can be discerned. This watermark can be observed in Bach manuscripts from June 23, 1726 (BWV 39, see above) to February 2, 1727.[3] The watermark and the fact that Bach

[3] Cf. Dürr 1976, pp. 133ff.

ke des Papiers, die dem Erhaltungszustand der Stimmen zweifellos zugute gekommen ist, ist das Wasserzeichen nur auf einigen Blättern klar zu sehen, und zwar auf jenen, die wie die Viola- und 2. Oboenstimme nicht auf beiden Seiten mit Musik beschrieben sind. Dort erkennt man die Buchstaben „ICF" und darüber eine „gekrönte Figur zwischen Zweigen"[3]. Dieses Wasserzeichen ist in Bachschen Handschriften vom 23. Juni 1726 (BWV 39, s. o.) bis zum 2. Februar 1727 (BWV 82) nachweisbar. Das Wasserzeichen und die Tatsache, daß Bach auf dem Titelblatt der Originalpartitur[4] angibt, die Kantate sei für den 7. Sonntag nach Trinitatis geschrieben, bestimmt das Datum ihrer Erstaufführung als den 4. August 1726.

Auch die 7 am Ausschreiben der Stimmen beteiligten Kopisten bestätigen das obige Datum. Dieser „Embarras de richesse" an Schreibern ist typisch für die Kantaten dieser Zeit. Der Hauptkopist der Stimmen von BWV 187 einschließlich der 4 Singstimmen, die sich in der Staatsbibliothek Preußischer Kulturbesitz in Berlin (West) befinden, ist Bachs Neffe Johann Heinrich Bach[5] (Dürrs Hauptkopist C), der am 1. Januar 1726 Johann Andreas Kuhnaus Nachfolger und am Tag der Erstaufführung der Kantate 19 Jahre alt wurde. Im Gegensatz zu Kuhnau, der den einfachen Stimmensatz gewöhnlich ganz aus Bachs Partitur abschrieb, kopierte Johann Heinrich Bach nur die Violastimme und den nichttransponierten, bezifferten Continuo vollständig. Beim Ausschreiben der übrigen Stimmen, einschließlich der heute in Berlin (West) befindlichen Singstimmen[6], benötigte er die Hilfe von Christian Gottlob Meißner. So erkennt man auf der letzten Seite der 1. Oboenstimme die Hand Meißners, dem die Abschrift der obligaten Melodie im 5. Satz zufiel (s. Abb. 46).

[3] Vgl. Dürr 1976, S. 133ff.

[4] Diese befindet sich in der DtStB.

[5] Zu seiner Identifizierung s. Hans-Joachim Schulze, Ein „Dresdner Menuett" im zweiten Klavierbüchlein der Anna Magdalena Bach. Nebst Hinweisen zur Überlieferung einiger Kammermusikwerke Bachs, in: BJ 1979, S. 59ff. S. auch Anm. 5 und 6 in der vorhergehenden Beschreibung der Stimmen von Kantate 168.

[6] Meine Kenntnis der Stimmen, die sich nicht in den Vereinigten Staaten befinden, beruht auf Leo Treitlers KB zu NBA I/18 (1966), S. 92f.

tells on the title page of the autograph score[4] that the cantata was written for the 7th Sunday after Trinity, establish August 4, 1726 as the date of its first performance.

This date is reinforced by the 7 copyists of the parts, an abundance of scribes rather typical of the cantatas of this time. The principal copyist of the parts of BWV 187, including the 4 vocal parts which are in the Staatsbibliothek Preußischer Kulturbesitz in Berlin (West), is Dürr's principal copyist C. He has just been identified by Schulze[5] as Bach's nephew Johann Heinrich Bach, who on January 1, 1726 had become from one day to the next Johann Andreas Kuhnau's successor and who on the very day of the cantata's first performance was 19 years of age. In contrast to Kuhnau who often copied a single set of parts all by himself, Johann Heinrich Bach copied only the viola part and the untransposed, non-figured continuo in full. In the writing out of the other parts – including the West Berlin voice parts[6] – he was assisted by Christian Gottlob Meißner, Dürr's main copyist B. The grand oboe melody in movement 5 is in Meißner's handwriting (see ill. 46). Thought to be autograph, it gave particular pleasure to Adolf and Ernst Rudorff.[7] It also shows that someone – conceivably J. S. Bach himself – had counted the measures of the 3 sections of the movement: 20, 37, and 5. There was, however, a reason for Meißner's help at this point. Johann Heinrich Bach had just made the mistake of copying into the oboe part 39 measures of the 4th movement of the violin part which subsequently had to be crossed out. By this, he had wasted not only valuable time but also most of the space on page 3. There was just enough space left to enter the

[4] It is in the DtStB.

[5] Regarding his identification s. Hans-Joachim Schulze, "Ein 'Dresdner Menuett' im zweiten Klavierbüchlein der Anna Magdalena Bach. Nebst Hinweisen zur Überlieferung einiger Kammermusikwerke Bachs," in: *BJ* 1979, pp. 59ff. S. also footnotes 5 and 6 in the preceding description of the parts of Cantata 168.

[6] The information about the parts that are not in America is gratefully taken from Leo Treitler's KB to NBA I/18 (1966), pp. 92f.

[7] The latter says on the wrapper: "My father mentioned frequently Bach's handwriting in the Hautbois I part, where the aria in part II was entirely written by him."

Auf diese Seite waren Adolf und Ernst Rudorff besonders stolz, da sie Meißners Schrift für ein Autograph Bachs hielten[7]. Auch zeigt diese Seite, daß jemand – möglicherweise Bach selbst – die Takte der drei Teile dieses Satzes gezählt hat: 20, 37 und 5. Für Meißners Hilfe an dieser Stelle war anscheinend Grund vorhanden, denn Johann Heinrich Bach hatte auf der vorhergehenden Seite den Fehler begangen, 39 Takte des 4. Satzes der Violinstimme in die Oboenstimme einzutragen, wodurch natürlich Raum wie Zeit verschwendet wurde. Nach Ausstreichen der 39 Takte blieb auf der 3. Seite nur noch Platz, um den Schlußchoral (Satz 7) einzutragen. Da beim Ausschreiben der Stimmen von Bachs Kantaten gewöhnlich äußerster Zeitmangel herrschte, was in diesem Fall durch die Anwesenheit von 7 Kopisten bestätigt wird, mußte Johann Heinrich Bach nach 2 Takten die Abschrift der Oboenmelodie des 5. Satzes an Meißner abgeben. Schreiber Anonymus IIIf[8] hatte mittlerweile den 1. Satz in die 2. Oboenstimme eingetragen und wartete anscheinend auf Ablösung durch Johann Heinrich Bach, wohl um genug Zeit für seine Hauptaufgabe, die Herstellung der transponierten bezifferten Orgelstimme zu gewinnen. Nach Fertigstellung der 2. Oboenstimme (d. h. der Tacet-Vermerke zu Satz 4–6 und dem Ausschreiben des Schlußchorals) mußte sich Johann Heinrich Bach den 2 Violinstimmen zuwenden. Auch dabei benötigte er Hilfe, diesmal vom Kopisten Anonymus IIIb, dessen wesentliche Schreibarbeit im Kopieren des nichttransponierten unbezifferten Continuo bestand. Ein sonst unbekannter Kopist fertigte die Dublette der 1. Violinstimme an, bis er in der Mitte des 4. Satzes (von T. 49 an) von einem weiteren unbekannten Schreiber abgelöst wurde[9]. Ein letzter, als Anonymus

[7] Der Umschlag enthält folgende Bemerkung Ernst Rudorffs: „Mein Vater erwähnte oft die Handschrift Bachs in der Hautbois I Stimme, wo die Aria im zweiten Theil ganz von ihm geschrieben ist."

[8] Der Kopist Anonymus IIIf ist der damals 16jährige Thomasschüler David Salomo Reichardt, den Bach in seiner Eingabe an den Rat der Stadt Leipzig (am 23. August 1730) als einen der „brauchbaren" Alumnen erwähnt. Identifizierung laut freundlicher Mitteilung Hans-Joachim Schulzes.

[9] Schreiber 6 wird im KB zu NBA I/18, S. 95, irrtümlicherweise als Anonymus IIIh bezeichnet.

final chorale. Since in the process of copying the parts of a Bach cantata time was usually of the utmost essence, a fact that is proven here by the presence of 7 copyists, Johann Heinrich may have exhausted the time allotted to him for the copying of the 1st oboe part. At least this much can be said: after he had written the first two measures of the oboe melody of the 5th movement on the last page of the folio, he turned – or had to turn – the copying of the rest of the movement over to Meißner. In the meantime copyist Anonymous IIIf[8] who had entered the long 1st movement into the 2nd oboe part, and whose main copying task consisted of the writing of the transposed and figured organ part, may have waited for help from the principal copyist Johann Heinrich Bach. Indeed Johann Heinrich Bach completed the 2nd oboe part (the *tacet* indications for movements 4–6 and the writing of the final chorale). Presumably thereafter Johann Heinrich had to turn to the violin parts. To complete them, he needed the help of copyist Anonymous IIIb whose chief assignment was the writing of the duplicate untransposed, non-figured continuo part. An otherwise unknown copyist wrote the duplicate 1st violin part until still another unidentified writer[9] relieved him halfway through movement 4 (from m. 49 on). Finally a copyist, known as Anonymous IIIh,[10] was given the task of copying the duplicate 2nd violin part. In its 3rd movement he became, however, so hopelessly confused that Meißner had to come to his rescue.

The page reproduced here (ill. 47) is an editor's nightmare. Turned upside down, it shows that the copyist started quite properly with 1^r (s. in the illustration the title [in German script], "Violino 2" and the opening 3 measures of the 1st mvt.). The opening choral movement of the cantata with its 28

[8] Copyist Anonymous IIIf is the Thomas pupil David Salomo Reichardt, who at the time of the writing of this cantata was 16 years of age. Bach mentioned him in his letter of August 23, 1730 to the Town Council of Leipzig among his "usable" alumni. I owe this identification to a friendly communication by Hans-Joachim Schulze.

[9] In the KB to NBA I/18, p. 95, scribe 6 is called Anonymous IIIh, obviously a case of mistaken identity.

[10] In the KB he is called the "otherwise not identified scribe 7."

IIIh bekannter Kopist[10] hatte die Aufgabe, die Dublette der 2. Violine herzustellen. Im 3. Satz machte er (vom 105. Takt an) eine Reihe von Fehlern, so daß Meißner zu Hilfe kommen mußte.

Die hier abgebildete Seite (Abb. 47) dürfte für den Herausgeber ein wahrer Alptraum gewesen sein. Wenn man sie auf den Kopf stellt, zeigt die Seite, daß der Kopist zunächst mit Bl. 1^r begonnen hatte (vgl. auf vorliegender Abbildung zunächst den Kantatentitel in deutscher Schrift, dann „Violino 2" und die drei Anfangstakte des 1. Satzes). Nun ist aber der Anfangssatz der Kantate mit seiner 28-taktigen Sinfonia so umfangreich, daß er zumindest die Hälfte der gesamten Partitur in Anspruch nimmt. Keine der Stimmen vermag diesen Chorsatz auf einer Einzelseite unterzubringen. Unten auf dem recto-Blatt der 1. Oboenstimme mahnt Johann Heinrich Bach den Spieler, die Seite so schnell wie möglich umzublättern („Volti cittißi/me"). Von hier ab – möglicherweise auf Bachs Rat hin – wandte Johann Heinrich durch Öffnen des gefalteten Bogens die für die Pultauflage praktischere Folge 2^v – 1^r / 1^v – 2^r (oder umgekehrt) an[11]. Auf diese Weise konnte der gesamte Eingangssatz – und manchmal auch mehr – auf die zwei aufgeschlagenen Seiten geschrieben werden. Als Schreiber Anonymus IIIh hierauf aufmerksam gemacht wurde, öffnete er den Bogen seiner Violino 2-Dublette, kehrte ihn um und schrieb auf den zwei aufgeschlagenen Seiten den 1. Satz sowie „Recit. tacet" für Satz 2. Auf der 3. Seite, die früher Bl. 1^r gewesen war, ging alles 7 Notenzeilen und 104 Takte lang gut. Dann verirrte er sich in die darunter liegende Notenzeile von Johann Heinrich Bachs Stimme, die er kopierte, so daß die nächsten 15 Takte ein völliges Durcheinander ergaben[12], ehe er in den letzten 25 Takten der Arie bis zum da capo wieder den rechten Weg fand. Meißner war aber zu streng, als er die letzten 3 Notenzei-

measure-long Sinfonia is so vast that it takes at least one half of the writing space of the whole cantata. None of the parts could accommodate the 1st movement on a single page. At the bottom of the *recto* leaf of the 1st oboe part Johann Heinrich Bach had to urge the player with "Volti cittißi/me," to turn the page as quickly as possible. From thereon Johann Heinrich, perhaps upon Bach's urging, used the method of opening the folio[11] to the 2^v – 1^r / 1^v – 2^r (or vice versa) position. This allowed the whole opening movement (and sometimes slightly more) to be written on the 2 pages now spread open and later to be placed on the music stand. Realizing, or made to realize his initial error, copyist Anonymous IIIh opened the folio of the duplicate 2nd violin part, turned it upside down and wrote on the 2 connected pages the opening movement and "Recit. tacet" for movement 2. On the 3rd page, the former 1^r, all went well for 7 staves or 104 measures of the dance-like 3rd movement. Then Anonymous IIIh drops to the staff below in Johann Heinrich Bach's part from which he copied, and gets for a while hopelessly confused[12] before straightening things out again in the last 25 measures of the aria, that is, prior to its da capo. Meißner is, however, too severe when, rushing to the aid of scribe IIIh, he crosses out the 3 last staves and below them the "FINE della 1 PARTE." By pasting a correctly written 8th staff over the faulty one of copyist Anonymous IIIh,[13] Meißner could have saved himself the writing of measures 104–154 on staves 11 (right side) to 14 (m. 154 with repeat sign, "Da Capo" and "Fine della Parte"). It is almost tragic irony that Meißner's last line was then also wiped out by someone who tried to obliterate the wrong start of the part by copyist Anonymous IIIh on the lowest staff. The Latin words above the crossed-out 8th staff attempt to straighten out the confusion below: "Loco huj[us]

[10] Im KB wird er als der „nicht anderweitig festgestellte Schreiber 7" bezeichnet.

[11] Dies aber nur bei den Stimmen, die aus einem Bogen bestehen (außer den beiden bereits geschriebenen Oboenstimmen).

[12] Die Taktfolge in Leo Treitlers KB, S. 93, ist, wie die unterstrichenen Zahlen andeuten, ein wenig zu revidieren: 104, 121–128, <u>111–112</u>, <u>115–119</u>, 129–154.

[11] This was applied, after the two oboe parts had been written, only to the parts that used no more than 1 folio.

[12] The order of the measures in the otherwise pertinent description of this dilemma in Leo Treitler's KB, p. 93, can be slightly revised as the underlined numbers intend to indicate: 104, 121–128, <u>111–112</u>, <u>115–119</u>, 129–154.

[13] That is, from its second to its third last measure – only 7 measures of music in all, the rest being pauses.

len und das folgende „FINE della 1 PARTE" mit großer Vehemenz völlig ausstrich. Hätte er eine korrekt geschriebene 8. Notenzeile über die fehlerhafte des Schreibers Anonymus III h geklebt[13], wäre der Schaden behoben gewesen. Meißner hätte sich damit die Arbeit sparen können, die Takte 104–154 auf den Systemen 11 (rechts) bis 14 (Takt 154, Wiederholungszeichen, „Da Capo" und „Fine della Parte") neu zu schreiben. Ein ironischer Zufall wollte dann, daß Meißners letzte Zeile zusammen mit dem seitenverkehrten falschen Anfang des Schreibers Anonymus III h ausgewischt wurde. Die lateinischen Worte über dem ausgestrichenen 8. Notensystem versuchen das darunterstehende Chaos zu entwirren: „Loco huj[us] vide infra [oder intra] sub signo ℭ quib[us] finitis finis primae partis extat." (An Stelle von diesem, siehe unten, unter dem Verweisungszeichen ℭ. Nach deren [sic!] Beendigung steht das Ende des ersten Teils.) Die doppelte Präposition „infra [oder intra] sub" sowie der Wechsel von „sub signo" (singular) zu „quib[us] finitis" sprechen gegen Bach und für Meißner als Schreiber dieser lateinischen Bemerkung. Während die Worte „loco", „vide", „sub", „signo" und „quib[us]" Bachs Schrift sehr ähneln, zeigt der Rest der Handschrift doch erstaunliche Unregelmäßigkeiten, die nicht mit Bachs Schrift in Einklang zu bringen sind. Siehe z. B. die verschiedenen Formen von f, offenes oder geschlossenes a, Striche, dann wieder Punkte über i, etc. Nach Übersendung einer Vergrößerung dieser Seite verglich Hans-Joachim Schulze freundlicherweise die lateinische Bemerkung mit Meißners eigenhändigen Dokumenten aus dem Kirchenarchiv Geithain und kam zu dem nicht ganz unerwarteten Schluß, daß der lateinische Satz gleichfalls Meißners Handschrift darstellt. Wir können somit erleichtert aufatmen in der Gewißheit, daß das fragwürdige Latein Meißner und nicht Bach zuzuschreiben ist.

Wie jedoch das zweifellos von Bach geschriebene „piano" oben auf der Seite zeigt, welches die Wiederholung des Anfangsmo-

[13] Die Ausmerzung vom 2. bis drittletzten Takt hätte sogar genügt. Tatsächlich handelt es sich nur um 7 fälschlich eingetragene Takte; denn die übrigen Takte auf diesem Notensystem bestehen aus Pausen.

vide infra [or intra] sub signo ℭ quib[us] finitis finis primae partis extat." (Instead of this, see below the sign ℭ. After their completion appears the end of part I.) The double preposition *infra* [or *intra*] *sub* and the switch from the singular *sub signo* to the plural *quib*[*us*] *finitis* seem to point to Meißner rather than Bach as writer of the Latin remark. While the words *loco, vide, sub, signo* and *quib*[*us*] resemble Bach's handwriting, the rest of the writing, particularly the dissimilar *f's* or the points, then the dashes dotting the *i's* and other incongruities such as the open *a* in *infra* and the closed one in *partis* speak against Bach as the writer of this passage. When I sent him an enlargement of this part of the page Hans-Joachim Schulze very kindly compared this Latin sentence with Meißner's proven handwriting in the church archive in Geithain and found them not too surprisingly identical. It comes as somewhat of a relief to know that the awkward Latin above was written by Meißner rather than by Bach.

And yet, Bach must have had this page in hand as is proven by the unquestionably autograph "piano" that reduces the opening phrase of the movement to an echo (s. top of page). Bach's presence is further corroborated on the next page by the apparently autograph additions of 3 omitted measures in movement 4. On this 4th and last page no room was left for the brief recitative and concluding chorale (mvts. 6 and 7). Again it was Meißner who wrote them on what amounts to a third of a page (about 9 x 21 cm) which Rudorff naturally considered to be autograph. Rather than exposing this small strip of paper to the possibility of loss, it was later pasted onto the empty lowest staves of page 4 of Johann Heinrich Bach's 2nd violin part. This part now exhibits the recitative and concluding chorale twice (s. in ill. 48 also the handwriting of copyist Anonymous III b on staves 1 to 3 ½ and that of Johann Heinrich Bach with his characteristic treble clef on staves 4–10).

Most parts consist of 1 folio, its 4 pages filled with music. The folio of the Viola part has 3 pages of music, that of the 2nd Oboe only 2, but using 1^r for the title. The empty pages of each of these 2 parts are lined with 14 staves, the average number of the whole

tivs des 3. Satzes zu einem Echo reduziert, hat Bach diese Seite in der Hand gehabt. Auf der 4. und letzten Seite blieb kein Platz mehr für das kurze Rezitativ und den Schlußchoral (Satz 6 und 7). Diese schrieb Meißner, der Helfer in der Not in dieser Kantate, auf ein kleines Beiblatt mit 4 Notensystemen (ca. 9 x 21 cm), die Ernst Rudorff natürlich für autograph hielt. Um dem Verlust dieses Papierstreifens vorzubeugen, wurde das Beiblatt später auf die vier leeren untersten Systeme der 4. Seite von Johann Heinrich Bachs 2. Violinstimme aufgeklebt, mit dem Ergebnis, daß diese Stimme jetzt das Rezitativ und den Schlußchoral zweimal zeigt (s. auf der Abb. 48 auch die Handschrift von Anonymus IIIb auf den $3^{1}/_{2}$ oberen Systemen und die Johann Heinrich Bachs mit seinem charakteristischen Violinschlüssel auf den Systemen 4–10).

Die meisten Stimmen bestehen aus einem Bogen mit 4 beschriebenen Seiten. Der Bogen der Violastimme hat nur 3, der der 2. Oboe 2 beschriebene Seiten sowie den Titel „Hautbois 2" auf Bl. 1^{r}. Die leeren Seiten dieser zwei Stimmen sind mit 14 Notensystemen rastriert, der Durchschnittszahl dieses Stimmensatzes. Johann Heinrich Bachs nicht-transponierter, unbezifferter Continuo besteht aus einem Bogen und einem Blatt. Die Stimme trägt den Titel „Continuo" auf Bl. 1^{r}, wie aus den durchgeschlagenen Noten der 1. Seite des Anfangssatzes auf dem Titelblatt zu ersehen ist. Der erste Satz steht auf den geöffneten Seiten des Bogens 1^{v} und 2^{r}. Auf Blatt 2^{r} war noch genug Platz für den 2. Satz vorhanden, das Baß-Rezitativ, dem die untextierte Stimme zur Orientierung des Spielers beigegeben ist[14]. Auf den Seiten 2^{v}, 3^{r} und 3^{v} stehen die Sätze 3, 4 und 5–7 in Johann Heinrich Bachs Handschrift.

Während es dem Schreiber Anonymus IIIb gelang, die Dublette von Bachs Continuo auf 4 Seiten eines Bogens zu kopieren, umfaßt David Salomo Reichardts transponierter, bezifferter Continuo einen Bogen und ein Einzelblatt. In dieser auf 5 Seiten geschriebenen Stimme ist das Rezitativ (Satz

set of parts. Johann Heinrich Bach's untransposed, non-figured continuo consists of 1 folio and 1 leaf. The title appears on 1^{r} of the folio, as is shown by the ink of the notes that has penetrated from the first page of the opening movement. The first movement is written on the open folio on 1^{v} and 2^{r}. 2^{r} contains also the 2nd movement, the recitative which includes the textless vocal bass written above the continuo, obviously as an aid to the continuo player.[14] Movements 3, 4 and 5–7 fill the leaves 2^{v}, 3^{r} and 3^{v}.

While Anonymous IIIb succeeded in copying his duplicate continuo part on the 4 pages of his folio, the transposed and figured continuo took 1 folio and 1 leaf. It was written by David Salomo Reichardt on 5 pages (its 6th page being empty) and shows the same 2-part notation of the recitative (mvt. 2) that characterized also Johann Heinrich Bach's continuo part (see above). Beyond the figuring that seems to be entirely in Bach's hand, the composer also added to the title „Continuo" written by Reichardt at the top of the first page, the words "pro Organo."

Although Bach did not participate in the copying of the parts, he added the cantata title "Es wartet alles" in the 2 oboe parts. In the 5th movements of the 1st Oboe part (s. ill. 46) the "Aria Solo è adagio," later the "un poc' allegro"[15] and finally the "adagio" are autograph additions. At the corresponding spot in Reichardt's "Continuo pro Organo" part, Bach entered also the word "adagio" and in that part's 3rd movement the direction "tasto solo."

Furthermore the dynamic marks are, with few exceptions, in Bach's hand, added no doubt as the composer proofread the parts. The basso aria (mvt. 3) is because of its echo effects particularly rich in autograph piano, forte and even pianissimo marks. That autograph dynamics are missing in Johann Heinrich Bach's viola part could be construed as a sign of the composer's confidence in his nephew's abilities, if it were not for the fact that Johann Heinrich failed to supply them

[14] Im KB, S. 94, wo auf das zweistimmig notierte Rezitativ in 2 der 3 Continuostimmen hingewiesen wird, sollte „Satz 2" anstatt „Satz 3" gelesen werden.

[14] The KB, p. 94, ought to read "Satz 2" rather than "Satz 3" in reference to this part and that of the "Continuo pro Organo."

[15] This one is not unquestionably autograph.

2) wieder zweistimmig wie in Johann Heinrich Bachs Continuostimme notiert. Außer der Bezifferung, die vollständig von Bachs Hand herzurühren scheint, hat der Meister nach Reichardts Überschrift „Continuo" die Worte „pro Organo" hinzugefügt.

Obgleich Bach sich nicht am Ausschreiben der Stimmen beteiligte, hat er in den 2 Oboenstimmen den Kantatentitel „Es wartet alles" selbst geschrieben. Im 5. Satz der 1. Oboenstimme (s. Abb. 46) sind die Angaben „Aria Solo è adagio", weiter unten „un poc'allegro"[15] und dann „adagio" gleichfalls autographe Zusätze. Ein autographes „adagio" findet sich auch an derselben Stelle im „Continuo pro Organo" sowie die Anweisung „tasto solo" im 3. Satz dieser Stimme.

Die dynamischen Zeichen sind mit wenigen Ausnahmen von Bach bei der Durchsicht der Stimmen eingetragen worden. Der 3. Satz, die Baß-Arie, ist mit ihrem Echostil besonders reich an autographen piano-, forte- und sogar pianissimo-Zeichen. Daß autographe dynamische Zeichen in Johann Heinrich Bach's Violastimme fehlen, könnte als ein Vertrauenszeichen Bachs seinem Neffen gegenüber gedeutet werden, wenn dieser die Zeichen selbst eingetragen hätte, was er aber nicht getan hat. Die Trillerzeichen (in Satz 1 und 7) sind gleichfalls in den meisten Fällen autograph. Schließlich stammen die Zusätze von ausgelassenen Takten (im 3. Satz der 1. Violinstimme und im 4. Satz der Violino 2-Dublette) möglicherweise von J. S. Bach.

Die elfte Stimme in der Sammlung Hinrichsen gehört nicht zum originalen Stimmensatz. Sie ist eine Kopie von Reichardts transponiertem, beziffertem „Continuo pro Organo". Die Stimme unterscheidet sich in Größe (34,4 x 21,5 cm) und Wasserzeichen (einem „W") von den übrigen Instrumentalstimmen. Sie wurde von einem Schreiber, der von 1755 bis zum Ende der 1760er Jahre für Carl Philipp Emanuel Bach arbeitete, auf 4 Seiten eines Bogens kopiert. In der Bach-Literatur ist dieser Schreiber als Anonymus 300 bekannt.

Bach selbst scheint diese Kantate sehr geschätzt zu haben, denn etwa elf Jahre nach ihrer Entstehung benutzte er die 3 Arien und den Eingangschor für das Gloria seiner Mis-

[15] Dieses ist nicht mit Sicherheit autograph.

on his own. Also the signs for the trills (in mvts. 1 and 7) are for the most part autograph. Finally, the addition of a few omitted measures – in the 3rd movement of the 1st violin part and in the 4th movement of the duplicate 2nd violin part – are perhaps also in the composer's hand.

The 11th part in the Hinrichsen Collection, a copy of Reichardt's "Continuo pro Organo," does not belong to the original set of parts. It is slightly different in size (34.4 x 21.5 cm), in its watermark (a "W") and was written on 4 pages of 1 folio by a copyist who worked for Carl Philipp Emanuel Bach from about 1755 to the late 1760s. To Bach specialists he is known as the copyist "Anonymous 300."

Bach must have thought very highly of this cantata. About eleven years after its composition he used the opening chorus and the 3 arias for the 2nd half of his Missa in G minor, BWV 235.[16] In this parody the chorus "Es wartet alles auf dich" became the concluding "Cum sancto Spiritu" of the Mass.

Provenance (s. Introduction, p. 23 f.)

Carl Philipp Emanuel Bach's estate catalogue (1790) lists both the score and the parts of "Es wartet alles auf dich." By parts, only the original vocal parts could have been meant. The others must have been copies.[17] That Wilhelm Friedemann Bach did not receive the vocal parts, but in addition to the full set of instrumental parts also the duplicate violin and continuo parts, is one of those anomalies that apparently occurred during the distribution of Johann Sebastian Bach's estate. In contrast to the parts of BWV 168, 174, and 176, the parts of BWV 187 were, according to Ernst Rudorff's remark on the wrapper, "always in my parents' possession (never in Jähns')." Rudorff stated on another page that the cantata had not yet been published and left the space for the number of the BG volume on the wrapper's front page empty. Therefore Rudorff must have written his remarks after 1888 when he received the package of cantata parts from Jähns' estate and before 1891, the year of the publication of Cantata 187 in BG 37.

[16] From the "Gratias agimus" onward.
[17] For details, s. KB, pp. 97f.

sa in g-moll, BWV 235[16], wobei der Anfang der Kantate zum Schlußchor „Cum sancto Spiritu" der Messe parodiert wurde.

Provenienz (s. Einleitung, S. 15f.)

Carl Philipp Emanuel Bachs Nachlaßverzeichnis (1790) erwähnt die Partitur und Stimmen von „Es wartet alles auf dich" zum ersten Mal. Bei den Stimmen kann es sich nur um die 4 originalen Singstimmen handeln; die anderen Stimmen müssen dagegen Kopien gewesen sein[17]. Daß Wilhelm Friedemann Bach nicht die Singstimmen, dagegen aber zu dem instrumentalen Stimmensatz hinzu noch die Dubletten der 2 Violinstimmen und des Continuo erhielt, gehört zu den Besonderheiten, die anscheinend bei der Erbteilung 1750 vorgekommen sind. Im Gegensatz zu den Stimmen der Kantaten 168, 174 und 176 waren die Stimmen von Kantate 187, wie Ernst Rudorff auf dem Umschlag berichtet, „immer im Besitz meiner Eltern (nie bei Jähns)". Da Rudorff auf einer anderen Seite die Bemerkung macht, daß die Kantate noch nicht von der BG – er nennt sie „B. A." – herausgegeben sei und auf der Vorderseite des Umschlags den Platz für die Nummer des BG-Bandes freiläßt, muß angenommen werden, daß er seine Bemerkungen nach Erhalt von Jähns' Paket mit den Kantatenstimmen 1888 und vor Erscheinen von Kantate 187 in BG 37 (1891) geschrieben hat.

Rudorffs Hinweis: „mit vielen autographen Teilen" bezieht sich natürlich wieder auf die von Meißner geschriebenen Sätze und, in diesem Fall mit Recht, auf Vortragsanweisungen etc. Verschiedene Zahlen oben auf der Seite beziehen sich auf Auktionen und stammen aus der ersten Hälfte der 1890er Jahre, in denen Rudorff mehrfach und meist vergebens versuchte, seine Bach-Handschriften zu verkaufen. Gleichfalls oben auf der Seite befindet sich eine von Walter Hinrichsen mit „WH" unterzeichnete Bleistiftnotiz: „Violine 2 hat ein Autograph ¼ Seite / *angeklebt*"[18]. Weiter unten hatte Rudorff dagegen bezüglich der Violino II-Stimme vermerkt: „hier ein kleines auto/ graphes Blättchen *einliegend*"[18]. Dieser Pa-

[16] Vom „Gratias agimus" an.

[17] Vgl. den KB, S. 97f.

[18] Kursivierung vom Verfasser.

Rudorff's front page contains furthermore the usual references to "many autograph passages" that we now know to be in Meißner's handwriting, and, correctly, to autograph expressions marks, etc. The numbers at the top of the page refer to auctions held in the 1st half of the 1890s, during which time Rudorff tried several times, but mostly in vain, to sell his Bach manuscripts. A penciled note at the top of the page reads: "An autograph ¼-size page is *glued*[18] onto the 2nd violin part" and is signed "WH" by Walter Hinrichsen. Ernst Rudorff had in his enumeration of the instruments added to Violino II: "Here a small autograph slip of paper is *enclosed*."[18] This small leaf must therefore have been pasted on after Ernst Rudorff's ownership and before that of Walter Hinrichsen, that is, between 1917 and 1945 by someone in the Musikbibliothek Peters. Also in Walter Hinrichsen's handwriting is a note at the bottom of the page which reads "Oboe part to NY Public L." Inasmuch as both oboe parts are in the Hinrichsen Collection, this can only mean that Walter Hinrichsen had lent at one time the beautiful 1st Oboe part to the New York Public Library.[19]

Summary of Provenance: Wilhelm Friedemann Bach – Karl Pistor – Adolf Rudorff – Ernst Rudorff – since 1917 Musikbibliothek Peters, Leipzig (File No. Ms. R. 3) – since 1945 Hinrichsen Collection, New York.

[18] The italics have been added by the author.

[19] Since the files of the New York Public Library contain nothing about an exhibit of music manuscripts in the time from 1945 to 1969 (the year of Walter Hinrichsen's death) this was probably a private loan.

pierstreifen muß somit nach der Zeit, als Rudorff den Stimmensatz besaß, und vor der Übernahme durch Walter Hinrichsen, d. h. zwischen 1917 und 1945, von jemand in der Musikbibliothek Peters eingeklebt worden sein. Ganz unten auf der Seite kann man noch eine weitere Bleistiftnotiz von Hinrichsen entziffern: „Oboe part to NY Public L." Die englische Sprache und die Tatsache, daß beide Oboenstimmen heute in der Sammlung Hinrichsen in New York sind, läßt darauf schließen, daß Walter Hinrichsen die schöne 1. Oboenstimme einmal der New York Public Library geliehen hatte[19].

Zusammenfassung der Provenienz: Wilhelm Friedemann Bach – Karl Pistor – Adolf Rudorff – Ernst Rudorff – seit 1917 Musikbibliothek Peters, Leipzig (Signatur: Ms. R. 3) – seit 1945 Sammlung Hinrichsen, New York.

BWV 174 „Ich liebe den Höchsten von ganzem Gemüte", 15 Stimmen

Nach Picanders vielzitierten Worten soll Bach dessen „Cantaten Auf die Sonn- und Fest-Tage durch das gantze Jahr" 1728/29 vertont haben. Wenn das der Fall gewesen wäre, müßte ein 4. Jahrgang von Kantaten vorhanden gewesen sein, der nur äußerst lückenhaft überliefert wäre[1]. BWV 174 ist die einzige Kantate des Picanderschen Jahrgangs, die sicher datierbar ist, denn die Altstimme (s. Abb. 49) weist am Schluß folgenden Nachtrag auf: „Fine d: 5 Junii 1729. Lipsiae". Für die anderen 7 nachweisbaren Kantaten dieses Jahrgangs können die Daten nur nach ihrer Verwendung im Kirchenjahr und nach den Wasserzeichen rekonstruiert werden. Picanders Text für „Ich liebe den Höchsten von ganzem Gemüte" interpretiert das Evangelium des 2. Pfingsttages, Johannes 3:16–21, dessen Anfangs-

[19] Da die Akten der New York Public Library nichts von einer Ausstellung von Musikmanuskripten in der Zeit von 1945 bis 1969 (dem Todesjahr Walter Hinrichsens) enthalten, dürfte es sich hier um eine private Entleihung handeln.

[1] Vgl. Dürr 1976, Anm. S. 52 und 96.

BWV 174 "Ich liebe den Höchsten von ganzem Gemüte", 15 Parts

According to Picander's well-known remark, Bach is supposed to have set to music the Leipzig poet's "Cantatas for the Sun- and Feast-Days throughout the whole Year" 1728/29. If Bach had lived up to the claim made by Picander in the foreword to the 1728 edition of his cantata texts, a 4th Jahrgang of Bach cantatas should exist. But of this presumed "4th Jahrgang" no more than a handful of cantatas has survived.[1] BWV 174 is the only cantata of Picander's Jahrgang the exact date of which can be documented, because the scribe ended the alto part with the words: "Fine d: 5 Junii 1729. Lipsiae" (s. ill. 49). The dates of the other 7 identifiable cantatas of this Jahrgang can only be reconstructed on the basis of their watermarks and their place within the church year. Picander's text for "Ich liebe den Höchsten von ganzem Gemüte" interprets the Gospel of the 2nd Pentecost Day, John 3:16–21, incorporating its opening line "For God so

[1] Cf. Dürr 1976, fns. pp. 52 and 96.

vers „Also hat Gott die Welt geliebt" im Rezitativtext (Satz 3) zitiert wird[2].

Die Überlieferung von 15 Originalstimmen stellt für die meisten Kantaten Bachs den gesamten Stimmensatz dar. Von Kantate 174 sind jedoch 22 Originalstimmen erhalten, von denen sich 15 in den USA befinden. Der Grund für das reiche Instrumentarium ist die einleitende Sinfonia, die den 1. Satz des dritten Brandenburgischen Konzerts mit erweiterter Instrumentation wiedergibt. Die Komposition der Kantate fällt in die Zeit zwischen 1726 und 1731, in der Bach einige seiner Kantaten mit großangelegten Konzertsätzen einzuleiten pflegte, welche in der Mehrzahl aus Parodien von Instrumentalkonzerten (hauptsächlich Klavierkonzerten) bestehen.

Die Originalstimmen von BWV 174 sind heute über die ganze Welt verstreut. 13 sind in New York, 4 und ein Fragment in Berlin (West), je eine in London, Washington, D. C., und Stanford, Kalifornien, und 1 sowie ein Fragment in der Schweiz. Eine, vielleicht sogar drei Stimmen sind verschollen: die 1. Hornstimme (Cornu da caccia) und die in der Originalpartitur[3] beim Continuo angeführten „Basson è Violone"-Stimmen, für deren ehemalige Existenz es allerdings sonst keinen weiteren Beweis gibt.

Bei der einleitenden Sinfonia bleibt die musikalische Substanz des 1. Satzes des dritten Brandenburgischen Konzerts unangetastet. Vom Klanglichen her ist die Sinfonia jedoch eine Neuschöpfung. Dem gleichrangigen Musizieren der 3 Geigen, 3 Bratschen und 3 Violoncelli des Brandenburgischen Konzerts wird ein Tutti-Ensemble von Oboe I und Violino ripieno I, Oboe II und Violino ripieno II, Oboe da caccia (Taille) und Viola ripieno gegenübergestellt. Zu diesem neuen Concertino/Grosso-Kontrast treten verstärkend noch zwei neu hinzukomponierte Hornstimmen (Cornu da caccia) hinzu. Obgleich der bis zur 12-Stimmigkeit reichende Satz ungefähr zweimal so viel an Notenpapier in Anspruch nimmt wie die folgenden vier Vokalsätze, hat Bach doch

[2] Vgl. auch in den beiden anderen Kantaten zum 2. Pfingsttag den 4. Satz von BWV 173 und den Anfangsvers von BWV 68.

[3] Diese befindet sich in der SPK.

loved the world" into its recitative text (mvt. 3).[2]

For most of Bach's cantatas 15 original parts constitute the complete set of parts. Of Cantata 174, however, 22 of the original parts have come down to us of which 15 are in the USA. The reason for this wealth of parts is to be found in the introductory Sinfonia, an instrumentally enlarged recasting of the opening movement of the 3rd Brandenburg Concerto. The cantata was written in the period between 1726 and 1731 during which time Bach tended to open a fair number of his cantatas with large-scale concerto movements, the majority of which consisted of parodies of clavier- or other concertos.

The original parts of BWV 174 are now dispersed throughout the world. 13 are in New York, 4 and a fragment are in Berlin (West), 1 and a fragment in Switzerland, one each in London, Washington, D. C., and Stanford, California. One, perhaps even three parts are lost: the 1st horn part (Cornu da caccia) and the "Basson è Violone" which Bach named in the autograph score[3] above the Continuo staff. There is, however, no further proof for the former existence of separate bassoon and violone parts.

In the opening Sinfonia Bach leaves the musical substance of the 1st movement of the 3rd Brandenburg Concerto untouched. But in terms of sound and color the movement is a new creation. The coequal conversation of the 3 violins, 3 violas and 3 violoncelli of the Brandenburg Concerto is now opposed by a tutti choir consisting of Oboe I and Violino ripieno I, Oboe II and Violino ripieno II, Oboe da caccia (Taille) and viola ripieno. To this novel concertino/grosso contrast Bach added 2 newly composed horn parts (cornu da caccia) so that the polyphony expands at times to 12 independent parts. No wonder that this movement takes up about twice as much writing space as the remaining 4 vocal movements together. Yet Bach had seen to it that these 4 movements, lasting about 14 minutes are not overwhelmed by the 9-

[2] See in the other two cantatas written by Bach for the 2nd Pentecost Day: the 4th mvt. of BWV 173 and the opening verse of BWV 68.

[3] The score is in the SPK.

dafür gesorgt, daß die Proportionen der einzelnen Sätze in bezug auf die Aufführungsdauer gewahrt bleiben: die einleitende Sinfonia dauert etwa 9 Minuten gegenüber etwa 14 Minuten für die folgenden Sätze. Auf den ausgedehnten konzertierenden Einleitungssatz, dem man in dieser Instrumentierung gern einmal im Konzertsaal begegnen möchte, folgt eine Solokantate mit einer Siciliano-artigen Da-capo-Arie für Alt, 2 obligate Oboen und Continuo, einem ausinstrumentierten Secco-Rezitativ für Tenor, einer Baß-Arie mit Unisono-Streichern und Continuo und einem schlichten Schlußchoral, der die 1. Strophe von Martin Schallings Lied „Herzlich lieb hab ich dich, o Herr" aus dem Jahr 1569 benutzt.

Die 15 amerikanischen Stimmen sind zum größten Teil recht gut erhalten, doch weisen die Stimmen der Viola 2 concertata und des nicht-transponierten und unbezifferten Continuo ernste Beschädigungen auf. Das Papier ist nur leicht gebräunt und die Noten haben noch ihre ursprüngliche schwarze Farbe. Das Wasserzeichen, das z. B. auf der Violino 2 concertato-Stimme besonders klar, allerdings seitenverkehrt zu sehen ist, gibt die mittlere Größe der Buchstaben „MA" wieder. Diesem Wasserzeichen begegnet man in Bachschen Handschriften vom 17. Oktober 1727 bis zum 2. Dezember 1731[4]. Die im üblichen Hochformat geschriebenen Stimmen messen 35–35,5 x 22–22,2 cm. Die zwei halben Blätter der Sopran- und Tenorstimmen bestehen aus einem Folioblatt, das in der Mitte horizontal durchschnitten wurde. Das unten beschnittene Querformat des „Canto" mißt 22 x 16,5 cm, das des „Tenore" 22 x 16 cm. Das am Ende der Altstimme angefügte Datum (s. o.) wird durch das Wasserzeichen, durch Picanders Text und 3 der 5 am Ausschreiben der Stimmen beteiligte Kopisten bestätigt. Nach Dürr ist Hauptkopist D, der die Mehrzahl der Stimmen von BWV 174 herstellte, der „mutmaßliche Hauptkopist des IV. Jahrgangs"[5]. Ko-

[4] Vgl. Dürr 1976, S. 138f.

[5] Dürr 1976, S. 148f. – Hans-Joachim Schulze hat in der Handschrift des Hauptkopisten D Bachs Schüler Samuel Gottlieb Heder erkannt. Diesen hatte Bach in seinem am 23. August 1730 eingereichten Brief an den Rat der Stadt Leipzig unter den „brauchbaren" Alumnen der Schule

minute orchestral Sinfonia. The large-scale nature of the introductory concerto which in this orchestration deserves to be heard in our concert halls, is followed by an intimate solo cantata. The latter consists of a da capo aria in Siciliano style for alto, 2 obbligato oboes and continuo, a secco-recitative for tenor, strings and continuo, a bass aria with unison strings and continuo and a simple 4-part chorale that uses the first stanza of Martin Schalling's hymn of 1569 "Herzlich lieb hab ich dich, o Herr."

Most of the 15 American parts are quite well preserved while the condition of the Viola 2 concertata part and of the untransposed, non-figured Continuo must be called poor. The paper has turned only slightly brown while the notes have retained their original black color. The watermark which is particularly clearly visible on the Violino 2 concertato part (though upside down), represents the medium size of the letters "MA." This watermark can be observed in Bach manuscripts from October 17, 1727 until December 2, 1731.[4] The parts, written in the customary folio format, measure 35–35.5 x 22 to 22.2 cm. The two half-size leaves of the soprano and tenor parts consist of a horizontally cut folio leaf. The oblong leaf of the "Canto" measures 22 x 16.5 cm, that of the "Tenore" 22 x 16 cm. Both were trimmed at the bottom. The date at the end of the alto part (s. a.) is reinforced by the watermark, by Picander's text and by the three identifiable scribes out of the five who copied the parts. Dürr calls copyist D who wrote most of the parts of BWV 174, the "presumed principal copyist of the 4th Jahrgang."[5] The scribe Anonymous IVa whose handwriting has so far been detected only in this cantata, vies with copyist D for the honor of being the main copyist of the parts of this cantata. The handwriting of Anonymous IVb as shown here represents the youthful handwriting of

[4] Cf. Dürr 1976, pp. 138f.

[5] *Ibid.*, pp. 148f. – Hans-Joachim Schulze has identified main copyist D as Samuel Gottlieb Heder whom Bach in his letter of August 23, 1730 to the Town Council included among the "usable" students and who at the time of the writing of Cantata 174 was 16 years of age. S. Hans-Joachim Schulze in: *Beiträge zum Konzertschaffen Johann Sebastian Bachs* = *Bach-Studien*, vol. 6, Leipzig 1981, pp. 19 and 25.

pist Anonymus IVa, dessen Handschrift bisher nur in dieser Kantate nachweisbar ist, leistet beinahe so viel Schreibarbeit wie Hauptkopist D. In den Schriftzügen von Anonymus IVb erblickt Dürr[6] eventuell eine „Frühform" der Handschrift des Hauptkopisten F. Schreiber 4 und 5 dieser Kantate sind bisher nicht erfaßt worden.

Die 15 amerikanischen Stimmen:

1 (18)[7] Der „Canto" besteht aus einem mit 6 Notensystemen rastrierten halben Blatt (Querformat). Auf der obersten Notenzeile des recto-Blattes stehen die Tacet-Vermerke für die ersten 4 Sätze und die Überschrift „Chorale", auf den nächsten vier Systemen der Choral selbst und darunter „Fine" sowie der Stempel der Musikbibliothek Peters. Der Schreiber ist Anonymus IVa. Auf der Rückseite befinden sich Tacet-Vermerke für die Sätze 1–3, der Titel „Aria" für den 4. Satz, und Baßschlüssel und Vorzeichen auf den ersten 3 Notenzeilen. Bis auf diese Fehleintragung für eine Baßstimme ist die verso-Seite der Sopranstimme unbeschrieben.

2 (19) Der „Alto" umfaßt ein beiderseitig beschriebenes Blatt. 1^r enthält die Aria (Satz 2) und die Tacet-Vermerke für Satz 1, 3 und 4, Bl. 1^v den Schlußchoral auf den obersten 3 Systemen, darunter das schon oben erwähnte Datum des 5. Juni 1729 (s. Abb. 49). Die übrigen Systeme sind unbeschrieben. Schreiber: Anonymus IVa und in der ersten Hälfte der Arie Hauptkopist D.

3 (20) Der „Tenore" besteht aus einem mit 6 Notensystemen rastrierten halben Blatt, das auf beiden Seiten beschrieben ist. Bl. 1^r: Überschrift „Tenore/Rec:". Vor und nach dem 5zeiligen Tenorrezitativ (Satz 3) stehen die Tacet-Vermerke für die ersten 2 Sätze und für Satz 4. Schreiber: Hauptkopist D. Bl. 1^v enthält den Schlußchoral auf 4 Notenzeilen. Schreiber: Anonymus IVa.

4 (21) Der „Baßo" besteht aus einem

mitaufgezählt. Zur Zeit der Komposition von Kantate 174 war Heder 16 Jahre alt. S. Hans-Joachim Schulze in: Beiträge zum Konzertschaffen Johann Sebastian Bachs = Bach-Studien, Bd. 6, Leipzig 1981, S. 19 und 25.

[6] Vgl. Dürr 1976, S. 153.

[7] Die in Klammern gesetzten Nummern beziehen sich auf die in Arthur Mendels KB zu NBA I/14 (1962/63) benutzten Nummern der betreffenden Stimmen; s. dort S. 80f. und 88ff.

principal copyist F.[6] Copyists 4 and 5 are not known beyond their participation in the writing of the parts of cantata 174.

The 15 American Parts:

1 (18)[7] The brief "Canto" part was copied by Anonymous IVa on a half sheet of oblong shape, lined with 6 staves. The top staff of the front page contains the tacet indications for movements 1–4 and the heading "Chorale." The chorale itself appears on the next 4 staves, and below it the word "Fine" and the stamp of the Musikbibliothek Peters. The back page shows tacet indications for movements 1–3, the title "Aria" for the 4th movement and bass clefs and accidentals on the first 3 staves. Except for this wrong entry of the Basso part, there is no other writing on the verso page of the soprano part.

2 (19) The "Alto" part is written on both pages of 1 leaf. 1^r contains the aria (mvt. 2) and the tacet indications for movements 1, 3 and 4, 1^v the concluding chorale on its 3 top staves and beneath it the above-cited date of June 5, 1729 (s. ill. 49). The remaining staves are empty. Writer: Anonymous IVa and, in the first half of the aria, copyist D.

3 (20) The "Tenore" part occupies both sides of a half sheet. Above the 6 staves of the recto leaf appears the heading "Tenore/ Rec:". The recitative, movement 3, copied on 5 staves, is preceded and followed by tacet indications for the opening 2 movements and for movement 4. Writer: principal copyist D. The verso page contains the final chorale on 4 of its 6 staves in the handwriting of Anonymous IVa.

4 (21) The "Basso" part comprises the two pages of one leaf. The insert sign next to the heading "Baßo" (s. ill. 50) is strange because the leaf contains the complete bass part. Does the insert sign perhaps refer to the verso page of the soprano part (s. a.)? Except for the penciled addition "Joh. Sebast: Bach." at top right of 1^r, the bass part is completely autograph. The illustration of page 1, with its artistic verve and the harmonious ductus of Bach's hand, speaks for

[6] Cf. Dürr 1976, p. 153.

[7] The numbers appearing in parentheses are those that Arthur Mendel used for the parts of BWV 174 in his KB to NBA I/14 (1962–63). S. especially pp. 80f. and 88ff.

beiderseitig beschriebenen Blatt. Das Verweisungszeichen neben der Überschrift (s. Abb. 50) ist nicht recht verständlich, da das Blatt die vollständige Baßstimme enthält, es sei denn, daß das Zeichen auf die Rückseite der Sopranstimme hinweist (s. o.). Außer der Bleistiftnotiz „Joh. Sebast: Bach." rechts oben auf Bl. 1^r ist die Basso-Stimme durchgehend autograph. Die Abbildung der 1. Seite spricht mit dem künstlerischen Schwung und der Harmonie der Schriftzüge für sich selbst. Bl. 1^r enthält nach den Tacet-Vermerken für die ersten 3 Sätze den 4. Satz, d. h. die Baß-Arie „Greifet zu, faßt das Heyl" bis zur Rückkehr zum freien Da capo des 1. Teils (T. 94). Auf den oberen 6 Notensystemen von Bl. 1^v befindet sich der Rest der Arie und die Überschrift „Choral". Auf den nächsten 6 Systemen trug Bach den Choral und das Schlußwort „Fine" ein. Das unterste 13. System ist unbeschrieben.

5 (2) „Cornu d' Caccias. 2." [sic]. Die 2. Hornstimme umfaßt ein Blatt mit nur einer beschriebenen Seite, die den 1. Satz und die Tacet-Vermerke für Satz 2 und 3 enthält. Die verso-Seite zeigt auf dem obersten System lediglich den Vermerk „Aria et Recit [anstatt: Aria et Choral!] tacet / Fine" und darunter „Sinfonia 136", d. h. die Anzahl der Takte des einzigen Satzes, den das Horn zu spielen hat. Schreiber bis T. 107: Hauptkopist D, danach Anonymus IVa. Unter dem 13. System weist Ernst Rudorff auf den Wechsel der Handschrift hin.

6 (3) „Hautbois. 1." steht unter der durchgestrichenen Überschrift „Cornu d' Caccias 3.". Die Stimme besteht aus einem Bogen mit 3 beschriebenen Seiten, die die ersten 2 Sätze und die Tacet-Vermerke für Satz 3 und 4 in der Handschrift des Hauptkopisten D enthalten. Bach hat dann seinen Kopisten abgelöst und den 5. Satz (auf den Systemen 6 bis 9 der 3. Seite) selbst geschrieben. Vielleicht stammt auch die Überschrift „Choral:" von seiner Hand, gewiß aber das Schlußwort „Fine". Darunter hat Ernst Rudorff die Identifizierung von Bach's Handschrift eingetragen. In der Arie hat Schreiber D zwei Takte ausgelassen, die Bach (oben auf Bl. 2^r) hinzufügt. Die 4. Seite, rastriert mit 13 Notensystemen, ist leer.

7 (5) Die „Hautbois. 2."-Stimme besteht aus einem Bogen mit 3 beschriebenen Seiten,

itself. After the tacet indications for the first 3 movements, the first page presents the 4th movement, the bass aria "Greifet zu, faßt das Heyl" up to the logical point at which the free da capo of part I (m. 94) returns. The rest of the aria appears on the upper 6 staves of the verso page followed by the heading "Choral," which Bach entered on the next 6 staves and concluded with the word "Fine." The lowest (13th) staff is empty.

5 (2) "Cornu d' Caccias. 2." [sic!] The 2nd horn occupies only the front page of one leaf. It contains the 1st movement and tacet indications for movements 2 and 3. The verso page shows on the top staff solely the remark "Aria et Recit [instead of Aria et Choral!] tacet/Fine" and underneath „Sinfonia 136," that is, the number of measures of the only movement in which the horn participates. The writer, up to measure 107, is copyist D, thereafter: Anonymous IVa. Below the 13th staff Ernst Rudorff entered his observation of the above change of handwriting.

6 (3) "Hautbois. 1." appears below the crossed-out heading "Cornu d' Caccias 3." The part is written on 3 pages of one folio that contain the first 2 movements and the tacet indications for movements 3 and 4 in the handwriting of principal copyist D. Thereafter Bach took over and entered the 5th movement (on staves 6–9 of page 3) himself, perhaps also the heading "Choral:" and certainly the concluding word "Fine." Underneath Ernst Rudorff added his identification of Bach's handwriting. Since copyist D had omitted 2 measures of the aria, Bach added them at the top of leaf 2^r. The 4th page is, except for its 13 staves, empty.

7 (5) The 3 pages of one folio of the "Hautbois. 2." part contain the two first movements, the tacet indication for movements 3 and 4 and the concluding chorale in the handwriting of copyist D. I cannot concur with Rudorff's observation that the heading "Choral" is also here in Bach's handwriting, although this assertion has been taken over into the critical report (p. 91), however with the addition of the word "perhaps." On page 2 someone has entered the numbers of measures 50, 87, and 100 of the first movement. Page 4 is empty, except for its 14 staves.

8 (9) To the heading "Violino 1." written

welche die ersten 2 Sätze, die Tacet-Vermerke für Satz 3 und 4 und den Schlußchoral in der Handschrift des Hauptkopisten D enthalten. Ich kann Rudorffs Bemerkung, daß das Wort „Choral" auch hier von Bachs Hand stamme, nicht beistimmen, obgleich diese Beobachtung auch in den Kritischen Bericht (S. 91) mit dem Zusatz „vielleicht" aufgenommen worden ist. Auf der 2. Seite hat jemand die Taktzahlen 50, 87 und 100 für den 1. Satz angebracht. Die 4. Seite ist bis auf die Rastrierung mit 14 Systemen unbeschrieben.

8 (9) Die Überschrift „Violino 1." ist vom Hauptkopisten D geschrieben; Bach hat das nachfolgende Wort „Concertato" hinzugefügt. Die aus einem Bogen mit 4 beschriebenen Seiten bestehende Stimme enthält die Sätze 1, 3, 4 und 5 (sowie den Tacet-Vermerk für Satz 2). Hauptkopist D wird im 1. Satz von Anonymus IVa (im 75. Takt) abgelöst. Dieser schreibt auch das Rezitativ (Satz 3), ehe Kopist D seine Arbeit mit der folgenden Arie wiederaufnimmt. Bei diesem 4. Satz hat Bach nicht nur alle dynamischen Zeichen hinzugesetzt, sondern (von T. 87 an, wie Rudorff richtig bemerkt) auch die Kopierarbeit selbst übernommen und auf der letzten Seite mit dem Schluß der Arie und dem Choral zu Ende geführt. Unten auf der Seite bescheinigt Friedrich Wilhelm Jähns am „13. Dez. [18]56", „daß Vorstehendes die Handschrift Joh: Sebast: Bach's" ist. Darunter bemerkt Rudorff: „Der Ausdruck ‚Vorstehendes' ist nur dann berechtigt, wenn er als auf diese vierte Seite der Stimme ausschließlich sich beziehend verstanden wird." Dazu weist Rudorff auf den Einsatz von Bachs Handschrift „mit dem 3ten Takt der vorletzten Zeile der 3ten Seite" sowie auf die autographen dynamischen Zeichen im 4. Satz hin. Da Rudorff seinen Zusatz in Berlin-„Lichterfelde/d. 26. März[8]/1902" eintrug, also nicht kurz nach 1888, muß Jähns diese Stimme nach 1856 verkauft haben. Erst am 24. März 1902 gelang es Rudorff, sie wieder anzukaufen (s. weiter unten unter Provenienz). Schließlich sei noch die Taktzählung im 1. Satz von späterer Hand erwähnt: 16, 55, 64, 74, 100, 130.

by copyist D, Bach has added the word "Concertato." The folio with its 4 pages of music contains movements 1, 3, 4, and 5 as well as the tacet indication for movement 2. In measure 75 of the first movement copyist D is relieved by Anonymous IVa. He completed the movement and also wrote the recitative (mvt. 3), before copyist D resumed his writing duties with the following aria. Into this 4th movement Bach entered not only all the dynamic marks but – from m. 87 onward, as Rudorff correctly observed – also copied the rest of the part which he completed on the last page with the remainder of the aria and the final chorale. At the bottom of the last page Friedrich Wilhelm Jähns certifies (on "13. Dez. [18]56") "that the preceding" is "the handwriting of Joh: Sebast: Bach." Underneath Ernst Rudorff remarks: "The expression 'preceding' is justified only if it is understood as referring exclusively to this 4th page of the part." In addition to this Rudorff points out the entrance of Bach's handwriting "with the 3rd measure in the penultimate staff on the 3rd page" as well as the autograph dynamic marks in movement 4. Since Rudorff entered this addendum in Berlin "Lichterfelde / d. 26. März[8] / 1902", i. e. not shortly after 1888, Jähns must have sold this part at some time after 1856. On March 24, 1902 Rudorff finally succeeded in re-acquiring this part. (see below under the heading Provenance). Also numbering of measures (16, 55, 64, 74, 100, and 130) has been added to the 1st movement of this part.

9 (10) The part of "Violino. 2." (copyist D) "Concertato" (autograph) consists of one folio containing 4 pages of music. Movements 1 and 3 (and "Aria tacet" for mvt. 2) were written by copyist D. The first movement again shows numbering of measures: 40, 60/76, 100. Movements 4 and 5 were copied by Anonymous IVb, that is, by the young principal copyist F who entered the many dynamic marks, apparently after the model of the 1st Violin part, in a still rather childlike handwriting. Except for the autograph "Concertato" of the heading, the part shows no trace of the composer's participation.

[8] Wohl nicht „May", wie im KB, S. 93, zu lesen ist.

[8] Not "May," as stated in KB, p. 93.

9 (10) Die Stimme der „Violino. 2." (Schreiber D) „Concertato" (autograph) umfaßt einen einzelnen Bogen mit 4 beschriebenen Seiten. Die Sätze 1 und 3 (und „Aria tacet" für Satz 2) sind vom Hauptkopisten D geschrieben, wobei der 1. Satz wieder Taktzählung aufweist: 40, 60/76, 100. Der 4. und 5. Satz stammen von der Hand des Kopisten Anonymus IVb, dem jungen Schreiber F, der die vielen dynamischen Zeichen des 4. Satzes anscheinend nach der 1. Violinstimme mit einer noch recht kindlichen Handschrift eintrug. Außer dem autographen „Concertato" der Überschrift weist die Stimme keine Beteiligung des Komponisten auf.

10 (11) Wie alle Geigen- und Bratschenstimmen besteht die Stimme der „Violino. 3." (Schreiber D) „Concertato" (autograph) aus den 4 beschriebenen Seiten eines Bogens. Auch weist der 1. Satz wieder Taktzählung auf: 30, 40, 85/100. Auf der 2. Seite löst der Kopist Anonymus IVa den Hauptkopisten D ab und schreibt den Schluß des 1. Satzes, den Tacet-Vermerk für Satz 2 und dann den 3. Satz ab. Der 4. Satz zeigt wieder die Handschrift von Anonymus IVb (Schreiber F) mit ihren kindlichen dynamischen Zeichen. Dann begeht der Kopist den Fehler, die Sopranmelodie des Chorals in die 3. Violinstimme einzutragen. Bach wurde offensichtlich dessen gewahr, denn er trug nun selbst – nach Ausstreichen der falschen Choralstimme – die korrekte Alto-Melodie des Chorals ein (plus „Fine"). Der Schreiberwechsel wird unten auf der Seite von Rudorff vermerkt.

11 (13) Die Stimme der „Viola. 2." (Schreiber D) „Concertato" [sic!] (autograph, s. Abb. 51) besteht aus den 4 beschriebenen Seiten eines Bogens, dessen zwei Hälften heute in Einzelblätter auseinandergefallen sind. Das 1. Blatt ist durch horizontales Falten in der Mitte brüchig geworden, so daß einige Takte im 7. System auf beiden Seiten unleserlich sind. Das einzige, was Arthur Mendel in seinem Kritischen Bericht zu Kantate 174 entgangen zu sein scheint, ist der autographe Zusatz des Wortes „Concertato", nicht nur hier, sondern auch in den Überschriften der übrigen 6 – und ebenfalls wohl in denen der 2 nicht in Amerika befindlichen – Stimmen der Gei-

10 (11) Like all violin and viola parts the part of the "Violino. 3." (copyist D) "Concertato" (autograph) comprises 4 pages of one folio. Here too the 1st movement presents numbering of measures (30, 40, 85/100). On page 2 Anonymous IVa relieves main copyist D and writes the remainder of the 1st movement and the tacet indications for movements 2 and 3. The 4th movement shows again the handwriting of Anonymous IVb (main copyist F) with its childlike dynamic marks. Thereafter he makes a mistake by writing the hymn tune of the chorale into the 3rd violin part. When Bach, apparently ever present and watchful, became aware of this, he crossed out the wrong soprano part and entered the correct alto melody of the chorale himself (plus "Fine"). This change of handwriting is duly noted by Rudorff at the bottom of the page.

11 (13) The part of the "Viola. 2." (copyist D) "Concertato" [sic!] (autograph, s. ill. 51) consists of 4 pages of music of a folio, the folded leaves of which have separated into two single leaves. Horizontal folding of the 1st leaf has caused the center to become so brittle that parts of the 7th staff have crumbled away making several measures of music on both sides of the leaf illegible. The only thing that seems to have eluded Arthur Mendel in his critical report of Cantata 174, is the doubtless autograph addition of the word "Concertato," not only here but also in the headings of the other 6 parts – and one must assume also in those of the 2 string parts that are not in America – of violins, violas and violoncelli. The names of the instruments "Violino 1" etc. were in all 9 "Concertato" string parts written by principal copyist D, i. e. by Samuel Gottlieb Heder. On page 2 of the 2nd viola part (m. 98 of mvt. 1) Anonymous IVa takes over from copyist D. From the 3rd movement onwards a new, so far not yet identified copyist, "writer 3" of this set of parts, continues the copying task to the end of the cantata. In the 4th movement Bach added not only the omitted measure 4, but also corrected some errors and clarified, by writing over them, most of the dynamic marks of the movement. At the very bottom of the last page Jähns attests on "23. Dez. [18]53," that the whole part was in Bach's handwriting. This false

gen, Bratschen und Violoncelli. Die Überschriften der Instrumente „Violino 1" etc. stammen in allen 9 „Concertato"-Streicherstimmen von der Hand des Hauptkopisten D, d. h. von Samuel Gottlieb Heder. Dieser wird auf der 2. Seite der Violastimme (T. 98 des 1. Satzes) von Anonymus IVa abgelöst. Vom 3. Satz an übernimmt ein neuer Kopist, und zwar der bisher noch nicht identifizierte „Schreiber 3" dieses Stimmensatzes die Kopierarbeit und setzt sie bis zum Schluß fort. Bach hat im 4. Satz den ausgelassenen Takt 4 hinzugefügt, einige Korrekturen vorgenommen und z. T. durch Überschreiben die dynamischen Zeichen verdeutlicht. Ganz unten auf der letzten Seite „bezeugt" Jähns am „23. Dez. [18]53", daß die ganze Stimme autograph sei. Diese falsche Echtheitsbestätigung mag den Verkauf der Stimme erleichtert haben. Jedenfalls erhielt sie Ernst Rudorff 1888 nicht von Jähns zurück (s. unter Provenienz). Auch diese Stimme weist im 1. Satz Taktzahlen auf: 64, 97.

12 (14) Auch der Bogen der Stimme der „Viola. 3" (Schreiber D) „Concertato" (autograph) ist in 2 Einzelblätter auseinandergefallen, die beidseitig beschrieben sind. Hauptkopist D fertigte die 1. Seite des Anfangssatzes an, Anonymus IVa setzte ihn von T. 83 an fort, schrieb den Tacet-Vermerk für die folgende Arie und dann den 3. Satz. Hier mag erwähnt werden, daß diese beiden Kopisten die dynamischen Zeichen in den langen 1. Satz eintrugen. Der 4. Satz wurde vom letzten Kopisten dieses Stimmensatzes, dem bisher noch nicht erfaßten „Schreiber 5", geschrieben. Doch hat Bach die Überschrift „Aria", einige Bögen, Korrekturen und alle dynamischen Zeichen sowie ein Trillerzeichen selbst eingetragen. Die vielen „piano"-Zeichen zeigen nicht nur in dieser Stimme, sondern auch in den anderen Streicherstimmen, daß die im Unisono geführten Geigen und Bratschen beim Eintritt der Singstimme ihre Lautstärke abzuschwächen haben, während die „forte"-Zeichen mit dem Pausieren der Baßstimme zusammenfallen. Der Schlußchoral zeigt wiederum eine andere Handschrift, nämlich die des Schreibers 3.

13 (16) Die Stimme des „Violoncello 2" (Schreiber D) „Concertato" (autograph) umfaßt einen Bogen und ein Blatt, d. h. insgesamt 5 beschriebene Seiten. Die 6. mit

authentication may well have facilitated the sale of this part. In any case, this part was not among those returned to Ernst Rudorff in 1888 (s. below under Provenance). This part too shows numbering of measures (64, 97) in the 1st movement.

12 (14) The folio that contained the part of the "Viola. 3" (copyist D) "Concertato" (autograph) has also fallen apart into 2 single leaves, the 4 pages of which are filled with music. Principal copyist D wrote the first page of the opening movement. Scribe Anonymous IVa continued it from m. 83 on, entered the tacet indication for the following aria and then wrote the 3rd movement. It ought to be mentioned that these two copyists generally entered the dynamic marks of the long first movement. The 4th movement was written by the last copyist of this set of parts, the otherwise still unknown "writer 5." From Bach's hand stem the heading "Aria," some slurs and corrections as well as all the dynamic marks and a trill sign. The many "piano" signs demonstrate not only in this part but also in the other string parts that the violins and violas – playing in unison in this movement – are to reduce their volume at the entrance of the bass voice, while the "forte" signs signal the pausing of the voice. The final chorale shows still another handwriting, namely that of writer 3.

13 (16) The part of the "Violoncello 2" (copyist D) "Concertato" (autograph) comprises 1 folio and 1 leaf, altogether 5 pages of music. The sixth page is empty except for its 13 staves. All 5 movements of this part are in the handwriting of principal copyist D and show an unusual sparseness of dynamic marks (3 in the second and only 1 in the fourth mvt.). At the top of page 5, on the 3 upper staves on which the chorale (and "Fine") is written, Bach added an insert sign and the words: belongs "to 2nd Violoncello."

14 (17) The "violoncello. 3" (copyist D) "Concertato" (autograph) plays only in the 1st movement, which is written on both sides of one leaf. This part shows no additions of any kind.

15 (22) The untransposed, non-figured "Continuo" part encompasses 1 folio and 1 leaf of which all but the 6th page contain music. Copyist D is after 36 measures of the

13 Systemen rastrierte Seite ist leer. Alle 5 Sätze dieser Stimme sind vom Hauptkopisten D geschrieben und nur sehr spärlich mit 3 dynamischen Zeichen im 2. Satz und mit nur einem im 4. Satz versehen. Oben auf der 5. Seite, die nur den auf 3 Systemen geschriebenen Choral (und „Fine") enthält, hat Bach ein Verweisungszeichen und die Worte „Zum 2tn Violonc o." hinzugefügt.

14 (17) Das „violoncello. 3" (Schreiber D) „Concertato" (autograph) hat nur den 1. Satz zu spielen, der auf beiden Seiten eines Einzelblattes geschrieben ist. Diese Stimme weist keinerlei Zusätze auf.

15 (22) Die nicht-transponierte und unbezifferte „Continuo"-Stimme besteht aus einem Bogen und einem Blatt, von denen 5 Seiten beschrieben sind (die 6. Seite ist leer). Hauptkopist D wird nach 36 Takten vorübergehend von Anonymus IVa abgelöst, schreibt aber vom Anfang der 2. Seite (von T. 80) an[9] den Satz zu Ende. Das Wechselspiel der Schreiber wird in der Arie (Satz 2) wiederaufgenommen. Anonymus IVa kopiert die ersten 60 Takte, während Schreiber D mit den restlichen 44 Takten des Satzes fortfährt. Diese Doppelseite 1^v–2^r ist in der Mitte durch ausgerissene Stellen, besonders vom 5. bis untersten System derart beschädigt, daß die Schlüssel, Vorzeichen und jeweils die erste Takthälfte verlorengegangen sind. Auf der verso-Seite, die Satz 3 und fast den ganzen Satz 4 in der Handschrift des Hauptkopisten D enthält, hat die entsprechende rechte Seite gleichermaßen durch Papierschaden gelitten, der einen ähnlichen Verlust an Noten verursacht hat. Außer diesem Schaden sind die Seiten jedoch in gutem Zustand. Im 4. Satz hat Bach die Überschrift „Aria" und ein „piano" eingetragen. Oben auf der 5. Seite, auf der das Ende der Arie und der Schlußchoral mit dem Wort „Fine" stehen, hat er außerdem über einem Verweisungszeichen die Worte „Zum Continuo gehörig" hinzugesetzt.

Die exakte Datierung „d: 5 Junii 1729", die sich am Ende der Altstimme befindet (s. Abb. 49) ist ein äußerst seltenes Phänomen in Bachschen Handschriften. Daß diese Stimme – wahrscheinlich die meisten, wenn

[9] Dieser ist in der Stimme fälschlich als T. „79" bezeichnet.

1st movement temporarily relieved by Anonymous IVa, but returns from page 2 (m. 80)[9] onwards. The game of changing writers is resumed in the aria (mvt. 2). Anonymous IVa copies its first 60 while copyist D writes the remaining 44 measures. This double page (1^v–2^r) is in its centerfold – especially from the 5th to the lowest staff – so severely damaged by torn-out spots that the clefs, accidentals and quite consistently also the first half of each measure have been lost. On the verso page which contains the 3rd and most of the 4th movement in the handwriting of copyist D, the right edge shows the same damage and thus a comparable loss of notes. Apart from these defects the rest of the affected pages has remained in rather good condition. In the 4th movement Bach entered the heading "Aria" and a "piano" sign. At the top of page 5, on which the aria is completed and the chorale with the closing word "Fine" is written, Bach added above an insert sign the classification "belonging to the Continuo."

The exact date "d: 5 Junii 1729" at the end of the alto part (s. ill. 49) constitutes an extremely rare phenomenon in Bach manuscripts. That this part, and probably most, if not all parts were completed only on the day prior to the cantata's first performance, is for once concrete proof of the general lack of time and the resultant inadequacy from which the first performances of Bach's cantatas appear to have suffered. June 5 was moreover not a free day but Pentecost Day, which had to be celebrated by the proper musical services in the two principal churches of Leipzig. The only rehearsal time available to all participants seems to have been the evening of the 5th. On the other hand, Bach could at least depend on the inborn musicianship of his 18 ½ and 15 year-old sons Wilhelm Friedemann and Carl Philipp Emanuel as well as on that of his favorite pupil, the gifted 15 ½ year-old Johann Ludwig Krebs. That time was, however, of utmost urgency, one can deduce not only from Bach's unusually manifold participation in the copying of the parts but also from the fact that 10 of the 15 parts which are in the USA show hardly any trace or no

[9] This measure is wrongly listed in the part as m. "79."

nicht gar alle Stimmen – erst am Vortag der Aufführung fertiggestellt wurde, beweist ganz konkret, wie unzulänglich die Probenzeit und wie kraß der allgemeine Zeitmangel gewesen sein müssen, an denen die Erstaufführungen von Bachs Kantaten offensichtlich gelitten haben. Zudem war dieser Vortag noch der Pfingstsonntag, der in beiden Leipziger Hauptkirchen auch musikalisch festlich begangen werden mußte. An Probenzeit für alle Teilnehmer stand demnach wohl nur der Abend zur Verfügung. Doch konnte sich Bach zumindest auf die Musikalität seiner 18 1/2 und 15 Jahre alten Söhne Wilhelm Friedemann und Carl Philipp Emanuel sowie auf die seines Lieblingsschülers, des begabten 15 1/2 jährigen Johann Ludwig Krebs, verlassen. Für den nahezu frenetischen Kampf um Zeit spricht nicht nur Bachs ungewöhnlich reichhaltige Teilnahme am Ausschreiben der Stimmen, sondern auch die Tatsache, daß 10 der 15 amerikanischen Stimmen kaum oder gar keine Spuren von Bachs Durchsicht, geschweige denn von einer Revision, erkennen lassen.

Die Fertigstellung des Stimmensatzes förderte Bach nicht unbeträchtlich, indem er von den 3 zweiseitigen Ripieno-Streicherstimmen jeweils die 1. Seite selbst schrieb, während er Carl Philipp Emanuel die Abschrift der kürzeren 2. Seite überließ. Die 5 Seiten der transponierten und bezifferten Organo-Stimme und die zweiseitige Baßo-Stimme (s. Abb. 50) sind völlig in des Meisters Hand. Den Abschluß von vier weiteren Stimmen (Oboe 1, Taille, Violino 1 und 3 concertato) beschleunigte Bach durch Eintragung des Schlußchorals, vor dem er in der Violino 1 concertato-Stimme auch noch die Abschrift eines Teils des 4. Satzes selbst übernahm. Bachs Beteiligung am Ausschreiben der Stimmen belief sich somit insgesamt auf über 12 voll-beschriebene Seiten.

Provenienz (s. Einleitung, S. 15 f.)

13 der 15 Stimmen der Kantate 174 sind auf demselben Weg in die USA gelangt wie die Stimmen der Kantaten 168 und 176 (s. S. 125 und Abb. 45 mit Rudorffs „Bemerkung" sowie S. 120 f.). Die Besitzfolge läßt sich somit leicht resümieren: Wilhelm Friedemann Bach – Karl Pistor – Adolf Rudorff – Friedrich Wilhelm Jähns – seit 1888 Ernst

trace at all of Bach's inspection, to say nothing of revision.

Bach made a significant contribution to speeding up the completion of the performing parts. He wrote the 1st page of each of the 3 ripieno string parts himself before turning the writing of the slightly shorter second pages over to Carl Philipp Emanuel. The five pages of the transposed and figured Organo part and the two pages of the Baßo (s. ill. 50) are entirely in the Master's handwriting. Bach hastened the completion of 4 further parts (Oboe 1, taille, violino 1 and 3 concertato) by entering the final chorale himself, adding in the case of the violino 1 concertato part also a portion of its 4th movement. All in all, Bach's participation in the writing of the parts amounts to over twelve pages, not counting his additions of headings, dynamic marks, corrections, and other revisions.

Provenance (s. Introduction, pp. 23 f.)

13 of the 15 parts of Cantata 174 that have found their home in America have come to this country the same way as the parts of Cantatas 168 and 176 (s. pp. 124 f. and the reproduction of Rudorff's "Bemerkung," ill. 45, as well as pp. 119 f.). It will therefore suffice to summarize the provenance of these parts: Wilhelm Friedemann Bach – Karl Pistor – Adolf Rudorff – Friedrich Wilhelm Jähns – since 1888 Ernst Rudorff – since 1917 Musikbibliothek Peters, Leipzig (file no. Ms. R. 4) – since 1945 Hinrichsen Collection, New York.

The wrapper in which the parts are placed was added later. On its front page the "Violino I concert." is listed by Ernst Rudorff as "Fehlend" (on the first of the 3 lines of missing parts). Rudorff put it later in brackets and added, above it, now barely visible, "s. unten" (see below), then told at the bottom of the page the story of the odyssey and later return of the violin part. Since Mendel reprinted the text of Rudorff's wrapper[10] a few observations will suffice here. On the 2nd line of Rudorff's "Bemerkungen" I read "Fine d. 5ten Juni 1729" rather than "Mai." The first paragraph of

[10] KB, pp. 82f.

Rudorff – seit 1917 Musikbibliothek Peters, Leipzig (Signatur: Ms. R. 4) – seit 1945 Sammlung Hinrichsen, New York.

Auf der Vorderseite des später hinzugefügten Umschlags wird die „Violino I concert." unter den von Ernst Rudorff als „Fehlend" verzeichneten Stimmen mitaufgeführt (auf der ersten der drei Zeilen, die fehlende Stimmen aufführen). Später eingeklammert und mit der kaum noch sichtbaren Notiz „s. unten" versehen, wird die Irrfahrt und spätere Rückkehr der Stimme unten auf der Seite erläutert. Da Mendels Kritischer Bericht den Text von Rudorffs Umschlag wörtlich abdruckt[10], sei hier nur folgendes erwähnt. In der 2. Zeile unter „Bemerkungen" lese ich „Fine d. 5ten Juni 1729" (nicht „Mai"). Der 1. Absatz von Rudorffs „Weitere(n) Bemerkungen" wiederholt die bekannte Geschichte der Stimmen, deren Besitz über Adolf und Betty Rudorff und Jähns zu Ernst Rudorff zurückführt. Im 2. Absatz berichtet Ernst Rudorff: „Am 24. März [ich lese „März", nicht „Maii"] 1902 erstehe ich (durch Liepmannsohn's Vermittelung) in einer Auktion bei Stargardt die Orig. Stimme Violino I concertato, die ursprünglich bei meinen Eltern mit vorhanden war, dann von Jähns . . . 1856 an (einen?) Autographensammler verkauft wurde, um, nachdem sie offenbar durch mehrere Hände gegangen, endlich wieder zu mir zurück zu kommen. [Unterschrift] Ernst Rudorff 26 März [wohl kaum „Maii"]/1902."

Aus Alfred Dörffels Nachtrag in BG 45[11] und einem den Stimmen beiliegenden Brief, den J. A. Stargardt am 20. März 1902 an Rudorff geschrieben hatte[12], geht hervor, daß der Vorbesitzer der Stimme G. Nusser, der Inhaber der Stiller'schen Hof- und Universitäts-Buchhandlung in Rostock, war. Ob Nusser die Stimme direkt von Jähns gekauft hat und ob sich zwischen ihm und Rudorffs Erwerbung der Stimme noch Zwischenbesitzer befanden, läßt sich heute nicht mehr ermitteln[13].

[10] KB, S. 82f.

[11] 1897, S. LXXIII.

[12] Dieser ist gleichfalls im KB auf S. 84, und zwar mit dem richtigen März-Datum abgedruckt.

[13] S. o. die Beschreibung der Stimme 8 (9).

Rudorff's "Further Remarks" ("Weitere Bemerkungen") repeats the well-known history of the parts, the ownership of which led via his parents, Adolf and Betty Rudorff, and Jähns back to him. In the second paragraph Ernst Rudorff reports: "On the 24th of March [I read "März" here, not "Maii"] 1902 I acquire (through the good offices of Liepmannssohn) at an auction of Stargardt the original part of the Violino I concertato, which had originally belonged to my parents, then was sold by Jähns . . . 1856 to a collector of autograph manuscripts, only to return, after it had apparently gone through many hands, ultimately back to me. [signed] Ernst Rudorff 26 März [hardly "Maii"]/ 1902."

Alfred Dörffel's supplement to BG 45[11] and a letter which J. A. Stargardt had written on March 20, 1902 to Rudorff[12] and which is enclosed with the parts of BWV 174, reveals that the owner of the Stiller'sche Court and University Bookstore in Rostock, G. Nusser, had been the former owner of the violin part. Whether Nusser bought the part directly from Jähns or whether there had been further owners between him and Ernst Rudorff, can no longer be ascertained.[13]

The Viola 2 concertata part[14] was already on "23. Dez. [18]53" offered for sale by Jähns as an autograph manuscript of J. S. Bach. In spite of the fact that Jähns' authentication was false the part seems to have found a purchaser. It was, however, not reacquired by Ernst Rudorff. Towards the end of the 1930s the part re-appeared and was offered for sale by Thomas F. Madigan, a New York manuscript dealer, from whom Christian A. Zabriskie purchased it. In 1940 Mr. Zabriskie donated the manuscript to the Library of Congress. The catalogue number is the same as that of all Bach manuscripts in the Library of Congress: ML/96/.B 186 (case).

Whether the last part of BWV 174 which does not belong to the Hinrichsen Collection,

[11] 1897, p. LXXIII.

[12] This letter is likewise reprinted in KB, p. 84, with the correct date of March 20, 1902.

[13] S. a. the description of part 8 (9).

[14] S. a. the description of part 11 (13) and ill. 51.

Auch die Viola 2 concertata-Stimme[14] wurde von Jähns schon am „23. Dez. [18]53" als autographe Handschrift J. S. Bachs angeboten. Trotz der nicht zutreffenden Echtheitsbezeugung scheint auch diese Stimme einen Käufer gefunden zu haben. Nicht zu Ernst Rudorff zurückgekehrt, tauchte die Stimme erst Ende der 1930er Jahre in dem New Yorker Antiquariat Thomas F. Madigan wieder auf und wurde dort von Christian A. Zabriskie gekauft, der sie 1940 der Library of Congress, Washington, D. C., zum Geschenk machte. Die Signatur ist wie bei allen Bach-Manuskripten der Library of Congress: ML/96/.B 186 (case).

Ob die letzte der amerikanischen Stimmen von BWV 174, die sich nicht in der Sammlung Hinrichsen befindet, auch über Pistor, Adolf Rudorff und Jähns in die USA gelangt ist, läßt sich nicht mehr ermitteln. Vorbesitzer der besonders eindrucksvollen und völlig autographen Baßo-Stimme[15] waren Alfred Bovet de Valentigny, dann der englische Sammler Edward Speyer in Ridgehurst, Shenley, Herts., und nach seinem Tod 1934 – wohl durch Vermittlung des Antiquariats Otto Haas in London[16] – George T. Keating. Der heutige Besitzer der Handschrift ist die Memorial Library of Music der Stanford University, Stanford, Kalifornien.

may also have come to the USA via Pistor, Adolf Rudorff and Jähns, can no longer be determined. The beautiful, totally autograph Baßo part[15] was once in the possession of Alfred Bovet de Valentigny, then in that of the English manuscript collector Edward Speyer of Ridgehurst, Shenley, Herts, and was after his death in 1934 acquired by George T. Keating (probably from Otto Haas in London).[16] The present owner of the manuscript is the Memorial Library of Music of Stanford University, Stanford, California.

BWV 9 „Es ist das Heil uns kommen her", 3 Originalstimmen (Dubletten)

Bei den Flöten-, Violino 2- und Baßus-Stimmen, die ihre Heimat in den USA gefunden haben, handelt es sich um die Dubletten dieser späten Choralkantate Bachs[1]. Die Flötenstimme besteht aus einem beidseitig beschriebenen Blatt. Die zwei Seiten der 2. Violinstimme sind dagegen auf den Außenseiten (2^v und 1^r) eines einzelnen Bogens geschrieben, dessen Innenseiten (1^v und 2^r)

BWV 9 "Es ist das Heil uns kommen her", 3 Original Duplicate Parts

The Traverso, Violino 2 and Bassus parts which have found their home in the USA are duplicate parts of this late chorale cantata by Bach.[1] The flute part consists of 2 pages of music written on a single leaf. The 2nd violin part also comprises 2 pages of music which are, however, written on the outer pages 2^v and 1^r of a folio that leaves 1^v and 2^r empty. The "Baßus" encompasses all 4 pages of a folio. By writing the long 1st movement on 2

[14] S. o. die Beschreibung der Stimme 11 (13) sowie Abb. 51.

[15] S. o. die Beschreibung der Stimme 4 (21) und Abb. 50.

[16] Früher Leo Liepmannssohn, Berlin.

[1] Schmieder irrte sich, diese Stimmen mit den jeweiligen Originalstimmen der Thomasschule verwechselnd. Vgl. Schmieder, S. 11.

[15] S. a. the description of part 4 (21) and ill. 50.

[16] Formerly Leo Liepmannssohn of Berlin.

[1] Schmieder erred when he considered them identical with the original parts of the Thomas School. Cf. Schmieder, p. 11.

unbenutzt blieben. Der Baßus umfaßt alle vier Seiten eines Bogens. Dadurch daß der lange Eingangssatz auf zwei nebeneinander liegenden Blättern des geöffneten Bogens geschrieben wurde, konnte das störende Umblättern vermieden werden. Die Bogen der 2. Violin- und Baßstimme sind in den unteren zwei Dritteln auseinandergefallen. Die durch die beidseitige Beschreibung stärker in Mitleidenschaft gezogene Baßstimme hat durch Tintendurchschlag mehr gelitten als die Flöten- und 2. Violinstimme, die beide noch gut erhalten sind. Dagegen hat die Baßstimme einige Notenköpfe durch Tintenfraß eingebüßt und weist unten auf der 3. Seite auch einige Löcher auf (s. linke Seite der Abb. 54). Das Papier, das bei den drei Manuskripten an 3 seiner 4 Seiten[2] leicht ausgefranst ist, ist mäßig braun und mißt 35–35,5 x 22,3 cm. Die Tinte ist schwarz und nicht verwischt. Die Violino 2- und Baßus-Stimmen zeigen (auf dem Kopf stehend) die große Form des MA-Wasserzeichens (2 cm hoch, 3,7 cm breit). Auf Grund der Anzahl und Zwischenräume der Stege läßt sich sagen, daß das Einzelblatt der Flötenstimme diejenige Hälfte eines MA-Bogens darstellt, die keine Gegenmarke aufweist. Der Beweis, daß die drei amerikanischen Stimmen die originalen Dubletten der Kantate sind, ist dadurch erbracht, daß die große Form des MA-Wasserzeichens sich auch im Papier der Originalpartitur und des Leipziger Stimmensatzes findet[3].

Obgleich die Textmarke „Es ist da[s] Heyl" und die Bezeichnungen „Travers.", „Volti subito" und „Fine" in der Flötenstimme mit weniger Tinte als die Noten geschrieben sind, wurde die Stimme ohne Zweifel von ein und demselben Kopisten angefertigt. Laut freundlicher Mitteilung von Hans-Joachim Schulze handelt es sich bei dem Schreiber um Bachs Hauptkopisten G, den Schulze als Bachs Schüler Rudolph Straube identifizieren konnte[4]. Der am 5. Dezember

neighboring pages of an opened folio, page-turning was avoided. The two leaves of each of the 2nd violin and bass parts are still, but only by their upper thirds, loosely connected to their folio. The condition of the flute and 2nd violin parts is quite good, that of the bass part only fair because the ink has bled through from the other side and eaten through some note-heads. The lower part of page 3 (s. left page of ill. 54) shows further several small holes. The paper, somewhat frazzled on 3 of the 4 sides[2] of the three manuscripts, has turned moderately brown, the ink has remained black and clear. The leaves measure 35–35.5 x 22.3 cm. The violino 2 and bass parts show (upside-down) the large size of the MA watermark (2 cm high, 3.7 cm wide). The ledger lines of the flute part indicate that the single leaf represents that half of an MA folio which lacks a countermark. Since the large MA watermark also characterizes the paper of the autograph score and that of the principal set of parts, there is no question that the 3 American parts are the original duplicate parts.[3]

Although the title "Es ist da[s] Heyl" and the words "Travers.," "Volti subito" and "Fine" appear to be written with a paler ink than the music of the flute part, closer analysis reveals that the whole part was copied by one and the same writer. According to a friendly communication from Hans-Joachim Schulze, the writer of this part is Bach's principal copyist G whom Schulze has identified[4] as Bach's pupil Rudolph Straube. Born on December 5, 1717, Straube later became a celebrated lute player and harpsichordist, first in Cöthen, then in London. Since Straube entered the Thomas School on January 14, 1733 and the flute part reveals according to Schulze a rather late stage of Straube's handwriting, this duplicate part was probably copied from the original Leipzig flute part for the 6th Sunday after Trinity 1735 (July 17). Since it was to be used as duplicate part, Straube entered

[2] Die linke Seite der Flötenstimme scheint beschnitten zu sein.

[3] Dieses Wasserzeichen ist in Bachschen Manuskripten vom 6. Juli 1732 bis zum 2. Februar 1735 nachweisbar. Vgl. Dürr 1976, S. 140f.

[4] „Das Stück in Goldpapier" etc., in: BJ 1978, S. 42, Anm. 91.

[2] The left side of the flute part appears to have been trimmed.

[3] This watermark is found in Bach manuscripts from July 6, 1732 to February 2, 1735. S. Dürr 1976, pp. 140f.

[4] *"Das Stück in Goldpapier"* etc. in: *BJ* 1978, p. 42, fn. 91.

1717 geborene Straube, der in Köthen und London zu einem gefeierten Lauten- und Cembalospieler heranwuchs, trat am 14. Januar 1733 in die Thomasschule ein. Da die Flötenstimme (laut Schulze) eine relativ späte Form von Straubes Handschrift aufweist, dürfte sie aus der originalen Leipziger Flötenstimme für den 6. Sonntag nach Trinitatis (17. Juli 1735) kopiert worden sein. Da Straube wußte, daß er eine Dublette herzustellen hatte, schrieb er nur die Flötenstimme des vollstimmigen Eingangssatzes (s. Abb. 52) und des Schlußchorals ab. Den 5. Satz, ein Duett für Sopran und Alt, dessen kanonischer Dialog zwischen Flauto traverso und Oboe d'amore offensichtlich von Soloinstrumenten auszuführen ist, ließ er hingegen aus. Straube war anscheinend so sehr daran gelegen, eine Verdoppelung der Flöte in diesem Satz zu vermeiden, daß er die Tacet-Vermerke für Satz 2–4 vor dem Eintragen von „Aria 2/4 tacet" vergaß. Dem Schlußchoral geht dagegen die korrekte Anweisung für Satz 6 voraus: „Recit/tacet". Die zwei Seiten sind mit 14 Systemen rastriert, von denen die 1. Seite (wohl um eine der im Eingangssatz seltenen Pausen zum Umblättern auszunutzen) das letzte Notensystem freiläßt, während die 5 unteren Systeme der 2. Seite unbenutzt geblieben sind.

Die gleichfalls mit 14 Notensystemen rastrierte 2. Violinstimme ist besonders wertvoll, weil sowohl ihre Textmarke „Es ist das Heyl" wie auch die fünf Tacet-Vermerke (auf dem 6. und 7. System von Seite 2) sowie der Schlußchoral von Bachs Hand stammen und in schöner Klarheit erhalten geblieben sind (s. Abb. 53). Der Kopist, der den 1. Satz auf 1 1/3 Seiten abschrieb, konnte in anderen Quellen noch nicht ermittelt werden. Die nicht-transponierte und unbezifferte Continuostimme („Baßus") ist platzsparender rastriert, und zwar auf den ersten 2 Seiten (1^v/2^r) mit 15 und auf den zwei letzten Seiten (2^v/1^r, s. Abb. 54) mit 16 Systemen. Die ersten 3 Sätze sind von Kopist Anonymus V l[5] geschrieben, der auch als Schreiber des Continuo in der Neujahrskantate 1735, der 4. Kantate des „Weihnachts-Oratoriums", bekannt ist. Von dem 6. System an zeigen die

[5] Vgl. Dürr 1976, S. 109. S. die ersten 5 Systeme der Abbildung.

the flute part only for the fully-scored opening movement (s. ill. 52) and the closing chorale, omitting the 5th movement, the soprano/alto duet whose instrumental follow-the-leader game requires obviously solo flauto traverso and oboe d'amore. Straube apparently was so intent on forestalling flute doubling in this movement that he forgot the *tacet* indications for movements 2–4 when he entered "Aria 2/4 tacet." for movement 5. The concluding chorale is, however, preceded by the proper "Recit/tacet" for movement 6. The two pages are lined with 14 staves of which page 1 leaves the lowest staff empty because one of the opening movement's rare short rests happens to occur there, while 5 staves remain unused on page 2.

The 2nd violin part is also lined with 14 staves. The part is particularly valuable because the title "Es ist das Heyl.," the five *tacet* indications (on lines 6 and 7 of p. 2) and the concluding chorale are in Bach's handwriting which is of superb clarity (s. ill. 53). The copyist of movement 1 which occupies one and one-third pages has so far not been detected in other Bach manuscripts. The untransposed, non-figured continuo part ("Baßus") is lined more economically; on the first 2 pages (1^v/2^r) with 15 and on the last two pages (2^v/1^r, that are reproduced, s. ill. 54) with 16 staves. The writer who copied movements 1–3, Anonymous V l[5] is also known for his writing of the continuo in the 4th cantata of the Christmas-Oratorio (New Year 1735). From staff 6 on, the remaining 22 (11 + 11) staves of the part show the characteristic handwriting of Anna Magdalena Bach.[6] The diagonal upward stroke jutting out from the "C" of the duple time signature, especially on staves 7 and 10 of the last page, is a typical style print of hers. Touching too is the similarity of her handwriting and that of her husband. On the two pages that are

[5] Cf. Dürr 1976, p. 109. S. staves 1–5 of the illustration.

[6] The F-like sign at the beginning of staff 6, left of "Recit" (mvt. 4) is by Ernst Rudorff who repeats this sign at the bottom of the page adding the remark: "from S. Bach's hand until the end NB." While Rudorff is mistaken here, he is correct on line 6 of the last page of the 2nd violin part. While the "F"-sign there is still visible (s. ill. 53), the text of Rudorff's writing between lines 10 and 11 is so weak that its content can only be surmised.

übrigen 22 (11 + 11) Systeme der Stimme die charakteristischen Schriftzüge Anna Magdalena Bachs[6]. Der dem „C" der Taktvorzeichnung rechts oben angefügte Haken, der am Anfang des 7. und 10. Systems der 2. Seite besonders klar zu sehen ist, gehört zu den besonderen Eigentümlichkeiten ihrer Handschrift. Bis auf einige Eigenheiten dieser Art kopiert Anna Magdalena Bach die Notenschrift ihres Gatten mit rührendem Einfühlungsvermögen. Auf den zwei hier nicht wiedergegebenen Seiten schrieb Anonymus V 1 unter der Überschrift „Baßus" den 1. Satz bis auf die letzten zwei Notensysteme (auf Bl. 1ᵛ) und auf der nächsten Seite (2ʳ) die Schlußzeilen des 1. Satzes bis zum „da capo", dann das „Recit:" (Satz 2, auf den nächsten 2 Systemen) und T. 1–54c des 3. Satzes: „Aria". Nach Vollendung der Arie (auf 4 ¹/₂ Systemen von Bl. 2ᵛ, s. Abb. 54) setzte Anna Magdalena Bach sodann die Schreiberarbeit fort: auf den nächsten 2 Systemen mit Satz 4 („Recit" mit „arioso" Ausklang) und Satz 5 („Aria"), den sie auf 5 ¹/₂ Systemen der letzten Seite (1ʳ) beendete. Ihm folgte das letzte „Recit" (auf 2 ¹/₂ Systemen) und der Schlußchoral (auf 2 Systemen). Im Gegensatz zu ihrem Mann gab Anna Magdalena dem E-dur-Choral sechs Kreuze, dieselbe Anzahl von Vorzeichen, die der anonyme Kopist in dem ebenfalls in E-dur stehenden Anfangssatz in der 2. Violinstimme angebracht hatte. Doch sind solche Doppeleintragungen, hier für fis und gis, recht häufig in Bachs Zeit.

Provenienz (s. Einleitung, S. 18)

Obgleich „Es ist das Heil" eine der letzten Kirchenkantaten aus Bachs Feder ist, ist sie eine der 44 Choralkantaten, deren Stimmen Anna Magdalena Bach erbte und die heute im Bach-Archiv Leipzig sind. Die Original-

[6] Das F-artige Verweisungszeichen zu Beginn des 6. Systems – links neben „Recit" (Satz 4) – stammt von Ernst Rudorff, der dieses Zeichen unten auf der Seite wiederholt und dazu bemerkt: „von S. Bachs Hand bis zum Schluß NB." Während Rudorff hier irrt, hat er mit seiner Echtheitsbescheinigung auf der letzten Seite der 2. Violinstimme recht. Das Verweisungszeichen dort („F" über dem 6. Notensystem) ist noch sichtbar (s. Abb. 53). Rudorffs Bleistiftnotiz (zwischen dem 10. und 11. System) ist dagegen so schwach, daß man ihren Wortlaut erraten muß.

not reproduced, copyist V 1 wrote below the heading "Baßus" all but the 2 last staves of the first movement (on 1ᵛ). On the next page (2ʳ) he entered the remainder of the opening movement up to the "Da Capo," the "Recit:" (mvt. 2, two staves) and mm. 1–54c of the 3rd movement, named "Aria." He completed the aria on 4 ¹/₂ staves of 2ᵛ (s. ill. 54) before turning the pen over to Anna Magdalena Bach. On the next 2 staves she wrote the "Recit" with its "arioso" ending (mvt. 4), the "Aria" (mvt. 5) which she completed on the first 5 ¹/₂ staves of the last page (1ʳ), followed by the final "Recit" (2 ¹/₂ staves) and the concluding "Choral" (2 staves). Unlike her husband, Anna Magdalena used 6 sharps for the chorale, as many as the anonymous copyist had used for the opening movement in the 2nd violin part, both of which are in E major. The double entries of f ♯ and g ♯ are, however, not infrequent in Bach's time.

Provenance (s. Introduction, pp. 26 f.)

Although one of Bach's late cantatas, "Es ist das Heil" is one of the 44 chorale cantatas the parts of which were inherited by Anna Magdalena Bach and are now in the *Bach-Archiv Leipzig.* The original score and the duplicate parts belonged to Wilhelm Friedemann's legacy (s. pp. 76 f.). They were acquired in 1827 by Pistor, passed on to Adolf Rudorff and reached his son Ernst in 1888 after dwelling some forty years with Friedrich Wilhelm Jähns. Like so many Bach manuscripts in Ernst Rudorff's possession, the 3 parts of Cantata 9 were soon offered for sale.[7] They appear in auction catalogues as

[7] There can be little doubt that Wilhelm Friedemann also inherited the duplicate 1st violin part although it disappeared from view a long time ago. One might go so far as to assume that Pistor acquired it together with the 3 parts under discussion. The fact that Johann Sebastian and Anna Magdalena participated in the writing of the duplicate 2nd violin and bass parts seems to indicate that either or both of them were also engaged in the writing of the duplicate 1st violin part. What we know about Friedrich Wilhelm Jähns' sales of single parts suffices to admit at least the possibility that he may also have sold the duplicate 1st violin part. Since this part was already missing from the first auction catalogue in 1893, it might have been sold by Jähns in the 1850s when he offered other parts for sale such as the two parts of Cantata 174 (s. a., pp. 145 ff.).

partitur und die Dubletten gehörten zu Wilhelm Friedemanns Erbteil (s. S. 77 f.). 1827 wurden sie von Pistor erworben, der sie Adolf Rudorff vermachte, und kamen 1888 in Ernst Rudorffs Besitz auf dem Umweg über Friedrich Wilhelm Jähns. Wie im Falle anderer Bach-Manuskripte aus seinem Besitz versuchte Rudorff schon bald darauf, die drei Stimmen der Kantate 9 zu verkaufen[7]. Sie erschienen zunächst in Stargardts Versteigerungskatalog vom 30. Oktober 1893 (Nr. 265) und wurden von Fritz Donebauer in Prag erworben, dessen Handschriftensammlung Stargardt im April 1908 wiederum zum Verkauf anbot. Danach scheinen die Stimmen von Kantate 9 eine kurze Zeit im Besitz von Dr. Carl Geibel (Leipzig) oder Carl Herz von Hertenried (Wien) gewesen zu sein. Im Mai 1911 wurden Geibels und von Hertenrieds Autographen, unter ihnen die 3 Stimmen von BWV 9, in einer Auktion angeboten[8]. Danach tauchten sie in der berühmten Auktion von Wilhelm Heyer (Bd. IV) wieder auf, die Henrici und Liepmannssohn am 23. Februar 1928 in Berlin abhielten. Die drei Stimmen wurden anscheinend bei dieser Versteigerung von Hugo Riesenfeld erworben.

Riesenfeld (1879–1939), der seine musikalische Ausbildung und erste Anstellung als Geiger in seiner Heimatstadt Wien erhielt, wanderte 1907 nach Amerika aus. Dort war er zunächst Konzertmeister der Manhattan Opera Company in New York und später Musikdirektor des Film-Studios United Artists in Hollywood. Acht Jahre nach seinem Tode kaufte Mrs. Mary Flagler Cary (s. S.

[7] Zweifellos hatte Wilhelm Friedemann auch die Dublette der 1. Violinstimme geerbt, und man darf wohl annehmen, daß Pistor sie zusammen mit den 3 hier behandelten Dubletten erwarb. Die Beteiligung Johann Sebastian und Anna Magdalena Bachs am Ausschreiben der Violino II- und Baßus-Dubletten dürfte auf eine Beteiligung auch am Ausschreiben der Violino I-Dublette schließen lassen. Nach dem, was wir über Friedrich Wilhelm Jähns' Verkauf von Einzelstimmen wissen, wäre es denkbar, daß auch die spurlos verschwundene Violino I-Dublette von ihm veräußert wurde. Da diese Stimme schon im ersten Auktionskatalog im Jahre 1893 fehlte, ist es möglich, daß Jähns sie in den 1850er Jahren verkaufte, als er andere Stimmen zum Verkauf anbot; so die beiden Stimmen der Kantate 174 (s. o., S. 145 ff.).

[8] Nr. 929 im Versteigerungskatalog CIV von C. G. Boerner in Leipzig.

early as October 30, 1893 (Stargardt, No. 265). They were acquired by Fritz Donebauer of Prague and offered again after his death by Stargardt in April 1908 at which time they were bought either by Dr. Carl Geibel, Leipzig, or by Carl Herz von Hertenried, Vienna. In May 1911 when Geibel's and von Hertenried's autographs were auctioned off, the 3 parts of BWV 9 were among them.[8] Thereafter they reappear in the famous auction of Wilhelm Heyer (vol. IV) that Henrici and Liepmannssohn held on February 23, 1928 in Berlin. It seems that Hugo Riesenfeld purchased the 3 parts at this auction.

Riesenfeld who was born in 1879 in Vienna where he received his musical training and first employment as violinist, came to the USA in 1907. His American career began as concertmaster of the Manhattan Opera Company in New York and ended as general Musical Director of United Artists Studio in Hollywood where he died in 1939. In April 1947 Mrs. Mary Flagler Cary (s. pp. 26 f.) purchased the 2nd violin and bass parts from Walter R. Benjamin Autographs in New York. The parts are listed in the category *Manuscripts* (p. 15) of the catalogue of the *Cary Music Collection* which one year after her death came in 1968 into the possession of the Pierpont Morgan Library in New York.

The fate of the flute part was less normal. As already pointed out (on p. 27), it was found by a music-loving gentleman who lives in the Bronx, New York, in 1971 while he was taking a walk in the neighborhood of Greenwich Village. Passing a torn-down building site near Water Street he saw a framed music manuscript, its glass shattered, on a pile of rubble. Asking the worker who was scooping up the debris whether he could have the sheet of music, he was told he could take the whole pile of rubble if he wanted it. Back at home the new owner who requests to remain anonymous, found below the glass a label which reads: "Presented to the Society by Hugo Riesenfeld." All attempts to identify the "Society" to which Riesenfeld had given the manuscript before

[8] No. 929 of auction catalogue CIV of C. G. Boerner, Leipzig.

18) die Violino 2- und Baßus-Stimmen von Walter R. Benjamin Autographs in New York. Ein Jahr nach Mrs. Carys Tod (im Jahre 1967) kamen die Stimmen sodann in den Besitz der Pierpont Morgan Library in New York, wo sie in den Katalog der Cary Music Collection in der Abteilung Manuscripts (auf S. 15) aufgenommen und kurz beschrieben wurden.

Die Flötenstimme hat ein geradezu unwahrscheinliches Schicksal durchgemacht. Wie schon erwähnt (s. S. 18), wurde sie von einem musikinteressierten Herrn, der in der Bronx, New York, lebt, 1971 während eines Spaziergangs in der Nähe von Greenwich Village gefunden. Auf einem Schutthaufen an einer Baustelle in der Nähe der Water Street sah er unter zerbrochenem Glas, jedoch noch gerahmt, ein Manuskript. Er fragte den Arbeiter, der gerade dabei war, den Schutt zu beseitigen, ob er das Blatt mit der Musik haben könne und erhielt zur Antwort, er könne den ganzen Schutthaufen haben, wenn er ihn wolle. Zu Hause fand der neue Besitzer, der anonym bleiben möchte, unter dem Glas ein noch vorhandenes Schildchen folgenden Inhalts: „Presented to the Society by Hugo Riesenfeld." Bisher sind alle Versuche fehlgeschlagen, die „Gesellschaft" zu identifizieren, der Riesenfeld das Manuskript vor 1939 geschenkt hat und die es bis 1971 besessen haben muß. Als die Firma Sotheby Parke Bernet in New York im März 1974 an einigen Tagen kostenlose Expertisen ankündigte, brachten der Besitzer und seine Frau ihr Manuskript zur Begutachtung hin, jedoch keineswegs mit der Absicht, es zu verkaufen. Sotheby sandte sodann entweder das Manuskript oder eine Fotokopie zu ihrer Hauptgeschäftsstelle in London zwecks fachmännischer Beurteilung, zu welcher Zeit es auch die Aufmerksamkeit Alfred Dürrs auf sich lenkte. Am 6. Juni 1974 wurde das Manuskript seinen New Yorker Besitzern zurückerstattet mit der mündlichen Versicherung, daß es echt sei. Eine Wertangabe wurde nicht gegeben, da eine vergleichbare Versteigerung in jüngster Zeit nicht stattgefunden hatte. Ein Jahr danach sahen die Besitzer die Erwähnung der zwei Stimmen von Bachs Kantate „Es ist das Heil" im Katalog der Cary Music Collection und brachten ihr Manuskript zu dem Leiter

1939 and which – or a member of which – seems to have kept it until 1971, have so far failed. On one of the free appraisal days that Sotheby Parke Bernet held in March 1974 in New York, the owner and his wife brought their manuscript in for an opinion but with no intention of selling it. Either the manuscript or a photo of it was then sent to the Sotheby office in London for more expert advice, at which time it came to the attention of Dr. Alfred Dürr. On June 6, 1974 the manuscript was returned to the owners with the oral opinion that it seemed authentic. No value was placed on it because there was no recent auction record of a similar sale. A year later, after seeing the two parts of Bach's cantata "Es ist das Heil" listed in the catalogue of the Cary Music Collection, the present owners brought their manuscript to the two curators of music manuscripts at the Pierpont Morgan Library. It was there that I examined the flute part in May 1977 and again in November 1979.

Summary of Provenance: Wilhelm Friedemann Bach – Karl Pistor – Adolf Rudorff – Friedrich Wilhelm Jähns – Ernst Rudorff – Fritz Donebauer – Carl Geibel or Carl Herz von Hertenried – Heyer Museum, Cologne – Hugo Riesenfeld[9] – Mary Flagler Cary – Pierpont Morgan Library, New York.

[9] The flute part came from Hugo Riesenfeld via a New York "Society" into the possession of its present private owner in New York City.

der Abteilung für Musikautographe und seinem Assistenten an der Pierpont Morgan Library. Dort sah ich die Flötenstimme im Mai 1977 und nochmals im November 1979.

Zusammenfassung der Provenienz: Wilhelm Friedemann Bach – Karl Pistor – Adolf Rudorff – Friedrich Wilhelm Jähns – Ernst Rudorff – Fritz Donebauer – Carl Geibel oder Carl Herz von Hertenried – Heyer Museum, Köln – Hugo Riesenfeld[9] – Mary Flagler Cary – Pierpont Morgan Library, New York.

[9] Die Flötenstimme gelangte von Hugo Riesenfeld auf dem Wege über eine New Yorker „Gesellschaft" in die Hände des heutigen Privatbesitzers in New York City.

Sonstige Dokumente von der Hand Bachs

Zwei Briefe an Johann Elias Bach

Nur 29 der 41 überlieferten „Schriftstücke in Briefform"[1] sind von Bach selbst geschrieben. Die übrigen 12 Briefe sind in Fremdschrift erhalten, jedoch bis auf 3 von Bach unterschrieben[2]. Bei weitem die Mehrzahl der autographen Briefe ist in den Städten geblieben, in denen die Adressaten lebten. 2 sind in Mühlhausen, 3 in Halle, 4 in Plauen, je einer in Erfurt, Görlitz und Naumburg, 4 in Dresden und 5 in Leipzig. Der berühmte Brief Bachs an seinen Schulfreund Erdmann in Danzig befindet sich heute in Moskau, während 2 weitere Briefe aus dem Jahre 1748 ihre Heimat in den USA gefunden haben. Bei diesen handelt es sich um die letzten eigenhändigen Briefe des Meisters.

Bach schrieb sie nicht ganz zwei Jahre vor seinem Tod an seinen Neffen (zweiten Grades)[3] Johann Elias Bach, der ihm fünf Jahre lang treu und redlich als Privatsekretär diente.

Johann Elias wurde 1705 in Schweinfurt geboren, wo sein Großvater, der ältere Bruder von Bachs Vater, das Amt des Kantors innehatte. Wilhelm Friedemann und Carl Philipp Emanuel hatten 1733 (s. S. 34) bzw. 1734 das väterliche Haus in Leipzig verlassen. Johann Elias wurde 1737 mit offenen Armen in den Haushalt „auf dem Thomas KirchHof" aufgenommen. Denn inmitten des zweijährigen Präfektenstreits benötigten Bachs Söhne, der später etwas zurückgebliebene Gottfried Heinrich (geb. 1724) und der kleine Johann Christoph Friedrich (geb. 1732), einen gewissenhaften Hauslehrer („Informator") und Bach einen verläßlichen

[1] Nur die unter diesem Titel in Rubrik I des 1. Bandes der Bach-Dokumente (S. 19–126) behandelten Schriftstücke sind hier berücksichtigt; d. h. Zeugnisse, Prüfungsberichte, Orgelgutachten und Urkunden (Dok I, Rubriken II–IV) sind bei der obigen Zählung nicht miteingeschlossen.

[2] Es läßt sich nachweisen, daß Bach zumindest noch 16 andere Briefe geschrieben hat, obgleich sie nicht auf uns gekommen sind.

[3] Johann Elias' Vater und Johann Sebastian Bach waren Vettern ersten Grades.

Other Documents in Bach's Hand

Two Letters to Johann Elias Bach

Bach himself wrote only 29 of the 41 letters[1] that have come down to us. The remaining 12 letters were written by others in his behalf but were, with the exception of three, signed by the composer.[2] Most of the autograph letters have remained in the cities in which their recipients lived. Two are in Mühlhausen, 3 in Halle, 4 in Plauen, one each in Erfurt, Görlitz and Naumburg, 4 in Dresden and 5 in Leipzig. The famous letter Bach wrote to his school friend Erdmann in Danzig is now in Moscow while two letters of 1748 have found their home in the USA. They are Bach's last extant letters.

Bach wrote them less than two years before his death to his cousin[3] Johann Elias Bach who for five years had been Bach's loyal assistant and private secretary.

Johann Elias was born in 1705 in Schweinfurt where his grandfather, the older brother of Bach's father, had served as cantor. Wilhelm Friedemann and Carl Philipp Emanuel had left their father's house, the one in 1733 (s. p. 34) the other in 1734. In 1737, Johann Elias was received with open arms into the Bach household at the Thomas School. He was engaged and bound by contract to become the teacher (*"Informator"*) of Gottfried Heinrich (b. 1724) and Johann Christoph Friedrich Bach (b. 1732) as well as Sebastian's personal secretary. As such he wrote for instance the last and longest of the seven letters[4] concerning Bach's two-year dispute with Ernesti about the cantor's right to appoint the Prefects. Johann Elias helped Bach with the publicity

[1] Testimonials for students and organ builders, reports on new organs, etc. are not included in this count which restricts itself to *Schriftstücke in Briefform*, i. e. section I of Dok I, pp. 19–126.

[2] Another 16 letters can be documented although they have not survived.

[3] Johann Elias' father and Johann Sebastian Bach were first cousins.

[4] This letter, amounting to 189 lines, the enclosures included, was sent on October 18, 1737 to the Elector of Saxony.

Sekretär. Als solcher schrieb Johann Elias z. B. den letzten und längsten der 7 Briefe[4], in denen Bach beharrlich um das Recht des Kantors kämpfte, die Präfekten zu ernennen. Sodann half Johann Elias mit bei Ankündigung und Vertrieb des zur Michaelis-Messe 1739 erschienenen 3. Teils der Klavierübung. Im August 1741 übernahm er die Pflicht, Bach, der während dieser Zeit bei Carl Philipp Emanuel in Berlin weilte, in zwei rührenden Briefen über eine schwere Erkrankung Anna Magdalenas zu benachrichtigen[5]. Glücklicherweise sind etwa 250 Briefentwürfe von Johann Elias Bach aus den Jahren 1738–1742 erhalten geblieben, denen wir liebenswerte Einblicke in den Bachschen Haushalt verdanken. So erfahren wir, daß Anna Magdalena „eine große Liebhaberin" von Blumen, besonders Nelken, war und sich am Gesang von Singvögeln erfreute und daß ihr Mann eine Schwäche für Branntwein und Wildbret hatte. Schon neun Jahre, ehe Bach den 2. der hier vorliegenden Briefe an seinen Neffen schrieb (s. unten), hatte Johann Elias seine Schwester gebeten, ihm doch nach „vermutlich guter Weinlese" in Schweinfurt „10 bis 12 Maas süßen Most" zu schicken, mit denen er dem Herrn Vetter, in dessen Haus er „recht viel Gutthaten genossen habe, . . . gerne einmal eine Freude machen" möchte. Wie Bach früher seine Reisen nach Dresden mit Vorliebe in Wilhelm Friedemanns Begleitung unternommen hatte, nahm er 1741 Johann Elias auf einen Besuch in die sächsische Residenzstadt mit, bei dem beide im gastlichen Haus des Grafen von Keyserlingk wohnten. Johann Elias machte sich im Bachschen Haushalt anscheinend so unentbehrlich, daß Bach ihn mehrmals überredete, doch noch länger zu bleiben, ehe er ihn gegen Ende Oktober 1742 aus Leipzig fortziehen ließ. Im Mai 1743 wurde Johann Elias zum Kantor der Johanniskirche in seiner Geburtsstadt Schweinfurt ernannt, in welcher Stellung er bis zu seinem vorzeitigen Tod im Jahre 1755 blieb.

Wie die französisch geschriebenen Adressen der beiden Briefe, die Bach 1748 an

[4] Der am 18. Oktober 1737 an Kurfürst Friedrich August II. von Sachsen gerichtete Brief belief sich mit seinen drei Anlagen auf 189 Zeilen.

[5] Vgl. Dok II, Nr. 489 und 490, S. 391 f.

and sale of the third part of the *Clavierübung* which had appeared in time for St. Michael's Fair in 1739. In August 1741, he took the role of *pater-familias* when in two touching letters,[5] he notified Bach who was in Berlin visiting Carl Philipp Emanuel, of a serious illness of Anna Magdalena. The drafts of about 250 letters written by Johann Elias between 1738 and 1742 have fortunately survived. They give us some intimate glimpses of the members of the Bach family, such as Anna Magdalena's love of singing birds and of flowers, particularly carnations, or of her husband's fondness for brandywine and roast venison. Already nine years before Bach's letter of November 2, 1748, Johann Elias begged his sister in Schweinfurt to send him 10 or 12 measures of sweet wine (*must*) so that he might give some pleasure to his "honored cousin" in whose house he had "enjoyed many favors." Like Wilhelm Friedemann who used to accompany his father on his trips to Dresden, Johann Elias was in 1741 taken by Bach to the Saxon capital where they stayed in the hospitable mansion of Bach's patron Count von Keyserlingk. Johann Elias made himself so indispensable in the Bach household that Bach persuaded him time and again to stay before he finally let him take his leave at the end of October 1742. In May 1743 Johann Elias became cantor at St. John's Church in his native city of Schweinfurt. He held this position until his premature death at the age of 50 in 1755.

The two addresses written by Bach in French (s. ills. 55 and 57) show that Johann Elias was also "Inspector of the Alumneum of the Imperial City" of Schweinfurt. The "p[ar] l'occasion" at bottom left of the address on Bach's first letter of "6. Octobr/ 1748"[6] appears to refer to someone who was going from Leipzig to Schweinfurt, taking the letter with him. The second letter of "2. Novembr./1748"[7] was sent by way of Coburg.[8] The translation of both letters is taken gratefully from *The Bach Reader.*[9]

[5] Cf. the *Bach Reader*, pp. 168f.

[6] From hereon called Letter I.

[7] Hereafter called Letter II.

[8] "Franquè. [sic] Saalfeld." Bach then crossed out "Saalfeld" and replaced it by "Coburg." (s. ill. 57).

[9] pp. 182–183.

Johann Elias richtete, zeigen, war dieser nicht nur Kantor sondern auch „Inspektor des Gymnasiums der kaiserlichen Stadt Schweinfurt" (s. Abb. 55 und 57). Der Zusatz „p[ar] l'occasion" links unter der Adresse des Briefes vom „6. Octobr/1748"[6] dürfte sich auf jemand beziehen, der von Leipzig nach Schweinfurt reiste und den Brief mitnahm. Der 2. Brief vom „2. Novembr./1748"[7] wurde via Coburg gesandt[8]. Der Wortlaut, den der Leser mit den abgebildeten Briefen vergleichen und damit einen Einblick in Bachs letzte Schriftzüge gewinnen kann, ist aus dem 1. Band der Bach-Dokumente übernommen[9].

* bedeutet Abkürzung (meist der Endsilbe „en") durch Kurve nach unten.
\+ besagt, daß Bach an Stelle von „mm" oder „nn" einen horizontalen Strich über „m" bzw. „n" angebracht hat.
♯ bezeichnet alle anderen Abkürzungen.
Hier und im weiteren Text sind kursiv gesetzte Worte im Original in lateinischer Schrift geschrieben.

Brief I (s. Abb. 55 und 56)

[1r] Leipzig. den♯ 6. *Octobr* 1748.

Hoch-Wohl-Edler etc.♯
Hochgeehrter Herr♯ Vetter

Ich werde wegen* Kürtze der Zeit mit wenigem viel sagen*, wenn so wohl zur gesegneten* Wein-Lese als bald zu erwartendem* Ehe Seegen* Gottes Gnade v. Beystand herzlich *apprecire*[10]. Mit dem verlangten* *exemplar* der Preußischen* *Fuge*[11] kan voritzo nicht dienen*, indem *justement* der Verlag heüte *consumiret* worden*; (sindemahlen* nur 100 habe abdrukken* laßen*, wovon die meisten* an gute Freünde *gratis* verthan worden*. Werde aber zwischen* hier u. neüen* Jahres Meße einige wieder abdrucken* laßen*; wenn+ denn+ der♯ Herr♯ Vetter noch gesonnen+* ein *exemplar* zu

Letter I (s. ills. 55 and 56)

[1r] Leipzig, October 6, 1748

Honored and Most Noble, Most Esteemed Cousin, As time is short I will say much in a few words, by invoking God's grace and support for a blessed vintage as well as for the blessed event soon to be expected.[10] I cannot oblige you at present with the desired copy of the Prussian Fugue,[11] the edition having been exhausted just today, since I had only 100 printed, most of which were distributed *gratis* to good friends. But between now and the New Year's Fair I shall have some more printed, and if then my honored Cousin is still of a mind to have a copy, he need only give me notice upon occasion, sending me a thaler at the same time,[12] and his wish shall be fulfilled. In conclusion, with best greetings again from us all, I remain

Your Honor's devoted
J. S. Bach

[written crosswise into the left margin:]

PS. My son in Berlin already has two male heirs: the first was born just about the time we had (alas!) the Prusssian Invasion[13] and the second is about two weeks old.[14]

[2v]
AMonsieur
Monsieur J. E. Bach
Chanteur et Inspecteur
du Gymnase
a
Schweinfourth
p l'occasion.

The second, Bach's last extant letter, was written four weeks later. It deals – amusingly for us – with "wine and taxes."[15]

[6] Von hier an als Brief I bezeichnet.
[7] Fortan als Brief II bezeichnet.
[8] Bach schrieb zunächst „Franquè. [sic] Saalfeld.", strich dann „Saalfeld" aus und ersetzte es durch „Coburg." (s. Abb. 57).
[9] S. 117–120.
[10] Am 26. Dezember 1748 bekamen Johann Elias und seine zweite Frau eine Tochter.
[11] Bei der „Preußischen Fuge" handelte es sich entweder um das „Musikalische Opfer", das im Jahr zuvor im Druck erschienen war, oder um die „Fuge", d. h. das 6stimmige „Ricercar" aus dem „Musikalischen Opfer".

[10] On December 26, 1748 a daughter was born to Johann Elias and his second wife.
[11] With the "Prussian Fugue" Sebastian Bach meant either the *Musical Offering* that had been published the year before or the Fugue, i. e. the six-part Ricercar from the *Musical Offering*.
[12] While having given most copies of the *Musical Offering* "gratis to good friends," Bach, ever economical, charges his cousin "a thaler"!
[13] During the second Silesian War Leipzig was occupied by Prussian troops from November 30, 1745 to New Year 1746. S. Dok I, no. 49, p. 119.
[14] That Bach fails to mention Carl Philipp Emanuel's then 13 month-old daughter is typical of his time.
[15] This was the title of a limited facsimile edition, long out of print, that was published by the Pierpont Morgan Library in 1970.

haben*, dürffen* Sie mir nur mit Gelegenheit nebst Einsendung eines Thalers# davon* *part* geben*[12], so soll das# verlangte erfolgen*. Schließlich# nochmahln bestens von uns allen* *salutiret* beharre

Eu. HochWohlEdlen#

ergebener

J. S. Bach

[Links quer an den Rand geschrieben:]

P.S. Mein Sohn* in Berlin hat nun schon* 2 männliche+ Erben*, der erste ist ohngefehr üm die Zeit gebohren*, da wir leider! die Preußische *Invasion** hatten*[13], der# andere ist etwa 14 Tage alt.[14] etc#.

[2ᵛ] *AMonsieur*

Monsieur J. E. Bach

Chanteur et Inspecteur

du Gymnase

*p l'occasion**. *a*

Schweinfourth

Bach schrieb den 2. Brief vier Wochen nach dem ersten. Es wirkt beinahe wie tragische Ironie, daß dieser letzte uns erhaltene Brief, der von Wein und Tranksteuer[15] handelt, uns eher amüsiert als rührt.

Brief II (s. Abb. 57 und 58)

[1ʳ] Leipzig. den# 2. *Novembr.* 1748.

Hoch Edler etc.#

Hochgeehrter Herr Vetter.

Daß Sie nebst Frauen* Liebsten* sich noch wohl befinden*, versichert mich Dero gestriges Tages erhaltene angenehme Zuschrifft, nebst mit geschickte kostbaren* Fäßlein Mostes, wofür hiermit meinen schuldigen* Danck abstatte. Es ist aber höchlich zu bedauren, daß das Fäßlein entweder durch die Erschütterung im Fuhrwerck, oder sonst Noth gelitten*; weiln nach deßen* Eröffnung und hiesiges Ohrtes gewöhnlicher *visirung*, es fast auf den 3ten* Theil leer u. nach des *visitatoris* Angebung nicht mehr als 6 Kannen* in sich gehalten* hat; und also schade, daß von dieser edlen Gabe

[12] Obgleich Bach die meisten Exemplare des „Musikalischen Opfers" „an gute Freunde gratis" vergeben hatte, verlangt er von seinem Neffen die Zahlung „eines Thalers".

[13] Während des 2. Schlesischen Krieges war Leipzig vom 30. November 1745 bis Neujahr 1746 von preußischen Truppen besetzt. S. Dok I, Nr. 49, S. 119.

[14] Daß Bach die 13 Monate alte Tochter Carl Philipp Emanuels unerwähnt läßt, ist typisch für seine Zeit.

[15] „Wine and Taxes" war der Titel einer kleinen, seit geraumer Zeit vergriffenen Faksimile-Ausgabe, welche die Pierpont Morgan Library 1970 herausgegeben hatte.

Letter II (s. ills. 57 and 58)

[1ʳ] Leipzig, November 2, 1748

Most Noble and Most Esteemed Cousin,

That you and also your dear wife are still well I am assured by the agreeable note I received from you yesterday accompanying the excellent little cask of must you sent me, for which I send you herewith the thanks I owe you. It is, however, greatly to be regretted that the little cask was damaged, either by being shaken up in the wagon or in some other way, for when it was opened for the usual customs inspection here it was almost two thirds empty, and according to the inspector's report contained no more than six quarts (*Kannen*); and it is a pity that even the least drop of this noble gift of God should have been spilled. But, while I heartily congratulate my honored Cousin on the rich vintage he has garnered, I must acknowledge my inability, *pro nunc*, not [*sic*] to be in a position to make an appropriate return.

[1ᵛ]

But *quod differtur/non auffertur* [deferred is not canceled], and I hope to have occasion to acquit my debt in some way. It is indeed to be regretted that the distance between our two cities does not permit us to pay personal visits to each other. Otherwise I should take the liberty of humbly inviting my honored Cousin to the marriage of my daughter Ließgen which will take place in the coming month of January, 1749, to the new organist in Naumburg, Mr. Altnickol. But since owing to the remoteness I have mentioned and the unfavorable season it will presumably not be possible for our honored Cousin to be with us personally, I will at least ask him the favor of assisting them with a Christian wish; whereupon I send best regards to my honored Cousin and remain, with best greetings to you from us all.

Your Honor's wholly devoted and faithful cousin and most willing servant

Joh. Seb: Bach.

[written crosswise into the left margin:]

P. S. Magister Birnbaum[16] was buried, as much as 6 weeks ago.

[2ʳ]

P[ro]. M[emoria].

Although my honored Cousin kindly offers to oblige with more of the liqueur, I must decline

[16] Actually Johann Abraham Birnbaum, the loyal, learned and longwinded defender of Johann Sebastian against Johann Adolph Scheibe's attack on Bach's music, had died (on August 8) 3 months before this letter was written. See Dok I, no. 50, p. 121.

Gottes das geringste Tröpfflein* hat sollen* verschüttet werden*. Wie nun zu erhaltenen* reichen Seegen* dem Herrn* Vetter herzlich*en gratulire*; als muß hingegen* *pro nunc* mein Unvermögen* bekennen +*, üm nicht im Stande zu seyn, mich *reellement revengiren** zu können*. Jedoch *quod differtur*
[1v]
non auffertur, und hoffe *occasion* zu bekommen +* in etwas meine Schuld abtragen* zu können*. Es ist freylich zu bedauren*, daß die Entfernung unserer beyden Städte nicht erlaubet persönlichen Besuch einander abzustatten*; Ich würde mir sonsten* die Freyheit nehmen, den* Herrn* Vetter zu meiner Tochter Ließgen Ehren Tage, so künfftigen* *Monat Januar.* 1749. mit dem neuen* Organisten* in *Naumburg*, Herrn# Altnickol, vor sich gehen wird, dienstlich# zu *invitiren*. Da aber schon gemeldete Entlegenheit, auch unbeqveme Jahres Zeit es wohl nicht erlauben* dörffte den Herrn# Vetter persöhnlich# bey uns zu sehen*; So will mir doch ausbitten*, in Abwesenheit mit einem* christlichen# Wunsche ihnen* zu *assistiren**, wormit mich denn + dem Herrn Vetter bestens empfehle, und nebst schönster Begrüßung an Ihnen* von uns allen beharre

Eu: HochEdlen#

gantz ergebener treüer Vetter
u. willigster Diener
Joh. Seb: Bach.

[Links quer geschrieben:]

P.S. M. Birnbaum ist bereits vor 6 Wochen* beerdiget worden*.[16]

[2r]
P. M. [= Pro Memoria]
Ohnerachtet der Herr Vetter sich geneigt *offeriren**, fernerhin mit dergleichen* *liqueur* zu *assistiren**; So muß doch wegen* übermäßiger hiesigen* Abgaben* es *depreciren**; denn + da die Fracht 16 gr.# der Überbringer 2 gr: der *Visitator* 2 gr.# die Land*accise* 5 gr.# 3 ₰ : u. *generalaccise* 3 gr.# gekostet hat, als können + der Herr Vetter selbsten ermeßen*, daß mir jedes Maaß fast 5 gr.# zu stehen kömt, welches denn + vor ein Geschencke alzu kostbar ist. etc.#

[2v] 10

A Monsieur
Monsieur J. E. Bach
Chanteur et Inspecteur
des Gymnasiastes, de
la Ville Imperialle

Franquè. Coburg. *a*
Schweinfourth.

his offer on account of the excessive expenses here. For since the carriage charges cost 16 groschen, the delivery man 2 groschen, the customs inspector 2 groschen, the inland duty 5 groschen, 3 pfennig, and the general duty 3 groschen, my honored Cousin can judge for himself that each quart costs me almost 5 groschen, which for a present is really too expensive. etc.

[2v]
A Monsieur
Monsieur J. E. Bach
Chanteur et Inspecteur
des Gymnasiastes, de
la Ville Imperialle
a
Schweinfourth
Franquè. Coburg.

Both letters are exceptionally well-preserved. The paper is cream colored rather than brown, the color of the ink has remained black, particularly in Letter II. Both letters consist of one folio of which Letter I uses only the first recto leaf for its text while Letter II is 3 pages long, using 1r/1v for its text and 2r for its amusing second postscript. Its brief first postscript is, like that in Letter I, written crosswise at left (s. ill. 58). Both letters use 2v for the address which Bach wrote in accordance with the custom of his time in French. Remnants of 4 red seals are still clearly visible, particularly on Letter II. On this letter the ink has consistently though lightly bled through from the other side while moisture has caused a few smudges especially on its second leaf. The address of Letter I, smeared rather badly, shows perhaps most touchingly[17] the stiff and cramped writing of the 63 year-old Master who by then was beginning to lose his eyesight. The watermark of the paper shows on both letters (in Letter II upside down on leaf 2r/2v) at left a courtly lady in hoopskirt (about 9 cm tall), in the center an orb (in which the letter "K" can be seen) surmounted by a cross. At right, though less clearly, a male courtier with a sword can be discerned. Letter I measures 19.5 x 26 cm, Letter II, perhaps trimmed lengthwise, 18 x 26 cm.

[16] In Wirklichkeit war Johann Abraham Birnbaum, der

[17] The large reproduction is, of course, mainly responsible for this.

Beide Briefe sind außergewöhnlich gut erhalten. Die Farbe des Papiers ist gelblichweiß; die Tinte hat besonders im 2. Brief ihre schwarze Farbe beibehalten. Bach benutzte für beide Briefe je einen Bogen. Der Text von Brief I ist auf Bl. 1^r geschrieben, während in Brief II der Text auf Bl. 1^r und 1^v und das amüsante Postskriptum auf 2^r geschrieben sind. Die Adressen sind der Gepflogenheit der Zeit entsprechend auf französisch verfaßt und jeweils auf Bl. 2^v geschrieben. 4 rötliche Siegelreste sind besonders bei Brief II noch klar zu sehen. Die Tinte ist bei Brief II durchgehend leicht durchgeschlagen, und Feuchtigkeit hat einige Flecke, vor allem auf dem 2. Blatt, bewirkt. Die Adresse von Brief I, die nicht sehr sauber geschrieben ist, zeigt in ergreifender Weise[17] die steifen und verkrampften Schriftzüge des 63jährigen Meisters, der zu dieser Zeit seine Sehkraft zu verlieren begann. Das Wasserzeichen ist in beiden Briefen klar sichtbar, bei Brief II allerdings auf dem Kopf stehend auf Bl. 2. Es zeigt links eine höfische Dame im Reifrock (etwa 9 cm groß), in der Mitte eine von einem Kreuz gekrönte Kugel (Reichsapfel?) mit dem Buchstaben „K". Weniger deutlich kann man rechts einen Höfling mit Schwert erkennen. Die Maße von Brief I sind 19,5 x 26 cm, die von Brief II 18 x 26 cm.

Provenienz

Beide Briefe scheinen lange Zeit im Besitz der Nachkommen von Johann Elias Bach geblieben zu sein. Mitte des 19. Jahrhunderts gehörten sie einem Mitglied der Familie Emmert[18] und 1938[19] Professor Dr. Hermann Schöne in Münster/Westfalen, der wie die Familie Emmert von Johann Elias Bach abstammen soll. Dr. Robert Ammann (1886–1960) aus Aarau, Aargau, Schweiz, muß beide Briefe vor 1953 erworben haben,

Bach so leidenschaftlich wie gelehrt und weitschweifig gegen Johann Adolph Scheibes Kritik an Bachs Kompositionsweise verteidigt hatte, schon vor 3 Monaten (am 8. August) gestorben. S. Dok I, Nr. 50, S. 121.

[17] Dies ist natürlich auch durch die starke Vergrößerung der Abbildung bedingt.

[18] Siehe Hans-Joachim Schulze, Marginalien zu einigen Bach-Dokumenten, in: BJ 1961, S. 83.

[19] Vgl. Erich Hermann Müller von Asow, Johann Sebastian Bach – Gesammelte Briefe und Schriften, Regensburg 1940, ²/1950, Nr. 58 und 59, S. 127 und 128.

Provenance

The letters remained for a long time in the possession of Johann Elias Bach's family. In the mid-19th century they were owned by a member of the Emmert family[18] which is supposed to have descended from Johann Elias Bach. In 1938[19] they were in the hands of Prof. Dr. Hermann Schöne of Münster/Westphalia, who is also said to be a direct descendant of Johann Elias Bach. Before 1953, both letters were privately acquired by Dr. Robert Ammann (1886–1960) of Aarau, Aargau, Switzerland who published them in 1953. After his death they were offered for sale in auction catalogue 554 of November 1961 by J. A. Stargardt in Marburg. At that time William H. Scheide purchased Letter I through the good offices of Albi Rosenthal, owner of Otto Haas in London (formerly Leo Liepmannssohn, Berlin). The letter is now in the Scheide Library at Princeton University, Princeton, New Jersey.

At the same Stargardt auction Mrs. Mary Flagler Cary (s. pp. 26 f.) succeeded in acquiring Letter II. In 1968, one year after her death, it came with the rest of her vast collection into the possession of its present owner, the Pierpont Morgan Library in New York.

[18] S. Hans-Joachim Schulze, "Marginalien zu einigen Bach-Dokumenten," in: *BJ* 1961, p. 83.

[19] Cf. E. H. Müller von Asow, *Johann Sebastian Bach – Gesammelte Briefe und Schriften*, Regensburg 1940, ²/1950, Nos. 58 and 59, pp. 127 and 128.

da er sie in jenem Jahr veröffentlichte. Nach seinem Tode wurden sie im November 1961 im Versteigerungskatalog 554 von Stargardt in Marburg angeboten. Brief I wurde von William H. Scheide durch Vermittlung von Albi Rosenthal, dem Besitzer der Firma Otto Haas in London (früher Leo Liepmannssohn, Berlin) gekauft. Der Brief befindet sich heute in der Scheide Library der Princeton University, Princeton, New Jersey.

Bei derselben Versteigerung gelang es Mrs. Mary Flagler Cary (s. S. 18) Brief II zu erwerben. 1968, ein Jahr nach ihrem Tod, gelangte der Brief zusammen mit ihrer einzigartigen Sammlung von Musikerhandschriften in den Besitz der Pierpont Morgan Library in New York.

Einige Quittungen J. S. Bachs

Vergütungen für gewisse, meist jährlich zu wiederholende Dienstleistungen des Thomaskantors bildeten einen nicht unwesentlichen Teil seines jährlichen Einkommens. Bach rechnete mit ihnen und war tief enttäuscht, wenn sie nicht seinen Erwartungen entsprachen. In seinem Brief vom 28. Oktober 1730 an Georg Erdmann nahm er kein Blatt vor den Mund, als er seinem alten Schulfreund schrieb[1]:

> Meine itzige *station* belaufet sich etwa auf 700 rthl., und wenn es etwas mehrere, als *ordinairement*, Leichen gibt, so steigen auch nach *proportion* die *accidentia*; ist aber eine gesunde Lufft, so fallen hingegen auch solche, wie denn voriges Jahr an *ordinairen* Leichen *accidentien* über 100 rthl. Einbuße gehabt.

In seiner Untersuchung von solchen gelegentlichen Einkünften kommt Schulze[2] zu dem Schluß, daß sich Bachs Einnahmen auf etwa zwanzig Legaten beliefen, die natürlich meistens einen musikalischen Gegendienst seitens des Kantors verlangten. Nur einige dieser Vermächtnisse enthielten die Bestimmung, daß der Kantor die Auszahlungen schriftlich zu bestätigen habe. Unter diesen

[1] Vgl. Dok I, Nr. 23, S. 67f.

[2] Marginalien zu einigen Bach-Dokumenten, in: BJ 1961, S. 88ff.

Several Receipts by J. S. Bach

Payments for special and usually regularly recurring services formed a substantial portion of the Thomas Cantor's annual income. Bach counted on them and was irritated when they did not come up to his expectations. In his letter of October 28, 1730 to his schoolfriend Georg Erdmann, Bach minced no words when he said:

> My present post amounts to about 700 thaler, and when there are rather more funerals than usual, the fee rises in proportion; but when a healthy wind blows, they fall accordingly, as for example last year, when I lost fees that would ordinarily come in from funerals to an amount of more than 100 thaler.[1]

In his investigation of Bach's earnings from legacies, Schulze comes to the conclusion that Bach benefited from about twenty legacies[2] that required some form of musical service from the Thomas cantor in return. Only a few of these requests stipulated that the cantor acknowledge payment by an official receipt. Among these the so-called Nathan Bequest is the only one that can be documented for the full 27 years of Bach's employment in Leipzig. The facts and figures

[1] Quoted from the *Bach Reader*, p. 125.

[2] Cf. Hans-Joachim Schulze, "Marginalien zu einigen Bach-Dokumenten," in: *BJ* 1961, pp. 88ff.

kann das sogenannte Nathanische Legat als einziges durch Bachs 27jährige Tätigkeit in Leipzig belegt werden. Werner Neumanns und Hans-Joachim Schulzes zusammenfassende Darstellung der Tatsachen und Umstände möge hier wiederholt werden[3]:

> Sabine Nathan, eine reiche Witwe aus Leipzig (gest. 1612), hatte testamentarisch bestimmt, daß jährlich am Sabinentage (oder am folgenden Tage) in derjenigen Kirche, in die die Wochenpredigt fiele, (St. Thomas oder St. Nikolai), vor und nach der Predigt einige Sterbemotetten gesungen werden sollten. Dafür hatte sie aus den Zinsen eines gestifteten Kapitals von 1000 Gulden fünf Gulden zur Verteilung an den Thomaskantor (2 Gulden) und die im Chor mitsingenden Schüler (3 Gulden) bestimmt. Die Verwaltung des Kapitals erfolgte durch die Tischlerinnung in Leipzig.

Da der Sabinentag in Leipzig am 26. Oktober begangen wurde, mußte Bach von 1723 bis 1749 jährlich Sterbemotetten zum Gedächtnis an Sabine Nathan aufführen. Von den 27 Quittungen sind 16 1/2 überliefert, nämlich die von 1723 bis 1729, von 1742 bis 1749 und zwei Einzelquittungen aus den Jahren 1735 und 1737. Von diesen befinden sich heute 8 vollständige Quittungen und 2 Fragmente in den USA. Sie sind nach einem einheitlichen Grundmuster abgefaßt (wie Variationen über dasselbe Thema): Die Dienstleistung des Kantors und die Vergütung von 5 Gulden wird vom Kantor quittiert und mit dem Datum versehen, das außer dem 26. auch der 25. wie 27. Oktober sein kann. Lediglich der Name des jeweiligen „Inspectors" des Nathanischen Legats, der dem Kantor die fällige Summe auszahlt, wechselt von Zeit zu Zeit.

Die Quittungen befanden sich ehemals in einem mit Lederrücken versehenen Quittungsbuch der Leipziger Tischlerinnung. Dieses Buch, das mit dem Jahre 1686, d. h. mit den Quittungen von Bachs Vorgängern Schelle, Knüpfer und Kuhnau beginnt, wurde bis zum Jahre 1821 weitergeführt, somit die Amtszeit der Kantoren Hiller, A. E. Müller und Schicht umfassend. Das Quittungsbuch existiert noch. Es befindet sich in gutem Überlieferungszustand in New Yorker Privatbesitz[4]. Von den Bachschen Quit-

[3] Dok I, Nr. 112, S. 192.

[4] Der Besitzer hat gebeten, anonym zu bleiben.

of this bequest have been summarized by Werner Neumann and Hans-Joachim Schulze as follows:[3]

> The Last Will and Testament of Sabine Nathan, an affluent Leipzig widow, who died in 1612, decreed that on Sabina's Day (or on the preceding or following day) some funeral motets be sung before and after the sermon at St. Thomas' or St. Nikolai's Church wherever the sermon was held during that week. She had left a principal of 1000 Gulden for this purpose, the interest of which (5 Gulden) was to be shared by the Thomas cantor (2 Gulden) and the participating choristers (3 Gulden). The Leipzig Carpenters' Guild was to be in charge of administering the legacy.

Since Sabina's Day, as commemorated in Leipzig, fell on October 26, Bach was duty-bound to perform some motets in remembrance of Sabine Nathan's death from 1723 to 1749. 16-1/2 of 27 receipts have survived, those from 1723 to 1729, from 1735 and 1737 and those from 1742 to 1749. Of these, eight and two fragmentary receipts are in the United States. All receipts follow the same logical pattern. Like variations on the same theme, they list the date (which may be as early as October 25 or as late as October 27), the service that cantor and choristers performed, for which they received the amount of 2 + 3, i. e. 5 Gulden, and the church in which the service was held. Only the name of the trustee of the Nathan Bequest who paid the cantor, changed from time to time.

All of these receipts were once contained in the bound, leather-backed receipt book of the Leipzig Carpenters' Guild. This book began with the year 1686 and thus with the receipts of Bach's predecessors Schelle, Knüpfer and Kuhnau and continued until 1821 up to the Thomas cantors Hiller, A. E. Müller and Schicht. The receipt book still exists. It is in good condition and since 1951 in private possession in New York.[4] It still contains the second leaf with Bach's receipts for the years 1727–1729 (s. ills. 59 and 60). At the top of the front page it shows furthermore the last four lines of the receipt

[3] In Dok I, no. 112, p. 192. The story of the Nathan Bequest is not included in the *Bach Reader*. The translation is by the author.

[4] Its present owner prefers to remain anonymous.

tungen enthält das Buch heute nur noch das 2. Blatt mit den Quittungen für die Jahre 1727–1729 (s. Abb. 59 und 60). Oben auf der Vorderseite sind ferner noch die vier letzten Zeilen der Quittung aus dem Vorjahr zu sehen, d. h. die letzten 2 Worte des Quittungstexts und „Leipzig, den / 26 *Octob:* 1726. / Joh: Seb: Bach / Cantor"[5]. Aus den nächsten 12 Jahren ist nur die obere Hälfte des Blattes, das einstmal die Quittungen für die Jahre 1735 und 1737 enthielt, überliefert[6]. Aus den Jahren 1742–1749 sind Bachs Quittungen lückenlos erhalten geblieben, nämlich auf 2 Blättern, von denen das erste horizontal durchschnitten ist. Seine obere Hälfte mit den Quittungen von 1742 und 1744 befindet sich in ausgezeichnetem Überlieferungszustand im Besitz von Rechtsanwalt James J. Fuld in New York. Herr Fuld erwarb das kleine Manuskript von Walter Hinrichsen durch Vermittlung des New Yorker Autographenhändlers Walter Schatzki (zwischen 1965 und 1969). Einst hatte es zur Autographensammlung Henri Hinrichsens gehört (s. S. 19). Die Leipziger Tischlerinnung scheint das Quittungsblättchen entweder Ende des 19. oder Anfang des 20. Jahrhunderts an Dr. Carl Geibel, Leipzig, oder Carl Herz von Hertenried, Wien, verkauft zu haben. Denn es erscheint im Mai 1911 (als Nr. 928) im Versteigerungskatalog CIV von C. G. Boerner, Leipzig, der die Autographensammlung von Geibel und Herz von Hertenried anzeigte[7]. Von dort gelangten die 2 Quittungen in den Besitz des Leipziger Rust-Schülers und Musikaliensammlers Joseph Liebeskind (1866–1916), dessen Musikerautographen 1927 von K. E. Henrici in Berlin zum Verkauf angeboten wurden[8]. Dort muß Henri Hinrichsen das Blättchen wohl erworben haben.

[5] 1935 enthielt das Quittungsbuch auch das erste Blatt mit Bachs Quittungen von 1723–1726 (die letztere ohne die oben erwähnten 4 Schlußzeilen). Dieses Blatt ist heute in Privatbesitz in Hannover. S. Hans-Joachim Schulze, Vier unbekannte Quittungen J. S. Bachs, in: BJ 1973, S. 88.

[6] Es wurde 1926 von K. E. Henrici in Berlin zum Verkauf angeboten und befindet sich heute in der Universitätsbibliothek Basel.

[7] D.h. im selben Katalog, der unter Nr. 929 auch die 3 Dubletten von „Es ist das Heil uns kommen her" offerierte (s. S. 151).

[8] Versteigerung CXXII, 29. September 1927, S. 1, Nr. 1; dieses alles laut freundlicher Mitteilung Dr. Schulzes.

for the previous year, i. e. its two final words and: "Leipzig. den/26 *Octob*: 1726." as well as the signature "Joh: Seb: Bach/Cantor."[5] Of the next twelve years only half a sheet on which the receipts of 1735 and 1737 were written has survived.[6] The receipts of the remaining eight years from 1742 to 1749 survive on two leaves the first of which has been cut horizontally. Its top portion with the receipts for the years 1742 and 1744 is in excellent state of preservation and hangs, framed and under glass, in the living room of its owner, Mr. James J. Fuld of New York. Mr. Fuld purchased it between 1965 and 1969 through the New York manuscript dealer Walter Schatzki from Walter Hinrichsen. It had belonged to the private collection of Walter Hinrichsen's father Henri (s. p. 28). The Leipzig Carpenters' Guild must have sold these two receipts to Dr. Carl Geibel of Leipzig or Carl Herz von Hertenried of Vienna at the end of the 19th or beginning of the 20th century. At least in May 1911, the auction catalogue CIV[7] of C. G. Boerner, Leipzig, offered Geibel's and Herz von Hertenried's autographs, including these two receipts (under No. 928) for sale. The latter were acquired by a pupil of Rust, the Leipzig autograph collector Joseph Liebeskind (1866–1916). The availability of his collection of music autographs was announced in 1927 in the auction catalogue of K. E. Henrici[8] in Berlin at which time Henri Hinrichsen appears to have purchased the two receipts.

The text of the 1742 receipt (s. ill. 61) reads:

Herr Martin Simon Hille who has already been mentioned several times as the present Inspector of the Nathan Bequest has paid me once again correctly on this date the usual 5 Gulden from the aforesaid bequest for the Thomas

[5] The first leaf with Bach's receipts of 1723–1726 (lacking, as noted above, the four last lines of the latter) was in 1935 still in the receipt book but is now in private hands in Hannover. S. Hans-Joachim Schulze, "Vier unbekannte Quittungen J. S. Bachs," in: *BJ* 1973, p. 88.

[6] It was offered for sale by K. E. Henrici in Berlin in 1926 and is now in the library at the University of Basel.

[7] This is the same catalogue which announced (under No. 929) the 3 duplicate parts of "Es ist das Heil uns kommen her" (s. p. 151).

[8] Auction CXXII, September 29, 1927, p. 1, item 1. I owe these facts to a friendly communication by Dr. Schulze.

Zum Vergleich mit der abgebildeten Quittung von 1742 (s. Abb. 61) sei deren Wortlaut hier nach Dok I, Nr. 124, S. 200, wieder abgedruckt und mit Zeichen für Bachs Abkürzungen (*) und Zeilenenden (/) versehen.

Mehrmahln erwehnter Herr Martin/ Simon Hille, als der Zeit *Inspector*/ des *Nathan*ischen* *Legati,* hat heüte *dato*/ die gewöhnlichen 5 Gülden aus be/ sagtem *legato* vor die Thomas Schule/ wegen des in besagter Kirche abgesun/ genen* Leichen Gedächtnißes abermahlen*/ richtig an mir gezahlet; Gestalten* solches/ hiermit eigenhändig bescheiniget, und/ darüber *quittiret* wird. Leipzig. den*/ 26. *Octobr.* 1742.
Joh: Seb: Bach.
Königl(icher) * Hoff*Com/positeur*

Die letzten 3 Silben des Wortes *Com/positeur* sind nur halb zu sehen, da das Blatt horizontal gefaltet und durchgeschnitten wurde. Auf diese Weise konnte die obere Hälfte mit der Quittung von 1742 (recto) und der von 1744 (verso) unabhängig von dem unteren Teil des Blattes verkauft werden[9]. Aus der hier nicht abgebildeten Quittung von 1744 erfahren wir, daß der Tischlermeister Christoph Eulenberg die Stellung des jüngst verstorbenen Inspektors Hille übernommen hat. Das Blättchen, das wegen seiner Rahmung nicht ganz präzise gemessen werden kann, dürfte etwa 9,6–9,9 x 8,5 cm groß sein.

Das letzte überlieferte Blatt mit Quittungen J. S. Bachs gelangte auch als letztes nach Amerika. Es wurde zunächst von dem Frankfurter Juwelier und unermüdlichen Sammler Louis Koch (1862–1930), direkt oder indirekt, von der Leipziger Tischlerinnung erworben, die noch 1935 das Quittungsbuch besaß. Auf Veranlassung von Kochs Freund Stefan Zweig wurde Georg Kinsky 1928 beauftragt, einen beschreibenden Katalog der außergewöhnlich reichen Sammlung Koch herzustellen[10]. Nach dem Tod von Kochs Tochter, Frau Maria Floers-

[9] Der untere Teil mit den Quittungen von 1743 und 1745 wurde Ende der 1950er Jahre von Sotheby in London versteigert und befindet sich heute in englischem Privatbesitz. S. Dok I, Nr. 126, S. 201f.

[10] Obgleich Kinsky seine Arbeit 1929 beendete, wurde sein „Katalog der Musikautographen-Sammlung Louis Koch" erst nach seinem Tod unter dem Titel „Manuskripte, Briefe, Dokumente von Scarlatti bis Stravinsky" veröffentlicht, Stuttgart 1953.

School on account of the memorial service that was sung in the said church; this is therefore personally acknowledged and a receipt is herewith given. Leipzig. October 26, 1742. Joh: Seb: Bach./ Royal Court Composer.

The reproduction shows that the 3 last syllables of the word "Com/positeur" on the lowest line of the receipt were cut in half when this leaf from the receipt book was divided horizontally so that its upper half with the above receipt of 1742 (recto) and the one of 1744 (verso) could be sold separately from the lower half.[9] The receipt of 1744 which is not reproduced here informs us that the place of Inspector Hille after the latter's recent death had been taken by the master carpenter Christoph Eulenberg. The size of the half sheet that because of the framing cannot be measured with absolute accuracy seems to be 9.6–9.9 x 8.5 cm.

The final J. S. Bach leaf from the receipt book was also the last one to reach America. It was originally acquired directly or indirectly from the Leipzig Carpenters' Guild, which in 1935 was still the owner of the receipt book, by the Frankfurt jeweller and indefatigable collector Louis Koch (1862 to 1930). Upon the urging of his friend Stefan Zweig, Koch entrusted Georg Kinsky in 1928 with the compilation of a descriptive catalogue of his overwhelmingly rich collection.[10] After the death of Koch's daughter Maria Floersheim-Koch it became the property of her son, Georg Floersheim in Basel who in the course of time sold some of its most precious manuscripts to American collectors, among them Bach's cantata 171 (s. p. 18 and *Ibid.*, fn. 6), Mozart's *Schauspieldirektor* and Schubert's *Winterreise.*

Although Werner Neumann and Hans-Joachim Schulze as editors of the *Bach-Dokumente* had in 1961 received photos of the two pages of the Bach receipts of 1746–1749, Georg Floersheim did not give them the permission, requested in 1963, to

[9] The latter contains the receipts of 1743 and 1745. They were acquired by an English collector in the late 1950s from Sotheby in London. Cf. Dok I, no. 126, pp. 201f.

[10] Although Kinsky completed most of his work in 1929, his *Katalog der Musikautographen-Sammlung Louis Koch* appeared only after his death bearing the principal title *Manuskripte, Briefe, Dokumente von Scarlatti bis Stravinsky*, Stuttgart 1953.

heim-Koch, erbte ihr Sohn Georg Floersheim in Basel die Sammlung, aus der er mit der Zeit einige ihrer wertvollsten Manuskripte an amerikanische Sammler verkaufte, darunter die Originalpartitur von Bachs Kantate 171 (s. S. 18 und ebda., Fn. 6), Mozarts „Schauspieldirektor" und Schuberts „Winterreise".

Obgleich Werner Neumann und Hans-Joachim Schulze als Herausgeber der Bach-Dokumente 1961 Fotokopien der Bachschen Quittungen von 1746–1749 erhalten hatten, gab Georg Floersheim nicht die im Jahre 1963 erbetene Erlaubnis, deren Wortlaut zu veröffentlichen. Der Text der Quittung aus dem Jahr 1746 war allerdings schon durch Kinskys Katalog bekannt geworden[11]. Weihnachten 1976 erwarb das Moldenhauer-Archiv in Spokane, Washington, von Floersheim das Blatt mit den 3 ¹/₂ letzten Quittungen Bachs. Es mißt 15,6 x 9,6 cm und ist gut erhalten; das Papier ist leicht gebräunt, die Tinte ist schwarz und von der anderen Seite leicht durchgeschlagen. 1980 erschien ein kurzer Artikel von Hans Moldenhauer[12], in dem die 3 ¹/₂ Quittungen erstmalig reproduziert wurden[13]. Da der Wortlaut der Quittung von 1746 seit 1953 bekannt ist (s. o.) und die nächste Quittung sich eigentlich nur dadurch unterscheidet, daß 1747 ein anderer Inspektor des Nathanischen Legats, Paul Francke, Bach seine 5 Gulden auszahlte, habe ich die Quittungen aus den Jahren 1748 und 1749 zur Abbildung ausgewählt. Die Quittung für 1748, die Bachs letztem eigenhändigen Brief (s. S. 157 ff.) nur um 6 Tage vorausgeht, ist wiederum ein Zeugnis der verkrampften und schwerfälligen Schriftzüge des alternden Meisters. Dieser Brief (s. Abb. 62) ist bisher nicht entziffert worden. Er lautet:

> Daß der Inspector des Natha-/nischen* *Legati*, Herr Eülenberg/auch vor das 1748. Jahr., wegen*/ eines auf den* Sabinen* Tag im *Monat/ Octobris* abgesungenen* Sterbe Liedes/ vor dießes mahl ein Genüge gethan/ sindemahln derselbe heüte *dato* fünff/Gülden Meißn(er).*

[11] Ebda., S. 11.
[12] J. S. Bach und das Nathanische Legat, in: Neue Zeitschrift für Musik, Juli/August 1980, S. 353. Der Artikel beruht auf Dok I, S. 192ff.
[13] Ich bin Herrn Moldenhauer für seine freundliche Erlaubnis, zwei dieser Quittungen abbilden zu dürfen, zu Dank verpflichtet.

publish the text of the receipts of 1747, 1748, and 1749. The text of the receipt of 1746 had already been made known by Kinsky.[11] At Christmas 1976 the last leaf with its 3-¹/₂ receipts was purchased from the Floersheim Collection by the Moldenhauer Archives in Spokane, Washington. The leaf measures 15.6 x 9.6 cm. It is in good condition, the paper has turned only slightly brown and the ink has retained its black color which has bled through from the other side, though only to an inconsiderable extent. In 1980 Hans Moldenhauer published a short article[12] in which the 3-¹/₂ receipts were for the first time photographically reproduced.[13] Inasmuch as the receipt of 1746 has been known since 1953 (s. a.) and the only difference of the 1747 receipt is that another Inspector of the Nathan Bequest, Paul Francke, was in that year in charge of paying the annual 5 Gulden, I have chosen the receipts of 1748 and 1749 for reproduction. The receipt of 1748 which precedes Bach's last extant autograph letter (s. pp. 156 ff.) by a mere six days represents yet another example of the aging Master's stiff and laborious handwriting. The receipt (s. ill. 62) has furthermore not yet been deciphered in its original German nor has it been translated. It reads:

> It is herewith gratefully acknowledged that the Inspector of the Nathan Bequest, Herr Eulenberg, has this time again done satisfaction for the year 1748 because of a memorial Lied that was sung on Sabina's Day in the month of October. In accordance with this the same has paid me, the undersigned, as of this date five Gulden, coined in Meißen, namely 2 for the Cantor and 3 for the pupils/Leipzig, October 27, 1748.
>
> Joh: Sebast: Bach
> C. [= Cantor]

One year later, i. e. nine months before his death, Bach was apparently no longer able to write the next receipt himself (s. Introduction, p. 30). The lower part of the verso side of the leaf accommodated only one half of the

[11] *Op. cit.*, p. 11.
[12] "J. S. Bach und das Nathanische Legat," in: *Neue Zeitschrift für Musik*, Juli/August 1980, p. 353. The article is based on Dok I, pp. 192ff.
[13] I am indebted to Mr. Moldenhauer for his kind permission to include some photos in this study.

naml(ich).* 2 vor den* Canto-/rem, und 3 vor die Schüler mir endes/ benandten* ausgezahlet; solches wird/ hiedurch dankbarlich *quittiret*/ Leipzig. den* 27. *Octobr.* 1748.

Joh: Sebast: Bach
C. [= Cantor]

Ein Jahr später, d. h. 9 Monate vor seinem Tode, war Bach anscheinend nicht mehr imstande, die nächste Quittung selbst zu schreiben (s. Einleitung, S. 22). Auf dem unteren Teil des verso-Blattes fand nur die Hälfte der Quittung von 1749 Platz. Die noch etwas kindlichen Schriftzüge hat Schulze als die Handschrift von Bachs jüngstem, damals 14jährigem Sohn Johann Christian erkannt[14]. Zweifellos hatte der Vater den Sohn gebeten, die Quittung des vorigen Jahres wörtlich abzuschreiben und lediglich das Jahr 1748 durch 1749 zu ersetzen. Außer zwei kleinen orthographischen Varianten – „Monath" mit th und „Sterbelieder" anstatt des grammatisch korrekten „Sterbe Liedes" seines Vaters – führte Johann Christian seine Aufgabe getreulich aus.

Leider ist das nächste Blatt mit den ersten Quittungen von Bachs Nachfolger, Thomaskantor Gottlob Harrer, nicht mehr in dem New Yorker Quittungsbuch[15]. Sollte das Blatt noch existieren, muß es oben auf der Vorderseite jene 6 Zeilen in Johann Christian Bachs Handschrift aufweisen, die auf dem Moldenhauer-Blatt fehlen (s. Abb. 62). Wenn Bach selbst seinen Namen unter der von seinem Sohn vollendeten Quittung Ende Oktober 1749 eingetragen haben sollte, so würde diese Unterschrift das letzte Dokument von des Meisters Hand darstellen.

Außer den Quittungen des Nathanischen Legats befinden sich noch zwei weitere Bach-Quittungen in den USA. Die zeitlich ältere, die Bach am Sonntag Quasimodogeniti, am 4. April 1732, verfaßte, befindet sich in der Bibliothek der Historical Society of Pennsylvania in Philadelphia. Sie ist das Resultat

[14] S. Dok I, Nr. 143, S. 209.

[15] Das nächste Blatt mit Harrers Quittungen aus den Jahren 1752 und 1753 folgt heute im Quittungsbuch den Bachschen Quittungen von 1728 und 1729, während die von Kuhnaus Witwe und dem „Curator" unterschriebene Quittung von 1722 heute Bachs Quittungen von 1726 und 1727 vorausgeht (s. Abb. 59 und 60).

1749 receipt. It was written by a still immature hand which Schulze identified as that of Bach's youngest son, Johann Christian, then 14 years of age.[14] No doubt his father told Johann Christian to copy the previous receipt word for word, only replacing the year 1748 by 1749. Except for spelling "Monath" with *th* and writing "Sterbelieder" instead of his father's grammatically correct "Sterbe Liedes," young Johann Christian carried out his father's will dutifully.

The following leaf with the first receipts of Bach's successor Gottlob Harrer is unfortunately no longer in the receipt book in New York.[15] If it still exists, it must show at the top of its front page the six lines in Johann Christian Bach's handwriting that are missing on the Moldenhauer leaf (s. ill. 62). Should Bach have signed his name beneath his son's completed receipt of late October 1749, this signature would constitute the last document from the Master's hand.

Another two receipts have found their home in the USA. The first one of Low Sunday (April 4) 1732 is in the Library of the *Historical Society of Pennsylvania* in Philadelphia. It refers to an almost century-old Electoral regulation that freed public church and school officials in Saxony from having to pay tax on beer.[16] Bach wrote his receipt on the front page of a leaf without watermark that measures 32.6 x 19.5 cm. Its state of preservation is excellent although the paper, that in 250 years has turned only slightly brown, is quite spotted. The ink has retained its original black color and Bach's writing is of unexcelled clarity (s. ill. 63). The receipt reads:

I have duly received from Mr. Johann Paul Lazer, well-appointed District and Beverage Tax Collector of his Royal Majesty of Poland and Electoral Highness in Saxony, [for the period] from Low Sunday 1731 to the same time in

[14] S. Dok I, no. 143, p. 209.

[15] The next leaf with Harrer's receipts for 1752 and 1753 is now preceded in the New York receipt book by Bach's receipts of 1728 and 1729, while the receipt by Kuhnau's widow, signed by her and the "Curator" in 1722, is now followed by Bach's receipts of 1726 and 1727 (s. ills. 59 and 60).

[16] For this and the facts mentioned farther below, s. Dok I, nos. 116 and 117, pp. 194f.

einer beinahe einhundert Jahre alten kurfürstlichen Anordnung, welche die sächsischen Beamten in Kirche und Schule von der Tranksteuer befreite[16]. Bach schrieb seine Quittung auf die Vorderseite eines Blattes (ohne Wasserzeichen), das 32,6 x 19,5 cm mißt und gut erhalten ist. Das Papier, das nach beinahe 250 Jahren eine leicht-braune Farbe angenommen hat, ist im ganzen recht fleckig. Die Tinte ist schwarz, so daß Bachs Schriftzüge äußerst klar geblieben sind (s. Abb. 63). Zum Vergleich sei der in Bach-Dokumente I, Nr. 117, S. 194, gedruckte Text hier nochmals wiedergegeben und mit Zeichen für Abkürzungen (*) und Zeilenenden (/) versehen:

> Daß von Sr. Königl.(ichen)* *Mayest*: in Pohlen/ und ChurFürstl.(ichen)* Durchl.(aucht)* zu Sachsen, wohlbestellten*/ Creyß und Tranck-Steuer Einnehmer Herrn*/ Johann Paul Lazern von *Quasimodogeniti*/ 1731. biß dahin 1732. laut der Churf.(ürstlich)*/ Sächsischen Anordnung *de a(nn)o.** 1646. den*/ 9. *Novembr*: von drey Faß, iedes a 40 gr.*,/ und also zusammen 5 thlr, sage
>
> Fünff Thaler
>
> richtig empfangen habe; Solches habe hiermit/ gehorsamst bekennen und zugleich gebührend/ darüber *quittiren** sollen*. Leipzig. *Termino/ Quasimodogeniti* 1732.
>
> *Joh: Seb: Bach.*
> *Direct: Musices*
> u. *Cantor* zu
> *S. Thomae.*

Links neben seiner Unterschrift hat Bach mit schwarzem Siegellack sein Siegel angebracht, das heute noch klar erkennbar ist. Das Dokument ist am linken Rand von zwei Zeugen unterschrieben: „DSDeyling Smpp" und „ThWagner". Dr. Salomon Deyling (1677–1755), Superintendent der Diözese der Nikolaikirche und Professor der Theologie an der Universität Leipzig, war seit Bachs Anstellung als Thomaskantor mit dessen amtlichem Leben in Leipzig eng verbunden. Thomas Wagner (1669–1737) war der damalige Kreissteuereinnehmer in Leipzig.

Merkwürdig ist, daß man an den unbeschriebenen Stellen des Manuskripts Reste einer anderen Quittung ähnlichen Inhalts entziffern kann, in der ein gleichfalls an St.

[16] Hierzu und zu den weiter unten angeführten Tatbeständen s. Dok I, Nr. 116 und 117, S. 194f.

> 1732, in accordance with the Electoral Saxon Decree of November 9 of the year 1646 [compensation] for three barrels [of beer], each 40 groschen, and hence altogether 5 thlr, say
>
> Five Thaler.
>
> This I am to acknowledge herewith dutifully and most obediently and to give simultaneously and duly a receipt for the same. Leipzig. Low Sunday (*Quasimodogeniti*) 1732.
>
> Joh: Seb: Bach./ Direct: Musices/ and Cantor at/ S. Thomae.

Next to his signature Bach affixed his well-known seal with black sealing wax which is almost perfectly preserved. At the left of the page the document is signed by "DSDeyling Smpp" and "ThWagner." Dr. Salomon Deyling (1677–1755), the Superintendent of the diocese of St. Nikolai and Professor of Theology at the University of Leipzig, was associated with Bach's Leipzig career from its very beginning on. The cosigner Thomas Wagner (1669–1737) was district tax collector in Leipzig.

The parts of the manuscript that are not covered by Bach's writing show the amazing phenomenon of another receipt for beer tax refund, written on the same day in similar but not identical and only partly decipherable language by another official at St. Thomas. This offsetting must have occured through acid migration from the page which rested against the leaf with Bach's receipt. Since the back page of the latter is blank this transference became possible as well as visible.

The number 465 at the right top of Bach's receipt may well represent the page number of the receipt book. This assumption gains in probability because two other receipts by Bach for beer tax refund, those for the years 1731 and 1743, show in the same place similar numbers (376 and 394). In 1743 the "District, Land and Town Beverage Tax Collector" who paid Bach, was no other than Christian Friedrich Henrici (1700–1764), i. e. Bach's poet, Picander. Picander knew what he was talking about when, eight months earlier, he wrote a cantata in upper-Saxon peasant dialect[17] which he asked Bach to set

[17] Picander wrote this *Cantate burlesque* to flatter and honor the new Lord of the Manor at Klein-Zschocher, the chamberlain Carl Heinrich von Dieskau (an ancestor of Dietrich Fischer-Dieskau), who as Tax Inspector was Henrici-Picander's superior.

Thomas tätiger Beamte am selben Tag den Empfang seiner Tranksteuervergütung bestätigt. Diese Übertragung ist nicht durch durchgeschlagene Tinte sondern durch „Wandern" der auf dem vorhergehenden Blatt befindlichen Tintensäure entstanden, ein Phänomen, das bei lange geschlossenen Bänden, die einseitig mit Tinte geschriebene Dokumente enthalten, beobachtet werden kann.

Daß die rechts oben auf der Seite eingetragene Nummer 465 die Seitenzahl des Quittungsbuches angibt, ist eine Annahme, die an Glaubhaftigkeit gewinnt, da sich auch auf zwei anderen erhaltenen Bachschen Quittungen für Biersteuervergütung aus den Jahren 1731 und 1743 an gleicher Stelle ähnliche Nummern (376 und 394) befinden. 1743 war der „Kreis-Land und Stadt-Trank-Steuer-Einnehmer", der Bachs Vergütung auszahlte, kein anderer als Christian Friedrich Henrici (1700–1764), d. h. Bachs Librettist Picander. Picander wußte demnach, wovon er sprach, als er acht Monate zuvor eine Kantate in obersächsischem Bauerndialekt dichtete[17], die er Bach zu vertonen bat und die mit den Worten beginnt:

> Mer Hahn en neue Oberkeet
> An unsern Kammerherrn.
> Ha gibt uns Bier, das steigt ins Heet,
> Das ist der klare Kern.

Provenienz

Wie lange Bachs Empfangsbestätigung aus dem Jahr 1732 in dem Leipziger Quittungsbuch geblieben ist, ist nicht mehr festzustellen. Ihr erster namentlich bekannter Besitzer scheint der amerikanische Geistliche, Dr. William Buell Sprague (1795–1876), ein unermüdlicher Manuskriptsammler, gewesen zu sein. Er soll mit seinen 40 000 Manuskripten, unter denen sich 15 000 Briefe befanden, die damals reichhaltigste Autographensammlung in den Vereinigten Staaten besessen haben. Auch der 1838 in Philadelphia geborene Simon Gratz, dessen Lebenswerk den Schulen und der öffentlichen

[17] Er schrieb diese „Cantate burlesque" als Huldigung für den neuen Gutsherrn von Klein-Zschocher, Carl Heinrich von Dieskau (einen Vorfahren von Dietrich Fischer-Dieskau), der als Steuervorsteher Henrici-Picanders Vorgesetzter war.

to music and which begins with the words:

> The Chamberlain is now our Squire,
> a first-rate Squire is he.
> His beer sets all our heads on fire,
> 'tis strong as beer can be.[17a]

Provenance

How long Bach's receipt of 1732 remained in the Leipzig receipt book can apparently no longer be ascertained. Its first known owner appears to have been the American clergyman William Buell Sprague (1795–1876) who was an indefatigable collector of autograph manuscripts of any kind. He is said to have had the largest and most valuable collection of autographs in America, numbering some 40,000, among them over 15,000 letters. Also Simon Gratz who was born in Philadelphia in 1838 and who devoted his life to the Public Schools and the Free Library of Philadelphia, was an enthusiastic collector of historical documents. In fact he enhanced his own collection greatly by acquiring a large part of the Sprague collection. Eventually he donated his 66,000 manuscripts, among them Bach's receipt, to the *Historical Society of Pennsylvania*, the President of whose Council he was during the later years of his life.

The other receipt was only signed by J. S. Bach but not written by him. (s. ill. 64). It reads:[18]

> That I, the undersigned, have again been paid by Herr Ignatz Ratsh, Steward of the Count etc. von Würben, one thaler, eight groschen in advance for lending the clavier for one month from October 5 to November 5, I hereby acknowledge. Leipsig (sic), October 5, 1747.
>
> *Joh: Sebast: Bach.*
>
> *It est* 1 rthl 8 gr.

The well preserved leaf which appears to have been trimmed, measures 20.5 x 17 cm. The paper has turned a buff color, the ink is dark brown. A fraction of a watermark is faintly visible.[19] The signature of the 62-½ year-old Master is still firm though written

[17a] Translation by Henry S. Drinker (whose last name and the content above are an amusing coincidence).

[18] Except for a few slight revisions, the translation has been taken from the *Bach Reader*, p. 179.

[19] In Dok I, no. 132, p. 205, it is presumed to be a "fragment" of "CCV?".

Bibliothek in Philadelphia gewidmet war, war ein leidenschaftlicher Sammler historischer Dokumente. Einen großen Teil seiner Sammlung erwarb er aus der Sammlung Sprague, ehe er seine 66000 Manuskripte, darunter Bachs Quittung, der Historical Society of Pennsylvania übergab, der er gegen Ende seines Lebens als Vorsitzender ihres Aufsichtsrats eng verbunden war.

Die letzte der amerikanischen Quittungen ist von fremder Hand geschrieben, jedoch von Bach selbst unterschrieben (s. Abb. 64). Ihr Text lautet[18]:

> Daß mir Endes Gefertigter, von des *Tit*: Herrn Graffens/ von Würben, Herrn HoffMeister Ignatz Ratsh anwiederumb/ vor das *Clavier* zu leyhen vor hienein auf einen Monath vom/ 5ten *Octobr* bis 5ten *Novembr*: ein Thaler acht groschen seynd be/zahlet worden thue hiermit bescheinigen Leipsig d(en)* 5ten *Octobr* 1747
> *It est* 1 rthl 8 gr.* *Joh: Sebast: Bach.*

Das gut erhaltene, anscheinend beschnittene Blatt mißt 20,5 x 17 cm. Das Papier ist stark gebräunt, die Farbe der Tinte dunkelbraun mit rötlicher Tönung. Ein fragmentarisches Wasserzeichen ist nur schwach erkennbar[19]. Die Unterschrift des $62^1/_2$ jährigen Meisters ist noch fest, aber anscheinend mit bewußter Behutsamkeit geschrieben. Bach, der drei Jahre später 5 Cembali hinterließ, war gewiß imstande, eines davon zu verleihen, besonders wenn die monatliche Miete so einträglich wie die obige war.

Der 1728 in Prag geborene Graf von Würben[20] war noch nicht 18 Jahre alt, als er sein Studium an der Universität Leipzig begann. Zur Zeit der Miete von Bachs Instrument war er 19 Jahre alt. Obgleich heute nur 2 Quittungen bekannt sind, lassen sich noch weitere 5 dokumentieren, d. h. vom Juni bis Dezember 1747[21]. Allem Anschein nach

[18] S. Dok I, Nr. 132, S. 205.

[19] In Dok I, Nr. 132, S. 205, wird es für ein „Bruchstück (CCV?)" gehalten.

[20] Würben (Würbenthal), auf tschechisch damals Wrbna (s. links unten auf der Abb. 64), heute Wrbno, ist ein Städtchen, das bis zum Ende des Ersten Weltkriegs zum österreichischen Teil von Schlesien gehörte und etwa 120 km süd-südöstlich von Breslau in Mährisch-Ostrau in der Tschechoslowakei liegt. Die Grafen von Würben waren auch Grafen von Freudenthal, einer etwas weiter südlich gelegenen Stadt.

[21] Vgl. Dok I, Nr. 131 und 132, S. 204f. Die vierzeilige

apparently with deliberate care. Bach who left five harpsichords at his death was certainly able to rent one of them and quite willing to do so for the above handsome remuneration.

The Count of Würben[20] was born in 1728 in Prague. He entered the University of Leipzig before his 18th birthday and was at the time of the rental of Bach's clavier 19 years of age. He appears to have been a passionate or at least conscientious student of the harpsichord. Though the whereabouts of only 2 receipts are presently known, the young Count's rental of Bach's clavier can be documented for more than a half year, from June through December 1747.[21] After an illustrious career at the Austrian court, the 55 year-old "Marshall-in-Chief of the Imperial Household" reappears, this time as one of the 174 subscribers of the three subscription concerts that Mozart gave at the height of his popularity in Vienna in March 1784.

Provenance

Bach's receipt is for the first time mentioned by Spitta[22] as belonging in 1869 to the private collection of Ott Usteri in Zurich who also owned a fragment of the dismembered autograph score of Bach's Cantata 188 (s. a., pp. 82 f.). The Library of Congress, Washington, D.C.[23] acquired the receipt from the Anderson Galleries Inc. in New York which merged in 1929 to form the American Art Association-Anderson Galleries which, in turn, were in the 1950s absorbed by the renowned auction house Parke Bernet in New York City.

[20] Würben (Würbenthal), in Czech Wrbna (s. at bottom of ill. 64), today Wrbno, is a town which until the end of World War I belonged to Austrian Silesia. It is situated about 80 miles south-southeast of Breslau in the Moravian corner of Czechoslovakia. The Counts of Würben were also Counts of Freudenthal, a nearby town south of Würben.

[21] Cf. Dok I, nos. 131 and 132, pp. 204f. The autograph receipt of July 29, 1747 in which Bach acknowledged the payment of 32 groschen for rental of the clavier from July 5 to August 5 of that year, appears to have been in the collection of a Mr. Leo Levy in America. This receipt was sold on November 28, 1978 by Sotheby Parke Bernet in New York to Albi Rosenthal (the owner of Otto Haas in London) and is apparently no longer in the USA.

[22] Spitta D, II, p. 716, fn. 39.

[23] Ill. 64 shows as sign of ownership the perforated letters "LC." The file number of the receipt is ML/95/.B14 Case.

war der junge Graf ein leidenschaftlicher oder zumindest gewissenhafter Klavierspieler. Auf der Höhe seiner Karriere treffen wir den 55jährigen als Hofmarschall des kaiserlichen Haushalts wieder, und zwar unter den 174 Subskribenten der drei Abonnementskonzerte, die der Pianist Mozart in Wien im März 1784 veranstaltete.

Provenienz

Bachs Quittung wurde von Spitta[22] zum ersten Mal erwähnt. Demnach gehörte sie 1869 der Privatsammlung von Ott Usteri in Zürich an. Dieser besaß auch ein Fragment der zerstückelten Originalpartitur von Bachs Kantate 188 (s. o., S. 82 ff.). Die Library of Congress in Washington, D. C.[23], erwarb die Quittung von Anderson Galleries Inc. in New York, die im Jahre 1929 in die Firma American Art Association-Anderson Galleries überging, welche ihrerseits in den 1950er Jahren von dem bekannten Auktionshaus Parke Bernet in New York übernommen wurde.

Eigenhändiger Namenszug „JSBach./1733."

Da diese Unterschrift offensichtlich aus ihrem originalen Zusammenhang herausgeschnitten worden ist, muß zunächst die Frage nach ihrer Echtheit gestellt werden. Der nur 2,7 x 7,5 cm messende Papierstreifen, der einst wohl die Ecke eines Bach-Dokuments geziert hat (s. Abb. 65), weist natürlich kein Wasserzeichen auf. Aber nicht nur aus diesem Grund, sondern auch weil die verschiedenen Bestandteile der Signatur im wahren Sinne des Wortes außergewöhnlich sind, muß zunächst die Echtheitsfrage gelöst wer-

autographe Quittung, die Bach am 29. Juli 1747 ausstellte und die den Empfang von 32 Groschen für die Vermietung eines Instrumentes vom 5. Juli bis 5. August bestätigte, befand sich offenbar eine Zeitlang in Amerika (in der Sammlung eines Herrn Leo Levy). Die Quittung wurde am 28. November 1978 von Sotheby Parke Bernet in New York versteigert, von Albi Rosenthal (dem Besitzer von Otto Haas in London) gekauft und soll sich nicht mehr in den Vereinigten Staaten befinden.

[22] Spitta D, II, S. 716, Anm. 39.

[23] S. auf der Abb. 64 das perforierte Besitzerzeichen „LC". Die Signatur ist ML/95/.B14 Case.

Autograph Signature "JSBach./1733."

Since this signature has obviously been removed from its original context, the question arises whether it is a genuine signature by J. S. Bach. The size of this small autograph is 2.7 cm x 7.5 cm. Because it presumably once graced the corner of a leaf (s. ill. 65), no watermark is visible. Therefore, and because certain features of the signature are in the literal sense of the word extraordinary, its authenticity must first be established. Only the letters *ac* in "Bach," the *17* in "1733" and the two periods at the end of each line that resemble horizontal commas, correspond to what might be called a normal Bach signature. However, three idiosyncrasies seem to stand in the way of immediate authentication: The *JSB*, the *h* and the two *3*'s.

The lovely monogram fashioned out of Bach's initials is extremely rare. It appears only on each of the 3 title pages of Bach's Calov Bible (s. pp. 187 ff.) and on the title page of one of the three copies Bach owned of Elias Nicolaus Ammerbach's *Orgel oder In-*

den. „Normal" für eine Bach-Unterschrift sind lediglich die Buchstaben ac in „Bach", die 17 in „1733" und die Punkte am Ende der beiden Zeilen, die horizontalen Kommata gleichen. Drei Eigentümlichkeiten der Handschrift mahnen dagegen zur Vorsicht, J. S. Bach ohne weiteres als Schreiber dieses Namenszugs anzusprechen, nämlich das Monogram JSB sowie die Ausführung des Buchstabens h und der Nummer 3.

Das schwungvoll geformte Monogramm befindet sich sonst nur noch auf den drei Titelblättern von Bachs Calov-Bibel (s. S. 187 ff.) und, in etwas steiferer Form, auf dem Titelblatt eines der drei Bachschen Exemplare von Elias Nicolaus Ammerbachs „Orgel oder Instrument Tabulatur" (1571)[1]. Dort setzt sich das Monogramm allerdings aus den Buchstaben ISB zusammen. Beachtenswert ist, daß Bach diese Monogramme sozusagen als ein persönliches Exlibris für Titelblätter einiger seiner Bücher reservierte. Bach scheint das g-förmige h unserer Unterschrift immer dann angewandt zu haben, wenn er (wahrscheinlich unbewußt) einen gewissen formellen Eindruck hervorrufen wollte. So erscheint dieses h z. B. viermal auf dem Titelblatt des „Clavier-Büchleins vor Wilhelm Friedemann Bach" (s. S. 89). Das besonders schöne Autograph des h-moll-Praeludiums und Fuge für Orgel (BWV 544)[2] mag außerdem als ein Beispiel dienen, in welchem Bach das h nacheinander in beiden Formen anwendet: das g-förmige h charakteristischerweise auf dem Titelblatt und das gewöhnliche h auf der nächsten Seite in der Überschrift (seines Namens). Wie das JSB-Monogramm scheint auch das g-artige h Titelblättern vorbehalten zu sein. Die Zahl 3, beide Male mit eingedrücktem statt nach außen gewölbtem Kopf, ist in Bachschen Manuskripten öfters zu finden, besonders in Überschriften und Reinschriften; in amerikanischen Bach-Quellen z. B. in der Sinfonia 13 (hier, in Wilhelm Friedemann Bachs „Clavier-Büchlein" ist sie „Fantasia" genannt) oder auf dem Titelblatt von Kantate 33 (s. S. 95 und 52). Die winzige

[1] Vgl. Stanley Godman, Bachs Bibliothek, in: Musica 1956, Heft 11, S. 756–761.

[2] Vgl. die Faksimile-Ausgabe von Otto Erich Deutsch, The Harrow Replicas, Nr. 4, London 1942.

strument Tabulatur of 1571.[1] In the latter Bach intertwined the letters *ISB* rather than *JSB* for the monogram. That Bach used these monograms in the nature of a personalized *ex libris* on title pages of books is noteworthy. Bach seems to have preferred the g-like *h* of our signature when he wanted to create the impression of a certain formality. It appears, for instance, consistently on the title page of the *Clavier-Büchlein vor Wilhelm Friedemann Bach* (s. p. 89). That Bach could execute two different shapes of *h* consecutively, is proven by the beautiful autograph of the Prelude and Fugue in B minor for Organ (BWV 544).[2] Its title page shows the g-like *h*, while in the caption on the next page Bach writes the *h* in his name in the customary manner. Like the monogram *JSB*, Bach seems to have reserved the g-like *h* for title pages. The two *3*'s with their indented rather than rounded heads appear fairly frequently, particularly in titles and fair copies; in American Bach manuscripts for instance in *Sinfonia 13* (called "*Fantasia*" in Wilhelm Friedemann Bach's *Clavier-Büchlein*) and on the title page of Cantata 33 (s. pp. 95 and 52 of this study). Although the tiny halfmoon-like crescent to the right of the letter *S* in the monogram of our signature is missing in the monograms of the Calov Bible, it is by no means unusual in Bach manuscripts.[3]

Having established the authenticity of the signature, the question of its origin arises. We know that Bach entered his name not only into the copy of Ammerbach's *Tabulatur* that Carl Philipp Emanuel Bach had given in 1772 to Charles Burney,[4] but also into the copy that was apparently inherited by Wilhelm Friedemann Bach.[5] This

[1] Cf. Stanley Godman, "Bachs Bibliothek," in: *Musica* 1956, Heft 11, pp. 756–761.

[2] S. the facsimile ed. by Otto Erich Deutsch, *The Harrow Replicas*, No. 4, London 1942.

[3] The small ornament is frequently added to capital letters, particularly to *G* and *C*. S. ill. 36, the heading "G. S. Bach" of BWV 906 or the "Clarino 2" heading of the Dresden part of the *Missa* of 1733 (of the later B minor Mass) and, above all, adorning the *C* in "Continuo" on title pages.

[4] This copy is now in the Cambridge University Library. Cf. Godman, *op. cit.*

[5] Cf. Stanley Godman, "Bach's Copies of Ammerbach's

halbmondartige Sichel rechts neben dem S in dem JSB-Monogramm der vorliegenden Unterschrift fehlt zwar in den sonst gleichen Monogrammen der Calov-Bibel, ist aber in Bach-Manuskripten keineswegs eine Seltenheit. Die kleine Verzierung ist besonders bei den großen Buchstaben C und G anzutreffen[3].

Nachdem diese Ausführungen alle Zweifel an der Echtheit der Bachschen Unterschrift beseitigt haben dürften, drängt sich die Frage nach dem Ursprung auf. Bekanntlich hat Bach seinen Namen nicht nur in das Exemplar der Ammerbachschen Tabulatur eingetragen, das Carl Philipp Emanuel Bach 1772 Charles Burney schenkte und das sich heute in der Universitätsbibliothek Cambridge befindet[4], sondern auch in das Exemplar, das offenbar zum Erbgut Wilhelm Friedemann Bachs gehörte[5]. Dieses Exemplar der Ammerbach-Tabulatur kam später in den Besitz von Carl Ferdinand Becker (1804–1877), dem Orgellehrer an Mendelssohns Leipziger Konservatorium, Mitbegründer der Bach-Gesellschaft, Herausgeber von Bachs Chorälen und begeisterten Bibliophilen. 1856 übergab Becker seine reiche Sammlung, die anschließend „Becker-Stiftung" genannt wurde, der Stadtbibliothek Leipzig[6]. Nach 1870 schnitt jemand Bachs Besitzvermerk aus dem Vorsatzblatt der Ammerbach-Tabulatur heraus, ein Diebstahl, über den Alfred Dörffel, Beckers Nachfolger als Leiter der Musikabteilung der Stadtbibliothek Leipzig, auf dem hinteren Deckblatt der Tabulatur gewissenhaft Bericht erstattete. Da dies nach heutiger Kenntnis die einzige ausgeschnittene Bach-Unterschrift zu sein scheint, drängt sich die Frage auf, ob es sich bei der hier diskutierten Unterschrift nicht um die aus der Leipziger Tabulatur entfernte Unterschrift handelt.

[3] S. Abb. 36 die Überschrift „G. S. Bach" der „Fantasia per il Cembalo" (BWV 906) oder den Titel „Clarino 2" über der Dresdner Stimme der Missa (1733!), der späteren „h-moll-Messe", und vor allem das Wort „Continuo" (besonders auf Titelblättern).

[4] S. Stanley Godman, a. a. O.

[5] Vgl. Stanley Godman, Bach's Copies of Ammerbach's „Orgel oder Instrument Tabulatur", in: Music and Letters 38, London 1957, S. 25. (Dies ist eine freie Übersetzung von Godmans „Bachs Bibliothek".)

[6] Heute wird sie „Musikbibliothek der Stadt Leipzig" genannt.

copy came later into the possession of Carl Ferdinand Becker (1804–1877), the organ teacher in Mendelssohn's recently founded Leipzig Conservatory, one of the founders of the *Bach Gesellschaft*, editor of Bach's chorales and an avid bibliophile. In 1856 Becker bequeathed his vast collection to the Stadtbibliothek in Leipzig,[6] where it was called the *Becker-Stiftung*. After 1870 Bach's signature was cut from the front flyleaf of Ammerbach's *Tabulatur*. This theft was duly recorded on the volume's back flyleaf by Alfred Dörffel, Becker's successor as chief of the Music Division of the Stadtbibliothek. Since this is the only cut-out Bach signature documented in history, the question arises whether our signature may be the one removed from the Leipzig copy of the *Tabulatur*.

Two facts combined make an investigation promising. (1) The reverse side of the Bach signature shows an irregularly shaped pasted-on blue area. (2) Becker affixed to the books and music in his collection a blue *ex libris* label. The latter is about one half cm longer than the blue area on the *verso* of our signature. Becker could have pasted his *ex libris* label onto the back of the flyleaf opposite Bach's signature in order to strengthen this precious corner that was exposed to wear through page-turning. The culprit who had cut out Bach's signature, had every reason to hide the source of his theft. He obviously tried to obliterate the incriminating evidence that Becker's label would have supplied. He stopped only when his efforts to erase the blue label began to threaten the paper of the signature proper.[7]

But there was also a Becker *ex libris* (now removed) in the lower right corner on the title page of the *Tabulatur*. Can the former existence of two *ex libris* labels be reconciled? Dörffel's entry on the back page says: "After 1870 someone cut out this corner

'Orgel oder Instrument Tabulatur,'" in: *Music and Letters* 38, London 1957, p. 25. (This is a free translation of Godman's "Bachs Bibliothek".)

[6] The Library is now called *Die Musikbibliothek der Stadt Leipzig*.

[7] What is left today of the blue area gives the impression that someone had tried to remove the pasted-on blue paper with a wet cloth or a moist finger.

Zwei ungewöhnliche Tatbestände sprechen dafür. 1. Die verso-Seite der Bach-Unterschrift zeigt eine dünne blaue löschblattartige Schicht. 2. Becker pflegte in die Bücher und Noten seiner Sammlung ein blaues Exlibris-Etikett einzukleben, das etwa einen halben cm breiter als die blaue Fläche auf der Rückseite der Bach-Unterschrift ist. Könnte es sein, daß Becker sein Exlibris-Schildchen auf der Rückseite des Vorsatzblatts, d. h. gegenüber Bachs Namenszug, anbrachte, vielleicht um hierdurch diese kostbare, aber auch – des Umblätterns wegen – gefährdete untere Ecke zu stärken? Da dem Dieb der Unterschrift natürlich daran lag, Ort und Stelle seines Vergehens zu verheimlichen, versuchte er offenbar, die belastende Evidenz, die Beckers Exlibris auf der Rückseite darstellte, durch Radieren zu entfernen[7]. Anscheinend hörte er damit auf, als seine Bemühungen, das blaue Papier zu beseitigen, das Papier der Unterschrift selbst zu gefährden drohten.

Nun zeigte aber auch das Titelblatt der Tabulatur, gleichfalls in der rechten unteren Ecke, Beckers Exlibris-Etikett, das inzwischen allerdings entfernt worden ist. Die vormalige Existenz von zwei Exlibris-Schildchen von Becker scheint zunächst nicht glaubhaft. Dörffels Notiz auf dem hinteren Deckblatt besagt: „die Ecke [mit der Unterschrift J. S. Bachs] hat nach 1870 Jemand ausgeschnitten, später hat Jemand das ganze Vorsatzblatt herausgerissen". Wer könnte nun nach dem Diebstahl der Unterschrift an dem leeren Vorsatzblatt interessiert gewesen sein? Eigentlich nur jemand in der Bibliothek, der sah, daß das verunstaltete Vorsatzblatt ohne Bachs Namenszug wertlos und somit überflüssig geworden war. An sich konnte das Aussehen des Buches durch Entfernung des Vorsatzblatts nur gewinnen. Zudem mußte das herausgerissene Vorsatzblatt auf der Rückseite noch den oberen Teil von Beckers Exlibris-Etikett gezeigt haben, denn dieses war 1,5 cm höher als Bachs Besitzvermerk (4,2 gegenüber 2,7 cm). Diese Überlegung läßt den Verdacht aufkommen, daß der Dieb und der Entferner des Vor-

[with the Bach signature]. Later someone tore out the whole flyleaf." Who could possibly have had an interest in the empty flyleaf after the theft of the signature? Actually only someone in the library, who, irritated by the blemish of the cut-out corner, felt that this now worthless empty flyleaf might just as well be removed and the book's appearance thereby be improved. Besides, this torn-out flyleaf must have shown on its reverse side the upper portion of the Becker label as the latter is 1.5 cm higher than Bach's signature of 1733 (4.2 vs. 2.7 cm). This observation gives rise to the suspicion that the thief and the person who removed the flyleaf were one and the same. While nobody could restore Bach's signature, replacing Becker's label presented no problem. Would it not be rather typical of an employee at the library to place a Becker label on the corresponding spot of what, since the removal of the flyleaf, had become page 1, the title page? It seems even conceivable that the same person removed both and wanted to cover his tracks.[8] Since Becker himself had inscribed his name and the date 1842 on the title page, there was certainly no reason for him to paste also his *ex libris* label on the same page. That such a label was readily available is further proven by the fact that Professor Werner Neumann graciously sent me such a label some time ago without any hesitation or request to return it.

No matter how plausible the above series of deductions might be, more substantial documentation had to be produced to prove my theory. If the paper of the Becker *ex libris* label which had been sent to me and that of the blue remnants on the reverse side of the Bach signature could be proven to be identical, evidence would take the place of speculation. Therefore, I sought permission to avail myself of microscopic photography at the Department of Pathology at the School of Medicine of the University of Louisville. Plucking with surgical tweezers a few fibers from the blue area of the Bach signature as well as from the Becker *ex libris* label, a laboratory technician succeeded after many

[7] Die übriggebliebene blaue Schicht sieht so aus, als habe jemand mit einem feuchten Läppchen oder Finger das blaue Papier zu entfernen versucht.

[8] Dörffel's note ends with the words: "The perpetrators of the crime could not be determined for certain."

satzblatts ein und dieselbe Person gewesen sein könnten. Während niemand imstande war, Bachs Unterschrift wiederherzustellen, konnte Beckers Schildchen mühelos ersetzt werden. Wäre es nicht typisch für einen Angestellten der Bibliothek, der vielleicht sogar das Vorsatzblatt, wenn nicht auch Bachs Unterschrift entfernt haben mag[8], jetzt ein Becker-Etikett an derselben Stelle des Titelblatts einzusetzen, das seit dem Herausreißen des Vorsatzblatts Seite 1 geworden war? Da Becker aber selbst seinen Namen und die Jahreszahl 1842 auf dem Titelblatt eingeschrieben hatte, war für ihn gewiß kein Grund vorhanden, auch noch sein Exlibris-Etikett auf derselben Seite einzukleben. Das hatte offensichtlich ein anderer später getan. Die Tatsache, daß Prof. Werner Neumann mir seinerzeit ganz selbstverständlich ein Becker-Exlibris-Schildchen sandte, ohne mich zu bitten, es zurückzuschicken, zeigt, daß auch heute noch überflüssige Becker-Exlibris-Schildchen in der Musikbibliothek der Stadt Leipzig vorhanden sind.

Wie einleuchtend all diese Vermutungen und Folgerungen auch sein mögen, stellen sie doch keinen Beweis dar. Um einen solchen zu erbringen, versuchte ich nachzuweisen, daß das Papier des mir übersandten Becker-Etiketts und das der blauen Schicht auf der Rückseite der Bach-Unterschrift gleichartig ist. Zu diesem Zweck suchte ich und erhielt Zugang zu mikroskopischer Fotografie in der Pathologischen Abteilung an der School of Medicine der University of Louisville. Ein Techniker des dortigen Laboratoriums zupfte mit einer Pinzette einige Fasern aus der blauen Oberfläche der Rückseite der Bach-Unterschrift sowie aus dem Becker-Schildchen heraus. Nach vielen Versuchen gelang es ihm, die zwei Fasersorten so gegeneinanderzuschieben, daß sich schließlich zwei Fasern kreuzten, die er dann unter dem Mikroskop fotografierte. Diesen Prozeß wiederholte er mit einigen Fasern aus dem hellbraunen Papier der Bach-Unterschrift. Das fotografische Bild erwies die strukturelle Identität der zwei blauen Fasern, während die aus dem Papier der Bach-

[8] Dörffels Notiz endet mit den Worten: „Die Sachbeschädiger konnten nicht bestimmt ermittelt werden."

trials in crossing two of these fibers which he then photographed under microscope. The same was done with a fiber plucked from the light-brown paper of the Bach signature proper. The photographic result clearly demonstrated the structural identity of the crossed blue fibers while showing at the same time an entirely different organic structure of the fibers taken from the Bach signature paper.[9] Since the two crossed fibers came evidently from the same kind of paper, the hypothesis that the blue area on the back of the Bach signature consists of remnants of a Becker *ex libris* label gains substantially in credibility.

That the signature came into Georg Kinsky's (1882–1951) possession towards the end of World War I, that is, about 45 years after the theft, also seems to speak for our theory. Within this span of time the life of the perpetrator of the theft of the early 1870s – quite likely committed by an overly enthusiastic youngster – may well have come to an end and caused the turnover of the signature.

The history of the signature in the 20th century is as follows: A cousin of mine, Ernst Lippmann (1872–1934), acquired it in Cologne from Georg Kinsky who was his and his wife's close friend and curator of the Wilhelm Heyer Museum from 1909–1926.[10] Whether the Bach signature was a gift of appreciation by or a purchase from Kinsky, I do not know. After he death of my cousin in 1934, the signature remained in the possession of his widow who emigrated to Israel. During a visit to America in the late 1950s, she presented the signature to me.[11]

[9] For details and 3 pages of illustrations, see Gerhard Herz, "JSBach 1733: A 'new' Bach Signature," in: *Studies in Renaissance and Baroque Music in Honor of Arthur Mendel*, Kassel etc. and Hackensack, N.J. 1974, pp. 254–263.

[10] My cousin, a violist and professionally a wholesale grocer in Köln, supplied Kinsky in the years of dire need that followed World War I, with some of the things which Kinsky who was quite a gourmet cherished most: scarce food, wines, but above all, his favorite "Antonio" cigars.

[11] When she revisited Louisville in 1970 she recalled for me the afore-mentioned, somewhat prosaic facts of her late husband's friendship with Kinsky and of his acquisition of the Bach signature, facts which in view of the sad fate that awaited Kinsky during the Nazi regime and in the years after World War II produce a heartwarming effect.

Unterschrift herausgerissenen Fasern eine völlig andersartige organische Zusammensetzung zeigten[9]. Dadurch, daß die zwei sich kreuzenden blauen Fasern offensichtlich zur selben Papiersorte gehören, gewinnt die Hypothese, daß die blaue Schicht auf der Rückseite der Bach-Unterschrift aus Resten eines Beckerschen Exlibris-Etiketts besteht, wesentlich an Glaubhaftigkeit.

Auch die Tatsache, daß diese Bach-Unterschrift gegen Ende des Ersten Weltkriegs, d. h. etwa 45 Jahre nach dem Diebstahl, in den Besitz von Georg Kinsky (1882–1951) kam, dürfte für unsere Beweisführung sprechen. Wenn wir annehmen, daß dieser Diebstahl von einem Bach-Schwärmer in jugendlichem Übermut begangen wurde, wäre seine Lebenszeit wohl in den dazwischenliegenden 45 Jahren zu Ende gekommen, was den Besitzwechsel der Unterschrift bewirkt haben mag.

Im 20. Jahrhundert ist die Bach-Unterschrift folgende Wege gegangen: Mein Vetter Ernst Lippmann (1872–1934) erwarb sie von dem mit ihm befreundeten Georg Kinsky, der von 1909–1926 Direktor des Musikhistorischen Museums von Wilhelm Heyer in Köln war[10]. Nach Lippmanns Tode im Jahre 1934 blieb die Bach-Unterschrift im Besitz seiner Witwe Grete Lippmann, die einige Jahre später nach Israel auswanderte.

Provenance

Wilhelm Friedemann Bach(?) – Carl Ferdinand Becker – since 1856 *Musikbibliothek der Stadt Leipzig* – "after 1870" to about 1917?: – Georg Kinsky, Cologne – Ernst Lippmann, Cologne – Grete Lippmann, Jerusalem, Israel – Gerhard Herz, Louisville, Kentucky.

[9] Zu Details und 3 Seiten mit Abbildungen s. Gerhard Herz, JSBach 1733: A „new" Bach Signature, in: Studies in Renaissance and Baroque Music in Honor of Arthur Mendel, Kassel etc. und Hackensack, N.J. 1974, S. 254–263.

[10] Mein Vetter, ein guter Bratschist und beruflich Kolonialwaren-Großhändler in Köln, versorgte Kinsky in den Jahren bitterer Not nach dem Ersten Weltkrieg mit Lebensmitteln, die der Gourmet Kinsky bevorzugte, mit Wein und, vor allem, mit seinen geliebten Antonio-Zigarren. Ob sich Kinsky mit der Überreichung der Bach-Unterschrift revanchierte oder ob mein Vetter diese käuflich erwarb, weiß ich nicht.

Während eines Besuchs in Amerika, in der zweiten Hälfte der 1950er Jahre, überreichte sie mir die Bach-Unterschrift als Geschenk[11].

Provenienz

Wilhelm Friedemann Bach (?) – Carl Ferdinand Becker – seit 1856 Musikbibliothek der Stadt Leipzig – „nach 1870" bis etwa 1917?: Georg Kinsky, Köln – Ernst Lippmann, Köln – Grete Lippmann, Jerusalem, Israel – Gerhard Herz, Louisville, Kentucky.

[11] 1970, während eines nochmaligen Besuchs von Frau Lippmann in Louisville erzählte diese mir auf Wunsch die oben angeführten etwas prosaischen Einzelheiten über ihres verstorbenen Mannes Freundschaft mit Kinsky und die Erwerbung der Bach-Unterschrift. Wenn man das schwere Schicksal bedenkt, das Kinsky während des Nazi-Regimes und in den darauffolgenden Jahren erwartete, so nimmt man die obigen Details aus einem besseren Leben gerne mit einem wehmütigen Lächeln hin.

Weitere Bach-Realien

Elias Gottlieb Haußmanns Bach-Porträt aus dem Jahre 1748
(s. Frontispiz und Abb. 66)

Zu Bachs Lebzeiten ist nur von einem einzigen Bildnis des Meisters die Rede, nämlich von dem 1746 hergestellten Porträt des sächsischen Hofmalers Elias Gottlieb Haußmann (1695–1774). Es wurde in Bachs Auftrag für Mizlers „Societät der musicalischen Wissenschaften" gemalt, deren Satzungen von ihren neuen Mitgliedern ein Porträt und eine Komposition verlangten[1]. Allerdings ist nicht bewiesen, daß Bach sein Bildnis wirklich an Mizlers Societät abgeliefert hat. Auch die folgende, oft zitierte Überlieferungsgeschichte ist mehr als zweifelhaft; nämlich, daß Wilhelm Friedemann das Bildnis seines Vaters nach Auflösung von Mizlers Societät 1754 erwarb und es dann dem Braunschweiger Organisten Müller überließ, in dessen Haus er von 1771 bis 1774, als er vergebens nach einer Anstellung suchte, gelebt hatte. Müller soll es dann seinem begabten jungen Verwandten August Eberhard Müller (1764–1817) geschenkt haben. All dies ist Anekdote. Tatsache ist, daß August Eberhard Müller, der ein Schüler von Bachs Bückeburger Sohn, Johann Christoph Friedrich, war, das Porträt um die Jahrhundertwende besaß und es 1809, als er sein Thomaskantorat aufgab, der Thomasschule vermachte. Dort blieb das Gemälde über ein Jahrhundert. Nach gründlicher Restaurierung wurde es 1913 in das Stadtgeschichtliche Museum in Leipzig übergeführt, wo das Gemälde noch heute hängt. Es ist das einzige Bach-Bild, dessen Echtheit über alle Zweifel erhaben ist. Doch da es im Laufe der Zeit viermal Übermalungen und Restaurierungen ausgesetzt war, bestehen berechtigte Zweifel, ob das Gemälde in seinem heutigen Zustand Bachs Gesichtszüge noch wahrheitsgemäß wiedergibt.

Von den vier Ölgemälden, die sich in den Vereinigten Staaten befinden und für die

[1] Bach zeigte seine Kompetenz mit dem „Canon triplex à 6 Voci", den er auf dem Bild in der Hand hält, und mit den „Canonischen Veränderungen" über „Vom Himmel hoch".

Further Bach Realia

Elias Gottlieb Haußmann's Bach Portrait of 1748
(s. Frontispiece and ill. 66)

The only portrait of Bach mentioned during the composer's lifetime is the one the Saxon court painter Elias Gottlieb Haußmann (1695–1774) painted in 1746. It was painted at Bach's request when the composer was invited to join Mizler's *Society of Musical Sciences* the statutes of which obliged him to contribute a portrait and a composition.[1] There is, however, no proof that Bach actually presented the painting to Mizler's Society. Apocryphal, too, is the often told story that Wilhelm Friedemann Bach obtained the picture after the Society was dissolved in 1754; that he gave it to the Brunswick organist Müller in whose house he had lived from 1771–74 while looking in vain for employment, and that Müller in turn presented it to his gifted young relative August Eberhard Müller (1764–1817). We only know that August Eberhard Müller, a pupil of Bach's Bückeburg son, Johann Christoph Friedrich, was the owner of the picture about 1800 and that he donated it to the Thomas School when he resigned as Thomas Cantor in 1809. The painting remained at the Thomas School for over a century. After its thorough restoration in 1913 it was moved to its present location in the Historical Museum of the City of Leipzig. It is the only Bach portrait the authenticity of which has never been questioned. But because it underwent four restorations, its true likeness is impaired.

Of the four oil portraits in America claimed to have been painted from life, only one lives up to this claim. Two do not portray Bach and a third was painted in the 19th century. The American Bach portraits thus mirror the disheartening relationship of authenticity to false claims that has plagued

[1] He presented the *Canon triplex à 6 Voci* he holds on this portrait in his hand and the Canonic Variations on "Vom Himmel hoch."

zeitweise der Anspruch erhoben worden ist, sie seien nach dem Leben gemalt, genügt nur eins diesem Anspruch. Zwei stellen Bach nicht dar und ein drittes ist im 19. Jahrhundert gemalt worden. So spiegeln auch die amerikanischen Bach-Porträts das enttäuschende Verhältnis von Echtheit gegen Anspruch auf Echtheit wider, das die umstrittene Geschichte der Bach-Ikonographie von jeher geplagt hat und noch immer plagt.

Das von mir einst beschriebene Ölbild[2] entpuppte sich als ein hübsches, wohl aus dem frühen 19. Jahrhundert stammendes Porträt eines Bach nicht ganz unähnlich sehenden Herrn mit weißer Perücke und in stattlichem grauen Rock und Weste mit silbernen Knöpfen. Für Manfred Gorke genügte allerdings die noch so geringe Ähnlichkeit, „JSBach/1723/EGHaußmann" in die linke untere Ecke hinein zu pinseln[3]. 1943 nahm man mit Selbstverständlichkeit an, daß es das lang verschollene Bach-Porträt sei, welches Carl Philipp Emanuel Bach einst besessen hatte. Diese Identifizierung wurde dadurch noch erleichtert, daß Gorke dem Bild und seinem Rahmen auch andere Merkmale geschickt hinzugefügt hatte, die es in nähere Beziehung zu Carl Philipp Emanuel Bachs Porträt seines Vaters brachten. Dieses Bild diente dann auch einigen Büchern als Titelbild, unter denen sich die Erstausgabe des „Bach Reader" befand. Als 1950 ein echtes, von Haußmann 1748 gemaltes Bach-Porträt wiederauftauchte und beide Bilder im Metropolitan Museum of Art in New York ausgestellt wurden, setzten auch die Fragen ein, die danach trachteten herauszufinden, was es denn mit dem Bild aus dem Jahr „1723" auf sich habe; Fragen, die schließlich zur Entlarvung von Gorkes Betrug führten (s. o.). Das gefälschte „Bach-Bildnis" ist heute im Besitz von Kurtis Reed in New York City.

Das andere amerikanische Ölbild, das

[2] Gerhard Herz, A „New" Bach Portrait, in: The Musical Quarterly 29/2, New York 1943, S. 225–241.

[3] Ein versiegelter Brief, den der Restaurator des Gemäldes, Graf Volkwin von Grebenstein-Waldeck, 1933 Conrad Freyse in verschlossenem Umschlag für die Akten des Bach-Museums in Eisenach übergab, enthält die Geschichte von Gorkes Fälschung. Der Brief wurde erst 1964 veröffentlicht. Siehe Conrad Freyse, Bachs Antlitz, Eisenach 1964, S. 67f.

and still plagues the controversial history of Bach iconography.

The oil portrait I once described[2] turned out to be a handsomely restored early 19th century portrait of a man with a white wig in a gray jacket and vest with silver buttons who bore a slight resemblance to Bach; enough of a resemblance at least for Manfred Gorke to paint "JSBach/1723/EGHaußmann" into its lower left corner.[3] In 1943 this painting was a natural claimant to the title of the long lost Bach portrait once owned by Carl Philipp Emanuel Bach, particularly since Gorke had cleverly added other attributes linking the painting more cunningly to the one described in the inventory of Carl Philipp Emanuel Bach's estate. Gorke's painting served several publications as frontispiece, among them the first edition of *The Bach Reader*. When in 1950 a true Haußmann Bach portrait, painted in 1748, reemerged and both paintings were exhibited at the Metropolitan Museum of Art in New York, the search for the truth of the "1723 portrait" began and led eventually to the unmasking of Gorke's deception. The falsified portrait is now owned by Kurtis Reed of New York City.

The other oil portrait in America, the one owned by the family of Walther R. Volbach, formerly of Fort Worth, Texas, is undated and bears no inscription naming its painter or the person portrayed. It is a beautifully painted likeness of a distinguished, somewhat embittered old gentleman in whom the former owner[4] and some scholars believed to see a likeness of the aged and disillusioned Leipzig master. However, not even his wig is one a cantor would be allowed to wear.[5] That

[2] Gerhard Herz, "A 'New' Bach Portrait," in: *The Musical Quarterly* 29/2, New York 1943, pp. 225–241.

[3] A sealed and closed letter that the restorer of the painting, Count Volkwin von Grebenstein-Waldeck, gave to Conrad Freyse for the files of the Bach-Museum in Eisenach in 1933, contains the story of Gorke's deception. Only in 1964 was this letter made known. See Conrad Freyse, *Bachs Antlitz*, Eisenach 1964, p. 67f.

[4] Fritz Volbach (1861–1941), "Joh. Seb. Bachs Schädel und das von mir aufgefundene Bild des Meisters," in: *Die Musik*, IX, 1909/10, Heft 2, 2nd fascicle of October.

[5] S. Freyse, *op. cit.*, pp. 9, 12, 13. On p. 70 Freyse describes the wig of this old gentleman as belonging to a higher social class than that of a cantor and assigns it rather to a reigning burgomaster.

vermeintlich Bach darstellt, gehört der Familie von Dr. Walther R. Volbach, die vormals in Forth Worth, Texas, wohnte. Im Gegensatz zu dem gefälschten „Bach-Porträt, 1723" ist das Volbach-Porträt ohne Unterschrift überliefert, die über den Namen des Malers und den des Porträtierten Auskunft gäbe. Es ist ein schönes Gemälde eines distinguierten, ein wenig verbitterten älteren Herrn, in dem der frühere Besitzer[4] und selbst einige Bach-Forscher eine Ähnlichkeit mit dem alten resignierten Leipziger Meister zu erkennen glaubten. Jedoch schon die eindrucksvolle Perücke des Porträtierten hätte kein Kantor tragen dürfen[5]. Daß Heinrich Besseler[6] in diesem Bildnis noch im Jahre 1956 ein Bach-Porträt sah, war um so erstaunlicher als das 1950 wieder aufgetauchte, 1748 von Haußmann gemalte Porträt die Identität der beiden dargestellten Männer nicht mehr glaubhaft erscheinen ließ. Von den zweien hatte das Haußmann-Porträt den nicht zu unterschätzenden Vorteil, daß der Porträtierte dem auf dem echten Leipziger Bildnis Dargestellten zum Verwechseln ähnlich ist.

Dr. H. O. R. van Tuyll van Serooskerken, der heute in Montevallo, Alabama, lebt, sein Bach-Porträt aber in der nahe gelegenen Großstadt Birmingham aufbewahrt, glaubte bis 1980, sein Ölbild sei von Haußmann nach dem Leben gemalt[7]. Das schöne Bildnis kann allerdings auf eine lange und ehrenvolle Geschichte zurückblicken. Einige Generationen gehörte es der Burkhardt-Familie in Leipzig, gelangte dann in den Besitz von Dr. Louis Schweitzer, einem Vetter Albert Schweitzers, in dessen Haus in Günsbach im Elsaß es viele Jahre gehangen hat. Van Tuyll erwarb das Porträt um 1955 von dem Antiquariat A. B. Creighton in Utrecht (Holland). Der neue Besitzer brachte schließlich

[4] Fritz Volbach (1861–1941), Joh. Seb. Bachs Schädel und das von mir aufgefundene Bild des Meisters, in: Die Musik IX, 1909/10, Heft 2, 2. Teillieferung Oktober.

[5] S. Freyse, a. a. O., S. 9, 12, 13. Auf S. 70 erklärt Freyse, daß die Perücke dieses alten Herrn einen höheren gesellschaftlichen Stand repräsentiert als den eines Kantors, und weist sie dem Rang eines regierenden Bürgermeisters zu.

[6] Fünf echte Bildnisse Johann Sebastian Bachs, Kassel und Basel 1956.

[7] H. O. R. Baron van Tuyll van Serooskerken, Probleme des Bachporträts, Bilthoven (Holland) 1956.

Heinrich Besseler[6] still considered the painting in 1956 a likeness of Bach was all the more surprising as the reappearance in 1950 of the Haußmann portrait of 1748 made the identity of the two men portrayed no longer believable. Haußmann's painting had the distinct advantage of looking like Bach.

Dr. H. O. R. van Tuyll van Serooskerken who now lives in Montevallo, Alabama, but stores his painting in nearby Birmingham, believed until recently that his portrait had been painted from life by Haußmann.[7] His fine oil portrait indeed had a long and honorable history. It belonged for several generations to the Burkhardt family in Leipzig, then to Dr. Louis Schweitzer, a cousin of Albert Schweitzer. It hung in the latter's house in Gunsbach, Alsace (France) for many years. Van Tuyll bought the portrait in about 1955 from A. B. Creighton, an antiquarian in Utrecht (Netherlands). In December 1980 he had the admirable courage to let the *International Foundation for Art Research* in New York undertake a technical examination of the painting which revealed that the white pigment of the painting is zinc-white, a pigment not in use until after 1824. This finding seems to prove Albrecht Kurzwelly correct who, in the first truly scholarly and comprehensive investigation of Bach likenesses[8] assigned this copy of Haußmann's portrait of 1746 to the painter Gustav Adolf "Friedrich of Brunswick" (1824–1889).[9] Since the first restoration of the Leipzig portrait took place in 1852 and Friedrich's copy dates from the year 1848, the latter has the decided advantage of perpetuating as much of the original likeness of Bach (s. ill. 67) as Haußmann's first version of 1746 still possessed in 1848. While Friedrich was a capable painter, he was apparently no musician; for in copying

[6] *Fünf echte Bildnisse Johann Sebastian Bachs,* Kassel and Basel 1956.

[7] H. O. R. Baron van Tuyll van Serooskerken, *Probleme des Bachportraits,* Bilthoven (Holland) 1956.

[8] Albrecht Kurzwelly, "Neues über das Bachbildnis der Thomasschule und andere Bildnisse Johann Sebastian Bachs," in: *BJ* 1914, especially pp. 5 and 32 (fn. 16).

[9] He was the son of the famous painter Caspar David Friedrich. Although he was born and died in Dresden, the young Gustav Adolf spent some time as portrait painter in Brunswick.

den bewunderungswürdigen Mut auf, das Bild im Dezember 1980 von der International Foundation for Art Research in New York City mit modernsten technischen Mitteln untersuchen zu lassen. Das Ergebnis erwies, daß der weiße Farbstoff des Bildes Zinkweiß ist, ein Pigment, das vor 1824 noch nicht gebraucht wurde. Mit dieser Entdeckung scheint sich Albrecht Kurzwellys Meinung in der ersten wissenschaftlich fundierten und umfassenden Untersuchung der bis 1914 bekannten Bach-Bildnisse zu bewahrheiten[8]. Kurzwelly wies diese Kopie dem „Braunschweiger" Maler Gustav Adolf Friedrich (1824–1889) zu[9]. Da die erste Restaurierung des Leipziger Originalporträts 1852 vorgenommen wurde und Friedrichs Kopie 1848 gemalt worden zu sein scheint, hat diese den nicht zu unterschätzenden Vorteil, die 1746er Originalfassung des Haußmannschen Bildes so wiederzugeben, wie sie sich dem Maler im Jahre 1848 darbot (s. Abb. 67). Friedrich war ein tüchtiger Maler; ein Musiker war er dagegen nicht. Denn beim Kopieren des Bachschen Kanons unterliefen ihm einige Fehler. So setzte er die 2. und 6. Note des mittleren Systems und die Noten im 2. und 3. Takt des unteren Systems nicht auf die richtigen Linien. Auch ist der Tenorschlüssel nicht korrekt gemalt. An Stelle des oberen „Arms" des Schlüssels ist ein falsches und überflüssiges Kreuz angebracht (s. Abb. 68).

In seinen „Continental Travels 1770 bis 1772" berichtet Charles Burney[10] von seinem Besuch bei Carl Philipp Emanuel Bach in Hamburg: „Den Augenblick, da ich ins Haus trat, führte er mich die Treppen hinauf in ein schönes grosses Musik=Zimmer, welches mit mehr als hundert und funfzig Bildnissen von grossen Tonkünstlern, theils gemahlt [sic], theils in Kupfer gestochen, ausgeziert war. Ich fand darunter viele Englän-

[8] Albrecht Kurzwelly, Neues über das Bachbildnis der Thomasschule und andere Bildnisse Johann Sebastian Bachs, in: BJ 1914, besonders S. 5 und 32 (Fn. 16).

[9] Dieser war der Sohn des berühmten Malers Caspar David Friedrich. Der in Dresden geborene wie dort verstorbene Gustav Adolf Friedrich verbrachte eine Zeit seiner Jugend als Porträtmaler in Braunschweig.

[10] The Present State of Music in Germany, the Netherlands, and the United Provinces . . . Deutsche Übersetzung von Ebeling-Bode, Hamburg 1773. Vgl. Dok III, Nr. 778, S. 253.

Bach's canon, he placed notes 2 and 6 of the center staff and the notes of measures 2 and 3 of the lower staff on the wrong lines. Furthermore, instead of the proper tenor clef, a second misplaced and musically not warranted sharp appears in place of the clef's upper arm (s. ill. 68).

In a picturesque passage of his "Continental Travels 1770–1772" Charles Burney[10] reports about a visit to Carl Philipp Emanuel Bach's house in Hamburg: "The instant I entered, he conducted me upstairs, into a large and elegant music room, furnished with pictures, drawings and prints of more than a hundred and fifty eminent musicians: among whom, there are many Englishmen, and original portraits, in oil, of his father and grandfather." This was in October 1772. When sixteen years later Carl Philipp Emanuel died, he left behind a unique collection of 414 portraits which were listed and carefully described in the inventory of his musical estate.[11] Among them is: "Bach, (Johann Sebastian) Chapelmaster and Music Director in Leipzig. Painted in oil by Hausmann [sic]. 2 feet, 8 inches high, 2 feet, 2 inches wide. In a golden frame." This description was immediately and almost literally taken over by Ernst Ludwig Gerber into his *Historisch-Biographisches Lexicon der Tonkünstler.*[12]

In 1950 an oil portrait of Bach painted by Haußmann resurfaced in England[13] and was subsequently purchased by William H. Scheide of Princeton, New Jersey. The question immediately arose as to whether the extraordinarily well preserved painting might not be the one once owned by Carl Philipp Emanuel Bach. The size given by its

[10] *The Present State of Music in Germany, the Netherlands, and the United Provinces . . .*, new edition, London and Glasgow 1927, pp. 328/9. Cf. also Dok III, no. 778, p. 253.

[11] "Inventory of the Musical Estate of the late Capellmeister Carl Philipp Emanuel Bach, consisting . . . 8) of a collection of Portraits of Famous Musicians," Hamburg, G. F. Schniebes, 1790. S. also Dok III, no. 957, p. 501, for the J. S. Bach entry.

[12] S. category "III. Painting and Drawings . . .," Leipzig 1792, p. 61. Cf. also Dok III, no. 948, pp. 470f.

[13] S. Hans Raupach, *Das wahre Bildnis Johann Sebastian Bachs*, Wolfenbüttel 1950.

der und unter andern auch ein Paar Originalgemählde [sic] in Oel von seinem Vater und Großvater." Dieser Besuch fand im Oktober 1772 statt. Als Carl Philipp Emanuel 16 Jahre später starb, hinterließ er eine umfangreiche, aus 414 Porträts bestehende Sammlung, deren Bildnisse im Verzeichnis seines musikalischen Nachlasses[11] einzeln und sorgfältig aufgezählt sind. Unter ihnen befindet sich „Bach, (Johann Sebastian) Kapellmeister und Musik-Director in Leipzig. In Oel gemahlt von Hausmann [sic]. 2 Fuß, 8 Zoll hoch, 2 Fuß, 2 Zoll breit. In goldenen Rahmen". Ernst Ludwig Gerber übernahm diese Beschreibung kurz darauf beinahe wörtlich in sein „Historisch-Biographisches Lexicon der Tonkünstler"[12].

1950 wurde ein von Haußmann gemaltes Ölbild Bachs, das sich in England befand, wieder bekannt[13] und kurz daraufhin von William H. Scheide aus Princeton, New Jersey, gekauft (s. Abb. 66). Natürlich wurde sogleich die Frage gestellt, ob das außergewöhnlich gut erhaltene Bildnis mit dem aus Carl Philipp Emanuel Bachs Besitz stammenden identisch sei. Die von Raupach, dem Wiederentdecker des Bildes, angegebenen Maße, 75,9 x 68,8 cm[14] stimmen allerdings nicht mit den in Carl Philipp Emanuel Bachs Nachlaß angegebenen Maßen überein. In althamburger Fuß und Zoll umgerechnet[15], in welchen die Gemälde in Carl Philipp Emanuels Sammlung sicher gemessen worden sind, müßte die Größe des Porträts 76,4 x 62,1 cm sein. Gleich ob die Leinwand auf dem Bildrücken oder das Porträt von vorne, so wie es der Beschauer sieht, oder gar das Bild mit seinem Rahmen für Carl Philipp Emanuels Nachlaß-Verzeichnis gemessen

[11] Verzeichniß des musikalischen Nachlasses des verstorbenen Capellmeisters Carl Philipp Emanuel Bach, bestehend ... 8) Aus einer Sammlung Bildnisse von berühmten Tonkünstlern, Hamburg, G. F. Schniebes, 1790. Vgl. Dok III, Nr. 957, S. 501, die den Wortlaut der Beschreibung von J. S. Bachs Porträt wiedergibt.

[12] S. Kategorie „III. Gemälde und Zeichnungen von Bildnissen ...", Leipzig 1792, S. 61. Vgl. Dok III, Nr. 948, S. 470f.

[13] S. Hans Raupach, Das wahre Bildnis Johann Sebastian Bachs, Wolfenbüttel 1950.

[14] Raupach, a. a. O., S. 17.

[15] Ein althamburger Fuß = 28,657 cm; ein althamburger Zoll = 2,388 cm. (Der heutige Fuß mißt 30,4797 cm, der heutige Zoll 2,54 cm.)

rediscoverer Raupach,[14] 75.9 x 68.8 cm, does however, not correspond to the 2′ x 8″ x 2′ 2″ specified in the inventory of Carl Philipp Emanuel Bach's estate. If converted into old-Hamburg feet and inches[15] in which the paintings in Carl Philipp Emanuel's collection were certainly measured, the size of the painting ought to be 76.4 x 62.1 cm. No matter whether the canvas on the back of the picture, or its front, i.e. the painting as the viewer sees it, or even the painting with its frame was measured for Carl Philipp Emanuel Bach's inventory, Raupach's measurements can be brought into accord only with the height of Carl Philipp Emanuel Bach's painting, but not with its width which is about 6 cm too wide. The measurements which the present owner, Mr. Scheide, gave in 1976 to Werner Neumann and in 1980 to me are in round figures 76 x 63 cm for the stretcher and 75 x 62 cm for the visible area of the painting. Since they correspond also with the proportions of the several reproductions of the painting, they indicate that Raupach's measurements were incorrect. Scheide's portrait thus appears to be the one from Carl Philipp Emanuel Bach's estate. Also the rest, a portrait of J. S. Bach "painted in oil by Haußmann ... in a golden frame"[16] concurs with the description in Carl Philipp Emanuel Bach's inventory.

The inscription on the back of the Scheide painting reads:

Hl. Johañ Sebastian Bach C. M.[17]
Dir. mus. Lips.
Hausmañ pinx: Lips: 1748

This inscription is, however, not in Haußmann's handwriting though apparently copied (more or less literally) from it on the back of a new canvas that was affixed at a later time to reinforce the painting. The l-shaped loop after the "H" is the typical abbreviation for *Herr* in Bach's time (s. for instance p. 110). The visible inscription

[14] *Op. cit.*, p. 17.

[15] One old-Hamburg foot equals 28.657 cm, one old-Hamburg inch: 2.388 cm. (Today's foot = 30.4797 cm, today's inch = 2.54 cm.)

[16] The present golden frame is, however, not the original 18th century frame. Cf. Freyse, *op. cit.*, p. 26.

[17] C. M. = Capellae Magister (Chapel Master).

wurde, Raupachs Abmessungen können nur mit der Höhe des Carl Philipp Emanuel Bachschen Bildes in Einklang gebracht werden, aber nicht mit seiner Breite, die etwa 6 cm zu weit ist. Die Maße, die Herr Scheide, der jetzige Besitzer des Bildes, 1976 Werner Neumann und 1980 mir angab, belaufen sich abgerundet auf 76 x 63 cm für die Leinwand und 75 x 62 cm für die bemalte Fläche seines Bildes. Da diese Maßangaben auch mit den Proportionen der diversen Abbildungen des Porträts übereinstimmen, entsprechen Raupachs Abgaben nicht dem wahren Sachverhalt. Scheides Bild scheint somit das Porträt aus Carl Philipp Emanuels Nachlaß zu sein. Auch die übrigen Angaben: ein Ölporträt, J. S. Bach darstellend, von Haußmann gemalt, in goldenem Rahmen[16], stimmen mit der Beschreibung in Carl Philipp Emanuel Bachs Nachlaß-Verzeichnis überein.

Die Rückseite des Scheide-Bildes weist folgende Beschriftung auf:

Hl. Johañ Sebastian Bach C. M.[17]
Dir. mus. Lips.
Hausmañ pinx. Lips: 1748

Diese Aufschrift befindet sich auf der Rückseite einer neuen Leinwand, die später auf die Original-Leinwand aufgeleimt wurde, um diese zu stärken und zu schützen. Die Beschriftung stammt somit nicht von Haußmanns Hand, ist aber offensichtlich nach einer früheren Beschriftung übernommen worden. Die l-förmige, dem „H" angehängte Schlaufe ist die für Bachs Zeit typische Abkürzung für Herr (s. z. B. S. 110). Aller Wahrscheinlichkeit nach geht diese Abkürzung auf die originale, heute verdeckte Beschriftung zurück. Dagegen fehlen bei Haußmanns Namen die Initialen „EG", die er gewöhnlich seinem Namen bei der Signierung seiner Porträts hinzufügte[18]. Auch sind das einfache „s" und das überstrichene „n" in „Hausmañ" (sowie in Johañ) in der heute sichtbaren Aufschrift gleichermaßen uncharakteristisch für Haußmanns Beschriftungen. Dies und mehr wurde bereits von Rau-

[16] Allerdings ist der gegenwärtige Rahmen nicht der Originalrahmen aus dem 18. Jahrhundert. S. Freyse, a. a. O., S. 26.

[17] C. M. = Capellae Magister.

[18] S. z. B. die Abbildung von Haußmanns Beschriftung des Bach-Porträts aus dem Jahr 1746 in Kurzwelly, a. a. O., S. 6.

probably goes back to the original, now hidden inscription. Haußmann's name is, however, not preceded by the initials "EG" which he customarily used when signing his name.[18] Lines which the present inscription shows above the *n*, signifying two *n*'s, are equally uncharacteristic of Haußmann's inscriptions. All this and more had already been observed by Raupach who concluded that "only when the inscription which probably still exists and lies below the present one is uncovered or made otherwise visible by physical means, will the last possible doubts of its authenticity be removed."[19] Fourteen years later Freyse[20] states of the presently visible inscription which both he and Raupach place into the middle of the 19th century: "Such a late inscription cannot take the place of a document." On the next page he continues: "if one considers that all assumptions, doubts and misinterpretations could be removed at one single stroke, it is hard to understand the attitude of the owner . . . with regard to the protective canvas. The present technical standards allow any qualified restorer with the help of strong light sources to locate the position of the original signature and by the use of hot wax to loosen a small portion of the new protective canvas without damage to the portrait and its colors." While one can understand the reluctance of the owner to go as far as Freyse suggests, Mr. Scheide may some day hopefully convince himself of the chance of success and the safety of modern technology to allow a search for the hidden signature with the same light sources that have proven successful on some of the world's most precious paintings. The Bach portrait may not even have to leave the owner's house or, if it does, it need not travel farther than to the Metropolitan Museum of Art in New York.

The detection and deciphering of Haußmann's original signature is vitally important for several reasons. The Hamburg painter Johann Marcus David (1764–1810) made a copy of Carl Philipp Emanuel's

[18] S. for instance the illustration of the inscription of the Leipzig Bach portrait of 1746 in Kurzwelly, *op. cit.*, p. 6.

[19] S. Raupach, *op. cit.*, p. 17.

[20] Freyse, *op. cit.*, p. 33.

pach beobachtet, der zu dem Schluß kommt: „Erst wenn die wahrscheinlich doch vorhandene darunter liegende Signatur aufgedeckt oder durch physikalische Mittel anderweitig sichtbar gemacht worden ist, werden sich die letzten möglichen Zweifel an der Originalität beseitigen lassen"[19]. 14 Jahre später sagt auch Freyse[20] von der heute sichtbaren Beschriftung, die er wie Raupach in die Mitte des 19. Jahrhunderts datiert: „Eine so späte Umschrift kann kein Dokument ersetzen." Auf der nächsten Seite fährt Freyse fort: „Wenn man bedenkt, daß alle Mutmaßungen, Zweifel und Mißdeutungen mit einem Schlage zu beseitigen wären, kann man auch das Verhalten des Besitzers . . . in bezug auf die Schutzdecke nicht recht verstehen. Nach dem heutigen Stande der Technik wird jeder gewandte Bildrestaurator durch starke Lichtquellen die Lage der originalen Signatur feststellen und durch Verwendung von heißem Wachs eine partielle Loslösung des neueren Leinwandschutzes ohne Beschädigung des Porträts und der Farben vornehmen können."

Wenn man auch die Abneigung des Besitzers verstehen kann, Freyses Vorschlägen in allem zu folgen, so wäre es doch wünschenswert, wenn sich Herr Scheide angesichts der Aussichten auf Erfolg, der guten Erfahrungen anderer und dem Fehlen jeglichen Risikos dazu entschließen könnte, sein Bild durchleuchten zu lassen, so wie das mit Erfolg und ohne Schaden zu verursachen bei vielen kostbaren Gemälden oftmals geschehen ist. Das Porträt brauchte das Haus vielleicht nicht einmal zu verlassen. Doch selbst wenn es nötig wäre, brauchte das Bild und sein Besitzer lediglich die kurze Reise zum Metropolitan Museum of Art in New York zu unternehmen.

Die Aufdeckung und Entzifferung der Originalsignatur ist aus mehreren Gründen wesentlich. So hat der Hamburger Maler Johann Marcus David (1764–1810), der eine schöne Kopie von Carl Philipp Emanuels Porträt seines Vaters gemalt hat, dieses mit der Aufschrift „copiert nach Haußmann 1746/ J. M. David 1791" versehen[21]. 1791

[19] S. Raupach, a. a. O., S. 17.

[20] Freyse, a. a. O., S. 33.

[21] S. Freyse, a. a. O., S. 41 und Abb. 4.

portrait of his father which he inscribed carefully: "copied after Haußmann 1746 / J. M. David 1791."[21] In 1791 the Leipzig portrait of 1746 had not yet resurfaced. Above all, its signature with Haußmann's date of 1746 was laid bare only in 1895. David appears therefore to have gotten his information from Haußmann's now hidden signature on Carl Philipp Emanuel Bach's painting. Was the *1748* which the inscription on the protective canvas now shows, a misreading of the *6* in *1746* the correctness of which is implied by David's copy? If so, then the Scheide portrait is an especially successful replica of the original painting of 1746, executed in Haußmann's workshop, though doubtlessly with finishing touches applied by Haußmann himself. If the original inscription should, however, reveal the year *1748*, Haußmann would appear to have painted Bach twice from life, for which assumption discrepancies such as the 7 buttons on Bach's vest compared to the 3 on the Leipzig portrait of 1746 seem to speak, but above all, the liveliness and the colors of Bach's face. Uncovering Haußmann's original signature would add to the literary sources supplied by Dr. Burney and Carl Philipp Emanuel Bach's inventory, the evidence that it is indeed the one from Carl Philipp Emanuel's estate.[22] The enthusiasm of Raupach which is shared by all Bach lovers and scholars who, like the present writer, have been deeply moved by the painting, deserves this last step needed for the ultimate authentication of the painting. The common belief that the Scheide portrait is Carl Philipp Emanuel Bach's portrait of his father merits the scientific examination that would give this belief the certainty that only science can bestow upon it. Whatever the outcome of the suggested investigation

[21] S. Freyse, *op. cit.*, p. 41 and ill. 4.

[22] The detection of Haußmann's signature on the Leipzig Bach portrait furnished the proof that it was the portrait painted by Haußmann for Mizler's Society. There existed also a third Haußmann portrait that was owned by Wilhelm Friedemann Bach and probably acquired from him during his Berlin years of dire need (1774–1784) by the Prussian court chapelmaster Johann Friedrich Reichardt who described it in 1791 unmistakably as another replica of the original Leipzig portrait. After Reichardt's death in 1814 it disappeared from view.

war das Leipziger Originalgemälde Haußmanns aus dem Jahr 1746 noch nicht greifbar und Haußmanns Signatur mit dem Datum 1746 wurde erst 1895 wiederaufgedeckt. Davids Kenntnis des Datums kann somit nur von der heute verdeckten Originalsignatur auf Carl Philipp Emanuel Bachs Bild herrühren. Die Frage drängt sich auf, ob das Jahr 1748 auf der heutigen Schutzdecke eine falsche Lesung der damals vielleicht schon undeutlich gewordenen 6 in 1746 darstellt, was nach der Aufschrift auf Davids Kopie zu vermuten ist. Dann wäre das Bild im Besitz von Scheide eine besonders gut gelungene werkgetreue Replik des Originalgemäldes aus dem Jahr 1746, die wohl in Haußmanns Werkstatt angefertigt, aber von Haußmann selbst sicherlich in den letzten Feinheiten zu Ende geführt worden wäre. Sollte die Aufdeckung der Originalaufschrift dagegen, d. h. trotz Davids Aufschrift, die Jahreszahl 1748 ergeben, dann hätte Haußmann den Meister wohl zweimal nach dem Leben gemalt. Dafür sprächen kleine, aber nicht unwesentliche Unterschiede, wie die 7 sichtbaren Knöpfe auf der Weste des Bildes bei Scheide gegenüber den 3 Knöpfen auf Haußmanns Erstfassung; vor allem aber die Lebensnähe und die leuchtenden Farben von Bachs Antlitz auf dem Bild in Princeton. Die Aufdeckung der Haußmannschen Originalsignatur könnte über die literarischen Quellen von Burneys Reisebericht und Carl Philipp Emanuels Nachlaß-Verzeichnis hinaus den konkreten Beweis erbringen, daß es sich bei dem Bild im Besitz von Scheide tatsächlich um das Porträt aus Carl Philipp Emanuel Bachs Nachlaß handelt[22]. Raupachs Begeisterung, die von allen Musikliebhabern und Bach-Forschern geteilt wird, die das Gemälde gesehen haben und die wie ich von ihm tief beeindruckt waren, legt dem Besit-

[22] Die Aufdeckung von Haußmanns Originalsignatur auf dem Leipziger Bach-Bild erbrachte den Beweis, daß es wirklich das Porträt war, welches Haußmann für Mizlers Societät gemalt hatte. Haußmann scheint allerdings noch ein drittes Bach-Porträt hergestellt zu haben, welches Wilhelm Friedemann Bach gehörte und während seiner Notlage in den Berliner Jahren (1774–1784) wahrscheinlich von dem preußischen Hofkapellmeister Johann Friedrich Reichardt gekauft wurde. Jedenfalls beschrieb Reichardt sein Bach-Bild 1791 als eine von Haußmann gemalte Replik des Leipziger Originalporträts. Seit Reichardts Tod im Jahre 1814 ist das Bild verschollen.

might be, the value of this most truthful and most beautiful Bach portrait in existence will not be affected.

The excellent state of preservation shows the 63 year-old master not resigned or embittered but as a man with a sense of humor as well as perspicacity. He appears conscious of his rank in society, of his dignity and his identity. He seems to be secure in his knowledge of his abilities without showing any of the grand airs of genius.[23] Self-possessed he holds out to the viewer a 6-part circle canon[24] as mark of his trade, perhaps a bit bemused because only he knows the countless solutions to this three-measure miracle he had wrought[25] and by which music as a member of the old *quadrivium*, that is, music as a mathematical art, still survived. Bach looks at Haußmann and thus at the beholder as a man who affirms life, not because society had given him what was his due, but because of an inner knowledge that what he had created in an exceptionally busy life was good and worth the effort. His seems to be a smile of satisfaction, the unconscious smile of an artist who only has to step to his instrument to experience the unspeakable joy of making and creating music. It may seem fitting to close with the summary which Raupach adds after he has pointed out that Haußmann and the composer belonged to the same social stratum as burghers whose talent had obtained for them the title of court artist: "On the basis of the number and quality of the portraits left by Haußmann, it can be assumed that as painter of the Leipzig patricians he found full recognition in this environment, especially since his style tended towards a realism desired by its burghers. The persons he painted must therefore have appreciated him as portrayer of their social class and seen in his portraits good likenesses and thus preferred them.

[23] The same could not be said, e.g., of Giuseppe Tartini.

[24] The model from which Haußmann copied it was the printed canon which was distributed to the members when Bach joined Mizler's Society as its 14th member. I owe this identification to a friendly communication from Dr. Schulze.

[25] Friedrich Smend devoted a whole book to it: *J. S. Bach bei seinem Namen gerufen*, Kassel and Basel 1950.

zer die schwer zu umgehende Verpflichtung auf, den schon so oft vorgeschlagenen letzten Schritt zwecks endgültiger Echtheitsbestätigung des Bildes zu wagen. Die generell geteilte Ansicht, daß das im Besitz von Scheide befindliche Porträt das aus dem Nachlaß von Carl Philipp Emanuel Bach stammende Gemälde ist, rechtfertigt eine Untersuchung mit naturwissenschaftlichen Mitteln, die diese Ansicht verifizieren könnte. Was auch immer das Ergebnis einer solchen Untersuchung ist, der Wert dieses lebensnahen und besonders schönen Bach-Porträts würde sich nicht ändern.

Der erstaunlich gute Erhaltungszustand des Bildes erlaubt uns, Bach so zu sehen wie er als 63jähriger vor Haußmann gesessen haben mag. Das Porträt zeigt uns den Meister nicht als resignierten oder verbitterten Menschen, sondern als einen noch rüstigen Mann, dessen Gesichtszüge Scharfblick und einen feinen Sinn für Humor verraten. Bach macht den Eindruck eines Menschen, der sich seines Ranges, seiner Würde und seiner Fähigkeiten voll bewußt ist, ohne dabei irgendwelche Allüren eines Genies zur Schau zu stellen[23]. Nicht ohne einen gewissen Stolz hält er dem Beschauer einen sechsstimmigen Rätselkanon entgegen[24]. Das anscheinend gedankenverlorene Lächeln mag auf Bachs Bewußtsein zurückzuführen sein, daß er allein die zahllosen Lösungen dieses dreitaktigen Wunders kennt[25], das ihm da gelungen ist und durch das die Musik als mathematische Kunst, noch dem alten Quadrivium verbunden, hier weiterlebt. Bach blickt Haußmann und somit den Beschauer an als ein Mensch, der das Leben bejaht. Obgleich die Welt ihm die ihm gebührende Stellung und den damit verbundenen Ruhm versagt hat, zeigt Bachs Antlitz weder Gram noch Mißmut. Es zeigt Selbstbewußtsein, als ob ihm eine innere Stimme bestätige, daß die

[23] Das könnte man z. B. von Giuseppe Tartini nicht behaupten.

[24] Die Vorlage, nach der Haußmann den Kanon kopierte, war der Erstdruck des Kanons, welcher an die Mitglieder der Mizlerschen Societät verteilt wurde, als Bach dieser als vierzehntes Mitglied beitrat. Diesen Hinweis verdanke ich Hans-Joachim Schulze.

[25] Friedrich Smend widmete diesem Kanon ein ganzes Buch: J. S. Bach bei seinem Namen gerufen, Kassel und Basel 1950.

The personal relationships and aesthetic concerns of Haußmann's total œuvre make it a certainty that we may see in the Bach portrait, which can also from a painterly point of view be called successful, the composer the way he was seen by his contemporaries. This portrait is thus also in its historical context true.[26]

Provenance

Freyse[27] suggests the following logical but not provable chain of events. When Bach visited Carl Philipp Emanuel in 1747 at the court of Frederick the Great, he probably told his son of the portrait which Haußmann had painted of him the year before. Carl Philipp Emanuel who had begun collecting portraits as early as 1738 when he moved to Berlin, naturally would have asked his father to order a replica of the portrait for him which Haußmann could easily execute from the Leipzig original. While this may be plausible conjecture, fact is that Charles Burney saw the painting in 1772 in Carl Philipp Emanuel's house in Hamburg, where it remained until the latter's death in 1788. In 1790 it was listed in Carl Philipp Emanuel's estate catalogue and was in 1797 apparently still in the possession of his only surviving and destitute daughter, Anna Carolina Philippina (1747–1804). There appears to be a gap in the early 19th century during which nothing is known of the painting. All we know is that the painting apparently migrated at some time from Hamburg to Berlin.

Hans Raupach remembered the painting from his youthful years after World War I which he spent in friendship with Walter E. E. Jenke, in the possession of whose family in Warmbrunn in Silesia the painting had been for several generations. If the rumor could be proven true that Jenke's great-grandfather bought the portrait in Berlin, the gap would shrink, though hardly disappear. It does not seem possible that Jenke's ancestor acquired it directly from Anna Carolina Philippina Bach in Hamburg. The dealer who sold the painting and the next owner, who may have moved the painting to Berlin, are unknown. In the second half of the 1930s

[26] Raupach, *op. cit.*, Nachwort, p. 23.

[27] Freyse, *op. cit.*, p. 27.

Früchte seiner schöpferischen Werke und pädagogischen Bemühungen gut und der unendlichen Mühe wert gewesen waren. Das Lächeln der Genugtuung, das um seine Lippen spielt, mutet wie das unbewußte Lächeln des Künstlers an, der sich nur an sein Instrument zu setzen braucht, um zu erleben, was nur dem geborenen Musiker in seinem Entrücktsein beim Musizieren vorbehalten ist und was Bach als schöpferischer Musiker und unübertrefflicher Virtuose in höchster Potenz genossen haben wird. Nach diesen persönlichen Bemerkungen, die vielleicht zu viel aus Bachs Antlitz herausgelesen haben, möge Raupachs Zusammenfassung den Beschluß bilden. Nach einer Feststellung, daß Haußmann und Bach gesellschaftlich gleichgeordnet waren, fährt Raupach fort[26]: „Man kann nach Zahl und Qualität seiner hinterlassenen Porträts annehmen, daß er als Maler des Leipziger Patriziats gerade wegen seiner dem bürgerlichen Realismus zuneigenden Art volle Anerkennung in diesem Lebenskreise fand. Deshalb müssen die Menschen, die er malte, ihn als Maler ihres Standes geschätzt und seine Porträts mit ihren Augen als ähnlich angesehen und bevorzugt haben. Die dem Gesamtwerke Hausmanns [sic] innewohnenden persönlichen und ästhetischen Beziehungen machen es zur Gewißheit, daß wir in dem auch malerisch wohlgelungenen Bildnis Hausmanns Bach so vor uns sehen, wie er von seinen Mitbürgern gesehen worden ist. Dieses Bildnis ist also im historischen Sinne wahr."

Provenienz

Conrad Freyse[27] legt nahe, daß die folgenden, an sich logischen, aber nicht beweisbaren Begebenheiten stattgefunden haben. Als Bach Carl Philipp Emanuel 1747 am Hofe Friedrichs des Großen besuchte, wird er seinem Sohn wohl von Haußmanns vor einem Jahr gemalten Porträt berichtet haben. Carl Philipp Emanuel, der schon 1738, als er nach Berlin zog, anfing, Gemälde zu sammeln, wird von der Gelegenheit Gebrauch gemacht haben, sich jetzt auch ein Porträt seines Vaters anschaffen zu können. Er wird

[26] Raupach, a. a. O., Nachwort, S. 23.
[27] Freyse, a. a. O., S. 27.

Walter Jenke emigrated to England where he made his home in Sutton Waldron Blandford (Dorset). Shortly after the appearance of Raupach's article that made the painting known to the world in 1950, the bicentennial year of Bach's death, it was purchased by its present owner, William H. Scheide. It now adorns the music room of his home in Princeton, New Jersey.

wohl eine Replik in Auftrag gegeben haben, die Haußmann ohne weiteres von dem Originalgemälde in Leipzig herstellen konnte. So einleuchtend diese Gedankenfolge auch sein mag, die Tatsachen beginnen erst mit Charles Burneys Beschreibung des Bildes, welches er 1772 in Carl Philipp Emanuels Haus in Hamburg sah, wo es bis zu dessen Tod im Jahre 1788 blieb. 1790 wird das Ölbild in Carl Philipp Emanuel Bachs Nachlaß-Verzeichnis angeführt und war mindestens sieben Jahre später noch im Besitz seiner einzigen überlebenden Tochter, Anna Carolina Philippina (1747–1804). Im frühen 19. Jahrhundert klafft eine Lücke, während der wir nichts über den Verbleib des Bildes wissen. Irgendwann in dieser Zeit scheint das Bid von Hamburg nach Berlin gekommen zu sein.

Hans Raupach erinnert sich an das Bild aus seinen Jugendjahren nach dem Ersten Weltkrieg, Jahren, die ihn in Freundschaft und gemeinsamem Musizieren mit Walter E. E. Jenke vereinten, in dessen Familie in Warmbrunn in Schlesien sich das Bild seit Generationen befunden habe. Sollte sich die mündliche Überlieferung, daß Jenkes Urgroßvater das Bild in Berlin gekauft habe, eines Tages bewahrheiten, so würde sich die Lücke zwar verkleinern, jedoch kaum ganz schließen. Daß der Vorfahre Jenkes das Bild von Anna Carolina Philippina Bach in Hamburg gekauft hat, scheint außerhalb des Bereiches der Möglichkeiten zu liegen. Der Antiquar, der das Bild für die notleidende Tochter Carl Philipp Emanuel Bachs zu verkaufen suchte, und der nächste Besitzer, der das Bild nach Berlin genommen haben mag, sind unbekannt. Gegen Ende der 1930er Jahre wanderte Walter Jenke nach England aus, wo er sich in Sutton Waldron Blandford (Dorset) niederließ. Kurz nach der Veröffentlichung von Raupachs Artikel, der das Bild im Bach-Jubiläumsjahr 1950 der Welt bekannt machte, erwarb es der jetzige Besitzer William H. Scheide. Das Bild ist heute die Zierde und der Anziehungspunkt des Musikzimmers in seinem Haus in Princeton, New Jersey.

Bachs Bibel: „Calovii Schrifften. 3. Bände"

Die dreibändige kommentierte Bibelausgabe umfaßt insgesamt 4355 Seiten mit 8709 numerierten Spalten. Der Erläuterungstext des orthodoxen lutherischen Theologen Johann Abraham Calov (1612–1686) ist häufig zehnmal so lang wie Luthers Bibeltext. Das in Foliohochformat gedruckte Werk mißt 33 x 19,5 cm. Die drei guterhaltenen Folianten sind in Schweinsleder gebunden und besaßen in früherer Zeit Schloß und Schließen, von denen die letzteren noch bei dem 2. Band zu sehen sind. Da das Titelblatt des 1. Bandes schon öfter reproduziert worden ist, zeigt unsere Abb. 69 das (heute lose) Titelblatt des 3. Bandes, der das Neue Testament enthält.

Christoph Trautmann, dessen unermüdlichen Nachforschungen die sensationelle Wiederentdeckung der Bachschen Calov-Bibel zu danken ist, hat den Wortlaut der drei Titelblätter bereits mitgeteilt[1]. Der 1. Band wurde 1681, der 2. und 3. Band 1682 von Christian Schrödter, dem Wittenberger Universitäts-Buchdrucker, veröffentlicht. Jedes der drei Titelblätter weist in der rechten unteren Ecke Bachs eigenhändigen Namenszug mit den monogrammartig verschlungenen Initialen JSB auf und darunter die Jahreszahl "1733." (s. Abb. 70). Die Ähnlichkeit mit der Bach-Unterschrift in meinem Besitz ist verblüffend (s. S. 169 ff.). Da die Bibel kein Bach-Manuskript ist, braucht auf weitere Besitz- und Bibliothekseintragungen (zumeist auf Deck- und Vorsatzblättern) hier nicht eingegangen zu werden[2]. Von einigen wird bei der Diskussion der Provenienz der Bibel ohnehin noch die Rede sein.

Unter dem rot und schwarz gedruckten Text der Titelblätter sind die Bibliotheksnummern 27.911 bis 27.913 eingetragen. Auch sind unter den altertümlich gedruckten römischen Zahlen der Publikationsdaten die arabischen Jahreszahlen 1681 und 1682 hinzugesetzt worden.

Daß Bach mindestens seit 1733 der Besit-

[1] „Calovii Schrifften. 3. Bände" aus Johann Sebastian Bachs Nachlaß und ihre Bedeutung für das Bild des lutherischen Kantors Bach, in: Musik und Kirche 39, 1969, S. 145–160.

[2] Hierzu s. Trautmann, a. a. O., S. 154f.

Bach's Bible: "Calovii Schrifften. 3. Bände" (Calov's Writings, 3 Volumes)

The printed text of this 3-volume edition of the Bible with vast commentary amounts to 4355 pages or 8709 numbered columns. The explanatory text by the orthodox Lutheran theologian Johann Abraham Calov (1612 to 1686) is frequently ten times as long as Luther's Bible text. The work is printed in high folio format, measuring 33 x 19.5 cm. The 3 volumes, bound in pigskin, are in excellent condition. At one time they had locks and clasps of which the latter can still be seen on volume 2. As the title page of the first volume has already been reproduced several times, the (loose) title page of the 3rd volume, containing the New Testament, has been chosen for our ill. 69.

We owe the truly sensational rediscovery of Bach's Calov Bible to the indefatigable search of Christoph Trautmann. Since he reprinted the wording of each of the three title pages,[1] it seems unnecessary to print them here again. Christian Schrödter, the printer of the University at Wittenberg, published the first volume in 1681 and the two other volumes the year thereafter. Bach entered his name, with the initials *JSB* intertwined in an artistic monogram, in the lower right corner of each of the 3 title pages, and below it the year "1733." (s. ill. 70). The similarity with the Bach signature in my possession is uncanny (s. pp. 169 ff.). Since we are dealing here with Bach's Bible and not with a Bach manuscript, the reader is referred to Trautmann's article for a full account of further entries of names of owners, of library stamps and numbers.[2] In the story of the Bible's provenance some of these names will surface in any case.

Considering only the additions on the 3 title pages, one can see that below the beautifully printed red and black text, the library's catalogue numbers (27.911–27.913) have been entered. Furthermore, below the archaic Roman numerals of the publication dates the clarifying Arabian numerals 1681,

[1] Christoph Trautmann, "'Calovii Schrifften. 3. Bände' aus Johann Sebastian Bachs Nachlaß und ihre Bedeutung für das Bild des lutherischen Kantors Bach," in: *Musik und Kirche* 39, 1969, pp. 145–160.

[2] Trautmann, *op. cit.*, pp. 154f.

zer dieser Bibel war, ist nicht allein aus seinen Namenseintragungen auf den Titelblättern ersichtlich. Denn Bach hat nicht weniger als 61 persönliche Anmerkungen in die Bibel eingetragen, von denen erstaunlicherweise nur 6 im Neuen Testament zu finden sind und ein Drittel aus Nota bene („NB.") besteht. Daß Bach Druckfehler im Bibel- und Erläuterungstext verbesserte oder im Druck ausgelassene Bibelworte ergänzte, weist ihn als verständigen und gewissenhaften Leser der Bibel aus. Die Frage, welche der vielen Unterstreichungen mit schwarzer oder roter Tinte und welche der am Rand angestrichenen Textstellen von Bach oder anderen Besitzern herrühren, dürfte durch die von Professor Howard Cox (Moravian Seminary, Bethlehem, Pennsylvania) geplante Tintenanalyse gelöst werden.

Eine dieser An- sowie Unterstreichungen möchte ich Bach zuschreiben, ohne auf das Ergebnis der Tintenanalyse zu warten (s. Abb. 71). Matthäus 5:22–25, wo von Versöhnung mit „deinem Bruder" und „deinem Widersacher" die Rede ist, regte Calov zu einem längeren Kommentar an, mit dem Bach sich derart identifizieren konnte, daß ich mir nicht vorstellen kann, daß ein anderer diese Erläuterungen an- und unterstrichen hat. Calov schreibt:

> Wahr ist es, wie gesagt, daß Zorn muß und soll seyn / aber da siehe zu, daß es ergehe wie es gehen soll / und dir befohlen sey / daß du nicht von deinet wegen / sondern von Ampts und Gottes wegen müssest zürnen / und nicht die zwey /deine Person und Ampt in einander mengest. Für deine Person solt du mit niemand zürnen / wie hoch du beleidiget bist / wo es aber dein Ampt fordert / da must du zürnen / ob dir wol für deine Person kein Leid geschehen ist. Wenn aber dein Bruder etwas wider dich gethan / und dich erzürnet hat / und bittet dirs abe / und legt das böse Werck abe / so soll auch der Zorn weggehen . . .

Mit diesen Worten scheint Calov dem Meister in seinem langwierigen Ringen um eine „wohlbestellte Kirchen Music" bestärkt und ihm Munition für seine Streitigkeiten mit den Leipziger Behörden gegeben zu haben. Wie Bachs Unterstreichungen andeuten, fand er die gottgegebene Rechtfertigung seiner kämpferischen Natur in dem Passus aus Matthäus und in Calovs Erläuterung. Diese

1682, 1682 habe been added by the present owner.

The three inscriptions of his name are not the only proof that Bach was the owner of this Bible at least from 1733 onward. There are no less than 61 personal annotations by Bach, a mere six of which are to be found in the New Testament and about one third of which consist of *Nota bene ("NB.")*. That Bach was a conscientious reader of the Bible is indicated by the fact that he corrected not only mistakes in the printing of the Bible text and in Calov's commentary, but also added scriptural words that had been omitted in the printing. Whether Bach or another owner of the Bible added marginal checkmarks and underscored numerous passages, particularly in Calov's commentary, cannot be decided by graphological means. A scientific answer can, however, be expected from an analysis of the ink, that will be undertaken by Professor Howard Cox of the Moravian Seminary in Bethlehem, Pennsylvania.

One passage with underlinings and checkmarks in the margin (s. ill. 71) I dare to attribute to Bach without waiting for the results of the planned analysis. After Matthew 5:22–25 which deals with reconciliation with "thy brother" and "thine adversary" Calov added an explanation with which Bach could identify himself so precisely that I cannot conceive that anyone other than Bach might have checkmarked and underscored this passage. Calov amplified Matthew as follows:

> As has been said, it is true, that there must be and should be anger. But see to it that it go as it should go and is demanded of you: that you be angry not when it concerns you but when it concerns your professional service and God, and that you do not confuse the two: your person and your profession. As for your person, you shall be angry with no one, no matter how greatly you are offended; but where your service to your profession demands it, there you must be angry even if no harm has come to you personally. But if your brother has wronged you and made you angry and apologizes to you for it . . . then the anger shall go away too.

Bach's underscoring shows that he may well have found in Calov's remarkable interpretation of Matthew's passage the God-given

mögen ihn besonders in Umständen ermutigt haben, bei denen es um die Ausübung seines Amts ging.

Über die Bedeutung von Bachs Randbemerkungen in der Calov-Bibel, von denen 4 von besonderem Interesse sind, äußert sich Trautmann folgendermaßen[3]: „An sich . . . von ihm keinesfalls für die Nachwelt bestimmt, mit feinster Feder in winzigster Schrift geschrieben . . ., offenbaren die Einträge . . . Bach als lutherischen Kantor in dem Bewußtsein, daß das Amt den ganzen Menschen und den ganzen Künstler als unteilbare Einheit fordert." Den „Freuden-Reigen und -Gesang" Mirjams (im 2. Buch Mose, 15:20/21) interpretiert Calov als einen mächtigen Wechselgesang, der von Moses und den israelitischen Männern angestimmt und von Mirjam und den Frauen aufgenommen wurde. Daneben schreibt Bach: „NB. / Erstes Vorspiel. / auf 2 Chören / zur Ehre Gottes / zu musiciren"[4].

Die nächsten wichtigen Einträge Bachs befinden sich im 1. Buch der Chronik im 25. und 28. Kapitel (durch einen Zählungsfehler in der Calov-Bibel als 26. und 29. Kapitel bezeichnet). Zu dem ersten, in dem der betagte König David durch Auslosung die Sänger und Instrumentalisten für ihre Ämter in der Musik im Tempel bestimmt, bemerkt Bach: „NB. Dieses Capitel / ist das wahre Funda/ment aller gottgefäl/liger Kirchen Music." Bach sieht somit in Davids Anordnung nicht nur den Anfang aller Kirchenmusik, sondern auch den Anfang des Kirchenmusiker-Berufs. Aufschlußreich ist, daß Bach für die Definition seines Amts eine Bibelstelle wählte, welche die Instrumentalmusik „mit Zimbeln, Psaltern und Harfen . . . im Hause Gottes" nicht nur zuläßt, sondern ausdrücklich vorschreibt. Einige Seiten später schreibt Bach an den Rand (s. Abb. 72): „NB. Ein herr/licher Beweiß, / daß neben anderen / Anstalten des Got/tesdienstes, be/sonders auch die / Musica von /

justification for his own pugnacious nature in professional matters. Calov's words might indeed have provided him with strength and ammunition in his continuous fights for a "Well-Appointed Church Music."

Bach added also a number of marginal remarks in his Bible of which four are of highest significance. "They were in no way intended for posterity. Written with a very fine pen in tiniest handwriting . . . the entries reveal . . . Bach as a Lutheran cantor fully aware that his profession requires the man and the artist as an indivisible whole."[3] Calov interprets Miriam's Dance and Song of Joy (in Exodus 15:20/21) as a mighty antiphonal song of Moses and the men of Israel, taken up in response by Miriam and the women. Next to Calov's comment Bach writes into the margin: "NB. First Prelude, to be performed with [-literally: on-] 2 choirs to God's Glory."[4]

Bach's next two important marginal remarks occur in the First Book of Chronicles in chapters 25 and 28 (which are called chapters 26 and 29 in the Calov Bible due to a mistake in numbering). At the beginning of chapter 25, the aged King David sets up and, through the casting of lots, provides not only for the music in the Temple but also for the "two hundred fourscore and eight" singers and instrumentalists who are to serve "in the house of the Lord." At this point Bach writes into the margin: "NB. This chapter is the true foundation of all church music pleasing to God." Thus Bach sees in King David's order the origin of church music as well as that of the profession of the church musician. It is further revealing that Bach selects for the definition of his calling a scriptural passage that not only admits, but even prescribes instrumental music "with cymbals, psalteries, and harps, for the service of the house of God." A few pages farther on (next to 28:21) Bach remarks: "NB. Magnificent proof that, besides other func-

[3] Trautmann, a. a. O., S. 149.

[4] In meinem Aufsatz Toward a New Image of Bach, in: BACH, the quarterly journal of the Riemenschneider Bach Institute, Baldwin-Wallace College, Berea, Ohio, 1970, Bd. 1, Nr. 4, S. 21–24, habe ich versucht, Bachs Randbemerkung mit seiner 8stimmigen Motette „Singet dem Herrn ein neues Lied" in Einklang zu bringen.

[3] Trautmann, *op. cit.*, p. 149.

[4] In "Toward a New Image of Bach," in: *BACH*, the quarterly journal of the Riemenschneider Bach Institute, Baldwin-Wallace College, Berea, Ohio, vol. 1, No. 4, October 1970, pp. 21–24, I gave reasons why this marginal remark may be seen in connection with Bach's motet "Singet dem Herrn ein neues Lied."

Gottes Geist durch / David mit ange/ordnet worden." Die darüber stehenden Bibelworte (Vers 21) lauten: „Siehe da, die Ordnungen der Priester und Leviten zu allen Aemtern im Hause Gottes sind mit dir zu allem Geschäft und sind willig und weise zu allen Aemtern ..." Diese Worte mögen Bach an die wenigen „willigen und weisen" Helfer, die ihm in Leipzig zu „allen Aemtern im Hause Gottes" zur Verfügung standen, erinnert haben. Calovs Worte neben Bachs Randbemerkung könnten zu Bachs Entschluß beigetragen haben, sich schließlich mit seiner Leipziger Stellung abzufinden und seinen Dienst „im Hause Gottes" weiterzuführen. Bach fand in diesen zwei Textstellen, wonach er gesucht hatte: Beweise von Gottes Begünstigung der Musik und des Kirchenmusiker-Berufs. Um diese bevorzugte Stellung in Schule und Kirche mußte Bach vom September 1725 an kämpfen. Denn ihre Rechtmäßigkeit, obgleich noch nicht aufgehoben, erschien seinen Vorgesetzten bereits als veraltet. Es ist beinahe rührend zu sehen, wie Bach in seiner Bibel nach der Hilfe sucht, die ihm im Leben versagt blieb.

Im 2. Buch der Chronik (5:13–14), wo Vokal- und Instrumentalmusik in Lob- und Dankpreisung zu einer gewaltigen Einheit verschmelzen, „da ward das Haus des Herrn erfüllt mit einer Wolke". Calov überschrieb die Verse 11–14: „Wie auff die schöne Music die Herrlichkeit des HErrn erschienen sey." Bach unterstreicht dann „schöne Music" und einige Zeilen in den Versen 12 und 13 mit roter Tinte und fügt mit schwarzer Tinte, d. h. wohl zu einer anderen Zeit, die inspirierten Worte hinzu: „NB. Bey einer / andächtig Musig / ist allezeit Gott / mit seiner Gnaden / Gegenwart."

Diese vier Einträge zeigen Bachs Wahlverwandtschaft mit dem Alten Testament, besonders mit den zwei Büchern der Chronik, wo diese sich mit der Musik im Tempel befassen. Daß Bach den Anfang der Kirchenmusik in König Davids von Gott eingegebener Anordnung der Tempelmusik sucht und findet, ist typisch für einen orthodoxen Lutheraner, der mit der Geschichte der Musik seiner Kirche vertraut ist.

In 1962 unternahm Friedrich Blume einen aufsehenerregenden Versuch[5], Bachs „Her-

[5] Umrisse eines neuen Bach-Bildes, Kassel 1962. Über-

tions of the divine service, especially music has also been ordered into existence by God's spirit through David." (see ill. 72). The scriptural words " . . . and there shall be with thee for all manner of workmanship every willing skillful man, for any manner of service" may well have reminded Bach of the few "willing skillful" men who were put at his disposal in Leipzig "for all the service of the house of God." Bach's dogged and eventually resigned decision to continue his "service of the house of God" under the adverse circumstances at Leipzig, may have drawn new strength from this scriptural passage and Calov's elucidation. Bach seems to have found in both texts from Chronicles I what he had sought: affirmation about the God-given, even privileged position of music in the church service. It is well known that in Bach's last twenty years in Leipzig the privileged position of music in the school curriculum and in the church service was already under attack and that, from September 1725 on, Bach had to fight for rights that, though not revoked, appeared nevertheless outdated to his superiors. It seems not only logical but also touching to see Bach looking in his Calov Bible for the help he needed but failed to receive in life.

Chronicles II, 5:13–14 describes the mystical moment when "it came even to pass, as the trumpeters and singers were as one, to make one sound to be heard in praising and thanking the Lord . . . that then the house was filled with a cloud . . . for the glory of the Lord had filled the house of God." Calov subtitled verses 11–14: "How with the beautiful music the glory of the Lord appeared." Bach then underlined "beautiful music" and several lines in verses 12 and 13 with red ink. His moving and inspired comment, written with black ink, that is, presumably at a different time, reads: "NB. In devotional music, God with his grace is always present."

These four marginal inscriptions in his Bible show Bach's particular affinity to the old Testament, and there especially to the two Books of Chronicles with their emphasis on the music in the Temple. Bach's apparent desire to seek and find the origin of church music in the Old Testament, specifically in the God-inspired concept of temple music by

zensbeziehung" zu seinem „Kirchenamt" zu klären. Blume hatte Schlüsse aus Dürrs und von Dadelsens neuer Chronologie von Bachs Werken gezogen, die ihn zu seiner neuen Fragestellung zwangen. Die lutherischen Wissenschaftler fühlten sich angegriffen und reagierten entsprechend heftig, selbst mit Hohn, ohne jedoch neue Gegenbeweise vorzubringen. Diese fanden sich sieben Jahre später in der Form von Bachs Randbemerkungen in der Calov-Bibel. Erst seit 1969 wissen wir, was bis dahin nur vermutet werden konnte: daß zwischen dem Menschen Bach und dem kirchlichen Amtsträger Bach kein Bruch besteht. Bachs periodisch auftretende Enttäuschungen stammten nicht aus Glaubenszweifeln, sondern von Zweifeln an den weltlichen Repräsentanten seines Glaubens. Mit ihnen focht er sein Leben lang; gegen sie war er, wie oben gezeigt, von „Zorn" erfüllt.

Provenienz

In der Einzelaufstellung von Bachs Hinterlassenschaft steht Calovs Bibelauslegung (Calovii Schrifften 3. Bände) im Verzeichnis der Bücher an erster Stelle[6]. Bei der Erbteilung fiel das dreibändige Werk durch Los an Anna Magdalena, die es bis an ihr armseliges Lebensende ein Jahrzehnt später behielt[7]. Die Calov-Bibel scheint bis zur Jahrhundertwende im Bachschen Familienbesitz geblieben zu sein. Regina Susanna, die letzte überlebende Tochter, starb unverheiratet im Dezember 1809 in Leipzig. Unser Wissen, daß diese Bibel Bachs erhalten geblieben ist, beginnt eine Generation später.

Im Zeitalter des Rationalismus und der durch die Befreiungskriege entfachten patriotischen Leidenschaften war eine alte Bibelauslegung eines Wittenberger orthodoxen Lutheraners alles andere als ein begehrtes Handelsobjekt. Viele solche theologischen Schriften gelangten mit Emigranten nach Amerika, die gewöhnlich in der Quäkerstadt Philadelphia landeten und deren Bücher von

setzungen: Outlines of a New Picture of Bach, in: Music and Letters 44, 1963, S. 169ff., und in: Twentieth Century Views of Music History, New York 1972.

[6] S. Spitta D, II, S. 960, oder Dok II, Nr. 628, S. 505.

[7] Sie starb als „Almosenfrau" am 27. Februar 1760. Vgl. Dok III, Nr. 706 und 707, S. 153.

King David, is characteristic of an orthodox Lutheran who is conversant with the history of the music of his church.

Friedrich Blume's bold question of 1962[5] regarding Bach's "innermost relation to his churchly position" was the honest result of conclusions drawn from Dürr's and von Dadelsen's new chronology of Bach's works. Because of lack of new rebutting evidence, Blume's "New Picture of Bach" was rejected emotionally, even polemically by the vested interests of present-day Lutheran scholars. Seven years later, however, new evidence came in the form of Bach's entries into his Calov Bible. They proved that there is no split between Bach the man and Bach the church musician. Bach's recurrent and keen disappointments were not with his faith but with its earthly representatives. With them he fought endless battles; at them he was, as shown above, "angry" in the name of his profession.

Provenance

The Calov Bible ("Calovii Schrifften 3. Bände") heads the list of books that Bach left at his death.[6] At the partition of Bach's estate the 3-volume Bible edition fell by lot to Anna Magdalena who kept the Bible until her pitiful death a decade later.[7] It apparently remained in the possession of her family until the early 19th century. Regina Susanna, the last surviving daughter, died unmarried in December 1809 in Leipzig. Our knowledge of the survival of the Bible begins one generation later.

During the Age of Rationalism and the fervent German nationalism during and after the years of the Napoleonic Wars of Liberation, an old Bible interpretation by a Wittenberg orthodox Lutheran was no longer a sought-after commodity in Germany. When emigrees took such religious works with them to America, where they usually landed in the Quaker city of Philadelphia, second-

[5] *Umrisse eines neuen Bach-Bildes,* Kassel 1962. Translations: "Outlines of a New Picture of Bach," in: *Music and Letters* 44, 1963, pp. 169ff., and in: *Twentieth Century Views of Music History,* New York 1972.

[6] S. Spitta D, II, p. 960, or Dok II, no. 628, p. 505.

[7] She died "a pauper" on February 27, 1760; cf. Dok III, nos. 706 and 707, p. 153.

Antiquaren begierig angekauft wurden. Dort erwarb ein aus Württemberg ausgewanderter Wagenbauer, Michael Ludwig Reichle (1806–1879), die dreibändige Bibel zwischen 1836, dem Jahr seiner Ankunft in Amerika, und 1847, dem Jahr, in dem er nach Ann Arbor, Michigan, weiterzog. 1848 ließ er sich in Frankenmuth (Michigan), einer von deutschen Lutheranern gegründeten Gemeinde, nieder, um dort bis an sein Lebensende als Bauer zu bleiben. Sein Sohn, Leonard Reichle (1859– nach 1939), der sein ganzes Leben in Frankenmuth verbrachte, erbte die Calov-Bibel. Weder er noch sein Vater, der nach Aussagen seines Sohnes eifrig in diesen Bänden gelesen hatte, waren sich des ehemaligen berühmten Besitzers bewußt, obgleich sein Name auf jedem der drei Titelblätter zu lesen war.

Der Michigan-Distrikt der Missouri Synode der Lutherischen Kirche hielt seine Tagung 1934 vom 25. bis 29. Juni in Frankenmuth ab. Diese Gelegenheit benutzte Leonard Reichle, seinem Vetter und Hausgast Christ. G. Riedel, einem Pastor aus Detroit, den dritten, das Neue Testament enthaltenden Band seiner Calov-Bibel zu zeigen. Riedel, dem Bachs Namenszug sofort auffiel, teilte diese Beobachtung eine Woche später (in einem Postskriptum seines Briefes vom 4. Juli) seinem Freund Pastor Paul Sauer mit, der Präsident des Chicagoer Bachchors war. Die anderen zwei Bände der Bibel waren nirgendswo zu finden. Sie wurden erst fünf Monate später, wie Riedel im November schreibt, „von Cousin Reichle in einer versteckten Kiste auf dem Speicher" wiederentdeckt. Am 31. August 1934 schrieb Sauer an Thomaskantor Karl Straube und Professor Hans Preuss in Erlangen. Dieser antwortete am 2. Oktober voller Interesse, doch ohne durchblicken zu lassen, ob er die Unterschrift Bachs für echt halte[8]. Im nächsten Jahr, in dem die Welt die 250. Wiederkehr von Bachs Geburtstag feierte, gab Preuss Bachs Nachlaßverzeichnis neu heraus. Dort berichtete er[9]: „Vor einigen Jahren sind in

[8] Laut Sauers Brief vom 23. November 1950 an Prof. Walter E. Buszin „sandte uns Hans Preuss im Frühjahr 1935 kein Wort. Er erkannte weder Bachs Namenszug [was den Tatsachen nicht enspricht], noch gelangte er auf die Spur von Calovs Buch [welche Tatsache zutrifft]".

[9] Hans Preuss, Johann Sebastian Bach, der Lutheraner,

hand dealers would eagerly buy their books upon arrival. It was there that a cartwright from Württemberg, Michael Ludwig Reichle (1806–1879), purchased the 3-volume Bible between 1836, the year of his arrival in America, and 1847, when he moved to Ann Arbor, Michigan. In 1848 he settled in the German Lutheran community of Frankenmuth in "the Thumb" of Michigan where he remained as a farmer for the rest of his life. His son Leonard Reichle (1859– after 1939) who spent his whole life in Frankenmuth, inherited the Calov Bible. In spite of the three Bach signatures, neither he nor his father who, according to his son, read diligently in these volumes, had any notion who at one time had been the illustrious owner of their Bible.

From June 25 to 29, 1934, the Michigan District of the Missouri Synod of the Lutheran Church held its Convention in Frankenmuth. On this occasion Leonard Reichle showed his cousin Christ. G. Riedel, a Detroit pastor who was his house guest, the third volume of the Calov Bible, containing the New Testament. The Bach signature attracted Riedel's attention. A week later, in a postscript to a letter of July 4 to his friend Pastor Paul Sauer, President of the Chicago Bach Choir, he reported his astonishing observation. The other two volumes of the Calov Bible, however, could be found nowhere. Five months later they were rediscovered, as Riedel reports in November, "in a hidden box in the garret by cousin Reichle." On August 31, 1934, Sauer wrote to Thomas Cantor Karl Straube und Professor Hans Preuss in Erlangen. The latter answered on October 2, full of interest but without revealing whether he considered Bach's signature authentic.[8] One year later, in the Bach anniversary year 1935, Preuss notes in his reprint of the inventory of Bach's estate that "the three volumes of Calov's 'Schriften' from Bach's library which up to now could not be explained ("nicht erklärbaren"), have

[8] According to Sauer's letter of November 23, 1950 to Walter E. Buszin "Hans Preuss did *not* send us word in spring 1935. He did not recognize Bach's signature [which does not correspond to the facts], nor did he eventually find the trail of the Calov book [the latter being true]."

Amerika die bisher nicht erklärbaren drei Folianten von Calovs ‚Schriften' aus Bachs Bibliothek wieder aufgefunden worden – sie tragen seinen persönlichen Namenszug . . ." Dieser kurze Passus wurde in Amerika nicht aufgegriffen, wo sich die Musikwissenschaft und die Bach-Forschung noch im Anfangsstadium befanden. Da H. G. Hochs Zeitungsbericht „Lost Volume of Bach found . . ." in den „Detroit News" vom 2. November 1935 als zuverlässige Quelle benutzt worden ist und als solche wieder benutzt werden könnte, soll Pastor Sauer noch einmal zu Wort kommen[10]. Nachdem er Mißverständnisse und Fehler einzeln aufgezählt hat, fertigt er den Zeitungsartikel mit den Worten ab: „Solch ein Unsinn, was für ein entstellter Bericht von Hoch in der Detroit News."

Im Mai 1935 versuchte Riedel seinen betagten Vetter zu überreden, seine Bibel dem Bach-Museum in Eisenach zu vermachen. Reichle zögerte jedoch und weigerte sich schließlich, die drei Bände nach Eisenach zu schicken, „weil die Deutschen zu gottlos sind"[11]. Drei Jahre lang ließ sich der Frankenmuther Bauer diese Angelegenheit durch den Kopf gehen. Spielte die ständig wachsende „Gottlosigkeit" des Nationalsozialismus dabei in seinen Gedanken mit? Schließlich kam der nunmehr 79jährige zu einer Entscheidung. Am 18. Oktober 1938 sandte er Bachs dreibändige Bibel an Dr. Ludwig Ernst Fuerbringer, den Präsidenten des Concordia Seminary in St. Louis, Missouri. Am 21. Oktober bestätigte Fuerbringer den Empfang des kostbaren Geschenks, entschuldigte sich jedoch, daß er es noch nicht ausgepackt habe, wozu er wohl erst in einer Woche kommen würde[12]. In der Seminarbibliothek in St. Louis hat Bachs Calov-Bibel ihre neue und ständige Heimat gefunden. Die Signaturen der drei Bände sind 27.911–27.913. Da die Abbildung des Titelblatts des 3. Bandes in der oben erwähnten

Erlangen 1935, S. 15. S. auch Trautmann, a. a. O., S. 146. Für seine Beschreibung der Wiederentdeckung der Calov-Bibel s. S. 146–149.

[10] In demselben in Fn. 8 schon angeführten Brief.

[11] Wie es in Sauers Brief vom 12. Oktober 1950 an Walter E. Buszin zitiert ist, zu einer Zeit, als die Bibel im Concordia Seminary nicht aufzufinden war.

[12] Brief vom 21. Oktober 1938 an Leonard Reichle.

been rediscovered in America – they bear his own signature."[9] This short passage was not taken up in America where musicology and Bach studies were still in their infancy. Inasmuch as an article by H. G. Hoch "Lost Volume of Bach found . . ." in the *Detroit News* of November 2, 1935 has been and may again be used as a reliable source, I must quote Sauer again.[10] After pointing out mistake after mistake, he sums up the news release with the words: "Such nonsense, such a garbled story in the Detroit News by Hoch."

In May 1935 Riedel tried to persuade his old cousin to donate his Bible to the Bach Museum in Eisenach. But Reichle hesitated and said he would not give the three volumes to Eisenach "because the Germans are too godless."[11] For three years the Frankenmuth farmer thought this matter over. Was his thinking perhaps influenced by the "godlessness" of the steadily rising Nazi tide? Finally, the by now 79 year-old Reichle made his decision. On October 18, 1938 he sent the three volumes of Bach's Bible to Dr. Ludwig Ernst Fuerbringer, President of Concordia Seminary in St. Louis, Missouri. Fuerbringer acknowledged this precious gift on October 21, excusing himself, however, that it might take a week before he would get to unpacking it.[12] In the library of the Seminary Bach's Calov Bible has found its new and permanent home. The catalogue numbers of the three volumes are 27.911 to 27.913. Since the reproduction of the title page of vol. 3 in the above-mentioned issue of the *Detroit News* lacks the handwritten addition of the year 1682, the publication years of the three volumes (1681, 1682 and 1682) must therefore have been added at the library of Concordia Seminary. It is difficult to understand why the renowned expert of the music of the Reformation and professor at Concor-

[9] Hans Preuss, *Johann Sebastian Bach, der Lutheraner,* Erlangen 1935, p. 15. S. also Trautmann, *op. cit.*, p. 146, and for a detailed description of the rediscovery of the Calov Bible, pp. 146–149.

[10] Same letter of November 23, 1950, s. fn. 8.

[11] Quoted in Sauer's letter of November 12, 1950 to Walter E. Buszin, written at a time the Calov Bible was misplaced and could not be found at Concordia Seminary Library.

[12] Letter of October 21, 1938 to Leonard Reichle.

„Detroit News" noch nicht die handschriftliche Jahreszahl 1682 aufweist, müssen die Publikationsjahre der drei Bände (1681, 1682, 1682) in der Bibliothek des Concordia Seminary hinzugefügt worden sein. Schwer verständlich ist, daß der durch seine Arbeiten über die Musik des Reformationszeitalters bekannte Professor am Concordia College, Walter E. Buszin, die einzigartige Gelegenheit verpaßte, dieses außergewöhnliche Geschenk der Welt bekannt zu machen. Erstaunlich ist ebenfalls, daß Bachs Bibel nicht als die lange verschollenen „Calovii Schrifften 3. Bände", sondern als Calovs „Biblia illustrata" katalogisiert wurde[13].

Dreißig Jahre später bereitete Christoph Trautmann den Katalog für eine Ausstellung vor, die den Büchern aus Bachs Bibliothek gewidmet werden sollte und für das 44. Deutsche Bachfest der Neuen Bachgesellschaft in Heidelberg vorgesehen war. Mit Hilfe der US Cultural Mission in West Berlin gelang es Trautmann im Frühjahr 1968 durch die Information Agency for Libraries in Washington, D.C., den Standort der Calov-Bibel herauszufinden[14]. Nach Korrespondenz mit der Seminarbibliothek glückte es ihm sogar, Bachs Bibel als temporäre Leihgabe für das Heidelberger Bachfest zu gewinnen. Erst als die drei Bände am 3. Oktober 1968 in der Bundesrepublik Deutschland ankamen, erfuhr eine erstaunte Bach-Welt, welches Juwel in der amerikanischen Seminarbibliothek dreißig Jahre lang geschlummert hatte. Da ein kurzer maschinenschriftlicher Bericht über das Schicksal der Calov-Bibel in Amerika auf der Innenseite der Vorderdeckel der drei Bände angebracht ist, war Trautmann der Weg für seine weiteren Ermittlungen vorgezeichnet. Die Ergebnisse legte er in dem in Fn. 1 zitierten Artikel nieder, der 1969 in „Musik und Kirche"

[13] Dieser Titel wurde wahrscheinlich aus Charles Sanford Terrys Bach-Biographie (London 1928) übernommen, in der Bachs Calov-Bibel mit Calovs 1719 neugedruckter „Biblia illustrata" verwechselt wurde.

[14] Hätte Trautmann sich beim Bach-Archiv Leipzig erkundigt, so hätte er den amerikanischen Standort der Bibel leichter herausfinden können. Denn von Professor Buszin eingesandte Kontaktkopien der Titelseiten lagen dort schon seit den frühen 1960er Jahren vor.

dia Seminary, Walter E. Buszin, missed the unique opportunity to make this extraordinary gift known to the world. Equally astounding is that Bach's Bible was not catalogued as the long-lost "Calovii Schrifften 3. Bände," but as Calov's *Biblia illustrata.*[13]

Thirty years later Christoph Trautmann was preparing the catalogue for an exhibit that was to be dedicated to Bach's books. The occasion for the exhibit was the 44th *Deutsche Bachfest* of the *Neue Bachgesellschaft* to be held in Heidelberg in June 1969. Brought by the *US Cultural Mission* in West Berlin into contact with the *Information Agency for Libraries* in Washington, D.C., Trautmann succeeded in early 1968 in finally ascertaining the location of the Calov Bible.[14] After correspondence with the Concordia Seminary Library, he was even able to arrange for its loan to the Heidelberg Bachfest. Once the three volumes arrived in West Germany on October 3, 1968, an astounded Bach-world learned what jewel had been hidden in the American Seminary Library. Since a brief typewritten history of the fate of the Calov Bible in America is attached to the inside of the front cover of each volume, the way was pointed out for Trautmann's further research. It resulted in the above-cited article (s. fn. 1) which was published in *Musik und Kirche* in 1969 and to which the present summary is greatly indebted.[15]

The Calov Bible is not only the oldest and most voluminous but was also the first primary Bach source to arrive in the United States. At the same time fate willed it to be also the last one to be rediscovered and thus

[13] This title was probably taken over from Charles Sanford Terry's Bach biography (London 1928), in which Bach's Calov Bible is confused with Calov's *Biblia illustrata* which was reprinted in 1719.

[14] If Trautmann had written to the *Bach-Archiv Leipzig,* he would more easily have received the information he was seeking. Xeroxed copies of the title pages which Professor Buszin had sent from St. Louis, had been available at the *Bach-Archiv* since the early 1960s.

[15] I would like to express my sincere thanks to Larry Bielenberg, the librarian of Concordia Seminary, for xeroxed copies of the letters by Leonard Reichle, Dr. Fuerbringer and Pastor Sauer. They enabled me to add some facts and to correct some minor errors which probably had crept into Trautmann's article because of his reliance on the above-mentioned story in the *Detroit News.*

erschien und dem auch meine obige Zusammenfassung vieles verdankt[15].

Die Calov-Bibel ist unter den amerikanischen Bach-Quellen nicht nur die älteste und umfangreichste, sondern auch diejenige, die viel früher als alle anderen in Amerika eingetroffen ist. Doch wollte es die Ironie des Schicksals, daß sie die letzte sein sollte, die bisher wiederentdeckt wurde und so unsere Kenntnis des Menschen Bach durch ihre neuen dokumentarischen Belege um eine Tiefendimension erweitert.

to add a not unexpected yet altogether new and deep dimension to our understanding of J. S. Bach the man.

[15] Die Briefe Leonard Reichles, Dr. Fuerbringers und Pastor Sauers, für deren Xerox-Kopien ich dem Bibliothekar des Concordia Seminary, Herrn Larry Bielenberg, nochmals bestens danken möchte, ermöglichten es mir, einige Neuigkeiten hinzuzufügen und kleine Unstimmigkeiten in Trautmanns schönem Artikel, die auf den Zeitungsbericht der Detroit News zurückzuführen sind, zu berichtigen.

Frühe Abschriften Bachscher Kompositionen

Die frühen amerikanischen Abschriften Bachscher Kompositionen zeigen nicht nur, daß die Zeitgenossen in Bach den größten Organisten und Cembalisten seiner Zeit sahen, sondern nehmen auch die Geschichte der Wiederbelebung von Bachs Werken in erstaunlichem Maße vorweg. Von den 24 in Amerika befindlichen Manuskripten, die zu Bachs Lebzeiten oder kurz danach kopiert worden sind, enthalten 21 Werke für Tasteninstrumente, während zwei der nur drei Abschriften vokaler Werke von Wilhelm Friedemann Bach für seinen eigenen Gebrauch in Halle angefertigt wurden. Indem die amerikanischen Kopien Bachs Kirchenmusik auf die Stufe veralteter geistlicher Gebrauchsmusik stellen, für das Fortleben seiner Werke für Tasteninstrumente dagegen Sorge tragen, werfen sie ein vielsagendes Licht auf die damalige Rezeption Bachscher Musik.

BWV 531/1 Präludium in C-dur für Orgel, Abschrift von Carl Gotthelf Gerlach

Unter den in den USA befindlichen Abschriften Bachscher Werke, die noch zu Lebzeiten des Meisters oder kurz nach seinem Tod angefertigt wurden, ist die Abschrift von BWV 531/1 die älteste. Die überlieferten Quellen des Werkes – darunter die Möllersche Handschrift –, der mit Bachs Arnstädter Orgel übereinstimmende Tonumfang sowie gewisse stilistische Eigentümlichkeiten, die Spitta bereits bemerkt hatte[1], lassen den sicheren Schluß zu, daß das Präludium und die Fuge in C-dur für Orgel in den ersten Jahren von Bachs Amtszeit als Organist in Arnstadt (1703–1707) entstanden sind. In der Abschrift der Library of Congress fehlt die Fuge. Das Präludium ist das erste von drei Stücken, das auf den anderthalb Anfangsseiten eines 34,5 x 21,3 cm messenden Bogens eingetragen ist. Es trägt die Überschrift: „Praeludium pedaliter di Joh. Bach.“ In dem geschwungenen Abwärtsstrich des Buchstabens „B“ ein „S“ sehen zu wollen, scheint unangebracht. Der Schreiber der

[1] Spitta D, I, S. 400f.

Early Copies of Compositions by Bach

The American-housed copies of compositions by Bach that were made by others, reflect not only the opinion of the time that Bach was the greatest harpsichordist and organist of his day but they also anticipate the history of the Bach revival to an astonishing degree. Of the 24 manuscripts copied during the composer's lifetime or shortly thereafter, which are located in the USA, 21 are keyboard compositions while two of the only 3 copies of vocal works were made by Wilhelm Friedemann Bach for his own use in Halle. The American copies thus mirror the trend of that time by relegating Bach's church music to the level of outdated *Gebrauchsmusik* while keeping alive his music for harpsichord and organ.

BWV 531/1 Prelude in C major for Organ, Copy by Carl Gotthelf Gerlach

Among the 24 American manuscripts, the copy of BWV 531/1 is the earliest. The sources by which the work has survived (among them the Möller manuscript), the relatively limited compass of pedal and manuals as well as certain stylistic characteristics that were already observed by Spitta,[1] combine to place the date of origin of this Prelude and Fugue in C major for Organ into the first years of Bach's employment as organist at Arnstadt (1703–1707). The copy of the Library of Congress lacks the fugue. The prelude is the first of three pieces entered on the opening 1-$^1/_2$ pages of a folio the leaves of which measure 34.5 x 21.3 cm. Its heading reads: "Praeludium pedaliter di Joh. Bach." To see in the curved downward stroke of the "B" in Bach's name the letter "S" seems to be wishful thinking. The writer of the manuscript was still unknown when BWV 531 was published in the NBA.[2] He

[1] Spitta D, I, pp. 400f.

[2] NBA IV/5 und 6: *Präludien, Toccaten, Fantasien und Fugen für Orgel*, KB by Dietrich Kilian (1978/79), p. 286.

Handschrift war namentlich noch nicht bekannt, als BWV 531 in der NBA veröffentlicht wurde[2]. Hans-Joachim Schulze gelang es jedoch, ihn als Carl Gotthelf Gerlach (31. Dezember 1704–1761) zu identifizieren[3]. Gerlach dürfte das Präludium schon längst abgeschrieben haben, als er am 5. Oktober 1729 mit Bachs Befürwortung Organist an der Neuen Kirche in Leipzig wurde. Weitere acht Jahre später übernahm er die Leitung des Collegium Musicum (Sommer 1737 bis August 1739). Gerlach war als Elfjähriger 1716 in die Thomasschule eingetreten und war in den nächsten 6 Jahren Kuhnaus Schüler. Das Wasserzeichen im Papier des hier behandelten Manuskripts zeigt die aus Bachs erstem Jahr in Leipzig bekannten Buchstaben IMK mit der Gegenmarke eines kleinen Halbmonds. Da Gerlach 1723 von der Thomasschule abging, stellt dieses Datum den terminus ad quem oder ante quem für seine Kopie des Präludiums dar. Zu dieser Zeit konnte Gerlach den neuen Thomaskantor wohl kaum gekannt haben. Als Gerlach den Komponisten in seiner Überschrift „Joh. Bach" nannte, mag er im Unterbewußtsein an den ihm geläufigeren Namen seines Lehrers Johann Kuhnau gedacht haben.

Die 9 Anfangstakte zeigen (s. Abb. 73), warum Gerlach (sowie zwei weitere Kopisten[4]) die Komposition als „Praeludium pedaliter" bezeichneten. Da Bachs eigene Handschrift von BWV 531 nicht auf uns gekommen ist, bleibt ungewiß, ob der Zusatz „pedaliter" aus dem Originalmanuskript übernommen wurde. Der Verlust des Autographs verleiht Gerlachs früher Kopie besonderen Wert. Die „3" links oben könnte bedeuten, daß der Bogen ursprünglich einen Umschlag mit Titel gehabt hat. Das ohne Akkoladen geschriebene Manuskript ist in Sopran- und Baßschlüssel notiert (s. Abb. 73). Die letzte Note im Diskant des 11. Notensystems zeigt die altmodische Form, in der dem Hals der einzelnen Sechzehntel-

[2] NBA IV/5 und 6: Präludien, Toccaten, Fantasien und Fugen für Orgel, KB von Dietrich Kilian (1978/79), S. 286.

[3] „Das Stück in Goldpapier" etc., in: BJ 1978, S. 42, Fn. 91.

[4] Vgl. NBA IV/5 und 6, KB, S. 294.

has, however, been identified by Hans-Joachim Schulze[3] as Carl Gotthelf Gerlach (December 31, 1704–1761). Gerlach must have copied Bach's Prelude long before he became organist at the Neue Kirche in Leipzig in 1729 and, another eight years later, leader of the Collegium Musicum (from summer 1737 to August 1739). Gerlach had entered the Thomas School as an 11 year-old in 1716 and was for the next six years Kuhnau's pupil. The watermark of the paper of the manuscript in question shows the letters *IMK* and the countermark of a small halfmoon, that is, the watermark of the paper Bach used in his first year in Leipzig. Since Gerlach graduated from school in 1723, this year is the *terminus ad quem* or *ante quem* for his copy of Bach's Prelude. At that time Gerlach could barely have known the new Thomas cantor. When he referred to "Joh. Bach" in the heading of his copy, he may subconsciously have thought of the familiar first name of his long-time teacher Johann Kuhnau.

The first 9 measures (s. ill. 73) show why Gerlach (as well as two other copyists[4]) called this composition "Praeludium pedaliter." Whether the "pedaliter" was part of Bach's title is a moot question, since Bach's manuscript of BWV 531 is lost. But the absence of Bach's autograph score makes Gerlach's early copy especially valuable. The "3" at top left might indicate that the present folio was originally enclosed in a wrapper with title page. The manuscript, lacking the expected brackets, is written in soprano and bass clef (s. ill. 73). The last note in the treble on staff 11 still shows the old-fashioned style of notating single sixteenth notes by turning their stems downward in two tiny loops resembling the number 3. Pedal entries are not marked as such.

The fair state of preservation of the manuscript is, however, marred by smudges on the left side of staves 11–14 and in the lower right corner where also some ink has penetrated from the verso page. Although the paper is quite brittle, only tiny particles have

[3] "'Das Stück in Goldpapier' etc.," in: *BJ* 1978, p. 42, fn. 91.

[4] S. NBA IV/5 and 6, KB, p. 294.

noten ein „3"-artiges Fähnchen angehängt ist, was zusätzlich für die frühe Entstehungszeit der Handschrift spricht.

Der mäßig gute Zustand des Manuskripts wird durch Schmutzflecken am linken Rand der Systeme 11–14 und in der rechten unteren Ecke beeinträchtigt. Bei letzterer kommt ferner noch durchgeschlagene Tinte hinzu, von welcher der Rest der Handschrift sonst frei ist. Obgleich das Papier recht brüchig ist, sind nur kleine Stückchen abgebröckelt, wodurch die Lesbarkeit der Noten, die ihre schwarze Farbe beibehalten haben, aber nicht beeinträchtigt wird. Das Papier hat eine ziemlich braune Farbe angenommen. Links unten ist die Signatur der Library of Congress eingetragen: „ML96/.B186/case" und in der Mitte die Akzessionsnummer(?) „243186". Auf Bachs C-dur-Präludium folgt eine „Fuga da G" (d-moll), die eine Komposition Gerlachs sein dürfte. Der größte Teil der letzten Seite (2^v) wird von einem „Marche de Sign. Triflich"(?) in F-dur eingenommen. Seine Qualität macht die Tatsache, daß der Komponist ansonsten unbekannt ist, keineswegs beklagenswert.

Provenienz

Das Londoner Auktionshaus Sotheby, Wilkinson & Hodge zeigte am 17. und 21. Mai 1917 die Versteigerung der bedeutenden Musiksammlung des verstorbenen Musikers William Hayman Cummings (1831–1915) an[5]. Unter den Handschriften und Briefen berühmter Komponisten war Bachs „Praeludium pedaliter" als Autograph angeführt und wurde von dem Antiquar B. F. Stevens erworben, der wahrscheinlich im Auftrag der Library of Congress handelte. Das Exemplar des Versteigerungskatalogs der Sammlung Cummings, das sich in der Library of Congress befindet, zeigt neben Bachs Präludium (Nr. 82) den Stempel „FEB 27, 1919", vermutlich das Datum, an dem das für 62 £ gekaufte Manuskript die Library of Congress erreichte. Zunächst erscheint es verblüffend, daß die Library of Congress ein

crumbled away, not affecting the legibility of the notes which have retained their black color. The paper has turned rather brown. At bottom left the file number of the Library of Congress has been entered "ML96/.B186/ case" and to its right the (accession?) number "243186." Bach's Prelude in C major is followed by a "Fuga da G" (D minor) which may well be a composition by Gerlach. Most of the second verso page is occupied by a "Marche de Sign. Triflich"(?) in F major. Its musical quality makes the fact that its composer is otherwise unknown not deplorable.

Provenance

On May 17 and 21, 1917 Sotheby, Wilkinson & Hodge of London offered the substantial music collection of the late William Hayman Cummings (1831–1915) for sale.[5] Among these manuscripts and letters of great composers Bach's "Praeludium pedaliter" was listed as autograph and acquired by the dealer B. F. Stevens who apparently acted as representative of the Library of Congress in this purchase. The Library of Congress's copy of Sotheby's auction catalogue of the Cummings collection shows next to Bach's Praeludium (No. 82) a stamp "FEB 27, 1919," apparently the date on which the manuscript, purchased for 62 £, reached the Library of Congress. That the Library of Congress would buy a manuscript and wait 21 months for its delivery seems at first perplexing. But the hazards of crossing the Atlantic Ocean during the 1-½ years before World War I ended were no doubt the somber reason for this delay. The acquisition is noted in the *Report of the Librarian of Congress for the fiscal year ending June 30, 1919*[6] as the first item among "the most important received during the year." Still believed to be autograph at that time, it was also the first Bach manuscript acquired by the nation's own library at the end of World War I.

[5] Cummings war ein bekannter englischer Chordirigent und Sänger, dessen Interpretation der Tenorrollen in Bachs Passionen besonders bewundert wurde. Als Musikhistoriker war er einer der Gründer der „Purcell Society" und gab drei ihrer Bände heraus.

[5] Cummings was a famous English singer, much admired for his tenor solos in Bach's Passions, and a choral conductor. As music historian, he was one of the founders of the *Purcell Society* and editor of three of its volumes.

[6] P. 57.

Manuskript gekauft haben sollte und dann 21 Monate auf seine Zustellung warten mußte. Das Risiko der Ozeanüberquerung in den anderthalb Jahren vor dem Ende des Ersten Weltkriegs ist zweifellos die Erklärung für die lange Verzögerung. In dem „Report of the Librarian of Congress for the fiscal year ending June 30, 1919"[6] wird über den Ankauf des Bachschen Präludiums an erster Stelle unter den „wichtigsten [Erwerbungen] dieses Jahres" berichtet. Das Präludium war das erste, damals noch für autograph gehaltene Bach-Manuskript, welches die große amerikanische Bibliothek am Ende des Ersten Weltkriegs erwarb.

BWV 846–869 Das Wohltemperierte Klavier, 1. Teil, Abschrift von Heinrich Nicolaus Gerber

Unter den 265 Erstausgaben und frühen Abschriften Bachscher Werke, die sich im Riemenschneider Bach Institute[1] des Baldwin-Wallace College in Berea, Ohio, befinden, ist die zweitälteste überlieferte Abschrift des 1. Teils des „Wohltemperierten Klaviers" wohl die wertvollste Handschrift. Ihr Schreiber, Heinrich Nicolaus Gerber (1702–1775), war bereits ein ausgebildeter Cembalist und Organist, als er sich mit 22 Jahren nach Leipzig begab, um von Bach in die Geheimnisse seiner Kunstausübung eingeweiht zu werden. Bach scheint ihn Ende 1724 als Privatschüler angenommen zu haben und führte ihn von den Inventionen und Sinfonien über die Französischen und die Mehrzahl der Englischen Suiten sowie die Kunst der Generalbaß-Aussetzung zum Studium des Wohltemperierten Klaviers. Über diesen Unterricht berichtet sein Sohn Ernst Ludwig Gerber (1746–1819), der Verfasser des Musikerlexikons, daß Bach seinem Vater das Wohltemperierte Klavier dreimal vollständig vorgespielt habe[2]. Sein Vater „rechnete die unter seine seligsten Stunden, wo sich Bach, unter dem Vorwande, keine Lust

[6] S. 57.

[1] Von hier an abgekürzt: RBI.

[2] S. Historisch-Biographisches Lexicon der Tonkünstler, Bd. 1, Leipzig 1790, Spalte 490ff., sowie Dok III, Nr. 950, S. 476.

BWV 846–869 The Well-Tempered Clavier, Book I, Copy by Heinrich Nicolaus Gerber

Among the 265 rare first editions and early copies of compositions by Bach that are in the Riemenschneider Bach Institute[1] at Baldwin-Wallace College in Berea, Ohio the most valuable manuscript is the second oldest copy made of Book I of the *Well-Tempered Clavier.* Its writer, Heinrich Nicolaus Gerber (1702–1775), was already well advanced as harpsichordist and organist when at the age of 22 he came to Leipzig in order to learn the last secrets of his profession from Bach. He appears to have become Bach's private pupil late in 1724. He began his studies with the Inventions and Sinfonias, continued them with the French and most of the English Suites and with realization of thorough bass, before advancing to the Well-Tempered Clavier. Of the latter his son, the lexicographer Ernst Ludwig Gerber (1746–1819), reports[2] that Bach played the Well-Tempered Clavier three times all the way through for his father "who counted these among his happiest hours when Bach, under the pretext of not feeling in the mood to teach, sat himself on one of his fine instruments and thus turned these hours into minutes."[2a] Since Heinrich

[1] Hereafter abbreviated RBI.

[2] *Historisch-Biographisches Lexicon der Tonkünstler,* vol. I, Leipzig 1790, columns 490ff., and Dok III, no. 950, p. 476.

[2a] Cf. *The Bach Reader,* p. 265.

zum Informiren zu haben, an eines seiner vortreflichen Instrumente setzte und so diese Stunden in Minuten verwandelte". Da Heinrich Nicolaus Gerbers Unterricht bei Bach nur etwas länger als zwei Jahre dauerte, müssen die drei Privataufführungen des Wohltemperierten Klaviers zwischen Ende 1725 und Anfang 1727 stattgefunden haben. Sie fielen also in die Zeit von Bachs erster tiefer Enttäuschung über seine Leipziger Stellung, in welcher er sein regelmäßiges Kantatenschaffen einstellte und sich der Komposition seiner ersten Klavier-Partiten zuwandte.

Gerber begann seine Abschrift des Wohltemperierten Klaviers am 21. November 1725, d. h. nur drei Jahre nachdem Bach den 1. Teil vollendet hatte. Das mit Girlandenschmuck überladene Titelblatt des Bachschen Autographs[3], das extravagante „P" in „Praeludia", die „V"-artige Trichterform der letzten 13 Textzeilen und das Ornamenten-Gewinde oben und unten auf der Seite, all das mag Gerber angeregt haben, seinen verehrten Meister in seiner Titelabschrift nachzuahmen (s. Abb. 74). Außer dem Wort „gesetz" (Zeile 14) an Stelle von Bachs korrektem „gesetzet" schrieb Gerber Bachs Text wortgetreu ab, einschließlich des Meisters Namen: „Johann Sebastian Bach"[4]. Danach bedient sich Gerber einiger Abkürzungen wie „H. A." (für „Hochf. Anhalt –") und „*Dir.* der *Cam.* M." (für Bachs „*Directore* derer Cam̄er *Musiquen.*"), wobei Bachs Schlußzeilen „Anno / 1722." seltsamerweise in „aō. 1723." abgewandelt wurden. Gerber beendet sein Titelblatt mit den Worten: „*Decopirt* / HNGerber. / Lipsiae. die [sic] 21. Novemb./17.25." Während die Girlanden von Bachs Titelblatt hauptsächlich dekorativer Art sind und sich im Text nur auf vier große Buchstaben erstrecken,

[3] S. das Faksimile in BG 44 (1895), Nr. 8ᵃ, Bl. 12. Dieses ist allerdings nicht das Titelblatt der Urschrift des Wohltemperierten Klaviers I, die bekanntlich verloren ist, sondern das der autographen Kopie (P 415), die Bach „ao 1732" vollendete. Doch nach Gerbers 1725 geschriebener Titelseite zu urteilen, muß das Titelblatt der Erstschrift aus dem Jahre 1722 in seinem Wortlaut, seinem Girlandenschmuck und der V-förmigen Anlage der Textzeilen dem Titelblatt der überlieferten Kopie äußerst ähnlich gewesen sein.

[4] Da Bachs Text in Dok I, Nr. 152, S. 219, veröffentlicht ist, soll er hier nicht nochmal abgedruckt werden.

Nicolaus Gerber's studies lasted only slightly more than two years, Bach's three private playings of the Well-Tempered Clavier must have taken place between the end of 1725 and the early months of 1727. They thus coincided with Bach's first period of profound disillusionment in his Leipzig position and his turning from cantata composition to the creation of his first Clavier Partitas.

Gerber began copying his master's Well-Tempered Clavier on November 21, 1725, i. e. three years after Bach's completion of Book I. No doubt Bach's own flamboyant title page[3] with its extravagant "P" in "Praeludia," the funnel shape of the last 13 lines of its text and the swirling ornaments at top and bottom of the page inspired Gerber to imitate his master on the title page of his copy (s. ill. 74). With the exception of "gesetz" (line 14) instead of Bach's correct "gesetzet," Gerber copied Bach's text verbatim up to and including the author's name "Johann Sebastian Bach."[4] Thereafter Gerber uses abbreviations such as "H. A." (for "Hochf. Anhalt –") "*Dir.* der *Cam.* M." (for Bach's "*Directore* derer Cam̄er *Musiquen.*") while Bach's concluding "Anno/ 1722." unaccountably becomes "aō. 1723." Gerber ends his title page with the words "*Decopirt* / HNGerber. / Lipsiae, die [sic] 21. Novemb./17.25." While the flourishes on Bach's title page are mostly decorative, spreading only to 4 capital letters of the text, they served apparently as an invitation to Gerber to let his youthful exuberance run wild, from the opening "D" to the "HNG" of his name at the bottom of the page. Practically all his letters, especially the capital ones, are more extravagant than Bach's.

The second page of the "Praeludium II^{dum}," i.e. the 17 last measures of the C minor Prelude, may serve as an example of Gerber's style of writing music (s. ill. 75).

[3] S. its facsimile in BG 44 (1895), no. 8ᵃ, leaf 12. This is, however, not the title page of Bach's original manuscript of the Well-Tempered Clavier I which is lost, but that of the autograph copy (P 415) which Bach completed "ao 1732." Judging from Gerber's title page of 1725, the autograph title page of the original manuscript of 1722 must have been in its wording, its decorative ornamentation and its funnel shape quasi-identical with the title page of Bach's extant autograph copy.

[4] Since Bach's text appears translated in *The Bach Reader*, p. 85, it will not be reprinted here.

spornten sie Gerber anscheinend an, seinem jugendlichen Überschwang vom „D" am Anfang bis zum „HNG" seines Namens am Ende die Zügel schießen zu lassen. Fast alle seiner Buchstaben, besonders die großgeschriebenen, übertreffen Bachs an Verzierungsreichtum.

Die 2. Seite des „Praeludium II^{dum}", d. h. die 17 letzten Takte des c-moll-Präludiums, mag zur Illustration von Gerbers Notenhandschrift dienen (s. Abb. 75). Obgleich die Noten auf den 14 Systemen[5] mit vorbildlicher Klarheit geschrieben sind, lassen sich doch Gerbers Schrifteigentümlichkeiten und sein Hang zum Ornamentalen beobachten. Die alte Art, einzelne Sechzehntelnoten so zu notieren, daß vom aufwärtsgerichteten Notenhals ein Fähnchen ähnlich einer „3" herunterhängt, während der abwärts gerichtete Notenhals in einer „w"-artigen Verzierung endet[6], untermauert das frühe Datum 1725. Die 3 „d" und 2 „S" in der zweiten Akkolade, die den Wechsel von der rechten (dextra) zur linken Hand (sinistra) anzeigen, veranschaulichen wiederum Gerbers Drang, Lükken auszufüllen, hier mit gerundeten Auswüchsen von Buchstaben. Das „adagio." am Anfang der 2. Akkolade befindet sich nicht in Bachs Holograph. Gleich den eingetragenen Handwechseln mag es auf Bachs Unterricht, wenn nicht sogar auf seine ausdrücklichen Anweisungen zurückzuführen sein. Das Trillerzeichen über der 5. Akkolade ist der Gerberschen Schreibart so fremd, daß man in ihm einen autographen Zusatz von Bachs Hand vermuten darf. Die grotesk ausgedehnte ganze Note G am Anfang des 6. Notensystems (Akkolade 3) und, weniger übertrieben, die langgehaltenen Noten in den vier letzten Takten stellen eine weitere Eigenart von Gerbers Notenschrift dar. Die merkwürdigen kleinen Custos-Zeichen am Ende der 5. Akkolade und die schneckenförmige Fermate über der letzten Note gehören weiterhin zu Gerbers außergewöhnlichen Schriftzügen. Das Ornament unter dem Schlußtakt und die Largesse des „Verte seg/ Fuga" bekunden wiederum Gerbers Tendenz, leeren Raum auszufüllen.

[5] Fast alle Seiten des Manuskripts sind mit 14 Systemen, die der Schreiber in 7 Akkoladen aufteilte, rastriert.

[6] Vgl. die 4. Note in jedem der drei Takte der zweiten Akkolade.

While the notes of the 14 staves[5] are written with exemplary clarity, there is still room for Gerber's idiosyncrasies and love of flamboyance. The old-fashioned way of notating single 16th notes by suspending two tiny loops resembling a "3" from its upward stem or ending its downward stem with a wavelike "w"[6] reinforces the date of 1725. The three "d's" and 2 "S's" in the second bracket, marking the changes from the right (*dextra*) to the left hand (*sinistra*) exemplify Gerber's inclination to fill empty spaces, here with rounded outcroppings of letters. The "adagio." at the beginning of brace 2 is not found in Bach's holograph and may, like the changes of hands, reflect Bach's tutelage if not his personal directive. The trill sign above the 5th brace is quite unlike those of Gerber and might well be an autograph addition. The incredibly elongated whole note "g" at the beginning of staff 6 (brace 3), though less preposterous in the long notes of the 4 last measures, is another of Gerber's idiosyncrasies. The curious though small custos signs at the end of brace 5 and the snail-like rest above the last note are also part of Gerber's extraordinary graphic vocabulary. The ornament below the last measure and the largesse of the "Verte Seg/, Fuga" again manifest Gerber's tendency to fill up available spaces.

These are but two pages of a manuscript that encompasses 41 leaves or 82 originally unnumbered pages.[7] Since the verso pages of leaves 1 (the title page) 5, 14, 19, 21, 22, 26, and 41 are blank, the music itself occupies 73 pages. It was, however, not written all at one time. Three different kinds of laid paper prove that the book was copied in three stages. Leaves 1–5, from the title page to the end of the C minor Fugue, measure 32 x 20 cm and show the watermark of a wild boar with the letters "AV" as countermark. The next 4 preludes and fugues (BWV 848–851) are lost. The top of the title page (s. ill. 74) bears an inscription by Erich Prieger who owned the manuscript from 1876 to his death

[5] Seven braces of 2 staves each constitute the norm of the whole manuscript.

[6] S. the 4th note in each measure of the second brace.

[7] Numbers were later added in the top right corners of the recto leaves, from the first to the last page of the music, i. e. from 3 to 81. S. the "7" on ill. 75.

Dies sind lediglich zwei Seiten eines Manuskripts, das 41 Blätter oder 82 unnumerierte Seiten umfaßt[7]. Da die Rückseiten des Titelblattes und der Blätter 5, 14, 19, 21, 22, 26 und 41 leer sind, nimmt die Musik selbst 73 Seiten ein. Doch sind diese nicht zu ein und derselben Zeit geschrieben worden. Drei verschiedene Sorten gerippten Papiers bezeugen, daß das Manuskript in drei Etappen kopiert worden ist. Die ersten 5 Blätter, vom Titelblatt bis zum Schluß der c-moll-Fuge, messen 32 x 20 cm und zeigen das Wasserzeichen eines Wildschweins nebst den Buchstaben „AV" als Gegenmarke. Die folgenden 4 Präludien und Fugen (BWV 848–851) fehlen. Das Titelblatt trägt oben (s. Abb. 74) folgenden Zusatz von der Hand Erich Priegers, der die Handschrift von 1876 bis zu seinem Tod im Jahr 1913 besaß: „Fehlend die Präludien und Fugen in Cis-/dur, Cis-moll, D-dur, D-moll". Das „Il Fine" am Schluß der c-moll-Fuge zeigt einen ersten, obgleich vorübergehenden Halt in Gerbers Kopierarbeit an. Tatsächlich sandte Prieger diesen ersten unvollständigen Teil des Manuskripts an Wilhelm Rust[8]. Die folgenden 24 Blätter (6–29) die mit dem Es-dur-Präludium beginnen und mit der gis-moll-Fuge enden, sind etwas größer (34 cm hoch und 20,5 cm breit). Diese neue Papiersorte hat das Wasserzeichen eines zum Sprung ansetzenden Pferdes und die Gegenmarke "S W" oder manchmal auch „C M"[9]. Fast alle Eigentümlichkeiten von Gerbers überschwänglichen Schriftzügen sind noch vorhanden. Doch treten sie in diesen 12 Präludien und Fugen nur in beträchtlich verkleinerter Form und vermindertem Verzierungsreichtum auf (s. Abb. 76). Alfred Dürr hat überzeugend nachgewiesen[10], daß Gerber diesen zweiten und längsten Teil des Manuskripts 1730 oder kurz danach kopiert hat.

[7] Später hat jemand auf den recto-Blättern Zahlen hinzugefügt, und zwar von der ersten bis zur letzten mit Musik beschriebenen Seite, d. h. von 3 bis 81. S. die „7" auf Abb. 75.

[8] Vgl. Vorwort zu BG 23 (Mai und Juni 1876), Anm. auf S. XIV.

[9] Dr. Elinore Barber, der Leiterin des RBI, sei hier für ihre Hilfe beim Feststellen der Wasserzeichen gedankt.

[10] Heinrich Nicolaus Gerber als Schüler Bachs, in: BJ 1978, S. 17. Dieser Artikel diskutiert die Handschrift des Wohltemperierten Klaviers im Zusammenhang mit allen überlieferten Kopien, die Gerber von Bachs Werken für Tasteninstrumente angefertigt hat.

in 1913, noting that the preludes and fugues in C♯ major, C♯ minor, D major and D minor are missing. The "Il Fine" at the end of the C minor Fugue indicates a first though temporary halt in Gerber's copying endeavors. In fact, Prieger sent this incomplete portion of the manuscript to Wilhelm Rust.[8] The next 24 leaves (6–29), starting with the E♭ major Prelude and ending with the G♯ minor Fugue are somewhat larger, measuring 34 x 20.5 cm and show the watermark of a rampant horse with the countermark "S W" and at times "C M."[9] While most of the idiosyncrasies of Gerber's exuberant writing style are still present, they appear in these 12 preludes and fugues considerably reduced in size and toned down in their flamboyance (s. ill. 76). Alfred Dürr[10] has shown that this second and largest portion of the Gerber manuscript was probably copied in or shortly after 1730.

The remaining 12 leaves (30–41), containing the last 6 preludes and fugues, show a handwriting so different that it can no longer be attributed to Gerber (s. ill. 77). The paper, a bit narrower, measuring 34 x 20.2 cm, shows the two forms of "A" that characterize the paper mill of Arnstadt. Since this particular paper can be documented from 1714 to the late 1750s, this final portion of the Gerber manuscript reveals no more than that it was written after part II, perhaps in connection with Gerber's "single journey in about 1737 to his beloved teacher in Leipzig."[11]

The manuscript, at present preserved in a slip-case, is "bound with boards in 1/2 black cloth."[12] Most of the original folios have separated into single leaves. Only the second half of the manuscript (from the F minor

[8] S. Foreword to BG 23 (of May and June 1876), fn. of p. XIV.

[9] I am indebted to Dr. Elinore Barber, director of the RBI, for her kind assistance in viewing and identifying the various watermarks.

[10] "Heinrich Nicolaus Gerber als Schüler Bachs," in: *BJ* 1978, p. 17. This article places the American manuscript into the context of all extant copies that Gerber had made of Bach's keyboard works.

[11] Ernst Ludwig Gerber, *op. cit.*, column 495; s. also Dok III, no. 950, p. 477.

[12] Cf. "Riemenschneider Bach Library Bach Holdings," in: *BACH*, the Quarterly Journal of the RBI, Berea, Ohio, Vol. I, no. 1, 1970, p. 17.

Die Schriftzüge auf den restlichen 12 Blättern (30–41), welche die letzten 6 Präludien und Fugen enthalten, weichen von denen Heinrich Nicolaus Gerbers derartig ab, daß sie einem neuen, bisher nicht ermittelten Kopisten zugeschrieben werden müssen (s. Abb. 77). Das etwas weniger breite Papier mißt 34 x 20,2 cm und zeigt als Wasserzeichen die zwei Formen des „A", die für die Papiermühle in Arnstadt charakteristisch sind. Da diese Papiersorte von 1714 bis in die späten 1750er Jahre nachweisbar ist, sagt dieser Schlußteil des Gerberschen Manuskripts nicht mehr aus, als daß er nach dem 2. Teil, vielleicht in Verbindung mit Gerbers einziger Reise „um 1737 zu seinem geliebten Lehrer Bach nach Leipzig"[11] entstanden ist.

Das Manuskript, das heute in einem Schuber verwahrt wird, ist in einen mit schwarzbraunem Leinen überzogenen Pappband eingebunden[12]. Die Mehrzahl der Bogen sind in Einzelblätter auseinandergefallen. Nur die zweite Hälfte der Handschrift – vom f-moll-Präludium an – ist noch mit dem Einband verbunden, obgleich sich auch hier einige Blätter von dem schwachen Rücken gelöst haben. Der Zustand des Manuskripts kann im ganzen als mittelmäßig bis gut bezeichnet werden. Die meisten Blätter sind allerdings gut erhalten. Das Titelblatt ist sehr viel brauner als die übrigen Seiten. Sein Papier und das der nächsten 4 Blätter ist recht dünn (Gruppe I), das der folgenden 24 Blätter (Gruppe II) etwas stärker und das der letzten 12 Blätter (Gruppe III) recht dick. Die Tintenfarbe schwankt in diesen drei Papiersorten zwischen schwarz-braun (in I) leicht braun (in II) und beinahe schwarz (in III). Der linke Rand des Titelblattes und die untere äußere Ecke der 2. Seite des c-moll-Präludiums (s. Abb. 74 und 75) weisen mit 5 weiteren Einzelblättern das Höchstmaß an Abnutzung unter den 41 Blättern des Manuskripts auf. Im Gegensatz zu Gerber hat der Schreiber des 3. Teils den einzelnen Präludien und Fugen keine Zahlen (19 bis 24) beigefügt. Da rostfarbene Zusätze nur im 3.

Prelude onward) is still attached to the binding though here too some leaves have worked themselves loose from the weak spine. The state of preservation of most of the leaves can be called good; the condition of the manuscript as a whole is fair. The title page is a good deal browner than the rest of the pages. Its paper and that of the following four leaves (I) is quite thin, the next 24 leaves (II) are of medium thickness, while the final 12 leaves (III) are thick. The color of the ink varies in these three layers from black-brown (in I) to only slightly brown (in II), to almost black (in III). The left border of the title page and the lower outer corner of page 2 of the C minor Prelude (s. ills. 74 and 75) share with another 5 leaves what might be called the maximum degree of deterioration detectable in the 41 leaves of the manuscript. Unlike Gerber, the copyist of part III did not affix numbers (19–24) to the individual preludes and fugues. Since rust-colored emendations appear only in this 3rd part of the manuscript it seems reasonable to attribute them as well as the insertion of an omitted measure in the B♭ major Fugue to Gerber rather than to Bach, although a few of them resemble the composer's handwriting.[13]

Provenance

Heinrich Nicolaus Gerber who spent the last 44 years of his life as court organist in Sondershausen, certainly did not part with the copy of his master's Well-Tempered Clavier. His son Ernst Ludwig who not only received his musical training from his father but also succeeded him as organist in Sondershausen, inherited the manuscript in 1775. Later in life he sold his vast collection of musical documents that had been the source for his "Historic-Biographic Dictionary of Musicians"[14] to the *Gesellschaft der Musikfreunde* in Vienna. But his father's manuscript of Book I of Bach's Well-Tempered Clavier was not among the chronicles and biographical materials which were sold. The Bach and Beethoven scholar Dr. Erich

[11] Ernst Ludwig Gerber, a. a. O., Spalte 495. S. auch Dok III, Nr. 950, S. 477.

[12] Vgl. Riemenschneider Bach Library Bach Holdings, in: BACH, Vierteljahresschrift des RBI, Bd. 1, Nr. 1, 1970, S. 17.

[13] For instance the numbers 4, 3, and 5 on pages 63, 68, and 72.

[14] 2 vols. Leipzig 1790–1792 and his *Neues historisch-biographisches Lexicon der Tonkünstler*, 4 vols., Leipzig 1812–1814.

Manuskriptteil auftreten, darf man diese sowie den Einschub eines in der B-dur-Fuge ausgelassenen Taktes wohl Gerber zuschreiben, obgleich einige unter ihnen sehr der Handschrift Bachs ähneln[13].

Provenienz

Heinrich Nicolaus Gerber, der die letzten 44 Jahre seines Lebens als Hoforganist in Sondershausen verbrachte, hat sich gewiß nicht von der Kopie des Wohltemperierten Klaviers seines Meisters getrennt. Sein Sohn Ernst Ludwig, der seine musikalische Ausbildung von seinem Vater erhielt und sein Nachfolger als Organist in Sondershausen wurde, erbte das Manuskript 1775. Seine große Sammlung musikalischer Dokumente, die ihm als Quellenmaterial für sein „Historisch-Biographisches Lexicon der Tonkünstler"[14] diente, verkaufte er später an die Gesellschaft der Musikfreunde in Wien. Seines Vaters Handschrift von Bachs Wohltemperiertem Klavier war nicht unter den verkauften Chroniken und biographischen Materialen. Sie gelangte in die Hände des Bach- und Beethoven-Forschers Dr. Erich Prieger (1849–1913)[15], der die angeblich von Bach komponierte Lukas-Passion als unechtes Werk entlarvte[16]. Die Rückseite des Titelblattes der Gerberschen Handschrift weist folgende Notiz auf: „kam mit einem großen Theil von Gerbers / Nachlaß im März 1876 in meinen Besitz. / E. P." Nach Priegers Tod in Bonn ging Gerbers Manuskript in die Hände der Firma M. Lempertz im nahegelegenen Köln über. In Lempertz' Versteigerungskatalog vom 15. Juli 1924 wurde die Handschrift als Nr. 158 angezeigt und von Max Pinette, dem Besitzer der Lengfeld'schen Buchhandlung in Köln, erworben. Der

[13] Z. B. die Zahlen 4, 3 und 5 auf S. 63, 68 und 72.

[14] 2 Bde., Leipzig 1790–1792, und Neues historisch-biographisches Lexicon der Tonkünstler, 4 Bde., Leipzig 1812–1814.

[15] Unter anderem stellte Prieger Beethovens „Leonore" in ihrer Urgestalt wieder her und erwarb die bedeutende Musik-Autographensammlung des Wiener Verlagshauses Artaria mit ihren hundert Beethoven-Autographen, die er der Königlichen Bibliothek in Berlin überwies.

[16] Schon 1838 hatte Mendelssohn seinem Freunde Franz Hauser, der die autographe Partitur gerade gekauft hatte, geschrieben: „wenn das von Sebastian ist, so lasse ich mich hängen." Vgl. BG 45, II, S. VII.

Prieger (1849–1913)[15] who proved the *St. Luke Passion* not to be a work by Bach[16] noted on the verso of the title page that the manuscript "came in March 1876 with a large portion of Gerber's estate into my possession." It is only natural that after Prieger's death in Bonn the nearby firm of M. Lempertz in Cologne should have acquired Gerber's Bach manuscript. After appearing in Lempertz's auction catalogue of July 15, 1924 (as No. 158) Gerber's copy came into the possession of the Lengfeld'sche Buchhandlung in Cologne, that is, into the hands of its knowledgeable and discriminating owner (and friend of my Cologne family) Max Pinette. Being *persona non grata* to the Nazis, Pinette had to flee, first to Holland, then to Belgium. In 1936 Pinette sold the manuscript from his rare book shop in Brussels to Dr. Albert Riemenschneider (1878–1950).[17] Pinette was eventually "hounded to death" by the Nazis in

[15] One of Prieger's chief contributions was his restoration of the original first version of Beethoven's "Leonore." He also acquired the vast collection of music autographs of the publishing firm Artaria in Vienna with its one hundred Beethoven autographs which he turned over to the Royal Library in Berlin.

[16] Already in 1838 Mendelssohn had written to his friend Franz Hauser who had just purchased the autograph score: "I'll be hanged if this is by Sebastian." Cf. BG 45, II, p. VII.

[17] Son of the professor of ancient languages and later president of the German Wallace College in Berea, Ohio, Riemenschneider studied with Guilmant and, above all, with Widor in Paris (from 1904 on), at the time Albert Schweitzer wrote, spurred on by Widor, the first (French) version of his great book on Bach. During his seven trips to Europe Riemenschneider matured not only as artist so that Widor made him his assistant organist at the church of St. Sulpice in Paris but also as knowledgeable collector of rare music manuscripts and first editions. As organ teacher and director of the Conservatory at Baldwin-Wallace College (as the Berea institution was now called) Riemenschneider continued to pursue his goal of establishing a unique Bach library at his school. With the later gift of the *Emmy Martin Collection*, it comprises about 2500 Bach items, one-tenth of which consists of historically significant copies and of practically all the first editions of Bach's compositions from 1731 to 1831. The editor of Bach's chorales and organ works, centering on the chorale, felt further the need to design one of the first American organs built according to Baroque specifications which Holtkamp of nearby Cleveland created in 1941 for Riemenschneider's Conservatory. In 1933 Riemenschneider founded the second oldest Bach festival in America which as an annual two-day celebration commemorated its fiftieth anniversary in 1982.

allem Musischen aufgeschlossene, auch mit meiner Kölner Familie befreundete Pinette wurde zur persona non grata der Nationalsozialisten. Schon bald nach der Machtergreifung floh Pinette zunächst nach Holland, dann nach Belgien. 1936 erwarb Dr. Albert Riemenschneider (1878–1950)[17] die Handschrift von Pinette in Brüssel. Vom Blitzkrieg in Frankreich überrannt, wurde Pinette im wahren Sinne des Wortes von den Nazis „zu Tode gehetzt"[18]. Gerbers Abschrift von Bachs Wohltemperiertem Klavier, Teil I, ist heute eine der besonderen Attraktionen der Bibliothek des Riemenschneider Bach Institute des Baldwin-Wallace College in Berea, Ohio.

BWV 545 Präludium und Fuge C-dur, BWV 529 Triosonate Nr. 5 (nur Largo), Abschrift von Johann Gottfried Walther

Das Manuskript, welches Bachs Orgel-Präludium und Fuge in C-dur und den Mittelsatz der 5. Triosonate für Orgel enthält, trägt den ungewöhnlichen Titel „Prelu-

[17] Sohn eines Professors für Klassische Sprachen und späteren Präsidenten des German Wallace College in Berea, Ohio, studierte Riemenschneider von 1904 an Orgel bei Guilmant und vor allem bei Widor in Paris, in welcher Zeit Albert Schweitzer auf Widors Wunsch die erste (französische) Fassung seines großen Bach-Buchs schrieb. Während seiner sieben Europareisen bildete Riemenschneider sich nicht nur als Künstler, den Widor zu seinem Stellvertreter als Organist an der St. Sulpice-Kirche in Paris wählte, sondern auch als urteilsfähiger Sammler von Musik-Manuskripten und Erstausgaben weiter aus. Als Leiter der Orgelabteilung und nunmehr auch Direktor des Konservatoriums des Baldwin-Wallace College (wie die vormals deutsche Lehranstalt jetzt genannt wurde) setzte Riemenschneider sich zum Ziel, eine einzigartige Bach-Bibliothek an seiner Schule aufzubauen. Sie umfaßt inzwischen (nach der Eingliederung der gestifteten Emmy Martin Sammlung) 2500 Bach-Bände, von denen etwa ein Zehntel aus geschichtlich bemerkenswerten Abschriften sowie nahezu sämtlichen Erstausgaben Bachscher Kompositionen von 1731–1831 besteht. Als Herausgeber von Bachs Chorälen und seinen auf Chorälen basierenden Orgelwerken war es ihm fernerhin ein Herzensbedürfnis, Pläne für eine der ersten amerikanischen Orgeln zu entwerfen, die Holtkamp im nahegelegenen Cleveland 1941 nach barocken Bauprinzipien für Riemenschneiders Konservatorium baute. 1933 gründete Riemenschneider Amerikas zweitältestes Bach-Fest, welches 1982 sein 50jähriges Jubiläum beging.

[18] Vgl. u. a. Sidney Beck, Vorwort zur Faksimile-Ausgabe von Mozarts „Haffner-Sinfonie", New York, Oxford University Press 1968.

France.[18] Gerber's copy of Book I of Bach's Well-Tempered Clavier is now one of the chief attractions in the library of the Riemenschneider Bach Institute at Baldwin-Wallace College in Berea, Ohio.

BWV 545 Prelude and Fugue in C major, BWV 529 Trio Sonata No. 5 (Largo only), Copy by Johann Gottfried Walther

This holograph in ink of Bach's organ Praeludium and Fugue in C major and of the slow movement of the fifth Trio Sonata for organ bears the unusual title "Preludio con Fuga / e Trio. / da / Giov: Bast: Bach."[1] The manuscript consists of 3 bifolia (Ternio) that are still connected and sewn together (i. e. of 6 leaves or 12 pages). The manuscript, 5 to 9 cm less high than the usual folio format, measures 26 x 21 cm and is in excellent condition. The color of the paper is beige, that of the ink brown-black. The manuscript is covered by a light blue wrapper which was added later and which Johann Christian Heinrich Rinck, the owner of the manuscript in the first half of the 19th century, inscribed "Prael. con Fuga / di / Seb. Bach." The prelude, lacking the customary caption above the music, is written on leaves 1^v and 2^r, the "Fuga" (s. ill. 79) on 2^v–4^r and the A minor "largo." [sic] of the C major Trio Sonata (s. ill. 80 of its opening page) on 4^v–6^v. Although the manuscript is unsigned and undated, the handwriting is easily iden-

[18] Cf. Sidney Beck, Introduction to the facsimile edition of Mozart's "Haffner" Symphony, New York, Oxford University Press 1968.

[1] The crossed-out "4718" (top right) and the "MA 21/ Y11/ B 12" (bottom left) refer to later catalogue numbers (s. ill. 78).

dio con Fuga / e Trio. / da / Giov: Bast: Bach."[1]. Die außergewöhnlich schöne Handschrift besteht aus drei noch zusammenhängenden Bogen (Ternio; = 6 Blätter bzw. 12 Seiten), die mit Fäden zusammengehalten sind. Das Manuskript ist besonders gut erhalten und mißt 26 x 21 cm, ist somit 5 bis 9 cm weniger hoch als das durchschnittliche Hochfolioformat. Die Farbe des Papiers ist beige, die Tintenfarbe schwarzbraun. Die Handschrift ist von einem später hinzugefügten hellblauen Umschlag umgeben, auf dem Johann Christian Heinrich Rinck, der das Manuskript in der ersten Hälfte des 19. Jahrhunderts besaß, die Aufschrift „Prael. con Fuga / di / Seb. Bach" anbrachte. Die Niederschrift des Präludiums, dem der sonst übliche Titel über der ersten Notenzeile fehlt, nimmt Bll. 1^v und 2^r in Anspruch. Die „Fuga" (s. Abb. 79) steht auf Bll. 2^v–4^r und das a-moll-„largo." [sic] der Triosonate in C-dur (s. Abb. 80) auf Bll. 4^v–6^v. Obgleich das Manuskript ohne Namen und Datum überliefert ist, erkennt man die Handschrift ohne weiteres als die von Bachs entferntem Verwandten und Weimarer Kollegen Johann Gottfried Walther. Der rechteckige Sopranschlüssel, der nach abwärts weit ausschweifende Baßschlüssel, der schräg geneigte Kopf des Violinschlüssels (s. die obere Notenzeile des Largos), die langen, nach unten gerichteten Fähnchen der Achtelnoten, die höchst einfache Form der Viertelpausen usw. sind typische Eigenarten von Walthers ausgeglichener und ruhig erscheinender Schrift. Eine gewisse Ähnlichkeit mit Bachs Notenschrift ist nicht zu verleugnen. Walthers Handschrift ist zwar klarer als die des Leipziger Meisters, doch fehlt ihr dessen schöpferischer Schwung, der z. B. in Bachs wellenartigen Balken zum Ausdruck kommt.

Da Bach und Walther fast gleichaltrig waren und Walthers Schriftzüge keine radikalen Wandlungen durchgemacht zu haben scheinen, ist das Wasserzeichen für die Datierung des Manuskripts von ausschlaggebender Bedeutung. Obgleich das dicke Papier der Erkennbarkeit des Wasserzeichens im Wege steht, sind sich Hans-Joachim

[1] Die ausgestrichene Nummer „4718" (rechts oben) und „Ma 21/ Y11/ B 12" (links unten) beziehen sich auf später hinzugefügte Bibliothekssignaturen (s. Abb. 78).

tifiable as that of Bach's distant relative and Weimar colleague Johann Gottfried Walther. Style prints of his beautiful and unhurried handwriting are the rectangular soprano clef, the bass clef with its long downward curve, the bent top of the treble clef (s. top staff of the Largo), the long downward flags of the eighth notes, the simplicity of the quarter note rests and so on. A certain similarity to Bach's writing of music is undeniable. But while Walther's handwriting is the clearer of the two, it lacks the momentum and the wave-like curves of Bach's crossbars.

Since Walther's lifespan practically coincides with that of Bach and Walther's handwriting does not seem to undergo any marked changes, the watermark becomes all-important for the dating of the manuscript. Both Dietrich Kilian, the editor of the NBA volume containing BWV 545, and Hans-Joachim Schulze agree on the watermark[2] though the heavy paper makes it only faintly visible. Kilian arrives at the logical conclusion that the manuscript dates from the period during which Walther and Bach were neighbors in Weimar, i. e. "before 1717."[3] This surprised me because this would suggest an unusually early origin of the movement from the supposedly "later" Organ Trio Sonatas. Hans-Joachim Schulze confirmed my scepticism in a letter[4] which stated that "the watermark is (and I can acknowledge it 'per autopsy') MKW . . . But MKW[5] stands for *M*ichael *K*eyßners *W*itwe [widow of the well known papermaker of Bach's Weimar period]. Therefore, it ought to be dated at the earliest 1726."

Prelude and fugue were written in soprano and bass clefs. Walther accommodates the prelude on 5, the fugue on 6 double staves per page. The Largo, written as a strict 3-part composition on 3 staves in treble, soprano and bass clefs, occupies 4 brackets à 3 staves per page.

[2] In his excellent and comprehensive KB Kilian probably relied on Kobayashi for the identification of the watermark.

[3] NBA, IV/5 and 6, KB, Teilband 2 (1979, pp. 298, 302 and 303.

[4] Letter of April 22, 1981 for which I would like to thank him again. (The translation is by the author.)

[5] S. *BJ* 1974, p. 117.

Schulze und Dietrich Kilian, der Herausgeber des BWV 545 enthaltenden NBA-Bandes[2], über seine Identität einig. Kilian kommt zu dem logischen Schluß, daß die Handschrift zur Zeit von Bachs Aufenthalt in Weimar entstanden sei, d. h. „vor 1717"[3]. Diese Datierung überraschte mich wegen der daraus zu entnehmenden frühen Entstehungszeit des Satzes aus den üblicherweise später angesetzten Triosonaten. Meine Skepsis wurde dann auch durch Hans-Joachim Schulze bestärkt. In einem Brief[4] schrieb er: „das Wasserzeichen ist ... (und ich kann es per Autopsie bestätigen) MKW ... MKW[5] bedeutet aber ... *M*ichael *K*eyßners *W*itwe [Witwe des bekannten Papiermachers aus Bachs Weimarer Zeit], ist also frühestens 1726 anzusetzen."

Präludium und Fuge sind in Sopran- und Baßschlüssel geschrieben; das Präludium auf jeweils 5, die Fuge auf 6 Akkoladen zu zwei Systemen je Seite. Seiner strengen Dreistimmigkeit wegen schrieb Walther das Largo in Violin-, Sopran- und Baßschlüssel (auf 4 Akkoladen zu je 3 Systemen pro Seite).

Provenienz

Johann Gottfried Walther (1684–1748) war 23 Jahre alt, als er seine Heimatstadt Erfurt verließ, um Stadtorganist in Weimar zu werden. Dort blieb er, zugleich auch als Musiklehrer der jungen Prinzen und ab 1727 als Hofmusiker, bis an sein Lebensende. Die Entstehung des hier diskutierten Manuskripts kann am besten in Verbindung mit dem Theoretiker Walther gesehen werden; mit Walther, dem Verfasser des ersten „Musicalischen Lexicons" (1732), dessen Vorarbeiten ihn nicht nur mit den bedeutendsten Musikern seiner Zeit in Verbindung brachten, sondern ihn auch in seinem angeborenen Eifer, Manuskripte zu sammeln und zu kopieren, weiter anspornten. 1729 berichtete er einem Kollegen[6] von seinem Besitz von

[2] Kilian verließ sich in seinem ausgezeichneten und umfassenden KB anscheinend auf Kobayashis Identifizierung des Wasserzeichens.

[3] S. NBA IV/5 und 6, KB, Teilband 2 (1979), S. 298, 302 und 303.

[4] Brief vom 22. April 1981, für den ich ihm hier nochmals bestens danken möchte.

[5] S. BJ 1974, S. 117.

[6] S. Dok II, Nr. 263, S. 193.

Provenance

Johann Gottfried Walther (1684–1748) left his native city of Erfurt at the age of 23 to accept the position of town organist in Weimar where he remained, also as music teacher of the princes and after 1727 as court musician, for the rest of his life. The origin of the manuscript described above must be seen in connection with Walther, the writer of the "Musicalisches Lexicon" (1732), the preparation of which brought him into contact with most of the illustrious musicians of his time and spurred him on to become an even more avid collector and copyist than he had been before. In a letter of 1729[6] he tells a colleague of his ownership of "over 200 pieces," among them a good many by Bach. The manuscript under discussion appears to have come later into the hands of Johann Christian Kittel (s. p. 241), a lifelong Erfurter and equally avid copyist and collector of manuscripts, particularly of Bach's organ music. Whether the "Erfurt connection" played a role in Kittel's acquisition of the manuscript, is not known.

Firm knowledge of the manuscript begins with its appearance in the collection of music manuscripts of Kittel's devoted disciple Johann Christian Heinrich Rinck (1770 to 1846).[7] According to his biographer F. W. Donat,[8] Rinck is supposed to have received "a large number of manuscripts" from Kittel, and, as Gerber reported three years after Kittel's death:[9] "The auction catalogue of his estate has shown that the collection of the late organist Kittel was especially and without doubt strongest in its organ pieces by Bach." Rinck's collection of 473 manuscripts abounds in keyboard music, with organ compositions forming its solid core. The organ music in Rinck's library stems, with the exception of his own compositions, almost exclusively from the first half of the 18th century – touching evidence of Rinck's

[6] S. Dok II, no. 263, p. 193.

[7] Rinck who studied with Kittel from 1786–1789, became a year later town organist at Gießen. In 1805 he moved on to the same position in Darmstadt where he spent the rest of his life (from 1813 on as court organist).

[8] *Christian Heinrich Rinck und die Orgelmusik seiner Zeit*, Bad Oeynhausen 1933. S. also KB, p. 213.

[9] *Neues historisch-biographisches Lexicon der Tonkünstler*, vol. I, Leipzig 1812, columns 215f.

„über 200 Stücken", worunter sich eine nicht geringe Zahl Bachscher Kompositionen befand. Das hier behandelte Manuskript scheint später in die Hände Johann Christian Kittels (s. S. 241) gekommen zu sein. Kittel, der sein Leben in Erfurt verbrachte, war wie Walther ein eifriger Kopist und Manuskript-Sammler, besonders von Bachschen Orgelwerken. Ob die „Erfurter Verbindung" zu Kittels Erwerbung des Walther-Bach-Manuskripts beigetragen hat, entzieht sich unserer Kenntnis.

Mit dem Auftauchen des Manuskripts in der Musiksammlung des Kittel-Schülers Johann Christian Heinrich Rinck (1770–1846)[7] erhalten wir Gewißheit über die Existenz der Waltherschen Kopie. Nach Rincks Biograph F. W. Donat[8] soll Rinck „eine große Zahl von Manuskripten" von Kittel geschenkt bekommen haben. Drei Jahre nach Kittels Tod berichtet Gerber[9]: „An Bachischen Orgelstücken insbesondere war aber ohnstreitig wohl des letzt verstorbenen Organisten Kittel Sammlung die stärkste." Die aus 473 Manuskripten bestehende Sammlung Rincks war mit Musik für Tasteninstrumente am reichlichsten ausgestattet, und in dieser Kategorie standen Orgelkompositionen an erster Stelle. Mit Ausnahme seiner eigenen Kompositionen, stammten die Orgelwerke in Rincks Sammlung fast ausschließlich aus der ersten Hälfte des 18. Jahrhunderts. Das fleißige Zusammentragen dieser Werke ist ein rührender Beweis für Rincks Herzensbedürfnis, den kontrapunktischen Stil der Vergangenheit nicht aussterben zu lassen. Die „Allgemeine musikalische Zeitung"[10] sagt von ihm, daß er zu den ausgezeichnetsten zeitgenössischen Orgelspielern gehöre, besonders in fugierten Stücken, Choral-Variationen und ähnlichen Werken.

Die Mehrzahl der Kopien Bachscher Kompositionen in Rincks Sammlung besteht aus

[7] Rinck war von 1786–1789 Kittels Schüler. 1790 nahm er die Stellung des Stadtorganisten in Gießen an. 15 Jahre später übernahm er das gleiche Amt in Darmstadt, wo er – von 1813 an als Hoforganist – bis an sein Lebensende blieb.

[8] Christian Heinrich Rinck und die Orgelmusik seiner Zeit, Bad Oeynhausen 1933. Vgl. auch KB, S. 213.

[9] Neues historisch-biographisches Lexicon der Tonkünstler, Bd. I, Leipzig 1812, Spalte 215f.

[10] Bd. XIX, Leipzig 1817, Nr. 43.

attempt to perpetuate the contrapuntal style of the past. The *Allgemeine musikalische Zeitung* said of him:[10] "He belongs among the most excellent of contemporary organ players, particularly in fugal pieces, variations on a chorale and similar works."

While the majority of the Bach manuscripts in the Rinck collection consist of preludes and fugues for organ there are also numerous chorale preludes, including Rinck's incomplete copy of Clavier Übung, part III. Rinck's copies of Clavier Übung I, II and IV testify to what extent he took Bach's dedication of these clavier works to the connoisseur and music lover seriously. 219 of the 473 manuscripts of the collection were copies by Rinck himself and since hardly any of them were written before 1800, they fall outside the timespan allotted to the present study. The same is true of a number of copies of Bach organ works,[11] made by Kittel's last disciple, Michael Gotthard Fischer (1773–1829). In the context of the present study of Bach sources in America only those Bach manuscripts will be described in some detail that were written during the composer's lifetime. As a mere example of the relatively few Bach manuscripts in the Rinck collection that were copied in the generation after Bach's death, the two organ compositions by Bach, contained in a large composite volume, called the "Lowell Mason Codex," will be briefly mentioned (s. pp. 254 ff.). This will have to suffice in as much as all the Bach manuscripts of the Rinck collection have been or will be included in the Critical Reports of the relevant volumes of the NBA. In spite of the great care with which the Critical Reports are compiled[12] and in spite of the Novello edition of Bach's organ works, prepared by Walter Emery who had studied the Rinck collection at first hand, a thorough and definitive examination of its musical contents remains still to be undertaken. A major doctoral dissertation lies buried here. There are 31 identifiable copyists[13] reaching from

[10] Vol. XIX, Leipzig 1817, No. 43.

[11] BWV 545, 575; 541; 538; 543a (1795).

[12] My above description of the Walther manuscript is greatly indebted to Kilian's KB.

[13] S. Henry Cutler Fall, "*A Critical-Biographical Study of*

Präludien und dazu gehörenden Fugen, aber auch aus vielen Orgel-Choralbearbeitungen, unter denen sich Rincks (unvollständige) Kopie des 3. Teils der Klavierübung befindet. Rincks Abschriften des 1., 2. und 4. Teils der Klavierübung zeigen ferner, wie ernst er Bachs Widmung dieser Klavierwerke für Musikliebhaber und -kenner genommen hat. Von den 473 Manuskripten sind 219 Kopien von Rincks Hand. Da diese wohl kaum vor 1800 entstanden sind, fallen sie außerhalb der für die vorliegende Arbeit gesetzten Zeitgrenze. Das gilt auch für eine Anzahl von Kopien Bachscher Orgelkompositionen[11], die Kittels letzter Schüler Michael Gotthard Fischer (1773–1829) angefertigt hat. Im Zusammenhang mit der vorliegenden Arbeit sollen vorzugsweise jene Manuskripte beschrieben werden, die zu Bachs Lebzeiten entstanden sind. Als Beispiele der nicht zahlreichen Abschriften von Bach-Kompositionen in Rincks Sammlung, die in der Generation nach Bachs Tod geschrieben worden sind, werden noch zwei Orgelwerke kurz behandelt werden, die in dem großen zweiteiligen Konvolut, dem sogenannten „Lowell Mason Codex" enthalten sind (s. S. 254 ff.). Diese Auswahl kann um so leichter verantwortet werden, als alle Bach-Kopien der Sammlung Rinck in den Kritischen Berichten der jeweiligen Bände der NBA entweder schon behandelt sind oder in demnächst erscheinenden Kritischen Berichten behandelt werden. Trotz der großen Sorgfalt, welche die Kritischen Berichte auszeichnet[12], und trotz der Novello-Ausgabe von Bachs Orgelwerken, die Walter Emery betreut hat (der einzige, der die Bach-Werke der Sammlung Rinck eigenhändig untersucht hat), steht eine gründliche, den historischen und künstlerischen Wert umfassende Auswertung des musikalischen Inhalts der Rinckschen Sammlung noch aus. Von Johann Gottfried Walther bis zu Johann André und Abbé Vogler konnten bisher 31 Kopisten in der Sammlung Rinck identifiziert werden[13]. Obgleich die in der Sammlung Rinck enthal-

[11] BWV 545, 575; 541; 538; 543a (1795).

[12] Die obige Beschreibung des Walther-Manuskripts verdankt viele Einzelheiten dem KB Kilians.

[13] S. Henry Cutler Fall, A Critical-Biographical Study of the Rinck Collection, Master's Thesis, Yale University, Mai 1958 (Maschinenschrift), S. 51f.

Johann Gottfried Walther to Johann André and Abbé Vogler. Though the music of the Rinck collection includes a Mass by Palestrina and one by Jachet de Mantua as well as compositions of the early 19th century, the very heart of the collection is the music of Thuringian composers of the 17th and 18th centuries, the majority of whom were 18th century organists. The Rinck collection is thus basically a comprehensive regional library.

It is particularly regrettable that I had to omit two important manuscripts of the Rinck collection which were owned and conceivably written by a member of Bach's family, Johann Günther Bach (1703–1756) who was a school teacher and a "good tenor singer" in Erfurt. The deadline for completion of this volume which I had set for myself, and the necessity of making another trip to Yale University forced me to postpone the study of these two manuscripts to a later time. Walter Emery[14] has already dealt with the first of these manuscripts (LM 4983) which consists of keyboard compositions by Buxtehude, Johann Caspar Ferdinand Fischer, Pachelbel, Andreas Nicolaus Vetter, Buttstedt, and of many anonymous pieces as well as of Bach's two-part and three-part Inventions (except for No. 14 in B flat major). Since Bach is named by the copyist as "Capell. Maestro Lipsiae" and the Inventions were copied in the order of Bach's autograph of 1723, Johann Günther Bach's manuscript must have been written after 1723. Preceding the pages (14–45) containing the Inventions are two rather simple settings of the German *Agnus Dei*, the chorale "O Lamm Gottes unschuldig," which the writer of the manuscript attributed to "Giovan. Sebastin Bach." The facts that these two chorale settings were not known to Schmieder (*Bach-Werke-Verzeichnis*) and that I had serious doubts as to their attribution to J. S. Bach, added to my decision to postpone a careful study of this manuscript.

The other manuscript owned by Johann Günther Bach consists of shorter keyboard pieces. They are arranged by keys and list as

the Rinck Collection." A Master's Thesis, Yale University, May 1958 (typescript), pp. 51f.

[14] S. *The Musical Times,* August 1954, pp. 428–430.

tene Musik von einer Kopie einer Palestrina-Messe und einer von Jachet de Mantua bis zu Kompositionen aus dem Anfang des 19. Jahrhunderts reicht, ist der weitaus größte und musikalisch bedeutendste Teil die Musik Thüringer Komponisten des 17. und 18. Jahrhunderts, von denen die meisten Organisten des 18. Jahrhunderts waren. Die Sammlung Rinck ist demnach eine zwar umfassende, jedoch örtlich begrenzte Bibliothek.

Leider sah ich mich gezwungen, zwei wichtige Manuskripte der Sammlung Rinck auszulassen, nämlich die zwei Klavierbücher, die aus dem Besitz des Erfurter Schullehrers und „guten Tenoristen" Johann Günther Bach (1703–1756) stammen. Ich hatte mir für den Abschluß meiner Arbeit an dem hier vorgelegten Katalog eine Zeitgrenze gesetzt, die durch eine notwendige neue Reise zur Yale University nicht hätte eingehalten werden können. Auch aus anderen noch zu erörternden Gründen schien es ratsam, das Studium dieser zwei Manuskripte auf eine spätere Zeit zu verschieben. Walter Emery hat das erste dieser zwei Manuskripte (LM 4983), welches sich aus Klavierwerken von Buxtehude, Johann Caspar Ferdinand Fischer, Pachelbel, Andreas Nicolaus Vetter, Buttstedt und aus vielen anonymen Stücken sowie aus Bachs zwei- und dreistimmigen Inventionen (bis auf Nr. 14 in B-dur) zusammensetzt, bereits kurz beschrieben[14]. Da der Schreiber Bach „Capell. Maestro Lipsiae" nennt und die Inventionen in der Reihenfolge des Bachschen Autographs aus dem Jahre 1723 kopierte, muß das Manuskript nach 1723 geschrieben worden sein. Vor den Seiten (14–45), auf denen die Inventionen eingetragen sind, stehen zwei recht einfache Choralbearbeitungen des verdeutschten Agnus Dei, „O Lamm Gottes unschuldig", die „Giovan. Sebastin Bach" zugeschrieben sind. Diese zwei Choralbearbeitungen finden sich nicht in Schmieders Bach-Werke-Verzeichnis. Auch hatte ich selber nach erster Einsichtnahme starke Zweifel an der Zuschreibung an J. S. Bach; genug der Gründe, das Studium des Manuskripts hinauszuschieben.

Das andere Manuskript aus dem Besitz

[14] S. The Musical Times, August 1954, S. 428–430.

their composers Georg Caspar Wecker, Friedrich Wilhelm Zachau, Johann Pachelbel, Johann Krieger Jr., Heinrich Buttstädt [sic] as well as Bach who is represented by the Prelude and Fugue in A minor (BWV 895), one of those clavier compositions of which Bach's authorship has been questioned. This manuscript also includes written excerpts from Andreas Werckmeister's "Kürtzer Unterricht, wie man ein Clavier stim̃en und wohl temperiren könne."

The significance of these two manuscripts with which I hope to deal in the near future, does not seem to lie so much in the Bach compositions they include but in the unusual fact that a member of the wide-ranging Bach family copied compositions of the Leipzig master. Because of lack of comparative material I could not ascertain whether the handwriting is that of Johann Günther Bach or whether he inherited the two manuscripts from his father, the Erfurt and later Gehren cantor Johann Christoph Bach (1673–1727). Should the latter be the writer, the two manuscripts must have been written between 1723 and 1727 and thus belong to the earliest American-owned copies made by others of compositions by Johann Sebastian Bach.

Six years after Rinck's death, his entire library was purchased (on June 18, 1852) in Darmstadt for 500 florins by New England's renowned reformer of church music and pioneer of music in the public schools, Lowell Mason (1792–1872).[15] In 1873 his vast collection, amounting to 8,000 to 10,300 items of manuscripts and printed music, including Rinck's library, was presented to Yale University by Mason's widow and sons.[16] The Mason Collection is now an important component of the Music Library at Yale University, New Haven, Conn. Walther's copy of

[15] As pioneer of music instruction in the Boston public schools, Mason established music as an integral part of public school education. He also reformed American church music along Viennese Classical lines and was himself a prolific composer of hymn tunes and anthems. Mason was president and music director of the Boston *Handel and Haydn Society* (1827–32) and established the *Boston Academy of Music* in 1833. In 1855 New York University gave Mason one of the first honorary Doctor of Music degrees in America.

[16] Cf. the letter of Lowell Mason Jr. to the President and Fellows of the Yale Corporation, dated March 15, 1873.

Johann Günther Bachs besteht aus kürzeren Klavierstücken, die nach Tonarten gruppiert sind und die Namen folgender Komponisten anführen: Georg Caspar Wecker, Friedrich Wilhelm Zachau, Johann Pachelbel, Johann Krieger (der Jüngere), Heinrich Buttstädt [sic] wie auch Bach. Bach ist mit Präludium und Fuge in a-moll (BWV 895) vertreten, einem Klavierwerk, dessen Echtheit allerdings angezweifelt ist. Dieses Manuskript enthält auch abgeschriebene Auszüge aus Andreas Werckmeisters „Kürtzer Unterricht, wie man ein Clavier stim̄en und wohl temperiren könne".

Die Bedeutung dieser beiden Klavierbücher, die ich bald erneut unter die Lupe zu nehmen hoffe, scheint mir weniger in dem Quellenwert der kopierten Kompositionen Bachs zu liegen, als in der ungewöhnlichen Tatsache, daß hier ein Mitglied der Thüringer Bach-Familie Klavierwerke seines Leipziger Verwandten abgeschrieben hat. Da mir in den Vereinigten Staaten kein Vergleichsmaterial zur Verfügung stand, konnte ich nicht feststellen, ob die beiden Manuskripte von ihrem Besitzer Johann Günther Bach selbst geschrieben worden sind oder ob er sie vielleicht von seinem Vater Johann Christoph Bach (1673–1727), der Kantor in seiner Heimatstadt Erfurt und hernach in Gehren war, geerbt hatte. Sollte Johann Christoph der Schreiber sein, so müßten die beiden Manuskripte zwischen 1723 und 1727 entstanden sein. In diesem Falle würden sie zu den ältesten der jetzt in Amerika beheimateten Abschriften gehören, die Verehrer des Meisters von Kompositionen Johann Sebastian Bachs hergestellt haben.

Am 18. Juni 1852, nicht ganz sechs Jahre nach Rincks Tod, wurde seine gesamte musikalische Bibliothek in Darmstadt für 500 Florins von Lowell Mason (1792–1872)[15], dem bekannten Musiker und Musikerzieher

BWV 545 and 529/2 is catalogued as "LM 4718" and "Ma 21/ Y11/ B 12" (s. ill. 78).

In addition to Kittel (s. p. 241), the authors represented in Rinck's collection prove that Bach's pupils and, in turn, their pupils continued to choose the profession of organist; and that at a time when its prestige and remuneration were rapidly declining. By their faithful copying, teaching and playing they kept Bach's organ and clavier music alive. In Rinck's case we can further observe how his devotion to Bach's music prevented his own organ compositions from being too deeply affected by the anti-contrapuntal style of his time. The Rinck collection shows that at least in Thuringia Bach's organ and clavier music never died and that it is therefore historically incorrect to speak of their "revival" in the 19th century.

[15] Mason führte Musikunterricht in den öffentlichen Schulen in Boston ein, wodurch er Musik zu einem unerläßlichen Fach in der Schulerziehung machte. Er reformierte die amerikanische Kirchenmusik und komponierte selbst geistliche Lieder und Anthems. 1827–1832 war Mason Präsident und Musikdirektor der Handel and Haydn Society in Boston. Auch war er der Gründer der dortigen Musikakademie (1833). Als ihm die New York University 1855 den Ehrendoktor der Musik verlieh, war Mason einer der ersten, der eine solche Würde von einer amerikanischen Universität empfing.

aus New England, angekauft. Masons eigene, alle Gebiete der Musik umfassende Sammlung belief sich, einschließlich der Sammlung Rinck, auf 8000 bis 10300 kopierte und gedruckte Werke. Diese große Sammlung wurde 1873 von Masons Witwe und seinen Söhnen der Yale University geschenkt[16]. Die Mason Collection ist noch heute ein imposanter Bestandteil der Musikbibliothek der Yale University in New Haven, Connecticut. Walthers Abschrift von BWV 545 und 529/2 weist die Signatur "LM 4718" auf und ist auch als „Ma 21/Y 11/B 12" katalogisiert (s. Abb. 78).

Nicht nur Kittel (s. S. 241), sondern auch die anderen in der Sammlung Rinck repräsentierten Komponisten bezeugen, daß Bachs Schüler und wiederum deren Schüler dem Beruf des Organisten treu blieben, obwohl Prestige und Entlohnung dieses Amtes in ständig wachsendem Verfall begriffen waren. Durch ihre emsige Kopierarbeit, ihr Lehren und Spielen sorgten sie für das Weiterleben von Bachs Orgel- und Klaviermusik. Bei Rinck kann ferner beobachtet werden, daß seine Hingabe an Bachs Musik seine eigenen Kompositionen davor bewahrte, allzu sehr von dem kontrapunkt-feindlichen Stil seiner Zeit unterminiert zu werden. Ferner zeigt Rincks Sammlung, daß zumindest in Thüringen Bachs Orgel- und Klaviermusik nicht ausstarb und daß es darum historisch nicht begründet ist, von einer Renaissance dieser Musik im 19. Jahrhundert zu reden.

BWV 527 Triosonate Nr. 3, Fragment

Dieses Einzelblatt, dessen verso-Seite unbeschrieben ist, ist die letzte der zu Bachs Lebzeiten kopierten Orgelkompositionen, die ihren Weg in die USA gefunden haben. Das fast quadratische Blatt, das 21 cm hoch und 20,5 cm breit ist, enthält die Takte 91–112 des Anfangssatzes der Triosonate Nr. 3 in d-moll für Orgel, BWV 527. Dies sind die 22

[16] Laut dem am 15. März 1873 geschriebenen Brief von Lowell Mason Jr. an den Präsidenten und die Fellows (Mitglieder) der Yale Corporation, New Haven, Connecticut.

BWV 527 Trio Sonata No. 3, Fragment

This single leaf, the verso side of which is empty, represents the last one of the compositions for organ copied during Bach's lifetime that have found their home in the USA. The almost square leaf that is 21 cm high and 20.5 cm wide, contains mm. 91–112 of the opening movement of the 3rd Organ Trio Sonata in D minor, BWV 527. These are the 22 measures of the central portion of the movement that precede the "Da Capo" which is 48 measures long and printed in most editions of the Sonata but not written out in this manuscript.

Takte des Mittelteils, die dem „Da Capo" dieses Satzes vorausgehen. In den meisten Ausgaben wird das 48-taktige Da Capo allerdings ausgestochen.

Abb. 81 zeigt den beklagenswerten Zustand des Manuskripts. Dieser ist wohl z. T. der Tatsache zuzuschreiben, daß das Manuskript einst sowohl vertikal als auch horizontal gefaltet war, wodurch ein Loch in der Mitte des 5. Systems und Einrisse an beiden Seiten, desgleichen das winzige Loch genau im Mittelpunkt der Handschrift verursacht worden sind. Vielleicht wurde das Manuskript mit der Post geschickt; es scheint jedenfalls eine Zeitlang doppelt gefaltet aufbewahrt worden zu sein. Ferner ist das Blatt an allen vier Seiten beschnitten, mit dem Resultat, daß die meisten Violin- und Baßschlüssel nicht mehr zu sehen sind. Das doppelt angebrachte Vorzeichen ♭ für diesen Satz in d-moll, der nur ein ♭ verlangt, ist für Bach und seine Zeit recht typisch. Die zwei ♭ sind auf den Baßsystemen sichtbar, während das eine ♭ der Diskantsysteme nur auf dem 3. System klar zu sehen ist. Das Papier ist äußerst brüchig, stockfleckig und uneinheitlich verfärbt, doch im ganzen dunkelbraun. Die Farbe der Tinte ist schwarz. Wegen des gefährdeten Zustands des Papiers mußte die Suche nach dem Wasserzeichen eingestellt werden. Die 8 Systeme sind in 4 Akkoladen zu je 2 Systemen eingeteilt. Bei der zweiten und dritten meint man noch die Endschleifen der Akkoladenklammern erkennen zu können.

Wenn man sich die Zeit nimmt, sich auf die Handschrift selbst zu konzentrieren, die in der Baßstimme und auf der rechten Seite des Manuskripts durchaus klar geblieben ist, so entdeckt man eine reife professionelle Schrift, die den Satz anscheinend in großer Eile nur so hingeworfen hat. In der 3. Akkolade – aber nur dort – sind die Taktstriche nicht durchgezogen. Dies gibt den Eindruck, als sei der Baß vor den Oberstimmen eingetragen worden. Die Schrift ist der Bachs so ähnlich, daß andere Manuskripte desselben Schreibers von 1843 bis 1904 für autograph gehalten wurden und erst in den 1950er Jahren als Abschrift eines Kopisten aus Bachs Umkreis aus der Zeit um 1730 erkannt worden sind. Daß das vorliegende amerikanische Fragment auch für autograph

The reproduction (s. ill. 81) shows the deplorable condition of the leaf. This is partly due to the fact that it was once folded both vertically and horizontally, causing the hole in the middle of the 5th staff, tears at the left and right sides and a tiny hole in the exact center. The manuscript was apparently kept in this position or sent in its twice-folded letter size through the mail. The page has further been trimmed on all four sides with the result that most of the treble and bass clefs were cut off. The double flats notated for the one b-flat required for this movement in D minor are quite typical for Bach and his time. They are visible on the staves for the pedal while the single b-flat on the treble staves shows clearly only on staff 3. The paper is extremely brittle and very heavily foxed. It is unevenly discolored though mostly dark brown. The color of the ink is black. Because of the precarious condition of the paper the search for its watermark had to be abandoned. The 8 staves are bracketed naturally into four pairs on the 2nd and 3rd of which the end-flourishes of the braces can still be discerned.

If one takes the trouble to concentrate on the handwriting which is still perfectly clear in the bass part and on the right side of the manuscript, one discovers a mature professional hand that wrote the movement apparently in great hurry. In brace 3, but only there, the barlines are drawn separately as though the bass had been entered ahead of the treble voices. The handwriting resembles that of Bach to such an extent that other manuscripts by the same scribe have from 1843 to 1904 been considered autograph. Only in the 1950s has it been recognized as belonging to a copyist in Bach's circle of about 1730. That the American fragment was also regarded as autograph is attested by the later addition in the lower right corner: "Handschrift von / Johann Sebastian Bach." For a time this handwriting was known as that of copyist Anonymous 18. Again it was Hans-Joachim Schulze[1] who succeeded in identifying the writer as Bach's phenomenally gifted Weimar pupil Johann

[1] „Das Stück in Goldpapier" – Ermittlungen zu einigen Bach-Handschriften des frühen 18. Jahrhunderts, in : BJ 1978, S. 23ff.

gehalten wurde, bezeugt der spätere Eintrag in der rechten unteren Ecke: „Handschrift von/ Johann Sebastian Bach". Eine Zeitlang war die Handschrift als die des Kopisten Anonymus 18 bekannt. Wiederum gelang es Hans-Joachim Schulze[1], den Schreiber als Bachs hochtalentierten Weimarer Schüler Johann Caspar Vogler (1696–1763) zu identifizieren. Vier Jahre nach Bachs ungnädiger Entlassung wurde Vogler sein Nachfolger als Hoforganist in Weimar (1721) und 1735 Vizebürgermeister und zwei Jahre später Bürgermeister der Stadt. Gerbers Lexikon nennt ihn und Johann Ludwig Krebs die größten Orgelvirtuosen in Bachs Schülerkreis. Unter den 19 Werken für Tasteninstrumente von Bach, die in Kopien von Voglers Hand überliefert sind[2], enthält ein Manuskript mit sieben Kompositionen[3] wiederum den Anfangssatz von Bachs 3. Triosonate für Orgel. Das pastorale Andante war anscheinend eine von Voglers Lieblingskompositionen seines Meisters. Der Überschwang, mit dem Vogler die Custos-Zeichen und das Da Capo am Ende nur so hinschleuderte, zeigt, daß der Musiker Vogler nicht an Minderwertigkeitskomplexen litt.

Es wäre eine interessante Hypothese, dieses Einzelblatt für die letzte Seite der West-Berliner Kopie zu halten. Diese Annahme erweist sich aber als grundlos, da der Satz in dem West-Berliner Manuskript vollständig enthalten ist. Das Wasserzeichen dieses letzteren Manuskripts – MA, mittlere Form – läßt auf eine Entstehungszeit dieser Kopie um 1730 schließen. Sollte es eines Tages möglich sein, das Wasserzeichen des amerikanischen Fragments zu ermitteln, so würde es gleichfalls das Geheimnis seiner ungefähren Entstehungszeit enthüllen.

Provenienz

Über die Provenienz von Einzelblättern ist gewöhnlich nur wenig in Erfahrung zu bringen. In diesem Fall ist lediglich bekannt, daß das Manuskript ein Geschenk des Bethlehem

[1] "'Das Stück in Goldpapier' – Ermittlungen zu einigen Bach-Handschriften des frühen 18. Jahrhunderts," in: *BJ* 1978, pp. 23ff.

[2] *Ibid.*

[3] P 1089 in the SPK in West Berlin.

Caspar Vogler (1696–1763) who became Court Organist at Weimar in 1721, Vice Burgomaster in 1735 and Burgomaster at Weimar in 1737. According to Gerber's dictionary, the greatest organ virtuosos among Bach's disciples were Vogler and Johann Ludwig Krebs. Among the 19 keyboard compositions by Bach that survive in copies made by Vogler[2] one manuscript[3] of 7 pieces contains also the 1st movement of Bach's 3rd Organ Trio Sonata. This pastoral Andante was apparently a movement Vogler favored among the keyboard compositions of his Master. The gusto with which the custos signs and the "Da Capo" at the end are dashed off indicates that the musician Vogler did not suffer from an inferiority complex.

That this single leaf might be nothing else but the last page of the West Berlin copy is an intriguing thought which, however, proves to be without substance because the latter copy of the movement is complete. The watermark of the West Berlin manuscript – MA, medium size – places that copy into the time of about 1730. Should the American fragment some day reveal its watermark, it might then also disclose its approximate date of origin.

Provenance

Usually little is known about the provenance of a single leaf fragment. In this case we know no more than that the manuscript was given by the Bethlehem Bach Choir to its founder, Dr. John Frederick Wolle (1863 to 1933). After Wolle's death his daughter presented the manuscript to Lehigh University in Bethlehem, Pennsylvania, in the library of which it has found its permanent home.

[2] Ebda.

[3] P 1089 in der SPK in Berlin (West).

Bach Choir an seinen Gründer Dr. John Frederick Wolle (1863–1933) war. Nach Wolles Tod vermachte dessen Tochter das Manuskript der Lehigh University in Bethlehem, Pennsylvania, in deren Bibliothek es seine ständige Heimat gefunden hat.

BWV 892/2 H-dur-Fuge aus dem 2. Teil des Wohltemperierten Klaviers[1], früheste bekannte Abschrift

Diese Abschrift, die ihren Aufbewahrungsort in der Newberry Library in Chicago gefunden hat, ist über 40 Jahre früher entstanden als die für Baron van Swieten hergestellte Kopie der 24 Fugen des WtK II (Berea-Manuskript: s. S. 250 ff.). Bis 1880 wurde die Abschrift für autograph gehalten; 1950 wurde sie durch Richard S. Hill[2] als eine frühe Abschrift von Bachs Autograph identifiziert, welches sich in dem Holograph des nahezu vollständigen 2. Teils des WtK, einem der kostbarsten Musikmanuskripte der British Library in London, befindet[3]. Die vorliegende Abschrift der H-dur-Fuge gehörte einst zu zwei wichtigen Manuskripten, die ursprünglich eine einzige Quelle gewesen waren. Die eine Hälfte befand sich 1866 zur Zeit der BG-Ausgabe in Berliner Privatbesitz und wurde von Franz Kroll[4], dem Herausgeber des Werkes, für autograph gehalten. Diese Hälfte befindet sich heute in der Staatsbibliothek Preußischer Kulturbesitz in Berlin (West)[5]. Das andere, die West-Berli-

[1] Fortan abgekürzt WtK II.

[2] A Mistempered Bach Manuskript, in: Notes VII, Juni 1950, S. 377–386.

[3] Die Ankündigung der Faksimile-Ausgabe der British Library mit Vorwort von Don Franklin und Stephen Daw (1980) sei hier in gekürzter Form frei übersetzt: „Dieses Manuskript aus dem Nachlaß des italienischen Komponisten Muzio Clementi [1752–1832] wurde 1896 von Eliza Wesley, der Tochter Samuel Wesleys [1766–1837], des bekannten Wegbereiters der englischen Bach-Renaissance, dem British Museum vermacht. Die Reinschrift enthält 21 der 24 Präludien und Fugen [die in cis- und f-moll und D-dur fehlen] . . . Mit Ausnahme der von Anna Magdalena Bach kopierten Präludien und Fugen in c- und d-moll sowie E- und G-dur und einem Bruchstück des F-dur-Präludiums sind alle übrigen Werke in J. S. Bachs Handschrift, darunter auch das Präludium und die Fuge in H-dur (BWV 892)." Das Manuskript trägt die Bibliotheksnummer „Add MS 35021".

[4] Vgl. BG 14 (1866), S. XVIII.

[5] Mus. ms. Bach P 416.

BWV 892/2 B major Fugue from Book II of the Well-Tempered Clavier,[1] Earliest Extant Copy

This copy of the B major Fugue which is housed at the Newberry Library in Chicago, antedates the copy of the 24 Fugues from Bach's WTC II – i.e. the Berea manuscript (s. pp. 250 ff.) – by over forty years. The Chicago manuscript was considered autograph until 1880 and only in 1950 revealed by Richard S. Hill[2] as an early copy of the true autograph. The latter is contained in the holograph of Book II of the WTC, one of the most precious music manuscripts in the possession of the British Library in London.[3] The Chicago copy belonged originally to one of two vitally important manuscripts which had at one time been one single source. One half of it was at the time of the BG edition (1866) in private hands in Berlin and was used and considered autograph by its editor Franz Kroll.[4] This half is now in the Staatsbibliothek Preußischer Kulturbesitz in West Berlin.[5] The other corresponding half was discovered ten years after the BG edition

[1] Henceforth abbreviated: WTC II.

[2] "A Mistempered Bach Manuscript," in: *Notes* VII, June 1950, pp. 377–386.

[3] The history and contents of this manuscript are so concisely summarized in the announcement of the facsimile edition of the British Library, with an Introduction by Don Franklin and Stephen Daw (1980), that I quote it in abbreviated form: "This manuscript from the estate of the Italian composer Muzio Clementi [1752–1832] was in 1896 bequeathed to the British Museum by Eliza Wesley, daughter of Samuel Wesley [1766–1837], who pioneered the Bach renaissance in England. The fair copy includes 21 of the 24 preludes and fugues [those in C-sharp and F minor and in D major are missing] . . . With the exception of four pairs (C and D minor, and E and G major) and a part of the F major prelude which were copied by . . . Anna Magdalena, all of the works are in Bach's own hand [the prelude and fugue in B major among them]." The catalogue number in the British Library is "Add MS 35021."

[4] Cf. BG 14 (1866), p. XVIII.

[5] Mus. ms. Bach P 416.

ner Handschrift ergänzende Manuskript, wurde erst zehn Jahre nach der BG-Ausgabe von Moritz Fürstenau (1824–1889), dem Kurator der Königlichen Musikaliensammlung in Dresden, entdeckt. Doch hat die Dresdner Handschrift den 2. Weltkrieg nicht überlebt. Spitta[6] nahm nicht nur wahr, daß diese zwei Handschriften zusammengenommen ein nahezu vollständiges Manuskript des WtK II ergaben, sondern erkannte auch, daß sie nicht von Bachs Hand stammten. Auch bemerkte er das Fehlen von zwei Kompositionen, darunter die H-dur-Fuge. Die Tatsache, daß die Chicagoer Abschrift der H-dur-Fuge eine dieser beiden Lücken füllt, ist allerdings noch kein konkreter Beweis, daß es sich bei ihr wirklich um die fehlende Kopie handelt. Der Beweis ergibt sich erst aus einer Überprüfung des Papiers, des Wasserzeichens, der Rastrierung sowie der Schriftzüge des Kopisten.

Die Chicagoer Kopie besteht aus einem einzelnen Bogen, der im Laufe der Zeit in 2 Blätter auseinandergefallen ist. Das besonders gut erhaltene Manuskript ist im üblichen Folioformat geschrieben und mißt 33–33,5 x 21 cm (im Vergleich zu dem Durchschnittsmaß von 32,8 x 21 cm des West-Berliner Manuskripts). Das Papier hat heute eine gleichmäßig hellbraune Farbe angenommen. Der innere Rand beider Blätter scheint nach der Trennung beschnitten worden zu sein (s. Abb. 82). Die übrigen 3 Ränder sind nur in geringem Maße ausgefranst. Die Tintenfarbe der Noten ist schwarzbraun, während die der Überschrift „Fuga à 4." heller ist. Die Niederschrift der Fuge erstreckt sich über 3 Seiten (von Bl. 1^v bis 2^v in 7 + 7 + 6 Akkoladen zu je 2 Systemen). Alle 4 Seiten sind mit 14 Systemen rastriert, selbst die 1. Seite, die keine Musik enthält, aber folgende Aufschrift aufweist[7]: „Autograph Johann Sebastian Bachs / Fuge aus dem wohltemperirten Clavier aus dem Nachlaß / der Lieblingsschülerinn Friedemann Bachs, der Madame / Sarah Levy geb. Itzig zu Berlin, Justus Amadeus Lecerf." (s. Abb. 83).

by Moritz Fürstenau (1824–1889), the curator of the Royal Music Collection in Dresden. The Dresden manuscript, however, did not survive World War II. Spitta[6] who pointed out that these two groups of manuscripts constituted an almost complete set of Bach's WTC II, was also the first one to recognize that they were not autograph. He also noted the absence of two compositions, one of them the B major Fugue. That the Chicago copy fills, with one remaining exception, a gap left in the West Berlin and Dresden manuscripts does not yet constitute concrete evidence that it is indeed the missing link. This proof is furnished by the uniformity of size and watermark, even the lining of the paper and by the identity of the handwriting of the manuscripts in question.

The Chicago copy consists of 1 folio which in the course of time has separated into 2 leaves. The manuscript in high folio format is in excellent condition and measures 33–33.5 x 21 cm (as compared to the nearly identical 32.8 x 21 cm average size of the West-Berlin manuscript). The paper has turned a very even light brown color. The inner edge of each leaf, that is, the former fold of the folio, appears to have been neatly trimmed (s. ill. 82). The other 3 edges are slightly frayed. The color of the ink is a dark black-brown except for the lighter color of the heading "Fuga à 4." The music is written on 3 pages (on 7 + 7 + 6 double-staff brackets) beginning on leaf 1^v and extending to the next-to-the-last brace of the 3rd page (2^v). All 4 pages are lined with 14 staves including the first page (1^r) which is free of music but bears the following inscription:[7] "Autograph Johann Sebastian Bachs / Fuge aus dem wohltemperirten Clavier aus dem Nachlaß / der Lieblingsschülerinn Friedemann Bachs, der Madame / Sarah Levy geb. Itzig zu Berlin, Justus Amadeus Lecerf." (Autograph Johann Sebastian Bach's / Fugue of the Well-Tempered Clavier from the estate / of Friedemann Bach's favorite pupil, Madame / Sarah Levy, née Itzig of Berlin, Justus Amadeus Lecerf; s. ill. 83.).

[6] Spitta D, II, S. 663, Anm. 124.

[7] Zwischen den Notensystemen 4 und 5, 5 und 6 und (2 Textzeilen) zwischen 6 und 7.

[6] Spitta D, II, p. 663, fn. 124.

[7] Beneath staves 4 and 5, 5 and 6 and 6 and 7 (two lines of text between the latter).

Nach dem, was in der Einleitung schon gesagt wurde, sollte es nicht überraschen, daß auch dieses Manuskript einst im Besitz von Bachs ältestem Sohn gewesen zu sein scheint. Wilhelm Friedemann schenkte es anscheinend in seinen Berliner Jahren (1774–1784) der hochbegabten Berliner Cembalistin Sarah Levy (1761–1854), die Felix Mendelssohns Großtante war. Die obige Aufschrift ist von dem nicht besonders vertrauenswürdigen Sammler Wilhelm Friedemann Bachscher Kompositionen, Justus Amadeus Lecerf[8], geschrieben sowie unterschrieben. Unten auf dieser ersten Seite sind Standort und Nummer des Manuskripts in der Newberry Library in Chicago vermerkt: „Case MS 6A 72" und „D 26809".

Bei dem Wasserzeichen, das nur zum Teil und recht undeutlich auf dem 1. Blatt sichtbar ist, handelt es sich um den gekrönten „Doppeladler", der auch das Papier der West-Berliner Handschrift auszeichnet[9]. Ein leicht übersehbares doch wichtiges Merkmal teilt die H-dur-Fuge mit dem ihr vorausgehenden H-dur-Präludium, das sich in der West-Berliner Handschrift befindet. In beiden geographisch heute so weit voneinander entfernten Manuskripten liegen die 2 oberen Linien der Notensysteme näher beieinander als die übrigen 3 Linien[10]. So klein diese Übereinstimmung auch sein mag, so besagt sie doch, daß der Kopist die Notensysteme des Präludiums und der Fuge mit demselben nicht ganz korrekt eingestellten Rastral gezogen hat. Diese Eigentümlichkeit sowie die identischen Formen der Custos-Zeichen, der Doppelkreuze, der Viertelpausen, der langen Fähnchen der Achtelnoten etc. bestätigen, daß die Chicagoer Fuge eindeutig zu dem West-Berliner/Dresdner Manuskript gehört. Hills Artikel und vor allem die jüngsten Untersuchungen von Don Franklin, die in der Faksimile-Ausgabe von Bachs Holograph des WtK II der British Library[11] kulminierten, beweisen ferner, daß die West-Berliner sowie die Chicagoer Handschrift

After all that has been said, mainly in the introduction, it should not come as a surprise that this manuscript too seems once to have belonged to Bach's oldest son. Wilhelm Friedemann appears to have presented it to the highly gifted harpsichordist Sarah Levy (1761–1854), Felix Mendelssohn's great-aunt, during his final stay in Berlin from 1774–1784. The inscription is written and signed by the not always reliable collector of Wilhelm Friedemann Bach compositions, Justus Amadeus Lecerf.[8] The page shows at the bottom the location and number in its present home, the Newberry Library in Chicago: "Case MS 6A 72" and "D 26809."

The watermark of the paper, vaguely and only partially visible, on the first leaf, is that of the crowned "Double Eagle"[9] which also characterizes the paper of the West-Berlin manuscript. An idiosyncrasy is common to the Chicago Fugue and its sister folio with the B major Prelude in West Berlin. In both manuscripts the staves show their 2 upper lines closer together than the remaining 3 lines (s. ill. 82) which indicates that the copyist drew them with the same slightly unevenly adjusted staff-liner.[10] This, along with the identical shapes of the custos signs, double sharps, quarter-note rests, the long flags of the eighth-notes, etc. gives the final assurance needed to certify the Chicago Fugue as a former part of the West-Berlin/ Dresden manuscript. It is further evident from Hill's article and particularly from the subsequent investigations of Don Franklin which have culminated in the facsimile edition of the autograph manuscript of Bach's WTC II in the British Library[11] that the West-Berlin manuscript, including the Chicago Fugue, constitutes not only an exact but also the earliest copy made from Bach's holograph. Together with the latter it preserves the earliest versions of many of the preludes and fugues rather than revisions that later copies reveal. For these and other reasons Franklin is able to date the West-

[8] Martin Falck, Wilhelm Friedemann Bach, Lindau/Bodensee 1913, Neudruck 1956, S. 88.

[9] Dieses Wasserzeichen befindet sich nur in 4 genau datierbaren Bach-Manuskripten, die von April 1731 bis August 1742 reichen. Vgl. Dürr 1976, S. 142.

[10] Vgl. Hill, a. a. O., S. 385.

[11] S. o. Anm. 3.

[8] Cf. Martin Falck, *Wilhelm Friedemann Bach*, Lindau/ Bodensee 1913, reprint 1956, p. 88.

[9] This watermark is found in only four datable Bach manuscripts, from April 1731 to August 1742. Cf. Dürr 1976, p. 142.

[10] Cf. Hill, *op. cit.*, p. 385.

[11] S. a., fn. 3.

nicht nur genau übereinstimmen, sondern auch die frühesten Abschriften des Bachschen Holographs darstellen. Zusammen mit dem Londoner Holograph überliefern sie Frühfassungen dieser Präludien und Fugen und nicht die Revisionen, die man in späteren Abschriften findet. Aus diesen und anderen Gründen konnte Franklin die Entstehungszeit der West-Berliner Handschrift und damit auch des Chicagoer Manuskripts zwischen 1738 und 1741 datieren. Allerdings bleibt die Frage offen, wann die H-dur-Fuge aus dieser ältesten überlieferten Abschrift des WtK II herausgelöst worden ist; ob zwischen 1774 und 1784, als Wilhelm Friedemann Bach sie Sarah Levy geschenkt zu haben scheint, oder schon früher.

Der Schreiber, als welcher von 1957 bis jüngst von Dadelsens und Kasts[12] Kopist Anonymus 12, d. h. Dürrs Anonymus Vr[13] galt, nämlich der Schreiber des sogenannten Sterbechorals Bachs (BWV 668), muß zur Zeit als unbekannt bezeichnet werden. Er dürfte wohl im Umkreis von Bachs Vetter Johann Elias, der Johann Sebastian Bach von 1737–1742 getreulich als Famulus und Sekretär diente (s. S. 154 ff.), zu suchen sein. Gern würde man in Johann Elias Bach selbst den Kopisten sehen, wenn das Manuskript nicht einige zu mechanische und grobe Kopierfehler enthielte, die dem späteren Schweinfurter Kantor doch wohl kaum unterlaufen wären.

Resümee der Provenienz

Sehr wahrscheinlich gelangte das Manuskript aus Wilhelm Friedemann Bachs Besitz im letzten Jahrzehnt seines Lebens (1774 bis 1784) in die Hände seiner „Lieblingsschülerin" Sarah Levy, die es bis zu ihrem Tode im hohen Alter von 93 Jahren im Jahre 1854 behielt. Der nächste Besitzer ist offenbar der Berliner und Dresdner Komponist Justus Amadeus Lecerf (1789–1868), der Schreiber der ungültigen Echtheitsbestätigung (s. Abb. 83). 16 Jahre nach seinem Tode wurde

[12] Georg von Dadelsen, Bemerkungen zur Handschrift Johann Sebastian Bachs, seiner Familie und seines Kreises = Tübinger Bach-Studien, Heft 1, Trossingen 1957, S. 16, sowie Paul Kast, Die Bach-Handschriften der Berliner Staatsbibliothek = Tübinger Bach-Studien, Heft 2/3, Trossingen 1958, S. 29.

[13] S. Dürr 1976, S. 155.

Berlin and thus also the Chicago manuscript more precisely as between 1738 and 1741. The question remains whether the B major Fugue was separated from this first extant copy of the WTC II at the time Wilhelm Friedemann appears to have given it to Sarah Levy or even earlier.

The identity of the scribe who from 1957 until recently was thought to be copyist Anonymous 12,[12] that is, Dürr's Anonymous Vr,[13] the one to whom Bach is supposed to have dictated the organ chorale BWV 668 on his deathbed, is at present not known. He may some day be identified as belonging to the circle of Bach's cousin Johann Elias Bach who was Johann Sebastian's famulus and secretary from 1737 to 1742 (s. pp. 154 ff.). One might even think of Johann Elias himself if it were not for some all too mechanical and crude mistakes which the later Schweinfurth cantor would hardly have made in the process of copying.

Résumé of Provenance

The manuscript passed in all probability from Wilhelm Friedemann Bach during the last decade of his life (1774–84) into the hands of his "favorite pupil" Sarah Levy who appears to have kept it until her death at the high age of 93 in 1854. The next owner was obviously the Berlin and Dresden composer Justus Amadeus Lecerf (1789–1868), who wrote and signed the above-cited inscription (s. ill. 83) in which he attributed the handwriting of the manuscript to J. S. Bach. 16 years after Lecerf's death the manuscript was advertized as a J. S. Bach autograph under the number 3417 at the auction of the collection of autographs of the late Karl Constantin Kraukling who had been the librarian and director of the Royal Historical Museum in Dresden.[14] It is not known who

[12] S. Georg von Dadelsen, "Bemerkungen zur Handschrift Johann Sebastian Bachs, seiner Familie und seines Kreises," *Tübinger Bach-Studien*, Heft 1, Trossingen 1957, p. 16. Also: Paul Kast, "Die Bach-Handschriften der Berliner Staatsbibliothek," *Tübinger Bach-Studien*, Heft 2/3, Trossingen 1958, p. 29.

[13] S. Dürr 1976, p. 155.

[14] Dr. Hans-Joachim Schulze gave me the above and the following information which fills at least to some extent a gap that otherwise would have stretched from 1868 to 1932. I would like to thank him again for sending me a

die Handschrift im „Katalog der nachgelassenen Autographen-Sammlung des Königl. Bibliothekars und Direktors des kgl. historischen Museums Herrn Karl Constantin Kraukling in Dresden" (1884) unter der Nummer 3417 als autograph angezeigt[14]. Wer ihr Käufer war, ist nicht bekannt. Da die Versteigerung bei H. Lempertz' Söhne in Köln stattfand und die Handschrift am 21. November 1932 auf der Herbst-Auktion von Max Pinettes Lengfeld'scher Buchhandlung in Köln wiederauftauchte, mag es ein rheinischer oder gar Kölner Sammler gewesen sein. Bei der Lengfeld'schen Versteigerung wurde das Manuskript von einem Herrn Baer, der die Rolle eines durch Brief und Telegramm informierten Agenten spielte, für den heutigen Besitzer, die Newberry Library in Chicago, Illinois, zum Preise von RM 4000,— erworben[15].

bought the manuscript. Since the auction was held in early December 1884 at *H. Lempertz' Söhne* in Cologne and the manuscript resurfaced on November 21, 1932 at the autumn auction of Max Pinette's *Lengfeld'sche Buchhandlung* likewise in Cologne, the unknown owner of Bach's fugue between 1884 and 1932 may well have been a Rhenish or Cologne collector. At the Lengfeld sale the copy of Bach's B major Fugue from WTC II was purchased for the price of RM 4,000.— by a Mr. Baer who, instructed by letter and cable, acted as agent for its present owner, the Newberry Library in Chicago.[15]

BWV 846–869 Das Wohltemperierte Klavier, 1. Teil, fünf Präludien und sechs Fugen in einer 1747 begonnenen Abschrift

Das Titelblatt dieses Manuskripts lautet: „Unterschiedliche / Fugen / und / Praeludia / di / Joh: Sebast: Bach / Scrips: / Joh: Ernst Heinr: / Rein. / aõ: 1747." Die Signaturen „4844" (rechts oben) und „Ma21 / Y11 / B12" (links unten) sind später hinzugefügt worden, als die Handschrift in den Besitz der Yale University kam. Im Gegensatz zu Johann Gottfried Walthers Manuskript, das aus derselben Sammlung Rinck stammt[1], hat der Schreiber der hier zu diskutierenden Handschrift Namen und Datum angegeben (s. Abb. 84). Der Kopist Rein ist jedoch außer diesem und noch drei weiteren Manuskripten in der Rinckschen Sammlung völlig unbekannt. Jede dieser vier überliefer-

BWV 846–869 The Well-Tempered Clavier, Book I, Copy of five Preludes and six Fugues, begun in 1747

The title page of this manuscript reads: "Unterschiedliche / Fugen / und / Praeludia / di / Joh: Sebast: Bach / Scrips: / Joh: Ernst Heinr: / Rein. / aõ: 1747." The catalogue number "4844" (at top right) and "Ma21 / Y11 / B12" (at bottom left) were added later when the manuscript came into the possession of Yale University. In contrast to the Walther manuscript that stems from the same Rinck collection, this copy is signed and dated (s. ill. 84). But the copyist Rein is, except for this manuscript and three others in the Rinck collection,[1] totally unknown. His copies are usually composite collections of a great number of pieces written by as many as twelve different composers.[2] The dates 1745 and 1747 and the composers represented in these four manuscripts, combine to point toward a lifespan of

[14] Die Lücke von 1868 bis 1932 wurde durch die obige und die ihr folgende Information, die Dr. Hans-Joachim Schulze mir freundlicherweise zukommen ließ, wesentlich gefüllt. Für die Übersendung eines Vorabdrucks seines im BJ 1981 erschienenen Artikels „‚Sebastian Bachs Choral-Buch' in Rochester, NY?" möchte ich ihm hier nochmals bestens danken.

[15] Laut freundlicher Mitteilung von Diana Haskell, Curator of Modern Manuscripts an der Newberry Library.

[1] Für ausführlichere Angaben über die Sammlung Rinck s. S. 208 ff.

preprint of his article "'Sebastian Bachs Choral-Buch' in Rochester, NY?" which appeared in *BJ* 1981.

[15] I owe this information to a friendly communication by Diana Haskell, Curator of Modern Manuscripts at the Newberry Library.

[1] For details about the Rinck collection, s. pp. 207 ff.

[2] LM 4704 which was begun in 1745. S. fn. 11 below.

ten Handschriften enthält eine stattliche Anzahl von Stücken verschiedener Komponisten[2]. Die Daten 1745 und 1747 sowie die in diesen vier Manuskripten vertretenen Komponisten lassen einen Schluß auf Reins Lebenszeit zu, die etwa mit der von Wilhelm Friedemann und Carl Philipp Emanuel Bach zusammenfallen dürfte. Das Wasserzeichen des hier zu beschreibenden Manuskripts, das ein Monogramm „JMS" und ein „A" mit Dreipaß aufweist, ist das hinlänglich bekannte Wasserzeichen der Papiermühle Arnstadt. Will man die Identität des Schreibers Rein ergründen, so wird man also in Thüringen oder, genauer, in oder in der Nähe von Arnstadt Nachforschungen anstellen müssen.

Auf dem Titelblatt (s. Abb. 84) ist die Tinte stark durchgeschlagen, so daß man das Spiegelbild des Präludiums der verso-Seite beinahe lesen kann. Im ganzen ist das Manuskript jedoch erstaunlich gut erhalten. Im üblichen Hochformat geschrieben, mißt es 32 x 20 cm. Die Farbe des Papiers ist ein etwas nachgedunkeltes Weiß. Die Tintenfarbe wechselt auf den 21 mit Musik beschriebenen Seiten zwischen schwarz, schwarzbraun und grau. Die Handschrift setzt sich aus 26 Seiten (13 Blättern) zusammen, von denen 13^v leer und 6^v, 7^r und 12^r rastriert, aber sonst leer sind. Die in drei Lagen geordneten sieben Bogen sind mit Fäden zusammengenäht. Dem siebten Bogen fehlt das letzte Blatt. Das Manuskript befindet sich in einem rosafarbenen, mit Papier beklebten Umschlag. Später hinzugefügt, trägt er folgenden von Rinck geschriebenen Titel: „Prael. et[?] Fugen / di / Seb. Bach."

Rein scheint die „Unterschiedlichen Fugen und Praeludia" in wahlloser Reihenfolge aus dem 1. Teil des Wohltemperierten Klaviers kopiert zu haben. Der Inhalt des Reinschen Manuskripts kann aus folgender Tabelle ersehen werden:

Rein similar to those of Wilhelm Friedemann and Carl Philipp Emanuel Bach. Since the watermark of Rein's manuscript under discussion shows the well-known monogram "JMS" as well as an "A" (its crossbar in the shape of a *v* or inverted *v*) both symbols of the papermill at Arnstadt, one will have to look for information about Rein in Thuringia, if not specifically in or near Arnstadt.

Although ink has bled through onto the title page (s. ill. 84) so that one can almost read the mirror picture of the prelude on the verso side, the manuscript as a whole is still in excellent condition. Written in folio format, it measures 32 x 20 cm. The color of the paper is off-white while the color of the ink on the 21 pages covered with music, varies from black to brown-black and gray. The manuscript consists of 26 pages or 13 leaves of which 13^v is blank while 6^v, 7^r and 12^r are ruled but otherwise empty. The 7 folios consist of three gatherings that are sewn together. The last leaf of the 7th folio is missing. The manuscript is enclosed in a pink wrapper faced with paper which was added later and which bears the following inscription in Rinck's handwriting: "Prael. et[?] Fugen / di / Seb. Bach."

The "various Fugues and Praeludia" seem to have been copied in no discernible order from Book I of Bach's Well-tempered Clavier. The contents of Rein's manuscript follow in chart form:

[2] Die 1745 begonnene Handschrift LM 4704 besteht aus Kompositionen von 12 Komponisten. s. Fn. 11.

Blatt/Leaf	Inhalt/Contents	BWV
1^r	Titelblatt (s. Abb. 84)/Title Page (s. ill. 84)	
1^v	1. Präludium in C-dur (s. Abb. 85)/Prelude No. 1 in C major (s. ill. 85)	846/1
2^r	1. Fuge in C-dur/Fugue No. 1 in C major	846/2
2^v	19. Präludium in A-dur und Anfang der 2. Fuge in c-moll/ Prelude No. 19 in A major and beginning of Fugue No. 2 in C minor	864/1 847/2
3^r	Ende der 2. Fuge in c-moll/Fugue No. 2 in C minor, completed	847/2
3^v	10. Fuge in e-moll/Fugue No. 10 in E minor	855/2
4^r	14. Präludium in fis-moll/Prelude No. 14 in F-sharp minor	859/1
4^v	9. Präludium in E-dur/Prelude No. 9 in E major	854/1
5^r	11. Fuge in F-dur/Fugue No. 11 in F major	856/2
5^v 6^r	15. Fuge in G-dur (unvollständig). Vorhanden sind 63 Takte der 86 Takte umfassenden Fuge, doch sind die Schlüssel in die vier unteren leeren Doppelsysteme auf Bl. 6^r eingetragen./Fugue No. 15 in G major (incomplete). Extant: 63 out of 86 measures, but the clefs are written into the 4 empty double staves on 6^r.	860/2
6^v	Rastriert, jedoch unbeschrieben/Ruled but empty	
7^r	Rastriert, jedoch unbeschrieben/Ruled but empty	
7^v	Titelloses Fragment in lombardischem Rhythmus (nicht von J. S. Bach)/Untitled fragment in Lombard rhythm (not by J. S. Bach)	
8^r	„Alla Pollaca" [sic] „di Bach/Joh: C: Bach/in Londen" [sic][3]	
8^v	16. Fuge in g-moll/Fugue No. 16 in G minor	861/2
9^r	Ende der g-moll-Fuge (obere Akkolade) und 21. Präludium in B-dur/ End of G minor Fugue (on 1st bracket) and Prelude No. 21 in B-flat major	861/2 866/1
9^v 10^r 10^v	„Applicato [sic] der Finger / TAB. I / Carlo Philip Emanu[el][4] / Bach" (= Tabelle I, II und V aus C. Ph. E. Bachs „Versuch"[5])/(Application of fingering, Tables I, II and V, from C. P. E. Bach's *Versuch*[5])	

[3] Die Überschrift schreibt die „Alla Polacca" Johann Christian Bach zu, obgleich sie eine Komposition Carl Philipp Emanuel Bachs ist. S. Alfred Wotquennes „Thematisches Verzeichnis der Werke von Carl Philipp Emanuel Bach", Leipzig etc. 1905, wo das Stück in Nr. 116, einer „Sammlung von Menuetten, Polonoisen und anderen Handstücken fürs Clavier . . .", als Nr. 6 und richtig buchstabiert als „Pollaca" angeführt ist. Die Abschrift in dem hier diskutierten Manuskript stammt nicht von Reins Hand. Da Johann Christian Bach sich erst 1762 in London niederließ und Carl Philipp Emanuel Bachs „Polacca" Potsdam 1766 datiert ist, kann die Kopie dieses kleinen D-dur-Stücks nur nach 1766 geschrieben worden sein. Obgleich dies darauf hindeutet, daß die nicht von Rein geschriebenen Kompositionen später in das Manuskript eingetragen worden sind, zeigen die von Rein geschriebenen Präludien und Fugen Bachs keine Unterschiede in der Schreibweise, die auf spätere Niederschrift schließen lassen.

[4] Die letzten Buchstaben sind durch eine abgerissene Ecke dieser Seite getilgt worden.

[5] Fig. 1–39 = Tabelle I (Skalentafel) in Carl Philipp Emanuel Bachs „Versuch über die wahre Art das Clavier zu spielen"; Fig. 40–42 gehören zu Tabelle II. Die darauf folgenden Fig. 1–14 stellen sämtliche Figuren der Tabelle V dar, welche in der 5. Ausgabe (Berlin 1856) fehlt, die aber denen des 3. Kapitels der englischen Ausgabe (New York 1949, Fig. 166–179, S. 154–164) entspricht. Im

[3] In spite of the attribution to the London Bach, the "Alla Polacca" is a composition by Carl Philipp Emanuel Bach. S. Alfred Wotquenne's "Thematisches Verzeichnis der Werke Carl Philipp Emanuel Bachs," Leipzig etc. 1905. There the little composition appears, correctly spelled "Polacca," as the 6th piece of No. 116, a "Collection of Minuets, Polonaises and other pieces for the Clavier . . ." The copy of the *Polacca* in the manuscript under discussion was not written by Rein. Since Johann Christian Bach settled in London only in 1762 and Carl Philipp Emanuel Bach's *Polacca* is dated Potsdam 1766, the copy in the Rein manuscript can only have been entered after 1766. This indicates that compositions which were not written by Rein, were entered into the manuscript later. On the other hand, Rein's own copies of Bach's preludes and fugues give no hint that they may have been written over a long stretch of time. The uniformity of Rein's handwriting suggests that the preludes and fugues were copied shortly after the title page of 1747.

[4] A torn-off corner of this page has obliterated the two last letters.

[5] S. Carl Philipp Emanuel Bach's *"Essay on the true Art of Playing Keyboard Instruments,"* English ed. by William J. Mitchell, New York 1949. Rein's Fig. 1–39 = Tabelle I (Chapter I: "Fingering," pp. 46–57); Fig. 40–42 = Tabelle II ("Adjacent Tones . . .," pp. 59f.); the new Fig. 1–14 = Tabelle V (Chapter III: "Performance," pp. 154–164). In contrast to Carl Philipp Emanuel Bach's

Blatt/Leaf	Inhalt/Contents	BWV
11r 11v	(s. 9v–10v)	
12r	Leer, jedoch mit 10 Systemen rastriert/Ruled with 10 staves but empty	
12v	„Adagio molto di Tag."[6] für Orgel (5 Akkoladen à 3) / for organ (5 brackets à 3)	
13r	„Adagio molto di Tag.", Schluß/Completion	
13v	Leer (nicht rastriert)/Empty (not ruled)	

Das berühmte C-dur-Präludium (BWV 846/1) möge als Beispiel von Reins schöner, klarer Notenschrift dienen. Die ausgeprägten Formen des Sopran- und Baßschlüssels, das „C" der Taktart, die nicht einheitlichen Formen und kurzen Hälse der halben Noten etc. oder die eingeknickte Schlaufe, welche die Abkürzung im „Sequit[ur] Fuga" anzeigt (s. rechts unten auf Abb. 85), dürften sich in künftigen Bemühungen, Reins Handschrift auch in anderen Manuskripten zu entdecken, als hilfreich erweisen. Die hier abgebildete Seite trägt keinen Titel. Doch hat Rein die meisten Kompositionen mit der Überschrift „Praeludium di Bach" oder „Fuga di Bach" versehen. Die gleichförmige Rastrierung von 8 Akkoladen à 2 Klavier-Systemen pro Seite hört mit der letzten Kopie einer Komposition von Bach auf, d. h. mit dem B-dur-Präludium (auf Bl. 9r)[7]. Wie das C-dur-Präludium, benötigt auch das in B-dur ein kurzes Hilfssystem für die Beendigung der Abschrift auf derselben Seite.

Provenienz

Das hier beschriebene Manuskript taucht zum ersten Mal in der Sammlung des Kittel-Schülers und Darmstädter Hoforganisten Johann Christian Heinrich Rinck (1770 bis 1846) auf[8]. 1852 erwarb der Bostoner Musi-

The famous C major Prelude (BWV 846/1) may serve as a sample of Rein's extraordinarily clear writing of music. The distinctive soprano and bass clefs, the "C" of the time signature, the varying shapes and short stems of the half notes etc. or the twisted loop that serves as abbreviation in the "Sequit[ur] Fuga" (s. ill. 85, end of page), may help in future attempts to identify Rein's hand in other manuscripts. While this page lacks a title, most of the pieces bear the caption "Praeludium di Bach" or "Fuga di Bach." The lining of 8 brackets à 2 clavier staves per page ceases with the last piece by Bach, the B-flat major Prelude (on 9r) which, like the C major Prelude reproduced here, adds a shortened 9th bracket to complete the piece.[7]

Provenance

The manuscript appears first in the collection of the Kittel pupil, the Darmstadt court organist Johann Christian Heinrich Rinck (1770–1846).[8] In 1852 Rinck's collection was acquired by Lowell Mason of Boston (1792–1872)[9] and presented by his family in 1873 to Yale University.[10] The manuscript described above bears the catalogue number "LM 4844" and is filed also as "Ma21/Y11/

Gegensatz zu Carl Philipp Emanuel Bachs Violinschlüssel benutzt der Kopist des Rein-Manuskripts den Sopranschlüssel. Auch bricht er mitten in Carl Philipp Emanuel Bachs 42. Figur ab.

[6] Obgleich Walter Emery die hübsche Komposition Johann Ludwig Krebs zugeschrieben hat, erscheint sie hier (aber nicht von Reins Hand geschrieben) als eine Komposition von Christian Gotthilf Tag (1735–1811). Tag war ein Alumne der Kreuzschule in Dresden und sein Leben lang (von 1755–1808) Kantor in Hohenstein-Ernstthal, einem Städtchen etwa 70 km südlich von Leipzig.

[7] Die übrigen Seiten, die keine Musik Bachs enthalten, sind unterschiedlich (mit 8 bis 15 Systemen) rastriert.

[8] S. Fn. 1.

treble clef, the copyist in the Rein manuscript used the soprano clef. He also breaks off in the middle of Carl Philipp Emanuel Bach's Fig. 42.

[6] Although this lovely piece has been attributed by Walter Emery to Johann Ludwig Krebs, it appears here as a composition by Christian Gotthilf Tag (1735–1811), an alumnus of the Kreuzschule in Dresden and from 1755–1808 Cantor in Hohenstein-Ernstthal, a town about 40 miles south of Leipzig.

[7] The remaining pages without music by Bach have varying numbers of staves (from 8 to 15).

[8] S. fn. 1.

[9] For further detail on Mason s. pp. 210 f. and 210, fn. 15.

[10] *Ibid.*

ker und Musikerzieher Lowell Mason (1792 bis 1872)[9] Rincks Sammlung, die 1873 von Masons Erben der Yale University geschenkt wurde[10]. Die Signatur des Manuskripts ist „LM 4844" sowie „Ma21 / Y11 / B12". Reins Manuskript gehört zu der Lowell Mason Sammlung, die auch heute noch einen beachtenswerten Teil der Musikbibliothek der Yale University in New Haven, Connecticut, darstellt[11].

[9] Für Einzelheiten über Lowell Mason, s. S. 211 f. und 211, Fn. 15.

[10] Ebda.

[11] Eine in diesen Kontext gehörende weitere Quelle aus derselben Sammlung mit der Signatur LM 4704 kann hier nur kurz behandelt werden. Es geht um das „Clavier= Buch / aufgeschrieben / von / Johann Ernst Heinrich Reinem. / Anno Christi / 1745. den 2 Jan:" bestehend aus „Praeludiis und dergl. und Choralen cum variationibus". Außer Kompositionen Bachs weist die Handschrift Werke für Tasteninstrumente von Tag, Krebs, Stölzel, Graun, Kellner, Fischer, Gerber, Rinck und anderen Komponisten auf. Das Manuskript beginnt mit Bachs zweistimmigen Inventionen, von denen Nr. 14, das „Praeludium ex B di Bach", nicht in die zwei dafür rastrierten Seiten eingetragen ist. Später folgen zehn (d. h. Nr. 2 bis 11, BWV 788–797) der dreistimmigen Inventionen – die letzte in g-moll unvollständig – welche wie die zweistimmigen den Namen „Praeludium" tragen. Eine Ausnahme bildet die 12. (BWV 798, A-dur), die als Nachzügler nach vielen anderen Kopien mit dem richtigen Titel „Sinfonia 12 di Seb. Bach" einzeln eingetragen ist. Zwischen den zwei- und dreistimmigen Inventionen erscheinen noch 3 weitere Praeludien „di Bach", nämlich die in d-moll, a-moll und F-dur aus dem 1. Teil des Wohltemperierten Klaviers. Den Beschluß von Kopien Bachscher Werke bilden der Orgelchoral über „Herr Jesu Christ, dich zu uns wend'" (BWV 655) und gegen Ende des Manuskripts 3 der 7 Partite diverse über „Christ, der du bist der helle Tag" (BWV 766), nämlich Partite II, III und IV, die hier korrekt als Variat[io] I, II und III bezeichnet sind.

B12." It is part of the *Lowell Mason Collection* in the Music Library of Yale University at New Haven, Connecticut.[11]

[11] A further source from the same collection bearing the signature LM 4704, can only be dealt with briefly: the "Clavier=Buch / aufgeschrieben / von / Johann Ernst Heinrich Reinem. / Anno Christi / 1745. den 2 Jan:" containing "Praeludiis und dergl. und Choralen cum variationibus." Besides compositions by Bach the manuscript contains copies of keyboard works by Tag, Krebs, Stölzel, Graun, Kellner, Fischer, Gerber, Rinck and other composers. The manuscript begins with Bach's 2-part Inventions, of which No. 14, the "Praeludium ex B [B-flat] di Bach" is not entered into the two pages that were ruled and reserved for it. Later in the manuscript follow 10 (Nos. 2–11, BWV 788–797) of the 3-part Sinfonias which carry, like the Inventions, the title "Praeludium." The "Sinfonia 12 di Seb. Bach" (BWV 798 in A major) is not only exceptional in its proper use of the title but also in its lonely placement among pieces by other composers and by its wide separation from the copies of the 14 + 10 2-part and 3-part Inventions. Between the latter two groups another 3 Preludes "di Bach" appear, namely those in D minor, A minor and F major from Book I of the Well-tempered Clavier. The end of the long manuscript contains two organ compositions by Bach, the chorale prelude "Herr Jesu Christ, dich zu uns wend'" (BWV 655) and 3 of the 7 *Partite diverse* on "Christ, der du bist der helle Tag," that is, Partitas II, III and IV of BWV 766 which are quite correctly named here Variat[io] I, II and III.

BWV 812–817 Französische Suiten, Abschrift von Johann Christoph Altnickol

Etwa drei Jahre nach Bachs Tod fertigte sein Schwiegersohn Johann Christoph Altnickol (1719–1759) diese mit sichtbarer Liebe geschriebene Abschrift der Französischen Suiten an. Altnickol hatte Bach von 1745–1748 „unausgesetzet *assistiret* [. . .] als *Vocal-Bassiste*"[1] und danach als Organist an der Wenzelskirche in Naumburg die Bach-Tradition bis zu seinem frühen Tod im

[1] S. Bachs Zeugnis für Altnickol vom 25. Mai 1747; Dok I, Nr. 81, S. 148.

BWV 812–817 French Suites, Copy by Johann Christoph Altnickol

This lovingly written copy was made about three years after Bach's death by his son-in-law Johann Christoph Altnickol (1719–1759). From 1745–1748 he had been Bach's trusted and reliable "Vocal-Bassiste"[1] at the Thomas School. Thereafter, as organist at St. Wenceslav's Church in Naumburg, he upheld the Bach tradition until his early death at the age of forty. Spitta considered the manuscript a Bach autograph, an opinion that was a generation

[1] S. Bach's testimonial for Altnickol of May 25, 1747 in Dok I, no. 81, p. 148.

Alter von 40 Jahren weitergepflegt. Spitta hielt die Handschrift für ein Bachsches Autograph, eine Ansicht, die eine Generation später (1924) von Terry und Wilhelm Altmann nicht mehr geteilt wurde. 1958 gelang es Alfred Dürr und seinen Mitarbeitern am Johann-Sebastian-Bach-Institut in Göttingen, nicht nur Altnickol als den Schreiber der Handschrift zu erkennen, sondern auch die Kopie „mit gebotener Vorsicht auf Anfang der 1750er Jahre"[2] zu datieren. Dies gelang durch Vergleiche mit datierten und auf gleichem Papier geschriebenen Bach-Kopien aus dem Jahr 1753 und auf Grund übereinstimmender Schriftzüge in einer anderen Bach-Abschrift Altnickols.

Das später in einen roten Umschlag gebundene Manuskript umfaßt 64 beschriebene Seiten auf 32 Blättern, die 17 x 20 cm messen. Seiten, die in Querformat geschrieben sind und annähernd die obige Größe aufweisen, sollten uns jedoch daran erinnern, daß die durchschnittlichen Maße Bachscher Manuskripte gewöhnlich zweimal so groß sind, d. h. 30–35 x 20–23 cm. Die bei dem Fragment der Violino II-Dublette von Kantate 168 ausgesprochene Vermutung (s. S. 124) bewahrheitet sich hier, denn die originalen gefalteten Bogen maßen tatsächlich 34 x 20 cm. Sie wurden horizontal durchschnitten und ergaben die obige Größe der benutzten Seiten (17 x 20 cm). Bei der Zerteilung der Bogen wurde auch das Wasserzeichen in der Mitte durchschnitten, so daß es jeweils nur zur Hälfte am oberen oder unteren Rand der Seiten, die ein Wasserzeichen besitzen, zu sehen ist. Durch Zusammenfügen der zwei Hälften ergibt sich ein „Kelch über Schrifttafel mit CEF" (ohne Gegenmarke). Dieses Wasserzeichen, das in Bachschen Originalhandschriften nicht vorkommt, tritt dagegen in den oben erwähnten Kopien von 1753 und auf anderen Abschriften der Altnickol-, Penzel- und Nacke-Generation auf. „CEF" sind die Initialen des Papiermachers Christoph Erdmann Fietz (1711–1785).

Die vor kurzem restaurierte und gereinigte Handschrift ist in vorzüglichem Zustand.

[2] Vgl. Alfred Dürrs KB zu den Französischen Suiten, NBA V/8 (1982), S. 23. Dr. Dürr danke ich bestens für freundliche Übersendung einer Kontaktkopie dieses Kommentars vor Erscheinen des NBA-Bandes.

later (in 1924) declared invalid by Terry and Wilhelm Altmann. In 1958 Alfred Dürr and his collaborators at the *Johann-Sebastian-Bach-Institut* in Göttingen succeeded not only in identifying Altnickol as the writer but also in dating the manuscript "with appropriate circumspection [as written] in the early 1750s."[2] This date was arrived at by comparison with Bach copies made by Altnickol and others, that were written on the same kind of paper and among which two were dated 1753.

The copy of the French Suites, gathered in a red binding, consists of 64 pages on 32 leaves that measure 17 x 20 cm. However, Bach manuscripts of oblong format and of approximately this size, should remind us that the average measurement of Bach manuscripts is about twice as large, namely 30–35 x 20–23 cm. What was assumed with regard to the fragment of the duplicate 2nd violin part of Cantata 168 (s. p. 124) is here established as a fact. The original folded folios measured indeed 34 x 20 cm. They were simply cut horizontally to the 17 x 20 cm size that Altnickol used for his copy of his Master's French Suites. This also caused the watermark to be cut so that only half of it is visible at the upper or lower edges of the pages that have a watermark. By joining two of the half-watermarks a "Goblet" above the letters "CEF" appears. While this watermark which lacks a countermark does not occur in original Bach manuscripts, it is found in the above-mentioned manuscripts of 1753 and in other Bach copies of the Altnickol, Penzel, and Nacke generation. The "CEF" of the watermark represents the papermaker Christoph Erdmann Fietz (1711– 1785) by his initials.

The manuscript which has recently been restored and cleaned, is in excellent condition. Its paper has turned only slightly brown while the color of the ink glows in a reddish black. Dürr's Critical Report shows how the 38 movements of the 6 Suites are distributed over 63 pages of the manuscript (1^v–32^v). As examples of Altnickol's superb

[2] Cf. Alfred Dürr's KB to the French Suites, NBA V/8 (1982), p. 23. I want to express my thanks to Dr. Dürr for sending me a copy of his remarks on *Quelle A 3* before publication.

Das Papier ist nur leicht gebräunt, die Farbe der Tinte ein tiefes rötliches Schwarz. Die Verteilung der 38 Sätze der 6 Suiten auf 63 Seiten (1^v–32^v) ersehe man aus Dürrs Kritischem Bericht. Das Titelblatt[3] (1^r) und die 1. Seite der Allemande[4] (1^v) der „*Svite I. pour le Clavessin.*" seien hier als Beispiele der Schreibkunst und der Schriftzüge Altnickols abgebildet (s. Abb. 86 und 87). Die mit 8 Systemen rastrierten Seiten sind jeweils in 4 Akkoladen zusammengefaßt, auf denen die rechte Hand im Sopranschlüssel notiert ist. Kunstvolle barocke Schluß-Schnörkel zeigen Altnickols Schönheitssinn, der über die übliche Gepflogenheit hinausgeht, überflüssige Tinte am Kompositionsende durch einfallslose Striche loszuwerden (s. Abb. 88). Oben rechts befindet sich noch eine später mit Bleistift eingetragene Seitenzählung.

Provenienz

Was über die Provenienz der Handschrift bekannt ist, beruht hauptsächlich auf dem „Report of the Librarian of Congress for the Fiscal Year ending June 30, 1924" (S. 100f.). Die Handschrift scheint demnach im Besitz von Sarah Levy (1761–1854), der berühmten Cembalistin und Großtante Mendelssohns, gewesen zu sein. Es ist schwer zu sagen, ob Sarah Levy diese von Wilhelm Friedemann Bach erhalten hat, dessen Lieblingsschülerin sie war, oder aus dem Nachlaß Carl Philipp Emanuel Bachs, mit dessen Witwe sie eng befreundet war, oder aus dem Berliner Bach-Kreis Kirnbergers, Marpurgs und der Prinzessin Amalie. Zu diesen Annahmen Alfred Dürrs kann noch eine weitere Möglichkeit hinzugefügt werden. Könnte es nicht sein, daß Altnickols Abschrift von seiner Witwe, Bachs Tochter Elisabeth Juliana Friederica (1726–1781), behalten und von deren Tochter, Augusta Magdalena, geerbt wurde, die von der Bachschen und Altnickolschen Musikalität doch etwas mitbekommen haben sollte? Augusta Magdalena starb 1809 in Leipzig, im selben Jahr, in dem auch mit dem Tod von Regina Susanna Bach dort das letzte der Kinder Bachs dahinging. Durch

[3] Für wesentliche Bemerkungen zum Wortlaut des Titels s. KB V/8 (1982), S. 23.

[4] Rechts unten ist die Akzessionsnummer der Library of Congress ersichtlich („acc. 582769").

penmanship the title page (1^r)[3] and the first page of the Allemande (1^v)[4] of "*Svite I. pour le Clavessin.*" are reproduced (s. ills. 86 and 87). The 8 staves of each page are grouped into 4 braces on which the right hand is notated in soprano clef. Elaborate baroque flourishes at the end express a certain sense of beauty on Altnickol's part (s. ill. 88) that contrasts refreshingly with the customary unimaginative vertical strokes that copyists usually apply to get rid of the ink left in the pen at the end of a work. A later hand has penciled page numbers into the top right corners.

Provenance

From the *Report of the Librarian of Congress for the Fiscal Year ending June 30, 1924* (pp. 100f.) we learn that the manuscript was once owned by the celebrated harpsichordist and pianist, Mendelssohn's great aunt, Sarah Levy (1761–1854). We can only conjecture whether she received the manuscript from Wilhelm Friedemann Bach whose favorite pupil she was, or from Carl Philipp Emanuel Bach's estate (she was an intimate friend of his widow) or from someone in the Berlin circle of Bach admirers such as Kirnberger, Princess Amalia, or Marpurg. To these possibilities mentioned by Dürr, another may be added. Could the manuscript not have been kept by Altnickol's widow, Bach's daughter Elisabeth Juliana Friederica (1726–1781) and then by her daughter, Augusta Magdalena, who may well have inherited some of the musicality of the Bachs and Altnickols? She died in 1809 in Leipzig, in the same year and city in which the life of Bach's youngest daughter, Regina Susanna, was also to come to an end. Both deaths conceivably made some remnants of Bachiana available just at the time when the rebirth of interest in Bach's work made them again a desirable commodity.

The manuscript was acquired from Sarah Levy's estate by Siegfried Wilhelm Dehn (1799–1858), the well-known music theorist, Lasso expert and, since 1842, curator of the

[3] For relevant remarks regarding the wording of the title page, s. KB V/8 (1982), p. 23.

[4] At bottom right the accession number of the LC can be seen ("acc. 582769").

beider Ableben sollten doch noch einige Überbleibsel an Bach-Handschriften und -Abschriften nicht nur greifbar, sondern am Ende des ersten Jahrzehnts der Bach-Renaissance auch wieder begehrenswert geworden sein.

Aus Sarah Levys Nachlaß gelangte die Kopie der Französischen Suiten in den Besitz des Musiktheoretikers und Lasso-Spezialisten Siegfried Wilhelm Dehn (1799–1858), dem seit 1842 die Leitung der Musikabteilung der Königlichen Bibliothek in Berlin anvertraut war. Sein in Chicago lebender Sohn verkaufte die Handschrift in den 1870er oder 1880er Jahren an Adolph W. Dohn (1835–1901). Dohn stammte aus Breslau, wanderte 1857 nach den USA aus und ließ sich als Kaufmann in Chicago nieder, wo er im städtischen Musikleben eine gewisse Rolle gespielt zu haben scheint. Dohns Töchter, Miss Mary A. Dohn und Mrs. Franklin Rudolph, erbten die Handschrift, die sie am 13. März 1924 der Library of Congress in Washington, D. C., als Geschenk überreichten[5], noch in dem Glauben, daß es sich dabei um Bachs Autograph handle. Daß dies nicht der Fall war, wurde schon in den nächsten sieben Wochen von Terry und Altmann nachgewiesen.

Music Division of the Royal Library in Berlin. Dehn's son who lived in Chicago, sold the manuscript in the 1870s or 1880s to Adolph W. Dohn (1835–1901). Dohn, a native of Breslau, had left in 1857 for America and become a successful businessman in Chicago where he seems to have played a certain role in the music life of the city. Dohn's daughters, Miss Mary A. Dohn and Mrs. Franklin Rudolph, inherited the manuscript which they donated on March 13, 1924 to the Library of Congress, Washington, D. C.[5] They believed the manuscript to be autograph, but learned less than two months later that Terry and Altmann had declared the handwriting not to be that of Bach.

BWV 80 „Ein feste Burg ist unser Gott", 5. Satz, Abschrift von Wilhelm Friedemann Bach

Weder Originalpartitur noch Originalstimmen dieser Bach-Kantate sind auf uns gekommen. Indem Bach die monumentalen Choralchorsätze 1 und 5 seiner 1715 in Weimar geschriebenen Kantate BWV 80a („Alles, was von Gott geboren") hinzufügte, verwandelte er die für Sonntag Oculi bestimmte Kantate in eine zur Feier des Refor-

BWV 80 "Ein feste Burg ist unser Gott," 5th Movement, Copy by Wilhelm Friedemann Bach

Neither autograph score nor original parts of Bach's cantata on Luther's Reformation hymn "A mighty fortress is our God" has come down to us. By adding the stupendous choral movements 1 and 5 to BWV 80a ("Alles, was von Gott geboren"), a cantata he had composed in 1715 for Oculi Sunday, Bach converted this old Weimar cantata into

[5] S. die Katalogsnummer: „ML 96. B 186 (case)" und die Schenkungsnotiz auf der Rückseite des ersten Blattes. (Zwei Blätter einer anderen Papiersorte mit anderem Wasserzeichen umgeben die eigentliche Handschrift Altnickols.)

[5] The catalogue number of the LC "ML 96. B 186 (case)" and the note about the gift are found on the verso page of the front leaf which, together with a blank back leaf – both of different paper with a different watermark – envelopes the manuscript proper.

mationsfests in Leipzig geeignete Kantate[1]. Die Abschrift des 5. Satzes von „Ein feste Burg", die sich in der Library of Congress befindet, bildet mit einer Kopie des 1. Satzes, die in der Staatsbibliothek Preußischer Kulturbesitz in Berlin (West)[2] ist, ein Paar. Wilhelm Friedemann Bach scheint einen Schreiber beauftragt zu haben, diese zwei Sätze aus seines Vaters Originalpartitur, die er aller Wahrscheinlichkeit nach geerbt hatte und die seither verschollen ist, zu kopieren. Der Kopist ist nur als Schreiber dieser zwei Sätze bekannt. Das Wasserzeichen des Papiermachers Georg Christoph Käferstein der Papiermühle Cröllwitz bei Halle (1749–1764)[3] läßt darauf schließen, daß die Kopien während Wilhelm Friedemanns Amtszeit in Halle (1746–1764), d. h. zur Blütezeit seiner Vokalkompositionen, entstanden sind.

Die Abschrift des 5. Satzes besteht aus 13 Blättern oder 25 beschriebenen Seiten (S. 26 ist leer). Das im üblichen Hochformat geschriebene Manuskript mißt 33,2 x 20,2 cm und läßt daher vermuten, daß es eine Fortsetzung der West-Berliner Kopie des 1. Satzes ist. Die Seiten sind mit 12 Systemen rastriert, von denen der Hallensische Kopist offensichtlich auf Wilhelm Friedemanns Ersuchen die Systeme 5–12 benutzte, um die Stimmen in der Folge Oboe d'amore I und II, Taille, Violino I und II, Viola, Unison-Choral im Tenorschlüssel und nicht bezifferter Continuo einzutragen. In die oberen 4 Notensysteme schrieb Wilhelm Friedemann dann die offenbar neu hinzukomponierten Stimmen für 3 Trompeten und Pauken (s. Abb. 89). Mit derselben groben Feder trug Wilhelm Friedemann am Anfang der 11. Notenzeile „Cant: Fer." und nach dem erregenden 12-taktigen Ritornell auch den Text des cantus firmus ein, der wohl von den Tenören anstatt von allen 4 Singstimmen im Unisono gesungen werden sollte. Wie schon in der Einlei-

[1] Da der Sonntag Oculi in die Fastenzeit fällt, in der es im Gottesdienst der Leipziger Kirchen keine Figuralmusik gab, war BWV 80a wie so manche andere in Weimar komponierte Kantate für Bach nutzlos, wenn er sie nicht für den Leipziger Gebrauch umarbeitete.

[2] Ihre Signatur ist „Mus. ms. Bach P 72".

[3] Diese Information verdanke ich einer freundlichen Mitteilung von Dr. Kobayashi vom Johann-Sebastian-Bach-Institut Göttingen.

a cantata suitable for celebration of Reformation Day in Leipzig.[1] The copy of the 5th movement of "A mighty fortress" in the Library of Congress forms a pair with a copy of the 1st movement which is in the Staatsbibliothek Preußischer Kulturbesitz in West Berlin.[2] It seems that Wilhelm Friedemann Bach commissioned a scribe to copy these two movements from his father's autograph score which in all probability Wilhelm Friedemann had inherited but which has since disappeared. This copyist is, except for the manuscripts of these two movements, unknown. However, the watermark of the papermaker Georg Christoph Käferstein of the papermill Cröllwitz near Halle (1749–1764)[3] leads to the conclusion that these copies were made during the time of Wilhelm Friedemann's employment in Halle (1746–1764), the period of his principal vocal compositions.

The copy of the 5th movement consists of 13 leaves or 25 pages of music (the 26th page being empty). The folio size of the manuscript which measures 33.2 x 20.2 cm suggests that it is a continuation of the West Berlin copy of the 1st movement. The pages are lined with 12 staves. At Wilhelm Friedemann's request, the Halle copyist left the 4 upper staves empty. Into staves 5–12 he entered the parts for Oboe d'amore I and II, Taille, Violino I and II, Viola, the unison chorale in tenor clef and the non-figured Continuo. Thereafter Wilhelm Friedemann added on the four upper staves obviously newly composed parts for three trumpets and timpani (s. ill. 89). With the same coarse pen Wilhelm Friedemann wrote at the beginning of the 11th staff "Cant: Fer." and, after the tumultuous 12-measure ritornel, the text of the cantus firmus which was probably meant to be sung by the tenors rather than by all four voices in unison. As already mentioned in the Introduction (p. 29), Wilhelm Friedemann replaced the earthy but

[1] Since Oculi Sunday falls into the Lenten season and no cantatas were performed in the churches of Leipzig during Lent, BWV 80a was, like so many other Weimar cantatas, useless to Bach unless he revised it for Leipzig usage.

[2] Its number is "Mus. ms. Bach P 72."

[3] I owe this information to a friendly communication from Dr. Kobayashi of the Johann-Sebastian-Bach-Institut Göttingen.

tung erwähnt wurde (S. 20), ersetzte Wilhelm Friedemann den derben Text der 3. Strophe von Luthers Reformationslied „Und wenn die Welt voll Teufel wär" durch den weniger anstößigen Text „Manebit verbum Domini"[4], eine blassere Umdichtung der letzten Strophe des Luther-Liedes. Von Wilhelm Friedemann stammen auch die Triller auf den vorletzten Noten der 4 Cantus-firmus-Phrasen beider Stollen und der 1. und letzten Phrase des Abgesangs (s. Abb. 90).

Bis auf das 1. Blatt, das besonders in den Streichersystemen Löcher aufweist (s. Abb. 89), ist das Manuskript gut erhalten. Auch ist die 1. Seite weitaus brauner als die übrigen Seiten. Die Farbe der Tinte ist schwarz und leicht auf die andere Seite durchgeschlagen. Oben auf der 1. Seite hat jemand mit Bleistift die kaum noch sichtbaren Worte „Bach, Johann Sebastian" eingetragen und eine andere Hand mit Tinte „sacred/Bach." Dieser letzte Zusatz läßt auf englischen Besitz schließen.

Provenienz

Die Partitur des 5. Satzes ist nicht mit der aus Kirnbergers Nachlaß stammenden Abschrift zu verwechseln, welche Rust erwähnt[5] und welche denselben lateinischen Text hat. Wann das hier diskutierte Manuskript in die Hände der englischen Firma „Bird Ball & Son, Northhampton" gekommen ist, entzieht sich unserer Kenntnis. Als die Library of Congress das Manuskript erwarb, fand man den Besitzvermerk der Firma in Northhampton mit kleinen Buchstaben auf den Einband gestempelt. Charles Sanford Terry identifizierte Wilhelm Friedemanns Handschrift, jedoch ohne diese Einsicht zu veröffentlichen. Die Library of Congress in Washington, D.C., kaufte das Manuskript am 7. Mai 1947 von Horrace G. Commin in Bournemouth, England.

picturesque text of the 3rd stanza of Luther's Reformation hymn ("As though the world be full of devils") by the tamer text "Manebit verbum Domini,"[4] a rather pale paraphrase of the last stanza of Luther's hymn. Wilhelm Friedemann added further the trills on the penultimate notes of the four cantus firmus phrases of the two *Stollen* and of the 1st and last (5th) phrases of the *Abgesang* (s. ill. 90).

Except for the first leaf, which especially on the staves of the string parts is marred by holes (s. ill. 89), the manuscript is still in good condition. The paper of the first page is much browner than the rest of the pages. The color of the ink is black and has bled lightly through from the other side. At the top of the 1st page someone has added with pencil (now barely visible) "Bach, Johann Sebastian" and someone else with indelible ink: "sacred/Bach." The addition in ink suggests English ownership.

Provenance

The score of the 5th movement is not identical with the one from Kirnberger's estate that Rust described in the foreword to BG 18,[5] that shares the same Latin text with the manuscript under discussion. It is not known at what time Wilhelm Friedemann's copy came into the hands of the English firm of "Bird Ball & Son, Northhampton." This mark of ownership is stamped in small letters onto the binding of the manuscript and was found when the score was acquired by the Library of Congress. Charles Sanford Terry was the one who recognized Wilhelm Friedemann's handwriting though he did not make his finding public. The present owner, the Library of Congress, Washington, D.C., purchased the manuscript on May 7, 1947 from Horrace G. Commin, Bournemouth, England.

[4] Der gesamte lateinische Text des cantus firmus ist in BG 18 (1870), S. 389, abgedruckt.

[5] Vgl. Vorwort zu BG 18, S. XXII, Nr. 4. Kirnberger muß Wilhelm Friedemanns Partitur zu dessen Berliner Zeit (1774–1784) abgeschrieben haben.

[4] The cantus firmus with the full Latin text is reprinted in BG 18 (1870), p. 389.

[5] P. XXII, item 4. Kirnberger must have copied Wilhelm Friedemann's score during the latter's stay in Berlin (1774–1784).

BWV 9 „Es ist das Heil uns kommen her", Particell von Wilh lm Friedemann Bach

Das hier vorliegende Manuskript repräsentiert eine der vier überlieferten, von Wilhelm Friedemann Bach geschriebenen Handschriften, die bezeugen, daß er seines Vaters Kantate BWV 9 während seiner Amtstätigkeit in Halle (1746–1764) aufgeführt hat. Wilhelm Friedemann hatte die Originalpartitur[1] und die Dubletten dieser Kantate geerbt (s. S. 77ff.). Da Anna Magdalena Bach die Originalstimmen der Thomasschule übergeben hatte, sah sich Wilhelm Friedemann genötigt, einen neuen Stimmensatz herzustellen. Die von ihm geschriebenen Sopran-, Alt- und Tenorstimmen sind vor etwa 50 Jahren aus Privatbesitz ins Bach-Museum in Eisenach und Heimatmuseum in Köthen gelangt[2]. Die ererbten Dubletten der 2. Violin- und „Baßus"-Stimmen[3] und der vor einiger Zeit auf einem New Yorker Schutthaufen wieder aufgefundenen Traverso-Stimme[4] befinden sich heute in der Pierpont Morgan Library und in New Yorker Privatbesitz. Die von Wilhelm Friedemann zweifellos gleichfalls geerbte Dublette der 1. Violinstimme ist bisher noch nicht wieder aufgetaucht. Möglich ist ferner, daß sich unter den Dubletten auch eine Oboe d'amore-Stimme befunden hat, welche, wie die überlieferte Dublette der Flötenstimme, nur den 1. Satz und den Schlußchoral enthielt. Wilhelm Friedemann hat dann zu den drei vorhandenen Singstimmen sicherlich noch die Baßstimme und zu den ererbten Dubletten nur diejenigen Stimmen neu abgeschrieben, die er benötigte[5].

Das gut erhaltene, in Hochformat geschriebene Particell mißt 33 x 20,5 cm und besteht aus 2 beschriebenen Seiten. Die mit 16 Notensystemen rastrierte Handschrift hat Wilhelm Friedemann in 8 Akkoladen zu je 2 Systemen aufgeteilt. Ein Wasserzeichen ist nicht zu sehen. Auf der hier zum ersten Mal abgebildeten 1. Seite (s. Abb. 91) steht als Überschrift eine zutreffende Echtheitsbestä-

[1] Die Partitur befindet sich heute in der Library of Congress; s. S. 79.
[2] Diese Auskunft verdanke ich einer freundlichen Mitteilung Hans-Joachim Schulzes.
[3] Vgl. S. 147ff.
[4] Ebda.
[5] Gewiß die Violastimme.

BWV 9 "Es ist das Heil uns kommen her," Particel by Wilhelm Friedemann Bach

This fragment of Bach's Cantata "Es ist das Heil uns kommen her" is one of four surviving copies by Wilhelm Friedemann Bach that attest to a performance by him during his employment as organist in Halle (1746–1764). Wilhelm Friedemann had inherited the autograph score[1] and the duplicate parts of this cantata (s. pp. 76ff). Since the original performing parts belonged to Anna Magdalena's heritage and were given by her to the Thomas School, Wilhelm Friedemann had to write out a new set of parts for his Halle performance. The soprano, alto and tenor parts in Wilhelm Friedemann's handwriting which had been in private possession, have found their way into the *Bach-Museum* in Eisenach and the *Heimatmuseum* in Coethen.[2] The duplicate parts of the second violin and violoncello ("Baßus")[3] and that of the "Traverso" which was discovered about ten years ago on a pile of rubble in a New York street,[4] are now in the Pierpont Morgan Library and in private possession in New York City. Wilhelm Friedemann must have inherited also the duplicate first violin part which either is lost or has not yet resurfaced, and perhaps also a duplicate oboe d'amore part which, like the extant duplicate flute part, probably contained only the 1st and last movements. As the soprano, alto and tenor parts have survived, it can be assumed that Wilhelm Friedemann copied also the vocal bass part and that he added to his inherited duplicate parts newly written parts as needed.[5]

The well preserved particel is written in the customary folio format and measures 33 x 20.5 cm. It consists of two pages which Wilhelm Friedemann lined with 16 staves and subdivided into 8 brackets of double staves. A watermark is not visible. The first page, reproduced here for the first time (s. ill. 91), shows at the very top the following

[1] The score is now among the most precious possessions of the Music Division at the Library of Congress (s. p. 78).
[2] I owe this information to a friendly communication from Hans-Joachim Schulze.
[3] S. p. 147ff.
[4] Ibid.
[5] Certainly the viola part.

tigung des Berliner Musikdirektors Friedrich Wilhelm Jähns (1809–1888). Die Kopie gehört zu den für Wilhelm Friedemann Bach recht seltenen schönen und sorgfältig geschriebenen Reinschriften. Die Handschrift beginnt mit dem auf den einleitenden Choralchorsatz folgenden Rezitativ, welches wie die übrigen zwei Rezitative dieser Kantate vom Gesetz Gottes handelt. Aus diesem Grund hat Bach alle drei Rezitative für die Baßstimme, die Stimme Gottes, gesetzt. Die einzige halbwegs schöpferische Tätigkeit beim Ausschreiben der neuen Stimmen bestand aus der Bezifferung des Continuo. Die Originalpartitur seines Vaters zeigt, wie fast alle Bachschen Partituren, keine Bezifferung an; und da die originale bezifferte Continuostimme nicht zu Wilhelm Friedemanns Erbteil gehörte und in Leipzig geblieben war, mußte Wilhelm Friedemann die Bezifferung selbst vornehmen. In den drei secco-Rezitativen ist die Rolle des Continuo exponierter, sein Anteil an der Wiedergabe wesentlicher als in den anderen vier Sätzen der Kantate. Zudem hatte Bach das 1. Rezitativ in der Partitur im Altschlüssel eingetragen und dann mit der Bemerkung versehen: „muß in die Baßstim̄e transponiret werden". Und damit fängt das hier zu beschreibende Particell auch an.

Das von cis-moll nach H-dur modulierende „Rec: 1." ist auf zwei mit Baßschlüsseln versehenen Systemen notiert. Das untere System ist vollständig beziffert und für den nichttransponierten Continuo (Cembalo?) bestimmt. Diesem ist auf dem oberen System die textlose Baß-Stimme, wohl zur Orientierung, beigegeben. Wie Wilhelm Friedemanns anschließende Bemerkung „Aria / seque" andeutet, ist dieses Continuoinstrument nicht an der folgenden Arie für Violine, Tenor und Continuo beteiligt. Die nächsten zwei Akkoladen enthalten den 4. Satz der Kantate, ein secco-Rezitativ („Rec: 2.") mit ariosem Ausklang. Wie das 1. Rezitativ ist es sorgfältig beziffert und mit der darüber notierten textlosen Baßstimme versehen. Das 3. und letzte Rezitativ ist in derselben Weise notiert. Es befindet sich unten auf der verso-Seite des Manuskripts, das mit Wilhelm Friedemanns Bemerkung „Seque Chor" (= Schlußchoral, der aber nicht ausgeschrieben ist) endet.

inscription: "Original handwriting by Wilh. Friedemann Bach. / This certifies F.W. Jähns [1809–1888] Royal Music Director / in Berlin." Since the manuscript is a copy, it turned out to be one of Wilhelm Friedemann's rather rare beautiful and meticulously written fair copies. The manuscript begins with the recitative that follows the opening chorale fantasy. Like the two other recitatives of the cantata the text ist concerned with God's law, for which reason Bach cast all three recitatives for the bass voice, the voice of God. The one partially creative task that confronted Wilhelm Friedemann in the copying of the parts, was the writing of the figured continuo part. In the original score of his father the continuo was entered, as is typical for his scores, without figuring. The original figured continuo part did not belong to Wilhelm Friedemann's heritage but had remained in Leipzig. Therefore Wilhelm Friedemann had to supply the figuring himself. In the three secco recitatives the continuo plays a far more exposed and essential role than in any of the other four movements of the cantata. Furthermore, Bach had entered the first recitative into his score in alto clef before changing his mind and adding the remark "must be transposed into the bass voice." And this is exactly what Wilhelm Friedemann does at the beginning of his particel.

Wilhelm Friedemann notates the "Rec: 1." which modulates from C-sharp minor to B major, on two staves both headed by bass clefs. The lower staff is fully figured and thus intended for the non-transposed continuo (harpsichord?). On the upper staff Wilhelm Friedemann added the textless part of the bass voice, no doubt as a guide for the continuo player. As the subsequent "Aria / seque" indicates, Wilhelm Friedemann does not ask this particular continuo player to participate in the execution of the following aria for violin, tenor and continuo. On the next two brackets Wilhelm Friedemann notated the 4th movement of the cantata, a secco recitative ("Rec: 2.") which ends in a beautiful arioso. Again the continuo staff shows the figuring, the upper staff the textless vocal bass. The third and last recitative of the cantata (mvt. 6) is notated exactly like the other two recitatives. It brings the

Bis zu diesem Punkt scheint das Manuskript nichts anderes als die bezifferte Continuostimme zu den drei Baß-Rezitativen zu sein. Doch was mag Wilhelm Friedemann mit der Niederschrift der Querflöten- und Oboe d'amore-Stimmen des 5. Satzes bezweckt haben? Dieses Duett, wie damals üblich „Aria" genannt, besteht aus einem Quintettsatz für Sopran, Alt, die obigen zwei obligaten Instrumente und Continuo. Wilhelm Friedemanns Kopie beschränkt sich auf die zwei Holzbläserstimmen, die er um einen Ganzton (von A-dur nach G-dur) transponiert und im Violinschlüssel notiert. Dieses kanonische Duett der beiden Blasinstrumente nimmt 11 Doppelsysteme in Anspruch, 5 auf der recto-Seite (s. Abb. 91) und 6 auf der verso-Seite.

Während die drei Rezitative eine vom Blatt spielbare Continuostimme darstellen, lassen sich die zwei notierten Stimmen der Holzblasinstrumente für die Aufführung nur in folgender Weise verwerten: Sie könnten sich zunächst beim Einstudieren des Duetts als hilfreich erwiesen haben, indem der Organist (sicherlich Wilhelm Friedemann Bach) die Flöten- und Oboe d'amore-Stimmen nebst improvisierter Continuo-Begleitung auf der einen Ganzton höher stehenden Orgel spielte[6], während er den jungen Solisten ihre Rollen beibrachte. Dies hätte die Beteiligung der zwei Holzbläser beim Proben vermieden; aber anscheinend nicht nur beim Proben. Denn Wilhelm Friedemanns Notierung genügte durchaus, die Holzbläser auch bei der Aufführung zu ersetzen. Die Dublette der Flötenstimme enthält diesen Satz nicht (s. S. 149); und falls eine Dublette der Oboe d'amore-Stimme vorhanden war, fehlte sicherlich auch bei dieser der 5. Satz. Während die Dublette des Streichbasses zu Wilhelm Friedemanns Erbteil gehörte (s. S. 150f.), mußten neue Stimmen für den 5. Satz der Flöten- und Oboenstimmen abgeschrieben werden, ebenso wie eine neue Sopran- und eine Altstimme. Doch anstatt diese Stimmen für die Spieler dieser zwei Holzblasinstrumente zu kopieren, notierte und transponierte Wilhelm Friedemann sie in seine Conti-

[6] Voraussetzung für diese Hypothese ist, daß die Orgel in der Liebfrauenkirche in Halle, wie so viele Barockorgeln, einen Ganzton höher stand.

manuscript to an end at the bottom of the verso page, alluding with its final "Seque Chor" to the following concluding chorale which is, however, not written out.

Up to this point, it seems to be the purpose of the manuscript to furnish the proper continuo accompaniment for the three bass recitatives. But what was Wilhelm Friedemann's intent when he entered the two instrumental top parts of the next, the 5th movement after the second recitative? This duet, called "Aria," as was customary, is written in quintet texture for solo soprano, alto, flauto traverso, oboe d'amore and continuo. Wilhelm Friedemann's particel confines this movement to two staves in treble clefs on which he copied only the parts of the two woodwind instruments, transposing them at the same time a whole tone down, from A to G major. For the writing of these two rather canonic parts Wilhelm Friedemann needed 11 double staves, 5 on the recto (s. ill. 91) and 6 on the verso side of the manuscript.

While the three recitatives constitute a non-transposed figured continuo part which any properly trained keyboard player could sightread, how did the two transposed flute and oboe d'amore parts that occupy the major portion of the manuscript, function in the performance of the cantata? Conceivably they may have been helpful when the soprano and alto soloists were learning their roles in the duet. The organist (no doubt Wilhelm Friedemann Bach) could have played the flute and oboe d'amore parts as they were notated here on the organ the pitch of which was a whole tone higher[6] while teaching his young singers their parts. This way the flutist and oboist would have been spared attending such an imaginary rehearsal. They may not even have been needed at the performance. The fact that the duplicate flute part did not contain this movement (s. p. 149) would certainly also apply to the duplicate oboe d'amore part which has not survived. While the duplicate string bass was part of Wilhelm Friedemann's inheritance (s. p. 150), new parts of the 5th movement would have

[6] This presupposes, of course, that the organ at the *Liebfrauenkirche* in Halle, like so many baroque organs, was pitched a whole tone higher.

nuo-Stimme. Im Gegensatz zu den drei Rezitativen für Cembalo trug Wilhelm Friedemann sie als Duett für ein anderes Aerophon ein, die Orgel. Damit übernahm Wilhelm Friedemann neue Aufführungspflichten und improvisierte sicherlich den fehlenden Baß hinzu. Er wird schon seine Gründe gehabt haben, die Teilnahme des Oboen- und Flötenspielers auf den Einleitungssatz und den Schlußchoral zu beschränken. Falls eines Tages eine Handschrift Wilhelm Friedemanns auftauchen sollte, die in der Art eines Particells eine skizzenartige Notierung des 1., 3. und 7. Satzes enthielte, würde sie das hier beschriebene Manuskript zu einer durchgehenden Skizze der ganzen Kantate ergänzen. An diese Hypothese glaube ich allerdings nicht. Ich neige vielmehr dazu, in dem vorhandenen Particell das Minimum der von Wilhelm Friedemann benötigten Continuo-Stimme für Orgel und Cembalo zu sehen. Im Gegensatz zu den kopierten, neubezifferten oder skizzierten Sätzen des vorliegenden Manuskripts (d.h. den 2., 4., 5. und 6. Sätzen) fand Wilhelm Friedemann es anscheinend überflüssig, auch noch die anderen drei Sätze (1, 3 und 7) abzuschreiben. Er war offensichtlich imstande, die Orgelstimme in der Choral-Fantasie des Eingangssatzes, der Tenor-Arie (Satz 3) und dem Schlußchoral einen Ganzton tiefer aus der ererbten Partitur seines Vaters zu improvisieren. Dagegen muß er es für empfehlenswert gehalten haben, die Soloparts der zwei Holzblasinstrumente im 5. Satz transponiert in sein Particell aufzunehmen, was ihm bei einem Quintettsatz, zudem noch einem mit Knabenstimmen, wohl als unumgänglich erschien. Das vorliegende Particell ist somit kein Fragment. Es stellt vielmehr genau die Teilabschrift dar, die der hochbegabte und von Jugend an gründlich ausgebildete Wilhelm Friedemann zusätzlich zur Partitur für die Einstudierung und Aufführung der Kantate seines Vaters benötigte.

Eine interessante Beobachtung Jacob Adlungs, auf die Hans-Joachim Schulze mich freundlicherweise aufmerksam machte, bestärkt diese Interpretation. Im Kapitel „Von dem Gebrauch der Register" beim Orgelspiel von Adlungs 1758 veröffentlichter „Anleitung zu der musikalischen Gelahrtheit" findet sich folgende für die obige Auslegung

had to be copied for flute and oboe d'amore; just as new parts for the soprano and alto were copied by Wilhelm Friedemann. But instead of writing these parts out for the players of the two woodwind instruments, Wilhelm Friedemann notated them into his continuo part. Unlike the three recitatives for the harpsichord, he entered them as a duet to be played on another wind instrument, the organ. Wilhelm Friedemann thus assumed this responsibility for himself and, no doubt, improvised the continuo as he went along. He must have had his reasons for reducing the participation of the flutist and oboist to the opening chorale fantasy and the *colla parte* playing of the concluding chorale. If some day a Wilhelm Friedemann Bach manuscript should emerge complementing the present one by consisting, in the manner of a true particel, of skeletal notations of the 1st, 3rd and 7th movements, it would turn the extant manuscript into a continuous short score of the whole cantata. I do, however, not believe in this hypothesis. I am rather inclined to regard the manuscript under discussion as Wilhelm Friedemann's own continuo part, containing no more nor less than what he actually needed. In contrast to the movements he copied, and enhanced by entering the figuring of the bass (mvts. 2, 4 and 6) or sketched (mvt. 5), Wilhelm Friedemann seems to have felt no need for copying the remaining movements (1, 3 and 7). With his father's score before him, Wilhelm Friedemann must have been quite capable of improvising the organ part in the opening chorale fantasy, the Tenor aria and the concluding chorale (a whole tone lower!). That he wrote the solo woodwind parts of movement 5 transposed into his short score seems in view of the quintet texture of the movement and the participation of a boy soprano and alto a prudent decision. This particel is thus not a fragment. It represents, rather, exactly what the highly gifted and thoroughly trained harpsichordist and organist Wilhelm Friedemann needed in addition to the score for rehearsal and performance of his father's cantata.

An interesting remark by Jacob Adlung to which Hans-Joachim Schulze with his customary kindness drew my attention, supports the above interpretation. In the chapter

vielsagende Bemerkung: „Wenn die Directores aus Mangel anderer Adjuvanten die Flöten oder Hoboyen in den Continuo schreiben, so ists ihnen endlich zu vergeben"[7].

Provenienz

Die Überlieferungsgeschichte des Particells verläuft recht sporadisch. Die Handschrift ist wohl während Wilhelm Friedemann Bachs Amtszeit in Halle entstanden, d. h. zwischen 1746 und 1764. Doch dürften die letzten Jahre, die 1764 plötzlich mit Wilhelm Friedemanns Verlassen seiner Organistenstellung endeten, ihm weniger Anlaß gegeben haben, sich mit komplizierten Kantaten seines Vaters Ruhm und Achtung zu erwerben. Da Wilhelm Friedemann dem Particell, im Gegensatz zu den ererbten Manuskripten seines Vaters, sicherlich keinen käuflichen Wert beimaß, wird er es 1774 nicht zum Verkauf in Braunschweig gelassen haben. Wahrscheinlich ist es bis zu seinem Tode im Jahre 1784 in Berlin in Wilhelm Friedemanns Besitz geblieben. Zwei Generationen später findet diese Annahme in dem Wiedererscheinen des Manuskripts in Berlin eine indirekte Bestätigung. Denn der nächste Besitzer oder derjenige, in dessen Händen sich das Manuskript gegen Mitte des 19. Jahrhunderts befand, war, nach der Überschrift des Manuskripts zu urteilen (s. Abb. 91), der Berliner Musiker Friedrich Wilhelm Jähns[8]. Er besaß eine größere Zahl Bachscher Manuskripte, und durch seine Hände gingen viele in den Besitz anderer Sammler über. 1946 wurde Wilhelm Friedemanns Particell der Houghton Library der Harvard University in Cambridge, Massachusetts, „zum Andenken an / Muriel Dimick Weston (1888–1945) / von / George Benson Weston" als Geschenk überreicht. Die Signatur des Manuskripts ist „46M-72PF" (sowie „pf MS Mus 62").

[7] Jacob Adlung, Anleitung zu der musikalischen Gelahrtheit, Erfurt 1758, Faks.-Ausgabe Kassel etc. 1953, S. 489f.

[8] Für weitere Einzelheiten zu Friedrich Wilhelm Jähns s. S. 82ff.

on the organist's "Use of Registration" of his "Anleitung zu der musikalischen Gelahrtheit" that was published in 1758, Adlung made the following particularly relevant observation: "When the *Directores* write the flute or oboe parts into the Continuo because they lack other assistants, they may after all be forgiven."[7]

Provenance

The history of the ownership of this particel is quite sporadic. Wilhelm Friedemann Bach probably wrote it during his employment in Halle, that is, between 1746 and 1764. Its very last years, however, which led in 1764 to his sudden relinquishing of his post as organist, were probably not conducive to an attempt on his part to endear himself to his employers by a performance of an imposing cantata by his father. Since Wilhelm Friedemann could hardly have looked upon this particel as a marketable commodity, as he ultimately came to look upon the manuscripts inherited from his father, he would not have left it in 1774 in Brunswick to be sold. It probably remained among his possessions until his death in 1784 in Berlin. This assumption is supported by the reappearance of the manuscript two generations later in Berlin. The next known owner or the one into whose hands the manuscript came towards the middle of the 19th century, was, according to the inscription on the particel (s. ill. 91). the Berlin music director Friedrich Wilhelm Jähns.[8] He owned and had borrowed quite a number of Bach manuscripts, certified – not always correctly – their authenticity and expedited their sale to others. In 1946 Wilhelm Friedemann's particel found its permanent home in the Houghton Library at Harvard University in Cambridge, Massachusetts. It was a present given "in memory of / Muriel Dimick Weston (1888–1945) / by / George Benson Weston." The call number of the particel is "46M-72PF." (It is catalogued also as "pf MS Mus 62".)

[7] Jacob Adlung, *Anleitung zu der musikalischen Gelahrtheit,* Erfurt 1758, Facs.-Edition Kassel etc. 1953, pp. 489f.

[8] For more information about Jähns (1809–1888) s. pp. 82f.

BWV 971 Italienisches Konzert, Abschrift von Johann Christoph Oley

Von den in einer Sammelhandschrift in der Boston Public Library vereinigten Abschriften der Goldberg-Variationen (s. S. 246f.), des 3. Teils der Klavierübung (s. S. 267f.) und des Italienischen Konzerts ist die letztere bei weitem die älteste und wertvollste. Die gut erhaltene Abschrift mißt 33,5 x 21 cm und besteht aus 6 Blättern oder 12 Seiten. Der Titel (s. Abb. 92) steht auf der ersten, der Musiktext auf den folgenden 11 Seiten. Jede der 11 Seiten ist mit 14 Notensystemen rastriert, die in 7 Akkoladen von je zwei Klavier-Systemen aufgeteilt sind. Für den ersten Satz mit der Überschrift „Concerto" benötigte der Schreiber Johann Christoph Oley 4 Seiten (1^{v}–3^{r}), für das „Andante" die nächsten 2 Seiten ($3^{v}/4^{r}$) und für den Schlußsatz, der die Überschrift „Presto" trägt, die übrigen 5 Seiten (4^{v}–6^{v}). Oley fordert den Spieler mit stets wechselnden Anweisungen zum Umblättern auf: „Volti subito" (2^{r}), „Volti Andante" (3^{r}), „Si Volti" (4^{r}) und „Verte" (5^{r} und 6^{r}). Die hier abgebildeten Seiten des Andante (s. Abb. 93) sagen über die Schönheit und den Charakter der Handschrift des jungen Oley mehr aus, als es Worte je könnten. Während die Tinte ihre ursprüngliche schwarze Farbe beibehalten hat, hat das Papier mit der Zeit eine gelbbraune Farbe angenommen. Das Papier macht nicht den Eindruck, beim Einbinden beschnitten worden zu sein. Ein Wasserzeichen ist nicht erkennbar.

Das Titelblatt trägt die Aufschrift: „Zweyter Theil / der / Clavierübung / bestehend aus einem / CONCERTO und / OUVERTURE / für einem / Clavicymbel mit 2 Manualen / von / Herrn Johann Sebastian / Bach, / Hochfürstl: Sächsl: Weißenfelßl: Kapellmeistern und Directore / Chori Musici Lipsiensis. / Joh: Chr: Oley. / Bernburg."[1] Wie auf der Abbildung der Titelseite zu sehen ist, stand ursprünglich anstelle des

BWV 971 The Italian Concerto, Copy by Johann Christoph Oley

The Italian Concerto is the oldest and most valuable of three manuscripts contained in a volume at the Boston Public Library. The other manuscripts, the Goldberg Variations and the 3rd part of the Clavierübung, will be described later (s. pp. 246 and 267f.). The well preserved copy of the Italian Concerto measures 33.5 x 21 cm and consists of 6 leaves or 12 pages. The title occupies p. 1 (s. ill. 92), the music the remaining 11 pages. They are lined with 14 staves which are grouped in 7 brackets of two clavier staves, notated in treble and bass clefs. The first movement, headed by the caption "Concerto," occupies 4 pages (1^{v}–3^{r}), the "Andante" the next 2 pages ($3^{v}/4^{r}$) and the final movement, headed "Presto," the remaining 5 pages (4^{v}–6^{v}). The copyist Johann Christoph Oley tells the player to turn pages by a variety of admonitions: "Volti subito" (2^{r}), "Volti Andante" (3^{r}), "Si Volti" (4^{r}) and "Verte" (5^{r} and 6^{r}). The reproduction of the 2 pages of the Andante (s. ill. 93) illustrates the beauty and character of young Oley's handwriting more eloquently than words could do. While the ink has retained its original black, the paper has taken on a tan color. The manuscript does not appear to have been trimmed in the process of binding. A watermark is not visible.

The title of the manuscript reads: "Second Part / of the / Clavierübung / consisting of a / CONCERTO and / OUVERTURE /for a / Harpsichord with 2 manuals / by / Herrn Johann Sebastian / Bach, / of His Highness the Prince of Saxe-Weißenfelß / Capellmeister and Director / Chori Musici Lipsiensis. / Joh: Chr: Oley. / Bernburg."[1] As the illustration shows, the "und" (after "CONCERTO") read originally: "in F dur" (the "dur" being still faintly visible). Also the word "Herrn" before Johann Sebastian was apparently changed.[2] The "2," added later in the

[1] Der Titel ist, unter Auslassung einiger Wörter und Phrasen, von dem 1735 erschienenen Originaldruck, der auch dem Musiktext als Vorlage gedient hat, kopiert. Ob Oley vorhatte, auch die Französische Ouverture abzuschreiben, oder ob er sie gar abgeschrieben hat, die Kopie aber nicht erhalten ist, läßt sich heute nicht mehr entscheiden.

[1] Although some words and phrases are omitted, the title was copied, as was the music, from the printed edition of 1735. Whether it had been Oley's intent to copy also the French Overture or whether he actually made a copy of it which has not survived, can no longer be ascertained.

[2] The editor of the NBA volume containing the Italian

„und" (nach dem Wort „CONCERTO"): „in F dur", (wovon das „dur" noch schwach sichtbar ist). Auch das Wort „Herrn" vor Johann Sebastian Bach scheint ehemals anders gelautet zu haben[2]. Auf der Titelseite ist ferner (rechts oben) eine „2" zu sehen, die diese Kopie als die zweite Handschrift des Sammelbandes kennzeichnet[3], und links oben ein schief aufgeklebtes Etikett mit der Nummer „6103"[4]. Ganz oben am rechten Rand ist folgende für die Überlieferungsgeschichte der Handschrift wichtige Widmung eingetragen: „Dem H. Moscheles zum Andenken / v. Hauser".

Der Schreiber der Handschrift ist Johann Christoph Oley (1738–1789), der eine Zeitlang für einen Schüler Bachs gehalten wurde, eine Ansicht, die heute nicht mehr haltbar ist. Der junge Organist Oley verließ seine Heimatstadt Bernburg im Februar 1762 und verbrachte den Rest seines Lebens als Organist und Schullehrer in Aschersleben. Da seine Unterschrift auf der Titelseite „Joh: Chr: Oley / Bernburg" lautet, muß er die Kopie des Italienischen Konzerts vor Februar 1762 hergestellt haben. Der von Johann Friedrich Agricola als Komponist von Orgel-Choralbearbeitungen gerühmte Oley[5] war einer der emsigsten Kopisten und Sammler Bachscher Handschriften in der Generation nach Bachs Tod. Die meisten seiner Kopien und der von ihm gesammelten Abschriften Bachscher Kompositionen sind heute in der Staatsbibliothek Preußischer Kulturbesitz in Berlin (West). Sie bestehen zum allergrößten Teil aus Abschriften von Bachs Orgel- und Klavierwerken sowie dem „Musikalischen Opfer". Das Italienische Konzert ist die einzige Bach-Abschrift Oleys, die den Weg nach Amerika gefunden hat.

[2] Der Hrsg. des betreffenden NBA-Bandes hat es als „Del Sigr: Johann Sebastian Bach" rekonstruiert. Prof. Christoph Wolff hat mir liebenswürdigerweise die diesbezügliche Seite vor Erscheinen des 1981 publizierten KB geschickt (KB zu NBA V/2, S. 14).

[3] Die Abschrift des 3. Teils der Klavierübung zeigt an derselben Stelle der Titelseite eine „3".

[4] Die beiden anderen Kopien der Sammelhandschrift weisen auf gleichartigen Etiketten die Nummern „6102" und „6104" auf.

[5] S. Dok III, Nr. 797, S. 280.

top right corner of the title page, refers to the place of this manuscript among the three that are bound together.[3] An obliquely pasted-on label at top left shows the number "6103."[4] The right top edge of the page bears an inscription which is of vital importance for the provenance of this manuscript. It reads: "A remembrance for H. Moscheles / from Hauser."

The writer of this copy, Johann Christoph Oley (1738–1789) was for quite some time considered a pupil of Bach, a claim that is, however, no longer tenable. The young organist Oley left his native town of Bernburg in February 1762 to spend the rest of his life as organist and school teacher in Aschersleben. Since he signed his name on the title page "Joh: Chr: Oley. / Bernburg," he must have written the copy of the Italian Concerto before February 1762. Praised by Johann Friedrich Agricola as a composer of chorale-variations for organ,[5] Oley was also one of the most industrious copyists and collectors of Bach manuscripts in the generation following Bach's death. His collection consisted nearly exclusively of copies of organ and clavier compositions by Bach as well as of the "Musical Offering."

Provenance

Most of Oley's copies of compositions by Bach show the letters "v.W." written with red ink usually below Oley's own name.[6] This "v.W." does not represent Carl von Winterfeld but another owner of Oley's manuscripts who has not yet been identified.[7] It thus appears that Oley's collection came through "v.W." into the hands of the

Concerto reconstructed the original wording as "Del Sigr: Johann Sebastian Bach." I want to thank Christoph Wolff for sending me a copy of the relevant page from the KB before the KB appeared in 1981 (KB to NBA V/2, p. 14).

[3] The copy of *Clavierübung* III bears the number "3" in the same corner of its title page.

[4] The other two manuscripts of this volume show on similar labels the numbers "6102" and "6104."

[5] S. Dok III, no. 797, p. 280.

[6] It can be seen, though only faintly, in the bottom right corner of the title page; s. ill. 92.

[7] For more information on Oley's life and work, s. Yoshitake Kobayashi, *Franz Hauser und seine Bach-Handschriftensammlung*, Ph. D. Diss. Göttingen 1973, pp. 141ff. and 172f.

Provenienz

Die meisten von Oleys Abschriften Bachscher Werke zeigen – gewöhnlich unter Oleys Namen – die mit roter Tinte geschriebenen Buchstaben „v.W."[6]. Bei „v.W." handelt es sich nicht um Carl von Winterfeld, sondern um einen namentlich noch nicht identifizierten Besitzer der Oleyschen Handschriften[7]. Somit muß angenommen werden, daß Oleys Sammlung über „v.W." in den Besitz des Sängers Franz Hauser (1794 bis 1870) gelangt ist. Wie das Titelblatt oben am rechten Rand zeigt, schenkte Hauser, einer der unermüdlichsten Sammler Bachscher Handschriften im 19. Jahrhundert, die Kopie des Italienischen Konzerts dem Pianisten Ignaz Moscheles (1794–1870). Es ist wahrlich erstaunlich, daß man von der hier zum ersten Mal abgebildeten Titelseite über einhundert Jahre der Überlieferungsgeschichte des Manuskripts ablesen kann, nämlich von Oley über „v.W." und Hauser bis zu Moscheles (von vor 1762 bis 1870). Hauser und Moscheles, die nicht nur im selben Jahr in oder in der Nähe von Prag geboren waren, sondern auch im selben Jahr starben, waren intime und hochgeschätzte Freunde Mendelssohns. Ob die Handschrift aus Moscheles Besitz oder Nachlaß direkt in die Hände des leidenschaftlichen amerikanischen Sammlers Allen Augustus Brown (1835 bis 1916) gekommen ist, läßt sich nicht mehr feststellen. Der aus einer alten Bostoner Familie stammende Brown fing schon als Student an der Harvard University an, Partituren zu sammeln, eine Tätigkeit, die er als Sänger, Geschäftsführer und Bibliothekar verschiedener Bostoner Gesangvereine in immer größerem Maße fortsetzte. Auf seinen späteren Europareisen wurde der reiche Amerikaner als erfolgreicher Sammler so bekannt, daß die Verantwortlichen des Britischen Museums einen Londoner Antiquar baten, das Britische Museum doch zuerst wissen zu lassen, wenn er irgend etwas von Wert zu verkaufen habe[8]. 1894 schenkte

[6] Sie sind auch hier auf Abb. 92 in der rechten unteren Ecke schwach sichtbar.

[7] Für die hier angeführten Einzelheiten und zu weiteren Details über Oleys Leben und Wirken s. Yoshitake Kobayashi, Franz Hauser und seine Bach-Handschriftensammlung, Phil. Diss. Göttingen 1973, S. 141ff. und 172f.

[8] Vgl. Barbara Duncan, The Allen A. Brown Libraries.

singer Franz Hauser (1794–1870). As the title page shows, Hauser, one of the most successful collectors of Bach manuscripts in the 19th century, gave this copy of the Italian Concerto as a souvenir to the great pianist Ignaz Moscheles (1794–1870). The title page, reproduced here for the first time, thus discloses more than a century of ownership of the manuscript: from Oley via "v.W." and Hauser to Moscheles, that is, from before 1762 to 1870. Hauser and Moscheles, both among Mendelssohn's most intimate friends, were not only born in the same year in or near Prague but also died in the same year. Whether the copy of the Italian Concerto came directly from Moscheles or his estate into the possession of the American collector Allen Augustus Brown (1835–1916), can no longer be determined. Brown who descended from an old Bostonian family, began as a student at Harvard University to collect scores, an activity that gained in intensity and volume as he became a singer and at the same time secretary and librarian of several Boston choruses. During his later trips to Europe the wealthy American became so conspicuous as a successful collector that the authorities of the British Museum begged one particular dealer: "When you have anything to sell, let us see it first."[8] On the occasion of the completion of the new library building in 1894, Brown presented his music collection of over 13,000 volumes to the Boston Public Library. He subsequently donated every year about 300 items to it.[9] The *Allen A. Brown Collection* is still today one of the most important components of the Music section of the Boston Public Library. The bound volume in which Oley's copy of the Italian Concerto is the second manuscript, bears the catalogue number "Ms.M.200.12."

[8] Cf. Barbara Duncan, "The Allen A. Brown Libraries. The Music Collection," in: *The Bulletin of the Boston Public Library*, April–June 1922, p. 122.

[9] The three Bach manuscripts were apparently added in 1898. The verso of the title page of the Goldberg Variations, the first of the three manuscripts in the volume of the Allen A. Brown Collection, bears the following accession information: "M.100.12 /Allen A. Brown / June 10, 1898."

Brown seine über 13000 Bände umfassende Musiksammlung der Boston Public Library anläßlich der Einweihung ihres neuen Gebäudes und fügte danach jährlich noch rund 300 weitere Werke hinzu[9]. Die Allen A. Brown-Sammlung ist auch heute noch einer der wichtigsten Bestandteile der Musikabteilung der Boston Public Library. Die Sammelhandschrift, die Oleys Abschrift des Italienischen Konzerts enthält, trägt die Signatur „Ms.M.200.12".

BWV 806–811 Englische Suiten, Abschrift von Präludien und Giguen aus den Suiten BWV 806, 808, 810 und 811

In der Bibliothek des Riemenschneider Bach Institute des Baldwin-Wallace College in Berea, Ohio, liegen drei Manuskripte[1], die merkwürdigerweise nur Präludien und Giguen von etwas über der Hälfte der Bachschen Englischen Suiten enthalten. Sie stammen von der Hand ein und desselben Kopisten. Das besonders starke Papier, das wie gewöhnlich eine einwandfreie Identifizierung des Wasserzeichens erschwert, mißt in allen sieben Bogen der 3 Hefte 34 x 20,5 cm. Das komplizierte Wasserzeichen scheint in den 3 Manuskripten dasselbe zu sein, obgleich man seine Umrisse nur undeutlich erkennen kann. Am klarsten ist es auf dem letzten Blatt des 3. Heftes (Nr. 537), wohl weil dessen letzte Seite unbeschrieben ist. Das gekrönte sächsische Wappen mit gekreuzten Schwertern auf einer Seite ist von einem dekorativen Oval umgeben und macht den Eindruck einer barocken Vase oder Urne. Mit etwas Fantasie glaubt man unter der Urne das Wort „Dresden" entziffern zu können. Darunter befinden sich etwa 8 nur halbwegs lesbare Buchstaben. Das kursäch-

The Music Collection, in: The Bulletin of the Boston Public Library, April–June 1922, S. 122.

[9] Der Sammelband mit den drei Bach-Handschriften wurde wohl 1898 von der Boston Public Library entgegengenommen. Die verso-Seite des Titelblatts der Goldberg-Variationen, des ersten der drei Manuskripte in dem Bach-Band der Allen A. Brown-Sammlung, gibt folgende Auskunft über den Erhalt des Bandes: „M.200.12 / Allen A. Brown / June 10, 1898."

[1] Die Signaturen sind „539", „536" und „537" sowie „M 2. 1M6–8".

BWV 806–811 English Suites, Copies of Preludes and Gigues from Suites BWV 806, 808, 810 and 811

The Library of the Riemenschneider Bach Institute of the Baldwin-Wallace College in Berea, Ohio owns 3 fascicles[1] which contain, somewhat strangely, only the preludes and gigues of slightly over one-half of Bach's English Suites. They are in the handwriting of the same copyist. The unusually heavy paper which tends to render identification of watermarks difficult, measures in all seven folios of the 3 manuscripts 34 x 20.5 cm. The complex watermark seems to be identical in the 3 fascicles though its outlines are not easily traceable. The watermark is more clearly visible on the last leaf of the third fascicle (No. 537) perhaps because its last page (4^{v}) is blank. A coat of arms with two crossed swords at one side and enclosed by an ornate oval gives the impression of a baroque vase or urn, surmounted by a crown. With a bit of imagination the word „Dresden" can be detected below the urn. Beneath it about 8 letters are vaguely discernible. This Electoral Saxon coat of arms and the cursive writing of "Dresden" led Dürr[2] to compare this watermark with others found in documents of 1748 and 1751 and to point to "GH Seydler," who between 1739 and 1751 worked at the Dresden paper mill, as the possible papermaker.

[1] RBI file numbers "539," "536" and "537" as well as "M 2. 1M6–8."

[2] I want to express my thanks to Dr. Dürr for his kindness in sending me an advance copy of the relevant pages from his KB before the KB appeared in 1981 (cf. KB to NBA V/7, p. 38).

sische Wappen und die Kursivschrift von „Dresden" veranlaßten Dürr[2], dieses Wasserzeichen mit ähnlichen in Dokumenten aus den Jahren 1748 und 1751 zu vergleichen und „GH Seydler", der zwischen 1739 und 1751 in der Dresdner Papiermühle tätig war, als Papiermacher zu vermuten.

Die 3 Berea-Manuskripte bestehen aus ineinanderliegenden Bogen. Das 1. Heft umfaßt 3 Bogen. Sein Titelblatt „Svite Premiere avec Prelude / del Sig*. / +Jean Sebast. Bach." (Bl. 1^r) und die 1. Seite des kurzen Präludiums der 1. Englischen Suite in A-dur (BWV 806/1, Bl. 1^v) seien hier abgebildet (s. Abb. 94 und 95), in der Hoffnung, daß sie zur Identifizierung des Kopisten beitragen mögen.

Oben auf den Seiten des 1. Manuskripts hat jemand mit Bleistift die Seiten numeriert (s. die „1" in Abb. 95). Auf Bl. 2^v schrieb der Schreiber zunächst die 2 Anfangstakte der folgenden Allemande, um sie jedoch gleich wieder auszustreichen. Er fuhr dann mit der „Svite Troisieme avec Prelude" fort, indem er das Präludium und die „Gique" der g-moll-Suite (BWV 808/1 und 7) auf Bll. 2^v–5^r eintrug und das Manuskript (auf Bll. 5^v–6^v) mit der „Giqve" der d-moll-Suite (Nr. 6, BWV 811/7) beschloß. Obgleich der äußere Bogen in zwei Blätter auseinanderzufallen droht – er ist von unten bis zur Mitte eingerissen – ist das Manuskript im ganzen noch gut erhalten. Dies trifft auch auf die beiden anderen Manuskripte zu. Die Tintenfarbe der Rastrierung ist blasser als die tiefschwarzen Noten. Das Papier ist nur leicht gebräunt.

Das 2. Heft, das sich wie das 3. aus zwei Bogen zusammensetzt, besteht aus dem Titelblatt, das einen Wasserflecken aufweist und den Wortlaut „Prelude del Sig. Jean Sebast. Bach." trägt, und dem großen fugierten Präludium und der „Giqve" der e-moll-Suite (Nr. 5, BWV 810/1 und 7, auf Bll. 1^v–4^r). Das etwas wurmstichige 3. Heft enthält außer dem Titelblatt[3] das längste der

[2] Für die freundliche Übersendung der betreffenden Seiten vor Erscheinen des 1981 publizierten KB zu den Englischen Suiten möchte ich Dr. Dürr meinen herzlichen Dank aussprechen (vgl. KB zu NBA V/7, S. 38).

* = l-förmige Schlußschleife;

+ = Zierornament.

[3] Dieses hat denselben Wortlaut wie das Titelblatt des 2. Heftes.

The folios of the 3 Berea manuscripts are placed one into the other. The first fascicle (No. 539) consists of 3 folios. Its title page "Svite Premiere avec Prelude/del Sig*./ +Jean Sebast. Bach." (1^r) and page 1 of the short Prelude of the first English Suite in A major (BWV 806/1, 1^v) are reproduced (s. ills. 94 and 95) in the hope that this may lead eventually to the identification of the copyist.

The top corners of the pages of the first fascicle show pencil numbering (s. the "1" in ill. 95). On leaf 2^v the copyist at first entered the two opening measures of the subsequent Allemande, only to cross them out again. He then continued with "Svite Troisieme avec Prelude," writing the Prelude and "Gique" of the G minor Suite (BWV 808/1 and 7) on leaves 2^v through 5^r and completing the manuscript (on 5^v–6^v) with the "Giqve" of the D minor Suite (No. 6, BWV 811/7). Except for the fact that the outer folio is split for half of its length from the bottom up, the condition of the fascicle is still fairly good as is that of its two companion manuscripts. The ruling of the staves appears in paler ink than the deep black color of the notes. The paper has turned only slightly brown.

The second manuscript consists, like the third, of 2 folios which accommodate the slightly water-stained title page ("Prelude del Sig. Jean Sebast. Bach.") and the impressive fugued Prelude and the "Giqve" of the E minor Suite (No. 5, BWV 810/1 and 7, on 1^v–4^r). The third fascicle, slightly marred by wormholes, contains in addition to its title page[3] the longest among the preludes of the English Suites, that of the 6th Suite in D minor (BWV 811/1, on 1^v–4^r). The last page (4^v) of both fascicles is blank, not even ruled. The three manuscripts are unbound.

In addition to these three fascicles the Riemenschneider Bach Institute houses two other manuscripts which were obviously written by the same copyist. The 4 Fugues of one of these manuscripts have been attributed by the director of the RBI to Johann Baptist Cramer (1771–1858) in view of the fact that the B-flat major "Fuga" bears the heading "di Cramer." Although Cramer was

* = l-shaped closing loop;

+ = Ornament.

[3] It shows the same wording as the title page of fascicle 2.

Präludien der Englischen Suiten, nämlich das der 6. Suite in d-moll (BWV 811/1, auf Bll. 1^v–4^r). Die letzte Seite dieser beiden Hefte ist leer, nicht einmal rastriert. Die 3 Manuskripte sind nicht eingebunden.

Außer diesen drei Bach-Kopien besitzt das Riemenschneider Bach Institute noch zwei weitere Manuskripte, die offensichtlich von demselben Kopisten geschrieben worden sind. Die Direktorin des Institutes hat die 4 Fugen aus einem dieser Manuskripte Johann Baptist Cramer (1771–1858) zugeschrieben, und zwar auf Grund der Tatsache, daß die B-dur-Fuge die Überschrift „di Cramer" trägt. Obgleich Cramer ein Wunderkind war, das in London von Carl Friedrich Abel und Muzio Clementi ausgebildet wurde, so scheint es doch höchst unwahrscheinlich, daß der Kopist der Sätze aus Bachs Englischen Suiten 30 bis 40 Jahre später mit unveränderten Schriftzügen Fugen oder andere Stücke von Johann Baptist Cramer geschrieben haben sollte. Zudem zeigt die g-moll-Fuge des Berea-Manuskripts die Überschrift „di JGC", deren zweite Initiale (G) Johann Baptist Cramer als Komponist dieser Fugen ausschließt.

Bei dem anderen Berea-Manuskript, das ebenfalls die charakteristische fließende Handschrift des Kopisten der 7 Sätze aus Bachs Englischen Suiten aufweist, handelt es sich um eine Abschrift der „Sei brevi Sonate" von Christoph Nichelmann (1717 bis 1762)[4], die im Jahre 1745 im Druck erschienen waren. 1745 ist somit der terminus post quem für die Berea-Abschrift von Nichelmanns Cembalo-Sonaten. Diese Tatsache untermauert auch Alfred Dürrs Bemerkung, das Wasserzeichen der Berea-Abschriften aus Bachs Englischen Suiten betreffend: „zwei ähnliche Zeichen aus anderweitigem Dokumentenmaterial sind für 1748 und 1751 belegt"[5]. Sollte diese mutmaßliche Datierung auf die Jahrhundertmitte sich (möglicherweise weniger präzise) auch auf Nichelmanns Sonaten und Cramers Fugen erstrecken, dann wird man nach der Identi-

[4] Nichelmann war von 1744 bis 1755 2. Cembalist unter Carl Philipp Emanuel Bach am Hofe Friedrichs des Großen. Die Identifizierung des Berea-Manuskripts ist wiederum Hans-Joachim Schulze zu verdanken.

[5] KB zu NBA V/7, S. 38; vgl. Fn. 2.

a remarkable prodigy who was taught in London by Carl Friedrich Abel und Muzio Clementi, it seems unlikely that the copyist of Bach's English Suite movements should 30 to 40 years later, without showing any change in his handwriting, have been the scribe of compositions by Johann Baptist Cramer. Since the G minor Fugue of the Berea manuscript shows in the top right corner the inscription "di JGC" its second initial (G) rules Johann Baptist Cramer out as composer of these fugues.

The other manuscript in the library of the RBI which shows the distinctive and fluent handwriting of the copyist of the seven movements from Bach's English Suites, turns out to be a copy of the "Sei brevi Sonate" by Frederick the Great's second harpsichordist, Christoph Nichelmann (1717–1762)[4] which were published in 1745. The year 1745 is thus the *terminus post quem* for the Berea copy of Nichelmann's keyboard sonatas. This fact tends to corroborate Alfred Dürr's observation[5] regarding the watermark of the Berea copies of Bach's English Suite movements, namely that "two similar watermarks ... are documented for 1748 and 1751." Should this tentative dating of the Berea Bach copies also apply (more or less generally) to the Berea copies of the Nichelmann Sonatas and the Cramer Fugues, it might cause one to look for the identity of this J. G. Cramer as a musician who in the mid-century lived in or near Dresden, provided the watermark indicates that the paper of the Cramer Fugues was likewise manufactured in that city.

The French titles of the three Berea Bach manuscripts strengthen the assumption that these copies were written by a copyist at the Saxon Court where French and Italian musicians and their languages were quite at home. It should therefore lie in the realm of possibilities that the writer of the Berea Bach, Nichelmann and J. G. Cramer manuscripts might some day be identified, quite conceivably as one of the professional copyists or musicians who were connected with the Dresden Court in the middle of the 18th century.

[4] The RBI and I owe this identification to the perspicacity of Dr. Hans-Joachim Schulze.

[5] KB to NBA V/7, p. 38; cf. fn. 2.

tät von J. G. Cramer wohl bei Zeitgenossen in oder in der Nähe von Dresden suchen dürfen, vorausgesetzt, das Papier der Cramer-Fugen erweist sich ebenfalls als in Dresden hergestellt.

Die französischen Titel der Berea-Bach-Manuskripte bestärken die Vermutung, daß diese Abschriften von einem Kopisten am Dresdner Hof stammen, an dem französische und italienische Musiker zu Hause waren. Somit sollte es im Bereich der Möglichkeiten liegen, daß der Schreiber dieser Bach-, Nichelmann- und J. G. Cramer-Manuskripte eines Tages identifiziert wird; wobei es denkbar wäre, daß er sich als einer der Kopisten oder Musiker herausstellt, der in der Mitte des 18. Jahrhunderts am Dresdner Hof tätig war.

Provenienz

Es ist nicht überliefert, in welchem Jahr und von wem Albert Riemenschneider diese drei Bach-Manuskripte in der ersten Hälfte des 19. Jahrhunderts erworben hat. Sie befinden sich jetzt in der Bibliothek des Riemenschneider Bach Institute in Berea, Ohio.

Provenance

From whom and in what year Albert Riemenschneider acquired these Bach manuscripts is not known. They are now in the library of the Riemenschneider Bach Institute at Baldwin-Wallace College in Berea, Ohio.

BWV 988 Goldberg-Variationen, fünf Abschriften

Von keiner Bachschen Komposition gibt es in Amerika mehr Abschriften aus dem 18. Jahrhundert als von den Goldberg-Variationen. Im Gegensatz zu den vollständigen Kopien der Goldberg-Variationen handelt es sich bei den fünf Manuskripten des Wohltemperierten Klaviers, die sich in den USA befinden, nur um eine nahezu vollständige Abschrift des 1. Teils (1725 begonnen, s. S. 199 ff.), um die Fugen des 2. Teils (vor 1782, s. S. 250 ff.) und um drei Teilabschriften einiger Präludien und Fugen aus dem 1. Teil (1747, s. S. 219 ff.), einer Einzelfuge (1738–1741, s. S. 215 ff.) und Mozarts Kopie von 5 Fugen aus dem 2. Teil (1782, s. S. 256 ff.). Drei dieser Kopien wurden noch zu Bachs Lebzeiten hergestellt, dagegen stammen alle fünf Abschriften der Goldberg-Variationen aus der zweiten Hälfte des 18. Jahrhunderts. Das sollte an sich keinen Anlaß zu Verwunderung geben, da den Kopisten der Goldberg-Variationen die zwi-

BWV 988 Goldberg Variations, Five Copies

No other composition by Bach is represented in America by more copies than the Goldberg Variations. Of the five American manuscripts of the Well-Tempered Clavier only one is a nearly complete copy of Book I (begun in 1725, s. pp. 199 ff.), one a copy of all the fugues of Book II (before 1782, s. pp. 250 ff.) and the other three either copies of some preludes and fugues from Book I (1747, s. pp. 219 ff.) or of a single fugue from Book II (1738–41, s. pp. 215 ff.) or of Mozart's copy of five of its fugues (1782, s. pp. 256 ff.). In contrast to these five copies of which three were made during Bach's lifetime, the five American copies of the Goldberg Variations are complete and were made in the generation following his death. This should not be surprising in view of the fact that the Goldberg Variations had appeared in print (between 1742 and 1745) as the 4th part of the *Clavierübung*. What is surprising is that so many handwritten copies of a published work should have been

schen 1742 und 1745 gedruckte Auflage dieses 4. Teils der Clavierübung als Vorlage zur Verfügung stand. Erstaunlich ist vielmehr, daß handschriftliche Kopien eines gedruckten Werkes überhaupt hergestellt wurden. Bachs Schüler Kittel (s. unten) schrieb das Variationenwerk sogar mindestens zweimal ab. Da die Auflage der Goldberg-Variationen wahrscheinlich aus nicht mehr als 100 Exemplaren bestand, war es nicht nur billiger, sondern anscheinend auch weniger beschwerlich, wenn auch zeitraubender, das Werk abzuschreiben, als sich eine der damals schon selten gewordenen gedruckten Exemplare käuflich zu beschaffen.

Johann Christian Kittel (1732–1809) war Bachs letzter bedeutender Schüler. Nach fünf Jahren als Organist in Langensalza (1751–1756) kehrte er in seine Heimatstadt Erfurt zurück, wo er zunächst Organist an der Barfüßerkirche und 1762 als Nachfolger seines vormaligen Lehrers Jacob Adlung Organist an der Predigerkirche wurde, eine Stellung, die er bis zu seinem Lebensende behielt. Unermüdlich als Kopist, häufte Kittel eine erstaunlich reiche Sammlung von Orgel- und Klaviermusik an, deren Kern aus Kopien der Musik seines verehrten Leipziger Mentors und Meisters bestand. Wie Bach war Kittel ein großer und einflußreicher Lehrer. Als solcher übermittelte er Bachs polyphonen Stil seinen vielen Schülern, die ihrerseits als Kopisten, Lehrer und ausübende Musiker einen nicht unbeträchtlichen Teil der Bachschen Orgel- und Klavierwerke ins 19. Jahrhundert hinüberretteten (s. S. 208).

Von Kittels zwei Abschriften der Goldberg-Variationen, die ihre jetzige Heimat in den Vereinigten Staaten gefunden haben, weist eine Kittels Monogramm „JCK" sowie eine Echtheitsbestätigung eines späteren Besitzers auf (s. Abb. 96). Während Kittel diese Abschrift bis zu seinem Lebensende behielt – er starb im hohen Alter von 77 Jahren –, verschenkte er die andere Kopie. Der Zusatz (rechts unten auf dem Titelblatt) „Andenken seines besten Schülers / J. Chr. Kittels." (s. Abb. 98) stammt nicht von Kittels Hand, sondern von der des nächsten Besitzers, der das Manuskript als Geschenk erhielt. Seine Handschrift ist weder die des Kittel-Schülers Johann Christian Heinrich Rinck (1770 bis 1846), dem Kittel einen großen Teil seiner

made at all. In fact Bach's pupil Kittel (s. below) made at least two of them. Since probably no more than one hundred copies of the Goldberg Variations were published, it was obviously cheaper and less troublesome though more time-consuming to copy rather than try to purchase one of the rare printed copies.

Johann Christian Kittel (1732–1809) was the last important pupil of Bach. After five years as organist in Langensalza (1751–56) he returned to his native town, Erfurt, where he became organist at the Barfüßerkirche and in 1762 Jacob Adlung's successor as organist at the Predigerkirche, which position he held for the rest of his life. As an indefatigable copyist Kittel amassed a huge collection of organ and clavier music, the core of which consisted of copies of music of his beloved Leipzig mentor and master. Like Bach Kittel was a great and influential teacher who passed Bach's polyphonic style on to his many pupils who in turn as copyists and teachers transmitted a formidable portion of Bach's organ and clavier music to the 19th century (s. p. 207).

Of Kittel's two copies of the Goldberg Variations that are in the United States, one shows on its title page his monogram "JCK" and the authentication of a later owner (s. ill. 96). While Kittel kept this copy throughout his long life of 77 years, he presented the other copy to a friend or pupil. The inscription at the bottom right corner "Remembrance of his best pupil / J. Chr. Kittel" (s. ill. 98) is not written by Kittel but by the fortunate recipient and subsequent owner of this precious gift. This handwriting, however, is neither that of his pupil Johann Christian Heinrich Rinck (1770–1846) to whom Kittel had given a great number of his manuscripts (s. p. 207) nor that of his pupil and nephew Johann Wilhelm Häßler (1747–1822). I approached the problem of which one of Kittel's two copies might be the earlier by comparing the text of their title pages, letter by letter and line by line, with the title page of the printed edition. The manuscript in high format turned out to be the more literal copy of the printed title page while the oblong manuscript not only adds "Vierter Theil / der" to Bach's title but changes Bach's abbreviations or corrects his

bedeutenden Handschriftensammlung gegeben hatte (s. S. 208), noch die von Kittels Schüler und Neffen Johann Wilhelm Häßler (1747–1822). Ich versuchte die Frage der chronologischen Reihenfolge der zwei Kittel-Kopien zu lösen, indem ich zunächst den Text ihrer Titelblätter Buchstabe für Buchstabe und Zeile für Zeile mit Bachs Titelblatt der gedruckten Ausgabe verglich. Dabei stellte sich das Manuskript in Hochformat als die in jeder Hinsicht wortgetreuere Abschrift des gedruckten Titelblattes heraus, während die Kopie in Querformat dem Bachschen Titelblatt nicht nur „Vierter Theil / der" hinzufügte, sondern auch Bachs Abkürzungen nur zum Teil wörtlich übernahm und Bachs Rechtschreibung einige Male – und nicht zu Unrecht – verbesserte (s. Abb. 98). Da die Handschrift in Hochformat eine beinahe peinlich genaue, ästhetisch schöne und klare Abschrift darstellt, während die Kopie in Querformat mit einer gewissen Eile und nervösem Schwung, jedoch mit größerer Ökonomie in der Einteilung des verfügbaren Raumes geschrieben worden zu sein scheint, neigte ich dazu, die Hochformatkopie als die früher geschriebene anzusprechen. Zur Prüfung dieser Annahme bat ich den Graphologen Karl Aschaffenburg aus Princeton, New Jersey, um seine Meinung, die meine Annahme bestätigte[1].

Der Schreiber der dritten amerikanischen Kopie der Goldberg-Variationen hat die merkwürdige Gewohnheit, Bachs zweiten Vornahmen mit einem zusätzlichen „g" zu buchstabieren (s. auf der Abb. 100 „Sebastigan."). Bach-Kennern ist dieser Schreiber als „Anonymus 403" bekannt, der außer Kompositionen Wilhelm Friedemanns und Carl Philipp Emanuel Bachs die vollständige Partitur von Johann „Sebastigan" Bachs „h-moll-Messe" kopiert hat[2]. Diese Abschrift wurde für die Bibliothek der Prinzessin Amalie von Preußen hergestellt. Anonymus 403 gehört somit zu dem Kreis der Berliner

[1] Sein Brief, für den ich ihm hier nochmals bestens danken möchte, endet nach einer Anzahl graphologischer Beobachtungen mit den Worten: „Immerhin scheint mir mehr dafür zu sprechen, daß die Hochformatkopie zuerst entstanden ist."

[2] Hans-Joachim Schulze machte mich dankenswerterweise auf diese Partiturabschrift aufmerksam. S. auch NBA II/1, KB, S. 19.

spelling (not unjustly) several times (s. ill. 98). The handwriting of the manuscript in folio format is an almost pedantically accurate, beautiful and clear copy of Bach's printed edition. While the other manuscript in oblong format appears to have been written at greater speed and with a more nervous elan, it uses its space more economically. I felt inclined to regard the manuscript in folio format as the earlier of the two. To check this interpretation I sought and received the professional advice of the Princeton graphologist Karl Aschaffenburg who confirmed my opinion.[1]

The scribe of the third American copy of the Goldberg Variations has the curious habit of spelling Bach's name "Johann Sebastigan Bach" (s. ill. 100). To Bach experts he is known as "Anonymous 403" who copied music of Wilhelm Friedemann and Carl Philipp Emanuel Bach and the complete score of Johann "Sebastigan" Bach's B minor Mass.[2] This copy was written for the library of Princess Amalia of Prussia. Scribe anonymous 403 thus belongs to the Berlin circle of Bach devotees. His copy of the Goldberg Variations might be dated between the 1760s and 1780s.

The following chart tries to give the vital statistics of these three American copies of the Goldberg Variations.

[1] His letter for which I would like to thank him again, is full of graphological observations and ends: "After all that has been pointed out, it appears to me that more speaks for the copy in high format as the one that was created first."

[2] I want to thank Hans-Joachim Schulze for having drawn my attention to this copy. S. also NBA II/1, KB, p. 19.

Bach-Enthusiasten der 1760er bis 1780er Jahre, in welche Zeit wohl auch die Abschrift der Goldberg-Variationen zu datieren ist.

Die folgende Tabelle zeigt die wesentlichen Angaben zu diesen drei Abschriften.

	Kittel I (Hochformat / Folio format)	**Kittel II** (Querformat / Oblong format)	**Anonymus 403**
Größe/Size	35 x 22,5 cm	22 x 30,5 cm	35,5 x 21,5 cm
Seitenzahl / No. of pages	Tbl. + 49 S. Notentext; jedoch 30 Bll. (= 15 Bogen) / t. p. + 49 pp. of music; but on 30 leaves (= 15 folios)	Tbl. + 36 S. Notentext + 11 leere, aber rastrierte S. (= 24 Bll.) / t. p. + 36 pp. of music + 11 empty but ruled pp. (= 24 leaves)	Tbl. + 41 S. Notentext + 2 leere S. (= 22 Bll.) / t. p. + 41 pp. of music + 2 empty pp. (= 22 leaves)
Bogenlage / Gathering	5 Lagen von je 3 Bogen (Ternios); die letzten 9 S. sind leer, das Schlußblatt ist auf den inneren Rückendeckel aufgeleimt. / 5 gatherings of 3 folios (trifolia); the last 9 pp. are blank, the last leaf is glued to the inside of the back cover.	24 Einzelbll. / single leaves	3 Lagen von 5, 1 und 5 Bogen; das letzte Bl. ist leer. / 3 gatherings of 5, 1 and 5 folios (bifolia); the last leaf is blank.
Erhaltungszustand des Ms. / General condition of ms.	gut /good	ausgezeichnet / excellent	gut / good
Papierfarbe / Color of paper	gelblich weiß / cream colored	weiß/white	hellbraun / light brown
Tintenfarbe / Color of ink	schwarz / black	schwarz und von außergewöhnlicher Klarheit / black, superbly clear	schwarz / black
Anzahl der Notensysteme / No. of staves	10–12 (= 5–6 Klaviersysteme / double staves)	10 (= 5 Doppelsysteme / braces à 2)	12–14 (= 6–7 Klaviersysteme / double staves)
Wasserzeichen / Watermark	nicht sichtbar / none visible	nicht sichtbar / none visible	nicht sichtbar / none visible
Ungefähre Entstehungszeit / Approximate date	1750er–1760er Jahre (?) / 1750s–1760s (?)	1770er–1790er Jahre (?) / 1770s–1790s (?)	1760er–1780er Jahre (?) / 1760s–1780s (?)
Schreiber / Writer	Johann Christian Kittel	Johann Christian Kittel	Anonymus 403 / Anonymous 403
Einband oder Umschlag / Binding	Papierumschlag mit Etikett / paper wrapper, with label	brauner Pappumschlag mit Etikett / brown cardboard binding, with label	gebunden / bound

Kittel I, die frühe Kopie (Hochformat; s. Abb. 96 und 97)

Das Manuskript ist von einem Umschlag mit einem schönen, ebenmäßigen Muster umgeben. Auf der Vorderseite steht auf einem achteckigen Etikett: „Originale/ von/ Johann Christian Kittel/ (Organist in Erfurt

Kittel's Copy I (in folio format; s. ills. 96 and 97)

A wrapper with a beautiful even design envelopes the manuscript. It bears an octagonal label which reads: "Original / by/ Johann Christian Kittel/ (organist in Erfurt / (pupil of the great [? or late?] J. Seb. Bach"

/ (Schüler des grossen [? oder gest. ?] J. Seb. Bach" sowie in der linken oberen Ecke die Nummer „34". Am Ende der meisten Variationen fügt Kittel „Sieque [sic] Variatio . . . / Volti" hinzu. Unten auf der Seite, auf welcher die letzte „Variatio 30. â 1. Clav. Quodlibet." steht, schreibt Kittel „Aria da Capo ê / Fine".

Provenienz

Auf der Versteigerung des Kittelschen Nachlasses[3] wurde das Manuskript von Johann Gottfried Schicht (1753–1823), der 1785 Johann Adolf Hillers Nachfolger als Leiter der Leipziger Gewandhauskonzerte wurde, erworben. 1810, ein Jahr nach dem Ankauf von Kittels Kopie, wurde Schicht als Nachfolger August Eberhard Müllers zum Thomaskantor gewählt. Schicht trug seinen Namen auf dem Titelblatt der Kittel-Kopie ein (s. Abb. 96). Auf der Versteigerung von Schichts Nachlaß, die 9 Jahre nach seinem Tod abgehalten wurde, gelangte das Manuskript in den Besitz von Carl Ferdinand Becker (1804–1877), dem weit-bekannten Herausgeber von Bachs Chorälen, Mitbegründer der Bach-Gesellschaft, Orgellehrer in Mendelssohns Konservatorium und unermüdlichen Bibliophilen. Er zeichnete nicht nur seinen Namen und das Datum der Manuskript-Erwerbung „C. F. Becker. / 1832." unter Schichts Namen auf dem Titelblatt ein, sondern bestätigte auch die Echtheit der Handschrift unter Kittels schwungvollem Monogramm mit den Worten „(Handschrift von Bachs Schüler, Johañ-Christian Kittel.)". Nach Beckers Tod[4] verschwand das Manuskript, um nahezu ein Jahrhundert später, in den 1970er Jahren, in der Londoner Firma Otto Haas, Besitzer Albi Rosenthal, wiederaufzutauchen. In dem Versteigerungskatalog vom 21. November 1978 von Sotheby in London wurde Kittels Kopie (als Nr. 301) zum Verkauf angeboten und von seinem heutigen Besitzer, Herrn Don

[3] Versteigerungskatalog Kittel 1809, S. 20, Nr. 412.

[4] Becker schenkte seine große Sammlung im Jahre 1856 der Musikbibliothek der Stadt Leipzig. Doch scheint Kittels Manuskript nicht unter den Schätzen der Becker-Stiftung gewesen zu sein, aus welcher das Manuskript wohl kaum seinen Weg in Privathände gefunden haben würde.

and shows the number "34" in the top left corner. At the end of most variations Kittel added "Sieque [sic] Variatio . . . / Volti." At the bottom of the page containing the last "Variatio 30. â 1. Clav. Quodlibet" Kittel writes "Aria da Capo. ê/ Fine."

Provenance

At the auction of Kittel's estate[3] the manuscript was acquired by Johann Gottfried Schicht (1753–1823) who in 1785 became Johann Adolf Hiller's successor as conductor of the Leipzig Gewandhaus Concerts. In 1810, one year after his acquisition of the Kittel manuscript, he succeeded August Eberhard Müller as Thomas Cantor. The title page shows the simple signature "Schicht" (s. ill. 96). Nine years after Schicht's death, at the auction of his estate, the manuscript came into the possession of Carl Ferdinand Becker (1804–1877), the well-known editor of Bach's chorales, cofounder of the *Bach-Gesellschaft*, organ teacher in Mendelssohn's Conservatory and avid bibliophile. He signed not only his name and the date of his purchase "C. F. Becker. / 1832." below that of Schicht but also authenticated the manuscript beneath Kittel's elaborate monogram "JCK" by adding: "(Handwriting of Bach's pupil, Johañ-Christian Kittel.)" After Becker's death[4] the manuscript disappeared from view until it came in the 1970s into the hands of the London manuscript dealer Albi Rosenthal (Otto Haas). On November 21, 1978 Kittel's copy was offered for sale in the auction catalogue of Sotheby in London (No. 301) and acquired by its present owner, Mr. Don Henry of New York.

Kittel's Copy II (in oblong format; s. ills. 98 and 99)

Kittel appears to have used his above-described manuscript rather than the printed edition (which may no longer have been available to him) for the writing of his

[3] Auction catalogue Kittel 1809, p. 20, No. 412.

[4] Becker does not seem to have given this manuscript together with his large library in 1856 to the Musikbibliothek der Stadt Leipzig. Had he done so, it would most probably have been kept there.

Henry, für seine Privatsammlung in New York City erworben.

Kittel II, die spätere Kopie (Querformat; s. Abb. 98 und 99)

Kittel scheint die soeben beschriebene Kopie der Goldberg-Variationen für die Abschrift seiner 2. Kopie dieses Werkes benutzt zu haben, d. h. nicht die gedruckte Ausgabe, die ihm vielleicht nicht mehr zur Verfügung stand. Diese 2. Kopie unterscheidet sich von der früheren Kopie in Hochformat durch ihr Querformat, ökonomischere Einteilung (36 an Stelle von 49 Seiten für den Notentext), durch sorgfältige Seitenzählung und durch die überschwängliche Huldigung seines Meisters: „non plus ultra.", die er dem etwas frei zitierten Text des Titels des Originaldrucks hinzufügte (s. Abb. 98). Der braune Pappeinband trägt ein ovales Schildchen mit den Worten „IV. Theil der Clavier Uebungen [sic] von Joh. Sebastian Bach."

Provenienz

Der glückliche Empfänger des Manuskripts muß viel von Kittel gehalten haben; denn sein Zusatz bezeichnet Kittel ohne jeglichen Vorbehalt als Bachs „besten Schüler" (s. Abb. 98, rechts unten auf dem Titelblatt). Der neue Besitzer ist uns namentlich nicht bekannt. Nach ihm kam die Kopie in die Hände von Franz Hauser (1794–1870), dem als Sammler von Bach-Manuskripten wohl kaum jemand im 19. Jahrhundert den Rang streitig machen konnte. Darum konnte Hauser auch als erster wagen, ein Verzeichnis der Werke Bachs zusammenzustellen. Später kam die Handschrift in den Besitz von Dr. Werner Wolffheim (1877–1930), der im Laufe seines allzu kurzen Lebens die umfangreichste Privatsammlung von Musik-Manuskripten in Berlin zusammentrug. Die Kittel-Handschrift wurde im Juni 1929 im Versteigerungskatalog Wolffheim II[5] der Firma Breslauer-Liepmannssohn in Berlin angezeigt und von dem großen Geiger Adolf Busch erworben. Nach einem Klavierabend in Berlin, in dem Rudolf Serkin die Goldberg-Variationen spielte, übergab Busch dem noch nicht 30jährigen Pianisten das Kittel-Ma-

[5] S. 217, Nr. 1109.

second copy of the Goldberg Variations. It differs from the earlier copy in folio format by its oblong format, by a more economical use of space (36 compared 49 pages of music), by painstaking pagination and by the expression of almost worshipful homage to his master: *"non plus ultra."*, with which Kittel ends the writing of his somewhat free version of Bach's title (s. ill. 98). The front of the cardboard binding of the manuscript bears an oval label which reads: "Part IV of the Clavier Uebungen [sic] by Joh. Sebastian Bach."

Provenance

The recipient of this manuscript was obviously a great admirer of Kittel, for his inscription refers to him, apparently without the slightest hesitation, as "Bach's best pupil" (s. ill. 98, bottom right of the title page). This new owner has not yet been identified. The manuscript then passed into the hands of Franz Hauser (1794–1870) who was one of the 19th century's greatest collectors of Bach manuscripts and the first to attempt a catalogue of Bach's works. The manuscript was later obtained by Dr. Werner Wolffheim (1877–1930) who in his all too short life assembled the greatest private collection of music manuscripts in Berlin. The manuscript was listed in June 1929 in the auction catalogue Wolffheim II by Breslauer-Liepmannssohn in Berlin[5] and was acquired by the great violinist Adolf Busch. After a Berlin recital in which Rudolf Serkin had played the Goldberg Variations, Busch presented the manuscript to the not yet 30-year-old pianist. Mr. Serkin of Marlboro, Vermont, USA, still owns the manuscript which he has generously placed on indefinite loan in the Houghton Library at Harvard University, Massachusetts, where it is catalogued under the number "fmS Mus. 165/*75M-72."

The Copy of Anonymous 403 (s. ills. 100 and 101)

The title page shows the curious wording "Johann. Sebastigan. Bach. / Aria / with 30 Variation. [sic] / upon" – after which the copyist Anonymous 403 notates the first 8

[5] P. 217, No. 1109.

nuskript als Geschenk. Mr. Serkin, der jetzt in Marlboro, Vermont (USA), lebt, ist noch im Besitz dieser Handschrift, die er der Houghton Library der Harvard University in Cambridge, Massachusetts, freundlicherweise als ständige Leihgabe gegeben hat. Dort ist sie unter der Nummer „fmS Mus. 165/*75M-72" katalogisiert.

Kopie des Schreibers Anonymus 403 (s. Abb. 100 und 101)

Das Titelblatt dieser Kopie zeigt die bizarre Formulierung „Johann. Sebastigan. Bach. / Aria / mit 30 Veränderung. [sic]/ über" – und hier notiert der Schreiber die ersten 8 Baßnoten der Goldberg-Variationen in der seltsamen Reihenfolge 8, 1, 2, 3,/ 4, 5, 6, 7 (s. Abb. 100). Das Titelblatt ist im Gegensatz zum Notentext etwas verschmutzt und durch Durchschlagen der Noten von der verso-Seite, auf der die Niederschrift der Musik beginnt, in Mitleidenschaft gezogen. Die Schriftzüge des Anonymus 403 sind die eines beruflichen Kopisten, klar und ebenmäßig. Im Gegensatz zu Kittels zwei Kopien begnügt sich Anonymus 403 mit dem Notentext. Ermahnungen zum Umblättern fehlen. Selbst „Aria da Capo" und „Fine" sind am Ende des Manuskripts ausgelassen.

Provenienz

Diese Abschrift blieb unbekannt, bis sie von Sotheby in London in demselben Versteigerungskatalog vom 21. November 1978 angezeigt wurde, in dem auch die frühere der zwei Kittel-Kopien der Goldberg-Variationen angekündigt war. Und wiederum gelang es Herrn Don Henry, auch dieses Manuskript für seine New Yorker Privatsammlung zu erwerben.

Zwei weitere Kopien der Goldberg-Variationen sollen hier kurz erwähnt werden, obgleich beide ein wenig über die für die vorliegende Arbeit gesetzte Zeitgrenze (mit der auf Bachs Tod folgenden Generation endend) hinausgehen. Beide sind Abschriften der gedruckten Ausgabe und sind als geschichtliche Dokumente nur von begrenztem Interesse. Die eine Kopie ist das erste von drei Bach-Manuskripten in einem gebundenen Konvolut der Allen A. Brown

bass notes of the Goldberg Variations in the strange order of 8, 1, 2, 3, / 4, 5, 6, 7 (s. ill. 100). The title page is smudged and somewhat marred by the ink that has bled through from the verso side on which the music begins. The handwritting of Anonymous 403 is that of a professional scribe, clear and even. In contrast to Kittel's two copies, there are no admonitions to turn pages, even the instruction "Aria da Capo" and "Fine" is missing at the end of this manuscript.

Provenance

Nothing is known of this copy of the Goldberg Variations until it was listed by Sotheby in London in the same auction catalogue of November 21, 1978 in which also the earlier of the two Kittel copies was announced; and again it was Mr. Don Henry of New York who acquired this copy.

Though going a bit beyond the time limit of the present project which is supposed to end with the generation after Bach's death, two more copies of the Goldberg Variations will be mentioned briefly. Both of them were copied from Bach's printed edition and are as documents only of slight historical interest. One is the first of three Bach manuscripts contained in a bound volume of the Allen A. Brown Collection[6] at the Public Library in Boston, Mass. (The second manuscript in this volume is a valuable copy of the Italian Concerto, made before 1762, the third a copy of part III of the *Clavierübung*, dating from the end of the 18th century.[7]) The copy of the Goldberg Variations, which is written with utmost care by a professional scribe consists of title page (s. ill. 102) and 32 pages of music (18 leaves; s. ill. 103).[8]

The 5th and final 18th century copy of the Goldberg Variations in America also comprises title page[9] and 32 pages of music. It

[6] Ms. M.200.12.

[7] They are described separately. S. pp. 234ff. and 267f.

[8] Its last leaf is blank. The title is copied literally from that of the printed edition. The blank verso of the title page bears the accession date: "June 10, 1898," as well as the catalogue number "M.200.12" and the name of the donor "Allen A. Brown."

[9] The words "Fourth Part" precede the wording of Bach's title.

Sammlung[6] der Public Library in Boston, Massachusetts. (Das zweite, weit wertvollere Manuskript des Konvoluts ist eine vor 1762 geschriebene Abschrift des Italienischen Konzerts, während das dritte Manuskript, eine Kopie des 3. Teils der Klavierübung, aus dem Ende des 18. Jahrhunderts stammt[7].) Die Abschrift der Goldberg-Variationen, die von einem beruflichen Kopisten mit großer Sorgfalt geschrieben ist, besteht aus Titelblatt (s. Abb. 102) und 32 Seiten Notentext (18 Blätter; s. Abb. 103)[8].

Die 5. und letzte amerikanische Kopie der Goldberg-Variationen umfaßt gleichfalls Titelblatt[9] und 32 Seiten für die Niederschrift der Musik. Sie gehört zu dem reichen musikalischen Nachlaß des Kittel-Schülers Johann Christian Heinrich Rinck (s. o.), den Lowell Mason (1792–1872)[10] 1852 in Darmstadt erwarb. Masons umfangreiche Musiksammlung wurde 1873 von seiner Witwe und seinen Söhnen der Yale University in New Haven, Connecticut (USA), als Geschenk vermacht. Das hier behandelte Manuskript befindet sich heute in der Lowell Mason Sammlung der Music Library. Seine Signatur ist „LM 5023".

was bought, together with the vast musical estate of Kittel's pupil Johann Christian Heinrich Rinck (s. a.), by Lowell Mason (1792–1872)[10] whose collection was given in 1873 by Mason's heirs to Yale University, New Haven, Conn. Its catalogue number in the Lowell Mason Collection of the Music Library is "LM 5023."

BWV 772–801 Inventionen und Sinfonien, Abschrift

Im Clavier-Büchlein für Wilhelm Friedemann Bach, dessen Originalhandschrift sich in der Musikbibliothek der Yale University befindet (s. S. 87ff.), hatte Bach für die Urfassungen der zweistimmigen Inventionen den Titel „Praeambulum" und für die dreistimmigen den Namen „Fantasia" gewählt. Die hier zu beschreibende Abschrift stimmt in der Reihenfolge der 30 Kompositionen

[6] Ms. M.200.12.

[7] Beide sind, a. a. O., einzeln beschrieben; s. S. 234ff. und 267f.

[8] Das letzte Blatt ist leer. Der Titel ist wörtlich vom Originaldruck kopiert. Auf der leeren Rückseite des Titelblatts ist das Akzessionsdatum, der 10. Juni 1898, eingetragen sowie die Signatur „M.200.12" und „Allen A. Brown", der Name des Vorbesitzers dieser Kopie.

[9] Dem Bachschen Text gehen die Worte „Viertter Theil" voraus.

[10] Hinsichtlich Lowell Mason und seiner an Musik-Manuskripten außerordentlich reichen Sammlung s. S. 209ff.

BWV 772–801 Inventions and Sinfonias, Copy

The Clavier-Büchlein for Wilhelm Friedemann Bach, the autograph of which is in the Music Library at Yale University (s. pp. 87ff.) contains the first versions of Bach's 2-part and 3-part Inventions, named there "Praeambulum" or "Fantasia." The American copy here under discussion follows Bach's final version of 1723, both in the order of the 30 compositions and in their new titles of "Inventio" and "Sinfonia." But with this, their parellelism comes to an end. A careful reading of the title page reveals that the writer of the American copy omitted 22 of the 73 words of Bach's introductory dedication („Aufrichtige Anleitung . . .").[1] Bach's

[10] About Mason's acquisition of Rinck's vast collection s. pp. 209ff.

[1] The end of the dedication, that is, the composer's name and title, etc. are not part of the above count.

sowie in der Namensgebung von „Inventio" und „Sinfonia" mit Bachs endgültiger Fassung von 1723 überein. Aber damit hören die Parallelen bereits auf. Wenn man sich die Mühe macht, das Titelblatt aufmerksam zu lesen, so ergibt sich, daß der Kopist von Bachs Einleitung („Aufrichtige Anleitung ...", 73 Wörter[1]) 22 Wörter ausgelassen hat. Dadurch wurde Bachs Definition des künstlerischen und pädagogischen Zwecks dieser Stücke nur unzureichend wiedergegeben. Daß der Kopist Bachs Rechtschreibung viermal ändert, kann ihm dagegen kaum übelgenommen werden, da seine Änderungen tatsächlich orthographische Verbesserungen darstellen. Auch ersetzt er zwei Worte Bachs durch Synonyme. Ferner stimmen nur zwei Zeilenenden mit denen der elfzeiligen Widmung Bachs überein. Von anderen, minimalen Änderungen kann hier abgesehen werden. Aus all dem sollte hervorgehen, daß Bachs Autograph[2] dem Schreiber der amerikanischen Kopie nicht als Vorlage gedient haben kann. Die Quellenabhängigkeit klarzulegen ist nicht das Anliegen der vorliegenden Arbeit, sondern gehört in den Kritischen Bericht des diesbezüglichen Bandes der NBA[3]. Die hier abgebildete Widmung (s. Abb. 104) zeigt im Vergleich mit Bachs autographer Widmung[4] die Auslassungen und Korrekturen des Kopisten. Er schrieb die Widmung auf die verso-Seite des 1. Blattes, das mit dem dazugehörigen leeren Schlußblatt den Umschlag des Manuskripts bildet. Bl. 1r war wohl ursprünglich für den Titel vorgesehen, dessen Eintragung aber aus unbekannten Gründen unterblieb. Diese Unterlassungssünde versuchte dann Wilhelm Rust, in dessen Besitz die Abschrift später gekommen zu sein scheint, wieder gutzumachen, indem er folgenden Titel und Schreiberbefund auf der recto-Seite eintrug: „XV Inventionen und XV Sinfonien / von / Joh. Seb. Bach. / in Handschrift seines Sohnes

[1] Das Ende der Widmung, d.h. Name und Titel des Komponisten, sind hier nicht mitgezählt.

[2] Es gelangte über den Hamburger Musikdirektor Christian Friedrich Schwenke (1767–1822) und Louis Spohr (1784–1859) in Kassel in die Kgl. Bibliothek in Berlin und befindet sich heute in der DtStB in Berlin (DDR).

[3] NBA V/3 ist 1970 von Georg von Dadelsen hrsg. worden; der KB ist noch nicht erschienen.

[4] S. Dok I, Nr. 153, S. 220f.

beautiful definition of the artistic and pedagogical aim of these pieces thus appears in a truncated version. That the copyist changed Bach's spelling four times may, however, be condoned since his changes amount to improvements of Bach's somewhat shaky orthography. The copyist also twice substitutes synonyms for words used by Bach. Furthermore, the ends of the lines of the copy coincide only two times with those of Bach's dedication which consists of eleven lines. Other divergences are too small to deserve mention. All this indicates that Bach's autograph[2] was not used by the writer of the copy under discussion. The problem of dependence and interdependence of the various copies lies outside the scope of the present study. It belongs to the unenviable duties of the editor of the relevant NBA volume.[3] If compared with the wording of Bach's autograph,[4] the dedication reproduced here (s. ill. 104) will show the deletions and corrections in the characteristic handwriting of the copyist. He wrote the dedication on the verso of the first leaf which, together with the empty last leaf, forms the wrapper of the manuscript. 1r was apparently reserved for the title which the copyist, for some unknown reason, failed to enter. Wilhelm Rust who later seems to have been in possession of the manuscript, tried to make up for this sin of omission by entering the following title and authentication on the front page: "XV Inventions and XV Sinfonias / by / Joh. Seb. Bach. / In the handwriting of his son C. Ph. E. Bach. / Its authenticity is vouched for and / certified herewith / by the Royal Prussian Music-Director Wilh. Rust, / Doctor musices artiamque liberatium magister, / Editor of the Leipzig Bach-Edition." The mistaken attribution of the handwriting to Carl Philipp Emanuel Bach makes it regrettable that Rust did not date his statement. The handwriting can, however, be traced to the environment of Bach's sons and pupils. It is that of

[2] It came via the Hamburg Music Director Christian Friedrich Schwenke (1767–1822) and Louis Spohr (1784–1859) in Cassel into the Royal Library in Berlin and is now in the DtStB in Berlin (GDR).

[3] NBA V/3 has been edited in 1970 by Georg von Dadelsen; its KB has not yet appeared.

[4] S. Dok I, no. 153, pp. 220f.

C. Ph. E. Bach. / Die Echtheit desselben bescheinigt und / beglaubigt hierdurch / der Kgl. preußische Musikdirektor Wilh. Rust, /Doctor musices artiamque liberatium magister, / Redakteur der Leipziger Bach-Ausgabe." Die fälschliche Identifizierung der Schrift als Handschrift Carl Philipp Emanuel Bachs macht es bedauerlich, daß Rust seiner Echtheitsbescheinigung kein Datum beigegeben hat. Es handelt sich um eine Handschrift aus der Umgebung von Bachs Söhnen und Schülern, nämlich um die des Anonymus 404 genannten Kopisten. Er gehört dem Berliner Bach-Kreis Kirnbergers und der Prinzessin Amalie von Preußen an. Die Abschrift könnte möglicherweise z. Z. von Wilhelm Friedemann Bachs Aufenthalt in Berlin (1774–1784) entstanden sein. Daß eine zweite Kopie der Inventionen und Sinfonien von der Hand des Anonymus 404 überliefert ist[5], sollte als Ansporn dienen, nach seiner Identität unter den Berliner Klavierlehrern und -spielern der 2. Hälfte des 18. Jahrhunderts zu suchen.

Im Gegensatz zu der fleckigen und recht verschmutzten ersten Seite sind die 34 Seiten des Notentexts gut erhalten. Das starke und dicke Papier hat eine hellbraune Farbe angenommen; die Tintenfarbe ist dunkelbraun. Das Manuskript in Folioformat mißt 36,2 x 21,5 cm. Die 10 ineinander liegenden Bogen (= 20 Blätter oder 40 Seiten) sind mit Fäden zusammengenäht. Der Notentext beginnt auf Bl. 2^r und endet auf Bl. 19^r. Die verso-Seite (9^v) der 15. Invention und die letzten 3 Seiten (19^v, 20^r und 20^v) sind leer. Die Sinfonien 2, 9, 12 und 15 nehmen je zwei Seiten in Anspruch. Die Seiten sind jeweils mit 14 Systemen rastriert, die zu 7 Doppelsystemen zusammengefaßt sind. Als Wasserzeichen ist ein 17 cm hohes „S" (besonders auf Bl. 1 und 19) erkennbar. Das Manuskript dürfte in den 1760er bis 1780er Jahren entstanden sein. Als Beispiel der schönen und klaren Notenschrift des Schreibers Anonymus 404 sei die Sinfonia 1 abgebildet (s. Abb. 105). Die kurzen Hälse der Halben- und Viertelnoten (z. B. in Takt 2) und die schwungvollen Fähnchen der Achtelnoten, die so lang wie die zugehörigen

[5] Sie befindet sich in der SPK in Berlin (West), Signatur P 416.

copyist Anonymous 404 who belonged to the Berlin Bach circle of Kirnberger and Princess Amalia of Prussia. The manuscript might have been written at the time of Wilhelm Friedemann Bach's residence in Berlin (1774–84). The fact that a second copy of the Inventions and Sinfonias in the handwriting of Anonymous 404 has come down to us[5] might encourage us to seek this scribe's identity among the Berlin keyboard teachers and players of the second half of the 18th century.

The 34 pages containing the music are, in contrast to the stained, spotted and smudged first page, still in good condition. The strong and thick paper has taken on a light-brown color; the color of the ink is dark-brown. The pages in folio format measure 36.2 x 21.5 cm. The 10 folios (= 20 leaves or 40 pages) are placed one into another and are sewn together. The music begins with leaf 2^r and ends with 19^r. The verso of the 15th Invention (9^v) and the last three pages (19^v, 20^r and 20^v) are empty. Sinfonias 2, 9, 12 and 15 each occupy two pages. The pages are lined with 14 staves (= 7 double staves). The watermark is an "S" which is 17 cm high and best visible on leaves 1 and 19. The manuscript was probably written in the 1760s–1780s. As an example of the beautiful and clear handwriting of Anonymous 404 Sinfonia 1 is here reproduced (s. ill. 105). The short stems of the half and quarter notes (for instance in m. 2) and the widely curved flags that are as long as the stems of the eighth notes (for instance in mm. 1 and 4) are but two of the idiosyncrasies of the writer's handwriting.

Provenance

On the title page (s.a.) Wilhelm Rust (1822–1892) calls himself expressly Royal Prussian Music Director, while failing to mention his position as organist (1878) and cantor (1880) at the Thomas Church in Leipzig. This indicates that the manuscript which was of Berlin origin, came into Rust's hands before his move to Leipzig (in 1878), that is, during the time he resided in Berlin (1849–1878). After 1877 the manuscript was acquired by the New York art patron and

[5] P 416 in the SPK in Berlin (West).

Notenhälse sind (s. Takt 1 und 4), sind zwei der markanteren Eigentümlichkeiten seiner Schriftzüge.

Provenienz

Daß Wilhelm Rust (1822–1892) sich in seiner Echtheitsbestätigung auf dem Titelblatt ausdrücklich „Kgl. preußischer Musikdirektor" und nicht Organist (1878) und Kantor an der Thomaskirche (1880) nennt, dürfte bedeuten, daß das in Berlin entstandene Manuskript vor Rusts Umzug nach Leipzig (1878), d.h. während seiner Berliner Zeit (1849–1878) in seine Hände gelangte. Nach 1877 kam das Manuskript in den Besitz des New Yorker Mäzenen Joseph W. Drexel, der es nach seinem Tode im Jahre 1888 der Astor Library vermachte. Als die New York Public Library 1895 gegründet wurde, wurde die Astor Library ihr eingegliedert. Der gegenwärtige Standort des Manuskripts ist in der Rare Book and Manuscript Collection der Music Division der New York Public Library, Astor, Lenox and Tilden Foundations im Performing Arts Research Center im Lincoln Center, New York.

collector Joseph W. Drexel who left it at his death in 1888 to the Astor Library. When the New York Public Library was founded in 1895 the Astor Library became one of its original components. The manuscript is now housed in the Rare Book and Music Collection of the Music Division of the New York Public Library, Astor, Lenox and Tilden Foundations, in the Performing Arts Research Center at Lincoln Center in New York.

BWV 870–893 Das Wohltemperierte Klavier, Teil 2, Abschrift der Fugen

Diese Abschrift, die nur die Fugen des 2. Teils von Bachs Wohltemperiertem Klavier enthält, besteht aus 55 Blättern (s. Abb. 106 und 107). Das in Querformat beschriebene gerippte Papier mißt 22,3 x 30,5 cm. Das ohne Titelblatt überlieferte Manuskript befindet sich in einem alten marmorierten Pappeinband, dessen Rücken und Ecken mit Kalbsleder verstärkt sind. Das Vorsatzblatt und die ersten 2 Seiten des Manuskripts haben sich aus dem Einband herausgelöst. Die nächsten 10 Bogen liegen ineinander; doch sind viele der Blätter mit Fäden zusammengehalten. Der Erhaltungszustand des Manuskripts kann am besten mit mäßig, der des Papiers, das seine weiße Farbe in erstaunlichem Maße beibehalten hat, mit gut bezeichnet werden. Die Tinte ist schwarz und außerordentlich brillant geblieben. Wegen der Dicke des Papiers, dessen jetzige

BWV 870–893 The Well-Tempered Clavier, Book II, Copy of the Fugues

This copy of the fugues (only) from Book II of Bach's Well-Tempered Clavier (s. ills. 106 and 107) encompasses 55 leaves that are written on laid paper in oblong format measuring 22.3 x 30.5 cm. The manuscript, lacking a title page, is handsomely bound in 3/4 calf leather and marbled board. The front flyleaf and first two pages of the manuscript proper are loose. The next ten folios are placed one into another and many of the pages are held together by threads. The general condition of the manuscript is fair, that of the paper (which has practically retained its original white color) is good. The color of the ink is black and remarkably clear. On account of the thickness of the paper, that furthermore seems to have been cut horizontally, the complete watermark can be seen on just a few pages though even there only faintly. Most of the pages show

Größe wohl durch horizontales Durchschneiden entstanden ist, ist das vollständige Wasserzeichen lediglich auf einigen Seiten, und auch dort nur schwach zu sehen. Auf den meisten Blättern ist nur die Hälfte oder ein noch kleinerer Teil des Wasserzeichens sichtbar. Wenn man die diversen Fragmente zusammenfügt, ergibt sich ein Wasserzeichen, das aus drei sichelartigen Halbmonden („C") und, darunter oder darüber, aus den auffällig geformten großen Buchstaben „REAL" besteht. Bis auf die 1. Seite ist das Manuskript von ein und demselben Kopisten geschrieben, von dem bekannt ist, daß er für Baron Gottfried van Swieten (1734–1803)[1] in Wien tätig war. Am 10. April 1782 schrieb Mozart an seinen Vater: „ich gehe alle Sonntage um 12 uhr zum Baron von Suiten – und da wird nichts gespiellt als Händl und Bach. – ich mach mir eben eine Collection von den Bachischen fugen. – so wohl sebastian als Emanuel und friedeman Bach."[2]

Andreas Holschneider gelang es nachzuweisen[3], daß der Kopist einer beträchtlichen Anzahl von Manuskripten barocker Musik für Tasteninstrumente[4] mit dem Hauptkopisten der Partitur und der Mehrzahl der Stimmen der Mozartschen Bearbeitung von Händels „Messias" identisch ist. Dies bezeugt, daß dieser Schreiber für van Swieten gearbeitet hat. Das hier behandelte Manuskript[5] stimmt nicht nur in seiner Handschrift und Papiersorte, sondern auch in

[1] In der Zeit, in der van Swieten als österreichischer Gesandter am Hof Friedrichs des Großen weilte (1770–1776), ließ sich der musikalische Baron in den Bann der Berliner Bach-Pflege ziehen. 1770 war er in London durch Aufführungen von Händels Oratorien bereits zum leidenschaftlichen Parteigänger dieser Musik geworden. Er war somit prädestiniert, die Berliner Bach-Pflege und Händels Oratorien in Wien weiterzugeben, wobei ihm seine Stellung als Direktor der Wiener Hofbibliothek sehr zugute kam. Vgl. Warren Kirkendale, More Slow Introductions by Mozart to Fugues of J. S. Bach?, in: Journal of the American Musicological Society XVII/1, 1964, S. 42ff.

[2] Mozart. Briefe und Aufzeichnungen. Gesamtausgabe, gesammelt und erläutert von Wilhelm A. Bauer und Otto Erich Deutsch, Bd. III, Kassel etc. 1963, Nr. 667, S. 201.

[3] Die Musikalische Bibliothek Gottfried van Swietens, in: Gesellschaft für Musikforschung, Bericht über den internationalen musikwissenschaftlichen Kongreß, Kassel 1962, Kassel etc. 1963, S. 174–178.

[4] Diese befinden sich heute in der SPK in Berlin (West).

[5] Fortan nach ihrem heutigen Standort Berea-Handschrift oder Berea-Manuskript genannt.

only half or less of the watermark. Putting what evidence there is together, the watermark consists of 3 sickle-shaped crescents ("C's") and above or below them the curiously formed capital letters "REAL." With the exception of the first page, the manuscript was written by a copyist who is known to have worked for Baron Gottfried van Swieten (1734–1803)[1] in Vienna. On April 10, 1782, in a letter to his father Mozart wrote: "I go every Sunday at twelve o'clock to Baron van Swieten where nothing is played but Handel and Bach. I am collecting at the moment the fugues of Bach – not only of Sebastian, but also of Emanuel and Friedemann."[2]

Andreas Holschneider[3] showed in a short article that the copyist of a number of manuscripts of baroque keyboard music[4] is identical with the principal copyist of the score and of many of the parts of Mozart's arrangement of Handel's *Messiah.* This latter fact proves that this copyist worked for van Swieten. By the identity of the handwriting, the paper and even the binding Holschneider could further document that the manuscript[5] under discussion is one of the manuscripts missing from the abovementioned collection of baroque keyboard music. The gold printed inscriptions "Sebastian Bach 1, 3, 5, 6, 7, and 9,2" on the back of the West Berlin volumes[6] show that volumes 2, 4, 8, and 9,1 are missing.

Since Clavierübung I and III, the Inven-

[1] Van Swieten had become acquainted with the Berlin Bach tradition during the years (1770–1776) he served as Austrian ambassador to the court of Prussia. In London (1770) he had fallen under the spell of Handel's oratorios. He was thus predestined to transplant some of the Berlin Bach cult and the English Handel oratorio-tradition to Vienna where his influential position as director of the imperial library favored such efforts. Cf. Warren Kirkendale, "More Slow Introductions by Mozart to Fugues of J. S. Bach?" in: *Journal of the American Musicological Society* XVII/1, 1964, pp. 42ff.

[2] Cf. *The Letters of Mozart and his Family,* ed. by Emily Anderson, vol. III, London 1938, p. 1192.

[3] "Die Musikalische Bibliothek Gottfried van Swietens", in: *Gesellschaft für Musikforschung, Bericht über den internationalen musikwissenschaftlichen Kongreß, Kassel 1962,* Kassel etc. 1963, pp. 174–178.

[4] They are now in the SPK in West Berlin.

[5] Because the manuscript belongs today to the RBI in Berea, Ohio, it will be referred to as the Berea manuscript.

[6] Cf. Holschneider, *op. cit.,* p. 177, fn. 24.

seinem Einband mit den oben erwähnten Manuskripten barocker Werke für Tasteninstrumente überein. Diese Übereinstimmung liefert den Beweis, daß die hier behandelte Handschrift eines der fehlenden Manuskripte aus dieser Sammlung ist. Die goldgeprägten Aufschriften „Sebastian Bach 1, 3, 5, 6, 7 und 9,2“ auf dem Rücken der West-Berliner Bände[6] lassen das Fehlen der Bände 2, 4, 8 und 9,1 erkennen.

Da Klavierübung I und III, die Inventionen und Sinfonien, die Französischen und Englischen Suiten sowie die Orgel-Triosonaten zusammen in die Staatsbibliothek Preußischer Kulturbesitz in Berlin (West) gelangt sind, dürfte es sich bei den fehlenden Manuskripten der Sammlung höchstwahrscheinlich um das Wohltemperierte Klavier I und II und vielleicht um den 2. und 4. Teil der Klavierübung handeln. Zudem bezeugt Mozarts Bearbeitung von fünf 4stimmigen Fugen aus dem zweiten Teil des Wohltemperierten Klaviers aufgrund übereinstimmender, sonst unerklärlicher Abweichungen, daß Mozart das Berea-Manuskript für seine Abschrift benutzt hat. Nicht nur ist der Kopist, der in der Neuen Mozart-Ausgabe (NMA) von Mozarts Bearbeitung des „Messias“[7] als „Kp. I“ bezeichnet wird, derselbe wie der Kopist der Berea-Handschrift, sondern auch das Berea-Wasserzeichen mit den 3 Mondsicheln + „REAL“ scheint mit dem „Wz 1“ des „Messias“-Manuskripts[8] übereinzustimmen. Die bekannte Frage, nämlich warum Mozart einleitende Adagios zu einigen von ihm bearbeiteten Fugen Bachs komponiert hat, anstatt Bachs eigene Präludien zu diesen Fugen zu benutzen, läßt sich zumindest teilweise damit beantworten, daß die von van Swietens Kopist hergestellte Handschrift eben nur die Fugen aus dem 2. Teil des Wohltemperierten Klaviers enthielt. Freilich stand auch der rein pianistische Stil der Präludien des Wohltemperierten Klaviers – Mozart hatte auch Zugang zum 1. Teil – einer Transkription für Streichinstrumente, auf denen man im Hause van Swietens diese Werke zu spielen pflegte, im Wege.

[6] S. Holschneider, a. a. O., S. 177, Fn. 24.

[7] Vgl. KB zu NMA X/28, Abt. 1, Bd. 2, S. 12.

[8] Ebda., S. 109 ff.

tions and Sinfonias, the French and English Suites and the Organ Trio Sonatas are in West Berlin, the missing volumes that once were part of the collection were in all probability the Well-Tempered Clavier I and II and perhaps Clavierübung II and IV. Furthermore, Mozart's own transcriptions of five 4-part fugues from the second Book of the Well-Tempered Clavier prove by identical and otherwise inexplicable deviations that the Berea manuscript was the model from which Mozart copied. Not only the copyist who is known as "Kp. I" in the edition of Mozart's arrangement of Handel's *Messiah* in the Neue Mozart-Ausgabe (NMA),[7] is identical with the one who wrote the Berea manuscript, but also the watermark with its three halfmoons + "REAL" appears to be the same as "Wz 1" (watermark 1) of the *Messiah* manuscript.[8] The well-known question: why did Mozart compose slow introductions to some fugues by Bach that he transcribed for strings, rather than use Bach's own preludes, is at least partly answered by the fact that the manuscript made by van Swieten's copyist contained only the fugues from Book II of the Well-Tempered Clavier. The pianistic nature of most of Bach's Preludes – and Mozart had access to Book I too – would anyhow have precluded their transcription for string instruments on which the performers at van Swieten's home liked to play them.

Provenance

We know that the manuscript was written by van Swieten's copyist no later than 1782, the year in which Mozart borrowed it for transcriptions of his own. The question: what handwritten copy of Bach's Well-Tempered Clavier van Swieten's copyist may have used for his copy of the fugues of Book II, would require a special study. Suffice it to say that van Swieten had ample occasion to acquire a copy of Bach's Well-Tempered Clavier. While in Berlin, he was in constant and intimate contact with the Bach circle of Princess Amalia of Prussia, with Kirnberger (who may have been his teacher), with Marpurg and for two years (1774 to 1776)

[7] Cf. KB to NMA X/28, section I, vol. 2, p. 12.

[8] *Ibid*, pp. 109 ff.

Provenienz

Daß das hier diskutierte Manuskript von van Swietens Kopist nicht später als 1782 geschrieben worden ist, ist schon dadurch bewiesen, daß Mozart es sich in diesem Jahr für seine eigene Bearbeitungen entlieh. Die Frage, welche Handschrift van Swietens Kopist wohl für seine Kopien der Fugen des 2. Teils des Wohltemperierten Klaviers benutzt haben mag, würde eine Spezialstudie erfordern. Folgendes muß hier genügen: Van Swieten hat vielerlei Möglichkeiten gehabt, Kopien von Bachs Wohltemperiertem Klavier zu erwerben; war er doch über 6 Jahre mit der Bach-Pflege der Prinzessin Amalie von Preußen innig vertraut und mit Kirnberger, der sein Lehrer gewesen sein soll, sowie mit Marpurg und zwei Jahre (1774–1776) auch mit Wilhelm Friedemann Bach in Berlin freundschaftlich verbunden. Er verehrte Carl Philipp Emanuel Bach, den er u. a. 1773 beauftragte, 6 Quartette zu schreiben, und war ein guter Freund von Forkel in Göttingen.

Ob die gesamten Manuskripte der barocken Musik für Tasteninstrumente, die van Swietens Kopist hergestellt hatte, zu van Swietens Bibliothek gehörten, läßt sich heute wohl kaum noch ermitteln, denn van Swieten starb 1803 ohne Testament und eine Kopie des Versteigerungskatalogs seiner Musikaliensammlung ist nicht bekannt. Der Wiener Baron Karl L. B. A. von Doblhof-Dier (1762–1836), ein Kompositionsschüler Antonio Salieris, soll vieles angekauft haben. Sodann scheint Joseph Fischhof (1804 bis 1857), Professor für Klavier am Konservatorium der Gesellschaft der Musikfreunde in Wien, einiges aus der Sammlung Doblhof-Dier erworben zu haben. Mit größerer Sicherheit wissen wir, daß nach Fischhofs frühem Tod seine reiche Musiksammlung von Julius Friedländer in Berlin gekauft wurde und daß das meiste aus dieser Sammlung 1859 in den Besitz der Königlichen Bibliothek in Berlin überging. Aber das Berea-Manuskript war, wie oben schon angedeutet wurde, nicht mehr dabei. Zu welchem Zeitpunkt dieser Band von den anderen Bänden getrennt wurde, ist wohl kaum noch zu ermitteln. Doch könnte die Feststellung der Entstehungszeit des Einbandes, der diesen Abschriften gemeinsam ist, vielleicht einen

also with Wilhelm Friedemann Bach. Van Swieten was also a great admirer of Carl Philipp Emanuel Bach in Hamburg whom he commissioned for instance in 1773 to write six quartets for him. He was further a good friend of Forkel in Göttingen.

Whether all the manuscripts of Baroque keyboard music written by van Swieten's copyist were once a part of the Baron's library can no longer be documented because van Swieten died in 1803 without testament, and no copy of the auction catalogue of his vast music collection has survived. The Viennese amateur composer Baron Karl L. B. A. von Doblhof-Dier (1762–1836), a pupil of Antonio Salieri, is supposed to have come into possession of a number of these manuscripts. After his death, Joseph Fischhof (1804–1857), Professor of piano at the Conservatory of the *Gesellschaft der Musikfreunde* in Vienna, appears to have acquired a number of them. Thereafter we are on firmer ground. The Berlin music dealer Julius Friedländer bought Fischhof's large music collection after the latter's early death and sold most of it in 1859 to the Royal Library in Berlin. While the major part of the manuscripts of Baroque keyboard compositions of van Swieten's copyist were among those purchased by the Royal Library, the Berea copy seems to have gone its separate way. At what time it detached itself from its sister-manuscripts can apparently no longer be ascertained. Determination of the date of manufacture of the binding, that is common to all these manuscripts, might, however, give a clue. On the front flyleaf which is of a paper different from that of the manuscript proper, a former owner who is, except for his English name, John Foster, unknown, has entered his name. In May 1937 Albert Riemenschneider purchased the manuscript from The First Edition Bookshop in London. It is now one of the most precious and historically significant manuscripts in the library of the Riemenschneider Bach Institute at Baldwin-Wallace College in Berea, Ohio (where it bears the Manuscript number "543").

Hinweis geben. Auf dem Vorsatzblatt, dessen Papier sich von dem des eigentlichen Manuskripts unterscheidet, hat ein vormaliger Besitzer, über den außer seinem englischen Namen nichts bekannt ist, diesen, nämlich „John Foster", eingetragen. Im Mai 1937 kaufte Albert Riemenschneider das Manuskript von dem First Edition Bookshop in London. Es ist jetzt eines der historisch interessantesten Manuskripte in der Bibliothek des Riemenschneider Bach Institute im Baldwin-Wallace College in Berea, Ohio (wo es die Manuskriptnummer „543" trägt).

BWV 547 Präludium und Fuge in C-dur und BWV 548/1 Präludium in e-moll, zwei Abschriften aus der 2. Hälfte des 18. Jahrhunderts

Die Abschriften von BWV 547 und 548/1 mögen als charakteristische Beispiele der in der Generation nach Bachs Tod entstandenen Kopien Bachscher Werke dienen, die sich in der Sammlung von Rinck[1] befinden. Da beide Manuskripte von Dietrich Kilian in seinem Kritischen Bericht[2] zu dem Band Präludien, Toccaten, Fantasien und Fugen für Orgel in der NBA eingehend beschrieben worden sind, können wir uns hier mit einer Zusammenfassung begnügen. Beide Orgelwerke wurden nach 1779 in den 2. Teil des sogenannten „Lowell Mason Codex", der heute der Musikbibliothek der Yale University gehört, eingetragen. Da der braune Ledereinband die Jahreszahl „1688" trägt und der weitaus größere, 227 Seiten umfassende 1. Teil der Handschrift hauptsächlich Orgel- und Klaviermusik aus der 2. Hälfte des 17. Jahrhunderts enthält, sind die zwei Bachschen Kompositionen offensichtlich von einem späteren Kopisten diesem Sammelband beigefügt worden. Tatsächlich fängt der bis dahin leer gelassene 2. Teil der Handschrift mit einer diesbezüglichen Notiz eines späteren Besitzers an. Johannes Becker (1726–1804), vielleicht ein Schüler Bachs und später Organist am Kasseler Hof,

[1] Vgl. S. 208ff.

[2] S. NBA IV/5 und 6, KB, Teilband 2 (1979), S. 150f.

BWV 547 Prelude and Fugue in C major and BWV 548/1 Prelude in E minor, Two Copies from the Second Half of the 18th Century

The two copies of BWV 547 and 548/1 have been selected to serve as typical examples of Bach compositions in the Rinck collection,[1] that were copied in the generation after Bach's death. Since both manuscripts have been thoroughly described by Dietrich Kilian in the Critical Report[2] to the NBA volume containing the *Preludes, Toccatas, Fantasies and Fugues for Organ,* a summary of the salient facts will be sufficient. Both organ works were copied after 1779 into the second part of the so-called "Lowell Mason Codex," now at the Music Library of Yale University. As the year "1688" is stamped upon the brown leather binding and the far larger first part of the manuscript (consisting of 227 pages) is filled with organ and clavier compositions from the second half of the 17th century, the two organ pieces by Bach were obviously not part of the original volume. Indeed, the second part of the manuscript begins with a pertinent note of its new owner, Johannes Becker (1726–1804), perhaps a pupil of Bach, who later became court organist in Cassel. He writes that he acquired the volume in 1776 at an auction and that he entered "what follows" after January 21, 1779.[3] The

[1] S. pp. 207ff.

[2] S. NBA IV/5 and 6, KB, Teilband 2 (1979), pp. 150f.

[3] In the KB, p. 151, the caption is quoted verbatim.

schreibt, daß er den Band 1776 auf einer Auktion gekauft und „das folgende" nach dem 21. Januar 1779 eingetragen habe[3]. Die nächsten 7 Blätter sind aus der Handschrift herausgerissen worden, wie die übrig gebliebenen Reste zeigen.

Auf der nächsten erhaltenen recto-Seite ist noch ein aus 13 Takten bestehendes Fragment einer anonymen Choralbearbeitung über „Komm heiliger Geist Herre Gott" vorhanden. Somit fängt Beckers Abschrift von BWV 547 (ohne Titelblatt) auf der verso-Seite dieses Fragments an. Die Überschrift lautet: „Praeludium et Fuga à C dur di Sebastian/ Bach." Die Handschrift besteht aus 9 Seiten, von denen das Präludium 5 Seiten einnimmt, dessen erste Seite hier zum ersten Mal abgebildet ist (s. Abb. 108). Wie auch in der folgenden Abschrift von BWV 548/1 wird auf allen recto-Seiten durch ein in keinerlei Hast geschriebenes „Volti subito" zum schnellen Umblättern aufgefordert. Ob die Länge des e-moll-Präludiums (BWV 548/1), für dessen Abschrift Becker 14 Seiten benötigte, ihn zum Auslassen der zugehörigen Fuge veranlaßt hat? Seine Überschrift über der ersten Notenzeile scheint es zu bejahen. Ihr Wortlaut „Praeludium pedaliter pro Organo" erwähnt auch den Komponisten nicht[4]. Da Becker ihn in der vorstehenden Abschrift von BWV 547 genannt hatte, hielt er eine Wiederholung wohl für überflüssig. Auch bei den folgenden Kopien von 6 Kompositionen Kirnbergers trägt nur die erste den Zusatz „di Kirnberger".

Beide Bach-Manuskripte sind in Hochformat geschrieben und messen 34,5–35 x 25 cm. Sie sind somit etwa 4 cm breiter als die durchschnittlichen Folio-Handschriften dieser Zeit. Trotz einiger Stockflecken und mäßigem Durchschlagen der Tinte sind beide Handschriften noch recht gut erhalten. Die Papierfarbe zeigt heute ein leicht nachgedunkeltes weiß; die Farbe der Tinte ist schwarzbraun. Bei der Bogenlage scheint es sich um ineinander liegende Bogen zu handeln. Doch verhindert der feste Einband eine genauere Nachprüfung. Das Wasserzeichen

[3] Auf S. 151 gibt der KB den Wortlaut dieser Überschrift wieder.

[4] „Bach" in der rechten oberen Ecke ist später hinzugefügt worden.

seven subsequent leaves have been cut out, as the surviving stumps still prove.

On the recto side of the next extant leaf an anonymous fragment, consisting of 13 measures of an organ chorale prelude on "Komm heiliger Geist Herre Gott" has survived. Thus Becker's copy of BWV 547 (which lacks a title page) begins on the verso side of this leaf. Its caption reads: "Praeludium et Fuga à C dur di Sebastian / Bach." This copy encompasses 9 pages of which the Prelude occupies 5, the opening page of which is here reproduced for the first time (s. ill. 108). Like the following copy of BWV 548/1 all recto pages invite the player, with the most leisurely written "Volti subito," to turn the pages quickly. Did the length of the E minor Prelude, BWV 548/1, which takes up 14 pages in this manuscript, cause Becker to omit copying the Fugue that belongs to it? His caption above the first bracket indicates as much. It reads plainly: "Praeludium pedaliter pro Organo."[4] It fails further to name the composer, taking his identity probably for granted, since "Sebastian Bach" had been named as the composer of the preceding piece. In the following copies of 6 pieces by Kirnberger again only the first one is identified (as "di Kirnberger").

Both Bach manuscripts are written in high format, measuring 34.5–35 x 25 cm, thus exceeding the cutomary width (about 21 cm) of the folio format of that time. In spite of some foxing and bleed-through of ink, the general condition of both manuscripts is still very good. The color of the paper can best be called off-white, that of the ink brown-black. The folios seem to be placed one into another though the tight binding prevents identification of the exact gathering. The watermark is extremely difficult to decipher. According to Kilian[5] it shows an heraldic fleur-de-lis and beneath it the letters "ICB."

Provenance

Becker may well have copied the two organ works by Bach from a manuscript that his Cassel colleague Johann Christoph Kellner (1736–1803) put at his disposal. As the

[4] The inscription "Bach" in the top right corner is a later addition.

[5] S. KB, p. 151.

ist nur schwer erkennbar. Nach Kilian[5] ist es eine heraldische Lilie über den Buchstaben „ICB".

Provenienz

Becker hat die hier beschriebene Handschrift möglicherweise von einer Kopie im Besitz seines Kasseler Kollegen Johann Christoph Kellner (1736–1803) abgeschrieben. Dieser könnte eine solche Kopie von seinem Vater, dem für die Bach-Überlieferung besonders wichtigen Kantor und Organist Johann Peter Kellner (1705–1772) aus Gräfenroda geerbt haben. Dies ist zwar gut denkbar, aber doch nur Vermutung[6]. Tatsache ist, daß Becker 1779 begann, „neue" Kompositionen, darunter BWV 547 und 548/1, in den unbeschriebenen 2. Teil der alten, von ihm erworbenen Sammelhandschrift einzutragen (s. o.). Über Beckers Schüler und Nachfolger Johann Conrad Herstell (1764 bis 1836) und dessen Sohn Adolf gelangte die Handschrift 1836 als Geschenk in die Sammlung von Johann Christian Heinrich Rinck (1770–1846)[7]. Diese Sammlung wurde sechs Jahre nach Rincks Tod von Lowell Mason (1792–1872)[8] aufgekauft und nach seinem Ableben 1873 von seinen Erben der Yale University vermacht[9]. In der Musikbibliothek der Yale University in New Haven, Connecticut, trägt der „Lowell Mason Codex", in dem Bachs zwei Orgelkompositionen nur einen kleinen aber wertvollen Teil ausmachen, die Signatur „LM 5056".

son of Johann Peter Kellner (1705–1772), the Gräfenroda organist and cantor and indefatigable promoter of Bach's music, he may well have inherited such a manuscript. While this is a reasonable assumption,[6] it is a fact that in 1779 Becker began entering "new" compositions, among them BWV 547 and 548/1, into the empty second part of the old volume he had acquired (s. a.). Via Becker's pupil and successor Johann Conrad Herstell (1764–1836) the volume came into the hands of his son Adolf who gave it in 1836 to Johann Christian Heinrich Rinck (1770–1846) for his collection.[7] Six years after Rinck's death, his collection was purchased by Lowell Mason of Boston (1792–1872)[8] whose heirs donated his vast music library in 1873 to Yale University.[9] The volume is now in the Music Library of Yale University in New Haven, Connecticut, where the "Lowell Mason Codex" of which the two organ compositions by Bach form a small but significant part, is catalogued as "LM 5056."

BWV 870–893 Das Wohltemperierte Klavier, Teil 2, Einrichtung der Fugen BWV 871, 874, 876–878 für Streichquartett von Wolfgang Amadeus Mozart

Bei der vorausgehenden Beschreibung des Berea-Manuskripts wurde bereits darauf hingewiesen, daß Mozart diese von einem Kopisten des Barons van Swieten hergestellte Kopie höchstwahrscheinlich für seine

BWV 870–893 The Well-Tempered Clavier, Book II, Arrangements of Fugues BWV 871, 874, 876–878 for String Quartet by Wolfgang Amadeus Mozart

The description of the Berea manuscript of the Fugues from Book II of the Well-Tempered Clavier,[1] which was written by one of Baron van Swieten's principal copyists, revealed (on pp. 250ff.) that Mozart used this

[5] S. den KB, S. 151.
[6] Ebda.
[7] S. Fn. 1.
[8] S. S. 209ff.
[9] Ebda.

[6] *Ibid.*
[7] S. fn. 1.
[8] S. pp. 208ff.
[9] *Ibid.*

[1] Henceforth called WTC II.

Streichquartett-Übertragung einiger Fugen aus dem 2. Teil des Wohltemperierten Klaviers[1] benutzt hat (s. S. 250ff). Diese Abhängigkeit wurde durch die große Anzahl sonst unerklärlicher Abweichungen von Bachs Holograph bestätigt[2], welche beiden Kopien gemeinsam sind. Zehn Tage nach dem Brief an den Vater (s. S. 251) schrieb Mozart an seine Schwester[3]: „Baron van Suiten ... hat mir alle Werke des händls und Sebastian Bach[4], nachdem ich sie ihm durchgespiellt, nach Hause gegeben." Obgleich 16 für Streichinstrumente arrangierte Bachsche Fugen im Laufe der Zeit Mozart zugeschrieben wurden[5], sind nur die ersten fünf 4stimmigen Fugen und ein Teil der b-moll-Fuge aus dem WtK II in Mozarts eigener Handschrift überliefert und somit im Gegensatz zu den anderen über alle Echtheitszweifel erhoben. Die 5 Fugen wurden bereits in die 1862 erschienene Erstausgabe des Köchel-Verzeichnisses unter der Nummer 405 aufgenommen, wurden jedoch erst 1964 erstmals ediert[6]. Das wertvolle Mozart-Autograph befindet sich heute in Privatbesitz in den USA.

Das im Querformat geschriebene, gut erhaltene Manuskript mißt 23 x 32 cm. Das an seinen äußeren und unteren Rändern etwas zerfaserte Papier hat seine weiße Originalfarbe im großen und ganzen in erstaunlichem Maße beibehalten; doch geht die Farbe besonders an den Rändern in braune Stellen über. Die Farbe der Tinte ist dunkelgrau.

[1] Fortan zitiert als WtK II.

[2] S. Warren Kirkendale, KV 405: Ein unveröffentlichtes Mozart-Autograph, in: Mozart-Jahrbuch 1962/63, Salzburg 1964, S. 141 (im folgenden zitiert als Kirkendale I). Vgl. vor allem auch Kirkendales Beitrag More Slow Introductions by Mozart to Fugues of J. S. Bach? in: Journal of the American Musicological Society XVII, 1964, S. 49–53 (abgekürzt: Kirkendale II).

[3] Brief vom 20. April 1782. S. Mozart. Briefe und Aufzeichnungen, Gesamtausgabe, gesammelt und erläutert von Wilhelm A. Bauer und Otto Erich Deutsch, Bd. III, Kassel etc. 1963, Nr. 668, S. 202.

[4] Daß Mozart hier Bach mit seinem Vornamen anführt, zeigt, daß diese Identifizierung in der zweiten Hälfte des 18. Jahrhunderts, in der Carl Philipp Emanuel oder Wilhelm Friedemann Bach sehr angesehen waren, nötig war. Händel befand sich da, nicht nur weil er kinderlos war, in weitaus günstigerer Lage.

[5] Vgl. Kirkendale II, S. 44ff., sowie Gerhard Croll, Eine neuentdeckte Bach-Fuge für Streichquartett von Mozart, in: Österreichische Musikzeitschrift 21, 1966, S. 508–514.

[6] S. Kirkendale I.

copy in all probability for his transcription of five fugues for string quartet. This was indicated by the number of identical deviations from Bach's holograph common to both manuscripts.[2] Ten days after Mozart had written to his father (s. p. 251) he wrote to his sister:[3] "Baron van Swieten . . . gave me all the works of Handel and Sebastian Bach[4] to take home with me after I had played them for him." Although as many as 16 extant transcriptions of fugues by Bach have been attributed to Mozart[5] only the first five 4-part fugues and a portion of the B-flat minor fugue from WTC II have survived in Mozart's own handwriting and are thus in contrast to the others beyond question Mozart's own transcriptions. Listed as early as 1862 in the Köchel-Verzeichnis as number 405, the first 5 fugues had to wait until 1964 for their publication.[6] This precious Mozart manuscript is now in private possession in the USA.

The manuscript, in oblong format, measures 23 x 32 cm and is still in good condition. The paper, though frayed on its outer and lower edges, has practically retained its original white color. However, its present off-white color has faded into considerably darker brown areas around the edges. The color of the ink is dark gray. As is frequently the case with oblong manuscripts the paper appears to have been cut horizontally on what is now its top side (s. ill. 109).

[1] Henceforth called WTC II.

[2] S. Warren Kirkendale, "KV 405: Ein unveröffentlichtes Mozart-Autograph," in: *Mozart-Jahrbuch 1962–63*, Salzburg 1964, p. 141. (Hereafter called Kirkendale I.) Cf. above all, the same author's "More Slow Introductions by Mozart to Fugues of J. S. Bach?," in: Journal of the American Musicological Society, XVII/1, 1964, pp. 49–53. (Henceforth called Kirkendale II.)

[3] Letter of April 20, 1782. Cf. *The Letters of Mozart and his Family*, edited by Emily Anderson, vol. III, London 1938, p. 1194.

[4] In the second half of the 18th century Bach's identity had to be established by using his first name, for otherwise he would have been confused with the then more famous Carl Philipp Emanuel or with Wilhelm Friedemann Bach. Not only because he was childless but also because his fame never died, did Handel not suffer from J. S. Bach's predicament.

[5] S. Kirkendale II, pp. 44ff., as well as Gerhard Croll, "Eine neuentdeckte Bach-Fuge für Streichquartett von Mozart" (A newly discovered Bach-Fugue for string quartet by Mozart), in: *Österreichische Musikzeitschrift* 21, 1966, pp. 508–514.

[6] S. Kirkendale I, fn. 2 above.

Wie so häufig bei Manuskripten in Querformat scheinen auch hier die Originalbogen horizontal durchschnitten worden zu sein (s. den oberen Rand in Abb. 109). Dadurch wurde auch das Wasserzeichen zerschnitten. Was von diesem erhalten blieb, zeigt sich jeweils am oberen Rand in Form von 3 ziemlich hohen, unvollständigen Halbkreisen, deren Durchmesser etwas mehr als 1 cm beträgt. Auch kann man auf einem der Blätter den Buchstaben „A" erkennen. Die Bruchstücke der 3 Halbkreise dürften wohl den sichtbaren Teil jener 3 Mondsicheln darstellen, die bekanntlich verschiedene von van Swietens Kopisten benutzte Papiersorten charakterisieren (s. z. B. S. 252).

Das Manuskript setzt sich aus 2 ineinanderliegenden Bogen und einem in den 2. Bogen eingefügten Einzelblatt zusammen; d. h. die Seiten 1/2 und 9/10 schlagen S. 3/4 und 7/8 ein, während das Innenblatt aus S. 5/6 besteht:

	1|2	3|4	5|6	7|8	9|10
BWV:	871	876	878	877	874
Tonart:	e-moll	Es-dur	E-dur	d-moll	D-dur

Der linke Rand von S. 5 macht den Eindruck, als sei dieses Blatt von einem anderen Blatt abgetrennt worden und ursprünglich die linke Hälfte eines Bogens gewesen. Daher kann der Schluß, daß die in der amerikanischen Kopie nicht mehr vorhandene Seite des 3. Bogens eine 6. Fuge aus dem WtK II enthalten habe, nicht von der Hand gewiesen werden. Johann Anton André (1775–1842), der das Manuskript 1800 von Mozarts Witwe erworben hatte, kündigte auf dem Titelblatt seiner Partitur-Ausgabe der Mozartschen Streichquartette an: „in demselben Verlag erschienen: Mozart, W. A.: Sechs Fugen von J. S. Bach für zwei Violinen, A. & Vllo bearb. Partitur."[7] Da jedoch kein Exemplar dieser von André angezeigten Ausgabe überliefert ist, ist es höchst zweifelhaft, daß eine solche Ausgabe je gedruckt wurde. Gleichzeitig läßt sich Einsteins Vermutung[8], daß es sich bei der aus der Anzeige zu

[7] Vgl. Alfred Einstein, Köchel-Verzeichnis (fortan abgekürzt: KV), Supplement, Ann Arbor, Michigan (USA) 1947, S. 1009.
[8] Ebda.

Thereby the watermark too was cut in half. What can be seen of it at the top of each sheet shows three rather large semi-circles about 1/2 inch in diameter as well as the letter "A" on one of the leaves. The three semi-circles may well constitute the visible portion of the 3 halfmoons that are typical of several kinds of paper used by van Swieten's copyists (s., for instance, p. 252).

The gathering of the manuscript shows two folios, one placed into the other (i. e. pages 1/2 and 9/10 envelop pages 3/4 and 7/8) while a single leaf (containing pages 5/6) lies in the center:

	1|2	3|4	5|6	7|8	9|10
BWV:	871	876	878	877	874
Key:	C minor	E-flat major	E major	D minor	D major

The inside edge of the center leaf, however, looks as though it might have been separated. That this center leaf should originally also have been one half of a folio is more than a reasonable assumption. It is not only the physical condition of the inside edge which indicates that a mate of the extant center leaf – perhaps containing a 6th fugue – once existed. The Offenbach music publisher Johann Anton André (1775–1842) who had acquired the manuscript in 1800 from Mozart's widow, announced on the title page of his publication of Mozart's string quartets: "In the same publishing house appeared [also]: Mozart, W. A.: Six Fugues by J. S. Bach, arranged for two violins, viola and violoncello. Score."[7] Unfortunately no copy of André's advertised publication of Mozart's arrangement of Bach's fugues, if indeed it was ever printed, has survived. Yet such a 6th fugue can hardly be interpreted as an unscrupulous addition by André, as Einstein once assumed.[8]

The 5 extant fugues of the American manuscript were entered by Mozart into his manuscript in their proper order: the C minor and D major fugues into folio I, those in E-flat major and D-sharp minor into folio II (the latter transposed for the string instru-

[7] Cf. Alfred Einstein, Köchel-Verzeichnis (henceforth called KV), Supplement, Ann Arbor 1947, p. 1009.
[8] *Ibid.*

vermutenden 6. Fuge um eine skrupellose Hinzufügung Andrés gehandelt haben mag, nicht aufrecht erhalten.

Die 5 in vorliegendem Manuskript überlieferten Fugen aus Bachs WtK II sind von Mozart in ihrer richtigen Reihenfolge eingetragen worden: Die c-moll- und D-dur-Fuge in den 1. Bogen, die Es-dur- und dis-moll-Fuge in den 2. Bogen (letztere allerdings zugunsten der Streichinstrumente nach d-moll transponiert) und die E-dur-Fuge in das heutige Einzelblatt. Die nächste 4stimmige Fuge, die nach sechs 3stimmigen im WtK II auf die E-dur-Fuge folgt, ist Nr. 16, BWV 885. Die Wahrscheinlichkeit, daß diese g-moll-Fuge die 6. von Mozart übertragene Fuge sei, wird allerdings durch ihre Länge und die Überlieferung von zwei Kopien der 4stimmigen b-moll-Fuge[9] in Frage gestellt. In einer anonym überlieferten Kopie von sechs (!) 4stimmigen Bachschen Fugen, die 1796 „in connection with Van Swieten"[10] hergestellt wurde, sind 5 wiederum Übertragungen aus dem WtK II[11], und 4 von ihnen stimmen mit 4 der 5 von Mozart kopierten Fugen überein. Warren Kirkendale erbrachte den zwingenden Beweis, daß der anonyme Kopist seine 5 Fugen aus demselben van Swieten-Manuskript abschrieb[12], das auch Mozart benutzt hatte. Die im Mozart-Manuskript nicht enthaltene b-moll-Fuge (BWV 891) sollte deshalb als ernstlicher Kandidat für die fehlende 6. Fuge in der Mozart-Handschrift in Frage kommen. Von Bachs Englischen und Französischen Suiten und denen für Violoncello allein, von den Klavier-Partiten und den Sonaten und Partiten für Solo-Violine oder den Sonaten für Violine und Klavier bis zu den 2 mal sechs Londoner Sinfonien von Haydn oder Beethovens Streichquartetten op. 18, war sechs die traditionelle Zahl für eine Sammlung gleichartiger Kompositionen. Auch diese historische Gepflogenheit spricht für 6 anstelle von 5 durch Mozart übertragene Bachsche Fugen. Schrieb Mozart doch am Ende desselben Jahres (1782), in dem er die Bachschen Fugen kopierte, auch das erste der 6 Streich-

[9] Kirkendale II, S. 46 und 55.

[10] Ebda., S. 46ff.

[11] Die andere ist die Orgel-Fuge in e-moll, BWV 548.

[12] Kirkendale II, S. 49ff.

ments into the more suitable key of D minor) and the E major fugue into the center leaf. The next 4-part fugue in WTC II is No. 16, BWV 885. The likelihood that this fugue in G minor may have been the 6th fugue copied by Mozart is, however, undermined by the existence of two copies of the B-flat minor fugue, both arranged for string quartet and both transposed.[9] One is contained in an anonymous copy of 1796 of six (!) 4-part fugues by Bach made "in connection with Van Swieten."[10] Five of these fugue transcriptions stem again from Bach's WTC II[11] and four of them are identical with 4 of the 5 transcribed by Mozart. Warren Kirkendale has shown that the anonymous scribe copied his five fugues from the same van Swieten manuscript that Mozart had used.[12] The B-flat minor Fugue, that is, the one not contained in Mozart's manuscript (BWV 891), thus becomes a natural candidate for Mozart's assumed 6th manuscript. Six was the magical number, the accepted norm for a collection of pieces of music from Bach's English and French Suites and those for unaccompanied cello, from his Clavier Partitas and Sonatas and Partitas for unaccompanied violin or his Sonatas for violin and clavier to Haydn's two-times-six London symphonies and Beethoven's string quartets opus 18. This historical convention too speaks for 6 rather than 5 transcriptions by Mozart who at the very end of the year 1782 in which he copied his Bach fugues, composed the first of the six string quartets he would later dedicate to his "dear friend" Haydn.

Another arrangement for string quartet of the B-flat minor Fugue from the WTC II (transposed to C minor) was considered anonymous until 1966. When Gerhard Croll[13] recognized in its first 39 measures the handwriting of Mozart, the long search for Mozart's missing 6th fugue from Bach's WTC II seemed over. But this fugue is not written on a single leaf and thus does not

[9] S. Kirkendale II, pp. 46 and 55.

[10] For all necessary detail s. Kirkendale II, pp. 46ff.

[11] The remaining one is the organ fugue in E minor, BWV 548.

[12] As proven by Kirkendale II, pp. 49ff.

[13] Croll, *Ibid.* (s.a., fn. 5).

quartette, die er 3 Jahre später seinem „lieben Freund" Haydn widmete.

Eine weitere für Streichquartett bearbeitete, diesmal nach c-moll transponierte Kopie der b-moll-Fuge aus dem WtK II wurde bis 1966 noch für anonym gehalten. Als Gerhard Croll[13] in den ersten 39 Takten dieser Fuge die Handschrift Mozarts erkannte, schien die lange Suche nach Mozarts sechster Fuge beendet. Doch ist diese Fuge nicht auf ein Einzelblatt geschrieben, das als Ergänzung des Halbbogens des amerikanischen Manuskripts angesehen werden könnte. Vielmehr ist sie auf einem 4seitigen Bogen überliefert, dessen Seiten 20,3 x 30 cm messen. Der Bogen beginnt mit einer Streichquartettskizze in E-dur (9 Takte) und endet unten auf S. 4 mit einem durchgestrichenen Bruchstück (auf 2 Systemen) aus einem Klavierkonzert (beide autograph). Die Übertragung der Bachschen Fuge nimmt die restlichen 3 1/3 Seiten in Anspruch und ist somit weitaus länger als die auf je 2 Seiten notierten 5 Fugen des amerikanischen Manuskripts. Von den zehn Akkoladen zu je 4 Systemen hat Mozart nur die ersten vier selbst geschrieben (= Takte 1–39). Der Rest der Fuge (im ganzen 101 Takte) wurde von Stadler gewissenhaft zu Ende geschrieben und von ihm mit einer unserer Abbildung ähnlichen Überschrift versehen (Abb. 109). Der Bogen blieb in Stadlers Besitz. Croll stellt folgende Überlegungen über diese und Mozarts 5 Fugen-Übertragungen an[14]: „André wußte ... wohl nichts von dem Fragment, der ‚6.' Fuge. ... Ob es nun die verlegerische Initiative Andrés war, die zu einer Anfrage bei dem in Sachen Mozart ‚competenten Rathgeber und Kenner' führte, oder ob Abbé Stadler seinerseits André auf das in seinem [Stadlers] Besitz befindliche Fragment aufmerksam machte und die Publikation von ‚6 Fugen von J. S. Bach ...' anregte, wir wissen es nicht. Aber wir gehen wohl nicht fehl, wenn wir für Stadlers mühevolle Arbeit an dem Torso der c-moll-Fuge die Erklärung geben: sie sollte als Nr. 6 die fünf von Mozart selbst vollendeten Transkriptionen Bachscher Fugen für Streichquar-

[13] Croll, a.a.O. (s. o., Fn. 5).

[14] Ebda., S. 513.

complement the half-folio of the American manuscript. This 6th fugue occupies in fact 3-1/3 pages of a folio the 4 pages of which measure 20.3 x 30 cm. Opening on p. 1 with a 9-measure sketch of an E major string quartet the folio ends at the bottom of p. 4 with a crossed-out fragment of a piano concerto (both of them autograph). The transcription of the fugue fills the rest of the 4-page manuscript and thus exceeds considerably the 2-page length of each of the five fugues in the American manuscript. Of the ten 4-stave braces of this 6th fugue Mozart wrote only the first four (= mm. 1–39). The remainder of the 101 measure-long fugue is in the handwriting of Abbé Stadler who supplied also a heading quite similar to that of the first fugue of the American manuscript (s. ill. 109). The folio with the 6th fugue remained in Stadler's possession. Croll's thoughts about it and Mozart's 5 other fugue transcriptions deserve to be summarized here in free translation:[14] "André was probably unaware of this fragment of the '6th' fugue. ... We do not know whether his editorial initiative led him to approach Stadler ... or whether Abbé Stadler drew André's attention to the fragment in his [Stadler's] possession, thus encouraging the publication of '6 Fugues by J. S. Bach ...' But we are probably not mistaken in our explanation of Stadler's laborious efforts in behalf of the torso of the C minor fugue: namely that by supplying a 6th fugue to the 5, transcribed and completed by Mozart himself, Stadler intended to ready them for publication by André." Instead of coming into André's hands, the manuscript came into the possession of Archduke Rudolf of Austria and remained after his death in 1831 at his castle at Kremsier in Moravia where it was preserved as an anonymous manuscript. Attention was again drawn to it in 1926 by an article of Karl Vetterl[15] who mentioned the manuscript briefly with the following words: "By S. Bach: score of a fugue in C

[14] *Ibid.*, p. 513.

[15] "Der musikalische Nachlaß des Erzherzogs Rudolf im erzbischöflichen Archiv zu Kremsier" (The musical estate of Archduke Rudolf in the archiepiscopal archive at Kremsier), in: *Zeitschrift für Musikwissenschaft* IX, 1926/27, p. 179.

tett zur Veröffentlichung durch André auffüllen." Anstatt aber in Andrés Hände zu kommen, gelangte das Manuskript in den Besitz des Erzherzogs Rudolf von Österreich und blieb nach dessen Tod im Jahre 1831 auf Schloß Kremsier in Mähren, wo es als anonymes Manuskript aufbewahrt wurde. 1926 wurde es von Karl Vetterl[15] zum ersten Mal mit den Worten „Von S. Bach: Partitur einer Fuge aus c-moll 3/2 für Violinquartett" erwähnt, später dann von Warren Kirkendale als Bachs b-moll-Fuge aus dem WtK II identifiziert[16] und schließlich von Gerhard Croll als Mozarts und Stadlers Handschrift erkannt. Nicht völlig von der Hand zu weisen bleibt dennoch die Hypothese, daß Mozart auf der anscheinend abgetrennten und offenbar verlorengegangenen Bogenhälfte, die ursprünglich zu dem Einzelblatt des amerikanischen Manuskripts gehört hatte (s. o.), eine Fuge – vielleicht die 50taktige As-dur-Fuge aus dem WtK II – eingetragen hatte.

Aus der 1. Seite des Mozartschen Manuskripts ersieht man nicht, daß jede der übrigen 9 Seiten aus 3 Akkoladen von je 4 Systemen besteht. Die erste hier abgebildete Seite (Abb. 109) läßt mehrere Handschriften erkennen. Die Überschrift „Bachs Klavier Fugen von Mozart übersetzt für 2 Violinen Viola e Basso" stammt von Abbé Maximilian Stadler (1748–1833)[17]. Als Konstanze Mozart Ende der 1790er Jahre in Not geriet und sich zum Verkauf der Manuskripte aus dem Nachlaß ihres Mannes entschloß, antworteten Breitkopf & Härtel bezüglich des geforderten Preises mit Schweigen. Johann Anton André, dem 3. Sohn des Gründers des Offenbacher Musikverlags Johann André[18], gelang es dann im Januar 1800, die von Konstanze Mozart angebotenen Manuskrip-

[15] Der musikalische Nachlaß des Erzherzogs Rudolf im erzbischöflichen Archiv zu Kremsier, in: Zeitschrift für Musikwissenschaft IX, 1926/27, S. 179.

[16] Kirkendale II, S. 55.

[17] Für die Identifizierung der verschiedenen Schriftzüge bediente sich Professor Kirkendale der Auskunft des Mozart-Spezialisten Wolfgang Plath. Ein Vergleich mit allen mir zugänglichen Faksimile-Ausgaben Mozartscher Werke bestätigte die Richtigkeit von Kirkendales Ergebnissen.

[18] 1741–1799. Dieser nicht untalentierte Komponist benutzte als erster Goethes Gedicht „Das Veilchen" als Textvorlage eines Liedes.

minor 3/2 for string quartet." In 1964 Warren Kirkendale recognized it as Bach's B-flat minor Fugue from the WTC II,[16] while at about the same time Gerhard Croll identified the handwriting as that of Mozart and Stadler. In spite of the above, the following hypothesis can hardly be dismissed as lying totally outside the realm of possibilities, namely that the apparently separated and obviously lost half-folio that once appears to have complemented the present single leaf of the American manuscript (s. a.), may have contained on its 2 pages a complete 6th fugue in Mozart's handwirting – conceivably the 50 measure-long Fugue in A-flat major from Bach's WTC II.

While the first page of Mozart's copy (s. ill. 109) does not show it, each one of the remaining nine pages consists of 3 brackets of 4 staves of music. The opening page, reproduced here shows several handwritings. The heading "Bachs Klavier Fugen von Mozart übersetzt für 2 Violinen Viola e Basso" (Bach's Clavier Fugues, transcribed by Mozart for 2 Violins, Viola and Bass) was entered by Abbé Maximilian Stadler (1748–1833).[17] When in the last years of the 1790s Konstanze Mozart was in dire need and intended to sell her late husband's manuscripts, Breitkopf & Härtel failed to answer her offer. Johann Anton André, the third son of Johann André,[18] the founder of the Offenbach publishing house, succeeded in January 1800 in acquiring the bulk of what was left of Mozart's estate für 3,150 Gulden. Shortly before this sale the Mozarts' old friend Abbé Maximilian Stadler and Konstanze's new friend and neighbor, the Danish diplomat Georg Nikolaus Nissen (1761–1826), who in 1809 would marry her, helped Konstanze make an inventory of the Mozart manuscripts in her possession. The "Vollendet. 1782." to the right of Stadler's heading of the manuscript under discussion was added by Nissen, whose clarifying

[16] Kirkendale II, p. 55.

[17] Professor Kirkendale relied for the identification of the different handwritings on information supplied to him by the Mozart scholar Wolfgang Plath. I have verified them by comparing them with all available facsimile editions of Mozart works.

[18] (1741–1799). He had been the first composer to set Goethe's poem "Das Veilchen" to music.

te für 3150 Gulden zu erwerben. Kurz vor diesem Verkauf übernahmen der alte Freund der Mozart-Familie, Abbé Maximilian Stadler, und Konstanzes neuer Freund und Nachbar, der dänische Diplomat Georg Nikolaus Nissen (1761–1826), der 1809 ihr zweiter Gatte werden sollte, die Anfertigung eines Inventars der ihr verbliebenen Mozart-Manuskripte. Der Eintrag „Vollendet./1782." rechts neben Stadlers Überschrift von Mozarts Bach-Manuskript stammt von Nissen, dessen erläuternde Zusätze in vielen Mozartschen Handschriften zu beobachten sind. Ein 3. Zusatz „W. A. Mozart's/Handschrift./ André." rechts oben am Rand bestätigt Johann Anton André als Besitzer des Manuskripts. Die „188" unter dem leeren 12. Notensystem weist auf die entsprechende Nummer in Andrés Verzeichnis seiner Mozart-Manuskripte hin, während „K 405" die nach 1862 hinzugefügte Nummer des KV darstellt. Für die Zahlen „16" am rechten Rand und die „16./N° 12" links unten konnte ich unter den Auktionsnummern oder Versteigerungskatalogen, in denen das Manuskript später erschien, keine Entsprechungen finden. Da die folgenden Blätter links oben die korrekte Blattzählung (2, 3, 4 und 5) aufweisen, muß man sich fragen, ob das, was links oben auf der 1. Seite wie eine „4" aussieht, nicht ursprünglich eine „1" gewesen sein könnte. Diese fehlende Übereinstimmung wurde dann auch von jemand beanstandet, der ganz oben auf der Seite „N° 1" eintrug und dadurch die ersten 3 Buchstaben von „Viola" verundeutlichte[19]. Die Überschrift „Seb: Bach." links über dem 4. Notensystem scheint von Mozarts Hand zu stammen.

Die 11 Takte auf den 3 oberen Notensystemen erwecken zunächst den Eindruck einer dreistimmigen Kontrapunktübung[20]. Bei näherem Hinsehen zeigt sich jedoch, daß die Sopran- und Tenor-Stimme nicht zusammenpassen und daß wir hier zwei 2stimmige

handwritten additions can be found in countless Mozart manuscripts. A final addition in the right margin "W. A. Mozart's / Handschrift. / André." reveals Johann Anton André as owner of the manuscript. The number "188" below the empty 12th staff refers to André's catalogue of his Mozart manuscripts, the "K 405" (added after 1862) to the Köchel-Verzeichnis. The "16" in the right margin and the "16. / N° 12" at bottom left do not seem to refer to numbers in auction catalogues at which this manuscript was later offered for sale. Since the following leaves were later numbered at top left 2, 3, 4 and 5, the question arises whether what looks like a "4" in the top left corner of the opening leaf might not have been originally a "1." This incongruity was apparently observed by the person who entered "N° 1" at the very top of the page thereby obscuring the "Vio" of "Viola."[19] The "Seb: Bach." above the 4th staff on the other hand seems to be in Mozart's own handwriting.

The 3 top staves are filled with 11 measures of music that at first glance give the impression of a 3-part contrapuntal exercise.[20] A second glance, however, reveals that tenor and treble do not harmonize and that we face here two 2-part exercises of the 3rd species, based on Fux's most popular cantus firmus from his *Gradus ad Parnassum.* Mozart is supposed to have become acquainted with Fux's contrapuntal treatise through Haydn in 1781, the year before van Swieten introduced the Salzburg composer to the music of Bach and Handel. Since the treble clef of the first staff does not seem to be in Mozart's handwriting – compare it with Mozart's typical clefs on staves 4 and 5 – the thought arises that this somewhat clumsy and immature looking treble clef may have been entered by a pupil. The fact that the stems of the quarter notes on the upper staff are slanted towards the left, in contrast to the straight stems in the Bach

[19] Diese „N° 1" ist in der ersten Faks.-Veröffentlichung dieser Seite, die Ernst Lewickis Artikel Mozarts Verhältnis zu J. S. Bach (in: Mitteilungen der Berliner Mozart-Gemeinde 15, 1903) beigegeben ist, noch nicht vorhanden. Ich verdanke diese Auskunft einer freundlichen Mitteilung Prof. Kirkendales.

[20] Als solche wurde sie noch in der 6. Auflage des KV (Wiesbaden 1964, S. 438) interpretiert.

[19] This "N° 1" is still missing in the first publication of this page which illustrates Ernst Lewicki's article "Mozart's Verhältnis zu J. S. Bach" (Mozart's Relationship to J. S. Bach), in: *Mitteilungen der Berliner Mozart-Gemeinde* 15, 1903. I owe this information to a kind communication by Warren Kirkendale.

[20] It was still interpreted as such in the 6th edition of the KV, Wiesbaden 1964, p. 438.

Übungen in der 3. Gattung über Fux' vielverwendeten Cantus firmus aus seinem „Gradus ad Parnassum" vor uns haben. Haydn soll Mozart 1781 mit Fux' Kontrapunkt-Traktat vertraut gemacht haben, d. h. ein Jahr bevor Mozart bei van Swieten Bachs und Händels Musik kennenlernte. Da der Violinschlüssel auf dem obersten System wohl kaum von Mozart herrührt – man vergleiche ihn mit dessen typischen Violinschlüsseln auf dem 4. und 5. System – könnte man sich vorstellen, daß dieser ungeschickt aussehende Schlüssel von einem Schüler eingetragen wurde. Wenn man zudem beobachtet, wie die Hälse der Viertelnoten auf dem oberen System im Gegensatz zu den geraden Notenhälsen in der folgenden Fuge schräg nach links geneigt sind, kann man sich des Eindrucks kaum erwehren, daß der in unserer Vorstellung heraufbeschworene Schüler am Schreibtisch saß, während Mozart, sich über ihn beugend, die Noten eintrug. Die Sequenzen am Ende der Oberstimme hätten wohl schwerlich Fux' Beifall gefunden. Ob Mozart hier vorhatte, seinem Schüler einen Kunstgriff der klassischen Kompositionsweise zu zeigen, den man bei stufenweise fallendem Cantus firmus anwenden kann? Die andere Kontrapunktübung hätte dagegen Fux' Zustimmung gefunden, und nicht nur darum, weil hier 13 Noten einer seiner eigenen Übungen entnommen sind[21].

Die folgenden Akkoladen mit ihren zweimal 4 Systemen und den 13 Anfangstakten der Bachschen c-moll-Fuge[22] sind für Mozarts Handschrift in jeder Hinsicht charakteristisch. Die horizontale räumliche Einteilung der zierlichen Noten befindet sich in erstaunlichem Einklang mit der vertikalen Anordnung, die auf dieser Seite die Dreistimmigkeit nicht überschreitet. Besonders charakteristisch sind die beiden Schrägstriche, die bei Mozart stets das Ende einer Akkolade bezeichnen. Die winzigen Schleifen in der Akkoladenmitte findet man in etwa der Hälfte aller Mozart-Handschriften. Daß Schlüssel und Vorzeichen nur auf den

[21] Diese scharfsinnige Beobachtung stammt von Kirkendale (I, S. 3).

[22] Im 1. Takt auf der nächsten Seite beginnt die Kombination des Fugenthemas mit seiner Augmentation.

fugue, might indicate that a pupil was sitting at the table while Mozart entered the notes leaning over his shoulder. Fux would not have sanctioned the rising sequences in the treble at the end of the exercise. Did Mozart perhaps intend to show his pupil a little trick of classical writing which works when the cantus firmus moves stepwise downward? The other exercise with the tenor below the cantus firmus, however, would have pleased Fux, and that not only because 13 notes correspond to one of his own exercises.[21]

Except for the three top staves the remaining two braces of 4 staves each, that accommodate the first 13 measures of Bach's C minor fugue,[22] are in every way characteristic of Mozart's handwritig. The beautifully coordinated horizontal spacing of Mozart's delicately penned notes is in perfect harmony with the vertical pattern which on this page does not exceed three-part writing. Altogether typical are the 2 diagonal parallel strokes that consistently mark the end of a Mozart brace. These braces show just as often as not the tiny loops seen here at their halfway points. That clefs and accidentals are notated only on the first brace of each one of the 5 fugues is as characteristic of Mozart as it would be uncharacteristic of Bach. The shape of the treble and bass clefs, of the "C" of the time signature, of the eighth, quarter and half-note rests and the tiny but precise whole measure rests are style prints of Mozart's handwriting. The two tiny horizontal strokes of the C-clef are about as often as not connected with the vertical strokes to their right (as in the 4 C-clefs on this page). This characteristic page[23] will have to represent the remainder of the 10-page manuscript in which each leaf accommodates one fugue (s. chart on p. 258).

The recto page of the next folio shows in addition to "N° 39" and the leaf number "2" Nissen's crossed-out heading "Zu den Quartetten" (To the quartets). At top right

[21] This astute observation was made by Kirkendale I, p. 3.

[22] In the next measure begins the combination of the subject with its augmentation.

[23] – the one I was permitted to reproduce, for which kindness I am greatly indebted to the present owner of the manuscript.

ersten Akkoladen der 5 Fugen notiert sind, ist ebenso charakteristisch für Mozart wie es uncharakteristisch für Bachs Schreibweise wäre. Die Formen der Violin- und Baßschlüssel, des „C" der Taktbezeichnung, der Achtel-, Viertel- und halben Pausen und der winzigen, jedoch präzisen Ganztaktpausen, sind sämtlich typisch für Mozarts Notenschrift. Die beiden kurzen horizontalen Parallelstriche in der Mitte der C-Schlüssel sind etwa gleichermaßen so häufig mit den senkrechten Strichen rechts neben ihnen verbunden, wie daß sie (wie in den 4 C-Schlüsseln auf dieser Seite) alleine stehen. Diese durchaus typische Seite[23] muß als repräsentatives Beispiel für den Rest des 10seitigen Manuskripts dienen, in welchem jede Fuge 2 Seiten eines Blattes in Anspruch nimmt (s. die Skizze auf S. 258).

Die recto-Seite des nächsten Bogens weist die „N° 39" und die Blattzahl „2" sowie Nissens ausgestrichene Überschrift „Zu den Quartetten" auf. Rechts oben vermerkt Stadler den Hinweis „Sebastian Bach / für Violin übersetzt", dem Nissen die Erklärung „von / Mozart / Original" beifügt. Darunter und identisch mit der Bemerkung auf der 1. Seite notiert André „W. A. Mozart's / Handschrift / André." Der Wunsch, jeden der drei Bogen durch eine Echtheitsbezeugung zu identifizieren, zeigt sich auch an den Aufschriften des Innenblattes. In seiner rechten oberen Ecke befindet sich wiederum die gleichlautende Echtheitsbescheinigung Andrés. Die Überschrift dieser Seite „Fuga[24] von Sebastian Bach für Violini übersetzt" stammt von Stadler, während der Zusatz „von W. A. Mozart" die Schriftzüge Andrés erkennen läßt. Da die restlichen zwei Fugen – in d-moll (= Bachs dis-moll) und D-dur – sich auf den letzten Seiten ihrer Bogen befinden, weisen sie erwartungsgemäß keine Überschriften oder Echtheitsbestätigungen auf.

Das Manuskript ist nicht gebunden, wurde aber später mit einem braunen Umschlag

[23] Für die freundliche Erlaubnis, diese Seite zu reproduzieren, möchte ich dem gegenwärtigen Besitzer hier nochmals meinen herzlichen Dank aussprechen.

[24] „Fuga" (Einzahl!) bedeutet, daß das dazugehörige Blatt entweder leer oder schon nicht mehr vorhanden war, als Stadler (1799?) die Überschrift eintrug.

Stadler noted "Sebastian Bach / transcribed for violin" to which Nissen added in the right margin the authentication "by / Mozart / Original." Appended below this and identical with André's addendum on p. 1 appears: "W. A. Mozart's / Handschrift / André." Assuring the identity of each folio, the center leaf of the manuscript again shows in the top right margin the identical authentication by André. The heading of this page "Fuga[24] by Sebastian Bach transcribed for violini" is in Stadler's handwriting while the following "by W. A. Mozart" was added by André. Since the remaining 2 fugues – the ones in D major and D minor (transposed from Bach's D-sharp minor fugue) – were written on the back leaves of their two folios, they are free of headings and marginal authentications.

The manuscript is not bound but was later placed in a brown wrapper and is now preserved in an acid-free clear folder.

Provenance

Johann Anton André acquired the manuscript from Konstanze Mozart on January 9, 1800 together with about 300 manuscripts of her husband that had remained in her possession. André began selling some of his Mozart manuscripts as early as 1814 when J. A. Stumpff of London purchased about 20 of them.[25] Towards the end of his life André tried to sell the remaining 273 Mozart manuscripts but was not successful in doing so. The manuscript with the Bach fugues appeared about 1840 in Catalogue 9 of French's in London but apparently was not sold; for in 1860 it was still (or again?) in the possession of J. A. André's son August (who died in 1887). His sons seem to have turned the manuscript over to Leo Liepmannssohn in Berlin. In the latter's auction-catalogue 55 of October 12, 1929 the Mozart-Bach manuscript was listed as number 15 and acquired by Mme Robert Calman-Lévy, née Rothschild, of Paris. When she married the great cellist Gregor Piatigorsky (1903–1976)

[24] The singular "Fuga" indicates that the corresponding leaf was either empty or already missing when Stadler added the caption (in 1799?).

[25] S. in the 6th edition of the KV, Wiesbaden 1964, Einstein's Introduction to the 3rd edition, p. XXXI.

versehen und wird heute in einer säurefreien durchsichtigen Plastikhülle aufbewahrt.

Provenienz

Zusammen mit etwa 300 Mozart-Manuskripten erwarb Johann Anton André auch die hier behandelte Handschrift am 9. Januar 1800 von Konstanze Mozart. Schon 1814 versuchte André einige seiner Mozart-Manuskripte zu veräußern, was aus den im gleichen Jahre von J. A. Stumpff gekauften rund 20 Kompositionen zu ersehen ist[25]. Gegen Ende seines Lebens bemühte sich André, anscheinend vergebens, die ihm noch verbliebenen 273 Mozart-Manuskripte zu verkaufen. Mozarts Kopie der fünf Bachschen Fugen wurde um 1840 in London in French's Katalog 9 angezeigt, fand aber anscheinend keinen Abnehmer, denn 1860 war sie noch (oder wieder?) im Besitz von Johann Anton Andrés Sohn August († 1887). Dessen Söhne scheinen das Manuskript dann dem Berliner Antiquariat Leo Liepmannssohn zum Verkauf überlassen zu haben. In dessen Versteigerungskatalog 55 vom 12. Oktober 1929 ist dieses als Nr. 15 bezeichnet und wurde von Mme Robert Calman-Lévy, geb. Rothschild, aus Paris erworben. Durch ihre Heirat mit Gregor Piatigorsky (1903–1976) gelangte die Handschrift in die umfangreiche Musikautographensammlung des berühmten Cellisten. Das Manuskript befindet sich heute im Besitz von Piatigorskys Tochter, Mrs. Daniel Drachman, die in Stevenson, Maryland, in der Nähe von Washington, D. C., lebt.

it became part of his remarkable collection of music autographs. The manuscript is now in the possession of Piatigorsky's daughter, Mrs. Daniel Drachman, who lives in Stevenson, Maryland, near Washington, D. C.

Dritter Teil der Klavierübung, zwei Abschriften

Da die beiden handschriftlichen Kopien des 3. Teils der Klavierübung, die sich in Amerika befinden, im letzten Jahrzehnt des 18. Jahrhunderts entstanden sind, seien sie hier nur kurz beschrieben.

I. Die von Michael Gotthard Fischer (1773–1829) angefertigte Kopie gehört zu den zahlreichen Manuskripten, die von der

[25] S. in der 6. Auflage des KV (Wiesbaden 1964) Einsteins Einleitung zur 3. Auflage, S. XXXI.

Third Part of the Clavierübung, Two Copies

Inasmuch as the two copies of *Clavierübung III* that are in the United States were written in the last decade of the 18th century, they will be dealt with rather briefly.

I. The copy of Michael Gotthard Fischer (1773–1829) exemplifies once again the high esteem in which Johann Christian Kittel's circle held Bach, particularly his organ music. Fischer was one of Kittel's outstanding pupils and followed in his teacher's footsteps as organist at the Erfurt Barfüßer-

hohen Verehrung Bachs, besonders seiner Orgelmusik, im Kreise Johann Christian Kittels zeugen. Fischer war nicht nur einer der vorzüglichsten Schüler Kittels, sondern auch dessen Nachfolger als Organist an der Barfüßer- und Predigerkirche in Erfurt. Die große Ähnlichkeit seiner Handschrift mit der seines Lehrers läßt auf ein besonders enges Verhältnis der beiden Erfurter Organisten schließen. Das Titelblatt von Fischers Gesamtkopie der sogenannten Orgelmesse zeigt unter „M.G. / i.J. 1790" die von Bachs Titel abweichende Überschrift „Die Katechismus-Gesänge / von / J. S. Bach." Links unten ist das Jahr „1790" nochmals vermerkt; daneben erscheinen die Initialen „JF" und rechts unten „Poßeßor MGFischer", darunter „A Ritters 1839".

Das Manuskript in Querformat mißt 26,7 x 36 cm. Ein Wasserzeichen ist nicht sichtbar. Die Reihenfolge der 27 Kompositionen weicht nicht vom Originaldruck des 1739 erschienenen 3. Teils der Klavierübung ab. Die Handschrift besteht aus Titelblatt und 76 Seiten Notentext, also einschließlich einem leeren Blatt aus im ganzen 40 Blättern.

Provenienz

Die Anfangsbuchstaben „JF" auf dem Titelblatt könnten sich auf einen Sohn Fischers (Johann?) als nächsten Besitzer beziehen. Bei „A Ritters 1839", dem nächsten Besitzer, handelt es sich offensichtlich um Michael Gotthard Fischers begabten Schüler August Gottfried Ritter (1811–1885), der später Domorganist in Merseburg und Magdeburg wurde. Als Forscher lieferte dieser gute Freund von Winterfelds und Pölchaus gegen Ende seines Lebens einen Beitrag „Zur Geschichte des Orgelspiels" (Leipzig 1884). Erst 1970 tauchte das Manuskript wieder auf. Auf der verso-Seite des ersten Blattes ist ein Stempel oder eine maschinenschriftliche Notiz folgenden Inhalts angebracht: „Harv. Univ./ Sep. 28, 1970/ Eda Kuhn Loeb Music Libr." Der jetzige Standort der Handschrift ist die Music Library der Harvard College Library, Harvard University, Cambridge, Massachusetts, in deren Rare Book Room das Manuskript die Signatur „Mus. 627.1.407" aufweist und auf einem Etikett noch die zusätzliche Bezeichnung „Ba, 22 (cage)" trägt. Da Michael Gotthard Fischers

and Predigerkirche. His admiration for and dependence on Kittel show also in the handwriting of this manuscript which resembles that of his master to an astonishing degree. Fischer's copy of Bach's *Clavierübung III* bears in addition to "M.G. / i.J. [in the year] 1790" the unusual title "Die Katechismus-Gesänge / von / J. S. Bach." At bottom left the year "1790" ist entered once more, and next to it the initials "JF"; at bottom right "Poßeßor MGFischer" and beneath it "A Ritters 1839."

The manuscript in oblong format measures 26.7 x 36 cm. A watermark is not visible. The order of the 27 pieces is that of the published version of *Clavierübung III* of 1739. The manuscript consists of title page and 76 pages of music (which, with one empty leaf, amount to 40 leaves).

Provenance

The "JF" on the title page might conceivably refer to a son of Fischer (Johann?). The "A Ritters 1839" refers obviously to the next owner, Michael Gotthard Fischer's gifted pupil, August Gottfried Ritter (1811–1885), a native of Erfurt who became later cathedral organist in Merseburg and Magdeburg. Ritter, a good friend of von Winterfeld and Pölchau, published at the end of his life a scholarly study "Zur Geschichte des Orgelspiels", Leipzig 1884. Thereafter nothing is known of the whereabouts, of this manuscript of *Clavierübung III* until 1970. A stamped or typed note on the verso of the first leaf reads: "Harv. Univ./ Sep. 28, 1970 / Eda Kuhn Loeb Music Libr." The present owner is the Music Library of the Harvard College Library, Harvard University, Cambridge, Massachusetts. In its Rare Book Room the manuscript is catalogued as "Mus. 627.1.407," showing on a label the additional information "Ba, 22 (cage)," Since Michael Gotthard Fischer's copy of 1790 is not among the 38 handwritten copies of *Clavierübung III* listed in the Critical Report to the NBA,[1] it might be identical with copy [D4], listed there[2] among the "no longer accessible sources." This copy of

[1] S. NBA IV/4, KB (1974), pp. 19–25.

[2] *Ibid.*, p. 26.

Abschrift aus dem Jahre 1790 nicht unter den 38 „handschriftlichen Quellen" des 3. Teils der Klavierübung im Kritischen Bericht der NBA[1] mit aufgezählt ist, könnte es sich bei Fischers Abschrift möglicherweise um die dort unter den „Nicht mehr zugänglichen Quellen" angeführte Kopie [D4] handeln[2]. Diese Kopie: „Vorspiele über die Catechismus und andere Gesänge für die Orgel. 3. Teil" (der Klavierübung) wurde 1782 von Johann Christoph Westphal in Hamburg zum Verkauf angeboten.

II. Die andere hier kurz zu besprechende Abschrift des 3. Teils der Klavierübung ist dagegen in das Verzeichnis des Kritischen Berichts[3] aufgenommen worden. Sie ist das 3. und letzte Bach-Manuskript in einem Konvolut, das zudem noch eine Abschrift der Goldberg-Variationen (s. S. 246f.) und eine wertvolle frühe Kopie des Italienischen Konzerts (s. S. 234ff.) enthält. Der Titel des hier behandelten Manuskripts „Dritter Theil / der / Clavier Uebung / . . ." etc. endet mit dem Zusatz „Noebergall / añ 1795." (s. Abb. 110). Dieses für die vorliegende Arbeit späte Datum dürfte ein Nachforschen nach Noebergalls Identität[4] überflüssig erscheinen lassen. Das Manuskript besteht aus Titelblatt und 50 Seiten Notentext (s. Abb. 111). Die letzte Seite des 26 Blätter umfassenden Manuskripts ist leer. Die Reihenfolge der vier letzten Katechismus-Choräle ist hier abgeändert. Der manualiter-Fassung von „Christ, unser Herr, zum Jordan kam" (BWV 685) folgen zunächst die beiden Fassungen von „Jesus Christus, unser Heiland" (BWV 688 und 689), sodann die manualiter- und schließlich die große 6stimmige Fassung des Chorals „Aus tiefer Not schrei' ich zu dir" (BWV 687 und 686). Unter den 38 handschriftlichen Quellen im Verzeichnis des Kritischen Berichts wenden noch zwei weitere Abschriften diese ungewöhnliche Reihenfolge an. Ob in Abhängigkeit voneinander oder nicht, so haben es jedenfalls alle drei Kopisten vorgezogen, die Katechismus-Choräle mit einem Höhepunkt zu beenden,

[1] Vgl. NBA IV/4, KB (1974), S. 19–25.

[2] Ebda., S. 26.

[3] Ebda., S. 23, Nr. B25.

[4] Name eines sonst nicht bekannten Schreibers (oder gar eines Ortes?).

"Vorspiele über die Catechismus und andere Gesänge für Orgel. 3. Teil" (der *Clavierübung*) was offered for sale in 1782 by Johann Christoph Westphal in Hamburg.

II. The other handwritten American copy of *Clavierübung III* is, however, listed in the Critical Report of the NBA.[3] It is the 3rd and last Bach manuscript in a volume also containing a complete handwritten copy of the Goldberg Variations (s. p. 246) and a valuable early copy of the Italian Concerto (s. pp. 234ff.). The title of this third manuscript is "Dritter Theil /der / Clavier Uebung / . . ." etc, ending with "Noebergall /añ 1795." (s. ill. 110). The late date 1795 hardly warrants an investigation into the identity of Noebergall.[4] The manuscript consists of title page and 50 pages of music (s. ill. 111); p. 52, the last page of the 26 leaves of the manuscript is empty. The order of the last four Catechism Chorales is changed. The manualiter version of "Christ, unser Herr, zum Jordan kam" (BWV 685) is followed by the two versions of "Jesus Christus, unser Heiland" (BWV 688 and 689), then by the manualiter and finally the great 6-part version of "Aus tiefer Not schrei' ich zu dir" (BWV 687 and 686). Among the 38 copies listed in the Critical Report are another two that use the above order. Whether dependent on one another or not, the scribes of these three copies seem to have preferred to end the Catechism Chorales climactically, that is, with Bach's astounding contrapuntal *tour de force,* the six-part fugue in *stile antico* for full organ and double pedal. However, the 4 Duets (BWV 802–805) and the final five-part triple fugue (BWV 552/2) follow in the order of the original printed edition.

Provenance

Nothing is known of the above-described manuscript until it was acquired by Allen A. Brown (s. pp. 235f.) for his vast collection where it was bound in one volume with the two other Bach copies mentioned above. In 1894 Brown presented his music collection,

[3] *Ibid.*, p. 23, No. B25.

[4] It need not even be the name of an otherwise unknown scribe but could be that of a small town or village (though the latter is rather improbable).

nämlich mit Bachs kontrapunktischer tour de force, der im stile antico geschriebenen 6stimmigen Fuge für *organo pleno* und *doppio pedale*. Doch behalten die drei Schreiber die Anordnung der folgenden 4 Duette (BWV 802–805) und der das Werk beschließenden 5stimmigen Tripelfuge (BWV 552/2) bei.

Provenienz

Das hier beschriebene Manuskript blieb unbekannt, bis es in die Allen A. Brown Sammlung (s. S. 236f.) aufgenommen wurde, in der es mit den beiden oben angeführten Bach-Kopien in einem Konvolut vereinigt wurde. Die Sammlung befindet sich seit 1894 – das Bach-Konvolut seit 1898 – in der Public Library in Boston, Massachusetts, in welcher dieser Band die Signatur „Ms.M.200.12" aufweist.

Eine Sammelhandschrift von 39 Choralvorspielen für die Orgel enthält 6 Choralbearbeitungen aus dem 3. Teil der Klavierübung[5]. Dieser Sammelband befindet sich in der Lowell Mason Sammlung (Signatur „LM 4840") in der Musikbibliothek der Yale University. Da diese Kopie nicht nur nach 1800 entstanden ist, sondern auch Breitkopf & Härtels Neudruck von 1803–1806 als Vorlage benutzte, wird dieses Manuskript (wie ähnliche andere) hier nicht berücksichtigt.

and 4 years later also the Bach volume, to the Boston Public Library where the three Bach manuscripts bear the catalogue number "Ms. M.200.12."

A large manuscript of 39 organ chorales contains six of the organ chorales from *Clavierübung III.*[5] It is housed in the *Lowell Mason Collection* (as "LM 4840") at the Music Library of Yale University. It will, along with a number of others, not be considered here as it was not only written after 1800 but was also copied from the new edition, published by Breitkopf & Härtel between 1803 and 1806.

BWV 115 „Mache dich, mein Geist, bereit", Abschrift

Da diese Partiturabschrift nach den verlorengegangenen Originalstimmen hergestellt worden ist, ist sie für die Ausgabe und somit für die werkgetreue Wiedergabe der Kantate von ausschlaggebender Bedeutung[1], denn sie bildet den unter den gegebenen Umständen bestmöglichen Ersatz für die Originalstimmen. Alfred Dörffel, der die Kantate 1876 herausgab[2], konnte beweisen, daß der

BWV 115 "Mache dich, mein Geist, bereit," Copy

Because this manuscript in score form was copied from the original performing parts which are no longer extant, it is of utmost importance for the edition and hence for historically justifiable performances of this cantata.[1] One might go so far as to say that this copy constitutes the best possible substitute for the lost parts. Alfred Dörffel who edited the cantata in 1876[2] gave sufficient evidence to prove that the writer of this

[5] BWV 676, 678, 679, 682–684.

[1] Die Abschrift ist im Schmieder-Verzeichnis nicht angeführt.

[2] Vgl. BG 24, S. XXIIIff.

[5] BWV 676, 678, 679 and 682–684.

[1] This copy is not listed by Schmieder.

[2] S. BG 24, pp. XXIIIff.

Schreiber dieser „werthvollen handschriftlichen Partitur aus älterer Zeit" diese aus den Originalstimmen abgeschrieben hat. Er führt an: „Dies wird daraus ersichtlich, daß die Streichinstrumente (was in den Bach'schen Originalpartituren niemals vorkommt) obenan stehen, im ersten Satze auch nicht, wie in der Originalpartitur[3], auf einer Linie zusammengezogen sind; ferner daß ein ‚Corno' auf besonderer Zeile und als nichttransponirendes Instrument notirt ist; daß die dynamischen Bezeichnungen und Stricharten ziemlich vollständig sind; daß dem Continuo eine Bezifferung beigegeben, die auf eine Stimme in F zurückweist; endlich auch daß der Schlußchoral vollständig mit den Instrumenten in Partitur ausgesetzt erscheint." Aus diesen Gründen und nach Überprüfung der „Sorgfalt und Genauigkeit" der Handschrift benutzte Dörffel die Partiturabschrift für Details, die in Bachs autographen Partituren zu fehlen pflegen. Das hier vorliegende Manuskript ist somit nicht nur die einzige Quelle für die Bezifferung des Continuo, sondern auch für die Vervollständigung der Verzierungsnoten, Bogenführung und dynamischen Zeichen sowie für die Angabe der Instrumente, die mit den Singstimmen im Schlußchoral colla parte gehen, und für die Hornstimme, die den vom Sopran gesungenen Cantus firmus im Anfangschor verstärkt. Die hier erstmalig abgebildeten Seiten (S. 1 und die 1. S. des Schlußchorals; s. Abb. 112 und 113) mögen die obigen Ausführungen verdeutlichen.

Die in Querformat geschriebene Partitur mißt 24,2 x 32,5 cm. Sie ist gut erhalten und besteht aus 34 beschriebenen Seiten. Hans-Joachim Schulze, dem ich einige Probeseiten der Partiturabschrift sandte, kam zu dem Schluß, daß es sich bei dem Schreiber nicht um den Thomaskantor August Eberhard Müller (1767–1817) handelt[4]. Der Schreiber ist allerdings identisch mit dem der Göttinger Partituren von BWV 8, 58 etc. sowie mit dem der aus dem Besitz Poelchaus stammenden Partitur von BWV 41 (P 51 in der Staatsbibliothek Preußischer Kulturbesitz in

"valuable written score of early origin" copied it from the original parts. He reasoned as follows: "The string parts appear at the top of the score (which is never the case in Bach's own scores); in the first movements they are not condensed on one staff as in the autograph score;[3] furthermore, a part for the 'Corno' is not only notated on a staff of its own but also as a non-transposing instrument; the dynamic marks and those for bowing are unusually complete; the Continuo is figured, going obviously back to an original part in F and, finally, the concluding chorale, written out in score, names the participating instruments." For these reasons and after a close check as to the care and accuracy with which this score was written, Dörffel decided on using it to fill in the details that are missing – as they usually are – in Bach's autograph score. The manuscript under discussion is thus not only the sole source for the complete figuring of the Continuo part but also for the dynamic marks and the greater completeness of ornaments and bowings as well as for the specification of the instruments which double the voices in the final chorale and for the horn's support of the sopranos in the execution of the *cantus firmus* in the opening chorale-fantasy. The two pages (p. 1 and the first page of the final chorale; s. ills. 112 and 113) are reproduced here to provide the visual evidence of the remarks made above.

The score, written in oblong format, comprises 34 pages. It is well preserved and measures 24.2 x 32.5 cm. Hans-Joachim Schulze to whom I had sent a few sample pages of the score, came to the conclusion that its writer was not Thomas Cantor August Eberhard Müller (1767–1817).[4] Sure enough, the handwriting is identical with that of the Göttingen scores of BWV 8, 58 etc. as well as with that found in the score of BWV 41 (P 51 of the Staatsbibliothek Preußischer Kulturbesitz in Berlin/West) which once belonged to Poelchau who attributed it "to the hand of the former Weimar Kapellmeister Müller." This identification

[3] Diese befindet sich heute im Fitzwilliam Museum in Cambridge, England.

[4] Für seinen höchst aufschlußreichen Brief vom 27. Januar 1982 sei ihm hier nochmals bestens gedankt.

[3] The place of the autograph score is the Fitzwilliam Museum in Cambridge, England.

[4] For his highly informative letter of January 27, 1982 I would like to thank him herewith again.

Berlin/West), die Poelchau als „von der Hand des ehemal. Weimarschen Kapellmeister Müller" auswies. Diese Bemerkung wurde von Werner Neumann[5] für BWV 41 und die Göttinger Partituren übernommen. Die Glaubwürdigkeit der Schreiberzuweisungen Poelchaus, der z. B. die Handschriften Harrers und Altnickols sowie Kirnbergers und Meißners verwechselte, ist aber auf Grund der neuen Nachforschungen Schulzes ernstlich in Frage zu stellen. Jedoch stammen die bisher August Eberhard Müller zugeschriebenen Handschriften, die auch mit der hier besprochenen Partiturabschrift von BWV 115 übereinstimmen, höchstwahrscheinlich aus dem Besitz Müllers.

Provenienz

Die Überlieferungsgeschichte der vorliegenden Partiturabschrift ist recht sporadisch. Nach August Eberhard Müller war der nächste nachweisbare Besitzer der unermüdliche Redakteur der BG, Wilhelm Rust (1822–1892). Obgleich nicht bekannt ist, wann Rust die Handschrift erworben hat, war sie jedenfalls 1876 in seinem Besitz, in welchem Jahr er sie Dörffel für die BG-Ausgabe zur Verfügung stellte. Nach über 50 Jahren tauchte das Manuskript gegen Ende des 2. Weltkrieges wieder auf. Um 1949 kaufte John H. Russell aus New York die Partiturabschrift von dem bekannten New Yorker Musikautographenhändler Walter Schatzki[6]. Im Dezember 1979 war sie noch im Besitz von Herrn Russell, der sich damals in schlechtem Gesundheitszustand befand. Auf briefliche und telefonische Anfragen (1981) erhielt ich leider keine Antwort. Der Verbleib des Manuskripts muß demnach heute als unsicher bezeichnet werden.

was taken over by Werner Neumann[5] for BWV 41 and the above Göttingen scores. But according to new comparisons and investigations undertaken by Schulze, the attribution by Poelchau who confused the handwritings of Harrer and Altnickol as well as those of Kirnberger and Meißner, must be seriously questioned. The manuscripts that have so far been attributed to August Eberhard Müller and which show the same handwriting as the American copy of the score of BWV 115, were, however, in all probability made for him but not by him.

Provenance

The history of the score described above is quite sporadic. After August Eberhard Müller the next known owner was the renowned editor of the BG, Wilhelm Rust (1822–1892). While the date of his acquisition is not certain, the score was in his possession in 1876 when Dörffel edited it for the BG. After a gap of over 50 years the manuscript reemerged in the United States after World War II. In about 1949 it was purchased by John H. Russell of New York City from the well-known New York dealer of musical manuscripts, Walter Schatzki.[6] In December 1979 the score was still in the possession of Mr. Russell who at that time seemed to be quite ill. A letter of inquiry, written in 1981, and several telephone calls remained unfortunately unanswered, raising doubts as to the present location of the manuscript.

[5] S. NBA I/4, KB, S. 50.

[6] Gleichzeitig erwarb Herr Russell auch eine aus Rusts Besitz stammende Abschrift von BWV 135, die er seinem Freund Dr. Eric Baender zum 50. Geburtstag schenkte. Diese Partitur wurde 1840 von Julius Rietz für Moritz Hauptmann abgeschrieben, zwei Jahre ehe dieser Thomaskantor wurde. Dr. Erich Prieger kaufte die Partiturabschrift 1878 aus Rietz's Nachlaß für Wilhelm Rust („in dessen Auftrag"). Die Kopie ist heute nicht mehr im Besitz von Dr. Baenders Witwe und mag bei einer Überschwemmung ihres Hauses in Ithaca, New York, verlorengegangen sein.

[5] Cf. NBA I/4, KB, p. 50.

[6] At the same time Mr. Russell also acquired a copy of Cantata 135 which too had once belonged to Wilhelm Rust. Mr. Russell gave it to his friend Dr. Eric Baender for his 50th birthday. This score was copied in 1840 by Julius Rietz for Moritz Hauptmann, two years before the latter became Thomas Cantor. In 1878 it was bought from Rietz's estate by Dr. Erich Prieger in behalf of and for Wilhelm Rust. This copy is no longer in the possession of Dr. Baender's widow. It may have been lost along with other valuables in a flood at her home in Ithaca, New York.

BWV 538 Präludium (Toccata) und Fuge (dorisch), Abschrift von Muzio Clementi

Obgleich manches dafür spricht, daß die hier vorliegende Handschrift um oder nach 1800 entstanden ist, so soll sie doch kurz besprochen werden. Denn da Bachs Autograph von BWV 538 nicht überliefert ist, könnte sie zu den nicht unwesentlichen Quellen dieses Werkes gehören. Das bis auf einen Schönheitsfehler (s. Abb. 114) gut erhaltene Manuskript besteht aus 8 Seiten oder 4 Blättern, die heute zusammengenäht sind, ehedem aber wohl aus 2 zusammenhängenden Bogen bestanden haben. Die Handschrift mißt 22,3 x 29,5 cm, ist nicht beschnitten, mag aber ursprünglich aus einem Sammelband herausgelöst worden sein. Wie bei den meisten in Querformat überlieferten Manuskripten ist dieses Format durch horizontales Durchschneiden des Papiers gewonnen worden. Dadurch wurde auch das Wasserzeichen durchschnitten, von dem hier an den oberen Rändern jedoch ein traubenartiges Gebilde und die untere Hälfte der Buchstaben „C ASSON" noch zu erkennen sind. Dank freundlicher Mitteilung Hans-Joachim Schulzes, dem ich eine Pauszeichnung des Wasserzeichens gesandt hatte, könnte es sich dabei um ein französisches Wasserzeichen aus der Auvergne handeln[1]. Die Benutzung von französischem Papier für eine Kopie eines Bachschen Werkes scheint zunächst abwegig. Doch weist auch der für eine Orgelkomposition Bachs höchst ungewöhnliche Titel über die deutsche Sprachgrenze hinaus. „Preludio e Fuga per Organo Pieno a due tastature e pedale di Gio: Seb: Bach." läßt auf einen italienischen Kopisten schließen. Tatsächlich konnte dieser auch von Alfred Dürr[2] als Muzio Clementi identifiziert werden. Da der in England lebende Pianist auf seinen Europareisen in den Jahren 1781[3], 1784, 1802 und 1817/18 jeweils

[1] D. h. um eine Variante von „CVSSON" und Traube mit anhängender Schrifttafel. Vgl. Karl Theodor Weiss, Handbuch der Wasserzeichenkunde, Leipzig 1962, S. 145. Hans-Joachim Schulze zitierte diese Quelle dankenswerterweise in seinem Brief vom 24. November 1980.

[2] Für seinen Brief vom 27. Juni 1980 mit der Echtheitsbestätigung der Handschrift Clementis sei ihm hier nochmals herzlich gedankt.

[3] Der berühmte Wettstreit mit Mozart fand am 24. Dezember 1781 am Wiener Kaiserhof statt.

BWV 538 Prelude (Toccata) and Fugue in the Dorian Mode, Copy by Muzio Clementi

Although there are several indications that this manuscript was not written before 1800, it will nevertheless be described. Since Bach's autograph of this Prelude and Fugue – better known as Toccata and Fugue in the Dorian Mode – has not survived, this copy may well constitute a source worthy of consideration. Except for one flaw (s. ill. 114), the manuscript is still in good condition. It consists of 8 pages or 4 leaves which are now stitched together but which were originally 2 folios. The manuscript measures 22.3 x 29.5 cm. It is not trimmed but appears to have been removed from a larger volume of manuscripts. As is the case with most manuscripts in oblong format, the above format was obtained by horizontal cutting of the paper. This also caused the watermark to be cut in half. The portions of it that the upper edges reveal, suffice, however, for the recognition of a formation resembling a bunch of grapes and the lower half of the letters "C ASSON." A letter of Hans-Joachim Schulze to whom I had sent a tracing of the watermark, pointed out a noteworthy relationship to a French watermark from the Auvergne.[1] The use of paper of possibly French origin for a copy of a composition by Bach seems at first puzzling. However the highly unusual title also intimates that the writer of the manuscript did not live within the boundaries of German speaking countries. "Preludio e Fuga per Organo Pieno a due tastature e pedale di Gio: Seb: Bach." suggests an Italian writer; and indeed, Alfred Dürr was able to identify him as Muzio Clementi.[2] As the great pianist, who lived in London, toured continental Europe in 1781,[3] 1784, 1802 and 1817/18,

[1] The watermark of the manuscript under discussion appears to be a variant of a French watermark, characterized by a bunch of grapes and the letters "CVSSON." S. Karl Theodor Weiss, *Handbuch der Wasserzeichenkunde*, Leipzig 1962, p. 145, which source Dr. Schulze quoted in his letter of November 24, 1980 for which I again wish to express my thanks.

[2] I would like to thank Dr. Dürr once more for his letter of June 27, 1980 which confirmed his identification.

[3] This is the year of the famous contest with Mozart in Vienna which took place at the Imperial Court on December 24.

auch in Paris gastierte, braucht das möglicherweise aus Frankreich stammende Papier uns keine weiteren Gedanken zu machen. Daß dessen Farbe hellgrün und die braune Rastrierung gedruckt, d. h. nicht mehr mit der Hand gezogen ist, läßt auf eine Papierherstellung um oder nach 1800 schließen. Die Handschrift hat ihre originale schwarze Tintenfarbe behalten. Die Ränder sind gerade und unversehrt, die Ecken nicht abgerundet. Was die dunkleren, „verschossenen" Flächen unten und am rechten Rand verursacht hat (s. Abb.), scheint heute nicht mehr feststellbar zu sein. Glücklicherweise hat dies die Lesbarkeit der Noten im untersten System nicht beeinflußt. Jede Seite des Manuskripts besteht aus 5 Akkoladen je zweier Klaviersysteme, die in Violin- und Baßschlüssel notiert sind. Das Manuskript zeigt trotz seiner Sorgfalt die für einen geschulten Berufsmusiker charakteristischen, nur ihm eigenen Schriftzüge, und zwar die einer in Eile geschriebenen Kopie. Clementis Violinschlüssel ist dem Mozartschen allerdings erstaunlich ähnlich (vgl. S. 263f.). Auch die Akkoladen und die Zierlichkeit der Notenschrift selbst zeigen eine gewisse Verwandtschaft mit Mozarts Handschrift.

Das Präludium, gewöhnlich unter dem Namen Toccate überliefert, nimmt die ersten drei Seiten des Manuskripts ein, die vierstimmige Fuge die übrigen fünf Seiten. Die das Präludium auszeichnenden Registrierungsanweisungen „Oberwerck", „Ped."[al] und „Positif." sind mit peinlicher Sorgfalt eingetragen. Allmählich (schon unten auf S. 1, dann auf S. 2 und 3) bedient sich Clementi der Abkürzungen „Oberw:", „Pos:" und „Ob:". Außer „Ped:" weist die Fuge keine Anweisungen auf, nicht einmal das übliche „Fine". Die Kopie der dorischen Toccata und Fuge, die Kittels letzter Schüler Michael Gotthard Fischer (1773–1829) angefertigt hat (s. S. 265ff. und 209, Fn. 11) ist der Abschrift Clementis so ähnlich, daß man auf die gleiche Vorlage schließen könnte.

Provenienz

Muzio Clementi (1752–1832), dem Mozart die seelische Empfindung im musikalischen Vortrag absprach[4], stellt sich hier als

[4] Nach den Briefen vom 12. und 16. Januar 1782 an seinen

possibly French paper seems no longer quite so incongruous. The fact that the color of the paper is light green and that the brown staves are printed rather than drawn by hand, points to paper manufactured in about or after 1800. The ink has retained its original black color. The edges of the paper are still straight and the corners are not rounded. It it hard to say what may have caused the discolored darker area at the bottom and the right edge of the first page (s. ill.). Fortunately this has not affected the legibility of the notes on the lowest staff. The manuscript is written on 5 brackets of 2 staves per page, using treble and bass clefs. In spite of the care with which the manuscript has been written, it shows the mature and individualistic handwriting of a professional musician who appears to have copied the composition at great speed. Clementi's treble clef bears an astonishing resemblance to that of Mozart (s. p. 263). Also the brackets and the delicacy of the notes themselves are somewhat similar to those of Mozart.

The Prelude (usually called Toccata) occupies the first three pages of the manuscript, the 4-part Fugue the remaining five pages. In the Prelude the instructions "Oberwerck," "Ped."[al] and "Positif." are meticulously entered. Clementi shortens them gradually (see the two lower brackets on p. 1, and on pp. 2 and 3) to "Oberw:," "Pos:" and "Ob:." Except for "Ped:" the Fugue is free of any directions. It even lacks the customary "Fine." A copy of this Prelude and Fugue, made by Kittel's last pupil, Michael Gotthard Fischer (1773–1829) (s. pp. 265ff. and 208, fn. 11) resembles that of Clementi to such an extent that the source from which both were copied may have been the same.

Provenance

Muzio Clementi (1752–1832), whose playing was criticized by Mozart as lacking in soulfulness,[4] presents himself here as

[4] In his letters of January 12 and 16, 1782 to his father Mozart calls Clementi a "mere mechanicus" and 1½ years later (in his letter of June 7, 1783) reiterates his opinion of Clementi, granting, however, that "what he really does well are his passages in thirds; . . . Apart from

Kopist und Sammler vor. Schon im 18. Jahrhundert gelangte er in den Besitz von Bachs Autograph des 2. Teils des Wohltemperierten Klaviers, das heute zu den kostbarsten Schätzen der British Library gehört[5]. Auch hat Clementi das letzte der 4 Duette aus dem 3. Teil der Klavierübung (BWV 805) kopiert[6]. Da die Maße dieser Kopie mit denen der hier beschriebenen Handschrift übereinstimmen[7], könnten beide ursprünglich ein Manuskript gebildet haben. Wie so oft bei Kopien Bachscher Werke, kann die Lücke vom Kopisten bis zum Wiederauftauchen des Manuskripts im 20. Jahrhundert nur mit Vermutungen[8] oder Familienerinnerungen, jedoch nicht mit Tatsachen gefüllt werden. Der heutige Besitzer, Rechtsanwalt James J. Fuld aus New York, erwarb Clementis Abschrift von BWV 538 im Frühjahr 1980 von dem Buchhändler Salloch in Ossining im Staat New York, einem Spezialisten alter und seltener Bücher und Handschriften. Sie befindet sich in Herrn Fulds Privatsammlung, zu der auch zwei autographe Quittungen Bachs (s. S. 162) und eines der Originalexemplare der Goldberg-Variationen (s. S. 287) gehören.

Vater zu urteilen, scheint Clementi Mozart nur als „ein blosser Mechanicus" beeindruckt zu haben. 1½ Jahre später (in seinem Brief vom 7. Juni 1783) wiederholt Mozart sein abfälliges Urteil über Clementi, den er einen „Ciarlattano wie alle Wälsche" nennt. Doch gibt er zu, daß, was Clementi „recht gut macht sind seine 3:ten [Terzen] Paßagen; – er hat aber in London Tag und Nacht darüber geschwizt; – ausser diesem hat er aber nichts – gar nichts – nicht den geringsten vortrag, noch geschmack, – viel weniger Empfindung". S. Mozart. Briefe und Aufzeichnungen, Gesamtausgabe, hrsg. von W. A. Bauer und O. E. Deutsch, Bd. III, Kassel 1963, Nr. 657, S. 191, Nr. 659, S. 192, und Nr. 750, S. 272.

[5] Vgl. S. 215, Fn. 3.

[6] „Bach ms. P 1165" in der SPK in Berlin (West).

[7] S. Paul Kast, Die Bach-Handschriften der Berliner Staatsbibliothek, in: Tübinger Bach-Studien, Heft 2/3, Trossingen 1958, S. 66.

[8] In diesem Fall scheint die Möglichkeit zu bestehen, daß Clementis Schüler, vielleicht der einzige, der in seiner technischen Beherrschung des Klaviers dem Verfasser des „Gradus ad Parnassum" ebenbürtig war, Johann Baptist Cramer (1771–1858) die Kopie der dorischen Toccate und Fuge von Clementi erhalten oder geerbt hat. Die Handschrift soll ferner später auf der Goddard-Auktion versteigert worden sein. Daß die englische Pianistin Arabella Goddard (1836–1922), die 1850 ihr Debüt in London machte, die Handschrift besessen haben soll, ist wiederum eine bisher anscheinend nicht beweisbare Annahme, jedoch, wie auch Cramers vermuteter Besitz, eine Annahme, die der Logik nicht entbehrt.

copyist and collector. The jewel of his collection was Bach's autograph of Book II of the Well-Tempered Clavier, now the priceless possession of the British Library.[5] Another Bach-copy by Clementi has survived, that of the last of the 4 Duets from Clavierübung III (BWV 805).[6] Since this copy has exactly the same size[7] as the manuscript described above, both may originally have formed one manuscript. As is so often the case with copies of compositions by Bach, the gap between the writer and the re-emergence of the manuscript in the 20th century is usually filled with quite reasonable assumptions[8] and oral reminiscences rather than with facts. The present owner, Mr. James J. Fuld of New York City, acquired Clementi's copy of BWV 538 early in spring 1980 from the rare book dealer Salloch in Ossining, New York. The manuscript is now part of his private collection which also contains two of Bach's autograph receipts (s. p. 162) and a copy of the original first edition of the Goldberg Variations (s. p. 287).

this, he can do nothing, absolutely nothing, for he has not the slightest expression or taste, still less feeling." S. *The Letters of Mozart and his Family*, ed. by Emily Anderson, London 1938, vol. III, pp. 1176f., 1180, 1181 and 1268.

[5] S. p. 215, fn. 3.

[6] "Bach ms. P. 1165" in the SPK in West Berlin.

[7] S. Paul Kast, "Die Bach-Handschriften der Berliner Staatsbibliothek," in: *Tübinger Bach-Studien*, Heft 2/3, Trossingen 1958, p. 66.

[8] There seems to be a possibility that the one pupil of Clementi who in his technical mastery of the piano appears to have equalled the author of the *Gradus ad Parnassum*, Johann Baptist Cramer (1771–1858), may have received or inherited Clementi's copy of the Dorian Toccata and Fugue. The manuscript is supposed to have later been offered at the Goddard auction. That the English pianist Arabella Goddard (1836–1922) who made her debut in London in 1850, should have come into the possession of the manuscript, is again an unproven supposition though one that seems to have a ring of truth.

Zu Bachs Lebzeiten im Druck erschienene Kompositionen

Compositions by Bach Printed during the Composer's Lifetime

BWV 825–830 Erster Teil der Klavierübung / BWV 825–830 First Part of the Clavierübung

BWV	Titel[1] / Title[1]	Erschienen / Published	Verleger / Publisher	Drucker bzw. Stecher / Printer (Engraver)	Wasserzeichen / Watermark
825	Klavierübung Teil I, Partita I in B-dur / Clavierübung Part I, Partita I in B-flat major	Herbst / Fall 1726	J. S. Bach	unbekannt / unknown	das große heraldische Wappen von Schönburg; in Bachs Manuskripten vom 18. Juni 1724 bis 25. Dezember 1727 (?) nachweisbar / the large heraldic Coat of Arms of Schönburg; traceable in Bach manuscripts from June 18, 1724 to December 25, 1727 (?)

Anzahl der erhaltenen Exemplare / Number of extant copies	Exemplare in den USA / Copies in the USA	Standort des amerikanischen Exemplars / Location of the American copy	Format etc.
4	1	Music Library, Yale University, New Haven, Connecticut	Kleinfolio-Querformat: 21,1 x 32,2 cm; ungebundenes Exemplar bestehend aus 7 Bll.: Tbl. (1^r), 10 S. Notentext, die sich aus je 4 Akkoladen von 2 Klaviersystemen zusammensetzen (2^v–7^r; 1^v, 2^r und 7^v sind leer) / Small-folio oblong: 21.1 x 32.2 cm; the unbound copy consists of 7 leaves: t.p. (1^r), 10 pp. of music (2^v–7^r), each page of which is composed of 4 brackets of 2 clavier staves (1^v, 2^r and 7^v are blank)

Provenienz

Die Titelseite weist links oben ein Etikett mit der Nr. 5865 und rechts oben einen Stempel der Yale University sowie den Stempel der „Lowell Mason Library of Music" auf. Der letztere bedeutet, daß das Exemplar möglicherweise aus dem Besitz von Bachs jüngstem Schüler, dem für die Bach-Überlieferung überaus wichtigen Erfurter Organisten Johann Christian Kittel (1732–1809) stammt[2], der viele seiner Bach-Abschriften und -Drucke seinem Schüler Johann Christian Heinrich Rinck (1770 bis 1846) schenkte[3], dessen Musikbibliothek

[1] Den genauen Wortlaut der Titelseite dieses Exemplars entnehme man Dok I, Nr. 156, S. 224. S. auch Georg Kinsky, Die Originalausgaben der Werke Johann Sebastian Bachs, Wien, Leipzig, Zürich 1937, S. 21f. Fortan zitiert als Kinsky, a. a. O.

[2] Vgl. S. 241f.

[3] Vgl. S. 208f.

Provenance

The title page shows at top left a label with the No. 5865 and at top right a stamp of the Yale University and below it a stamp of the "Lowell Mason Library of Music." The last stamp means that this copy may once have been owned by Bach's youngest disciple, the Erfurt organist Johann Christian Kittel (1732–1809)[2] who presented many of his Bach copies and prints to his pupil, Johann Christian Heinrich Rinck (1770 to 1846),[3] whose music library in turn was acquired in 1852 at Darmstadt by the Boston musician Lowell Mason (1792–1872).[4] In the

[1] For the elaborate wording s. Dok I, no. 156, p. 224, or Georg Kinsky, *Die Originalausgaben der Werke Johann Sebastian Bachs,* Wien, Leipzig, Zürich 1937, pp. 21f. Hereafter called Kinsky, *op. cit.*

[2] S. pp. 241f.

[3] S. pp. 207ff.

[4] S. pp. 208ff.

wiederum der Bostoner Musiker Lowell Mason (1792–1872) 1852 in Darmstadt erwarb[4]. Masons Erben vermachten 1873 seine umfangreiche Musiksammlung der Yale University, wo der Erstdruck der Partita I die Signatur „Ma 31/B 12/ C 11" trägt. Auf dem sonst leeren Blatt 2r befindet sich ein aufgeklebter Zettel folgenden Inhalts[4a]: „Dies ist eine sehr wertvolle Merkwürdigkeit – denn sie ist Johann Sebastian Bachs erste Veröffentlichung und deren Originalausgabe. A. W. T." A. W. T. ist kein anderer als der damals 39jährige erste große Beethoven-Biograph Alexander Wheelock Thayer (1817–1897), den Lowell Mason 1856 engagiert hatte, um seine große Musiksammlung zu katalogisieren.

year after his death Mason's heirs donated his vast music collection to Yale University where the original printing of Partita I bears the catalogue No. "Ma 31/ B 12/ C 11." On the otherwise blank leaf 2r a label is affixed which reads: "This is a very valuable curiosity – for it / is Johann Sebastian Bachs / First Publication and / the original Edition / A.W.T." A.W.T. is no-one else but the then 39-year-old Beethoven biographer Alexander Wheelock Thayer (1817–1897), whom Mason had engaged in 1856 to catalogue his large music collection.

BWV	Titel[5] / Title[5]	Erschienen / Published	Verleger / Publisher	Drucker bzw. Stecher / Printer (Engraver)	Anzahl der erhaltenen Exemplare / Number of extant copies.	Exemplare in den USA / Copies in the USA	Standorte der amerikanischen Exemplare / Location of the American copies
826	Klavierübung Teil I / Clavierübung Part I, Partita II in c-moll / C minor	vor dem 19. September 1727 / before September 19, 1727	J. S. Bach	unbekannt / unknown	7	1	The Scheide Library, Princeton University Library, Princeton, New Jersey
829	Partita V in G-dur / G major	vor dem 1. Mai 1730 / before May 1, 1730	J. S. Bach	ein anderer, ebenfalls unbekannter Notenstecher / another also unknown engraver	5	1	

Format etc.

Partita II: Querformat, 22,5 x 33 cm. Ungebundenes Exemplar in brüchigem, stark gebräuntem Erhaltungszustand, aufbewahrt in blauem Schuber und passender Mappe. Der Titel beider Partiten ist quasi-identisch mit dem Wortlaut des Titels der ersten Partita[6]. Wie die erste, so sind auch diese beiden Partiten in 4 Akkoladen zu je 2 Systemen pro Seite gedruckt. Partita II bestand ursprünglich aus 7 Bll. mit gedruckter Seitenzählung; doch fehlt diesem Exemplar Bl. 5, d. h. der 2. Teil der Courante, die

Format etc.

Partita II: Oblong format, 22.5 x 33 cm. Unbound copy in brittle state of preservation, its title page is very brown and most leaves are loose; preserved in blue slipcover and portfolio. The title of both Partitas is quasi-identical with the wording of the title of the first Partita.[6] Like the first Partita, also these two Partitas are organized in 4 brackets à 2 staves per page. Partita II consists of 7 leaves with printed pagination; but this copy lacks leaf 5, i. e. the second part of the Courante, the Sarabande and the beginning of the Rondeau.

[4] Vgl. S. 209ff.
[4a] Übersetzung des Verfassers.
[5] S. Dok I, Nr. 159, S. 227, und Nr. 164, S. 231f.
[6] Vgl. Fn. 1.

[5] S. Dok I, no. 159, p. 227, and no. 164, pp. 231f.
[6] Cf. fn. 1.

Sarabande und der Anfangsteil des Rondeau.

Partita V: Querformat, 22,7 x 33 cm. Das nicht gebundene Exemplar ist weit besser erhalten als Partita II. Es wird ebenfalls in einem blauen Schuber und passender Kassette aufbewahrt. Auch dieses Exemplar der 5. Partita bestand ursprünglich aus 7 Bll. Doch fehlt ihm das Schlußblatt, auf dem der 2. Teil der Gigue gestanden hat (während Bl. 7^v leer war).

Provenienz

Im Jahre 1931 erwarb die Musikbibliothek Peters Bachs Einzelpartiten II, III, IV und V. Durch die „Umorganisation" des „nichtarischen" Musikverlags C. F. Peters und noch vor dem Tode seines Leiters Henri Hinrichsen in Auschwitz wurden dessen Privatsammlung sowie die Bestände der Musikbibliothek Peters[7] in die Musikbibliothek der Stadt Leipzig überführt. 1945 ließ sich Henris Sohn, Walter Hinrichsen, u. a. die obigen 4 Erstdrucke Bachs aushändigen. 1952 erwarb sie Anthony van Hoboken für seine Sammlung in Ascona (Schweiz) durch Vermittlung des New Yorker Musikautographenhändlers Walter Schatzki. Den einzig erhaltenen Druck der Partita IV und das beinahe so seltene Exemplar der Partita III behielt van Hoboken, während er die zwei nicht ganz vollständigen Exemplare der 2. und 5. Partiten an Baron van Tuyll van Serooskerken weiterverkaufte. Als beide in Sothebys Londoner Versteigerungskatalog vom 11./12. Mai 1959 (als Nr. 390/391) zum Verkauf angeboten wurden, erwarb sie Herr William H. Scheide als Geschenk für die „Friends of the Princeton University Library". In der Bibliothek der Princeton University tragen die beiden Erstdrucke die Signaturen „M3/.1/B2C5/1727q/(Ex)" und „M3/.1/B2C5/1730q/(Ex)".

Partita VI, von der kein Exemplar des Einzeldruckes auf uns gekommen ist, muß im Herbst 1730 erschienen sein. Kurz danach faßte Bach die Einzelhefte der 6 Partiten zusammen und gab sie 1731 in einem Band mit dem ausdrücklichen Zusatz „OPUS 1" am Schluß des Titels[8] neu heraus (s. S.

[7] Vgl. S. 19.
[8] S. Dok I, Nr. 165, S. 232.

Partita V: Oblong format, 22.7 x 33 cm. The state of preservation of this unbound copy is far better than that of Partita II. It is likewise preserved in a blue slipcover which in turn is placed in a blue portfolio. Also this copy of Partita V consisted originally of 7 leaves; however, its last leaf, on which the second part of the Gigue was printed (while 7^v was blank) is missing.

Provenance

In the year 1931 the Musikbibliothek Peters acquired Bach's original editions of the Clavier Partitas II, III, IV and V. Through the so-called "reorganization" of the "non-Aryan" music publishing house C. F. Peters and two years before the death in Auschwitz of its owner, Henri Hinrichsen, the latter's private collection as well as the extensive holdings of the Musikbibliothek Peters[7] were moved to the *Musikbibliothek der Stadt Leipzig*. In the year 1945 Henri's son, Walter Hinrichsen, who served in the U. S. Army, had among other manuscripts the above-cited four Partitas handed over to him. In 1952 Anthony van Hoboken acquired them through the New York music autograph dealer Walter Schatzki for his collection in Ascona (Switzerland). Van Hoboken kept the sole extant copy of Partita IV and the almost equally rare copy of Partita III, while selling the two incomplete copies of Partitas II and V to Baron van Tuyll van Serooskerken. When both of these were announced for sale in Sotheby's London auction catalogue of May 11/12, 1959 (as Nos. 390/391), Mr. William H. Scheide bought them and presented them to the "Friends of the Princeton University Library." In the catalogue of this Library the first editions of Bach's Partitas II and V bear the numbers "M3/.1/B2C5/1727q/(Ex)" and "M3/.1/B2C5/1730q/(Ex)."

Partita VI of which not a single copy has come down to us, appears to have been published in the fall of 1730. Shortly thereafter Bach united the single printings of the six Partitas in one volume and edited them in 1731, adding at the end of the old title[8] "OPUS 1" (s. pp. 278ff.). Composers of

[7] S. pp. 27f.
[8] S. Dok I, no. 165, p. 232.

278ff.). Heutige Komponisten können sich damit trösten, daß selbst Bach bis zu seinem 46. Jahre wartete, ehe er sich der Umwelt mit einem 75seitigen Bändchen seiner Kompositionen vorstellte. Die 75 Seiten wurden durch Auslassen der Titelseiten der Partiten II bis VI sowie der leeren Seiten gewonnen, von denen die erste Partita allein drei aufwies[9]. Im Titel ersetzte Bach seine Amtsbezeichnung „Hochfürstlich Anhalt-Cöthnischen würcklichen Capellmeister" durch die ihm 1729 zuteil gewordene neue Amtsbezeichnung als „Hochfürstlich Sächsisch-Weisenfelsischen würcklichen Capellmeistern und Directore Chori Musici Lipsiensis"[8].

Für den Druck wurden die Platten der Einzeldrucke mit neu hinzugefügter fortlaufender Seitenzählung benutzt. Zwei verschiedene Schichten von Korrekturen lassen sich nachweisen, von denen die zweite (die amerikanischen Exemplare weisen diese Korrekturen auf) so umfangreich ist, daß sie sicherlich auf einer Korrekturliste Bachs beruht. Im Gegensatz zu Johann Kuhnaus „Clavier Übung" (2 Bände von je 7 Suiten, 1689 und 1692), die Bach zu seinem Titel angeregt hat, kam es bei Bachs unübertrefflichen und gleichzeitig so eingängigen Partiten nicht über die erste Auflage hinaus. Die Unterschiede in der Größe, die durch Blattbeschnitt verursacht sind, sind nicht auffällig genug, um bei jedem Exemplar erwähnt zu werden. Das Querformat ist natürlich beibehalten.

today might well find some consolation in the fact that Bach waited until he was 46 years of age until he introduced himself to the musical world with a small volume of his own compositions comprising 75 pages. He arrived at 75 pages by omitting the title pages of Partitas II to VI and the empty pages, of which the first Partita alone had three.[9] In the title of his opus 1 Bach replaced the honor of being "Actual Capellmeister to His Highness the Prince of Anhalt-Cöthen" by "Actual Capellmeister to His Highness the Prince of Saxe-Weisenfels" which title was bestowed upon him in 1729.[8]

The plates of the single printings were used; but from Partita II onward a new consecutive pagination had to be inserted. Also, two layers of corrections can be detected, of which the second and larger one (to which the American copies belong) is so convincing in its systematic correction of printing errors, that it goes back in all probability to a list furnished by Bach. In contrast to Johann Kuhnau's *Clavier Übung* (two volumes, 1689 and 1692, each containing seven suites) which inspired Bach to use the same title, the latter's superbly crafted, yet easily accessible Partitas never reached a second edition. The variations of size caused by trimming are not sufficiently large to be listed with regard to each individual copy. The oblong format is, of course, retained.

[9] Die leere verso-Seite des Titelblattes der Gesamtausgabe der Partiten bildet die einzige Ausnahme.

[9] The only blank page in the original edition of the 6 Partitas is the verso of the title page.

BWV	Titel / Title	Erschienen / Published	Verleger / Publisher	Drucker bzw. Stecher / Printer (Engraver)	Korrekturen / Corrections
825–830	Klavierübung Teil I, Partitas I–VI, Opus 1 / Clavierübung Part I, Partitas I–VI, Opus 1	1731	J. S. Bach	nicht bekannt / unknown	2. Schicht auf einer Vorlage Bachs beruhend / the 2nd layer probably goes back to a listing by Bach

Wasserzeichen / Watermark	Anzahl der erhaltenen Exemplare / Number of extant copies	Exemplare in den USA / Copies in the USA
Bekrönte Lilie mit angehängter Vierermarke auf Steg, darunter die Buchstaben ICV[10] / Crowned fleur-de-lis with suspended "mark of four" above the letters "ICV"[10]	24[11]	5

Die in den USA vorhandenen Exemplare

1. Das ausgezeichnet erhaltene, obgleich leicht gebräunte Exemplar in der Library of Congress in Washington, D. C., wurde bereits im Februar 1910 von Leo Liepmannssohn in Berlin angekauft. Es mißt 20,5 x 26,5 cm und weist die Signatur „LM/3.3./.B2(Case)" auf. Dieses Exemplar und

2. das 1951 erworbene Exemplar der University of Illinois in Urbana, Illinois (Signatur „XQM 786.41/ B12 cu", dem das Schlußblatt, S. 72/73, fehlt), sind von größter Wichtigkeit. Ihre Bedeutung wurde vom Herausgeber und Verfasser des Kritischen Berichts in der NBA nicht recht gewürdigt, so daß Christoph Wolff sich veranlaßt sah, deren handschriftlichen Korrekturen und übrigen Eintragungen in seinem Artikel „Textkritische Bemerkungen zum Originaldruck der Bachschen Partiten"[12] nachzugehen. Die mit zwei weiteren Exemplaren[13] weitaus übereinstimmenden Korrekturen scheinen auf Bach selbst zurückzugehen. Selbst wenn das Exemplar der British Library wohl am

[10] Ich verlasse mich hier auf Richard Douglas Jones, NBA V/1, KB (1978), S. 17. Ich konnte bei den amerikanischen Exemplaren nur hier und da Bruchstücke des Wasserzeichens am oberen Rande erkennen.

[11] Im KB werden 28 aufgezählt, darunter 4 Exemplare, die einst vorhanden waren, heute aber nicht mehr nachweisbar sind.

[12] S. BJ 1979, S. 65ff.

[13] Diese befinden sich in der British Library und der SPK.

The American Copies

1. The splendidly preserved, though slightly yellowed copy of the Library of Congress in Washington, D.C. was purchased as early as February 1910 from Leo Liepmannssohn in Berlin. It measures 20.5 x 26.5 cm and shows the general call number "LM/ 3.3./ .B2 (case)." This copy and

2. the one acquired in 1951 by the University of Illinois in Urbana, Illinois (which lacks the last leaf [pp. 72/73] and bears the catalogue number "XQM 786.41/ B12 cu") are of utmost importance. Since the editor and author of the Critical Report to NBA failed to highlight their significance, Christoph Wolff took it upon himself to examine the handwritten corrections and other entries in his article "Textkritische Bemerkungen zum Originaldruck der Bachschen Partiten."[12] The correspondence and frequent identity of these corrections and those in two further copies of the Partitas[13] point to Bach himself as instigator of these handwritten additions. Even though the copy in the British Library can perhaps be regarded as

[10] Here I rely on Richard Douglas Jones, NBA V/1, KB (1978), p. 17. With one exception (see further below) I was unable to see more than fractions of a watermark on some upper edges of the American copies.

[11] The KB counts 28 copies by listing 4 copies which have disappeared from view.

[12] S. *BJ* 1979, pp. 65ff.

[13] They are now in the British Library and the SPK.

ehesten als Bachs Handexemplar angesprochen werden kann, so ist den zwei obigen amerikanischen Exemplaren auch wieder nicht abzusprechen, daß auch sie aus Bachs Haushalt oder unmittelbarer Umgebung stammen. Zum Beweis seien hier die zwei mit roter Tinte, höchstwahrscheinlich von Bach selbst eingetragenen Tempoangaben „allegro" und „adagio" über Takt 28 und 29 der Sinfonia der 2. Partita (in c-moll) aus dem Exemplar der Library of Congress abgebildet (s. Abb. 115 und 116). Daß der beinahe 21jährige Wilhelm Friedemann und der 17jährige Carl Philipp Emanuel 1731 noch im Elternhaus wohnten, spricht zusätzlich für die Anwesenheit und den Gebrauch zu Hause von mehreren Exemplaren des Partitenbandes.

3. Das in blauem Leder gebundene und vortrefflich erhaltene Exemplar der Scheide Library der Princeton University Library, Princeton, New Jersey, mißt 23,3 x 28,8 cm und stammt aus der Sammlung Alfred Cortot (1877–1962). Es war auf der Genfer Exposition (1927) und auf der Exposition Pleyel in Paris (1928) ausgestellt und wurde im November 1965 von Herrn William H. Scheide aus Princeton erworben.

4. Das gebundene Exemplar des Riemenschneider Bach Institute des Baldwin-Wallace College in Berea, Ohio, mißt 21 x 28 cm und ist bis auf den beschädigten Rücken außergewöhnlich gut erhalten. Professor Riemenschneider erwarb es 1936 von der Zürcher Musik-Buchhandlung Hug und Cie. Wie mehrere Stempel bezeugen, stammte das Exemplar aus der Privatsammlung von Ludwig Haunz in Konstanz, in dessen Bibliothek es die Nummer 6194 trug.

5. Das fünfte amerikanische Exemplar von Bachs Opus 1 befindet sich in der Music Library der Yale University, New Haven, Connecticut. Seine Signatur ist Ma 31/ B 12/ C 17. Diese Nummer weist auf die Sammlung Lowell Mason hin, die im Jahre 1873 der Yale University geschenkt wurde. Demnach dürften die Vorbesitzer dieses Exemplars der Bachschen Partiten Johann Christian Kittel (1732–1809), Johann Christian Heinrich Rinck (1770–1846) und Lowell Mason (1792–1872) gewesen sein[14]. Es ist das

[14] S. o. Fn. 2, 3 und 4.

Bach's own personal copy, it cannot be denied that the two American copies also once belonged to Bach's household or its immediate environment. The two tempo indications "allegro" and "adagio" that were entered with red ink, probably by Bach himself, into the Sinfonia of the second Partita in C minor above mm. 28 and 29 of the Library of Congress copy, will have to suffice to prove the above point (s. ills. 115 and 116). That the almost 21 year-old Wilhelm Friedemann and Carl Philipp Emanuel, 17 years of age, in 1731 still lived in their father's home, speaks further for the presence and use at home of several copies of the Partita volume.

3. The extraordinarily well-preserved copy at the Scheide Library in the Princeton University Library, Princeton, New Jersey, bound in blue leather, measures 23.3 x 28.8 cm. It was acquired by William H. Scheide in November 1965 and stems from the collection of Alfred Cortot (1877–1962). It was displayed at the exhibition in Geneva in 1927 and at the Exposition Pleyel in Paris in 1928.

4. The copy of the Riemenschneider Bach Institute of the Baldwin-Wallace College in Berea, Ohio, is bound in 3/4 vellum and measures 21 x 28 cm. Except for its partially damaged spine, it is in excellent condition. Professor Riemenschneider acquired this copy in 1936 from Hug and Cie., the renowned Zurich music store. Several stamps indicate that the copy came from the private collection of Ludwig Haunz in Constance in whose library it bore the number 6194.

5. The fifth copy of Bach's opus 1 has found its home in the Music Library of Yale University at New Haven, Connecticut, where it bears the catalogue number "Ma 31/ B12/ C17." This number refers to the Lowell Mason Collection which was given to Yale University in 1873. The previous owners of this copy of Bach's Partitas may thus have been Johann Christian Kittel (1732 bis 1809), Johann Christian Heinrich Rinck (1770–1846) and Lowell Mason (1792 bis 1872).[14] It is the only American copy of Bach's 6 Partitas in which I was able to discern the above-listed watermark. This copy was purchased from Max Pinette, the

[14] S. a. fns. 2, 3 and 4.

einzige amerikanische Exemplar, in dem ich das angegebene Wasserzeichen halbwegs deutlich erkennen konnte. Die Yale University erwarb diese Kopie von Max Pinette, dem Besitzer der Lengfeld'schen Buchhandlung in Köln, gegen Ende der 1920er oder Anfang der 1930er Jahre, gewiß vor dem Sommer 1934.

owner of the Lengfeld'sche bookstore in Cologne, in the late 1920s or the early 1930s, but no later than the summer of 1934.

BWV 971 und 831 Zweiter Teil der Klavierübung / BWV 971 and 831 Second Part of the Clavierübung

BWV	Titel / Title	Erschienen / Published	Verleger / Publisher	Stecher der Titelseite / Engraver of the title page
971, 831	Zweyter Theil / der / Clavier Ubung / bestehend in / einem Concerto nach Italienischen Gusto / und / einer Overture nach Französischer Art, / vor ein / Clavicÿmbel mit zweyen / Manualen. / Denen Liebhabern zur Gemüths-Ergötzung verferdiget, / von / Johann Sebastian Bach . . . Second Part of the Clavier Ubung consisting in a Concerto after the Italian Taste and an Overture after the French Manner for a Harpsichord with two Manuals. Composed for Music Lovers, to refresh their spirits by Johann Sebastian Bach . . .	zur Ostermesse[1] 1735 / Easter Fair[1] 1735	Christoph Weigel d. J. (Nürnberg); späterer Mitvertrieb: Joh. Meindel (Leipzig) und J. J. Lotter (Augsburg) / Christoph Weigel Jr., Nürnberg; later also distributed by Joh. Meindel, Leipzig, and J. J. Lotter, Augsburg	Balthasar Schmid (Nürnberg); die 2 verschiedenen Notenstecher des Italienischen Konzerts und der Französischen Ouvertüre sind namentlich nicht bekannt. / Balthasar Schmid, Nürnberg; the 2 engravers of the Italian Concerto and the French Overture are not known.

[1] Dies ist durch handschriftlichen Zusatz Johann Gottfried Walthers im Handexemplar seines „Musicalischen Lexicons" verbürgt.

[1] This is documented by a handwritten entry of Johann Gottfried Walther into the personal copy of his *Musicalisches Lexicon.*

Ausgaben / Editions	Anzahl der erhaltenen Exemplare / Number of extant copies	Exemplare in den USA / Copies in the USA	Standort des amerikanischen Exemplars / Location of the American copy
Die erste fehlerhafte Auflage wurde alsbald durch eine von Bach korrigierte verbesserte Auflage ersetzt[2]. Der Stecher der Korrekturen und des Neustichs der S. 20–22 (d. h. der 3. Stecher) ist unbekannt. / The first edition, full of errors, was soon replaced by an edition corrected by Bach.[2] The engraver of the corrections, who also re-engraved pp. 20–22. i. e. engraver 3, is unknown.	13	1	Music Library, Yale University, New Haven, Connecticut.

Das amerikanische Exemplar des in Hochfolioformat gedruckten 2. Teils der Klavierübung mißt 33,2 x 24,2 cm. Das Titelblatt weist keine Blattzählung auf. Das Italienische Konzert ist auf den numerierten Seiten 1–13, die Französische Ouvertüre auf den Seiten 14–27 (gewöhnlich in 8 Akkoladen à 2 Systemen pro Seite) gedruckt (S. 28 ist leer). Die kräftige, große Notenschrift des Stechers des Italienischen Konzerts hebt sich deutlich von dem zierlichen Stil des Stechers der Französischen Ouvertüre ab.

Auf der leeren Rückseite des Titelblattes befindet sich ein Etikett mit der Aufschrift „EX LIBRIS / D. HORN". Ob es sich bei diesem um einen Nachkommen des fanatischen Wegbereiters der englischen Bach-Renaissance, Carl Friedrich Horn (1762 bis 1830), handelt, der als Music Master der Königin von England Johann Christian Bachs Nachfolger war, läßt sich anscheinend nicht mehr klären. Das gut erhaltene und außerordentlich seltene Exemplar wurde von dem Londoner Musikantiquariat Otto Haas (Albi Rosenthal) im Jahre 1962 für $ 2000.– von den „Friends of Music" der Yale University und von den „Library Associates" in der Absicht gekauft, durch diese Erwerbung die Yale University als einzige Institution außerhalb Europas zum Eigentümer der Erstdrucke aller vier Teile der Bachschen Klavierübung zu machen.

[2] S. das Korrekturexemplar in der British Library.

Part II of the Clavierübung is printed in high folio format. The American copy measures 33.2 x 24.2 cm. Printed pagination starts with the second leaf on which the music begins. The Italian Concerto is engraved on the numbered pp. 1–13, the French Overture on pp. 14–27, with 8 brackets à 2 clavier-staves per page being the norm (p. 28 is empty). The large and vigorous writing of the engraver of the Italian Concerto contrasts sharply with the delicate and small style of the engraver of the French Overture.

A label "EX LIBRIS/ D. HORN" is affixed to the otherwise blank verso of the title page. I was unable to detect whether D. Horn may have been a descendant of the dedicated pioneer of the English Bach revival, Carl Friedrich Horn (1762–1830), who was Johann Christian Bach's successor as music master to the Queen of England. The well preserved and extremely rare copy was acquired from the London music dealer Albi Rosenthal (Otto Haas) for $ 2000.– in 1962 and constituted a present by the "Friends of Music at Yale and the Library Associates." Their clearly stated intention was "to complete Yale's set of all four parts of the original editions" [of Bach's Clavierübung]. One of the two attached notes ends with the proud words "No other copy of Part 2 [of the Clavierübung] is preserved outside of Europe."

[2] See the copy with Bach's corrections in the British Library.

Dritter Teil der Klavierübung / Third Part of the Clavierübung

BWV	Titel / Title	Erschienen / Published	Verleger / Publisher	Drucker / Printer
552/1, 669 bis 689, 802 bis 805, 552/2	Dritter Theil / der / Clavier Vbung bestehend / in / verschiedenen Vorspielen / über die / Catechismus- und andere Gesaenge / vor die Orgel . . . Third Part of the Clavier Übung consisting in various Preludes on the Catechism and other Hymns for the Organ . . .	zur Michaelismesse[1] 1739 / Michaelmas Fair[1] 1739	J. S. Bach	Balthasar Schmid, Nürnberg

Stecher / Engraver	Anzahl der erhaltenen Exemplare / Number of extant copies	Exemplare in den USA / Copies in the USA
I: (S. 1–10) Bach (?)[2]; II: (33 Platten) Gehilfe von B. Schmid; III: (Tbl. und 34 Platten) Balthasar Schmid / I: (pp. 1–10) Bach (?)[2]; II: (33 plates) Assistant of B. Schmid; III: (t. p. and 34 plates) Balthasar Schmid	20	5

Der Erstdruck der in Kleinfolio-Querformat gedruckten sogenannten „Orgelmesse" besteht aus 39 Bll., d.h. aus Balthasar Schmids Titelblatt und 77 numerierten Seiten. Einzigartig unter den vier Teilen der Klavierübung ist, daß der 3. Teil nicht nur „denen Liebhabern", sondern auch „besonders denen Kennern von dergleichen Arbeit, zur Gemüths Ergezung" auf der Titelseite gewidmet ist. Auch bedient sich Bach hier

[1] Das Datum sowie der Preis von 3 Reichstalern ist durch Johann Elias Bachs (s. S. 154ff.) Briefwechsel mit seinem Stiefbruder, dem Ronneburger Kantor Johann Wilhelm Koch (1704–1745), verbürgt. Vgl. Dok I, Nr. 169, S. 237, und Kinsky, a. a. O., S. 38f.

[2] Es gibt keinen konkreten Beweis, daß Bach den Anfangssatz, das „Praeludium / pro / Organo pleno", selbst gestochen hat. Daß dieser Bachs Notenschrift in allen Details widerspiegelt, ist allbekannt. Ich kann die Gründe, die Manfred Tessmer, der Herausgeber und Verfasser des KB zu NBA IV/4 (1974), S. 12ff., angibt und die gegen Bach als Stecher sprechen sollen, nicht teilen. Selbstgestochene Kompositionen sind vor allem von Telemann nachgewiesen, aber auch von Carl Philipp Emanuel Bach, Leopold Mozart, Weber und Wagner bekannt. Warum sollte man Bach das Talent absprechen, zehn Seiten selbst gestochen zu haben, zumal er vor dem Erscheinen des 3. Teils der Klavierübung nicht mit der Arbeit anderer größerer Werke belastet war?

The so-called Organ Mass is printed in small-folio oblong format and consists of 39 leaves, that is, of Balthasar Schmid's title page and 77 numbered pages. Among the 4 parts of the Clavierübung the 3rd part is the only one the title page of which bears in addition to the usual dedication: "for Music Lovers to refresh their Spirits" the important supplement "and especially for Connoisseurs of such Work." Bach used here also his newest title which he had received in

[1] This date and the price of 3 Reichstaler per copy is documented by letters of Johann Elias Bach (s. pp. 154ff.) to his stepbrother, the Ronneburg cantor Johann Wilhelm Koch (1704–1745). S. Dok I, no. 169, p. 237, and Kinsky, *op. cit.*, pp. 38f.

[2] Concrete proof that Bach engraved the opening movement is wanting. We only know that this "Praeludium/pro/Organo pleno" mirrors Bach's handwriting almost to perfection. I do not share the opinion of Manfred Tessmer, the editor of NBA IV/4 and author of its KB (1974), pp. 12ff., who reasons against Bach as engraver. If Telemann in particular, but also Carl Philipp Emanuel Bach, Leopold Mozart, Weber und Wagner engraved some of their works themselves, why should Bach be denied the talent of engraving the first ten pages of his Organ Mass which furthermore belongs to a time during which he seemed to have composed no other major works?

seines neuesten, ihm nach über dreijährigem Warten im November 1736 verliehenen Titels des „Koenigl. Pohlnischen, und Churfürstl. Saechs. Hoff-Compositeur . . .". Im Jahre 1737 hatte Johann Adolph Scheibe (1708 bis 1776) Bach im Namen des rationalistischen Fortschritts vorgeworfen, daß er „seinen Stücken durch ein schwülstiges und verworrenes Wesen das Natürliche entzöge, und ihre Schönheit durch allzugroße Kunst verdunkelte"[3]. Falls Scheibe versucht haben sollte, den sich lange hinziehenden Streit mit seiner Lobpreisung des Italienischen Konzerts, die kurz vor Weihnachten 1739 erschien[4], zu beschwichtigen, war Bach auf alles andere als Wiedergutmachung bedacht. Im Gegensatz zum Tanzcharakter (und dem einen Konzert) in den ersten zwei Teilen der Klavierübung wendet sich der 3. Teil der Kirche zu, in der Bachs kontrapunktischer Orgelstil seinen Höhepunkt erreicht. Bach wußte genau, daß sich Scheibe keineswegs unter den Liebhabern „von dergleichen Arbeit" befand.

Die fünf in den USA vorhandenen Exemplare

1. Das außergewöhnlich gut erhaltene Exemplar in der Musikabteilung der Library of Congress in Washington, D. C., mißt 21,2 x 28,7 cm und trägt die Signatur „M/3.3/.B2". Rechts oben auf dem Titelblatt sind die Zahlen „$\frac{458}{179}$" mit Bleistift vermerkt, rechts unten die Jahreszahl „[1739]". Die letzte (77.) Seite weist den mit Bleistift geschriebenen Preis „M 450.–" und den schräg-geschriebenen Namen des häufig von der Library of Congress beauftragten Auktionskäufers „Steven" auf.

2. Außer der stark gebräunten Titelseite ist das Exemplar der Houghton Library der Harvard University, Cambridge, Massachusetts, in ausgezeichnetem Erhaltungszustand. Vorbesitzer war der bekannte Musikkritiker der „New York Tribune" und später der „New York Times", Richard C. Aldrich (1863–1937). 1954 erhielt die Harvard University, Aldrichs alma mater, diesen Bachschen Erstdruck als Geschenk.

[3] Der Critische Musicus, Sechstes Stück. 14. Mai 1737. S. Dok II, Nr. 400, S. 286.

[4] S. Dok II, Nr. 463, S. 373f.

November 1736 after a waiting period of more than three years, that of "Royal Polish and Electoral Saxon Court Composer." In 1737 Johann Adolph Scheibe (1708–1776) reproached Bach in the name of Rationalism and the progress it represented that "he removed the natural element from his pieces by giving them a turgid and confused style, thereby darkening their beauty by an excess of art."[3] When shortly before Christmas 1739 Scheibe tried to calm the long drawn-out controversy by the high praise he bestowed upon the Italian Concerto,[4] nothing was farther from Bach's mind than the thought of appeasement. From the many dances and the one concerto of parts I and II of the Clavierübung Bach turned in part III to the church in which his contrapuntal organ style in an organic and dogmatic manner reached its zenith. Bach knew full well that Scheibe could by no means be counted among those whose spirit might be refreshed by "such Work."

The five copies in the USA

1. The extraordinarily well preserved copy in the Music Division of the Library of Congress, Washington, D. C. measures 21.2 x 28.7 cm and bears the general number "M/3.3/.B2." At the right top of the title page the numbers "$\frac{458}{179}$" and at bottom right the date "[1739]" were entered with pencil. On the last (the 77th) page the price "M 450.–" and, written on a slant, the name "Steven" (the person who often did the bidding at auctions for the Library of Congress) were pencilled in.

2. The state of preservation of the copy in the Houghton Library at Harvard University, Cambridge, Massachusetts is, with exception of its strongly yellowed title page, still excellent. The copy had belonged to the well-known music critic of the *New York Tribune* and thereafter of the *New York Times*, Richard C. Aldrich (1863–1937). It was given in 1954 as a present to Harvard University, Aldrich's alma mater.

[3] *Der Critische Musicus, Sechstes Stück.* May 14, 1737. S. Dok II, no. 400, p. 286.

[4] S. Dok II, no. 463, pp. 373f.

3. Das leicht gebräunte, gut erhaltene Exemplar, welches um 1935 aus Max Pinettes Lengfeld'scher Buchhandlung in Köln in den Besitz der Music Library der Yale University, New Haven, Connecticut, gelangte, mißt 23 x 29–29,5 cm. Auf dem Innendeckel sind zwei Etiketten angebracht, welche die Yale University als jetzigen Besitzer und (links oben) den bekannten Solo-Cellisten des Gewandhaus-Orchesters und Professor am Leipziger Konservatorium, Julius Klengel (1859–1933), als Vorbesitzer ausweisen.

4. Das Exemplar in der Sibley Music Library der Eastman School of Music der University of Rochester, Rochester, New York, weist die Signatur „Vault/M/11/B118C6/1739" und die Akzessions-Nr. „146826" auf und mißt 24,8 x 29,5 cm. Es war einst im Besitz von Ernst Ludwig Gerber (1746–1819), welcher nicht nur seinen Namen sowie „1765" – wohl das Jahr, in dem das Exemplar in seine Hände gelangte – auf die leere, dem Titelblatt folgende Seite eintrug, sondern dort auch die Titel der 27 Kompositionen aufzeichnete. Auf S. 47 und 71 (auf der die Schlußfuge BWV 552/2 beginnt), notierte Gerber zudem die Daten seiner Aufführungen, die von 1799 bis in sein hohes Alter in den Jahren 1813 und 1814 reichen. Das Exemplar kam später in den Besitz von Werner Wolffheim (1872–1930) und wurde am 26. Juni 1928 von Paul Gottschalk in Berlin bei der ersten Versteigerung von Wolffheims großer Musiksammlung für 870 Mark an die Sibley Music Library verkauft.

5. Das ausgezeichnet erhaltene Exemplar in der Scheide Library der Princeton University Library, Princeton, New Jersey, fehlt im Verzeichnis der einzelnen Exemplare des Originaldrucks im Kritischen Bericht der NBA (IV/4). Es mißt 21,5 x 28,5 cm und weist die Signatur „M3/.1/.B2C5/.1739 (Ex)" auf.

3. The slightly yellowed, though well preserved copy in the Music Library at Yale University, New Haven, Connecticut was apparently acquired from Max Pinette's Lengfeld'sche bookstore in Cologne in about 1935. It measures 23 x 29–29.5 cm. Two labels are affixed to the inside cover, one designating the Yale University as its present owner, the other naming Julius Klengel (1859–1933), the renowned solo violoncellist of the Gewandhaus Orchestra and Professor at the Leipzig Conservatory of Music, as its previous owner.

4. The copy of the Sibley Music Library at the Eastman School of Music of the University of Rochester, Rochester, New York (call number "Vault/M/11/B118C6/1739," acquisition number "146826") measures 24.8 x 29.5 cm. It once belonged to Ernst Ludwig Gerber (1746–1819) who entered not only his name and the date "1765" in which he acquired the copy, but also made an index of the 27 compositions on the blank page following the title page. On pages 47 and 71 (on which the concluding triple fugue BWV 552/2 begins) he also noted the dates of his performances which reach from 1799 into the years of the aged lexicographer: 1813 and 1814. This copy came later into the possession of Werner Wolffheim (1872–1930) and was sold for 870.– Mark to the Sibley Music Library at the first auction of Wolffheim's magnificent music collection, held by Paul Gottschalk in Berlin on June 26, 1928.

5. The splendidly preserved copy in the Scheide Library of Princeton University Library, Princeton, New Jersey is not listed among the single copies of the original edition of 1739 in the Critical Report of the NBA (IV/4). The Scheide copy measures 21.5 x 28.5 cm and is catalogued as number "M3/.1/.B2C5/.1739/(Ex)."

BWV 988 Vierter Teil der Klavierübung / BWV 988 Fourth Part of the Clavierübung

BWV	Titel / Title	Erschienen / Published	Verlag, Druck und Stich / Publisher, Printer and Engraver	Wasserzeichen / Watermark	Anzahl der erhaltenen Exemplare / Number of extant copies	Exemplare in den USA / Copies in the USA
988	Clavier Ubung / bestehend / in einer / ARIA / mit verschiedenen Veraenderungen / vors Clavicimbal / mit 2 Manualen ... Clavier Übung consisting in an ARIA with divers Variations for the Harpsichord with 2 manuals ...	1742/1745	Balthasar Schmid, Nürnberg	eine Schlange[1] / a serpent[1]	17	6

Der nicht näher mit Bachs Biographie vertraute Leser mag die Beschreibung von Graf von Keyserlingks Bestellung einer Bachschen Komposition, mit derem Vorspielen ihm der hochbegabte Cembalist Johann Gottlieb Goldberg die schlaflosen Nächte verkürzen sollte, in jeder Bach-Biographie nachschlagen. Seit der ersten Bach-Biographie Johann Nikolaus Forkels aus dem Jahre 1802[2] ist Bachs größtes Variationenwerk unter dem Namen „Goldberg-Variationen" bekannt. Merkwürdig ist, daß Bach in seinem Titel (s. o.) verschweigt, daß es sich hier um den 4. Teil der Klavierübung handelt, womit er die Gelegenheit verpaßte, auf die drei vorausgehenden Teile indirekt noch einmal hinzuweisen. Auch steht das früher allgemein angenommene Entstehungsjahr 1742 nicht fest. Die auf der Titelseite gedruckte Verlagsnummer 16 läßt keinen klaren Schluß zu. Im Gegensatz zu Klavierübung I bis III sind bei den Goldberg-Variationen weder Anzeigen noch Briefbelege auf uns gekommen. Goldberg müßte schon ein außergewöhnliches Wunderkind gewesen sein, wenn er im Alter von 15 Jahren[3] bereits die enormen Schwierigkeiten des Bachschen Variationswerkes gemeistert

[1] Laut freundlicher Mitteilung von Dr. Kobayashi, Göttingen.

[2] Johann Nikolaus Forkel, Über Johann Sebastian Bach's Leben, Kunst und Kunstwerke, Leipzig 1802, S. 51f.

[3] Er starb 1756 im Alter von 29 Jahren.

The uninitiated reader may consult any Bach biography to acquaint himself with the story of how Count von Keyserlingk commissioned Bach to write a composition from which his young and highly gifted harpsichordist Johann Gottlieb Goldberg could play to shorten and make bearable the Count's sleepless nights. Ever since Johann Nikolaus Forkel's first Bach biography was published in 1802,[2] Bach's greatest variation work has taken on the name of *Goldberg Variations.* By failing to mention in his title that the composition represents the 4th part of the Clavierübung, Bach missed the chance of drawing at least indirect attention to the existence of parts I–III. The date of origin, 1742, is no longer beyond doubt. The publication number 16 on the title page gives no clear information and, in contrast to Clavierübung I–III, no announcements or letters regarding the Goldberg Variations have come down to us. Goldberg would have had to be a most extraordinary prodigy if at the age of 15[3] he had already been able to master the enormous difficulties of Bach's variation work. The time of origin is now generally given as 1742–1745.

Balthasar Schmid, who had participated

[1] I owe this identification to a friendly communication by Dr. Kobayashi, Göttingen.

[2] Johann Nikolaus Forkel, *Über Johann Sebastian Bach's Leben, Kunst und Kunstwerke,* Leipzig 1802, pp. 51f.

[3] He died at the early age of 29 in 1756.

hätte. Heute wird gewöhnlich 1742 bis 1745 als Entstehungszeit angegeben.

Balthasar Schmid, der schon am Stich von Klavierübung II, besonders aber an dem von Teil III beteiligt war, fiel der Verlag, Stich und Druck der Goldberg-Variationen zu. Daß Bach von seinem Gönner Graf von Keyserlingk einen mit 100 Louis d'or gefüllten goldenen Becher für seine Arbeit erhielt, mag die Drucklegung als solche und das prunkvolle Titelblatt im besonderen veranlaßt haben. BWV 988 ist unter Bachs Originaldrucken der einzige, dessen Titelseite einen kunstvollen, mit barocken Ornamenten verzierten Rahmen aufweist.

Die in Hochfolio-Format gedruckte Komposition mißt 32–33,6 x 20–20,5 cm (bei einer Plattengröße von 26,5 x 17 cm). Die Originalausgabe besteht aus dem Titelblatt, dessen verso-Seite leer ist, und 32 Notenseiten. Jede Seite ist mit 14 Systemen rastriert, die in 7 Akkoladen von je 2 Klaviersystemen aufgeteilt sind. Mehr Exemplare des Erstdrucks der Goldberg-Variationen haben ihre Heimat in den USA gefunden als die irgendeines anderen Werkes des Meisters. Dasselbe trifft auch auf die handschriftlichen Kopien der Goldberg-Variationen aus der zweiten Hälfte des 18. Jahrhunderts zu (s. S. 240).

Die sechs amerikanischen Exemplare

Bis auf die mehr oder weniger gebräunten Titelseiten[4] können die amerikanischen Exemplare als gut bis ausgezeichnet erhalten bezeichnet werden.

1. Das gebundene Exemplar im Riemenschneider Bach Institute des Baldwin-Wallace College in Berea, Ohio, mißt 32 x 19 cm und weist auf dem später hinzugefügten Vorderdeckel den Namen eines Vorbesitzers (?) „Kahle" auf. Dr. Riemenschneider kaufte das Exemplar 1937 von Max Pinette in Brüssel[5], der es seinerseits kurz davor von Karl von Veitinghoff in Berlin erworben hatte. Dem Exemplar fehlt das Titelblatt, welches Pinette vielleicht in Deutschland zurückließ, um Bachs Erstdruck gefahrloser in seine neue Buchhandlung im Exil mitzunehmen.

[4] Das Titelblatt des Exemplars der LC ist leicht beschädigt.

[5] Vgl. S. 204f.

already in the engraving of Clavierübung II and especially III, was chosen by Bach as publisher, printer and engraver of the Goldberg Variations. The fact that Bach received from his patron, Count von Keyserlingk, a golden goblet filled with 100 Louis d'or for his composition, may have brought about its publication in general and its elaborate title page in particular. Among the printed works published during Bach's lifetime BWV 988 is indeed the only composition whose title page is decorated by an ornate frame studded with baroque ornaments.

The variations, printed in high-folio format, measure 32–33.6 x 20–20.5 cm (their plate size is 26.5 x 17 cm). This first edition consists of title page (its verso being empty) and 32 pages of music. Each page is ruled with 14 staves which are grouped into 7 brackets of 2 clavier-staves. Proportionately more copies of the printed first edition of the Goldberg Variations have found their home in the USA than copies of any other composition by Bach. This has also been the case with the handwritten copies of the Goldberg Variations (s. pp. 240ff.).

The six American copies

Except for the more or less yellowed title pages,[4] the state of preservation of the American copies can be called good to excellent.

1. The copy in the Riemenschneider Bach Institute of Baldwin-Wallace College, Berea, Ohio is bound in floral boards and measures 32 x 19 cm. The front cover shows the name "Kahle" (probably that of a former owner). Dr. Riemenschneider purchased the copy in 1937 from Max Pinette in Brussels,[5] who, in turn, had acquired it recently from Karl von Veitinghoff in Berlin. The copy lacks the title page which Pinette apparently sacrificed when he took the copy from Germany to his new bookshop in Brussels.

2. Late in 1936, the copy which is now housed in the Music Library at Yale University in New Haven, Connecticut was likewise acquired from Pinette's relocated bookstore in Brussels. At bottom right of its title

[4] The title page of the copy in the LC is slightly damaged.

[5] S. pp. 204f.

2. Auch das Exemplar der Musikbibliothek der Yale University in New Haven, Connecticut, stammt aus Pinettes nach Brüssel verlegtem Musikantiquariat und wurde dort gegen Ende 1936 erworben. Rechts unten auf dem Titelblatt ist der Name „Hering" eingetragen. Hier könnte es sich um den Berliner Musiker Johann Friedrich Hering als Vorbesitzer handeln, der in der zweiten Hälfte des 18. Jahrhunderts als „eifriger Sammler und ausschließlicher Verehrer Bachischer Produkte"[6] bekannt war. Das Wasserzeichen, welches Kobayashi eine Schlange nennt (s. o.), ist in diesem Exemplar deutlich zu sehen.

3. Der Erstdruck in der Privatsammlung von Herrn James J. Fuld in New York stammt aus der berühmten Sammlung Alfred Cortot (1877–1962).

4. Das in einer Mappe aufbewahrte Exemplar der Scheide Library der Princeton University Library, Princeton, New Jersey, Signatur „M3/.1/.B2C5/1742q/(Ex)", läßt auf dem Titelblatt den Stempel „Emil Krause/Hamburg" erkennen. Dieser Vorbesitzer (1840–1916) war Schüler von Moritz Hauptmann, Julius Rietz und Ignaz Moscheles in Leipzig und ab 1885 Klavierlehrer am Hamburger Konservatorium.

5. Das Exemplar in der Sibley Music Library der Eastman School of Music der University of Rochester, Rochester, New York, Signatur „M/3.3/B118G", Akzessions-Nr. „146824", mißt 31 x 19,2 cm. Sein Titelblatt weist die Namen von zwei Vorbesitzern auf. „A. G. Ritter" ist August Gottfried Ritter (1811–1885)[7], welcher dieses Exemplar von seinem Orgellehrer Michael Gotthard Fischer, der seinerseits ein Schüler Kittels und dessen Nachfolger in Erfurt war, erhalten haben mag. Der andere Vorbesitzer ist durch den Stempel „Dr. Werner Wolffheim" (1872–1930) identifiziert. Das in einem schönen marmorierten Einband überlieferte Exemplar wurde von dem heutigen Besitzer bei der ersten Versteigerung von Wolffheims reicher Musiksammlung, die von Gottschalk in Berlin abgehalten wurde, am 26. Juni 1928 erworben.

[6] S. Dok III, Nr. 984, S. 531.
[7] Vgl. S. 266.

page it shows the name "Hering." It could refer to the Berlin musician Johann Friedrich Hering as previous owner who was known in the second half of the 18th century as an "eager collector and exclusive admirer of 'products' by Bach."[6] The watermark, called by Kobayashi a serpent, can be clearly seen.

3. The copy of Mr. James J. Fuld of New York City formerly belonged to the famous collection of Alfred Cortot (1877–1962).

4. The copy in the Scheide Library at Princeton University Library, Princeton, New Jersey, kept in a portfolio, bears the catalogue number "M3/.1/.B2C5/1742q/(Ex)." A stamp on the title page shows "Emil Krause/Hamburg" (1840–1916) as previous owner. He was a pupil of Moritz Hauptmann, Julius Rietz and Ignaz Moscheles in Leipzig before he became in 1885 piano teacher at the Hamburg Conservatory of Music.

5. The handsomely bound copy of the first edition of the Goldberg Variations in the Sibley Music Library of the Eastman School of Music, University of Rochester, Rochester, New York (catalogue number "M/3.3/B118G," acquisition number "146824") measures 31 x 19.2 cm. Its title page reveals the names of two previous owners. "A. G. Ritter" is August Gottfried Ritter (1811 to 1885)[7] who may have received this copy from his organ teacher, Michael Gotthard Fischer, who in turn was a pupil of Kittel and the latter's successor as organist in Erfurt. The other former owner is identified by the stamp "Dr. Werner Wolffheim" (1872–1930). The copy was acquired by the present owner at the first auction of Wolffheim's vast collection held by Gottschalk in Berlin on June 26, 1928.

6. The copy in the Music Division of the Library of Congress, Washington, D. C. is, with its 33.6 cm, especially tall. The verso of the title page shows the accession number "acc. 25278" and the general catalogue number "M/3.3/.B2."

[6] S. Dok III, no. 984, p. 531.
[7] S. p. 266.

6. Das mit seinem 33,6 cm besonders hohe Exemplar in der Musikabteilung der Library of Congress, Washington, D. C., trägt auf der verso-Seite des Titelblattes die Akzessions-Nr. „acc.25278" sowie die allgemeine Signatur „M/3.3/.B2".

BWV 1079 Musikalisches Opfer / BWV 1079 Musical Offering

BWV	Titel / Title	Erschienen / Published	Verleger / Publisher	Stecher / Engraver
1079	Musicalisches / *Opfer* / Sr. Königlichen Majestät in Preußen etc. / allerunterthänigst gewidmet /von / Johann Sebastian Bach. Musical *Offering* To His Royal Majesty in Prussia etc. dedicated most humbly by Johann Sebastian Bach.	zur Michaelismesse 1747 / Michaelmas Fair 1747	J. S. Bach[1]	Johann Georg Schübler, Zella

Drucker des Titels und der Widmung / Printer of title and letter of dedication	Wasserzeichen / Watermark	Anzahl der erhaltenen Exemplare / Number of extant copies	Exemplare in den USA / Copies in the USA
Bernhard Christoph Breitkopf, Leipzig	Springendes Einhorn und „EL"[2] / A Unicorn rampant and monogram "EL"[2]	17	3

Genau zwei Monate, nachdem Bach eine dreistimmige Fuge über das ihm vom König am Potsdamer Hof vorgespielte Thema improvisiert hatte, ließ Bach den Widmungsbrief an Friedrich den Großen drucken[3]. Doch hatte Bach bis dahin mit der Komposition des Musikalischen Opfers erst begonnen. Dieses wurde gegen Ende September 1747 zur Michaelismesse vollendet. Die Erstauflage von 100 Exemplaren war bereits im Oktober 1748 vergriffen[4]; ihr folgte 1749 eine wohl wiederum aus 100 Exemplaren bestehende identische zweite Auflage. Im

[1] Exemplare waren auch „bey den Herren Söhnen in Halle und Berlin zu bekommen" (laut einer Zeitungsanzeige vom 30. September 1747; s. Dok III, Nr. 558a, S. 656).

[2] EL sind die Initialen des Freiberger Papiermachers Ephraim Lenk. S. Christoph Wolffs KB zu NBA VIII/1 (1976), S. 51.

[3] Das Datum des Widmungsbriefes, der lediglich die bis dahin ausgearbeitete Fuge erwähnt, ist der „7. Julii 1747" (s. Dok I, Nr. 173, S. 242).

[4] Vgl. S. 156.

Exactly two months after Bach had improvised a 3-part fugue on a theme played for him by the King at the Court in Potsdam, Bach had the title and letter of dedication to Frederick the Great printed.[3] By that time he had just begun the composition of the Musical Offering. The work was completed towards the end of September, in time for Michaelmas. The initial edition of 100 copies was already out of print in October 1748.[4] It was followed early in 1749 by an identical edition of probably another 100 copies. In contrast to the royal reward Bach had received for the composition of the Goldberg

[1] According to a newspaper announcement of September 30, 1747, copies could also be had from Bach's sons in Halle and Berlin (s. Dok III, no. 558a, p. 656).

[2] EL are the initial letters of the Freiberg papermaker Ephraim Lenk. S. Christoph Wolff, NBA VIII/1, KB (1976), p. 51.

[3] The date given at the end of the Dedication, which refers only to the finished fugue, is the "7. Julii 1747" (s. Dok I, no. 173, p. 242).

[4] S. p. 156.

Gegensatz zu dem königlichen Ehrensold, den Bach für die Komposition der Goldberg-Variationen erhielt[5], ist nichts von einer Dankesbezeigung, Honorar oder Titelverleihung seitens des Preußenkönigs bekannt. Da Bach daran gelegen war, die bereits in Potsdam versprochene Fuge über das königliche Thema so schnell wie möglich drucken zu lassen, beauftragte er den anscheinend unbeschäftigten Johann Georg Schübler aus Zella[6] mit dem Kupferstich. Das Abziehen der recht eilig gestochenen Kupferplatten, d. h. der eigentliche Druck der Exemplare, scheint in Leipzig stattgefunden zu haben. Die Klavierstücke wurden in Querformat, die für ein Kammermusikensemble bestimmten Sätze in Hochformat gestochen. Die Originalausgabe besteht aus 9 Bll. in Querformat und 8 Bll. in Hochformat. Doch ist keines der 17 überlieferten Exemplare vollständig; selbst das Berliner Widmungsexemplar besteht aus zwei Teilen[7]. Von der in Stimmen gedruckten Triosonate für Flöte, Violine und Continuo sind heute nur noch drei Exemplare vorhanden. Der Erstdruck des Musikalischen Opfers wurde zu dem recht niedrigen Preis von 1 Taler verkauft.

Die drei in den USA vorhandenen Exemplare[8]

1. Das in einer Schutzhülle aufbewahrte Exemplar in der Musikabteilung der Library of Congress, Washington, D. C. (Signatur „M/3.3/B2"), ist eines der lediglich fünf überlieferten Exemplare, denen nur die Triosonate und der „Canon perpetuus super Thema Regium" fehlen. Sein Erhaltungszustand muß leider als recht schlecht bezeichnet werden. Das Querformat mißt 23 x 36,2

[5] Vgl. S. 286.

[6] Zella, ein Städtchen im Thüringer Wald in der Nähe von Suhl und Ohrdruf, ist etwa 140 km von Leipzig entfernt und somit beträchtlich näher als Nürnberg (Balthasar Schmid).

[7] Friedrich der Große übergab es seiner musikliebenden Schwester, der Prinzessin Amalie, deren Amalien-Bibliothek schließlich in die Königl. Bibliothek in Berlin überging. Die zwei Teilexemplare, die eine komplette Originalausgabe ergeben, befinden sich heute in der DtStB.

[8] Der Band „LM 4842" der Lowell Mason Sammlung, die sich seit 1873 in der Yale University befindet, enthält eine wohl gegen Ende des 18. Jahrhunderts geschriebene Kopie des dreistimmigen Ricercars, hier „Fuga à 3" genannt.

Variations,[5] nothing is known about a letter of acknowledgement, renumeration or the bestowing of an honorary title by the great king of Prussia. Bach seems to have pressed vigorously for the engraving of the fugue on the royal theme that he had already promised in Potsdam to elaborate more fittingly. He chose Johann Georg Schübler of Zella[6] who was, unlike Balthasar Schmid of Nürnberg and Leipzig engravers, not busy at the time. The pulling off of the rather hastily engraved copper plates, i. e. the actual printing of the copies, appears to have taken place in Leipzig. The pieces for clavier were engraved in oblong format, those written for a chamber music ensemble in high folio format. The original edition consists of 9 leaves in oblong and of 8 leaves in folio format. However, none of the 17 extant copies is complete; even the dedicatory copy has come down to us in two parts.[7] Only three copies of the printed parts of the Trio Sonata for flute, violin and continuo have survived. The original edition of the Musical Offering sold at the rather low price of 1 taler.

The three copies in the USA[8]

1. The copy in the Music Division of the Library of Congress, Washington, D. C. is preserved in a cardboard box and carries the general number "M/3.3/B2." It is one of the five extant copies which lack only the Trio Sonata and the *Canon perpetuus super Thema Regium.* Its condition is unfortunately poor and fragile. Its oblong pages measure 23 x 36.2 cm. At bottom right of the final page of the "Ricercar à 6" and below the two last canons their engraver added his name "J. G. Schübler. sc[ulpsit]." The copy was once owned by Georg Poelchau (1773–1836)

[5] S. p. 286.

[6] Zella is a little town near Suhl and Ohrdruf in the Thuringian Forest, about 90 miles from Leipzig, i. e. considerably closer than Nürnberg (Balthasar Schmid).

[7] Frederick II gave his copy to his music loving sister, the Princess Amalia of Prussia, whose library becam eventually a part of the Royal Library in Berlin. The two copies that combine to make a complete copy of the Musical Offering are now in the DtStB.

[8] The volume "LM 4842" of the *Lowell Mason Collection* which was given in 1873 to Yale University, contains a copy of the 3-part Ricercar (called there "Fuga à 3") which was probably written towards the end of the 18th century.

cm. Rechts unten auf der Schlußseite des „Ricercar à 6" und der der letzten zwei Kanons hat der Notenstecher seinen Namen hinzugefügt: „J. G. Schübler. sc[ulpsit]." Das Exemplar stammt aus dem Besitz von Georg Poelchau (1773–1836), der seinen Namen sowie „(Leipzig 1747)" auf dem Titelblatt eingetragen hat. Fünf Jahre nach Poelchaus Tod gelangte dessen große Sammlung in den Besitz der Königlichen Bibliothek in Berlin. Doch wurde das Exemplar des Musikalischen Opfers von dieser als Dublette verkauft. Die Library of Congress erwarb es von dem Berliner Antiquariat Leo Liepmannssohn im Jahre 1910. Das Exemplar stellt somit eine der frühesten Bach-Quellen in der Library of Congress dar.

2. Das ausgezeichnet erhaltene unvollständige Exemplar im Riemenschneider Bach Institute des Baldwin-Wallace College in Berea, Ohio, befindet sich in einem grünen Ledereinband. Es enthält alle in Querformat gedruckten Teile des Werkes, d. h. den Titel, die zweiseitige Widmung, das dreistimmige Ricercar mit dem angehängten „Canon perpetuus super Thema Regium" sowie das sechsstimmige Ricercar mit den zwei darunter gedruckten Kanons, dem „Canon à 2 (Quaerendo invenietis)" und dem „Canon à 4". Das Exemplar wurde von Charles Scribner's Sons in London für die Sammlung von Madame Emmy Martin gekauft, die es ihrerseits dem Riemenschneider Bach Institute schenkte.

3. Das Exemplar in der Sibley Music Library der Eastman School of Music der University of Rochester, Rochester, New York (21,7 x 34,9 cm, in Pappeinband), enthält dieselben Musikstücke wie das Exemplar des Riemenschneider Bach Institute (s. o. Nr. 2). Doch fehlt ihm der Bogen mit dem Titel und der Widmung. Seine Signatur ist „M/3.3/B118/1747", seine Akzessions-Nr. „147032". Auf der letzten, auf den Einband aufgeleimten Seite befindet sich die Notiz „Auch Wolffheim I Juni 1928 N° 1254", welche Bemerkung sich auf den ersten Katalog der Sammlung Wolffheim bezieht. Im Juni nicht verkauft, wurde das Exemplar sodann am 21. September 1928 von der Sibley Music Library für $ 98 von Paul Gottschalk, der Wolffheims Sammlung in Berlin versteigerte, erworben.

who had entered his name and "(Leipzig 1747)" on the title page. Five years after his death his large music collection came into the possession of the Royal Library in Berlin, which, owning several copies of the Musical Offering, sold this copy as a duplicate. It came into the hands of the Berlin music dealer Leo Liepmannssohn from whom the Library of Congress acquired the copy in 1910 making it thereby one of the earliest Bach sources in the USA in general and in the Library of Congress in particular.

2. The splendidly preserved copy in the Riemenschneider Bach Institute of the Baldwin-Wallace College in Berea, Ohio, bound in green panelled Levant, contains all the parts that were printed in oblong format: the title, the dedicatory letter, the 3-part Ricercar with the appended *Canon perpetuus super Thema Regium* and the 6-part Ricercar that is followed by two canons, the *Canon à 2 (Quaerendo invenietis)* and the *Canon à 4*. Charles Scribner's Sons in London purchased this copy for the collection of Madame Emmy Martin, who presented it to the Riemenschneider Bach Institute.

3. The copy in the Sibley Music Library at the Eastman School of Music of the University of Rochester, Rochester, New York (21.7 x 34.9 cm, in cardboard binding) comprises the same pieces of music as the copy of the Riemenschneider Bach Institute (s. No. 2 above). It lacks only the latter's folio with the title and the dedication. Its call number is "M/3.3/B118/1747," its acquisition number "147032." Referred to on the last page as No. 1254 of the first Wolffheim catalogue of June 1928, this copy was acquired by the Sibley Music Library on September 21, 1928 for $ 98 through Paul Gottschalk in Berlin from Wolffheim's large music collection.

BWV 645–650 Schübler-Choräle / BWV 645–650 The Schübler Chorales

BWV	Titel / Titles	Erschienen / Published	Verlag, Stich und Druck / Publisher, Engraver and Printer	Anzahl der erhaltenen Exemplare / Number of extant copies	Exemplare in den USA / Copies in the USA
645 650	SECHS CHORALE / von verschiedener Art / auf einer / Orgel / mit 2 Clavieren und Pedal / vorzuspielen . . . SIX CHORALES of Various sorts to be played on an Organ with 2 manuals and pedal . . .	nach / after 1746 (1748?)	Johann Georg Schübler[1], Zella	5	1

Bei den Schübler-Chorälen handelt es sich bekanntlich um Übertragungen für Orgel von trio- und quartettartigen Choralarien aus Bachs Kantaten:

BWV		BWV
645	=	140/4 (1731)
647	=	93/4 (1724)
648	=	10/5 (1724)
649	=	6/3 (1725)
650	=	137/2 (1725), jedoch mit neuem Titel.

BWV 646 („Wo soll ich fliehen hin . . .") ist natürlich auch ein Arrangement eines Kantatensatzes. Für die nachweisbaren Verluste Bachscher Kantaten ist es recht charakteristisch, daß eine der sechs Choralbearbeitungen auf eine verlorengegangene Kantate zurückgeht. Da Bachs Sohn in Halle als Teilnehmer am Mitvertrieb der Erstausgabe genannt wird und Wilhelm Friedemann am 16. April 1746 das Organistenamt an der dortigen Liebfrauenkirche antrat, können die Schübler-Choräle nur eine gewisse Zeit nach diesem Datum veröffentlicht worden sein. Im Gegensatz zum Musikalischen Opfer hatte Schübler für den Stich der Orgelchoräle anscheinend keine Zeitgrenze einzuhalten. Die Veröffentlichung mag vielmehr nach der des Musikalischen Opfers, d. h. erst im Jahre 1748, stattgefunden haben.

[1] Die zwei Schlußzeilen des Titels besagen, daß Exemplare außer „bey dem Verleger zu Zella" auch „bey Herr Capellm: Bachen [und] bey dessen Herrn Söhnen in Berlin und Halle" zu haben seien (s. Dok I, Nr. 175, S. 245).

As is well known, the Schübler Chorales are transcriptions for organ of chorale-arias in trio or quartet texture from Bach's cantatas:

BWV		BWV
645	=	140/4 (1731)
647	=	93/4 (1724)
648	=	10/5 (1724)
649	=	6/3 (1725)
650	=	137/2 (1725), to which a new title is given.

It seems rather characteristic of the provable losses of Bach cantatas that one (BWV 646) out of the 6 organ transcriptions should stem from a lost cantata. Since Bach's son in Halle is mentioned as one of the distributors of the original edition and Wilhelm Friedemann was installed as organist at the Liebfrauenkirche in Halle on April 16, 1746, the Schübler Chorales must have been published some time after this date. In contrast to the Musical Offering, Schübler apparently did not have to worry about a deadline for the engraving of the organ chorales. Their publication may well have taken place after that of the Musical Offering, namely in 1748.

Schübler chose for the engraving of the 6 chorales the oblong format typical of organ compositions. The original edition whose copies were soon to become a great rarity, consists of title page and 14 numbered pages of music.

[1] The two last lines of the title point out that copies "can also be had from Herr Capellm: Bachen" and from his "sons in Berlin and Halle" (s. Dok I, no. 175, p. 245).

Schübler benutzte für die sechs Choräle das für Orgelkompositionen typische Querformat. Der Erstdruck, der schon seit langem zu einer großen Seltenheit geworden ist, besteht aus der Titelseite und 14 numerierten Seiten Notentext.

Von den fünf erhaltenen Exemplaren ist eines, und zwar Bachs Handexemplar, nach einer wahren Odyssee im August 1975 in den Vereinigten Staaten gelandet. Einer von zwei beiliegenden Briefen Spittas aus dem Jahre 1882 konstatiert das Fehlen des ersten Blattes, welches 1852 noch vorhanden war. Dem Exemplar fehlt somit die Titelseite (Bl. 1^r) und die zu wiederholenden 21 Anfangstakte der Orgelchoralbearbeitung von BWV 140/4, „Wachet auf, ruft uns die Stimme" (Bl. 1^v). Abb. 117 zeigt die originale Seite 2, d.h. die erste Seite des heutigen Exemplars. Dieses mißt 21,1 x 29,8 cm (bei einer Plattengröße von 17 x 28 cm). Das Handexemplar, welches Friedrich Conrad Griepenkerl 1847 für die Peters-Ausgabe und Wilhelm Rust 1878 für Band 25/2 der BG benutzt hatten, ist seiner autographen Korrekturen und Zusätze wegen von größter Bedeutung (s. Abb. 118). In seinem Artikel „Bachs Handexemplar der Schübler-Choräle" gruppiert Christoph Wolff[2] diese Zusätze folgendermaßen: 1. Korrekturen von Druckfehlern, 2. Ergänzung von Akzidentien und Artikulationsbezeichnungen, 3. Verbesserung von Lesarten, 4. Spiel- und Registrieranweisungen, 5. Präzisierung der rhythmischen Notation. Da die Provenienz des Bachschen Handexemplars Bach-Forscher von Rust bis Kinsky[3] immer wieder beschäftigt hat und von Wolff nach dem Wiederauftauchen dieses Exemplars neu zusammengefaßt worden ist, sei seine Überlieferungsgeschichte hier nur resümiert.

Resümee der Provenienz

1750: Carl Philipp Emanuel Bach (1714–1788) – 1774: Johann Nikolaus Forkel (1749–1818) – 1819: Friedrich Conrad Griepenkerl (1782–1849) – 1849: Siegfried Wilhelm Dehn (1799–1858) – vor 1858: Henri Eugène Philippe Louis d'Orléans, Herzog

[2] In: BJ 1977, S. 120ff.

[3] Kinsky, a.a.O., S. 60f.

Of the five extant copies one, namely Bach's own personal copy landed after a veritable Odyssey in August 1975 in the United States. One of two letters by Spitta, written in 1882 and enclosed with this copy, inquires about the absence of the first leaf which still existed in 1852. The copy thus lacks the title page (1^r) and the first 42 measures (= 21 mm, repeated) of the organ transcription of BWV 140/4, "Wachet auf, ruft uns die Stimme" (1^v). Ill. 117 shows p. 2, i. e. the first page of the copy in its present state. Its measurements are 21.1 x 29.8 cm (plate size 17 x 28 cm). Bach's personal copy which had been used by Friedrich Conrad Griepenkerl in 1847 for the Peters edition and by Wilhelm Rust in 1878 for vol. 25/2 of the BG, is a uniquely valuable source because of its autograph corrections and additions (s. ill. 118). In his article "Bachs Handexemplar der Schübler-Choräle" Christoph Wolff[2] divides them as follows: 1. Corrections of printing errors, 2. Supplementation of accidentals and articulation marks, 3. Revision (improvement) of printed version, 4. Directions as to playing and registration, 5. Clearer definition of rhythmic notation. As the provenance of Bach's personal copy has commanded the attention of Bach scholars from Rust to Kinsky[3] and was brought up to date by Wolff after the reemergence of this copy, a summary will suffice here.

Summary of Provenance

1750: Carl Philipp Emanual Bach (1714–1788) – 1774: Johann Nikolaus Forkel (1749–1818) – 1819: Friedrich Conrad Griepenkerl (1782–1849) – 1849 Siegfried Wilhelm Dehn (1799–1858) – before 1858: Henri Eugène Philippe Louis d'Orléans, Duc d'Aumale (1822–1897)[4] – shortly after 1858(?): Chopin's pupil, Marcelline Czartoryska, née Princess Radziwill (1817–1894)[4] – the recipient of the 2 letters by Spitta: possibly Mme. Czartoryska's pupil, Franciszek Bylicki of Krakow.[4]

[2] In: *BJ* 1977, pp. 120ff.

[3] Kinsky, *op. cit.*, pp. 60f.

[4] S. fns. 5, 6 and 7 on p. 122 of Wolff's article cited in fn. 2.

von Aumale (1822–1897)[4] – wohl kurz nach 1858: Chopins Schülerin, Marcelline Czartoryska, geb. Prinzessin Radziwill (1817 bis 1894)[4] – der Adressat der zwei Spitta-Briefe (s. o.): möglicherweise Franciszek Bylicki aus Krakau, ein Schüler von Mme Czartoryska[4].

Bis 1975 scheint sich das lange als verschollen gegoltene Heft in polnischem Privatbesitz befunden zu haben. In den 1950er Jahren wurde im Bach-Archiv Leipzig ein Herr Aleksander Ewert aus Polen als Besitzer vermerkt. Im August 1975 erwarb Herr William H. Scheide das langgesuchte, wertvolle ungebundene Heft von Albi Rosenthal (dem Besitzer der Firma Otto Haas in London, früher Leo Liepmannssohn, Berlin). Rosenthal bestätigte die polnische Herkunft des Handexemplars, welches sich heute in der Scheide Library der Princeton University Library, Princeton, New Jersey, befindet[5].

The copy was for a long time considered lost. It apparently remained in private possession in Poland until 1975. In the 1950s the *Bach-Archiv Leipzig* listed a Polish citizen, Aleksander Ewert, as its owner. Finally, in August 1975, William H. Scheide acquired the long-sought, valuable and unbound copy from Albi Rosenthal (the owner of Otto Haas in London, formerly Leo Liepmannssohn of Berlin). He guaranteed the Polish provenance of this copy which now has found its home in the Scheide Library of the Princeton University Library in Princeton, N. J.[5]

[4] S. Wolffs in Fn. 2 angeführten Artikel, S. 122, Fn. 5, 6 und 7.

[5] Da nur 2 bis 3 der 69 geistlichen Lieder des Schemelli-Gesangbuches sich als Kompositionen Bachs herausgestellt haben (BWV 452, 505 und wahrscheinlich auch 478), gehört das 1736 von Bernhard Christoph Breitkopf in Leipzig gedruckte Werk nicht in ein Verzeichnis der zu Bachs Lebzeiten erschienenen Kompositionen des Meisters. Dennoch sei hier erwähnt, daß die Scheide Library in Princeton, New Jersey, ein Exemplar der Originalausgabe besitzt (Oktavformat: 16,6 x 10 cm). Wie ein roter und ein schwarzer Stempel bezeugen, gehörte es einst der Königl. Bibliothek in Berlin, die es als Dublette verkaufte. Das ausgezeichnet erhaltene Exemplar ging dann in die Sammlung Alfred Cortot über und wurde nach Cortots Tod (im Jahre 1962) von Herrn William H. Scheide erworben.

[5] Since only 2 or 3 among the 69 sacred songs in Schemelli's Musical Song Book are compositions by Bach (BWV 452, 505 and possibly 478), this book, which was printed in 1736 by Bernhard Christoph Breitkopf in Leipzig, hardly belongs to a listing of works by Bach printed during the composer's lifetime. It should, however, be mentioned that the Scheide Library in Princeton, N. J., for instance, owns a copy of the original edition (octavo format, 16.6 x 10 cm). A red and a black stamp verify that the copy once was the property of the Royal Library in Berlin which sold it as a duplicate. The excellently preserved copy then came into the Alfred Cortot collection and after Cortot's death in 1962 was acquired by its present owner, Mr. William H. Scheide.

BWV 769 Die Kanonischen Veränderungen / BWV 769 The Canonic Variations

BWV	Titel / Title	Erschienen / Published	Verlag, Stich und Druck / Publisher, Engraver and Printer	Anzahl der erhaltenen Exemplare / Number of extant copies	Exemplare in den USA / Copies in the USA
769	Einige canonische Veraenderungen / über das / Weynacht-Lied: / Vom Himmel hoch da komm ich her. / vor die Orgel mit 2. Clavieren / und dem Pedal ... Some Canonic Variations on the Christmas Hymn "From Heaven high to Earth I come" for the Organ with 2 manuals and pedal ...	um / about 1748	Balthasar Schmid, Nürnberg	18	5

Die Kanonischen Veränderungen stellen die letzte Zusammenarbeit von Bach und dem Ende November 1749 verstorbenen Verleger Balthasar Schmid dar. Das in Hochfolioformat elegant gestochene Heft besteht aus 4 Blättern, d.h. aus der Titelseite und sechs numerierten Seiten Notentext (auf Bll. 1^v–4^r; 4^v ist leer). Der Preis der Originalausgabe belief sich auf 14 Kreuzer. Die Verlagsnummer XXVIII ist unten auf jeder Seite angebracht. Wie im Fall der Erstausgabe der Goldberg-Variationen[1], gibt auch hier diese Nummer keine klare Auskunft über das Entstehungsjahr des Druckes. Die Kanonischen Veränderungen waren bekanntlich das von Bach gelieferte Probestück für seinen im Juni 1747 erfolgten Eintritt in Mizlers Sozietät. Am Schluß des Nekrologs auf Bach, der 1754 in Mizlers Buchverlag erschien, heißt es in Mizlers Worten: „Zur Societät hat er den Choral geliefert: Vom Himmel hoch da komm' ich her, vollständig ausgearbeitet, der hernach in Kupfer gestochen worden."[2] Das „hernach" läßt auf die Drucklegung des Werkes gegen Ende 1747 oder Anfang 1748 schließen. Von den fünf Kanonischen Variationen sind die ersten 3 in ihrer gedruckten Form nicht unmittelbar spielbar, da von den Beantwortungen nur die Anfangsnoten der

[1] Vgl. S. 285.
[2] S. Dok III, Nr. 666, S. 89.

The Canonic Variations represent the last collaboration between Bach and Balthasar Schmid who was to die at the end of November 1749. The elegantly engraved original edition consists of 4 leaves, that is, of title page (1^r) and 6 numbered pages of music (1^v–4^r, 4^v being empty). Copies of the first edition sold for 14 kreutzer. Schmid entered the publication number XXVIII at the bottom of each page. As in the case of the first edition of the Goldberg Variations,[1] the number yields no clear information regarding the year of publication. It is well known that the Canonic Variations were the test piece which Bach delivered when he joined Mizler's Society in June 1747. At the end of the Obituary of Bach which appeared in 1754 and was published by Mizler, the latter added the words "To the Society he furnished the chorale *Vom Himmel hoch da komm' ich her,* fully worked out, which was thereupon engraved on copper."[2] The "thereupon" (or thereafter) suggests that the printing of the work took place late in 1747 or early in 1748. The first three of the 5 canons are not playable in the form in which they were printed because only the opening notes that mark the entries of the answering canonic voice were engraved. The 4th varia-

[1] S. p. 285.
[2] S. the *Bach Reader,* p. 224.

Einsätze notiert sind. Die 4. Variation ist dagegen vollständig in vierstimmiger Partitur wiedergegeben, während die 5. Variation mit ihren vier erstaunlichen Kanons auf drei Orgelsystemen gedruckt ist. In ihren drei Schlußtakten türmt Bach die vier aufeinanderfolgenden Melodiezeilen fast gleichzeitig übereinander, umrankt sie dazu noch mit Verdopplungen und Diminutionen der ersten Melodiezeile und flicht zum Schluß die Noten seines Namens in das Ganze hinein. Mit dieser Variation, die Bach in einer späteren handschriftlichen Fassung in die Mitte der Komposition stellt und die einen Höhepunkt in der gesamten Geschichte der Kontrapunktik darstellt, gedachte sich das neue Mitglied der Mizlerschen „Sozietät der musikalischen Wissenschaften" als würdig zu erweisen.

Die fünf in den USA vorhandenen Exemplare

1. Das vorzüglich erhaltene, in Kalbsleder gebundene Exemplar im Riemenschneider Bach Institute des Baldwin-Wallace College, Berea, Ohio, zeigt rechts oben auf seinem ein wenig fleckigen Titelblatt den handschriftlichen Zusatz: „Ex collectione G. Poelchau". Es beweist damit seine Herkunft aus der großen Sammlung Bachscher Quellen Georg Poelchaus (1773–1836).

2. Die ungebundene Originalausgabe in der Music Library der Yale University, New Haven, Connecticut ist bis auf seine etwas verschmutzte Titelseite in gutem Erhaltungszustand. Ihre Maße sind 34,5 x 23,5 cm (bei einer allen Exemplaren gemeinsamen Plattengröße von 28,5 x 19 cm). Sie ist ein Geschenk der Yale Library Associates aus dem Jahre 1950.

3. Das ebenfalls gut erhaltene Exemplar der Scheide Library in der Princeton University Library, Princeton, New Jersey, weist genau dieselben Maße auf wie das Heft der Yale University (s. o. Nr. 2). Es stammt aus der Sammlung Alfred Cortot und wurde einige Zeit nach Cortots Tod (im Jahre 1962) durch Vermittlung des Antiquariats Otto Haas in London (Besitzer Albi Rosenthal) von Herrn William H. Scheide erworben.

4. Das in einem kräftigen Papierumschlag aufbewahrte Exemplar in der Sibley Music Library der Eastman School of Music der University of Rochester, Rochester, New

tion, on the other hand, was printed complete in 4-part score while the 5th variation with its 4 astounding canons was engraved on 3 organ-staves. In its three last measures Bach succeeded in telescoping the four consecutive chorale phrases into near-simultaneity, while adding doublings and diminutions of the first phrase where space allowed it and weaving the notes of his name as his signature into the final measure. With this variation, which Bach in a later handwritten copy placed in the center of the composition and which constitutes one of the crowning achievements of contrapuntal writing, Bach introduced himself as a worthy member to Mizler's "Society of Musical Sciences."

The five copies in the USA

1. The splendidly preserved copy in 3/4 calf binding that belongs to the Riemenschneider Bach Institute of Baldwin-Wallace College, Berea, Ohio, shows at top right of its slightly spotted title page the handwritten entry "Ex collectione G. Poelchau," proving thereby that it once belonged to the large library of Bach sources of Georg Poelchau (1773–1836).

2. Except for its somewhat soiled title page the unbound copy in the Music Library of Yale University, New Haven, Connecticut is still in a good state of preservation. It measures 34.5 x 23.5 cm (with the plate size of all copies measuring 28.5 x 19 cm). The copy constitutes a present made by the *Yale Library Associates* in 1950.

3. The equally well preserved copy of the Scheide Library in the Princeton University Library, Princeton, New Jersey shows the same measurements as the copy of Yale University (s. above, No. 2). It stems from the Alfred Cortot Collection and was a few years after Cortot's death (in 1962) acquired by Wm. H. Scheide via the good offices of Albi Rosenthal, owner of Otto Haas in London.

4. The copy in the Sibley Music Library of the Eastman School of Music, University of Rochester, Rochester, New York is preserved in a double paper wrapper and measures 33.5 x 21.7 cm. Its call number is "Vault/M/3.3/B118v," its acquisition number "151747." The copy was purchased by the Sibley Music Library on November 4,

York, mißt 33,5 x 21,7 cm. Seine Signatur ist „Vault/M/3.3/B118v", seine Akzessions-Nr. „151747". Das Exemplar wurde am 4. November 1930 von der Sibley Music Library zu dem hohen Preis von $ 450.00 von Gottschalk in Berlin erworben und dürfte somit aus dem musikalischen Nachlaß von Werner Wolffheim (1872–1930) stammen.

5. Das ungebundene, recht gut erhaltene Exemplar in der Musikabteilung der Library of Congress, Washington, D. C., ist mit seinen 35,8 x 22,7 cm etwas höher als die anderen amerikanischen Exemplare. Auf dem Umschlag hat sein frühester Besitzer seinen Namen eingetragen: „Joh. Chr. Oley./ Bernburg"[3]. Da der junge Organist Oley (1738–1789) seine Vaterstadt Bernburg 1762 für immer verließ, muß er die Erstausgabe der Kanonischen Veränderungen vor diesem Datum erworben haben.

1930 at the rather high price of $ 450.00 from Paul Gottschalk in Berlin and may have come from the musical estate of Werner Wolffheim (1872–1930).

5. The unbound, well preserved copy in the Music Division of the Library of Congress, Washington, D. C. is with its measurements of 35.8 x 22.7 cm the tallest among the 5 American copies. On a wrapper its first owner has entered his name: "Joh. Chr. Oley./ Bernburg."[3] Since the young organist Oley (1738–1789) left his hometown Bernburg in 1762 for good, he must have acquired this copy of the Canonic Variations before this date.

BWV 1080 Die Kunst der Fuge / BWV 1080 The Art of the Fugue

BWV	Titel / Title	Erschienen / Published	Verleger / Publisher	Stecher / Engraver	Satz und Druck des Titels und des Vorberichts / Type setting and printing of Title and Foreword	Anzahl der erhaltenen Exemplare / Number of extant copies	Exemplare in den USA / Copies in the USA
1080	Die / **Kunst der Fuge** / durch / HERRN / Johann Sebastian Bach / ehemahligen Capellmeister und Musikdirector / zu Leipzig **The Art of the Fugue** by HERRN Johann Sebastian Bach late Capellmeister and Director of Music at Leipzig	(Titelauflage) zur Leipziger Ostermesse 1752 / (2nd edition) at the Leipzig Easter Fair 1752	Carl Philipp Emanuel Bach, Berlin	Johann Georg Schübler (?), Zella	Bernhard Christoph Breitkopf, Leipzig	16	4

Von der ersten Ausgabe, die Carl Philipp Emanuel Bach zur Michaelismesse 1751 herausgegeben hatte, sind nur noch vier Exemplare erhalten. Im Zeitalter der Empfindsamkeit und des galanten Stils war die Fuge zum Anachronismus geworden, und bei dem rela-

Only 4 copies of the first printing which Carl Philipp Emanuel Bach had published at the Michaelmas Fair in 1751 have come down to us. In the era of the *style galant* and *Empfindsamkeit* the fugue had become an anachronism. This and the relatively high

[3] Vgl. S. 234ff.

[3] S. pp. 234ff.

tiv hohen Preis von 5 Reichstalern fanden sich nur wenige Abnehmer für Bachs nachgelassenes Meisterwerk. Darum entschloß sich der stets auf finanziellen Erfolg bedachte Carl Philipp Emanuel zu einer Neuauflage, die sich allerdings vom Erstdruck nur durch Zeilenumstellung des Titels[1] und einen neuen zweiseitigen, von Friedrich Wilhelm Marpurg verfaßten „Vorbericht" unterscheidet, in dem Bach als Meister der Fugenkomposition gerühmt wird. Unverständlich bleibt, daß sich Carl Philipp Emanuel anscheinend nicht bemühte, die zahlreichen Fehler des Erstdrucks in der zweiten Auflage zu berichtigen. Daß die Fugen (Contrapunkte) in Partitur gestochen wurden, stand auch der unmittelbaren Spielbarkeit des Werkes im Wege. Trotz des ermäßigten Preises der Neuauflage (4 Taler) kam es nicht über einen Absatz von rund 30 Exemplaren hinaus. Am 14. September 1756 bot Carl Philipp Emanuel die einen Zentner wiegenden etwa 70 Kupferplatten der Kunst der Fuge „für einen billigen Preis" zum Verkauf an[2]. Als sich kein Käufer einstellte, ließ Bachs Berliner Sohn vermutlich die ihm im Wege stehende Last am Anfang des Siebenjährigen Krieges für den Preis des Metalls einschmelzen. 1752 hatte der 71jährige Johann Mattheson die Bedeutung der Kunst der Fuge noch anders eingeschätzt[3]. Er schrieb: „Wie wäre es denn, wenn ein jeder Aus- und Einländer an diese Seltenheit seinen *Louis d'or* wagte? Deutschland ist und bleibet doch ganz gewiß das wahre Orgel- und Fugenland."

Von dieser zweiten, 1752 erschienenen Auflage sind 16 Exemplare überliefert, von denen sich 4 in Amerika befinden. Außer dem Titel (1 Bl.) und Marpurgs Vorbericht (1 Bl.) besteht die Auflage aus 67 numerierten, in Quer-Folioformat gedruckten Seiten (34 Bll., von denen Bl. 1^r leer ist). Am Schluß ergänzte Carl Philipp Emanuel Bach nach der unvollendet gebliebenen letzten Fuge die Choralbearbeitung „Weñ wir in hoechsten Noethen ..." (BWV 668). Die Originalausgabe bricht 7 Takte früher als Bachs Autograph der Kunst der Fuge ab. Sie schließt

[1] 7 an Stelle von 5 Zeilen.

[2] S. Dok III, Nr. 683, S. 113f.

[3] Vgl. Dok III, Nr. 647, S. 14.

price of 5 Reichsthaler were apparently responsible for the disappointing sale of Bach's masterwork. Carl Philipp Emanuel who considered financial success a *sine qua non* decided therefore on a new edition which, however, differs from the first only by a changed arrangement of the lines of the title[1] and a new foreword by Friedrich Wilhelm Marpurg that praised Johann Sebastian Bach (on two pages) as a master of fugue writing. It remains incomprehensible that Carl Philipp Emanuel Bach apparently made no effort to correct the numerous errors of the first printing in the second edition. The work was furthermore not easily playable since the fugues (contrapuncti) were engraved in score form. In spite of the reduced price of 4 Thaler for the 2nd edition, no more than 30 copies were sold. On September 14, 1756 Carl Philipp Emanuel offered for sale "at a reasonable price"[2] the about 70 copper plates of the Art of the Fugue, weighing over 100 pounds. When no buyer responded, Bach's Berlin son presumably sold them for the price of the metal which at the beginning of the Seven-Year War was no doubt in heavy demand. In 1752 the 71-year-old Johann Mattheson had assessed the significance of the Art of the Fugue quite differently. "How would it be (Mattheson wrote[3]) if every foreigner and every compatriot risked his louis d'or on this rarity? Germany is and will most certainly remain the true land of the organ and the fugue."

Of the 2nd edition which was published in 1752, 16 copies are still extant, among them the 4 that are now in the USA. The edition consists of the title (the recto side of 1 leaf), Marpurg's Foreword (2 pp.) and 67 numbered pages, printed in oblong format of folio size (34 leaves of which the 1st page is empty). At the end Carl Philipp Emanuel Bach added the 4-part organ chorale fantasy "Weñ wir in hoechsten Noethen ..." (BWV 668) to "make up" for the unfinished final fugue. The printed edition breaks off 7 measures earlier than Bach's autograph of the Art of the Fugue. It thus omits the combination of the 3 previous subjects into

[1] There were now 7 instead of 5 lines.

[2] S. Dok III, no. 683, pp. 113f.

[3] S. the *Bach Reader*, p. 269.

somit die Verbindung der bisherigen drei Themen zur Tripelfuge aus und druckt auf den Schlußseiten 66/67 den Orgelchoral. Dieser ist somit keine sentimentale Zutat Wolfgang Graesers (1906–1928), des Wiedererweckers der Kunst der Fuge[4]. Einzigartig unter Bachs Originalausgaben ist (am Schluß von 8 Fugen) die Ausschmükkung der Seite mit üppigem Blumen- und Rankenwerk, das schon rein bildlich im Widerspruch zum einfachen Notentext der vorausgehenden Fugen steht. Zwei Beispiele dieser ornamentalen Zutaten seien hier abgebildet (s. Abb. 119 und 120). Die Abbildung von Seite 25[5] gibt Bachs Sigel, in doppelter Verschlingung und von einem Lorbeerkranz umgeben, im Mittelpunkt einer dekorativen Vignette wieder.

Die vier Exemplare in den USA

1. und 2. Die Library of Congress in Washington, D. C., besitzt unter der allgemeinen Katalog-Nummer „M/3.3./ B 22(c)" zwei Exemplare der Titelauflage der Kunst der Fuge. Beide sind vollständig und messen rund 22,5 x 36 cm (bei einer Plattengröße von 20,5 x 34,2 cm). Das eine Exemplar zeigt rechts oben auf seinem später hinzugefügten dunkelbraunen Umschlag „No. 92", das andere fügt auf dem Titelblatt dem Namen Bach den Zusatz „den Einzigen" bei. Exemplar I der Library of Congress ist in ausgezeichnetem, Exemplar II in mäßigem Erhaltungszustand. Das letztere Exemplar zeugt davon, daß es von „Mrs. Franklin Rudolph and Miss Mary A. Dohn/ March 13, 1924" der Library of Congress als Geschenk überreicht wurde. Frau Rudolph und Frl. Dohn waren die Töchter des aus Breslau stammenden, 1857 nach Chicago ausgewanderten Adolph W. Dohn (1835–1901). Dieser mag das Exemplar von dem in Chicago lebenden Sohn des ehemaligen Kurators der Musikabteilung der Königl. Bibliothek in Berlin, Siegfried Wilhelm Dehn (1799–1858), erworben haben[6].

[4] Ob es die z. T. unbarmherzige, aber auch wiederum nicht unberechtigte Kritik an seiner Satzordnung und Instrumentierung der Kunst der Fuge war oder nicht, am 13. Juni 1928 nahm sich der 22jährige Graeser das Leben.

[5] Die Zahl ist spiegelverkehrt gedruckt.

[6] S. auf S. 226 die Beschreibung der am selben Tag (dem 13. März 1924) der LC als Geschenk überreichten Kopie der Französischen Suiten.

what appears to be the beginning of a triple fugue and prints the organ chorale on the two final pages (66/67). The latter is thus not a sentimental addition by the 20th century reviver of the Art of the Fugue, Wolfgang Graeser (1906–1928).[4] The filling out of the space (at the end of 8 fugues) with imaginative scrollwork of flowers and plants is unique among Bach's original editions. Pictorially it is certainly at variance with the straight procession of the notes of the fugues which precede the ornamental display. Of the two illustrations reproduced here (s. ills. 119 and 120), the one of page 25[5] shows Bach's seal, intricately entwined and surrounded by a laurel wreath, in the center of a large decorated vignette.

The four copies in the USA

1. and 2. The Music Division of the Library of Congress, Washington, D. C. owns 2 copies of the 1752 edition of the Art of the Fugue which carry the general catalogue number "M/3.3/B22(c)." Both measure approximately 22.5 x 36 cm (the plate size of the Art of the Fugue being 20.5 x 34.2 cm). One copy shows "No. 92" at top right on a later added dark brown wrapper, the other adds on the title page after Bach's name the words "den Einzigen" (the one and only one). Copy I of the Library of Congress is in excellent, copy II in fair condition. The latter copy testifies that it was presented to the Library of Congress by "Mrs. Franklin Rudolph and Miss Mary A. Dohn/ [on] March 13, 1924." Miss Dohn and Mrs. Rudolph were the daughters of Adolph W. Dohn (1835–1901) who emigrated in 1857 from Breslau to Chicago. He may well have acquired this copy from another Chicago resident, namely from the son of the former curator of the Music Division of the Royal Library in Berlin, Siegfried Wilhelm Dehn (1799–1858).[6]

[4] Whether or not it was because of some merciless though not unfounded criticism of his order of the movements and his orchestration, on June 13, 1928 the 22-year-old Graeser took his own life.

[5] The number is printed in mirror writing.

[6] S. the description on pp. 225f. of the presentation of Alnickol's copy of Bach's French Suites to the LC which was made by the same two ladies on the same day (March 13, 1924).

3. Das gut erhaltene, zu drei Viertel in braunem Kalbsleder gebundene Exemplar des Riemenschneider Bach Institute, Baldwin-Wallace College, Berea, Ohio, mißt rund 23 x 35 cm. Das Titelblatt hat sich vom Buchrücken gelöst; die übrigen Blätter sind mit Fäden zusammengeheftet und scheinen aus 1 plus 8 Lagen von meist 4 Blättern zu bestehen. Ein Etikett auf der Innenseite des Vorderdeckels gibt „Heinrich Bellermann" als Vorbesitzer an. Johann Gottfried Heinrich Bellermann (1832–1903), Spezialist für die Vokalmusik des 15. und 16. Jahrhunderts, war Adolf Bernhard Marx' Nachfolger als Professor der Musik an der Universität in Berlin. Das Exemplar soll alter Familienbesitz gewesen sein. Die Bellermann-Familie von Musikern und Theologen stammt aus der um die Bach-Tradition so eifrig bemühten Stadt Erfurt. Doch waren sein Vater und Großvater beruflich in Berlin tätig. Albert Riemenschneider erwarb das Exemplar 1937 von dem Antiquariat Otto Haas (Albi Rosenthal) in London.

4. Das Exemplar in der Sibley Music Library der Eastman School of Music der University of Rochester, Rochester, New York, mißt 21,8 x 35,8 cm. Sein Titelblatt weist die Akzessions-Nr. „146938" und die Signatur „Vault/M/3.3/B118K" auf. Da das in hartem Pappeinband überlieferte Exemplar von der Sibley Music Library am 28. Juli 1928 von Gottschalk in Berlin (für 1175 Mark) erworben wurde, kann angenommen werden, daß es aus der berühmtem Musiksammlung Werner Wolffheims stammt.

3. The well preserved copy owned by the Riemenschneider Bach Institute of the Baldwin-Wallace College, Berea, Ohio, is bound in 3/4 calf leather and measures 23 x 35 cm. The title page has become detached from the spine while the other leaves are held in place by stitching. There seem to be 1 plus 8 gatherings (mostly of 4 leaves). The inside cover of the binding shows the bookplate of the former owner "Heinrich Bellermann." Johann Gottfried Heinrich Bellermann (1832 to 1903) whose field of specialization was the vocal music of the 15th and 16th centuries, was the successor of Adolf Bernhard Marx as Professor of Music at the University of Berlin. The copy seems to have been a family possession of the Bellermanns, a family of musicians and theologians who had come from Erfurt, where collecting, copying, playing and teaching of Bach's keyboard music flourished. Bellermann's father and grandfather spent their professional lives, however, in Berlin. Albert Riemenschneider acquired the Bellermann copy in 1937 from the London music dealer Otto Haas (Albi Rosenthal).

4. The hard-bound copy in the Sibley Music Library at the Eastman School of Music of the University of Rochester, Rochester, New York measures 21.8 x 35.8 cm. Its title page shows the call number "Vault/M/3.3/B118K," and the acquisition number "146938." Since it was acquired by the Sibley Music Library on July 28, 1928 from Gottschalk in Berlin (for 1175 Mark) it can be assumed that it came from Werner Wolffheim's famous music collection.

Nachwort

Was als ein bebilderter Katalog der Bach-Quellen in Amerika geplant war, ist im Laufe der Zeit zu einem Band von erheblichem Umfang angewachsen. Um diesen nicht noch weiter anschwellen zu lassen, mußte eine Anzahl von Quellen zweiten Ranges, die ursprünglich vorgesehen waren, ausgelassen werden. Es war nicht deren geringe Zahl, sondern ihr embarras de richesse, der mich dazu bewog, sie aus dem hier vorgelegten Katalog auszuschließen.

Obgleich die Dichter der von Bach vertonten Texte von Franck, Lehms, Neumeister und Menantes (Hunold) bis zu Picander (Henrici) und Gottsched keineswegs lückenlos in amerikanischen Bibliotheken vertreten sind, so ist doch die Mehrzahl ihrer von Bach benutzten Originalausgaben in den Bibliotheken der Yale, Princeton und Columbia Universitäten zu finden.

Zu den Verfassern, die in der Generation nach Bachs Tod, d. h. von Marpurg (Berlin 1753) bis Kollmann (London 1799) Beispiele aus Bachs Werken zitiert haben, gehört Carl Philipp Emanuel Bachs Kollege, der zweite Cembalist am Hofe Friedrichs des Großen, Christoph Nichelmann. Ein Exemplar seiner Studie „Die Melodie nach ihrem Wesen sowohl, als nach ihren Eigenschaften" (Danzig 1755), in der u. a. erstmalig ein Zitat aus der „h-moll-Messe" – der Anfang des ersten Kyrie – abgedruckt erscheint, ist z. B. in New Yorker Privatbesitz. Unter weiteren historischen und musiktheoretischen Abhandlungen, die Beispiele aus Bachschen Kompositionen anführen, befindet sich Sir John Hawkins' „A General History of the Science and Practice of Music" (London 1776), in welcher die Aria und Variationen 9 und 10 aus den Goldberg-Variationen abgedruckt sind. Dieses Werk ist in so vielen amerikanischen Bibliotheken vertreten, daß sich deren Aufzählung erübrigt[1]. Ähnliches kann von Kirnbergers „Die Kunst des reinen Satzes"[2] festgestellt werden, in der u. a. das „Christe

[1] Die Musikbibliothek der University of Louisville befindet sich unter diesen.

[2] Zweiter Teil, dritte Abteilung, Berlin und Königsberg 1779.

Epilogue

What was envisaged as an illustrated catalogue of Bach sources in America has grown into a volume of considerable length. In order not to add even more, a number of secondary sources that were originally planned for inclusion had to be omitted. It was not their dearth but rather their abundance that made their ultimate exclusion from the present study advisable.

Although the texts set to music by Bach, taken from poems by Franck, Lehms, Neumeister and Menantes (Hunold) to those by Picander (Henrici) and Gottsched, are not represented completely in American libraries, most of their first editions can be found among the libraries of Yale, Princeton and Columbia Universities, to mention but a few.

One of the writers who, from Marpurg (Berlin 1753) to Kollmann (London 1799), have quoted examples of Bach's music in the generation after his death, was Carl Philipp Emanuel Bach's colleague as second harpsichordist at Frederick the Great's Court, Christoph Nichelmann. His "Die Melodie nach ihrem Wesen sowohl, als nach ihren Eigenschaften" (Danzig 1755) which printed for the first time a part from the B minor Mass – the opening of the first *Kyrie* – is, for example, in private possession in New York City. Of the remaining historical and theoretical books quoting samples of Bach's music, Sir John Hawkins' "A General History of the Science and Practice of Music" (London 1776) which offers the Aria and Variations 9 and 10 from the Goldberg Variations, is represented in more American libraries than could easily be enumerated.[1] Almost the same holds true of Kirnberger's "Die Kunst des reinen Satzes,"[2] which quotes the *Christe eleison* from Bach's Missa in A major (BWV 234) as well as the Theme and the solutions of four canons from the Musical Offering. Neither are Reichardt's[3]

[1] The Music Library of the University of Louisville is among them.

[2] Zweiter Teil, dritte Abteilung, Berlin and Königsberg 1779.

[3] S. Dok III, no. 864, p. 360.

eleison" aus der A-dur-Messe (BWV 234) sowie das Thema und die Auflösungen von vier Kanons aus dem Musikalischen Opfer zitiert sind. Auch fehlt es nicht an Exemplaren von Reichhardts[3] und Kollmanns[4] Schriften aus den Jahren 1782 und 1799.

Carl Philipp Emanuel Bachs Sammlung der vierstimmigen Choräle seines Vaters stellt den einzigen umfangreichen Bach-Druck aus der zweiten Hälfte des 18. Jahrhunderts dar. Ein Exemplar der selteneren zweibändigen, allerdings fehlerhaften Ausgabe von 200 Chorälen, die Friedrich Wilhelm Birnstiel 1765 und 1769 in Berlin herausgab, befindet sich u. a. im Riemenschneider Bach Institute in Berea, Ohio. Kirnbergers Herzenswunsch, alle vierstimmigen Bachschen Choräle in einer einwandfreien Ausgabe zu veröffentlichen, blieb bis zu seinem Tod im Jahre 1783 unerfüllt. Die Edition von 371 Chorälen[5] wurde schließlich von Carl Philipp Emanuel Bach zu Ende geführt und erschien in 4 Teilen, die jährlich von 1784 bis 1787 bei J. G. I. Breitkopf in Leipzig herausgegeben wurden. Exemplare dieser Ausgabe sind in zahlreichen amerikanischen Bibliotheken zu finden[6].

Die mit der Jahrhundertwende einsetzende Periode der enthusiastischen Wiederbelebung von Bachs Werken, deren Veröffentlichung die europäischen Musikverleger in den ersten Jahrzehnten des 19. Jahrhunderts in einen wahren Wettkampf verwickelte, kann auch in den Vereinigten Staaten beinahe lückenlos belegt werden. Die Amerikaner haben sich von jeher durch ihren Sammeleifer ausgezeichnet. Wenn z. B. ein Werk wie das Wohltemperierte Klavier in einer größeren Anzahl von Ausgaben veröffentlicht wurde und es einem Bach-Enthusiasten wie Albert Riemenschneider[7] gelang, mit der Zeit alle Ausgaben bis auf eine zu erwerben, so wurde es eine für ihn nicht zu

[3] S. Dok III, Nr. 864, S. 360.

[4] S. Dok III, Nr. 1021, S. 569 ff.

[5] Da ein Choral doppelt gezählt ist und über 20 Choräle zweimal gedruckt worden sind, allerdings zumeist mit anderen Texten, handelt es sich in Wirklichkeit um 348 verschiedene Choräle. Vgl. Kinsky, a. a. O., S. 83, sowie Schmieders BWV, S. 380.

[6] Die Bibliothek des Riemenschneider Bach Institute besitzt sogar zwei komplette Exemplare.

[7] Vgl. S. 205, Fn. 17.

and Kollmann's[4] publications of 1782 and 1799 wanting.

The only substantial Bach-publication in the second half of the 18th century was Carl Philipp Emanuel Bach's collection of his father's 4-part chorales. The rather faulty two-volume edition of 200 chorales which Friedrich Wilhelm Birnstiel published in Berlin in 1765 and 1769 is, among other libraries, represented in the Riemenschneider Bach Institute in Berea, Ohio. Kirnberger's innermost desire to publish all of Bach's 4-part chorales in a definitive edition remained unfulfilled at his death in 1783. It thus fell upon Carl Philipp Emanuel to complete Kirnberger's task. His edition of 371 chorales,[5] published by J. G. I. Breitkopf in Leipzig, appeared in 4 installments, one every year from 1784 to 1787. A large number of copies of this edition can be found in American libraries.[6]

Whoever wants to investigate the period of the sudden and enthusiastic revival of Bach's music which began at the turn of the century and became during its first decades a highly competitive venture among European music publishers, would find no lack of copies in the United States. Collecting has always been a healthy American habit. When a considerable number of different editions of a work such as the Well-Tempered Clavier had seen the light of publication and a Bach enthusiast like Albert Riemenschneider[7] succeeded in acquiring all but one of them, obtaining the still missing copy would simply become an obsession with him. The result was that there is hardly an early 19th century edition of a Bach composition missing in his library which, enriched later by the donation of the Emmy Martin Collection, now constitutes the library of the Riemenschneider Bach Institute. I ended my investigations there with the year 1831, a century after Bach had published the 6 Clavier Partitas as his Opus 1. In the years

[4] S. Dok III, no. 1021, pp. 569 ff.

[5] Since one chorale was counted doubly and over twenty chorales were printed twice, though mostly with new texts, the actual number of chorales is 348. S. Kinsky, *op. cit.*, p. 83, and Schmieder's BWV, p. 380.

[6] The Riemenschneider Bach Institute owns even two of them.

[7] S. p. 204, fn. 17.

umgehende Aufgabe, wie ein Besessener nach dem noch fehlenden Exemplar zu suchen. Der Erfolg war dann auch, daß in seiner Bibliothek, zu der sich später noch die Sammlung Emmy Martin gesellte, kaum eine Ausgabe eines Bachschen Werkes aus dem frühen 19. Jahrhundert fehlt. Ich beschloß meine Nachforschungen an dem heutigen Riemenschneider Bach Institute mit dem Jahr 1831, dem hundertjährigen Jubiläum des Erscheinens der 6 Klavierpartiten, Bachs Opus 1. In den Jahren 1830/31, die Mendelssohns bahnbrechender Wiederaufführung der Matthäus-Passion folgten, wurden dieses grandiose Werk sowie die Johannes-Passion und die sechs Kantaten BWV 101–106 zum erstenmal veröffentlicht. Eine Generation nach der Wiederbelebung von Bachs Instrumentalmusik wurde damit auch ein Zugang zu seiner Vokalmusik geschaffen. Daß ich diese Erstdrucke mit kaum einer Ausnahme im Riemenschneider Bach Institute vorfand, bedeutet keineswegs, daß sie in anderen amerikanischen Bibliotheken nicht vorhanden wären. Besonders die im Kapitel „Zu Bachs Lebzeiten im Druck erschienene Kompositionen" ständig angeführten Bibliotheken können Anspruch auf ähnliche Vollständigkeit der frühen Bach-Drucke erheben. In den Vereinigten Staaten von Amerika mangelt es somit nicht an Standorten und Gelegenheiten, jene sekundären Bach-Quellen zu studieren und zu veröffentlichen, die der Verfasser nicht in den hier vorgelegten Katalog „Bach-Quellen in Amerika" aufgenommen hat.

1830/31 that followed the breakthrough of Mendelssohn's pioneering revival of the St. Matthew Passion, this monumental work as well as the St. John Passion and the six church cantatas BWV 101–106 were published for the first time. Thus a generation after the widespread revival of Bach's instrumental music the revival of some of his choral music was ushered in. That I found, with just a few exceptions, all these early editions represented in the Riemenschneider Bach Institute, does by no means indicate their absence in other American libraries. Particularly those libraries mentioned time and again in the Chapter "Compositions by Bach printed during the composer's lifetime" of this study, may well have claims to similar completeness. In short, the United States of America does not lack opportunities for the study and eventual publication of all the Bachiana which the present writer had to omit reluctantly from his catalogue "Bach Sources in America."

Redaktionelles Nachwort

Unmittelbar nach Redaktionsschluß dieses Katalogs entschloß sich die Familie Hinrichsen, die Bach-Manuskripte ihrer Sammlung zu verkaufen. Ein Manuskript, die Originalpartitur der Kantate ,,Ach Gott, vom Himmel sieh darein" (BWV 2), blieb allerdings im Besitz eines Familienmitglieds, Mrs. Max Hinrichsen, in London. Bei der Versteigerung im Hause Sotheby, die am 11. November 1982 in London stattfand, gelangte die Originalpartitur von Bachs erster Choralkantate, BWV 20, in die Paul Sacher-Stiftung in Basel. Die Originalpartitur der Kantate 113 wurde von Hans Schneider, Tutzing, erworben und befindet sich heute in süddeutschem Privatbesitz. Die Stimmensätze der Kantaten 176, 187 und ein Jahr später auch von Kantate 168 wurden von William H. Scheide für seine Sammlung in der Universitätsbibliothek Princeton/New Jersey angekauft. Durch den im Januar 1983 verstorbenen New Yorker Autographenhändler, Walter Schatzki, gelangten 13 der Originalstimmen von Kantate 174 in den Besitz des Riemenschneider Bach Institute in Berea, Ohio und die Originalpartitur der Kantate 114 in Schweizer Privatbesitz, wo sie nicht mehr zugänglich sein soll. Schließlich wurde das autographe Manuskript von BWV 541 (Präludium und Fuge in G-dur für Orgel) durch Albi Rosenthal (Otto Haas) in London an die Staatsbibliothek Preussischer Kulturbesitz Berlin (West) verkauft.

Inzwischen hat William H. Scheide, Princeton/New Jersey ein autographes Fragment von Bachs Kantate ,,Ein feste Burg ist unser Gott" (BWV 80) erworben, das zusammen mit zwei weiteren in Paris und Leningrad befindlichen Fragmenten das erste Blatt einer wohl späteren Fassung dieser Kantate ausmacht. Die d-Moll-Fuge für Klavier, BWV 968, die sich im Besitz eines direkten Nachkommen von Robert Schumann befand, ist in New York wieder aufgetaucht, dort Ende 1983 versteigert und von einem amerikanischen Privatsammler angekauft worden. Die Continuostimme von Kantate 7 hat den Besitzer gewechselt. Sie gehört jetzt Herrn Teri Noel Towe in New York City.

Kassel, April 1984

Editorial Epilogue

Shortly after copy dead-line, the Hinrichsen family decided to sell the Bach manuscripts of its collection. One of the manuscripts, however, the autograph score of the cantata "Ach Gott, vom Himmel sieh darein" (BWV 2) was retained by a family member, Mrs. Max Hinrichsen, of London. At the auction of Sotheby's which was held on November 11, 1982 in London, the autograph score of Bach's first chorale cantata, BWV 20, was sold to the Paul Sacher-Stiftung in Basel. The autograph score of cantata 113 which Hans Schneider of Tutzing near Munich acquired, belongs now to the Internationale Bachakademie in Stuttgart. The original parts of BWV 176, 187 and, a year after the auction, also those of BWV 168 were purchased by William H. Scheide for his collection in the Princeton University Library. Through the late New York autograph dealer, Walter Schatzki, 13 of the original parts of Cantata 174 came into the possession of the Riemenschneider Bach Institute in Berea, Ohio, while the autograph score of Cantata 114 was sold to a private collector in Switzerland where it is apparently no longer accessible to the public. Finally, the autograph manuscript of BWV 541 (Prelude and Fugue in G major for organ) was sold by Albi Rosenthal (Otto Haas) in London to the Staatsbibliothek Preussischer Kulturbesitz in West Berlin.

In the meantime, Mr. Scheide of Princeton, New Jersey, has acquired an autograph fragment of Bach's Cantata ,,Ein feste Burg ist unser Gott" (BWV 80) which, together with two other fragments that are located in Paris and Leningrad, froms the first leaf of a probably later version of this cantata. The D minor Fugue for Clavier, BWV 968, which was owned by a direct descendent of Robert Schumann, has re-emerged in New York and was offered for auction sale late in 1983 and sold to a private American collector. Finally,the original continuo part of Cantata 7 has recently changed hands and is now in the possession of Mr. Teri Noel Towe of New York City.

Dorothee Hanemann

Verzeichnis der amerikanischen Bach-Quellen / List of the American Bach Sources

Originalpartituren Bachscher Kantaten / Autograph Scores of Bach Cantatas

BWV	Titel / Title	Besitzer / Owner	Seite / Page
131	„Aus der Tiefen rufe ich, Herr, zu dir"	New York, Pr.	39
20	„O Ewigkeit, du Donnerwort"	New York, Hinrichsen Coll.	42
2	„Ach Gott, vom Himmel sieh darein"	New York, Hinrichsen Coll.	44
10	„Meine Seel erhebt den Herren"	Washington, D. C., LC	46
113	„Herr Jesu Christ, du höchstes Gut"	New York, Hinrichsen Coll.	50
33	„Allein zu dir, Herr Jesu Christ"	Princeton, NJ, Princeton UL, Scheide L	52
114	„Ach, lieben Christen, seid getrost"	New York, Hinrichsen Coll.	54
180	„Schmücke dich, o liebe Seele"	Stuttgart, Internationale Bach-Akademie; ehemals / formerly Philadelphia, PA, The Curtis Institute of Music (s. S. 61 / s. pp. 60f.)	61
197a	„Ehre sei Gott in der Höhe"	New York, PML, The Dannie and Hettie Heineman Coll.	61
171	„Gott, wie dein Name, so ist auch dein Ruhm"	New York, Robert Owen Lehman Coll. (Leihgabe an die PML / on deposit in the PML)	64
112	„Der Herr ist mein getreuer Hirt"	New York, PML, The Mary Flagler Cary Music Coll.	66
97	„In allen meinen Taten"	New York, PL, Music Division, The Herter Coll.	69
9	„Es ist das Heil uns kommen her"	Washington, D. C., LC	73
118^I	„O Jesu Christ, meins Lebens Licht"	Princeton, NJ, Princeton UL, Scheide L	79
188	„Ich habe meine Zuversicht" (Fragment der autographen Partitur / Fragment of the Autograph Score)	Washington, D. C., LC	81

Sonstige eigenhändige Bach-Manuskripte / Other Autograph Bach Manuscripts

BWV	Titel /Title	Besitzer / Owner	Seite / Page
1073	„Canon â 4. Voc: perpetuus."	Cambridge, MA, Harvard U, Houghton L, Locker-Lampson Coll.	85
–	„Clavier-Büchlein vor Wilhelm Friedemann Bach"	New Haven, CT, Yale U, Music L	87
906	„Fantasia per il Cembalo" c-moll / in C minor	Bethlehem, PA, Bethlehem Bach Choir	100
541	Präludium und Fuge in G-dur / in G major „pro Organo con Pedal: obligat:"	New York, Hinrichsen Coll.	102

Originalstimmen zu Bach-Kantaten / Original Performing parts of Bach Cantatas

BWV	Titel / Title	Besitzer / Owner	Seite / Page
7	„Christ unser Herr zum Jordan kam" Continuo Stimme / Continuo Part	North Bennington, VT, Pr.	105
178	„Wo Gott der Herr nicht bei uns hält" autographes Titelblatt / Autograph Title Page	New York, Metropolitan Opera Guild	108
130	„Herr Gott, dich loben alle wir" Altstimme / Alto Part	Cambridge, MA, Harvard U, Houghton L, Locker-Lampson Coll.	111
176	„Es ist ein trotzig und verzagt Ding" Die 14 Originalstimmen / The 14 Original Parts		114
168	„Tue Rechnung! Donnerwort" 9 Instrumentalstimmen / 9 Instrumental Parts	New York, Hinrichsen Coll.	121
	Violino II: Dublette / Duplicate Part	Princeton NJ, Princeton UL	
187	„Es wartet alles auf dich" Die 11 Instrumentalstimmen / The 11 Instrumental Parts	New York, Hinrichsen Coll.	127
174	„Ich liebe den Höchsten von ganzem Gemüte" 13 Stimmen / 13 Parts	New York, Hinrichsen Coll.	136
	Viola II „Concertato"	Washington, D. C., LC	
	Basso (autograph)	Stanford, CA, Stanford UL	
9	„Es ist das Heil uns kommen her" Violino II, Bassus: Dubletten / Duplicate Parts	New York, PML, The Mary Flagler Cary Music Coll.	147
	„Travers.": Dublette / Duplicate Part	New York, Pr.	

Sonstige Dokumente von der Hand Bachs / Other Documents in Bach's Hand

Gegenstand / Article	Besitzer / Owner	Seite / Page
Zwei Briefe an Johann Elias Bach / Two Letters to Johann Elias Bach		154
October 6, 1748	Princeton, NJ, Princeton UL, Scheide L	
November 2, 1748	New York, PML, The Mary Flagler Cary Music Coll.	
Einige Quittungen J. S. Bachs / Several Receipts by J. S. Bach		160
Leipzig, „26 Octob: 1726" „25. Oct: 1727" „25. Octobr. 1728" „25. Octobr. 1729"	New York, Pr.	

Gegenstand / Article	Besitzer / Owner	Seite / Page
Leipzig, Quasimodogeniti 1732 / Low Sunday 1732	Philadelphia, PA, The Historical Society of Pennsylvania	
Leipzig, Oct. 26, 1742 Oct. 27, 1744	New York, James J. Fuld	
Leipzig, Oct. 5, 1747	Washington, D. C., LC	
Leipzig, Oct. 26, 1746 Oct. 25, 1747 Oct. 27, 1748 Oct. ??, 1749 (unvollständig und von Johann Christian Bach geschrieben/ incomplete and written by Johann Christian Bach)	Spokane, WA, Hans Moldenhauer Archives	
Eigenhändiger Namenszug / Autograph Signature „JS Bach. 1733."	Louisville, KY, Gerhard Herz	169

Weitere Bach-Realien / Further Bach Realia

Gegenstand / Article	Besitzer / Owner	Seite / Page
Elias Gottlieb Haußmanns Bach-Porträt aus dem Jahre 1748(?) / Elias Gottlieb Haußmann's Bach Portrait of 1748(?)	Princeton, NJ, William H. Scheide	176
Bachs Bibel: „Calovii Schrifften. 3. Bände" / Bach's Bible: „Calovii Schrifften. 3. Bände"	St. Louis, MO, Concordia Seminary L	187

Frühe Abschriften Bachscher Kompositionen / Early Copies of Compositions by Bach

BWV	Titel / Title	Besitzer / Owner	Seite / Page
531/1	Präludium in C-dur für Orgel / Prelude in C major for Organ	Washington, D. C., LC	196
846–869	Das Wohltemperierte Klavier, 1. Teil / The Well-Tempered Clavier, Book I	Berea, OH, RBI	199
545, 529/2	Präludium und Fuge C-dur; Triosonate Nr. 5 (nur Largo) / Prelude and Fugue in C major; Trio Sonata No. 5 (only the Largo)	New Haven, CT, Yale U, Music L, Lowell Mason Coll.	205
527	Triosonate Nr. 3, Fragment / Trio Sonata No. 3, Fragment	Bethlehem, PA, Lehigh UL	212
892/2	H-dur-Fuge aus dem 2. Teil des Wohltemperierten Klaviers / B major Fugue from Book II of the Well-Tempered Clavier	Chicago, IL, Newberry L	215

BWV	Titel / Title	Besitzer / Owner	Seite / Page
846–869	Das Wohltemperierte Klavier, 1. Teil, fünf Präludien und sechs Fugen / The Well-Tempered Clavier, Book I, Copy of five Preludes and six Fugues	New Haven, CT, Yale U, Music L, Lowell Mason Coll.	219
812–817	Französische Suiten / French Suites	Washington, D. C., LC	223
80	„Ein feste Burg ist unser Gott" 5. Satz / 5th Movement	Washington, D. C., LC	226
9	„Es ist das Heil uns kommen her" Particell / Particel	Cambridge, MA, Harvard U, Houghton L	229
971	Italienisches Konzert / The Italian Concerto	Boston, MA, PL, Allen A. Brown Coll.	234
806–811	Englische Suiten (Präludien und Giguen aus den Suiten BWV 806, 808, 810 und 811) / English Suites (Preludes and Gigues from Suites BWV 806, 808, 810 and 811)	Berea, OH, RBI	237
988	Goldberg-Variationen / Goldberg Variations		240
	5 Abschriften / 5 Copies	1) New York, Don Henry 2) Cambridge, MA, Harvard U, Houghton L, Leihgabe von Rudolf Serkin / Cambridge, MA, Harvard U, Houghton L, on permanent loan; owner: Rudolf Serkin 3) New York, Don Henry 4) Boston, MA, PL, Allen A. Brown Coll. 5) New Haven, CT, Yale U, Music L, Lowell Mason Coll.	
772–801	Inventionen und Sinfonien / Inventions and Sinfonias	New York, PL, Music Division	247
870–893	Das Wohltemperierte Klavier, 2. Teil, Abschrift der Fugen / The Well-Tempered Clavier, Book II, Copy of the Fugues	Berea, OH, RBI	250
547, 548/1	Präludium und Fuge in C-dur; Präludium in e-moll / Prelude and Fuge in C major; Prelude in E minor	New Haven, CT, Yale U, Music L, Lowell Mason Coll.	254
870–893	Das Wohltemperierte Klavier, 2. Teil, Einrichtung der Fugen BWV 871, 874, 876–878 für Streichquartett von W. A. Mozart / The Well-Tempered Clavier, Book II, Arrangement of Fugues BWV 871, 874, 876–878 for String Quartet by W. A. Mozart	Stevenson, MD, Mrs. Daniel Drachman	256

BWV	Titel / Title	Besitzer / Owner	Seite / Page
552, 669 bis 689, 802–805	Dritter Teil der Klavierübung / Third Part of the Clavierübung 2 Abschriften / 2 Copies	1) Cambridge, MA, Harvard U, Harvard College L, Music L 2) Boston, MA, PL	265
115	„Mache dich, mein Geist, bereit" Partiturabschrift / Copy in Score Form	New York, Pr.	268
538	Präludium (Toccata) und Fuge (dorisch) / Prelude (Toccata) and Fugue in the Dorian Mode	New York, James J. Fuld	271

Zu Bachs Lebzeiten im Druck erschienene Kompositionen / Compositions by Bach Printed during the Composer's Lifetime

BWV	Titel / Title	Anzahl von Exemplaren in den USA / Number of Copies in the USA	Seite / Page
	Klavierübung I		274
825	Partita I (1726)	1	
826	Partita II (1727)	1	
829	Partita V (1730)	1	
825–830	*Klavierübung I* (1731) Opus I, Partitas I–VI	5	
971, 831	*Klavierübung II* (1735) Italienisches Konzert und Französische Ouverture / Italian Concerto and French Overture	1	280
—	*Klavierübung III* (1739) („Orgelmesse" / Organ Mass)	5	282
988	*Klavierübung IV* (1742/45) Goldberg-Variationen / Goldberg Variations	6	285
1079	Musikalisches Opfer / Musical Offering (1747)	3	288
645–650	Schübler-Choräle / Schübler Chorales (1748?)	1	291
769	Kanonische Veränderungen über das Weihnachtslied „Vom Himmel hoch da komm ich her" / Canonic Variations on the Christmas Hymn „Vom Himmel hoch da komm ich her" (1747/48)	5	294
1080	Die Kunst der Fuge / The Art of the Fugue (1752)	4	296

Verzeichnis der Besitzer / List of Owners

Bethlehem Bach Choir, Bethlehem, PA
Allen A. Brown Coll., Boston Public Library, Boston, MA
Mary Flagler Cary Music Coll., Pierpont Morgan Library, New York City
Concordia Seminary Library, St. Louis, MO
Mrs. Daniel Drachman, Stevenson, MD
James J. Fuld, New York City
Harvard College Music Library, Harvard University, Cambridge, MA
Dannie and Hettie Heineman Coll., Pierpont Morgan Library, New York City
Don Henry, New York City
Gerhard Herz, Louisville, KY
Hinrichsen Coll., New York City
Historical Society of Pennsylvania, Philadelphia, PA
Houghton Library, Harvard University, Cambridge, MA
Lehigh University Library, Bethlehem, PA
Robert Owen Lehman Collection, Leihgabe an / on deposit in the Pierpont Morgan Library, New York City
Library of Congress, Music Division, Washington, D. C.
Lowell Mason Coll., s.: Yale University, Music Library
Metropolitan Opera Guild, New York City
Hans Moldenhauer Archives, Spokane, WA
Newberry Library, Chicago, IL
New York Public Library, Music Division, New York City
Pierpont Morgan Library, New York City
Princeton University Library, Princeton, NJ
Riemenschneider Bach Institute, Baldwin-Wallace College, Berea, OH
Scheide Library, Princeton University Library, Princeton, NJ
Rudolf Serkin, s.: Houghton Library
Sibley Music Library, Eastman School of Music, Rochester, NY
Stanford University Library, Stanford, CA
University of Illinois, Urbana, IL
Yale University, Music Library, New Haven, CT

Verzeichnis der Abkürzungen / List of Abbreviations

Abb.	= Abbildung
Anm.	= Anmerkung
B. c.	= Basso continuo
Bach Reader	= The Bach Reader. A Life of Johann Sebastian Bach in Letters and Documents, ed. by Hans T. David and Arthur Mendel, New York 1945. Revised, with a Supplement, New York 1966
Bd., Bde.	= Band, Bände
bez.	= beziffert
BG	= Gesamtausgabe der Bach-Gesellschaft, Leipzig 1851 bis 1899
BJ	= Bach-Jahrbuch, Leipzig 1904 ff.
Bl., Bll.	= Blatt, Blätter
BWV	= Wolfgang Schmieder, Thematisch-systematisches Verzeichnis der musikalischen Werke von Johann Sebastian Bach. Bach-Werke-Verzeichnis, Leipzig 1950
cf.	= confer
Coll.	= Collection
Cont.	= Continuo
Dok I, II, III	= Bach-Dokumente, herausgegeben vom Bach-Archiv Leipzig, Supplement zu Johann Sebastian Bach. Neue Ausgabe sämtlicher Werke. Band I: Schriftstücke von der Hand Johann Sebastian Bachs. Vorgelegt und erläutert von Werner Neumann und Hans-Joachim Schulze, Leipzig, Kassel etc. 1963 Band II: Fremdschriftliche und gedruckte Dokumente zur Lebensgeschichte Johann Sebastian Bachs 1685–1750. Vorgelegt und erläutert von Werner Neumann und Hans-Joachim Schulze, Leipzig, Kassel etc. 1969 Band III: Dokumente zum Nachwirken Johann Sebastian Bachs 1750–1800. Vorgelegt und erläutert von Hans-Joachim Schulze, Leipzig, Kassel etc. 1972
DtStB	= Deutsche Staatsbibliothek Berlin (DDR)
Dürr 1971	= Alfred Dürr, Die Kantaten von Johann Sebastian Bach, Bde. I/II, Kassel und München ^{1}/1971, ^{4}/1981
Dürr 1976	= Alfred Dürr, Zur Chronologie der Leipziger Vokalwerke J. S. Bachs. Mit Anmerkungen und Nachträgen versehener Nachdruck aus BJ 1957, Kassel 1976 (= Musikwissenschaftliche Arbeiten, herausgegeben von der Gesellschaft für Musikforschung, Nr. 26)
ed.	= edited, edition, editor
Falck	= Martin Falck, Wilhelm Friedemann Bach. Sein Leben und seine Werke, Leipzig 1913, ^{2}/1919; fotomechanischer Nachdruck Lindau/Bodensee 1956
Faks., facs.	= Faksimile / facsimile
Fig., fig.	= figure, figured
Fn., fn.	= Fußnote / footnote
Hrsg., hrsg.	= Herausgeber, herausgegeben
ill.	= illustration
Jg.	= Jahrgang
KB	= Kritischer Bericht / Critical Report
L	= Library
LC	= Library of Congress, Washington, D. C.
m., mm.	= measure, measures

Ms., ms.	= Manuskript / manuscript
mvt., mvts.	= movement, movements
NBA	= Neue Bach-Ausgabe. Johann Sebastian Bach. Neue Ausgabe sämtlicher Werke. Herausgegeben vom Johann-Sebastian-Bach-Institut Göttingen und vom Bach-Archiv Leipzig, Leipzig und Kassel etc. 1954 ff.
Neumann T	= Werner Neumann, Sämtliche von Johann Sebastian Bach vertonte Texte, Leipzig 1974
NYC	= New York City
p., pp.	= page, pages
PL	= Public Library
PML	= Pierpont Morgan Library, New York
Pr.	= Privat / private; Privatbesitz / private ownership
pt., pts.	= part, parts
r	= recto
RBI	= Riemenschneider Bach Institute, Baldwin-Wallace College, Berea, OH
S.	= Seite
s.	= siehe / see
s. o., s. a.	= siehe oben / see above
Scheide L	= Scheide Library, Princeton University Library, Princeton, NJ
Schmieder	= BWV
Spitta D, I, II	= Philipp Spitta, Johann Sebastian Bach, Bd. I, Leipzig 1873, Bd. II, Leipzig 1880. Nachdruck Wiesbaden 1970
Spitta E, I, II	= Philipp Spitta, Johann Sebastian Bach, translated by Clara Bell and J. A. Fuller-Maitland, vols. I/II, London 1883/85. Reprinted London, New York 1951
Slg.	= Sammlung
SML	= Sibley Music Library, Eastman School of Music, University of Rochester, Rochester, NY
Soc.	= Society
SPK	= Staatsbibliothek Preußischer Kulturbesitz, Berlin (West)
St.	= Stimme(n)
T	= Takt(e)
Tbl.	= Titelblatt
t. p.	= title page
transp.	= transponiert / transposed
U	= Universität / University
UL	= University Library
v	= verso
Va.	= Viola
Vc.	= Violoncello
vgl.	= vergleiche
Vo.	= Violino
vol., vols.	= volume(s)
Wz., wm	= Wasserzeichen / watermark

Abbildungen

Illustrations

Abb. 1: Johann Sebastian Bach. Ölbild 1748 (?) von Elias Gottlieb Haußmann (William H. Scheide, Princeton, NJ). Abgebildet mit freundlicher Erlaubnis von Herrn William H. Scheide.

Ill. 1: Johann Sebastian Bach. Oil portrait, 1748 (?) by Elias Gottlieb Haußmann (William H. Scheide, Princeton, NJ). Reproduced by kind permission of William H. Scheide.

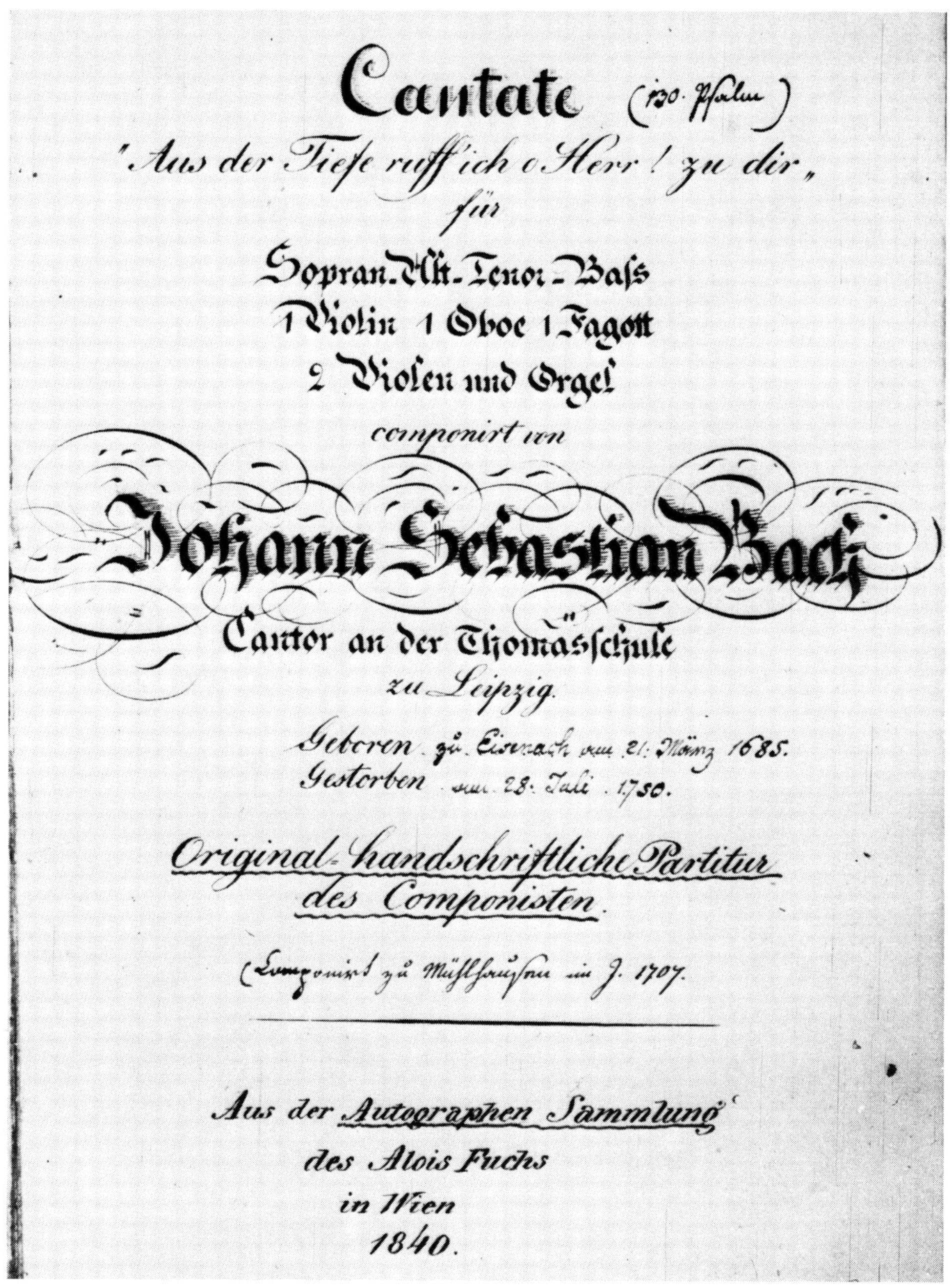

Cantate (130. Psalm)

"Aus der Tiefe ruff ich o Herr! zu dir,"

für

Sopran-Alt-Tenor-Bass

1 Violin 1 Oboe 1 Fagott

2 Violen und Orgel

componirt von

Johann Sebastian Bach

Cantor an der Thomasschule

zu Leipzig.

Geboren zu Eisenach am 21. März 1685.

Gestorben am 28. Juli 1750.

Original-handschriftliche Partitur

des Componisten.

(Componirt zu Mühlhausen im J. 1707.

Aus der Autographen Sammlung

des Alois Fuchs

in Wien

1840.

Abb. 2: BWV 131 „Aus der Tiefen rufe ich, Herr, zu dir". Autographe Partitur (New Yorker Privatbesitz). Originalgröße: 32,4 × 20,3 cm. Das von Alois Fuchs hinzugefügte Titelblatt (Wien, 1840). Abgebildet mit freundlicher Genehmigung des Besitzers.

Ill. 2: BWV 131 "Aus der Tiefen rufe ich, Herr zu dir." Autograph score (Private ownership, New York City). Original size: 32.4 × 20.3 cm. Title page, added by Alois Fuchs (Vienna, 1840). Reproduced by kind permission of the private owner.

Abb. 3: BWV 131. Blatt 1r. Abgebildet mit freundlicher Genehmigung des Besitzers.

Ill. 3: BWV 131. Leaf 1r. Reproduced by kind permission of the private owner.

Abb. 4: BWV 131. Letzte Seite (Blatt 8r) mit einzigartigem Schlußvermerk. Abgebildet mit freundlicher Genehmigung des Besitzers.

Ill. 4: BWV 131. Last page (leaf 8r) with unique comment at the end. Reproduced by kind permission of the private owner.

Abb. 5: BWV 20 „O Ewigkeit, du Donnerwort". Autographe Partitur (Sammlung Hinrichsen, New York). Originalgröße: 35,5 × 21,6 cm. Blatt 1[r], Beginn des 1. Choralchorsatzes. Abgebildet mit freundlicher Erlaubnis der Familie Hinrichsen.

Ill. 5: BWV 20 "O Ewigkeit, du Donnerwort." Autograph score (Hinrichsen Collection, New York). Original size: 35.5 × 21.6 cm. Leaf 1[r], opening of the chorale fantasy (movement 1). Reproduced by kind permission of the Hinrichsen family.

Abb. 6: BWV 20. Blatt 5^v, Tenor-Arie (3. Satz), Takt 26–55^1. Abgebildet mit freundlicher Erlaubnis der Familie Hinrichsen.

Ill. 6: BWV 20. Leaf 5^v, Tenor aria (movement 3), measures 26–55^1. Reproduced by kind permission of the Hinrichsen family.

Abb. 7: BWV 20. Blatt 6^{r}, Schluß der Tenor-Arie (3. Satz). Abgebildet mit freundlicher Erlaubnis der Familie Hinrichsen.

Ill. 7: BWV 20. Leaf 6^{r}, end of the Tenor aria (movement 3). Reproduced by kind permission of the Hinrichsen family.

Abb. 8: BWV 2 „Ach Gott, vom Himmel sieh darein". Autographe Partitur (Sammlung Hinrichsen, New York). Originalgröße: 35–35,5 × 21 cm. Blatt 1^{r}, Anfang des Choralchorsatzes (1. Satz). Abgebildet mit freundlicher Erlaubnis der Familie Hinrichsen.

Ill. 8: BWV 2 "Ach Gott, vom Himmel sieh darein." Autograph score (Hinrichsen Collection, New York). Original Size: 35–35.5 × 21 cm. Leaf 1^{r}, beginning of the chorale fantasy (movement 1). Reproduced by kind permission of the Hinrichsen family.

Abb. 9: BWV 2. Blatt 6^{v}, Ende der Tenor-Arie (5. Satz) und Schlußchoral. Abgebildet mit freundlicher Erlaubnis der Familie Hinrichsen.

Ill. 9: BWV 2. Leaf 6^{v}, end of the Tenor aria (movement 5) and final chorale. Reproduced by kind permission of the Hinrichsen family.

Abb. 10: BWV 10 „Meine Seel erhebt den Herren". Autographe Partitur (The Whittall Foundation Collection, Music Division, Library of Congress, Washington, D.C.). Originalgröße: 36 × 21,5 cm. Blatt 1^{r}, Ritornell des Eingangssatzes. Abgebildet mit freundlicher Erlaubnis der Musikabteilung der Library of Congress.

Ill. 10: BWV 10 "Meine Seel erhebt den Herren." Autograph score (The Whittall Foundation Collection, Music Division, Library of Congress, Washington, D.C.). Original size: 36 × 21.5 cm. Leaf 1^{r}, orchestral ritornel of the opening movement. Reproduced by kind permission of the Music Division of the Library of Congress.

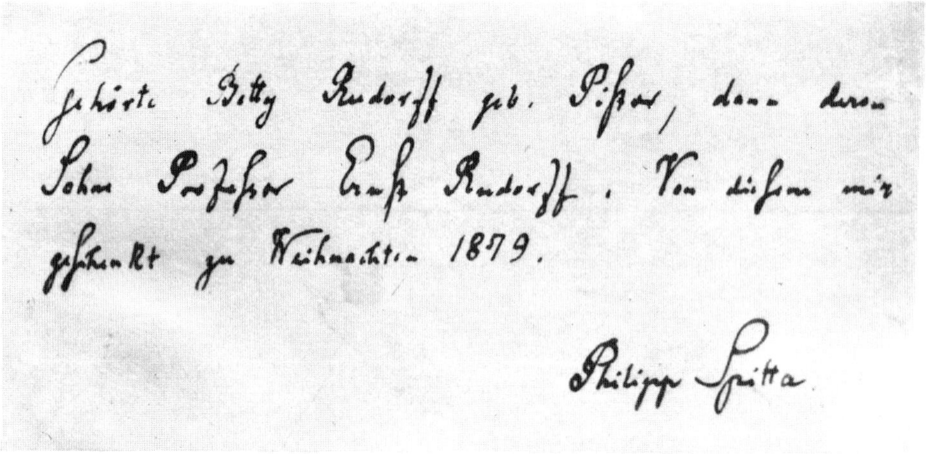

Gehörte Betty Rudorff geb. Pistor, dann deren Sohn Professor Ernst Rudorff. Von diesem mir geschenkt zu Weihnachten 1879.

Philipp Spitta

Abb. 11: BWV 10. Philipp Spittas Notiz über die ihm geschenkte Partitur. Abgebildet mit freundlicher Erlaubnis der Musikabteilung der Library of Congress.

Ill. 11: BWV 10. Philipp Spitta's note about the score, given him as a present. Reproduced by kind permission of the Music Division of the Library of Congress.

Abb. 12: BWV 113 „Herr Jesu Christ, du höchstes Gut". Autographe Partitur (Sammlung Hinrichsen, New York). Originalgröße: 35,5–35,7 × 22 cm. Blatt 1^r, Beginn der Choral-Fantasie (1. Satz). Abgebildet mit freundlicher Erlaubnis der Familie Hinrichsen.

Ill. 12: BWV 113 "Herr Jesu Christ, du höchstes Gut." Autograph score (Hinrichsen Collection, New York). Original size: 35.5–35.7 × 22 cm. Leaf 1^r, beginning of the chorale fantasy (movement 1). Reproduced by kind permission of the Hinrichsen family.

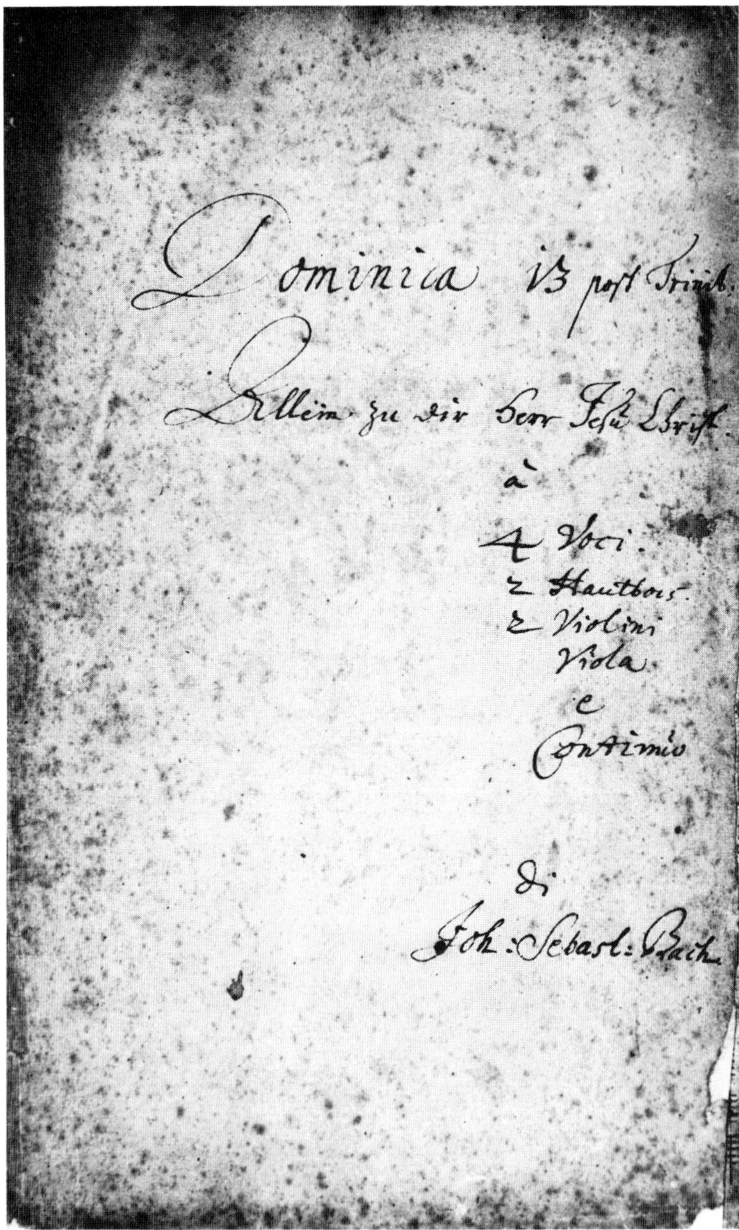

Abb. 13: BWV 33 „Allein zu dir, Herr Jesu Christ". Autographe Partitur (Scheide Library, Princeton University Library, Princeton, NJ). Originalgröße: 35,5–36 × 21,2–22 cm. Autographes Titelblatt. Abgebildet mit freundlicher Erlaubnis von Herrn William H. Scheide.

Ill. 13: BWV 33 "Allein zu dir, Herr Jesu Christ." Autograph score (Scheide Library, Princeton University Library, Princeton, NJ). Original size: 35.5–36 × 21.2–22 cm. Autograph title page. Reproduced by kind permission of William H. Scheide.

Abb. 14: BWV 33. Anfang (Ritornell) des einleitenden Choralchorsatzes. Abgebildet mit freundlicher Erlaubnis von Herrn William H. Scheide.

Ill. 14: BWV 33. Opening ritornel of the chorale fantasy (movement 1). Reproduced by kind permission of William H. Scheide.

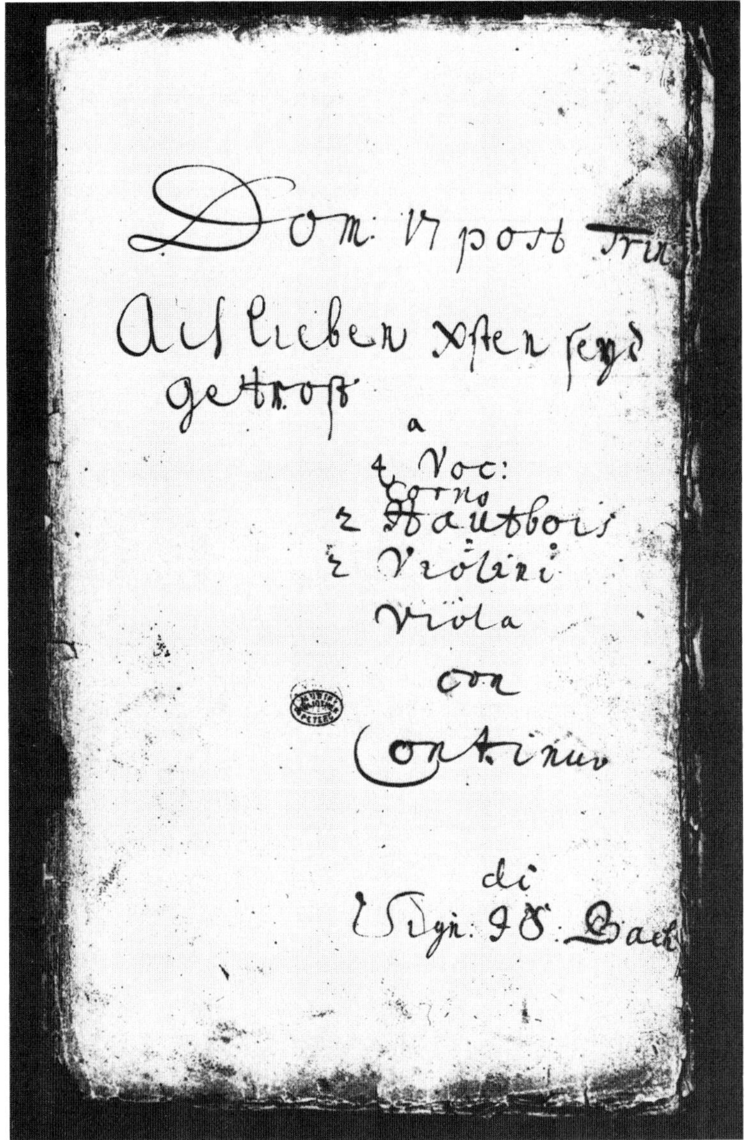

Dom: 17 post Trin

Ach lieben Xsten seyd getrost

a
4 Voc:
Corno
2 Hautbois
2 Violini
Viola
con
Continuo

di
Sigr: JS: Bach

Abb. 15: BWV 114 „Ach, lieben Christen, seid getrost". Autographe Partitur (Sammlung Hinrichsen, New York). Originalgröße: 35,5–35,7 × 21,5 cm. Titelblatt in der charakteristischen Handschrift des Leipziger Hauptkopisten (1723–1725) Johann Andreas Kuhnau. Abgebildet mit freundlicher Erlaubnis der Familie Hinrichsen.

Ill. 15: BWV 114 "Ach, lieben Christen, seid getrost." Autograph score (Hinrichsen Collection, New York). Original size: 35.5–35.7 × 21.5 cm. Title page in the handwriting of Bach's principal copyist (1723–1725) Johann Andreas Kuhnau. Reproduced by kind permission of the Hinrichsen family.

Abb. 16: BWV 114. Beginn des einleitenden Choralchorsatzes. Abgebildet mit freundlicher Erlaubnis der Familie Hinrichsen.

Ill. 16: BWV 114. Beginning of the chorale fantasy (movement 1). Reproduced by kind permission of the Hinrichsen family.

Abb. 17: BWV 180 „Schmücke dich, o liebe Seele". Autographe Partitur (Internationale Bachakademie, Stuttgart; ehemals The Curtis Institute of Music, Philadelphia, PA). Originalgröße: 35,6 × 21,3 cm. Blatt 1^{r}, Ritornell des die Kantate eröffnenden Choralchorsatzes. Abgebildet mit freundlicher Erlaubnis der Internationalen Bach-Akademie Stuttgart.

Ill. 17: BWV 180 "Schmücke dich, o liebe Seele." Autograph score (Internationale Bachakademie, Stuttgart, formerly The Curtis Institute of Music, Philadelphia, PA). Original size: 35.6 × 21.3 cm. Leaf 1^{r}, orchestral ritornel of the opening chorale fantasy. Reproduced by kind permission of the Internationale Bach-Akademie Stuttgart.

Abb. 18: BWV 180. Blatt 10^{v}, Ende der Sopran-Arie (Satz 5) und zweite Hälfte des Schlußchorals. Abgebildet mit freundlicher Erlaubnis der Internationalen Bach-Akademie Stuttgart.

Ill. 18: BWV 180. Leaf 10^{v}, end of Soprano aria (movement 5) and second half of final chorale. Reproduced by kind permission of the Internationale Bach-Akademie Stuttgart.

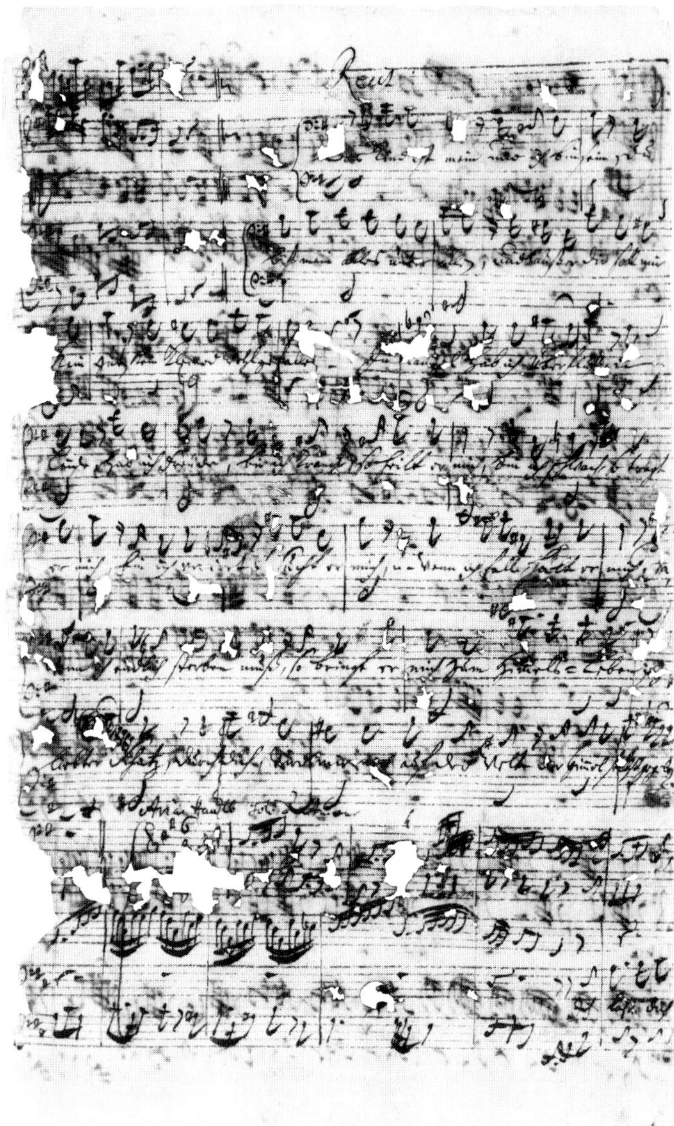

Abb. 19a: BWV 197a „Ehre sei Gott in der Höhe". Autographe Partitur (The Dannie and Hettie Heineman Collection, Pierpont Morgan Library, New York). Originalgröße: 32,5 × 20 cm. Blatt 1^{v}, die zwei Schlußtakte der Alt-Arie (Satz 4), Baß-Rezitativ (Satz 5) und Anfang der Baß-Arie (Satz 6). Abgebildet mit freundlicher Erlaubnis der Pierpont Morgan Library.

Ill. 19a: BWV 197a "Ehre sei Gott in der Höhe." Autograph score (The Dannie and Hettie Heineman Collection, Pierpont Morgan Library, New York). Original size: 32.5 × 20 cm. Leaf 1^{v}, the two final measures of the Alto aria (movement 4), Bass recitative (movement 5) and the beginning of the Bass aria (movement 6). Reproduced by kind permission of the Pierpont Morgan Library.

Abb. 19b: BWV 197a. Blatt 2r, Fortsetzung der Baß-Arie. Abgebildet mit freundlicher Erlaubnis der Pierpont Morgan Library.

Ill. 19b: BWV 197a. Leaf 2r, continuation of the Bass aria. Reproduced by kind permission of the Pierpont Morgan Library.

Abb. 20: BWV 171 „Gott, wie dein Name, so ist auch dein Ruhm". Autographe Partitur (Robert Owen Lehman Collection, Pierpont Morgan Library, New York). Originalgröße: 32–32,6 × 20,3–20,6 cm. Blatt 1r, Anfang der Chorfuge. Abgebildet mit freundlicher Erlaubnis der Robert Owen Lehman Collection in der Pierpont Morgan Library.

Ill. 20: BWV 171 "Gott, wie dein Name, so ist auch dein Ruhm." Autograph score (Robert Owen Lehman Collection, Pierpont Morgan Library, New York). Original size: 32–32.6 × 20.3–20.6 cm. Leaf 1r, opening of the choral fugue (movement 1). Reproduced by kind permission of the Robert Owen Lehman Collection, on deposit at the Pierpont Morgan Library.

Abb. 21: BWV 171. Blatt 7[r], erste Hälfte des Schlußchorals. Abgebildet mit freundlicher Erlaubnis der Robert Owen Lehman Collection in der Pierpont Morgan Library.

Ill. 21: BWV 171. Leaf 7[r], first half of the concluding chorale. Reproduced by kind permission of the Robert Owen Lehman Collection, on deposit at the Pierpont Morgan Library.

Abb. 22: BWV 112 „Der Herr ist mein getreuer Hirt". Autographe Partitur (The Mary Flagler Cary Music Collection, Pierpont Morgan Library, New York). Originalgröße: 33,5–34 × 21 cm. Blatt 1r, Anfang des Choralchorsatzes (Satz 1). Abgebildet mit freundlicher Erlaubnis der Mary Flagler Cary Music Collection, Pierpont Morgan Library.

Ill. 22: BWV 112 "Der Herr ist mein getreuer Hirt." Autograph score (The Mary Flagler Cary Music Collection, Pierpont Morgan Library, New York). Original size: 33.5–34 × 21 cm. Leaf 1r, beginning of the chorale fantasy (movement 1). Reproduced by kind permission of the Mary Flagler Cary Music Collection, Pierpont Morgan Library.

Abb. 23: BWV 112. Blatt 6[v], Ende des Duetts für Sopran, Tenor und Streichinstrumente; darunter der Schlußchoral. Abgebildet mit freundlicher Erlaubnis der Mary Flagler Cary Music Collection, Pierpont Morgan Library.

Ill. 23: BWV 112. Leaf 6[v], end of the duet for soprano, tenor and strings (movement 4); below it, the concluding chorale. Reproduced by kind permission of the Mary Flagler Cary Music Collection, Pierpont Morgan Library.

Abb. 24: BWV 97 „In allen meinen Taten". Autographe Partitur (The Herter Collection, Music Division, New York Public Library). Originalgröße: 34,2 × 22 cm. Blatt 1^r^, Anfang des einleitenden Choralchorsatzes. Abgebildet mit freundlicher Erlaubnis der Herter Collection in der Musikabteilung der New York Public Library.

Ill. 24: BWV 97 "In allen meinen Taten." Autograph score (The Herter Collection, Music Division, New York Public Library). Original size: 34.2 × 22 cm. Leaf 1^r^, ritornel of the opening chorale fantasy. Reproduced by kind permission of the Herter Collection in the Music Division of the New York Public Library.

Abb. 25: BWV 97. Blatt 5r, Ende der Baß-Arie (Satz 2), Tenor-Rezitativ (Satz 3) und Ritornell für Violine (solo) und B.c. der folgenden Tenor-Arie (Satz 4). Abgebildet mit freundlicher Erlaubnis der Herter Collection in der Musikabteilung der New York Public Library.

Ill. 25: BWV 97. Leaf 5r, end of Bass aria (movement 2), Tenor recitative (movement 3) and opening ritornel for solo violin and B.c. of the following Tenor aria (movement 4). Reproduced by kind permission of the Herter Collection in the Music Division of the New York Public Library.

Abb. 26: BWV 97. Blatt 10[v], Schlußchoral. Abgebildet mit freundlicher Erlaubnis der Herter Collection in der Musikabteilung der New York Public Library.

Ill. 26: BWV 97. Leaf 10[v], concluding chorale. Reproduced by kind permission of the Herter Collection in the Music Division of the New York Public Library.

Abb. 27: BWV 9 „Es ist das Heil uns kommen her“. Autographe Partitur (Music Division, Library of Congress, Washington, D.C.). Originalgröße: 35,5 × 22,3 cm. Blatt 1^r, Ritornell des einleitenden Choralchorsatzes. Abgebildet mit freundlicher Erlaubnis der Musikabteilung der Library of Congress.

Ill. 27: BWV 9 "Es ist das Heil uns kommen her." Autograph score (Music Division, Library of Congress, Washington, D.C.). Original size: 35.5 × 22.3 cm. Leaf 1^r, opening ritornel of the chorale fantasy (movement 1). Reproduced by kind permission of the Music Division of the Library of Congress.

Abb. 28: BWV 9. Blatt 5[r], Ende des 1. Satzes, Rezitativ (Satz 2) und Skizze für die Tenor-Arie (Satz 3). Abgebildet mit freundlicher Erlaubnis der Musikabteilung der Library of Congress.

Ill. 28: BWV 9. Leaf 5[r], end of movement 1, recitative (movement 2) and sketch of Tenor aria (movement 3). Reproduced by kind permission of the Music Division of the Library of Congress.

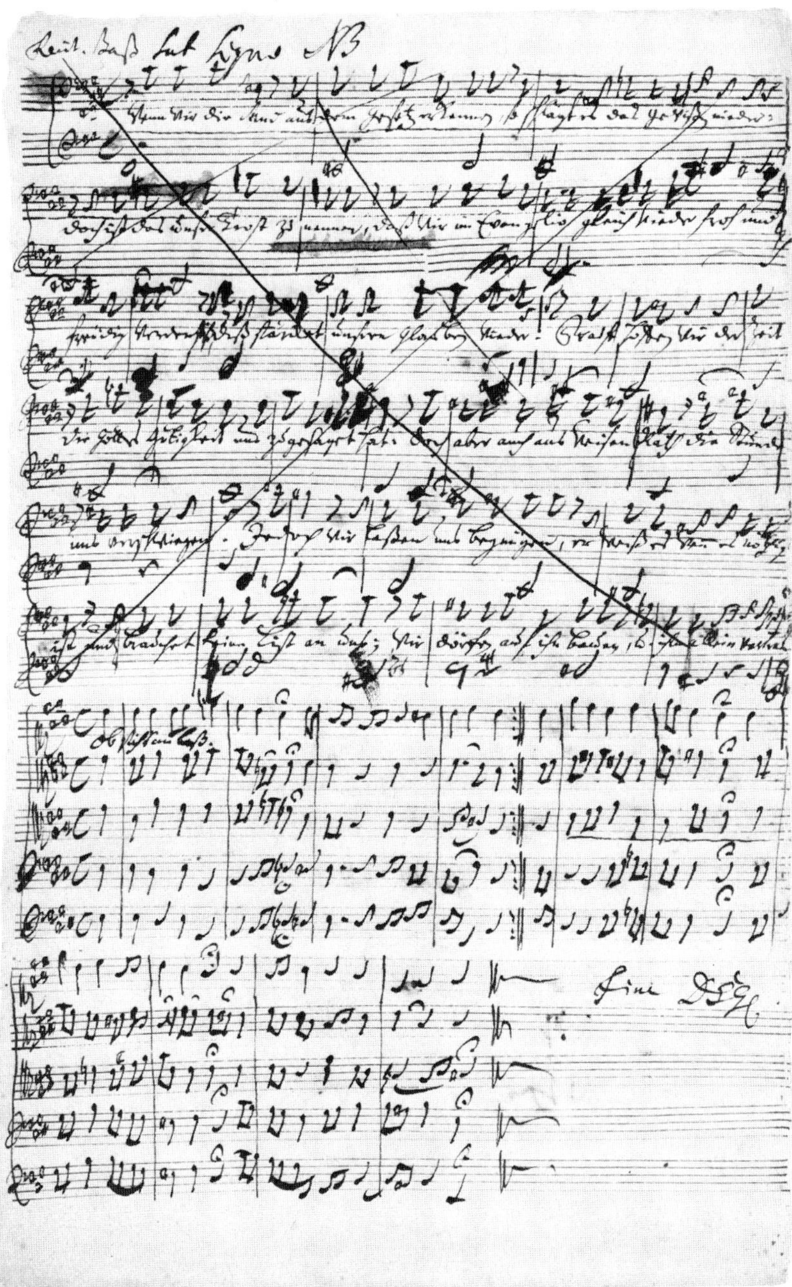

Abb. 29: BWV 9. Blatt 8^{v}, Baß-Rezitativ (durchgestrichen; Satz 6) sowie Schlußchoral. Abgebildet mit freundlicher Erlaubnis der Musikabteilung der Library of Congress.

Ill. 29: BWV 9: Leaf 8^{v}, Bass recitative (crossed out; movement 6) and concluding chorale. Reproduced by kind permission of the Music Division of the Library of Congress.

Abb. 30: BWV 118^{I} „O Jesu Christ, meins Lebens Licht". Autographe Partitur der ersten Fassung (Scheide Library, Princeton University Library, Princeton, NJ). Originalgröße: 35 × 21 cm. Blatt 1^{r}, Beginn der Choral-Fantasie. Abgebildet mit freundlicher Erlaubnis von Herrn William H. Scheide.

Ill. 30: BWV 118^{I} "O Jesu Christ, meins Lebens Licht." Autograph score of the first version (Scheide Library, Princeton University Library, Princeton, NJ). Original size: 35 × 21 cm. Leaf 1^{r}, opening of the chorale fantasy. Reproduced by kind permission of William H. Scheide.

Abb. 31: BWV 188 „Ich habe meine Zuversicht". Autographes Partiturfragment (Music Division, Library of Congress, Washington, D.C.). Originalgröße: 32,2 × 19,7 cm. Verso des autographen Partiturfragments: Schluß der Tenor-Arie (Satz 2) und Anfang des Baß-Rezitativs (Satz 3). Abgebildet mit freundlicher Erlaubnis der Musikabteilung der Library of Congress.

Ill. 31: BWV 188 "Ich habe meine Zuversicht." Autograph fragment of the original score (Music Division, Library of Congress, Washington, D.C.). Original size: 32.2 × 19.7 cm. Verso of the one-leaf autograph fragment of the original score: end of Tenor aria (movement 2) and beginning of Bass recitative (movement 3). Reproduced by kind permission of the Music Division of the Library of Congress.

Abb. 32: BWV 1073 „Canon â 4. Voc: perpetuus". Autograph (Locker-Lampson Collection, Houghton Library, Harvard University, Cambridge, MA). Originalgröße: 14,2 × 8,4 cm. Kanon und Widmung vom 2. August 1713. Abgebildet mit freundlicher Erlaubnis der Houghton Library, Harvard University.

Ill. 32: BWV 1073 "Canon â 4. Voc: perpetuus." Autograph (Locker-Lampson Collection, Houghton Library, Harvard University, Cambridge, MA). Original size: 14.2 × 8.4 cm. Canon and Dedication, August 2, 1713. Reproduced by kind permission of the Houghton Library, Harvard University.

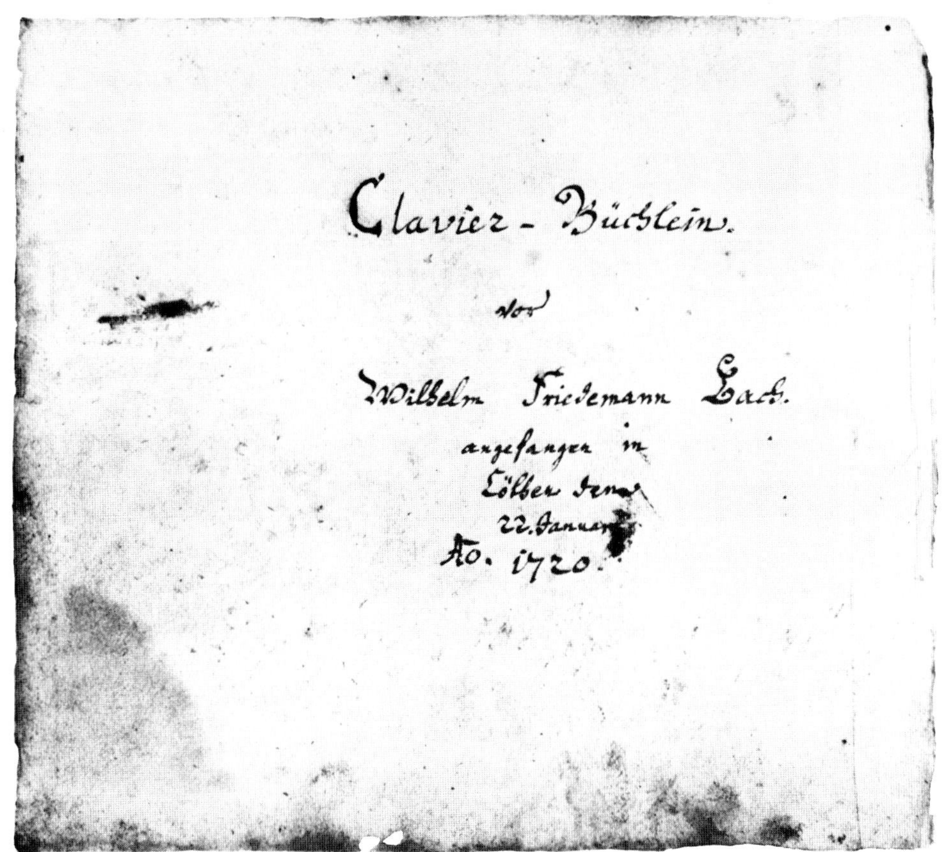

Abb. 33: Klavier-Büchlein für Wilhelm Friedemann Bach, zum großen Teil autograph (Music Library, Yale University, New Haven, CT). Originalgröße: 16,5 × 18,5–19 cm. Das von Bach am 22. Januar 1720 geschriebene Titelblatt. Abgebildet mit freundlicher Erlaubnis der Music Library, Yale University.

Ill. 33: Clavier-Büchlein for Wilhelm Friedemann Bach, mostly autograph (Music Library, Yale University, New Haven, CT). Original size: 16.5 × 18.5–19 cm. Title page written by Bach on January 22, 1720. Reproduced by kind permission of the Music Library, Yale University.

Abb. 34: BWV 846a, Praeludium 1. Die erste überlieferte Fassung des C-dur-Präludiums, mit dem Bach nur kurze Zeit später den 1. Teil des Wohltemperierten Klaviers eröffnete; in der Handschrift des etwa 10jährigen Wilhelm Friedemann. Von der Hand Bachs stammen der von Wilhelm Friedemann ausgelassene Takt und die Akkorde auf der unteren Akkolade, die dem Sohn eine papier- und zeitsparende Vereinfachung der Niederschrift zeigen. Abgebildet mit freundlicher Erlaubnis der Music Library, Yale University.

Ill. 34: BWV 846a, Praeludium 1. The first extant version of the C major Prelude with which Bach would a short time later open the Well-Tempered Clavier (Book I), in the handwriting of Wilhelm Friedemann aged 10 or 11. Bach wrote the measure omitted by Wilhelm Friedemann and the chords on the lowest bracket, by which the father meant to show the boy a paper- and time-saving device. Reproduced by kind permission of the Music Library, Yale University.

Abb. 35: BWV 791, Fantasia 13. Die Korrekturen und der ausgestrichene 12. Takt lassen bei aller Schönheit von Bachs Handschrift erkennen, daß es sich hier nicht um die Reinschrift sondern um eine erste Niederschrift der Es-dur-Fantasia (Sinfonie) handelt. In dieser Urfassung fehlen noch die reichen Verzierungen der Oberstimmen, die Bach der endgültigen Fassung von 1723 hinzufügte. Auf die vielen Varianten zwischen den Urfassungen in Wilhelm Friedemanns Klavier-Büchlein und den späteren Fassungen wird hier nicht eingegangen. Der interessierte Leser möge sie in den diesbezüglichen Kritischen Berichten der NBA nachschlagen. Abgebildet mit freundlicher Erlaubnis der Music Library, Yale University.

Ill. 35: BWV 791, Fantasia 13. In spite of the convincing beauty of Bach's handwriting, several corrections and the crossed-out 12th measure prove that this is not a fair copy but the composing manuscript of the E-flat major Fantasia (Sinfonia). The ornaments in the upper voices that Bach added to the final version of 1723 are still missing here. Since it is not the purpose of this study to enumerate the many discrepancies between the original version in Wilhelm Friedemann's Clavier-Büchlein and the later versions, the interested reader will have to consult the relevant *Kritische Berichte* of the NBA volumes. Reproduced by kind permission of the Music Library, Yale University.

Abb. 36: BWV 906 „Fantasia per il Cembalo di G. S. Bach“. Autograph (Bethlehem Bach Choir, Bethlehem, PA). Originalgröße: 34,8 × 20,8 cm. Abgebildet mit freundlicher Genehmigung des Bethlehem Bach Choir.

Ill. 36: BWV 906 "Fantasia per il Cembalo di G. S. Bach." Autograph (Bethlehem Bach Choir, Bethlehem, PA). Original size: 34.8 × 20.8 cm. Reproduced by kind permission of the Bethlehem Bach Choir.

Abb. 37: BWV 906 „Fantasia per il Cembalo di G. S. Bach". Autograph (Bethlehem Bach Choir, Bethlehem, PA). Originalgröße: 34,8 × 20,8 cm. Abgebildet mit freundlicher Genehmigung des Bethlehem Bach Choir. (Fortsetzung)

Ill. 37: BWV 906 "Fantasia per il Cembalo di G. S. Bach." Autograph (Bethlehem Bach Choir, Bethlehem, PA). Original size: 34.8 × 20.8 cm. Reproduced by kind permission of the Bethlehem Bach Choir. (cont.)

Abb. 38: BWV 541 Präludium und Fuge in G-dur für Orgel. Autographe Reinschrift (Sammlung Hinrichsen, New York). Originalgröße: 32–32,5 × 20,1–20,3 cm. Blatt 1[r], die ersten 26 Takte des Präludiums. Abgebildet mit freundlicher Erlaubnis der Familie Hinrichsen.

Ill. 38: BWV 541 Prelude and Fugue in G major for organ. Autograph fair copy (Hinrichsen Collection, New York). Original size: 32–32.5 × 20.1–20.3 cm. Leaf 1[r], the opening 26 measures of the Prelude. Reproduced by kind permission of the Hinrichsen family.

Abb. 39: BWV 7 „Christ unser Herr zum Jordan kam". Originale Continuo-Stimme (Privatbesitz). Originalgröße: 35,5 × 21 cm. Erste Seite der von Christian Gottlob Meißner geschriebenen bezifferten Continuo-Stimme. Abgebildet mit freundlicher Genehmigung des Besitzers.

Ill. 39: BWV 7 "Christ unser Herr zum Jordan kam." Original Continuo part (Private ownership). Original size: 35.5 × 21 cm. First page of the figured Continuo part in the handwriting of Christian Gottlob Meißner. Reproduced by kind permission of the private owner.

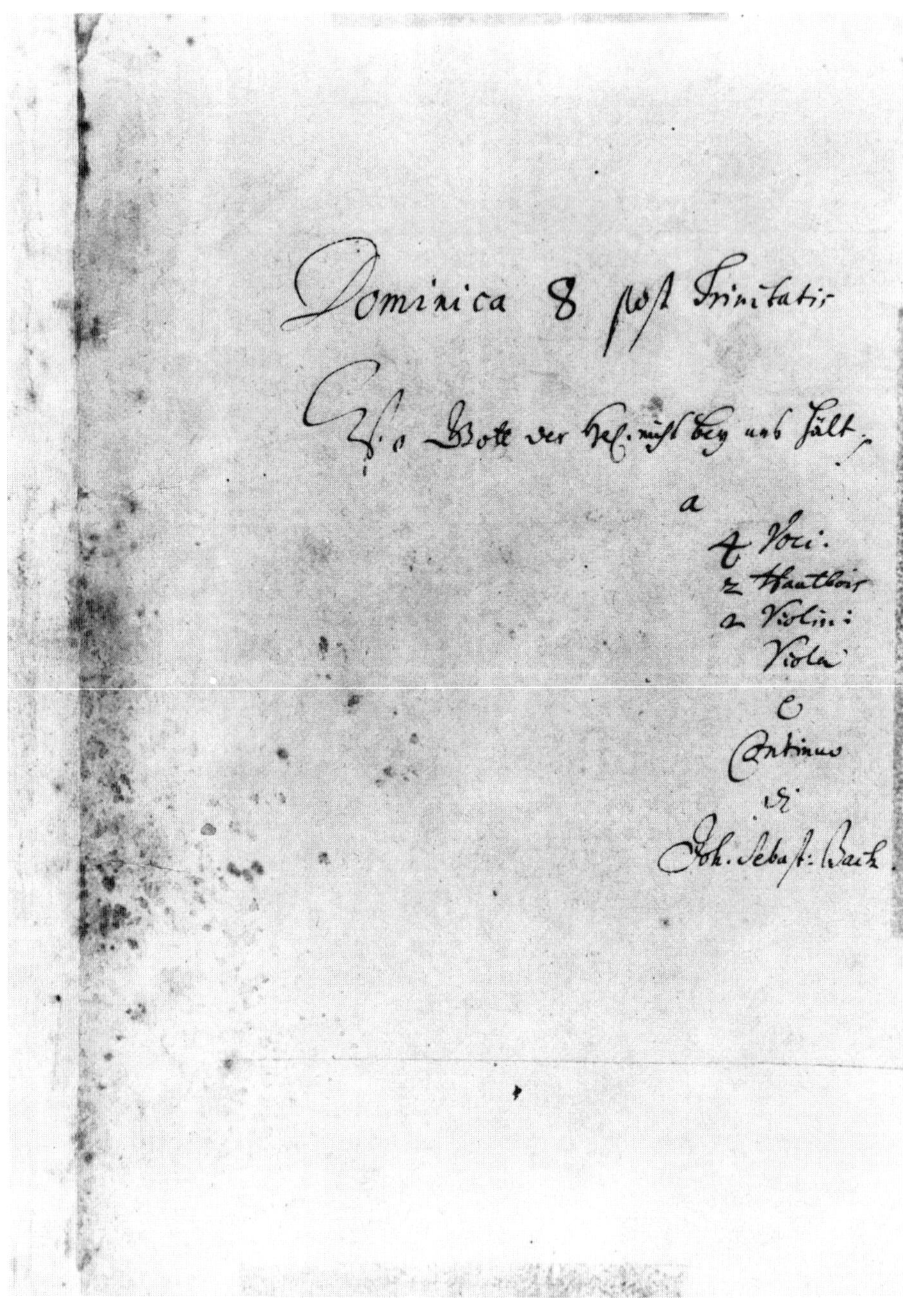

Abb. 40: BWV 178 „Wo Gott der Herr nicht bei uns hält". Das lange Zeit für verschollen gehaltene autographe Titelblatt (Metropolitan Opera Guild, New York). Abgebildet mit freundlicher Genehmigung der Metropolitan Opera Guild.

Ill. 40: BWV 178 "Wo Gott der Herr nicht bei uns hält." The autograph title page which was long believed lost (Metropolitan Opera Guild, New York). Reproduced by kind permission of the Metropolitan Opera Guild.

Abb. 41: BWV 130 „Herr Gott, dich loben alle wir". Originale Altstimme (Locker-Lampson Collection, Houghton Library, Harvard University, Cambridge, MA). Originalgröße: 35,2 × 21,1 cm. Blatt 1^r der von Christian Gottlob Meißner kopierten Altstimme (Sätze 1 und 2). Abgebildet mit freundlicher Erlaubnis der Houghton Library, Harvard University.

Ill. 41: BWV 130 "Herr Gott, dich loben alle wir." Original Alto part (Locker-Lampson Collection, Houghton Library, Harvard University, Cambridge, MA). Original size: 35.2 × 21.1 cm. Leaf 1^r of the Alto part in the handwriting of Christian Gottlob Meißner (movements 1 and 2). Reproduced by kind permission of the Houghton Library, Harvard University.

Abb. 42: BWV 176 „Es ist ein trotzig und verzagt Ding". Originalstimmensatz (Sammlung Hinrichsen, New York). Originalgröße: 34 × 21,2 cm. Seite 1 der von Johann Andreas Kuhnau geschriebenen und von Bach revidierten Viola-Stimme. Abgebildet mit freundlicher Erlaubnis der Familie Hinrichsen.

Ill. 42: BWV 176 "Es ist ein trotzig und verzagt Ding." Original set of parts (Hinrichsen Collection, New York). Original size: 34 × 21.2 cm. Page 1 of the Viola part in Johann Andreas Kuhnau's handwriting, the dynamic marks having been added by Bach. Reproduced by kind permission of the Hinrichsen family.

Abb. 43: BWV 168 „Tue Rechnung! Donnerwort". Originale Instrumentalstimmen (Sammlung Hinrichsen, New York [9 Stimmen]; Princeton University Library, Princeton, NJ [1 Stimme]). Originalgröße: 33–33,5 × 20 cm. Die verso-Seite der „Hautb: d'Amour 2"-Stimme weist drei verschiedene Handschriften auf: Kuhnau, Bach und Meißner. Abgebildet mit freundlicher Erlaubnis der Familie Hinrichsen.

Ill. 43: BWV 168 "Tue Rechnung! Donnerwort." Original instrumental parts (Hinrichsen Collection, New York [9 parts]; Princeton University Library, Princeton, NJ [1 part]). Original size: 33–33.5 × 20 cm. Verso-page of the „Hautb: d'Amour 2" part which shows the handwritings of Kuhnau, Bach and Meißner. Reproduced by kind permission of the Hinrichsen family.

Abb. 44: BWV 168. Blatt 1^{v} der „Violino 2do"-Dublette, das den Schlußchoral in Meißners (nicht in Bachs) Handschrift zeigt. Abgebildet mit freundlicher Erlaubnis der Princeton University Library.

Ill. 44: BWV 168. Leaf 1^{v} of the duplicate 2nd violin part. The final choral in Meißner's (not Bach's) handwriting. Reproduced by kind permission of the Princeton University Library.

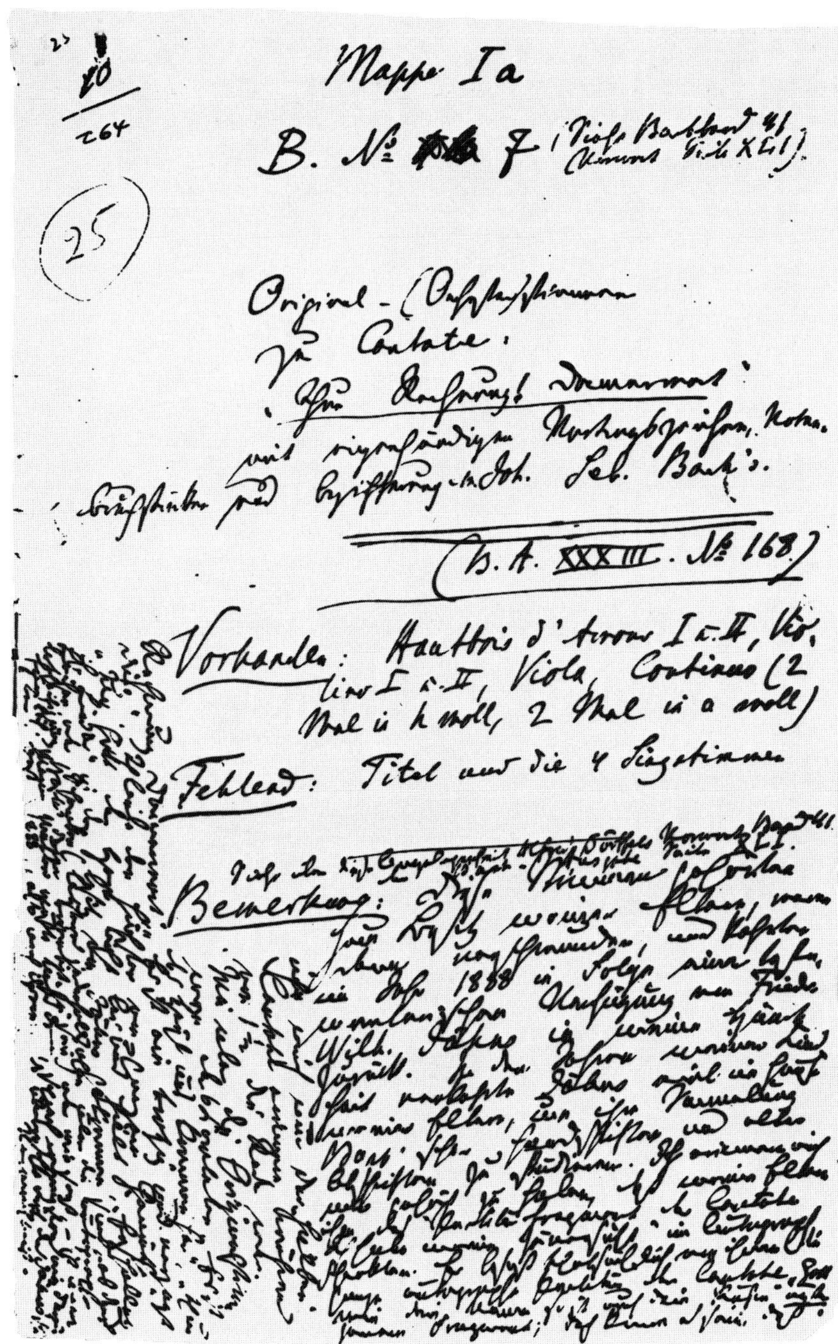

Mappe Ia

B. № 7

Original-Orchesterstimmen
zu Cantate:
„Thue Rechnung! Donnerwort"
mit eigenhändigen Nachzeichnungen, Noten-
bruchstücken und Bezifferung Joh. Seb. Bach's.

(B. A. XXXIII. № 168)

Vorhanden: Hautbois d'amour I u. II, Violino I u. II, Viola, Continuo (2 Mal in h moll, 2 Mal in a moll)

Fehlend: Titel und die 4 Singstimmen

Bemerkung:

Abb. 45: BWV 168. Ernst Rudorffs Notizen auf dem Umschlag des Stimmensatzes von Kantate 168. Abgebildet mit freundlicher Erlaubnis der Familie Hinrichsen.

Ill. 45: BWV 168. Ernst Rudorff's remarks on the wrapper of the parts of Cantata 168. Reproduced by kind permission of the Hinrichsen family.

Abb. 46: BWV 187 „Es wartet alles auf dich". Originale Instrumentalstimmen (Sammlung Hinrichsen, New York). Originalgröße: 34,7 × 21 cm. Blatt 2^{v} (die letzte Seite) der ersten Oboen-Stimme (Satz 5) in der Handschrift Meißners (mit einigen Zusätzen Bachs). Abgebildet mit freundlicher Erlaubnis der Familie Hinrichsen.

Ill. 46: BWV 187 "Es wartet alles auf dich." Original instrumental parts (Hinrichsen Collection, New York). Original size: 34.7 × 21 cm. Leaf 2^{v} (last page) of the first oboe part in Meißner's handwriting (movement 5), with a few additions by Bach. Reproduced by kind permission of the Hinrichsen family.

Abb. 47: BWV 187. Dritte Seite der Violino 2do-Dublette (Satz 3). Abgebildet mit freundlicher Erlaubnis der Familie Hinrichsen.

Ill. 47: BWV 187. Third page of the duplicate 2nd violin part (movement 3). Reproduced by kind permission of the Hinrichsen family.

Abb. 48: BWV 187. Blatt 2^{v} (die letzte Seite) der 2. Violine (Ende des 4. Satzes; Satz 6 und 7 –Schlußchoral– je zweimal). Abgebildet mit freundlicher Erlaubnis der Familie Hinrichsen.

Ill. 48: BWV 187. Leaf 2^{v} (last page) of the 2nd violin part (end of movement 4; movements 6 and 7–the final chorale–appear here twice). Reproduced by kind permission of the Hinrichsen family.

Abb. 49: BWV 174 „Ich liebe den Höchsten von ganzem Gemüte". Originalstimmen (Sammlung Hinrichsen, New York [13 Stimmen]; Music Division, Library of Congress, Washington, D.C. [1 Stimme]; Memorial Library of Music, Stanford University Library, Stanford, CA [1 Stimme]). Originalgröße: 35–35,5 × 22–22,2 cm. Die verso-Seite der Altstimme enthält den Schlußchoral sowie das Datum der Niederschrift. Abgebildet mit freundlicher Erlaubnis der Familie Hinrichsen.

Ill. 49: BWV 174 "Ich liebe den Höchsten von ganzem Gemüte." Original parts (Hinrichsen Collection, New York [13 parts]; Music Division, Library of Congress, Washington, D.C. [1 part]; Memorial Library of Music, Stanford University Library, Stanford, CA [1 part]). Original size: 35–35.5 × 22–22.2 cm. The verso page of the Alto part shows the final chorale as well as the date. Reproduced by kind permission of the Hinrichsen family.

Abb. 50: BWV 174. Blatt 1r der autographen Basso-Stimme (Satz 4). Abgebildet mit freundlicher Genehmigung der Stanford University Library.

Ill. 50: BWV 174. Leaf 1r of the autograph Basso part (movement 4). Reproduced by kind permission of the Stanford University Library.

Abb. 51: BWV 174. Blatt 1r der Stimme für die Viola 2 Concertata (Satz 1). Abgebildet mit freundlicher Erlaubnis der Musikabteilung der Library of Congress.

Ill. 51: BWV 174. Leaf 1r of the part for the Viola 2 Concertata (movement 1). Reproduced by kind permission of the Music Division of the Library of Congress.

Abb. 52: BWV 9 „Es ist das Heil uns kommen her". Originalstimmen (Dubletten) (The Mary Flagler Cary Music Collection, Pierpont Morgan Library, New York [2 Stimmen]; Privatbesitz, New York City [1 Stimme]). Originalgröße: 35–35,5 × 22,3 cm. Blatt 1r der Querflöten-Dublette (Satz 1). Abgebildet mit freundlicher Genehmigung des Besitzers.

Ill. 52: BWV 9 "Es ist das Heil uns kommen her." Original duplicate parts (The Mary Flagler Cary Music Collection, Pierpont Morgan Library, New York [2 parts]; Private ownership, New York City [1 part]). Original size: 35–35.5 × 22.3 cm. Leaf 1r of the duplicate flute part (movement 1). Reproduced by kind permission of the private owner.

Abb. 53: BWV 9. Dublette der 2. Violinstimme (Satz 1 und Schlußchoral, letzterer in Bachs Handschrift). Abgebildet mit freundlicher Erlaubnis der Mary Flagler Cary Music Collection, Pierpont Morgan Library.

Ill. 53: BWV 9. Duplicate 2nd violin part (movement 1 and final chorale; the latter being autograph). Reproduced by kind permission of the Mary Flagler Cary Music Collection, Pierpont Morgan Library.

Abb. 54: BWV 9. Blätter 1^v und 2^r der Dublette der Streichbaß-Stimme (Ende des 3. Satzes und Sätze 4–7, die letzteren in Anna Magdalena Bachs Handschrift). Abgebildet mit freundlicher Erlaubnis der Mary Flagler Cary Music Collection, Pierpont Morgan Library.

Ill. 54: BWV 9. Leaves 1^v and 2^r of the duplicate violoncello (string bass) part, (end of movement 3; movements 4–7 in the handwriting of Anna Magdalena Bach). Reproduced by kind permission of the Mary Flagler Cary Music Collection, Pierpont Morgan Library.

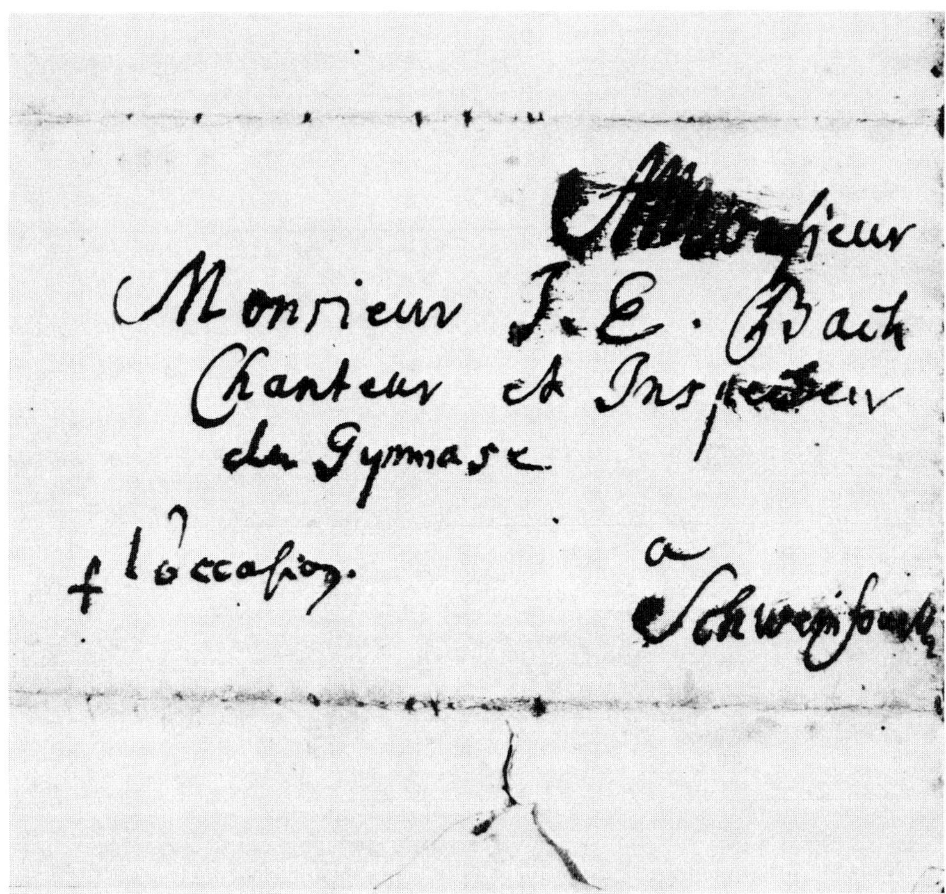

Monsieur
Monsieur J. E. Bach
Chanteur et Inspecteur
du Gymnase

l'occasion.

à
Schweinfourt

Abb. 55: Brief an Johann Elias Bach vom 6. Oktober 1748. Autograph (Scheide Library, Princeton University Library, NJ). Adresse. Abgebildet mit freundlicher Erlaubnis von Herrn William H. Scheide.

Ill. 55: Letter to Johann Elias Bach, dated October 6, 1748. Autograph (Scheide Library, Princeton University Library, Princeton, NJ). Address. Reproduced by kind permission of William H. Scheide.

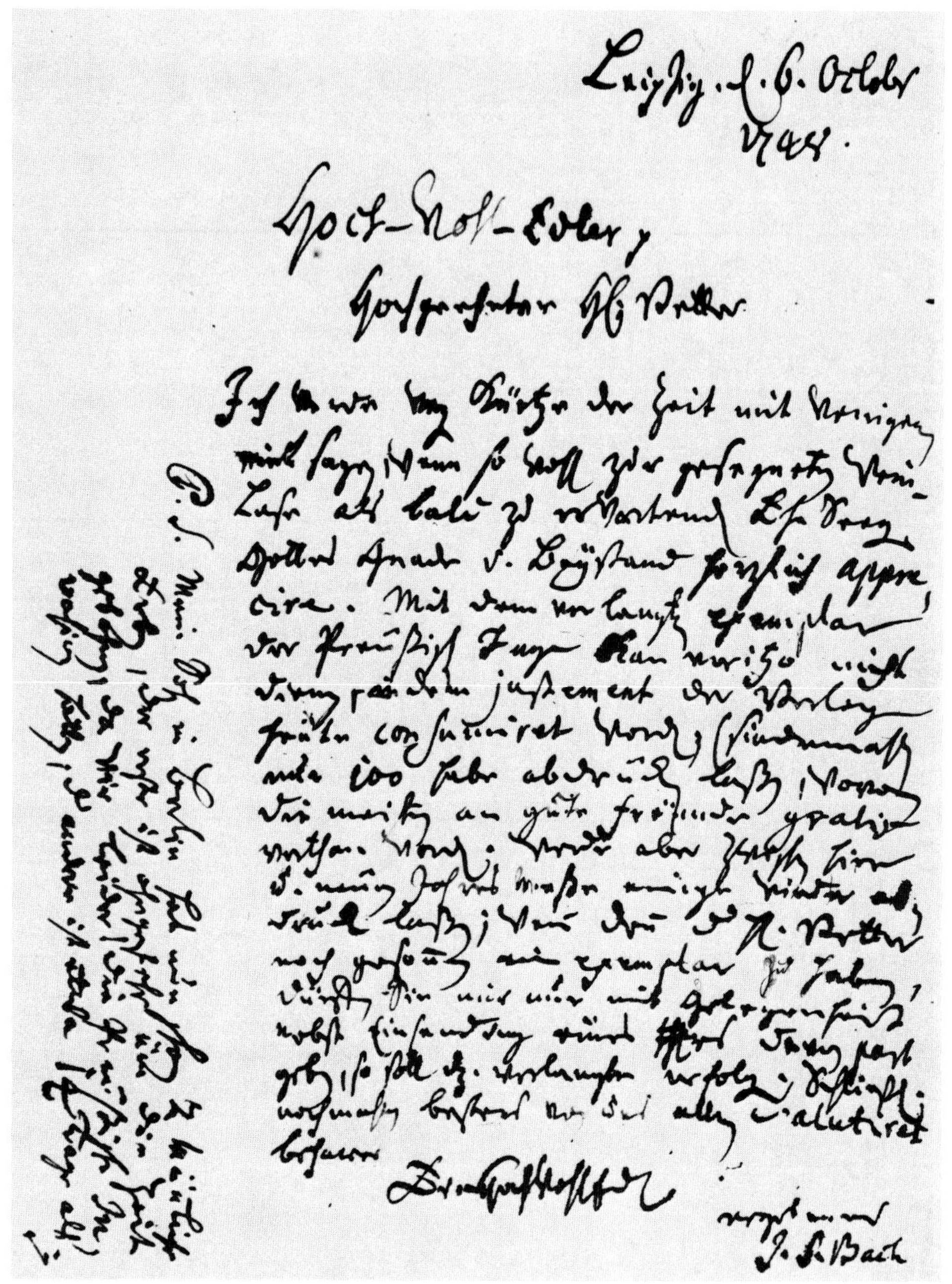

Abb. 56: Brief an Johann Elias Bach vom 6. Oktober 1748 (Bachs vorletzter überlieferter Brief). Abgebildet mit freundlicher Erlaubnis von Herrn William H. Scheide.

Ill. 56: Letter to Johann Elias Bach, dated October 6, 1748 (Bach's next to last extant letter). Reproduced by kind permission of William H. Scheide.

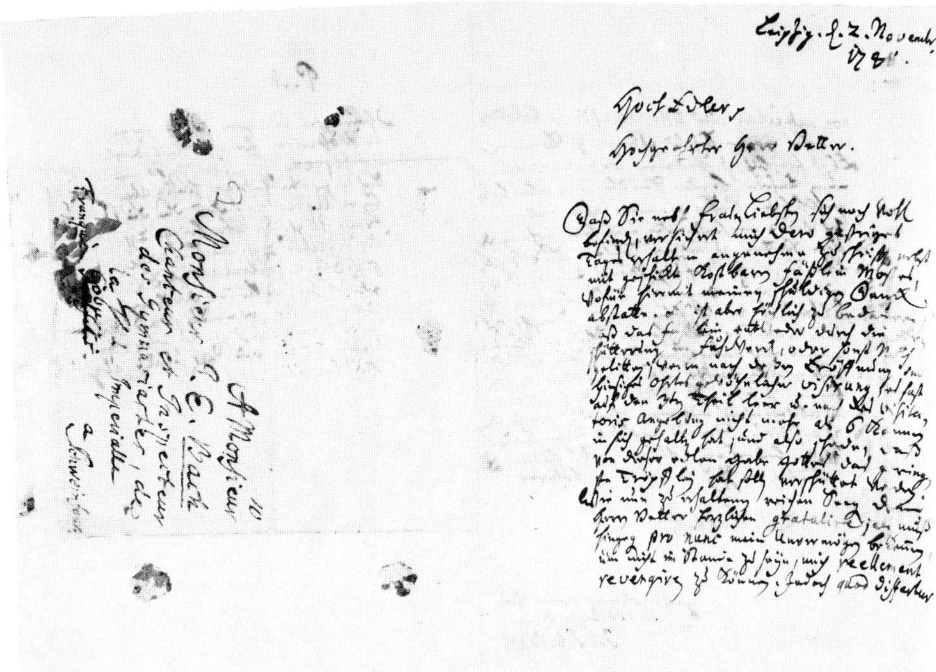

Abb. 57: Brief an Johann Elias Bach vom 2. November 1748. Autograph (The Mary Flagler Cary Music Collection, Pierpont Morgan Library, New York). (Bachs letzter überlieferter Brief.) Abgebildet mit freundlicher Erlaubnis der Mary Flagler Cary Music Collection, Pierpont Morgan Library.

Ill. 57: Letter to Johann Elias Bach, dated November 2, 1748. Autograph (The Mary Flagler Cary Music Collection, Pierpont Morgan Library, New York). (Bach's last extant letter). Reproduced by kind permission of the Mary Flagler Cary Music Collection, Pierpont Morgan Library.

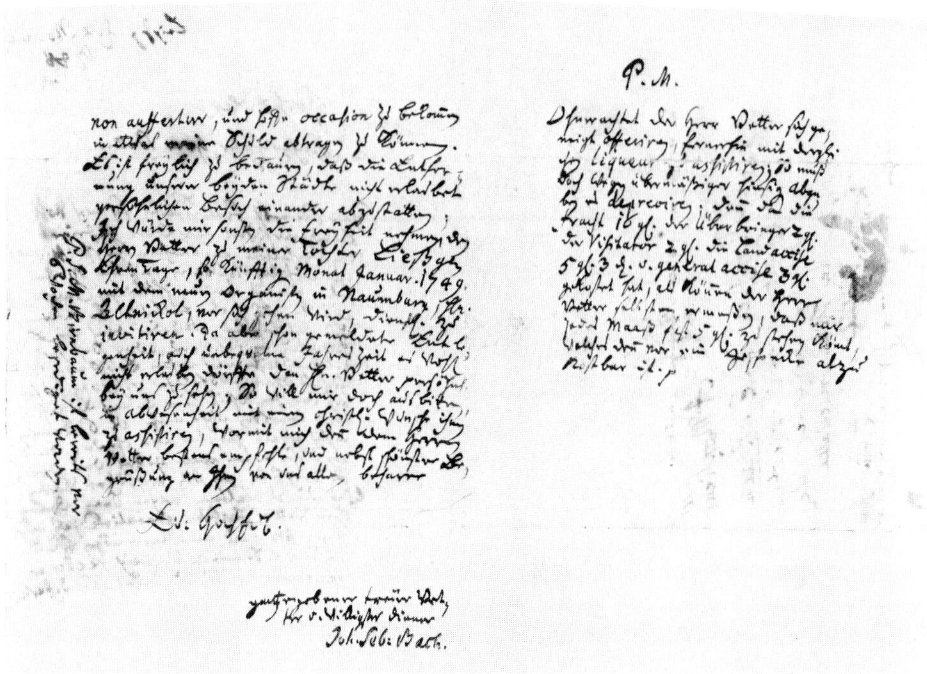

Abb. 58: Brief an Johann Elias Bach vom 2. November 1748. Autograph (The Mary Flagler Cary Music Collection, Pierpont Morgan Library, New York). (Bachs letzter überlieferter Brief.) Abgebildet mit freundlicher Erlaubnis der Mary Flagler Cary Music Collection, Pierpont Morgan Library. (Fortsetzung)

Ill. 58: Letter to Johann Elias Bach, dated November 2, 1748. Autograph (The Mary Flagler Cary Music Collection, Pierpont Morgan Library, New York). (Bach's last extant letter). Reproduced by kind permission of the Mary Flagler Cary Music Collection, Pierpont Morgan Library. (con.)

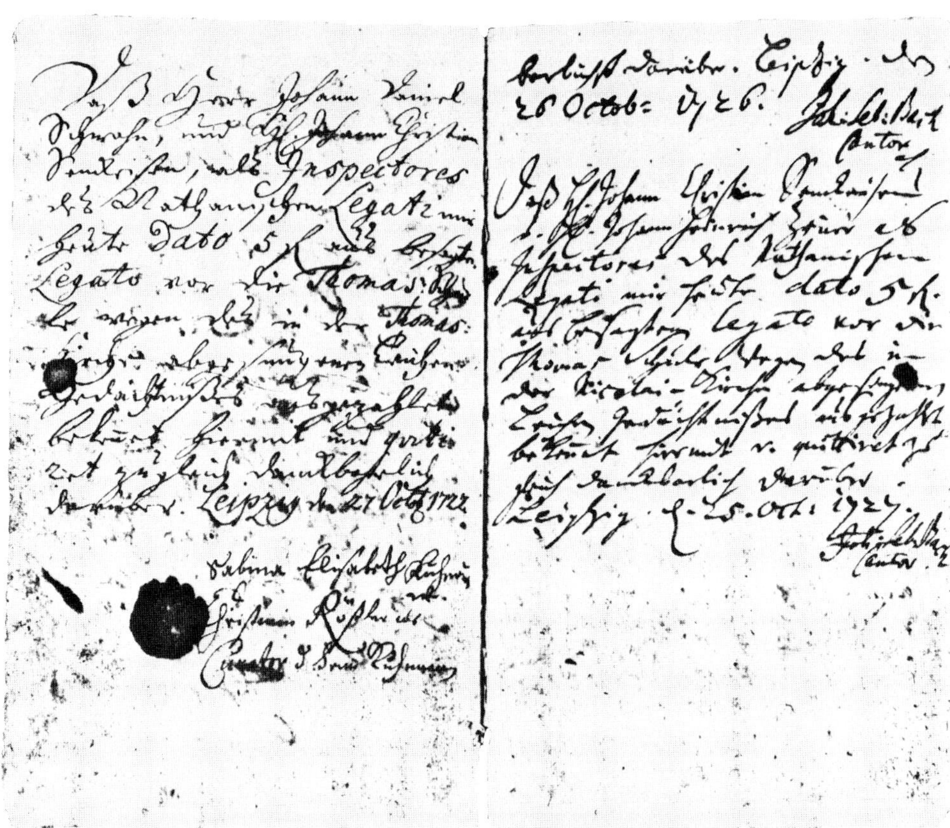

Abb. 59: Autographe Quittungen Bachs. Nathanisches Legat 1726 (unvollständig), Nathanisches Legat 1727, 1728, 1729 (Privatbesitz, New York). Abgebildet mit freundlicher Genehmigung des Besitzers.

Ill. 59: Autograph receipts by Bach. Nathan Bequest 1726 (incomplete), Nathan Bequest 1727, 1728, 1729 (Private ownership, New York). Reproduced by kind permission of the private owner.

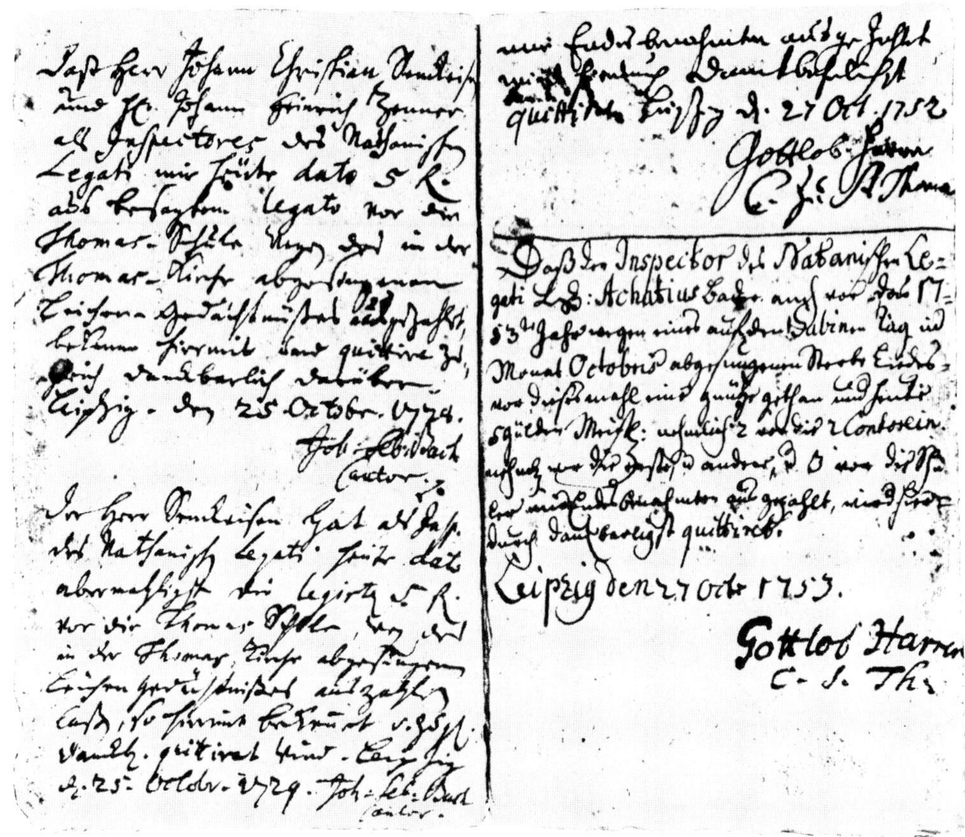

Abb. 60: Autographe Quittungen Bachs. Nathanisches Legat 1726 (unvollständig), Nathanisches Legat 1727, 1728, 1729 (Privatbesitz, New York). Abgebildet mit freundlicher Genehmigung des Besitzers. (Fortsetzung)

Ill. 60: Autograph receipts by Bach. Nathan Bequest 1726 (incomplete), Nathan Bequest 1727, 1728, 1729 (Private ownership, New York). Reproduced by kind permission of the private owner. (cont.)

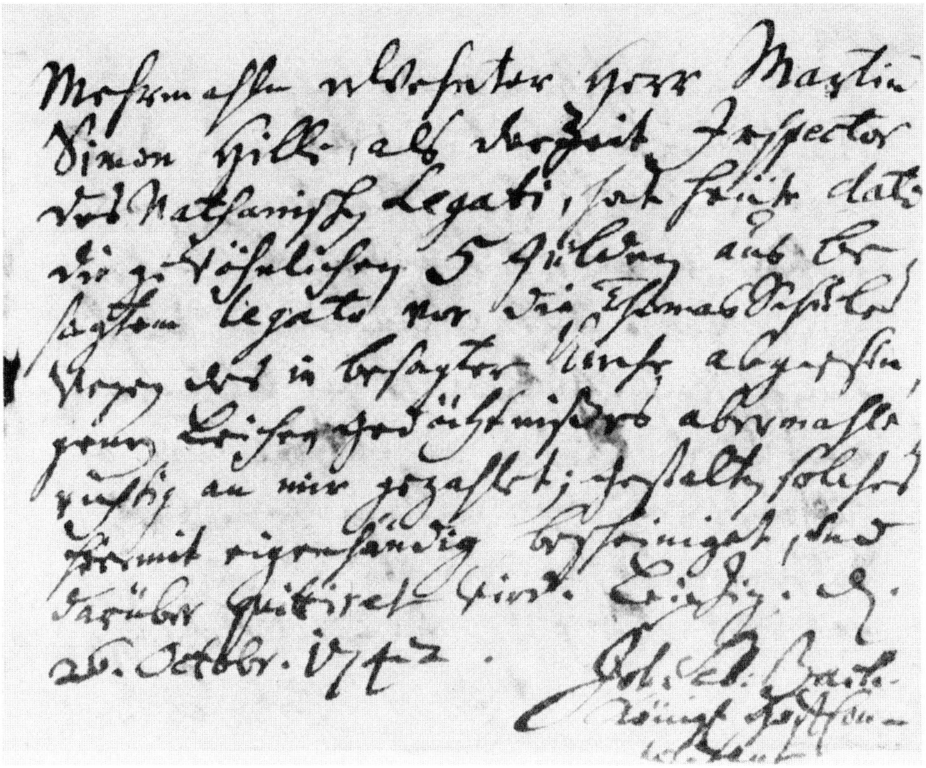

Abb. 61: Autographe Quittung Bachs. Nathanisches Legat 1742 (James J. Fuld, New York). Abgebildet mit freundlicher Genehmigung von Herrn James J. Fuld.

Ill. 61: Autograph receipt by Bach. Nathan Bequest 1742 (James J. Fuld, New York). Reproduced by kind permission of James J. Fuld.

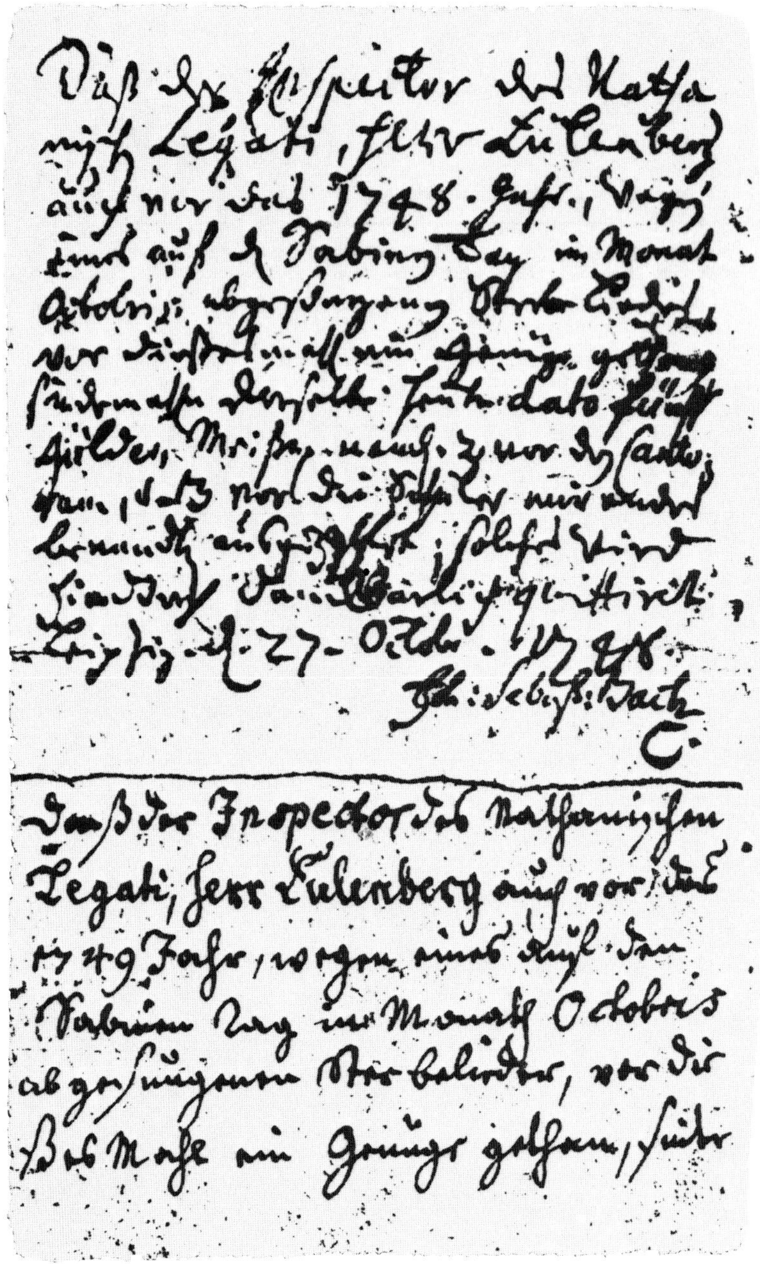

Abb. 62: Autographe Quittungen Bachs. Nathanisches Legat 1748 und Bruchstück der nicht eigenhändigen Quittung aus dem Jahre 1749 (The Moldenhauer Archives, Spokane, WA). Abgebildet mit freundlicher Genehmigung der Hans Moldenhauer Archives.

Ill. 62: Autograph receipts by Bach. Nathan Bequest 1748 and first half of non-autograph receipt of 1749 (The Moldenhauer Archives, Spokane, WA). Reproduced by kind permission of the Hans Moldenhauer Archives.

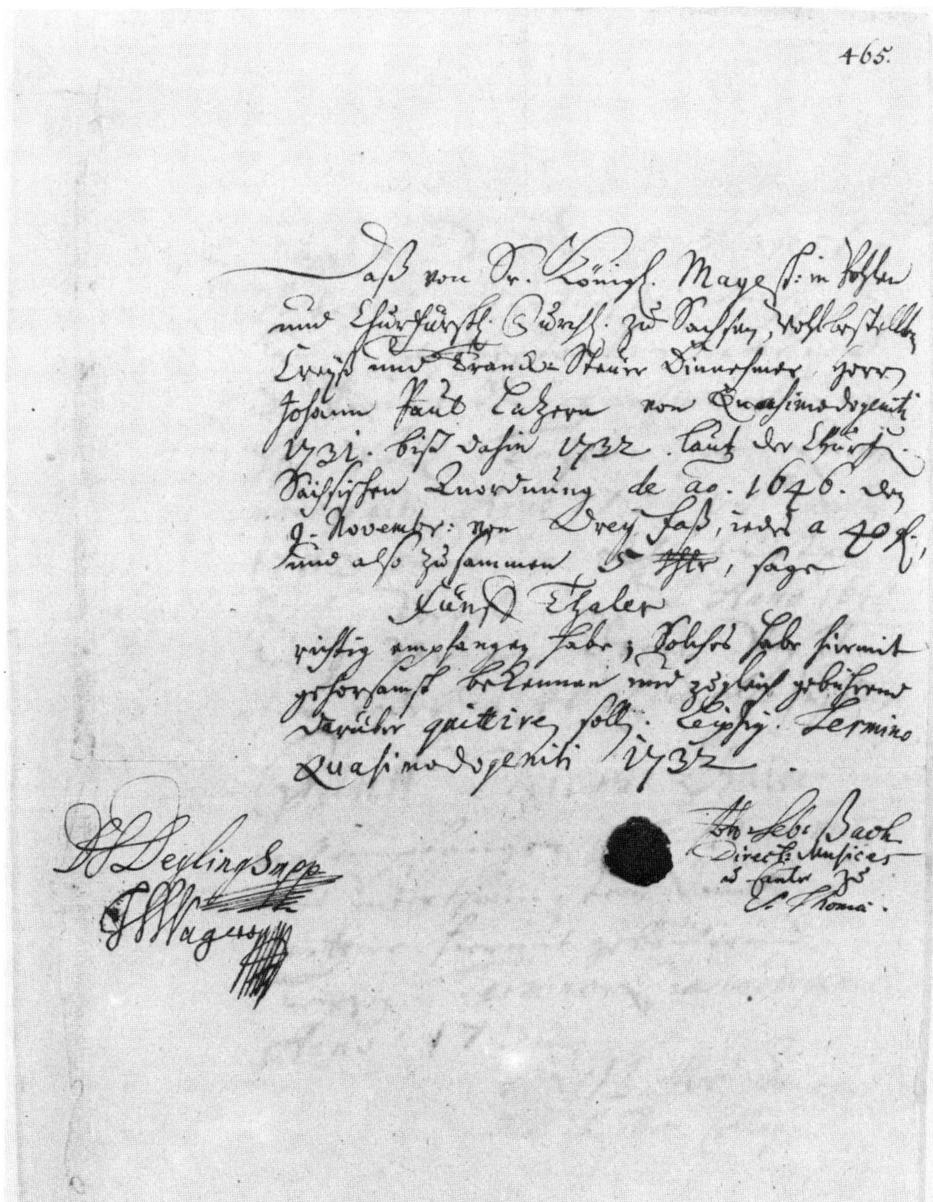

465.

Daß von Sr. Königl. Mayest: in Pohlen und Churfürstl. Durchl. zu Sachßen, wohlbestellten Trancks und Tranck-Steuer Einnehmer, Herrn Johann Paul [illegible] von Quasimodogeniti 1731. biß dahin 1732. laut der Churf. Sächßischen Ordnung de ao. 1646. den 9. Novembr: von Drey Faß, iedes a 40 gl. und also zusammen 5 thlr, sage Fünff Thaler richtig empfangen habe; Solches habe hiermit gehorsamst bekennen und zugleich gebührend darüber quittiren sollen. Leipzig. Termino Quasimodogeniti 1732.

Joh: Seb: Bach
Direct: Musices et Cantor zu St. Thomæ.

Deyling
Wagner

Abb. 63: Autographe Quittung Bachs. Tranksteuer-Vergütung 1732 (The Historical Society of Pennsylvania, Philadelphia, PA). Abgebildet mit freundlicher Genehmigung der Historical Society of Pennsylvania.

Ill. 63: Autograph receipt by Bach. Beer Tax Refund 1732 (The Historical Society of Pennsylvania, Philadelphia, PA). Reproduced by kind permission of the Historical Society of Pennsylvania.

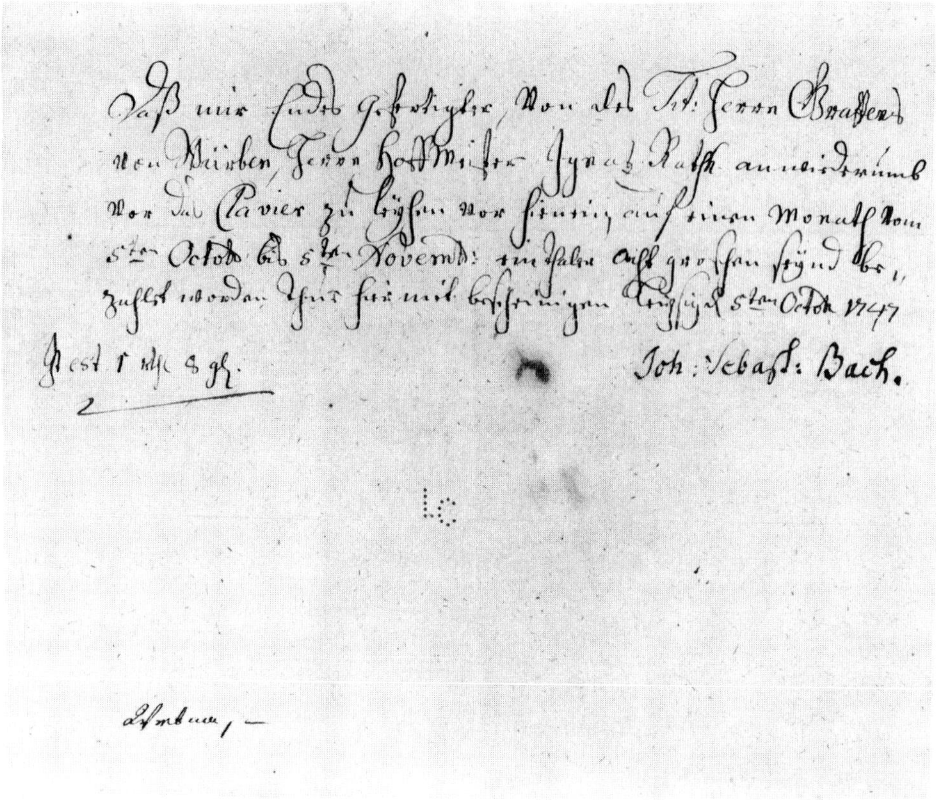

Joh: Sebast: Bach.

Abb. 64: Autographe Quittung Bachs. Leihgebühr für ein Cembalo, 1747 (nur Unterschrift autograph) (Music Division, Library of Congress, Washington, D.C.). Abgebildet mit freundlicher Erlaubnis der Musikabteilung der Library of Congress.

Ill. 64: Autograph receipt by Bach. Rental of a harpsichord, 1747 (only signature autograph) Music Division, Library of Congress, Washington, D.C.). Reproduced by kind permission of the Music Division of the Library of Congress.

Abb. 65: Eigenhändiger Namenszug Bachs, 1733 (Gerhard Herz, Louisville, KY). Abgebildet mit freundlicher Erlaubnis von Gerhard Herz.

Ill. 65: Signature of Bach, 1733 (Gerhard Herz, Louisville, KY). Reproduced by kind permission of Gerhard Herz.

Abb. 66: Johann Sebastian Bach. Ölbild 1748(?) von Elias Gottlieb Haußmann (William H. Scheide, Princeton, NJ). Abgebildet mit freundlicher Erlaubnis von Herrn William H. Scheide.

Ill. 66: Johann Sebastian Bach. Oil portrait (1748?) by Elias Gottlieb Haußmann (William H. Scheide, Princeton, NJ). Reproduced by kind permission of William H. Scheide.

Abb. 67: Johann Sebastian Bach. Kopie nach Haußmanns Bach-Bildnis aus dem Jahre 1746 von Gustav Adolf Friedrich (?), 1848 (?), Ölbild (H. O. R. van Tuyll van Serooskerken, Montevallo, AL). Abgebildet mit freundlicher Erlaubnis von H. O. van Tuyll van Serooskerken.

Ill. 67: Johann Sebastian Bach. Copy in oil of Haußmann's Bach portrait of 1746 by Gustav Adolf Friedrich (?), probably painted in 1848 (H. O. R. van Tuyll van Serooskerken). Reproduced by kind permission of H. O. van Tuyll van Serooskerken.

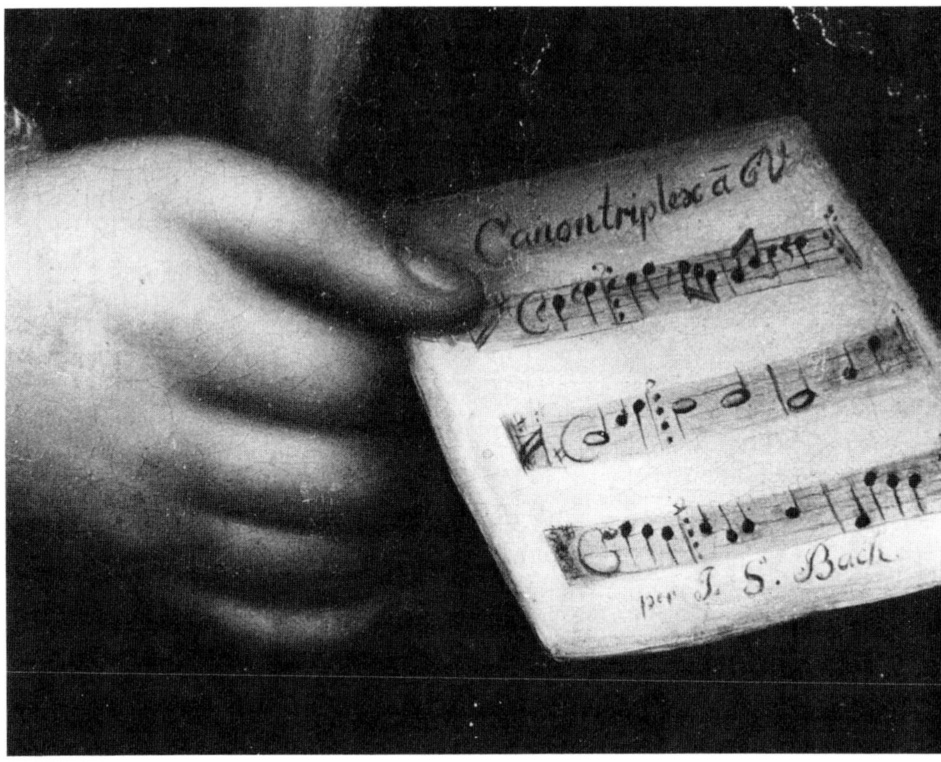

Abb. 68: Ausschnitt aus Abb. 67. Abgebildet mit freundlicher Erlaubnis von H. O. van Tuyll van Serooskerken.

Ill. 68: Detail of ill. 67. Reproduced by kind permission of H. O. van Tuyll van Serooskerken.

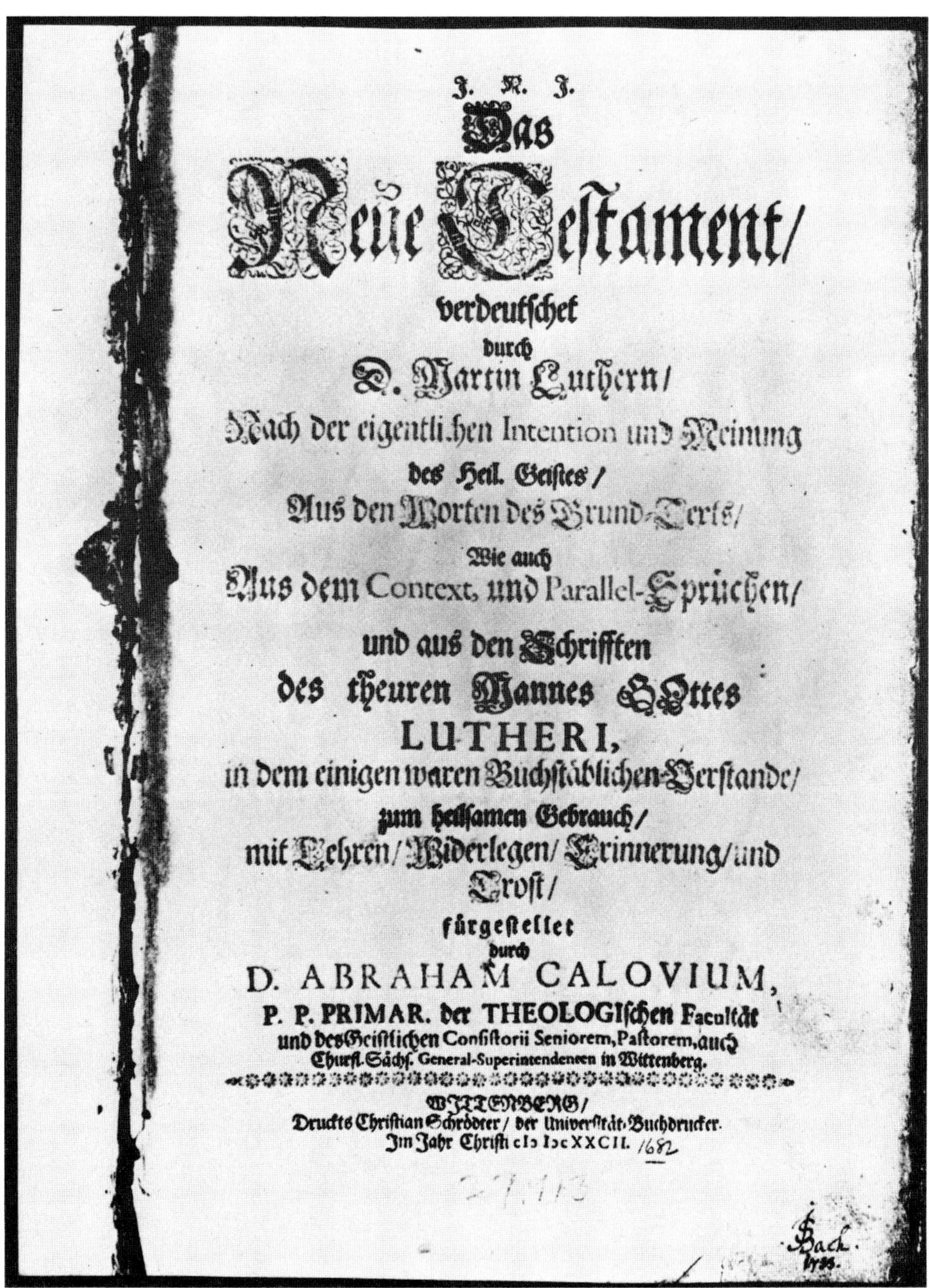

J. N. J.
Das
Neue Testament/
verdeutschet
durch
D. Martin Luthern/
Nach der eigentlichen Intention und Meinung
des Heil. Geistes/
Aus den Worten des Grund-Texts/
Wie auch
Aus dem Context, und Parallel-Sprüchen/
und aus den Schrifften
des theuren Mannes GOttes
LUTHERI,
in dem einigen waren Buchstäblichen-Verstande/
zum heilsamen Gebrauch/
mit Lehren/ Widerlegen/ Erinnerung/ und
Trost/
fürgestellet
durch
D. ABRAHAM CALOVIUM,
P. P. PRIMAR. der THEOLOGIschen Facultät
und des Geistlichen Consistorii Seniorem, Pastorem, auch
Churfl. Sächs. General-Superintendenten in Wittenberg.

WITTENBERG/
Druckts Christian Schrödter/ der Univerfität-Buchdrucker.
Im Jahr Christi clↄ Iↄc XXCII. 1682

Bach
1733.

Abb. 69: Bachs Exemplar von „Calovii Schrifften 3. Bände" (Library of St. Concordia Seminary, St. Louis, MO). Titelblatt des 3. Bandes (Das Neue Testament), 1682. Abgebildet mit freundlicher Erlaubnis des Concordia Seminary.

Ill. 69: Bach's copy of "Calovii Schrifften 3. Bände" (Library of St. Concordia Seminary, St. Louis, MO). Title page of volume III (The New Testament), 1682. Reproduced by kind permission of the Concordia Seminary.

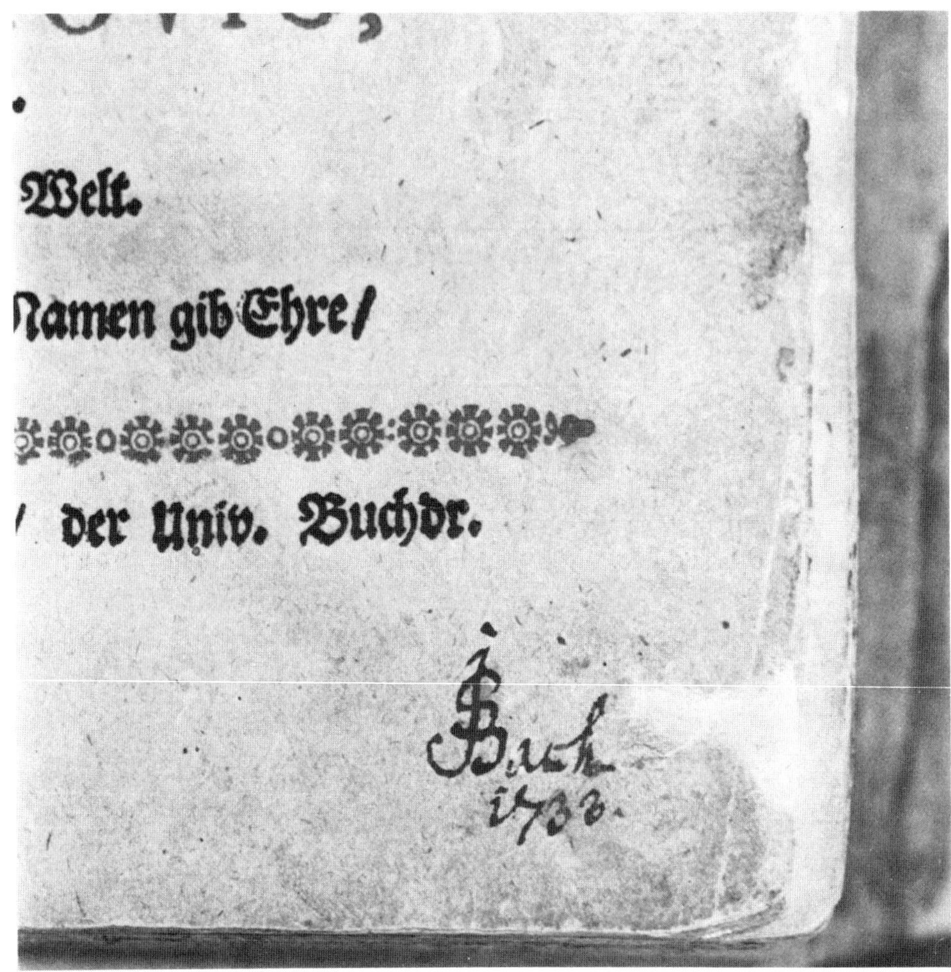

Abb. 70: „Calovii Schrifften 3. Bände". Autographer Besitzvermerk Bachs, Ausschnitt aus dem Titelblatt von Band 1. Abgebildet mit freundlicher Erlaubnis des Concordia Seminary.

Ill. 70: "Calovii Schrifften 3. Bände." Autograph signature; detail from the title page of volume I. Reproduced by kind permission of the Concordia Seminary.

Das Fünffte Capitel. 54

du nicht deinen
d der Richter
anmahnet / und
echsten seine Feh-
VI.12.c.XIIX.35.)
Diener / und
worffen. (des
ersöhnliche gehö-
iger Offenb.XXI.
/ Hader / Neid /
e Wercke des Flei-
en das Reich Got-
21. Darumb er-
ir untereinander
en / und vergeben
Ott uns vergeben
die Sonne nicht
hen / v. 26. Son-
hristus uns gelie-
ir warlich / du
herauß kom-
ten Heller be-
lle Ewigkeit/denn
hlung. Hier al-
iesem Leben/nicht
icht der geringste
als einige Hoff-
öllen. Darumb

deiner wegen / sondern von Ampts und Gottes wegen müssest zürnen / und nicht die zwey / deine Person und Ampt in einander mengest. Für deine Person solt du mit niemand zürnen/wie hoch du beleidiget bist / wo es aber dein Ampt fordert/ da must du zürnen/ ob dir wol für deine Person kein Leid geschehen ist. Wenn aber dein Bruder etwas wider dich gethan/ und dich erzürnet hat/und bittet dirs abe/und legt das böse Werck abe / so soll auch der Zorn weggehen. Woher kömpt denn der heimliche Groll/ den du gleichwol im Hertzen behältest/ so doch das Werck und Ursach des Zorns hinweg ist/un̄ er dafür nun ander Werck erzeigt/ als der sich bekehrt/ und nun gar ein ander Mensch/ und ein neuer Baum ist worden mit neuen Früchten/ der dich nun liebet und ehret auffs allerhöchste. Damit daß er sich gegen dir beschuldiget/und selbsten strafft/ und must für GOtt und aller Welt ein verzweiffelter Mensch seyn / wo du nicht wiederumb dich gegen ihm so erzeigest/und von Hertzen vergiebest/ daß dir billich solch Urtheil wiederfähret / wie Christus hier dräuet. Vergleiche auch Tom. IIX. Altenburg. p. 884. da Herr Lutherus saget : GOtt wil keinem gnädig seyn/noch seine Sünde vergeben/er vergebe denn seinem Nechsten auch. So kan auch der Glaube nicht rechtschaffen seyn / er bringe denn diese Frucht/ daß er dem Nechsten vergebe/ und umb Vergebung bitte. Sonst darff der Mensch für GOtt nicht kommen/ ist diese Frucht nicht da/ so ist der Glaube und die erste Beichte auch nicht rechtschaffen.)

v. 27. **Ihr habt gehöret/ daß zu den Alten gesaget ist: du solt nicht Ehebrechen.** (2. Mos. XX. 18.)

v. 28. **Ich aber sage euch: wer ein Weib ansiehet ihr zu begehren / der hat schon mit ihr die Ehe gebrochen**

Abb. 71: "Calovii Schrifften 3. Bände". Passus aus dem 5. Kapitel Matthäus. Abgebildet mit freundlicher Erlaubnis des Concordia Seminary.

Ill. 71: „Calovii Schrifften 3. Bände." Passage from Matthew 5. Reproduced by kind permission of the Concordia Seminary.

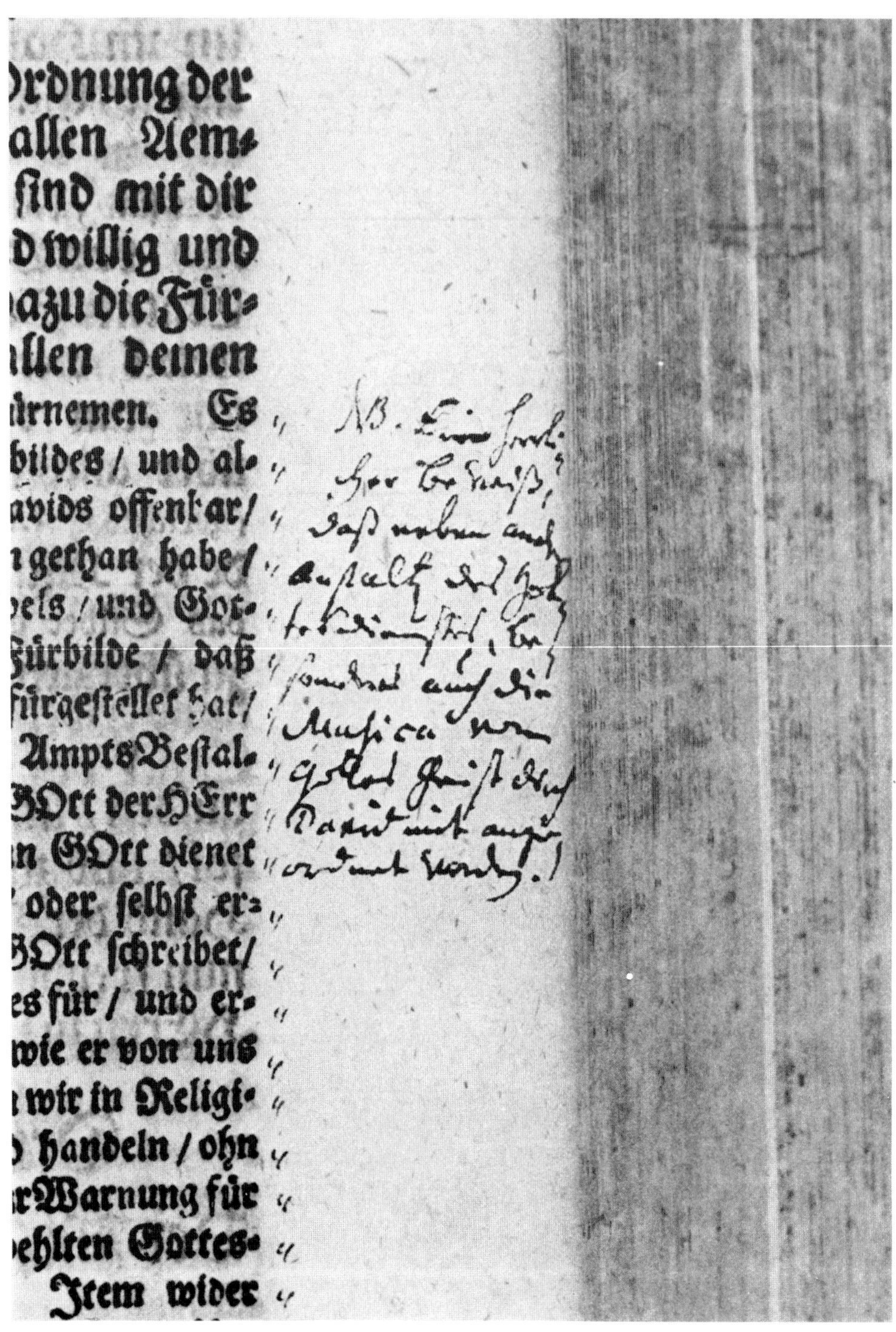

Abb. 72: "Calovii Schrifften 3. Bände". Autographe Randbemerkung im 1. Buch der Chronik. Abgebildet mit freundlicher Erlaubnis des Concordia Seminary.

Ill. 72: „Calovii Schrifften 3. Bände." Autograph comment in the margin in the first Book of Chronicles. Reproduced by kind permission of the Concordia Seminary.

Abb. 73: BWV 531/1 Präludium in C-dur für Orgel. Frühe Abschrift von Carl Gotthelf Gerlach (Music Division, Library of Congress, Washington, D.C.). Originalgröße: 34,5 × 21,3 cm. Blatt 1[r]. Abgebildet mit freundlicher Erlaubnis der Musikabteilung der Library of Congress.

Ill. 73: BWV 531/1 Prelude in C major for organ. An early copy by Carl Gotthelf Gerlach (Music Division, Library of Congress, Washington, D.C.). Original size: 34.5 × 21.3 cm. Leaf 1[r]. Reproduced by kind permission of the Music Division of the Library of Congress.

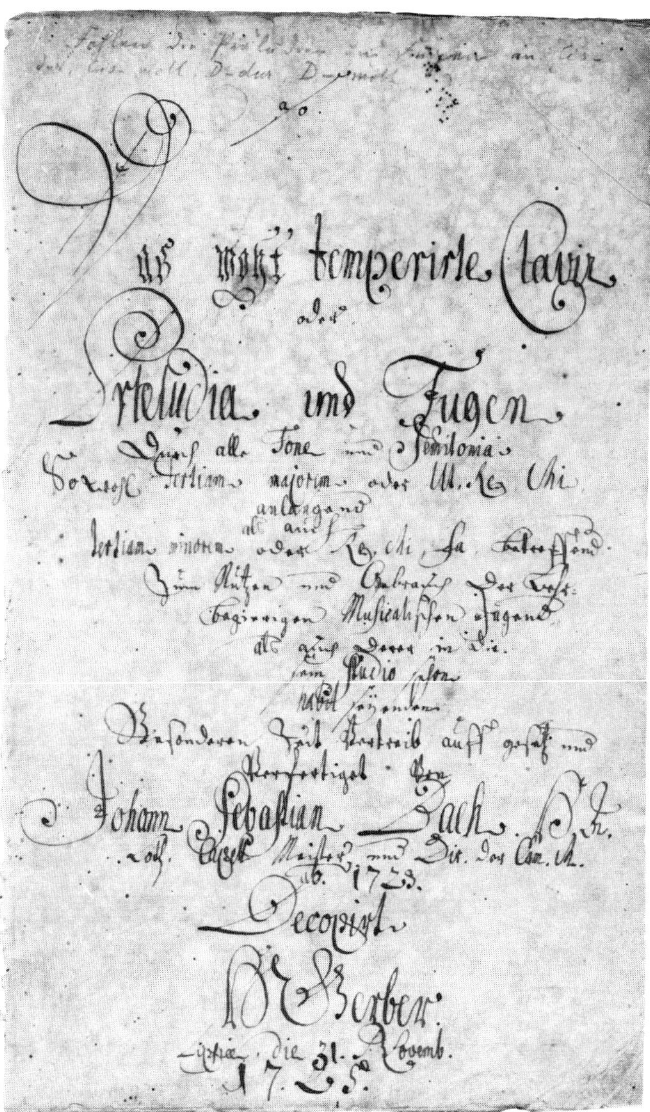

Abb. 74: BWV 846–869 Das Wohltemperierte Klavier, 1. Teil. Kopie von Heinrich Nikolaus Gerber (Riemenschneider Bach Institute, Berea, OH). Originalgröße: 32 × 20 cm (5 Blätter = Papier I); 34 × 20,5 cm (24 Blätter = Papier II); 34 × 20,2 cm (12 Blätter = Papier III). Titelblatt, datiert 21. November 1725 (Papier I). Abgebildet mit freundlicher Erlaubnis des Riemenschneider Bach Instituts.

Ill. 74: BWV 846–869 The Well-Tempered Clavier, Book I. Copy by Heinrich Nikolaus Gerber (Riemenschneider Bach Institute, Berea, OH). Original size: 32 × 20 cm (5 leaves = paper I); 34 × 20.5 cm (24 leaves = paper II); 34 × 20.2 cm (12 leaves = paper III). Title page, dated November 21, 1725 (paper I). Reproduced by kind permission of the Riemenschneider Bach Institute.

Abb. 75: BWV 846–869. Zweite Seite des „Praeludium IIdum" in c-moll (BWV 847/1; Papier I). Abgebildet mit freundlicher Erlaubnis des Riemenschneider Bach Instituts.

Ill. 75: BWV 846–869. Page 2 of the "Praeludium IIdum" in C minor (BWV 847/1; paper I). Reproduced by kind permission of the Riemenschneider Bach Institute.

Abb. 76: BWV 846–869. Erste Seite des „Praeludium X in E"-moll (BWV 855/1; Papier II). Abgebildet mit freundlicher Erlaubnis des Riemenschneider Bach Instituts.

Ill. 76: BWV 846–869. Page 1 of the "Praeludium X in E" minor (BWV 855/1; paper II). Reproduced by kind permission of the Riemenschneider Bach Institute.

Abb. 77: BWV 846–869. „Fuga a 4" in a-moll, nicht in der Handschrift Gerbers (BWV 865/1; Papier III). Abgebildet mit freundlicher Erlaubnis des Riemenschneider Bach Instituts.

Ill. 77: BWV 846–869. "Fuga a 4" in A minor, not in Gerber's handwriting(BWV 865/1; paper III). Reproduced by kind permission of the Riemenschneider Bach Institute.

Abb. 78: BWV 545 Präludium und Fuge in C-dur für Orgel; BWV 529 Triosonate Nr. 5 für Orgel (nur Largo). Kopie von Johann Gottfried Walther (Lowell Mason Collection, Music Library, Yale University, New Haven, CT). Originalgröße: 26 × 21 cm. Walthers Formulierung des Titels (Ausschnitt aus dem Titelblatt). Abgebildet mit freundlicher Erlaubnis der Lowell Mason Collection, Music Library, Yale University.

Ill. 78: BWV 545 Prelude and Fugue in C major for organ; BWV 529 Trio Sonata No. 5 for Organ (Largo only). Copy by Johann Gottfried Walther (Lowell Mason Collection, Music Library, Yale University, New Haven, CT). Original size: 26 × 21 cm. Walther's title (detail from the title page). Reproduced by kind permission of the Lowell Mason Collection, Music Library, Yale University.

Abb. 79: BWV 545. Anfang der Fuge. Abgebildet mit freundlicher Erlaubnis der Lowell Mason Collection, Music Library, Yale University.

Ill. 79: BWV 545. Beginning of the Fugue. Reproduced by kind permission of the Lowell Mason Collection, Music Library, Yale University.

Abb. 80: BWV 529. Erste Seite des Mittelsatzes. Abgebildet mit freundlicher Erlaubnis der Lowell Mason Collection, Music Library, Yale University.

Ill. 80: BWV 529. First page of the middle movement. Reproduced by kind permission of the Lowell Mason Collection, Yale University.

Abb. 81: BWV 527 Triosonate Nr. 3 für Orgel (Fragment). Abschrift von Johann Caspar Vogler (Lehigh University, Bethlehem, PA). Originalgröße: 21 × 20,5 cm. Takte 91–112 des Eingangssatzes. Abgebildet mit freundlicher Genehmigung der Lehigh University.

Ill. 81: BWV 527 Trio Sonata No. 3 for Organ (fragment). Copy by Johann Caspar Vogler (Lehigh University, Bethlehem, PA). Original size: 21 × 20.5 cm. Measures 91–112 of the opening movement. Reproduced by kind permission of the Lehigh University.

Abb. 82: BWV 892/2 H-dur-Fuge aus dem 2. Teil des Wohltemperierten Klaviers. Frühe Kopie (Newberry Library, Chicago, IL). Originalgröße: 33–33,5 × 21 cm. Blatt 1ᵛ, Anfang der Fuge. Abgebildet mit freundlicher Erlaubnis der Newberry Library.

Ill. 82: BWV 892/2 B major Fugue from Book II of the Well-Tempered Clavier. Early copy (Newberry Library, Chicago, IL). Original size: 33–33.5 × 21 cm. Leaf 1ᵛ, beginning of the Fugue. Reproduced by kind permission of the Newberry Library.

Autograph Johann Sebastian Bachs
Fuge aus dem wohltemperirten Clavier aus dem Nachlass
der Lieblingsschülerinn Friedemann Bachs, der Madame
Sarah Levy geb. Itzig zu Berlin, Justus Amadeus Lecerf

Abb. 83: BWV 892/2. Blatt 1[r] mit dem Vermerk, der die Handschrift fälschlicherweise Bach zuschreibt. Abgebildet mit freundlicher Erlaubnis der Newberry Library.

Ill. 83: BWV 892/2. Leaf 1[r], inscription with incorrect attribution of the manuscript to Bach. Reproduced by kind permission of the Newberry Library.

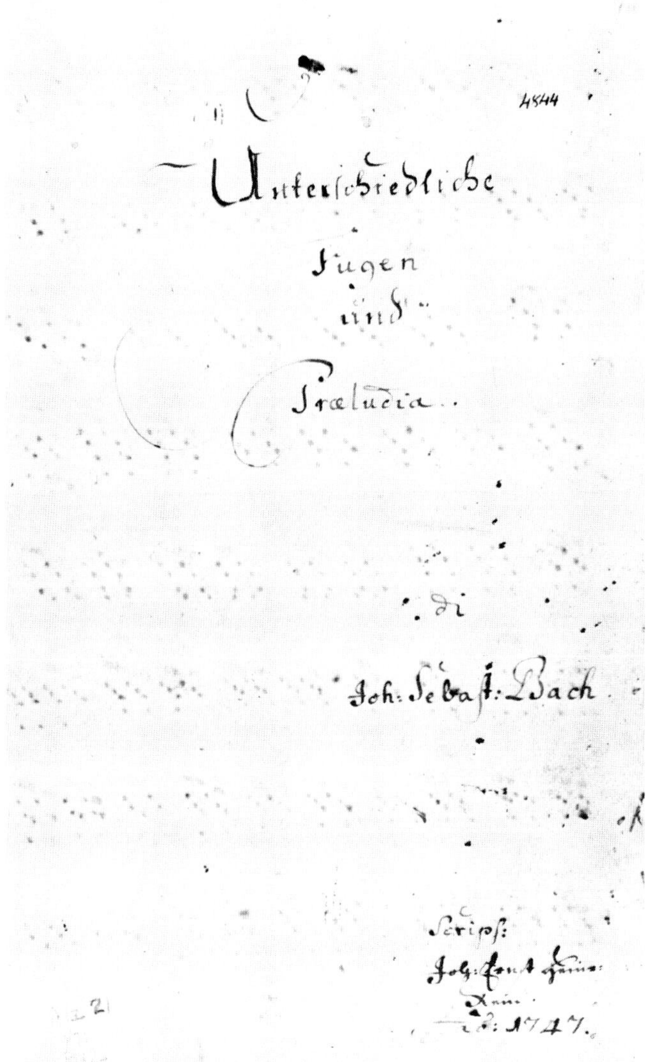

Abb. 84: BWV 846–869 Das Wohltemperierte Klavier, 1. Teil. Fünf Präludien und sechs Fugen. 1747 begonnene Abschrift von Johann Ernst Heinrich Rein (Lowell Mason Collection, Music Library, Yale University, New Haven, CT). Originalgröße: 32 × 20 cm. Titelblatt. Abgebildet mit freundlicher Erlaubnis der Lowell Mason Collection, Music Library, Yale University.

Ill. 84: BWV 846–869 The Well-Tempered Clavier, Book I. Five Preludes and six Fugues. Copy by Johann Ernst Heinrich Rein, begun in 1747 (Lowell Mason Collection, Music Library, Yale University, New Haven, CT). Original size: 32 × 20 cm. Title page. Reproduced by kind permission of the Lowell Mason Collection, Music Library, Yale University.

Abb. 85: BWV 846/1. Praeludium 1 in C-dur. Abgebildet mit freundlicher Erlaubnis der Lowell Mason Collection, Music Library, Yale University.

Ill. 85: BWV 846/1. Prelude in C major. Reproduced by kind permission of the Lowell Mason Collection, Music Library, Yale University.

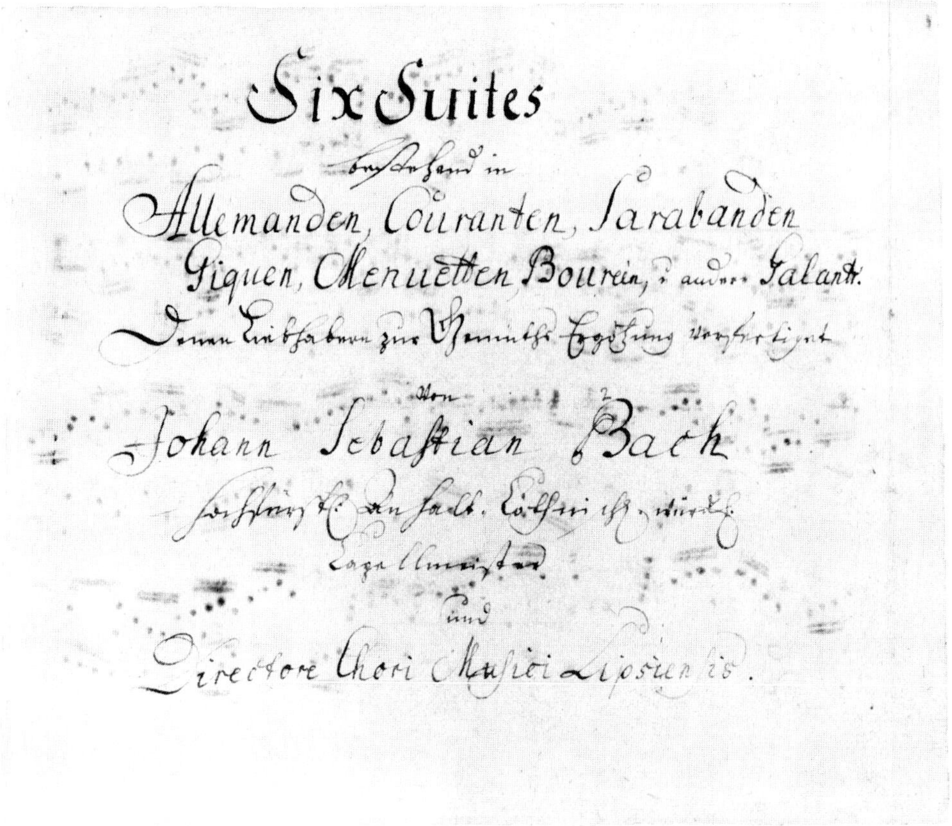

Abb. 86: BWV 812–817 Französische Suiten. Abschrift von Johann Christoph Altnickol (Music Division, Library of Congress, Washington, D.C.). Originalgröße: 17 × 20 cm. Blatt 1^r, Titelblatt. Abgebildet mit freundlicher Erlaubnis der Musikabteilung der Library of Congress.

Ill. 86: BWV 812–817 French Suites. Copy by Johann Christoph Altnickol (Music Division, Library of Congress, Washington, D.C.). Original size: 17 × 20 cm. Leaf 1^r, title page. Reproduced by kind permission of the Music Division of the Library of Congress.

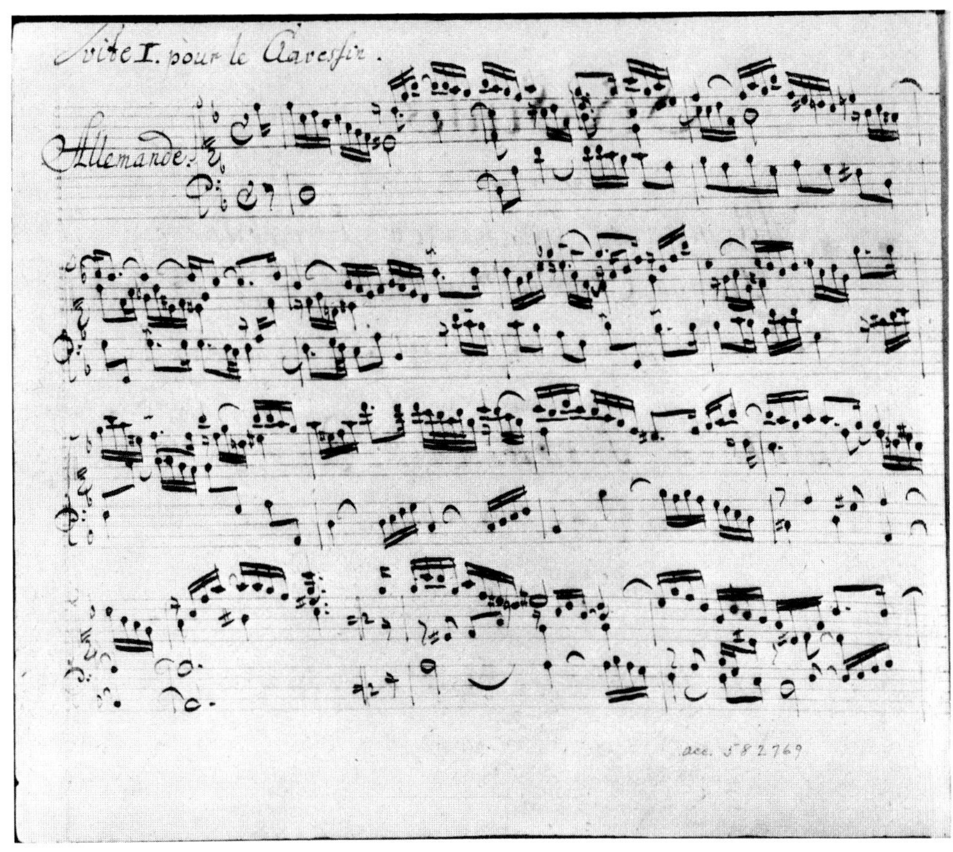

Abb. 87: BWV 812–817. Blatt 1ᵛ, Anfang der Allemande der 1. Suite in d-moll. Abgebildet mit freundlicher Erlaubnis der Musikabteilung der Library of Congress.

Ill. 87: BWV 812–817. Leaf 1ᵛ, beginning of the Allemande of Suite No. 1 in D minor. Reproduced by kind permission of the Music Division of the Library of Congress.

Abb. 88: BWV 812–817. Schlußtakte der Gigue der ersten Suite in d-moll. Abgebildet mit freundlicher Erlaubnis der Musikabteilung der Library of Congress.

Ill. 88: BWV 812–817. Last measures of the Gigue of Suite No. 1 in D minor. Reproduced by kind permission of the Music Division of the Library of Congress.

Abb. 89: BWV 80 „Ein feste Burg ist unser Gott". Kopie des 5. Satzes von Wilhelm Friedemann Bach (Music Division, Library of Congress, Washington, D.C.). Originalgröße: 33,2 × 20,2 cm. Blatt 1[r], Beginn des Satzes. Abgebildet mit freundlicher Erlaubnis der Musikabteilung der Library of Congress.

Ill. 89: BWV 80 "Ein feste Burg ist unser Gott." Copy of the 5th movement by Wilhelm Friedemann Bach (Music Division, Library of Congress, Washington, D.C.). Original size: 33.2 × 20.2 cm. Leaf 1[r], the opening measures of the movement. Reproduced by kind permission of the Music Division of the Library of Congress.

Abb. 90: BWV 80. Takte 40–43 des von Wilhelm Friedemann Bach kopierten Satzes. Abgebildet mit freundlicher Erlaubnis der Musikabteilung der Library of Congress.

Ill. 90: BWV 80. Measures 40–43 of the movement copied by Wilhelm Friedemann Bach. Reproduced by kind permission of the Music Division of the Library of Congress.

Abb. 91: BWV 9 „Es ist das Heil uns kommen her". Particell von Wilhelm Friedemann Bach (Houghton Library, Harvard University, Cambridge, MA). Originalgröße: 33 × 20,5 cm. Blatt 1r, Sätze 2 und 4 sowie die erste Hälfte des 5. Satzes. Abgebildet mit freundlicher Erlaubnis der Houghton Library, Harvard University.

Ill. 91: BWV 9 "Es ist das Heil uns kommen her." Particel by Wilhelm Friedemann Bach (Houghton Library, Harvard University, Cambridge, MA). Original size: 33 × 20.5 cm. Leaf 1r, movements 2 and 4 as well as first half of movement 5. Reproduced by kind permission of the Houghton Library, Harvard University.

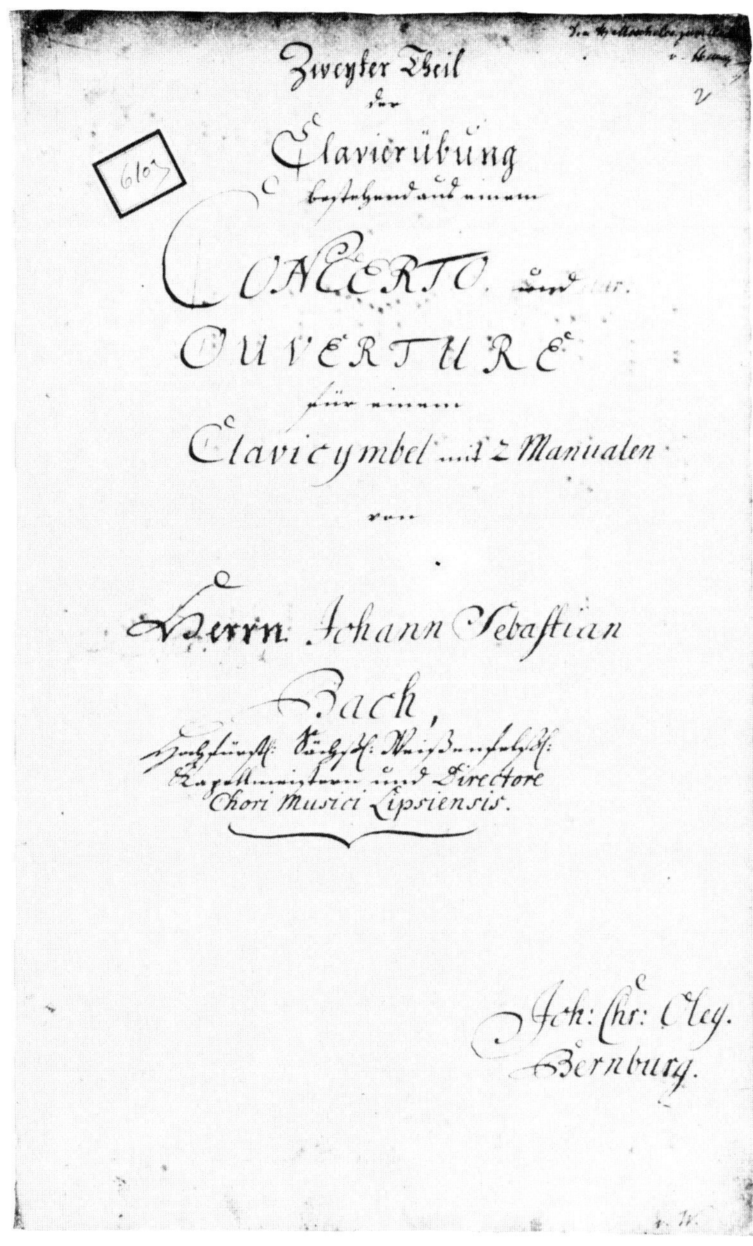
Zweyter Theil

Clavierübung

Concerto

Ouverture

Clavicymbel 2 Manualen

Herrn Johann Sebastian

Bach,

Directore

Chori Musici Lipsiensis.

Joh: Chr: Oley.

Bernburg.

Abb. 92: BWV 971 Italienisches Konzert. Abschrift von Johann Christoph Oley (Allen A. Brown Collection, Boston Public Library). Originalgröße: 33,5 × 21 cm. Blatt 1[r], Titelblatt. Abgebildet mit freundlicher Erlaubnis der Allen A. Brown Collection, Boston Public Library.

Ill. 92: BWV 971 Italian Concerto. Copy by Johann Christoph Oley (Allen A. Brown Collection, Boston Public Library). Original size: 33.5 × 21 cm. Leaf 1[r], title page. Reproduced by kind permission of the Allen A. Brown Collection, Boston Public Library.

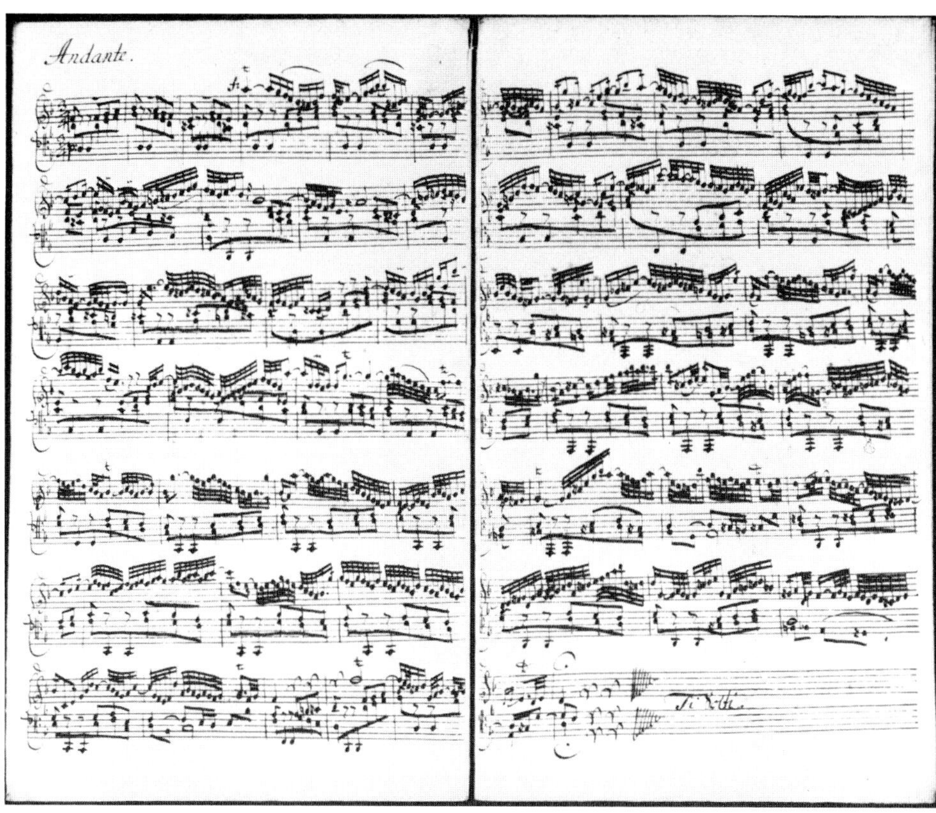

Abb. 93: BWV 971. Blätter 3^{v}/4^{r}, 2. Satz, Andante. Abgebildet mit freundlicher Erlaubnis der Allen A. Brown Collection, Boston Public Library.

Ill. 93: BWV 971. Leaves 3^{v}/4^{r}, movement 2, Andante. Reproduced by kind permission of the Allen A. Brown Collection, Boston Public Library.

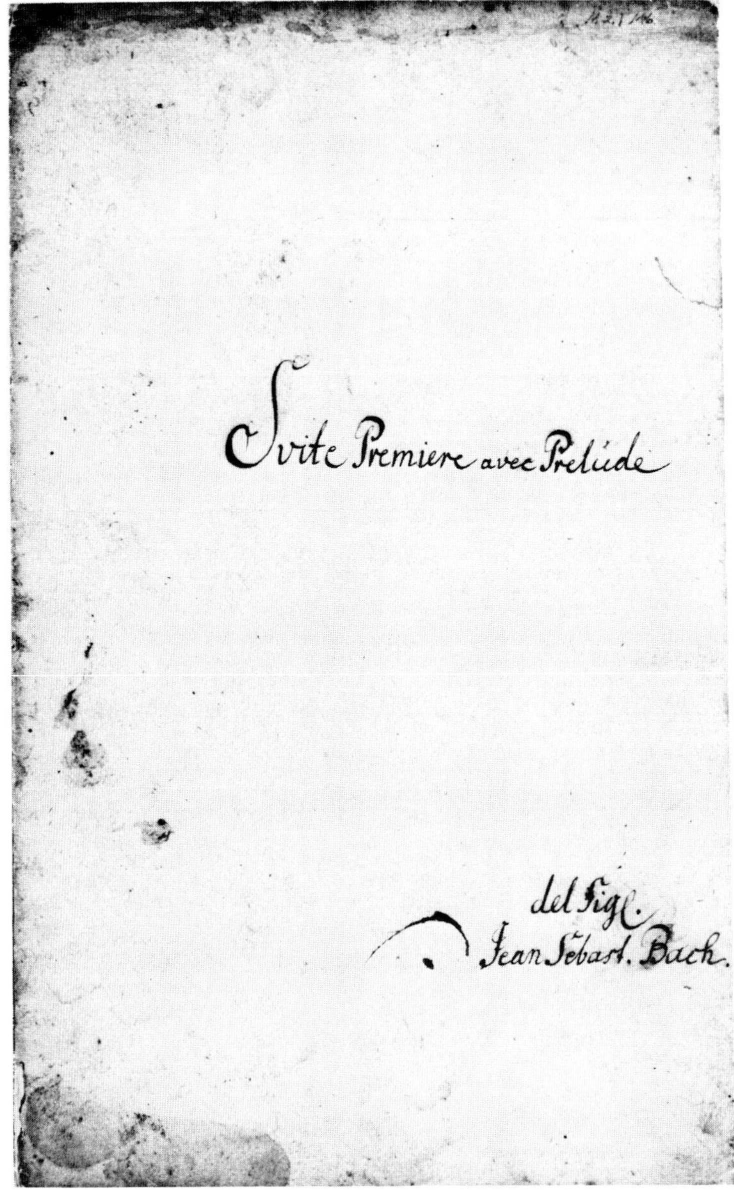

Abb. 94: BWV 806–811 Englische Suiten. Abschrift von Präludien und Giguen aus den Suiten BWV 806, 808, 810 und 811 (Riemenschneider Bach Institute, Berea, OH). Originalgröße: 34 × 20,5 cm. Titelseite der 1. Suite in A-dur. Abgebildet mit freundlicher Erlaubnis des Riemenschneider Bach Instituts.

Ill. 94: BWV 806–811 English Suites. Copy of Preludes and Gigues from Suites 806, 808, 810 and 811 (Riemenschneider Bach Institute, Berea, OH). Original size: 34 × 20.5 cm. Title page of Suite No. 1 in A major. Reproduced by kind permission of the Riemenschneider Bach Institute.

Abb. 95: BWV 806/1. Anfang des Präludiums der 1. Englischen Suite in A-dur. Abgebildet mit freundlicher Erlaubnis des Riemenschneider Bach Instituts.

Ill. 95: BWV 806/1. Beginning of the Prelude of Suite No. 1 in A major. Reproduced by kind permission of the Riemenschneider Bach Institute.

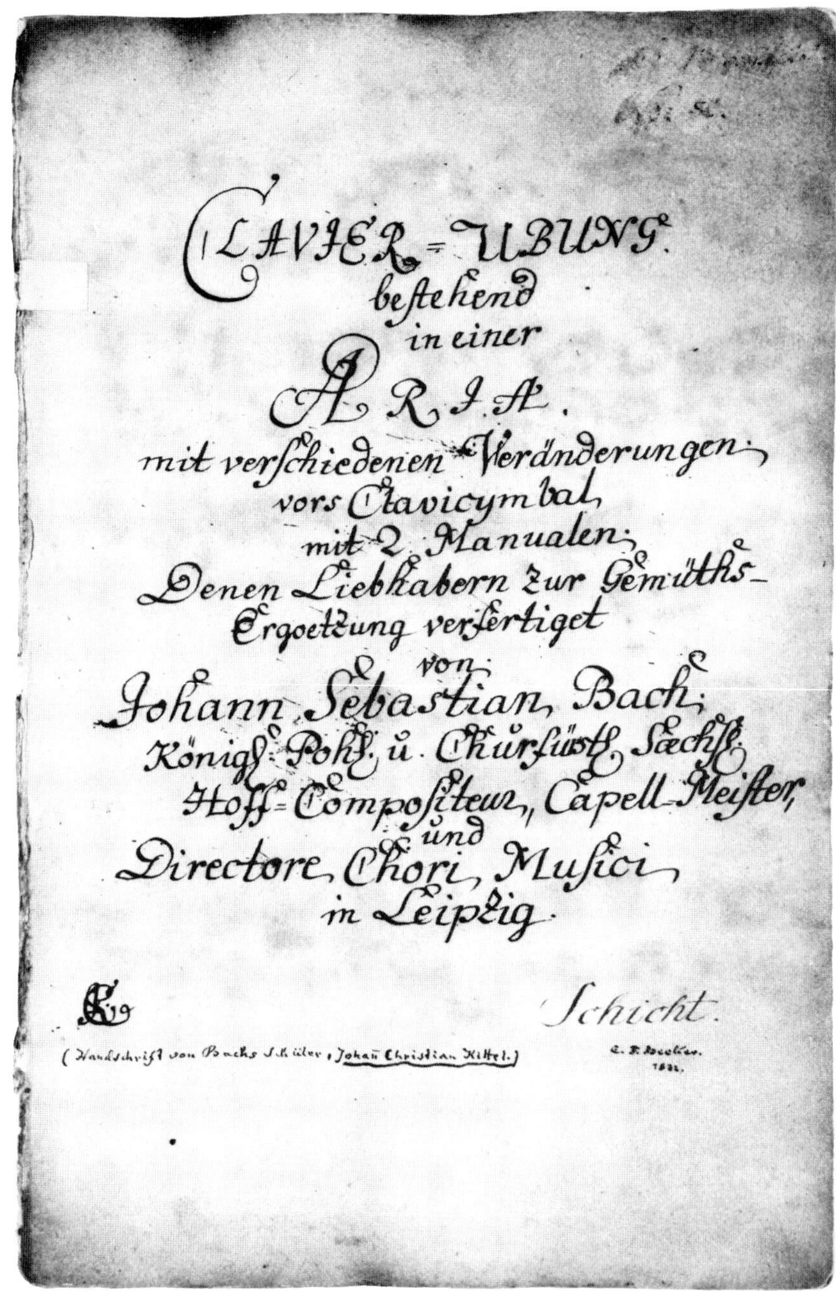

Clavier=Ubung
bestehend
in einer
Aria.
mit verschiedenen Veränderungen
vors Clavicymbal
mit 2 Manualen.
Denen Liebhabern zur Gemüths-
Ergoetzung verfertiget
von
Johann Sebastian Bach,
Königl. Pohl. u. Churfürstl. Saechss.
Hoff-Compositeur, Capell-Meister,
und
Directore Chori Musici
in Leipzig.

Schicht.

(Handschrift von Bachs Schüler, Johan Christian Kittel.)

C. F. Becker.
1832.

Abb. 96: BWV 988 Goldberg-Variationen. Erste Abschrift von Johann Christian Kittel (Don Henry, New York). Originalgröße: 35 × 22,5 cm. Titelseite. Abgebildet mit freundlicher Erlaubnis von Herrn Don Henry.

Ill. 96: BWV 988 Goldberg Variations. First copy by Johann Christian Kittel (Don Henry, New York). Original size: 35 × 22.5 cm. Title page. Reproduced by kind permission of Don Henry.

Abb. 97: BWV 988. Anfang der Aria. Abgebildet mit freundlicher Erlaubnis von Herrn Don Henry.

Ill. 97: BWV 988. Beginning of the Aria. Reproduced by kind permission of Don Henry.

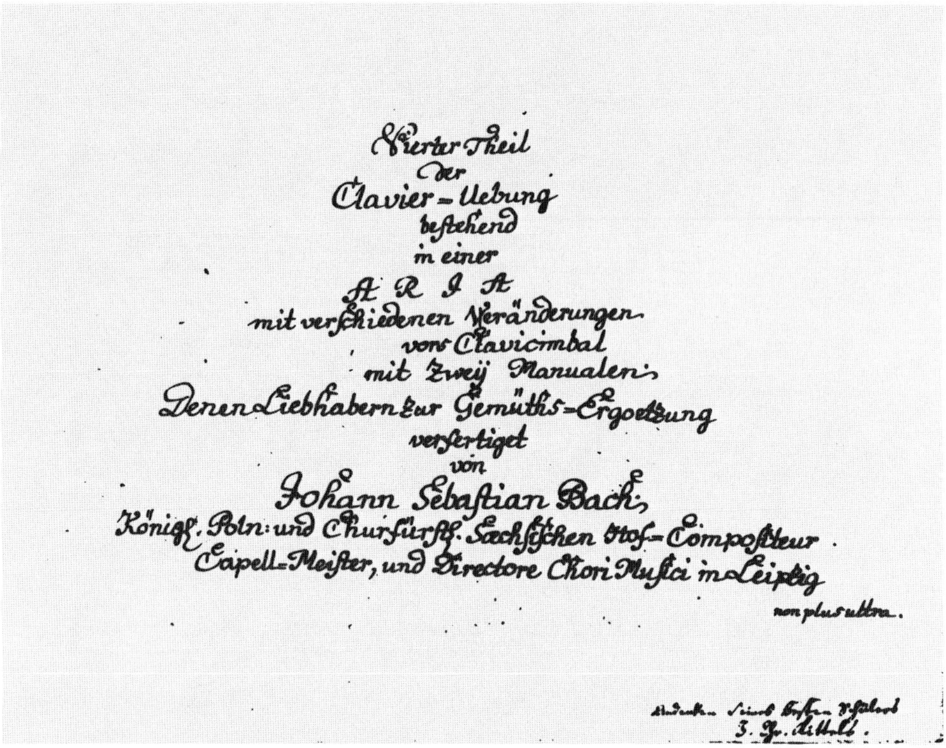

Vierter Theil
der
Clavier-Uebung
bestehend
in einer
A R I A
mit verschiedenen Veränderungen
vors Clavicimbal
mit Zweij Manualen.
Denen Liebhabern zur Gemüths-Ergoetzung
verfertiget
von
Johann Sebastian Bach,
Königl. Pohln: und Churfürstl. Sächsischen Hoff-Compositeur.
Capell-Meister, und Directore Chori Musici in Leipzig
non plus ultra.

Abb. 98: BWV 988 Goldberg-Variationen. Spätere Abschrift von Johann Christian Kittel (Rudolf Serkin; Dauerleihgabe an die Houghton Library, Harvard University, Cambridge, MA). Originalgröße: 22 × 30,5 cm. Titelseite. Abgebildet mit freundlicher Erlaubnis von Herrn Rudolf Serkin und der Houghton Library, Harvard University.

Ill. 98: BWV 988 Goldberg Variations. Later copy by Johann Christian Kittel (Rudolf Serkin; on permanent loan at the Houghton Library, Harvard University, Cambridge, MA). Original size: 22 × 30.5 cm. Title page. Reproduced by kind permission of Rudolf Serkin and the Houghton Library, Harvard University.

Abb. 99: BWV 988. Aria. Abgebildet mit freundlicher Erlaubnis von Herrn Rudolf Serkin und der Houghton Library, Harvard University.

Ill. 99: BWV 988. Aria. Reproduced by kind permission of Rudolf Serkin and the Houghton Library, Harvard University.

Abb. 100: BWV 988 Goldberg-Variationen. Kopie des Schreibers Anonymus 403 (Don Henry, New York). Originalgröße: 35,5 × 21,5 cm. Titelseite (Ausschnitt). Abgebildet mit freundlicher Erlaubnis von Herrn Don Henry.

Ill. 100: BWV 988 Goldberg Variations. Copy by Anonymous 403 (Don Henry, New York). Original size: 35.5 × 21.5 cm. Title page (detail). Reproduced by kind permission of Don Henry.

Abb. 101: BWV 988. Aria. Abgebildet mit freundlicher Erlaubnis von Herrn Don Henry.

Ill. 101: BWV 988. Aria. Reproduced by kind permission of Don Henry.

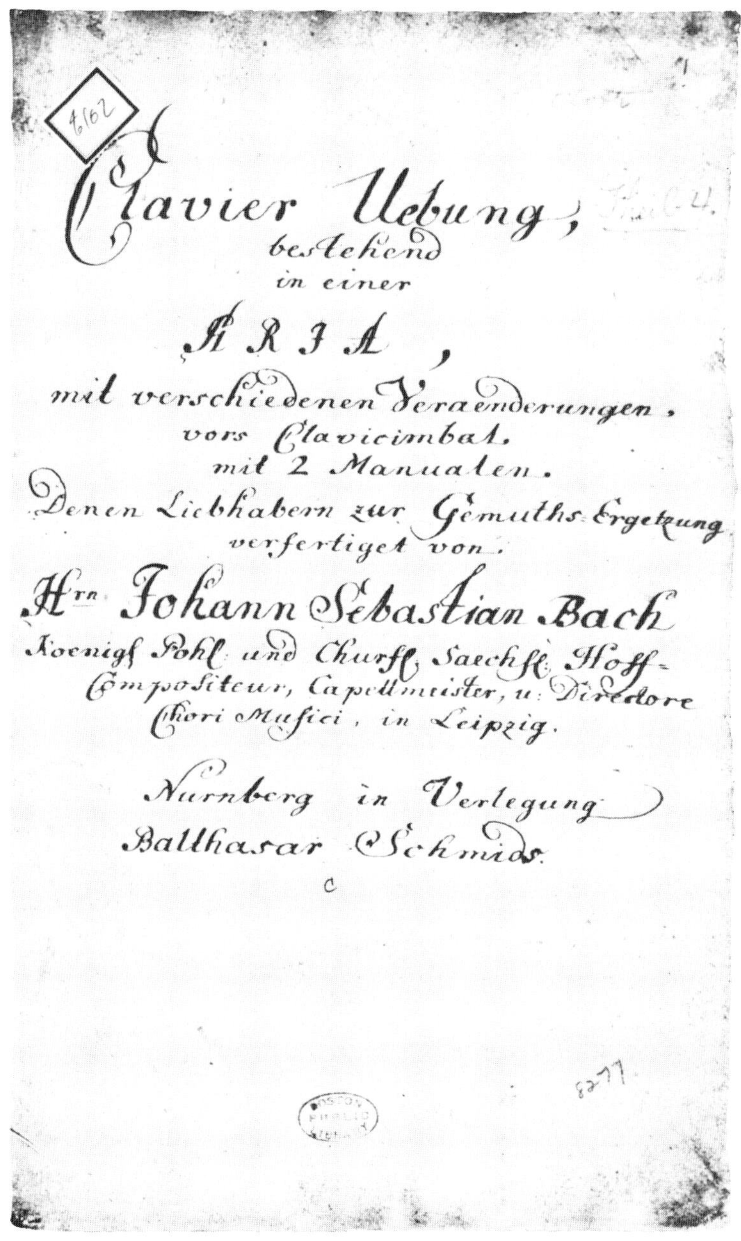

Clavier Uebung,
bestehend
in einer
ARIA,
mit verschiedenen Veraenderungen,
vors Clavicimbal.
mit 2 Manualen.
Denen Liebhabern zur Gemuths-Ergetzung
verfertiget von.
Hrn Johann Sebastian Bach
Koenigl. Pohl. und Churfl. Saechs. Hoff-
Compositeur, Capellmeister, u. Directore
Chori Musici, in Leipzig.

Nurnberg in Verlegung
Balthasar Schmids.

Abb. 102: BWV 988 Goldberg-Variationen. Kopie um 1790 (Allen A. Brown Collection, Boston Public Library). Originalgröße: 33,5 × 20,6 cm. Titelblatt. Abgebildet mit freundlicher Erlaubnis der Allen A. Brown Collection, Boston Public Library.

Ill. 102: BWV 988 Goldberg Variations. Copy (about 1790) (Allen A. Brown Collection, Boston Public Library). Original size: 33.5 × 20.6 cm. Title page. Reproduced by kind permission of the Allen A. Brown Collection, Boston Public Library.

Abb. 103: BWV 988. Aria. Abgebildet mit freundlicher Erlaubnis der Allen A. Brown Collection, Boston Public Library.

Ill. 103: BWV 988. Aria. Reproduced by kind permission of the Allen A. Brown Collection, Boston Public Library.

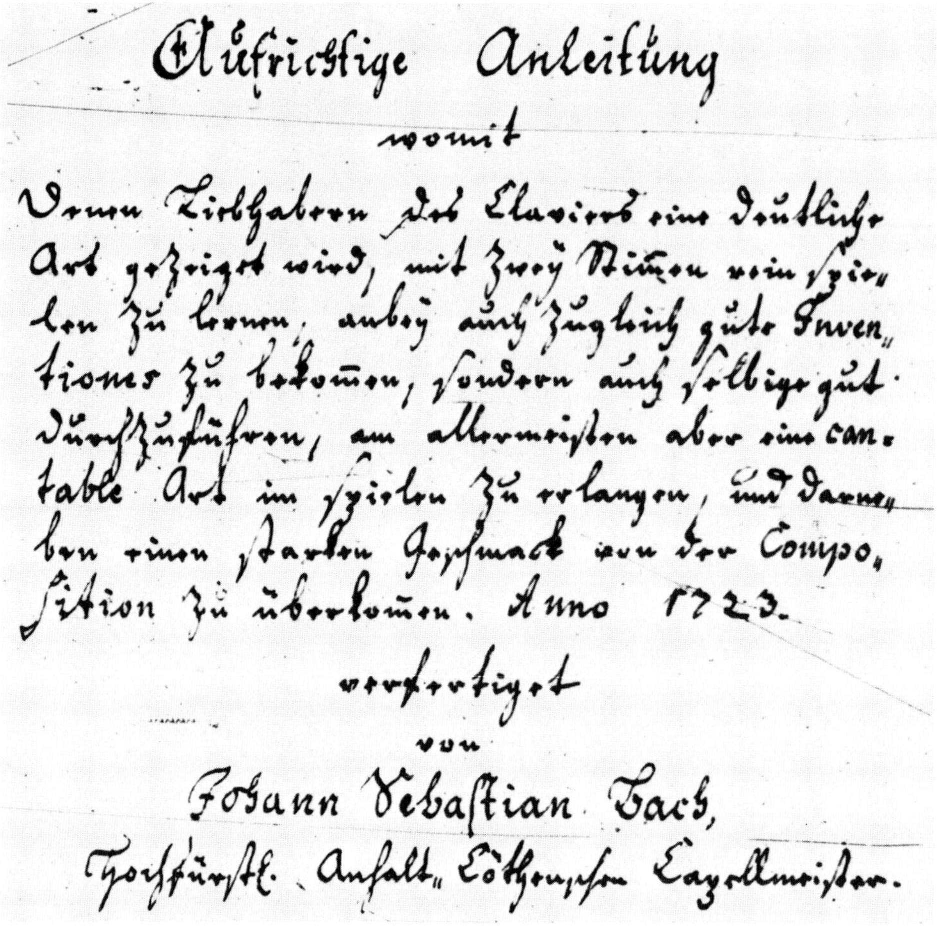

Aufrichtige Anleitung
womit
denen Liebhabern des Claviers eine deutliche
Art gezeiget wird, mit zwey Stimmen rein spielen zu lernen, anbey auch zugleich gute Inventiones zu bekomen, sondern auch selbige gut
durchzuführen, am allermeisten aber eine cantable Art im spielen zu erlangen, und darneben einen starcken Geschmack von der Composition zu überkomen. Anno 1723.
verfertiget
von
Johann Sebastian Bach,
Hochfürstl. Anhalt. Cöthenischen Capellmeister.

Abb. 104: BWV 772–801 Inventionen und Sinfonien. Abschrift (Music Division, New York Public Library). Originalgröße: 36,2 × 21,5 cm. Blatt 1v, gekürzte Fassung von Bachs Widmung. Abgebildet mit freundlicher Genehmigung der Musikabteilung der New York Public Library.

Ill. 104: BWV 772–801 Inventions and Sinfonias. Copy (Music Division, New York Public Library). Original size: 36.2 × 21.5 cm. Leaf 1v, truncated version of Bach's original dedication. Reproduced by kind permission of the Music Division of the New York Public Library.

Abb. 105: BWV 772–801. Sinfonia 1 in C-dur (BWV 787). Abgebildet mit freundlicher Genehmigung der Musikabteilung der New York Public Library.

Ill. 105: BWV 772–801. Sinfonia in C major (BWV 787). Reproduced by kind permission of the Music Division of the New York Public Library.

Abb. 106: BWV 870–893 Das Wohltemperierte Klavier, 2. Teil. Kopie der Fugen in der Handschrift eines für Baron van Swieten tätigen Kopisten (Riemenschneider Bach Institute, Berea, OH). Originalgröße: 22,3 × 30,5 cm. Seite 2 der ersten Fuge in C-dur (BWV 870/2). Abgebildet mit freundlicher Erlaubnis des Riemenschneider Bach Instituts.

Ill. 106: BWV 870–893 The Well-Tempered Clavier, Book II. Copy of the Fugues in the handwriting of one of Baron van Swieten's principal copyists (Riemenschneider Bach Institute, Berea, OH). Original size: 22.3 × 30.5 cm. Page 2 of Fugue No. 1 in C major (BWV 870/2). Reproduced by kind permission of the Riemenschneider Bach Institute.

Abb. 107: BWV 870–893. Beginn der 18. Fuge in gis-moll (BWV 887/2). Abgebildet mit freundlicher Erlaubnis des Riemenschneider Bach Instituts.

Ill. 107: BWV 870–893. Beginning of Fugue No. 18 in G-sharp minor (BWV 887/2). Reproduced by kind permission of the Riemenschneider Bach Institute.

Abb. 108: BWV 547 Präludium und Fuge in C-dur für Orgel; BWV 548/1 Präludium in e-moll für Orgel. Kopie von Johannes Becker (Lowell Mason Collection, Music Library, Yale University, New Haven, CT). Originalgröße: 34,5–35 × 25 cm. Erste Seite des C-dur-Präludiums (BWV 547/1). Abgebildet mit freundlicher Erlaubnis der Lowell Mason Collection, Music Library, Yale University.

Ill. 108: BWV 547 Prelude and Fugue in C major for organ; BWV 548/1 Prelude in E minor for organ. Copy by Johannes Becker (Lowell Mason Collection, Music Library, Yale University, New Haven, CT). Original size: 34.5–35 × 25 cm. Page 1 of the C major Prelude (BWV 547/1). Reproduced by kind permission of the Lowell Mason Collection, Music Library, Yale University.

Abb. 109: BWV 870–893 Das Wohltemperierte Klavier, 2. Teil. Einrichtung der Fugen BWV 871, 874, 876–878 für Streichquartett von Wolfgang Amadeus Mozart (Mrs. Daniel Drachman, Stevenson, MD). Originalgröße: 23 × 32 cm. Blatt 1^{r}, Beginn der 2. Fuge in c-moll (BWV 871/2). Die drei oberen Notensysteme weisen zwei Kontrapunktübungen auf. Abgebildet mit freundlicher Genehmigung von Mrs. Daniel Drachman.

Ill. 109: BWV 870–893 The Well-Tempered Clavier, Book II. Mozart's transcription for string quartett of Fugues BWV 871, 874, 876–878 (Mrs. Daniel Drachman, Stevenson, MD). Original size: 23 × 32 cm. Leaf 1^{r}, beginning of Fugue No. 2 in C minor (BWV 871/2). The three top staves show two contrapuntal exercises. Reproduced by kind permission of Mrs. Daniel Drachman.

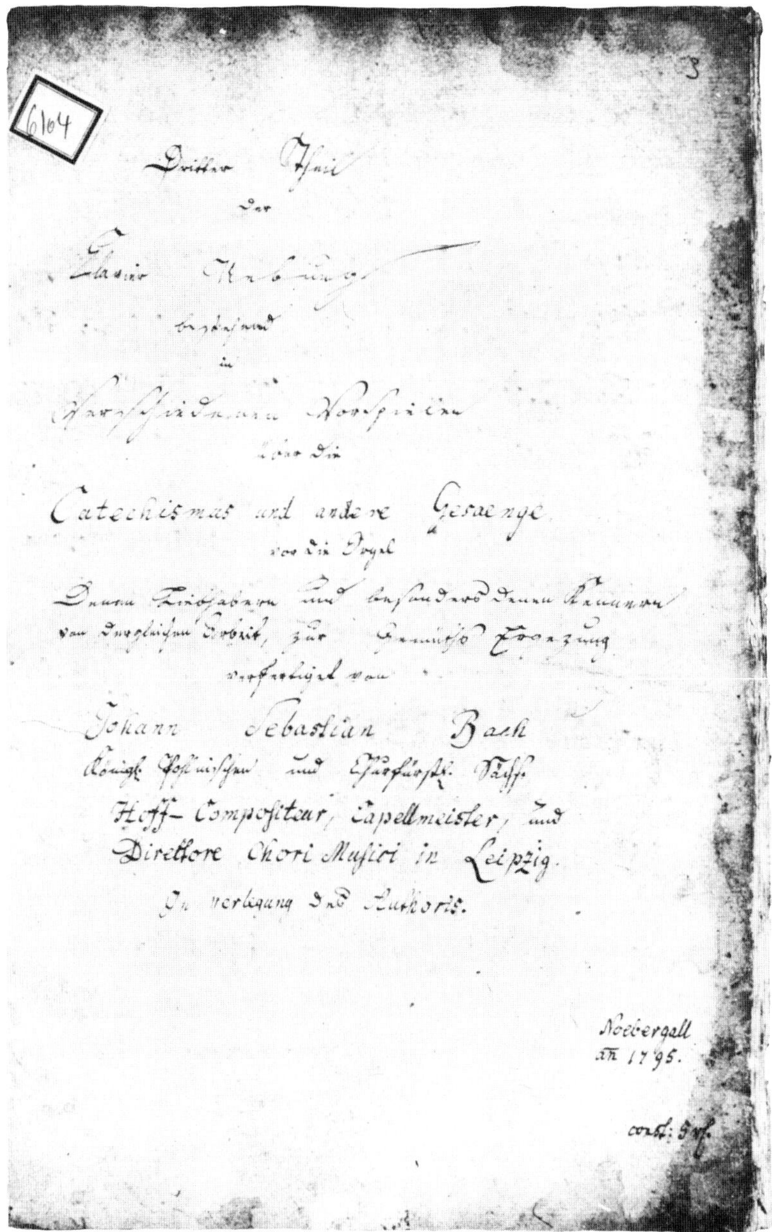
6104

Dritter Theil
der
Clavier Ubung
bestehend
in
verschiedenen Vorspielen
über die
Catechismus und andere Gesaenge,
vor die Orgel
Denen Liebhabern und besonders denen Kennern
von dergleichen Arbeit, zur Gemüths Ergezung
verfertiget von
Johann Sebastian Bach
Königl. Pohlnischen und Churfürstl. Saechss.
Hoff-Compositeur, Capellmeister, und
Directore Chori Musici in Leipzig.
In verlegung des Authoris.

Noebergall
ao 1795.

Abb. 110: Dritter Teil der Klavierübung. 1795 angefertigte Kopie (Lowell Mason Collection, Boston Public Library). Originalgröße: 33,5 × 21,3 cm. Titelblatt. Abgebildet mit freundlicher Erlaubnis der Lowell Mason Collection, Boston Public Library.

Ill. 110: Third part of the Clavierübung. Copy made in 1795 (Lowell Mason Collection, Boston Public Library). Original size: 33.5 × 21.3 cm. Title page. Reproduced by kind permission of the Lowell Mason Collection, Boston Public Library.

Abb. 111: Dritter Teil der Klavierübung. Beginn des Präludiums. Abgebildet mit freundlicher Erlaubnis der Lowell Mason Collection, Boston Public Library.

Ill. 111: Third Part of the Clavierübung. Beginning of the Prelude (BWV 552/1). Reproduced by kind permission of the Lowell Mason Collection, Boston Public Library.

Abb. 112: BWV 115 „Mache dich, mein Geist, bereit". Partiturabschrift, wahrscheinlich aus dem Besitz des Thomaskantors August Eberhard Müller (New Yorker Privatbesitz). Originalgröße: 24,2 × 32, 5 cm. Anfang des Ritornells des Choralchorsatzes (Satz 1). Abgebildet mit freundlicher Genehmigung des Besitzers.

Ill. 112: BWV 115 "Mache dich, mein Geist, bereit." Copy of the score, in all probability once owned by Thomas Cantor August Eberhard Müller (Private owner, New York). Original size: 24.2 × 32.5 cm. Opening of the orchestral ritornel of the chorale fantasy (movement 1). Reproduced by kind permission of the private owner.

Abb. 113: BWV 115. Seite 1 des Schlußchorals. Abgebildet mit freundlicher Genehmigung des Besitzers.

Ill. 113: BWV 115. Page 1 of the concluding chorale. Reproduced by kind permission of the private owner.

Abb. 114: BWV 538 Präludium (Toccata) und Fuge (dorisch). Abschrift von Muzio Clementi (James J. Fuld, New York). Originalgröße: 22,3 × 29,5 cm. Blatt 1r, Beginn des Präludiums. Abgebildet mit freundlicher Genehmigung von Herrn James J. Fuld.

Ill. 114: BWV 538 Prelude (Toccata) and Fugue in the Dorian Mode. Copy by Muzio Clementi (James J. Fuld, New York). Original size: 22.3 × 29.5 cm. Leaf 1r, beginning of the Prelude. Reproduced by kind permission of James J. Fuld.

Abb. 115: BWV 825–830 Sechs Partiten (1. Teil der Klavierübung). Druck aus dem Jahre 1731 (Music Division, Library of Congress, Washington, D.C.). Originalgröße: 20,5 × 26,5 cm. Die mit roter Tinte wohl von Bach hinzugefügte Tempobezeichnung „allegro" erscheint über dem 28. Takt der Sinfonia aus der 2. Partita (BWV 826). Abgebildet mit freundlicher Erlaubnis der Musikabteilung der Library of Congress.

Ill. 115: BWV 825–830 Six Partitas (First Part of the Clavierübung). Print of 1731 (Music Divison, Library of Congress, Washington, D.C.). Original size: 20.5 × 26.5 cm. The tempo indication "allegro" was probably added by Bach with red ink above measure 28 of the Sinfonia of Partita II (BWV 826). Reproduced by kind permission of the Music Division of the Library of Congress.

Abb. 116: BWV 825–830. Die mit roter Tinte wohl von Bach hinzugefügte Tempobezeichnung „adagio" erscheint über dem 29. Takt der Sinfonia aus der 2. Partita (BWV 826). Abgebildet mit freundlicher Erlaubnis der Musikabteilung der Library of Congress.

Ill. 116: BWV 825–830. The tempo indication "adagio" was probably added by Bach with red ink above measure 29 of the Sinfonia of Partita II (BWV 826). Reproduced by kind permission of the Music Division of the Library of Congress.

Abb. 117: BWV 645–650 Schübler Choräle. Bachs Handexemplar (Scheide Library, Princeton University Library, Princeton, NJ). Originalgröße: 21,1 × 29,8 cm. Seite 2, Anfang des Abgesangs (T. 43–59) des ersten Chorals „Wachet auf, ruft uns die Stimme" (BWV 645). Da Titelseite und S. 1 von Bachs Handexemplar schon seit über einem Jahrhundert verschollen sind, stellt die abgebildete Seite die erste Seite des überlieferten Handexemplars dar. Abgebildet mit freundlicher Erlaubnis von Herrn William H. Scheide.

Ill. 117: BWV 645–650 Schübler Chorales. Bach's personal copy (Scheide Library, Princeton University Library, Princeton, NJ). Original size: 21.1 × 29.8 cm. Page 2, beginning of the *Abgesang* (mm. 43–59) of the first Schübler Chorale, "Wachet auf, ruft uns die Stimme" (BWV 645). Since Bach's personal copy of the Schübler Chorales had lost its first leaf consisting of title page and page 1 of the music over a century ago, the page reproduced here is now the opening page of Bach's former copy. Reproduced by kind permission of William H. Scheide.

Abb. 118: BWV 645–650. Seite 11. Außer Korrekturen von Druckfehlern in BWV 649 ("Ach bleib bei uns, Herr Jesu Christ" – s. T. 1 der Altstimme und T. 3 der Baßstimme) und in BWV 650 (s. die erste und die zwei letzten Noten im 2. Takt der rechten Hand) gab Bach der melodischen Linie der Oberstimme interessanteres Gepräge, indem er ihre Spitzentöne diatonisch herabsteigen ließ. Bei der Manualverteilung weisen die von Bach hinzugesetzten Anweisungen „dextra" und besonders das „sinistra" in der Baßstimme für die linke Hand die charakteristischen Schriftzüge des alternden Meisters auf. Bei dem Einsatz der Choralmelodie auf dem mittleren, im Altschlüssel notierten Notensystem auf der nächsten Seite fügte Bach hinzu: „Ped[al]. 4 F[uß]. u. eine 8tav tiefer"). Abgebildet mit freundlicher Erlaubnis von Herrn William H. Scheide.

Ill. 118: BWV 645–650. Page 11. Beyond corrections of printing errors in BWV 649 ("Ach bleib bei uns, Herr Jesu Christ" – s. m. 1 of the alto part and m. 3 of the bass part –) and in BWV 650 (s. the first and last two notes in m. 2 of the treble part), Bach improved the melodic line of the latter by causing its top notes to descend diatonically. He further specified that the two outer parts be played by the right and left hands of which particularly the added "sinistra" shows the characteristic idiosyncrasies of the aging Master's handwriting. (When on the next page the cantus firmus enters on the middle staff in alto clef, Bach added "Ped[al]. 4 F[oot]. a[nd]. one 8tav lower"). Reproduced by kind permission of William H. Scheide.

Abb. 119: BWV 1080 Die Kunst der Fuge. Titelauflage (Riemenschneider Bach Institute, Berea, OH). Originalgröße: 23 × 35 cm. Seite 12. Ende des Contrapunctus 4 und eines der acht für die 1751 und 1752 erschienenen Originalausgaben der Kunst der Fuge charakteristischen Rankenwerke von Pflanzen, Früchten und Blumen. Abgebildet mit freundlicher Erlaubnis des Riemenschneider Bach Instituts.

Ill. 119: BWV 1080 The Art of the Fugue. Edition of 1752 (Riemenschneider Bach Institute, Berea, OH). Original size: 23 × 35 cm. Page 12. The end of Contrapunctus 4 and one of the eight flamboyant ornaments composed of plants, fruits and flowers which characterize the 1751 and 1752 editions of the Art of the Fugue. Reproduced by kind permission of the Riemenschneider Bach Institute.

Abb. 120: BWV 1080. Seite 25. Ende des Contrapunctus 8 und Rankengeflecht, welches in der Mitte Bachs mehrfach verschlungenes Siegel, von einem Lorbeerkranz umgeben, wiedergibt. Abgebildet mit freundlicher Erlaubnis des Riemenschneider Bach Instituts.

Ill. 120: BWV 1080. Page 25. End of Contrapunctus 8 and scrollwork showing in the center Bach's seal surrounded by a laurel wreath. Reproduced by kind permission of the Riemenschneider Bach Institute.